वाणी प्रकाशन

4695, 21-ए, दरियागंज, नयी दिल्ली 110 002

फ़ोन : +91 11 23273167 फ़ैक्स : +91 11 23275710

शाखाएँ

अशोक राजपथ, पटना 800 004, बिहार

कॉफ़ी हाउस कैम्पस, महात्मा गांधी मार्ग, इलाहाबाद 211 001, उत्तर प्रदेश

महात्मा गांधी अन्तरराष्ट्रीय हिन्दी विश्वविद्यालय, वर्धा 442 001, महाराष्ट्र

सुल्तानिया रोड, मोतिया पार्क, भोपाल 462 001, मध्य प्रदेश

www.vaniprakashan.com
marketing@vaniprakashan.in
sales@vaniprakashan.in

STREE-ADHYAYAN : EK PARICHAY
Editor : Uma Chakravarty & Sadhana Arya
Co-ordinating Editor : Vasanthi Raman
Translation Editor : Vijay Jha

Published in arrangement with NEW TEXT

ISBN : 978-81-949398-0-1
Social Science/Feminism

प्रथम संस्करण 2021

मूल्य : ₹ 795

सिटी प्रेस, दिल्ली-110 095 में मुद्रित

वाणी प्रकाशन का लोगो मक़बूल फ़िदा हुसैन की कूची से

स्त्री अध्ययन

एक परिचय

सम्पादक

उमा चक्रवर्ती • साधना आर्य

समन्वय सम्पादक

वसंती रामन

अनुवाद सम्पादक

विजय झा

वाणी प्रकाशन

NEW TEXT

आभार

प्रस्तुत संकलन के सम्पादकगण और प्रकाशक निम्नलिखित व्यक्तियों/प्रकाशकों के प्रति आभार व्यक्त करते हैं, जिन्होंने अपने आलेख/आलेखांश/पाठ्यांश के अनुवाद और प्रकाशन की अनुमति दी–

- *पश्चिम में नारी–आन्दोलन का उदय : सन्दर्भ और मुद्दे*–अनुपमा राय; *नारीवादी राजनीति* (सम्पादक) साधना आर्य, निवेदिता मेनन और जिनी लोकनीता, हिन्दी माध्यम कार्यान्वयन निदेशालय, दिल्ली विश्वविद्यालय।
- *सुल्ताना का सपना*–रोकेया सखावत हुसैन, हंस, अगस्त, 2003
- *समकालीन नारीवादी आन्दोलन*–राधा कुमार, *स्त्री संघर्ष का इतिहास : 1800–1990*, वाणी प्रकाशन, नयी दिल्ली।
- *स्त्री–पुरुष तुलना*–ताराबाई शिंदे, संवाद प्रकाशन, मेरठ।
- *संघर्ष के बीच संघर्ष– सं. इलिना सेन, बोधगया भूमि संघर्ष*–गोविन्द केलकर और चेतना गाला के लिए *संघर्ष के बीच संघर्ष* (सम्पादक) इलिना, सारांश प्रकाशन, नयी दिल्ली।
- *एक बुनियादी दस्तावेज़ के बनने की कहानी*–वीना मजूमदार, लोतिका सरकार, कुमुद शर्मा के लिए सीडब्ल्यूडीएस, नयी दिल्ली।
- *मानुषी हिन्दी संस्करण*–मुख्य न्यायाधीश के नाम खुली चिट्ठी–उपेन्द्र बख़्शी, वसुधा धागम्बर, रघुनाथ केलकर, लोतिका सरकार; रमीज़ा बी से एक मुलाक़ात–विमला फ़ारूक़ी; मराठवाड़ा में औरतों के साथ क्या हुआ–विभूति पटेल; मिट्टी, पानी और बयार, ज़िन्दा रहने के आधार–सुन्दरलाल बहुगुणा और गोपा जोशी।
- *मानुषी अंग्रेज़ी संस्करण*–पहले अंक का सम्पादकीय; महज़ पारिवारिक मामला–किरण सिंह; माया त्यागी मामला।
- *इकोनॉमिक एंड पॉलिटिकल वीकली*, मुम्बई और लेखकों/लेखिकाओं को : दीप्ता भोग, *जेंडर एंड करिकुलम*, 27 अप्रैल, 2002; विनीता बल, *जेंडर्ड साइंस : वीमेन एज़ प्रैक्टिशनर्स एंड टारगेट्स ऑफ़ रिसर्च*, 28 दिसम्बर, 2002; कुमुद शर्मा, *इंस्टीट्यूशनलाइज़िंग फ़ेमिनिस्ट एजेंडा(ज़)*, 25 अक्टूबर, 2003; मैरी ई. जॉन, *'ननडिसिप्लिंड आउटपोरिंग्स : मिथ एंड बाथॉस*

ऑफ़ मेल एक्सक्लूजन, 3 जून, 1995; मालविका कार्लेकर, *फ़ेमिनिफ़िकेशन ऑफ़ थ्योरी*, 17 जून, 1995; वीना पूनाचा, *फ़ेमिनिफ़िकेशन ऑफ़ थ्योरी*, 1 जुलाई, 1995; आनन्द चक्रवर्ती, *सेलेक्टिव रीडिंग ऑफ़ फ़ेमिनिस्ट स्कॉलरशिप*, 8 जुलाई, 1995; जिनी लोकनीता, *एलेक्ज़ेंड्रा कोलोंताई एंड मार्क्सिस्ट फ़ेमिनिज़्म*, 28 अप्रैल, 2001

- *रूटलेज एंड केगन पॉल*, *इंट्रोडक्शन : थ्योरीज़ ऑफ़ वीमेंस स्टडीज़ एंड द ऑटोनॉमी/इंटीग्रेशन डिबेट* बाई ग्लोरिया बोल्स एंड रेनाटे ड्यूली क्लाईन इन *थ्योरीज़ ऑफ़ वीमेंस स्टडीज़* (सम्पादक) ग्लोरिया बोल्स और रेनाटे ड्यूली क्लाईन, 1983
- *रेनबो पब्लिशर्स*, मैरी ई. जॉन, *वीमेंस स्टडीज़ : लिगेसीज़ एंड फ्यूचर्स, बियोंड ट्रेडिशन, काउंटर ट्रेडिशन एंड हरसे*, (सम्पादक) कुमुद शर्मा, लोतिका सरकार और लीला कस्तूरी, 2002
- *पॉपुलर प्रकाशन*, मैत्रेयी कृष्णराज, 'व्हाई वीमेंस स्टडीज़?' *वीमेंस स्टडीज़ इन इंडिया : सम पर्सपेक्टिव* (सम्पादक) मैत्रेयी कृष्णराज, बॉम्बे, 1986
- *इंडियन इंस्टीट्यूट ऑफ़ एडवांस्ड स्टडी*, यू. विन्ध्या, 'इंट्रोगेटिंग साइकोलॉजी : सम फ़ेमिनिस्ट इशूज़ एंड इम्प्लीकेशंस' और रितु दीवान, 'जेंडर इन निओ–क्लासिकल इकोनॉमिक्स : ए कॉन्सेप्चुअल ओवरव्यू,' *फ्रॉम मिथ्स टू मार्केट्स : एसेज़ ऑन जेंडर* (सम्पादक) उमा चक्रवर्ती और कुमकुम संगारी, शिमला, 1999
- *काली फ़ॉर वीमेन*, इंट्रोडक्शन, *रिकास्टिंग वीमेन : एसेज़ इन इंडियन कोलोनियल हिस्ट्री* (सम्पादक) सुदेश वैद और कुमकुम संगारी, 1993
- *सेज पब्लिकेशंस*, अन्वेषी रिसर्च सेंटर, 'नरचरिंग लिंक्स बिटवीन स्कॉलरशिप एंड एक्टिविज़्म : द स्टोरी ऑफ़ अन्वेषी'; लीला गुलाटी, 'फुल सर्कल : वीमेंस स्टडीज़ सेंस इंस्टीट्यूशंस' और उमा चक्रवर्ती, 'अपोज़ीशनल इमेजिनेशंस', *नैरेटिव्स फ्रॉम द वीमेंस स्टडीज़ फैमिली : रिक्रिएटिंग नॉलेज* (सम्पादक) देवकी जैन और पाम राजपूत, 2003

नरेश गोस्वामी की आभारी हूँ जिन्होंने इस किताब की पाण्डुलिपि को बड़े ही मनोयोग से पढ़ा और इसकी भाषा को और भी अधिक सुगठित किया।

इस संकलन की योजना में श्री विभूति नारायण ने शुरुआत में जो सहयोग और प्रोत्साहन दिया उसके लिए उनकी आभारी हूँ।

और अन्त में, न्यू टेक्स्ट प्रकाशन के आदित्य निगम और अन्य सदस्यों की कृतज्ञ हूँ जिन्होंने इस किताब की अहमियत को समझा और इसे मुमकिन किया। इस किताब की पाण्डुलिपि को आदित्य ने पढ़कर बहुत ही महत्त्वपूर्ण सुझाव दिए, इसके लिए भी उनकी आभारी हूँ।

विजय झा इस संकलन के अनुवाद सम्पादक हैं। उन्होंने अनुवादकों से सम्पर्क से लेकर अनुवाद के लिए सामग्री वितरण और अनुवाद संशोधन–सम्पादन के साथ–साथ अनुवाद भी किया है।

मैं अनुवादकों के प्रति कृतज्ञता व्यक्त करती हूँ जिन्होंने अनुवाद करके अपना बहुमूल्य योगदान दिया है और पारिश्रमिक मिलने में हुए अनपेक्षित विलम्ब के बावजूद धैर्य और भरोसा बनाये रखा।

वसंती रामन
समन्वय सम्पादक

अनुक्रम

इकाई–III
स्त्री-आन्दोलन का ज़ोर पकड़ना : स्त्री-अध्ययन आन्दोलन के परिप्रेक्ष्य में

इकाई–IV
स्त्री-अध्ययन का संस्थानीकरण और चुनौतियाँ

भूमिका

वसंती रामन

भारत में स्त्री–अध्ययन को शुरू हुए लगभग तीन दशक बीत चुके हैं। इस दरम्यान कई राज्य–विश्वविद्यालयों में स्त्री–अध्ययन के केन्द्र अथवा विभाग खुले। इन सबमें अध्यापकों और अध्येताओं को जिस एक बड़ी समस्या का सामना करना पड़ रहा है वह है हिन्दी और भारतीय भाषाओं में गुणवत्तायुक्त पाठ्य सामग्री का अभाव।

भारतीय स्त्रियों की स्थिति का आकलन करने के लिए भारत सरकार ने जो समिति (CSWI)* गठित की थी, उसके द्वारा तैयार की गयी रिपोर्ट 'समता की ओर' के 1975 में प्रकाशन के बाद भारतीय स्त्रियों के जीवन से जुड़े विभिन्न मुद्दों पर विविध प्रकार के लेख लिखे गये। इस रिपोर्ट, जिसे प्रायः स्त्री–अध्ययन का आधारभूत ग्रन्थ माना जाता है, ने अन्यान्य गतिविधियों के साथ–साथ मुख्यधारा के तमाम अकादमिक अनुशासनों की गम्भीर आलोचना कर्म का सिलसिला शुरू कर दिया। इतना ही नहीं, इसने पिछले तीन दशक के दौरान समाज विज्ञानों को ख़ास तरह की ऊर्जा और जीवन्तता प्रदान की। हालाँकि, इनमें से बहुत सारे शोध और अध्ययन अंग्रेज़ी में हुए। इन्होंने उत्कृष्ट तरीक़े से व्यापक मुद्दों, समस्याओं तथा समग्र दृष्टिकोण को प्रस्तुत किया। मध्य वर्ग की अकादमिक और विद्वान स्त्रियों ने अपने–अपने क्षेत्रों में स्त्री जीवन से जुड़े विभिन्न मुद्दों पर उम्दा लेखन कार्य किये हैं।

इस रिपोर्ट ने ख़ुद को उस परम्परा की ही निरन्तरता में रखा है जिसकी शुरुआत 19वीं सदी में हुई थी और जिसके लिए स्त्री प्रश्न बृहत्तर सामाजिक और राजनीतिक सरोकारों का अभिन्न अंग था। दूसरे शब्दों में, इसके मुताबिक़ स्त्री–प्रश्न अपने–आप में अलग से कोई प्रश्न न होकर व्यापक सामाजिक और राजनीतिक प्रश्नों का हिस्सा है। ख़ासकर, औपनिवेशिक काल से ही इसे एक भिन्न सामाजिक व्यवस्था की कल्पना के साथ जोड़कर देखा जाता रहा है।

* कमिटी ऑन द स्टेटस ऑफ़ वीमेन

यानी विचार और आचार दोनों ही परस्पर जुड़े रहे हैं। मैत्रेयी चौधरी के शब्दों में, 'विचार के इतिहास से आचार या व्यवहार के इतिहास को अलग करके नहीं देखा जा सकता'।

एक और बात जिस पर विचार करने की ज़रूरत है वह है स्त्री–अध्ययन के पश्चिम से उदित होने का रटा–रटाया जुमला। हमें प्रायः यह सुनने को मिलता है कि स्त्री–अध्ययन पश्चिम के देशों में उपजा और वहीं से यहाँ आया। हक़ीक़त यह है कि हमारे संस्थानों, विश्वविद्यालयों और उच्च शिक्षा केन्द्रों में समाज विज्ञान और मानविकी विषयों में सृजित अधिकांश ज्ञान उपनिवेशवाद और औपनिवेशिक आधुनिकता से लम्बे साक्षात्कार का परिणाम है। यहाँ तक कि हमारे सुधारकों, चिन्तकों और नारीवादियों को पश्चिमी प्रभाव और संस्थाओं का सामना करना पड़ा था। कुछ भी हो, औपनिवेशिक ज्ञान और वर्चस्व के साये से बचकर निकल पाना किसी के लिए भी मुमकिन नहीं था। आज जो लोग पश्चिम के प्रभाव या उसके विरोध में खड़े हैं वे भी वस्तुतः ऐसा उन्हीं कोटियों के तहत कर रहे हैं जो पश्चिम में उपजी थीं। फिर भी प्रश्न यह है कि यह सिर्फ़ औपनिवेशिक आधुनिक प्रवृत्तियों के उद्‌भव से जुड़ा मसला नहीं है बल्कि इन सभी पहलुओं के साथ एक आलोचनात्मक रिश्ता क़ायम करने की ज़रूरत है ताकि इनको समझते हुए परिवर्तन की एक नयी तस्वीर का खाका खींचा जा सके।

समाज विज्ञान और मानविकी आज़ादी के बाद के भारत के ज्ञानोत्पादन के अन्तर्विरोधों के उत्तराधिकारी हैं। स्त्री–अध्ययन के केन्द्र में जेंडर है, जो कि ज्ञान के परिदृश्य से अनुपस्थित रहा है। इसका उद्देश्य जेंडर के विविध आयामों और सामाजिक यथार्थ से इसके बहुस्तरीय अन्तःसम्बन्धों को उजागर करना है।

हमारी परियोजना का ध्येय अंग्रेज़ी में स्त्री–मुद्दों पर हुए व्यापक शोध और अध्ययन को हिन्दी के पाठकों और विद्यार्थियों के लिए उपलब्ध कराना है। हमें उम्मीद है कि इससे हिन्दी और अंग्रेज़ी जगत के बीच संवाद सम्भव हो पायेगा। इस क्रम में हिन्दी में विभिन्न पत्र–पत्रिकाओं और स्त्री लेखिकाओं के बीच पिछले तीन दशकों से स्त्री–विमर्श नाम से चल रहे चिन्तन कर्म का उल्लेख करना समुचित रहेगा। लेकिन, इनके साथ दिक्क़त यह है कि ये मूलतः साहित्य–केन्द्रित रहे हैं, समाज विज्ञानों से इनका नाता कमज़ोर ही रहा है। पिछले तीन–साढ़े तीन दशक के दौरान ज्ञान के विभिन्न पारम्परिक अनुशासनों की आलोचना और ज्ञानोत्पादन की प्रक्रिया के साथ–साथ इसके बदलाव की प्रक्रिया के दौरान सम्बन्धों की तफ़्तीश के क्रम में विकसित हुए स्त्री–अध्ययन और हिन्दी के 'स्त्री–विमर्श' के बीच संवाद की ज़रूरत है।

ख़ुद अनुवाद की भूमिका महत्त्वपूर्ण हो गयी है। भारत जैसे बहुभाषी देश में, जहाँ एक बड़ा तबका पारम्परिक रूप से ज्ञान के दायरे से बाहर रहा है, ऐसा होना स्वाभाविक भी है। जहाँ स्त्रियों को सभी तरह के ज्ञान से वंचित रखे जाने का लम्बा इतिहास रहा है वहाँ इस तरह की परियोजना की तत्काल आवश्यकता है।

भूमण्डलीकृत हो रही दुनिया में संचार और ज्ञान–प्रसार की ज़रूरतों के कारण शायद अनुवाद–अध्ययन एक नये विषय–क्षेत्र के रूप में उदित हो रहा है। इस क्षेत्र के विशेषज्ञों के बीच अनुवाद की समस्याओं और उसके निहितार्थों, ख़ासकर राष्ट्रीय और अन्तरराष्ट्रीय दोनों ही स्तरों पर व्याप्त सामाजिक और बौद्धिक पदानुक्रमों के मद्देनज़र राजनीतिक निहितार्थों को लेकर बहस–मुबाहिसे हुए हैं।

हमें उम्मीद है कि हमारा यह संकलन इन पदानुक्रमों को कमज़ोर करने और जनतन्त्रीकरण के बृहत्तर उद्देश्यों की पूर्ति में सहायक सिद्ध होगा।

परिचय

उमा चक्रवर्ती-साधना आर्य

•

अनुवाद : **विजय झा**

इस संकलन का परिचय लिखते वक़्त हम ख़ुद को कई प्रश्नों और चुनौतियों के बीच पा रहे हैं। ये चुनौतियाँ केवल नारीवाद विरोधी ताक़तों की तरफ़ से नहीं बल्कि राज्य के लोकतन्त्र विरोधी और दमनात्मक रुख़ की ओर से भी आ रही हैं। ऐसी बात नहीं है कि हमारे क़दम आगे नहीं बढ़े हैं। सत्तर के दशक से ही देखें तो नारीवादी विद्वानों और कार्यकर्ताओं के प्रयास के कारण स्त्रियाँ 'दृश्य' हुई हैं; स्त्रियों के मुद्दों और अधिकारों के प्रति न केवल जागरूकता बढ़ी है बल्कि इसके समर्थन का दायरा भी विस्तृत हुआ है। इसके साथ ही, स्त्रियों के मुद्दों के प्रति राज्य को भी संवेदनशील होना पड़ा है।

नारीवादी कार्यकर्ताओं ने शिक्षा के स्तर पर भी महत्त्वपूर्ण हस्तक्षेप किया है। नारीवादी परिप्रेक्ष्य से पाठ्यचर्या की अन्तर्वस्तु में बदलाव के ज़रिये विभिन्न ज्ञानानुशासनों में स्त्रियों की 'दृश्यमानता' में वृद्धि हुई है और अध्येताओं को अपना जीवन–यथार्थ अलग नज़रिये से देखने की प्रेरणा मिली है।

लेकिन इन उपलब्धियों की चमक बदलती सामाजिक–आर्थिक और राजनीतिक वास्तविकताओं, मुक्त बाज़ार वाली अर्थव्यवस्था, धार्मिक रूढ़िवादिता की बढ़ती प्रवृत्ति और स्त्रियों पर तीव्र होती हिंसा से मिल रही चुनौतियों के कारण फीकी पड़ गयी है। राज्य के कल्याणकारी कार्यों से पीछे हटने, बाज़ार की शक्तियों के आक्रमण, आदिवासी समुदायों की घोर ग़रीबी, पर्यावरण के विनाश और जल, जंगल और ज़मीन जैसे उत्पादक संसाधनों पर लोगों के पारम्परिक हक़ पर प्रहार और इस सबके स्त्रियों के जीवन पर पड़ने वाले नकारात्मक प्रभाव आज के जनतान्त्रिक, मानवाधिकार और स्त्री अधिकार के आन्दोलनों के लिए बड़ी चिन्ता का विषय हैं।

जहाँ कई आन्दोलन इन मुद्दों को उठा रहे हैं और उनमें स्त्रियों की भागीदारी भी बढ़ी है वहीं परिवार, समुदाय और राष्ट्रीय संसाधनों के स्तर पर स्त्रियाँ लगातार कमज़ोर होती जा रही हैं। इसके साथ ही सांस्कृतिक–सामाजिक आम जीवन में 'पौरुषवाद' के उफान और समाज में बरकरार पितृसत्तात्मक संरचना से उपजी जड़ मानसिकता के कारण भी स्थिति बदतर हुई है। विगत कई वर्षों के आँकड़े बताते हैं कि स्कूल और उच्च शिक्षा, दोनों ही दायरों में स्त्रियों की संख्या बढ़ी है यानी शिक्षा तक पहुँच के मामले में आधारित फ़ासला कम हुआ है। लेकिन, यदि हम जाति, वर्ग, धर्म और ग्रामीण–शहरी कारकों को ध्यान में रखते हुए इन आँकड़ों पर ग़ौर करें तो हमें तस्वीर बदली हुई नज़र आने लगती है। हम पाते हैं कि शिक्षा तक पहुँच के मामले में इन विभिन्न पृष्ठभूमि की स्त्रियों के बीच भारी फ़ासला है। दूसरा पहलू है, वे संस्थान और ज्ञानानुशासन, जिनमें स्त्रियों के बहुलांश को जगह मिली हुई है। बढ़ती संख्या की असलियत समझने के लिए करिअर बनाम विवाह/घर बहस पर भी ग़ौर करना ज़रूरी है। इसके साथ ही, रोज़गार बाज़ार में युवा और अविवाहित महिलाओं की पूछ और कार्यस्थल पर स्त्रियों के साथ होने वाले परोक्ष भेदभाव और इसके स्त्रियों द्वारा चुने जाने वाले पाठ्यक्रम के साथ जुड़ाव पर भी ठहरकर सोचने की ज़रूरत है।

स्त्रियों के बीच शिक्षा का प्रसार होने, स्त्रियों पर नारीवादी परिप्रेक्ष्य से शोध और साहित्य में वृद्धि होने, स्त्री–अध्ययन केन्द्रों के प्रसार, स्त्री–अध्ययन में डिप्लोमा और डिग्री पाठ्यक्रमों के बावजूद स्त्रियों की सांस्कृतिक धारणा माँ, पत्नी, परिवार में देखभाल करने वाली की बनी हुई है। इसी से शिक्षा तक उनकी पहुँच और रोज़गार के अवसर निर्धारित हो रहे हैं। तस्वीर का एक पहलू तो यह भी है कि शहरी भारत में शिक्षा और रोज़गार के स्तर पर जो भी बदलाव होते देखने को मिल रहे हैं, उनके बरअक्स स्त्रियों के आम और निजी दोनों दायरों में हिंसा भी उग्र रूप लेती जा रही है।

आर्थिक उदारीकरण और भूमण्डलीकरण की अगुआई में उच्च शिक्षा में लाये जा रहे परिवर्तनों पर भी हमें ग़ौर करने की ज़रूरत है। उच्च शिक्षा के क्षेत्र में निजीकरण की प्रवृत्ति के ज़ोर पकड़ने से नये ढंग के कॉरपोरेट विश्वविद्यालय वजूद में आ रहे हैं जिनका विश्वविद्यालय की 'निष्पक्ष' विद्वत् कर्मस्थल की पारम्परिक छवि से कोई मेल नहीं बैठता। विश्वविद्यालय व्यापक सामाजिक सरोकारों और मुद्दों के विचारस्थल रहे हैं। कॉरपोरेट विश्वविद्यालय के उभार से इस स्थल के सिकुड़ने और मिटने के ख़तरनाक संकेत मिल रहे हैं। सरकार की ओर से मिलने वाली वित्तीय सहायता में

कटौती, विश्वविद्यालयों पर औद्योगिक परिक्षेत्र, बाज़ार और विद्यार्थियों से वित्त जुटाने का दबाव, विश्वविद्यालय चलाने और उसका मूल्यांकन करने में कॉरपोरेट मैनेजमेंट की पदावली–योग्यता और जवाबदेही–का इस्तेमाल, उच्च शिक्षा में बेहतर वेतन दिला पाने वाले वाणिज्य और तकनीकी आधारित पाठ्यक्रमों का दबदबा, ज्ञान और कार्य की धारणाओं में आयी तब्दीली आदि के कारण उच्च शिक्षा में समानता के उद्देश्य को संग लेकर चलना कठिन होता जा रहा है। इन परिवर्तनों से यदि किसी के सर्वाधिक प्रभावित होने का ख़तरा है तो वे हैं स्त्री–अध्ययन के कार्य में जुटी स्त्री अकादमिक, जिनका ठौर मुख्य तौर पर समाज विज्ञान और मानविकी है और जो विश्वविद्यालय का समानता, सामाजिक बदलाव और गतिशीलता जैसे विषयों पर विचार–विमर्श करने के स्थल के रूप में उपयोग करती आयी हैं। कारण, जिन परिवर्तनों का हमने उल्लेख किया है उनसे सर्वप्रथम यही स्थल समाप्त होने वाला है।

इसके अलावा स्त्री–आन्दोलन और स्त्री–अध्ययन के बीच के फ़ासले, पीढ़ीगत फ़ासले और 'स्वायत्तता' बनाम 'एकीकरण' के बीच के द्वन्द्व से जुड़े सवाल भी सुलझ नहीं पाये हैं। एक ओर जहाँ शोध, अध्यापन और सक्रियता के बीच सम्पर्क स्थापित करने जैसे गम्भीर काम बाक़ी पड़े हुए हैं, वहीं दूसरी ओर मौजूदा स्त्री–अध्ययन पाठ्यक्रमों और कार्यक्रमों की समीक्षा भी ज़रूरी है ताकि यह पता किया जा सके कि मुख्यधारा के ज्ञानानुशासनों को इन्होंने किन रूपों में प्रभावित किया है या फिर, अभी भी ये अकादमी के हाशिये पर शान्त पड़े हुए हैं।

इस संकलन की योजना स्त्री–अध्ययन के अध्येताओं की विशिष्ट ज़रूरतों को ध्यान में रखते हुए बनाई गयी है। हमने इसमें स्त्री–अध्ययन की समीक्षा नहीं की है। हमने यह दिखलाने की कोशिश की है कि किस तरह स्त्री–अध्ययन स्त्री मुद्दों को 'दृश्य' करने के स्त्री संघर्ष के हिस्से के रूप में विकसित हुआ; कैसे पितृसत्ता की बतौर संस्थान पहचान की गयी और उसका स्वरूप रेखांकित किया गया; कैसे असमानता के एक प्रमुख अक्ष के रूप में जेंडर स्थापित किया गया और किस तरह पारम्परिक समाज विज्ञान की मान्यताओं, प्रविधियों और संकल्पनाओं को प्रश्नांकित करते हुए नये परिप्रेक्ष्य विकसित किये गये।

इसके अलावा, इस संकलन में स्त्री–अध्ययन के विकास पर चली बहस और विवादों के साथ–साथ इसके समक्ष विद्यमान चुनौतियों पर विचार करती सामग्री भी शामिल की गयी है।

कहना न होगा कि स्त्री–अध्ययन ज्ञान का नया क्षेत्र है। यह स्त्री–आन्दोलन का परिणाम है। इसने इस तथ्य का उद्‌घाटन किया कि मुख्यधारा के ज्ञानानुशासन किस प्रकार मूलतः पुरुष–परिप्रेक्ष्य के साथ ही उदित हुए थे

और इसलिए, इन सबने और कुछ ने किंचित अधिक ही, स्त्री–मुद्दों को हाशिये पर रखा। स्त्रियों पर होने वाली हिंसा के ख़िलाफ़ अभियान के बाद स्त्री–आन्दोलन ने स्त्री–अध्ययन आन्दोलन का नेतृत्व किया, जिसने मौजूदा ज्ञान की आलोचना और समाज की समग्र समझ के लिए विश्लेषण के नये औज़ार विकसित किये। इसी सन्दर्भ में प्रसिद्ध इतिहासकार गर्डा लर्नर ने कहा है कि अब तक का ज्ञान एक आँख से देखे गये का परिणाम था। दोनों आँखों से देखने पर हमारे दृश्य का फलक विस्तृत होता है और यही स्त्री–अध्ययन को औचित्य प्रदान करता है।

नारीवादी परिप्रेक्ष्य से मौजूदा सामग्री पर शोध के परिणामस्वरूप नयी जानकारी और ज्ञान वजूद में आया। इसके साथ ही, यह भी उजागर हुआ कि वहाँ क्या छूटा हुआ था। पता चला कि ज्ञान के पारम्परिक क्षेत्रों में स्त्रियाँ प्रायः ग़ायब थीं। जहाँ थीं वहाँ अत्यन्त रूढ़ छवियों में। तमाम शैक्षणिक पाठ्यक्रमों में स्त्रियों के अनुभव और योगदान के साथ–साथ इतिहास, राजनीति और अर्थतन्त्र में स्त्रियों के हाशियाकरण की प्रक्रिया अनुपस्थित थी।

नारीवादी परिप्रेक्ष्य से स्त्रियों के जीवन की पड़ताल के लिए ज्ञान की व्यवस्था पर सवाल उठाने के साथ–साथ स्त्री–अध्ययन का बदलाव, नये तथ्यों और आँकड़ों के समावेशन और 'उसकी' कहानी सामने लाने के लिए इतिहास की छानबीन में इस्तेमाल करना ज़रूरी था। इसके अलावा, मौजूदा पाठ्यक्रमों में इस नये परिप्रेक्ष्य और जानकारी को शामिल करना और स्नातक और स्नातकोत्तर स्तर पर स्त्री–अध्ययन की पढ़ाई शुरू करना भी उतना ही ज़रूरी था। ज्ञान के प्रति इस नारीवादी रुख़ का ध्येय यह था कि विद्यार्थी अपने ऐतिहासिक और सामाजिक सन्दर्भ को समझें; वे नयी अन्तर्दृष्टि से अपने अनुभवों की व्याख्या करें ताकि पाठ्य सामग्री उनकी ज़िन्दगी का हिस्सा बन जाये। "अपने सामाजिक सन्दर्भ की समझ के परिप्रेक्ष्य में विद्यार्थी न केवल अपने बारे में ज्ञान दुरुस्त कर सकते हैं बल्कि अपने अनुभवों के परिप्रेक्ष्य में वे अपने सामाजिक सन्दर्भों की व्याख्या की जाँच भी कर सकते हैं।"[1] कक्षा में अध्यापन से दो उद्देश्य पूरे हुए– एक तो नये ज्ञान को विद्यार्थियों की नयी पीढ़ियों तक ले जाया जा सका और दूसरा, इससे स्त्रियों और पुरुषों के बारे में व्याप्त रूढ़ियाँ–मिथक टूटे और बदलाव की प्रक्रिया शुरू हो सकी।

I

यह संकलन चार इकाइयों में बँटा है। पहली इकाई में ज्ञान के अनुशासन के रूप में स्त्री–अध्ययन से जुड़े बुनियादी सवाल सम्बोधित किये गये हैं।

मिसाल के लिए, स्त्री–अध्ययन क्यों?; स्त्री–अध्ययन और स्त्री–आन्दोलन के बीच फ़ासला; पीढ़ीगत फ़ासला और 'स्वायत्तता' बनाम 'एकीकरण' की दुविधा तथा स्त्री–अध्ययन कार्यक्रमों और पाठ्यक्रमों की समीक्षा ताकि यह पता लगाया जा सके कि यह ज्ञान के पारम्परिक अनुशासनों को प्रभावित कर पाया है या अकादमिक जगत में अलग–थलग पड़ा हुआ है।

पहली इकाई की शुरुआत भारत में स्त्री–अध्ययन के प्रवर्तकों में रहीं मैत्रेयी कृष्णराज के आलेख *स्त्री–अध्ययन क्यों* से हुई है। यह 1980 में लिखा गया था, जब स्त्री–अध्ययन शुरू ही हुआ था। मैत्रेयी कृष्णराज ने स्त्री–अध्ययन को समझ, जागरूकता और सक्रियता, इन तीन आयामों से युक्त बताया है। स्त्री के दमन और उसके प्रति बरते जाने वाले भेदभाव की समझ से पैदा हुई जागरूकता स्थिति में परिवर्तन के लिए समुचित सक्रियता की ओर उन्मुख करती है। यह स्त्रियों की दशा और मसलों को नारीवादी परिप्रेक्ष्य से समझने की प्रक्रिया हो जाती है और इसलिए स्त्री–अध्ययन को 'बहुअनुशासनिक' या 'अन्तराअनुशासनिक' के रूप में लिया जाता रहा है। वे मानती हैं कि यहाँ अध्ययन का विषय स्त्री है, जिसे मौजूदा संकल्पनाओं की नये परिप्रेक्ष्य में जाँच–पड़ताल कर ज्ञान की मौजूदा समस्त व्यवस्थाओं के साथ एकीकृत करने की ज़रूरत है। उन्होंने तीन महत्त्वपूर्ण संकल्पनाओं–'सत्ता', 'स्वायत्तता' और 'स्थिति' को चुना है और इस पर विचार किया है कि स्त्री की स्थिति को समझने और उसे बदलने के लिए ये तीन संकल्पनाएँ क्यों अहमियत रखती हैं। वे लिखती हैं कि स्त्री की हैसियत का विचार समानता के विचार से जुड़ा है, जो स्वायत्तता के विचार के साथ आबद्ध है। वे इस तथ्य की ओर संकेत करती हैं कि विविध नारीवादी परिप्रेक्ष्य से प्राप्त हुई अन्तर्दृष्टियाँ 'पितृसत्ता' नामक केन्द्रीय संकल्पना के रूप में एकीकृत हो गयीं। इन्होंने ज्ञानानुशासनों की सीमाओं और प्रत्येक ज्ञानानुशासन में अन्तर्निहित धारणाओं और प्राक्कल्पनाओं को चुनौती दी।

भारत में शुरुआत

चार दशक पहले *समता की ओर* रिपोर्ट के प्रकाशन और उदीयमान स्त्री–आन्दोलनों के परिणामस्वरूप स्त्रियों की स्थिति पर शोध शुरू होने के साथ–साथ निजी और सार्वजनिक दोनों दायरों में स्त्रियों और उनके अनुभवों की अदृश्यता का भी पता चला।

जब *समता की ओर* रिपोर्ट प्रकाशित हुई तो यह मिथक टूट गया कि समानता के संवैधानिक प्रावधान के कारण स्त्री और पुरुष के बीच की असमानता कम हो गयी होगी और विकास की नीतियाँ सबको एक समान

प्रभावित कर रही होंगी। रिपोर्ट इस बड़े नतीजे पर पहुँची कि विकास की प्रक्रिया में एक तो पहले से ही अपनी कमज़ोर स्थिति के कारण और दूसरे, तमाम नीतियों, कार्यक्रमों और क़ानूनों के स्त्री–परिप्रेक्ष्य में न होने के कारण स्त्रियाँ लगातार पीछे छूटती चली गयीं। इस तथ्योद्घाटन के बाद हुए शोधों से स्त्रियों के सामने खड़ी व्यवस्थागत बाधाएँ प्रकाश में आयीं। लेकिन विद्वानों ने पाया कि इन शोधों से निर्मित हो रही ज्ञान–सम्पदा स्कूल और उच्च शिक्षा के पारम्परिक ज्ञानानुशासनों में प्रदर्शित नहीं हो पा रही है। इसका तात्पर्य यह हुआ कि ज्ञान की व्यवस्था अभी भी स्त्री के जीवनानुभवों, इतिहास, उनके साथ होने वाले भेदभाव, और उत्पीड़न से बेख़बर थी। इसलिए 1980 तक आते–आते यह महसूस किया जाने लगा कि स्त्री के इतिहास और अनुभवों को प्रकाश में लाने और समझने के उद्देश्य से स्त्री मुद्दों पर हो रहे शोध से विकसित हो रहे नये ज्ञान को पाठ्यचर्या में शामिल किया जाना ज़रूरी है। इसके साथ ही, स्त्री–मुद्दों का राज्य की नीतियों और कार्यक्रमों में जिस ढंग से समावेशन हो रहा था, उसे समझने का भी वक़्त आ गया था। यह पाया गया कि शिक्षा की समानता के संवैधानिक वायदे के बावजूद लड़कों और लड़कियों के प्रति स्कूली पाठ्यचर्याओं का रुख़ एक समान नहीं था। लड़की को घर–गृहस्थी सँभालनी है और लड़के को नौकरी करनी है, पंचवर्षीय योजनाओं में उल्लिखित इस धारणा के अनुरूप ही स्कूल चल रहे थे। इसलिए, स्त्रियों की शिक्षा के पाठ्यक्रमों में गृह विज्ञान, पोषण, बच्चों की देखभाल, स्वास्थ्य, गृह अर्थशास्त्र, संगीत, नृत्य, नर्सिंग, खाना पकाने आदि पर अधिक ज़ोर था। स्त्री–शिक्षा की अन्तर्वस्तु और मक़सद के लिहाज़ से स्वातन्त्र्योत्तर भारत और औपनिवेशिक भारत में कुछ ज़्यादा अन्तर नहीं आ पाया। 19वीं और 20वीं सदी के सुधारवादी और राष्ट्रवादी आन्दोलन की तरह आज़ाद भारत में भी स्त्रियों से पारम्परिक भूमिकाओं का निर्वाह करने की अपेक्षा बरकरार रही।

19वीं–20वीं सदी के दौरान स्त्री–शिक्षा भारत को ब्रिटेन की तुलना में सांस्कृतिक रूप से श्रेष्ठ साबित करने की बृहत्तर परियोजना का हिस्सा थी। इसलिए उसे इस तरह नियोजित करने का प्रयास किया गया कि 'पारम्परिक भारतीय स्त्री' को 'आधुनिक पश्चिमी स्त्री' के बरअक्स श्रेष्ठ दिखाया जा सके। लेकिन इसके लिए भारतीय स्त्री को निरक्षर, पिछड़ी और दमित की प्रचलित छवि से बाहर निकालना भी ज़रूरी था। ऐसे में, शिक्षा ही वह ज़रिया बन सकती थी जो भारतीय स्त्री को उसके पश्चिमी प्रतिरूप की तरह मुक्त स्त्री की छवि प्रदान करती। शिक्षा को एक साथ दोहरी भूमिका निभानी थी। उसे 'मुक्त' स्त्री की रचना करनी थी, लेकिन साथ ही अच्छी माँ और पत्नी बनाते हुए

यानी पितृसत्तात्मक पारिवारिक संरचना को मज़बूत करते हुए। दूसरे शब्दों में, स्त्री–शिक्षा का मक़सद मुक्त स्त्री की छवि की रचना करना था न कि स्त्री को वास्तविक अर्थों में मुक्त करना।

आज़ादी के बाद, ख़ासकर स्त्री–आन्दोलनों के मद्देनज़र क्या उक्त मक़सद में कोई बदलाव आया? स्कूल वह स्थल है जहाँ बच्चों का स्त्री और पुरुष के रूप में समाजीकरण शुरू हो जाता है। लेकिन स्त्री–अध्ययन के विद्वानों और एक्टिविस्टों का क्या कभी स्कूली पाठ्यपुस्तकों की तरफ़ ध्यान गया?

दीप्ता भोग ने अपने पर्चे में सन् 2000 में सरकार द्वारा बनाये गये नेशनल करिकुलम फ्रेमवर्क (एनसीएफ) तथा एनसीईआरटी द्वारा तैयार की गयी समाज विज्ञान की किताबों का विश्लेषण किया है। उन्होंने इस तथ्य की ओर ध्यान दिलाया है कि राष्ट्रीय शिक्षा नीति (1986) में प्रगतिशील होने के भले ही लाख दावे मिलते हों, लेकिन जहाँ तक जेंडर का सवाल है तो स्कूली पाठ्यपुस्तकें विद्यार्थियों को समुचित शिक्षा दे पाने में विफल साबित हुई हैं। दीप्ता के मुताबिक़ आज़ादी के बाद शिक्षा के समान अधिकार के संवैधानिक प्रावधान के बावजूद स्त्री–शिक्षा के प्रति व्याप्त वह चिन्ता जस–की–तस बनी रही जो 19वीं सदी के औपनिवेशिक भारत में स्त्रियों को शिक्षित किये जाने के सन्दर्भ में उपजी थी। उन दिनों यह तो आमतौर पर स्वीकार किया जा रहा था कि स्त्रियाँ शिक्षित की जानी चाहिए, लेकिन उन्हें क्यों शिक्षित किया जाना चाहिए और अभीष्ट की प्राप्ति हेतु उनकी शिक्षा की विषय–वस्तु क्या होनी चाहिए, इसे लेकर बहुत बहस–मुबाहिसे चले। चिन्ता यह व्यक्त की जा रही थी कि स्त्रियाँ पढ़–लिखकर कहीं पश्चिम की स्त्रियों की राह पर न चल पड़ें। इसलिए, उनके लिए पाठ्यपुस्तकों के लेखन से लेकर अन्य सभी स्तरों पर अत्यधिक सावधानी बरतने की ज़रूरत रेखांकित की जा रही थी। स्त्रियों को इस तरह शिक्षित किये जाने की बातें की जा रही थीं जिससे वे अच्छी माँ और आदर्श पत्नी साबित हो सकें। दीप्ता लिखती हैं कि 2000 के एनसीएफ में व्याप्त भय के मूल में यही दुविधा है कि 'विदेशी तकनीकी मूल्य' अपनाये जाने के क्रम में 'आर्य धार्मिक नैतिकता के उच्च आदर्शों'(*मराठा* में व्यक्त मंशा, पृ. 355) को कोई आँच न पहुँचे। तीसरी, पाँचवीं और आठवीं की भाषा की पाठ्यपुस्तकों की कहानियों के विश्लेषण के ज़रिये दीप्ता ने दिखलाया है कि स्त्रियाँ प्रायः अपनी रूढ़ छवि को पोषित करती हुई ही निरूपित की गयी हैं। ऐसा झाँसी की रानी और वैज्ञानिक मैडम क्यूरी जैसे प्रसंगों में भी पाया गया जहाँ वे स्त्री की पारम्परिक भूमिका में नहीं थीं। दीप्ता ने दिखलाया है कि लड़कों/पुरुषों

को किस तरह ज़्यादा जगह मिली हुई थी और लड़कियों के लिए किस तरह के आदर्श पेश किये गये थे। इसलिए दीप्ता का कहना है कि प्राथमिक और माध्यमिक स्तर पर पाठ्यपुस्तकों के लेखन में लिंग--संवेदी सामग्री जोड़ने के लिए यह ज़रूरी है कि पाठ्यपुस्तक लेखन के स्तर पर उनसे सलाह ली जाय जो स्त्री की आवाज़ों, अनुभवों और दृष्टिकोणों को अकादमी की मुख्यधारा में लाने में जुटे हुए हैं। उनकी शिकायत है कि नारीवादी परिप्रेक्ष्य से स्कूली पाठ्यपुस्तकों को तैयार किये जाने की दिशा में पर्याप्त प्रयास नहीं हुए। इसे वे 'हमारी गम्भीर हालत में होने' की एक महत्त्वपूर्ण वजह मानती हैं।

ज्ञानानुशासनों की जाँच-पड़ताल

स्त्रियों के अनुभवों और परिप्रेक्ष्य की अनुपस्थिति के दृष्टिकोण से भारत में ज्ञान के पारम्परिक अनुशासनों की जाँच–पड़ताल अस्सी के दशक में शुरू हुई। स्त्री–अध्ययन के सन्दर्भ में 'स्वायत्तता' बनाम 'एकीकरण' की बहस जारी है। यहाँ हमने रितु दीवान का आलेख शामिल किया है जिसमें उन्होंने 'एकीकरण' का पक्ष लेते हुए मुख्यधारा का रूप लिए 'नव–क्लासिक' अर्थशास्त्र की नारीवादी आलोचना की है। उनका मत है कि स्त्री–अध्ययन के अलग से एक विषय के रूप में पढ़ने–पढ़ाने के अपने ख़तरे हैं। सबसे पहली बात तो यह कि इसे वही पढ़ने आयेगा जिसकी रुचि होगी। यह ऐच्छिक होकर रह जायेगा। जबकि ज़रूरत इसके पठन–पाठन को अनिवार्य किये जाने की है। इसे सभी विषयों के साथ समाविष्ट करने पर ही तो अध्येता जान पायेंगे कि उनके विषय जेंडर के प्रति किस क़दर उदासीन रहे हैं और उनमें किस तरह के बदलाव लाये जाने की ज़रूरत है। दूसरी बात यह कि यदि इसे अलग से पढ़ाया गया तो यह अकादमी में अलग–थलग होकर रह जायेगा। यह एक तरह के 'घेटो' (दड़बे) में तब्दील होकर रह जायेगा।

एकीकरण का पक्ष लेने के बाद रितु दीवान 'नव–क्लासिक' अर्थशास्त्र की सीमाओं पर दृष्टिपात करती हैं। उनके मुताबिक़ मापन पर अत्यधिक ज़ोर और प्रविधि के स्तर पर अत्यन्त विशेषीकृत होने के कारण पितृसत्ता पर किसी भी तरह के विचार–विमर्श का मार्ग अवरुद्ध हो जाता है। इसमें इस हक़ीक़त का ख़याल नहीं रखा जाता है कि हर आर्थिक व्यवस्था में वस्तुओं के उत्पादन और श्रम–शक्ति के पुनरुत्पादन की परस्पर निर्भर प्रणालियाँ अन्तर्निहित रहती हैं। और यह भी कि पितृसत्ता उत्पादन सम्बन्धों और उत्पादन के साधनों, दोनों ही के साथ आबद्ध है। वे लिखती हैं कि सामाजिक गठन और उसकी सत्ता संरचनाओं को ध्यान में रखते हुए 'चयन की आज़ादी' और 'विवेक या तार्किकता' पर विचार किया जाना चाहिए। मुख्यधारा के अर्थशास्त्र में परिवार

विश्लेषण की इकाई नहीं है, जो श्रम के आवंटन और सत्ता तथा संसाधन के वितरण का प्रमुख स्थल है। अर्थशास्त्र की यह धारा उन कार्यों को 'काम' की श्रेणी में नहीं रखती, जो बाज़ारोन्मुखी नहीं हैं। नतीजतन, घर में स्त्रियों द्वारा किये जाने वाले काम इसके विश्लेषण की जद में नहीं आ पाते। इसलिए दीवान इस नतीजे पर पहुँचती हैं कि मुख्यधारा के अर्थशास्त्र के लिए जेंडर आधारित असमानता का वजूद है ही नहीं। इस रुख़ के कारण यह उत्पादन और पुनरुत्पादन प्रणाली के बीच के अन्तःसम्बन्ध का व्यवस्थित और वैज्ञानिक विश्लेषण नहीं कर पाता और इसलिए, स्त्री और पुरुष दोनों के जीवन यथार्थों के लिए यह अप्रासंगिक बनकर रह जाता है।

विनीता बल ने अपने पर्चे *विज्ञान में जेंडरगत भेदभाव* में विज्ञान विषयों में स्त्रियों के साथ बरते जाने वाले भेदभाव के विश्लेषण के ज़रिये इनमें विद्यमान पूर्वाग्रहों की ओर ध्यान दिलाया है। उन्होंने विज्ञान विषयों में छात्राओं की बढ़ती संख्या के आधार पर बना ली गयी इस धारणा का खण्डन किया है कि इनमें महिलाओं के प्रति भेदभाव कम हुआ है। आँकड़ों और अन्य अध्ययनों के आधार पर विनीता ने जो तस्वीर प्रस्तुत की है वह कुछ और कहानी बयाँ करती है। प्रयोगशाला में जगह मिलने से लेकर वेतन, शैक्षणिक ज़िम्मेदारियाँ प्रदान किये जाने, पुरस्कार तथा महत्त्वपूर्ण समितियों में शामिल किये जाने तक, महिलाओं के साथ सभी स्तरों पर भेदभाव बरता जाता है। विनीता लिखती हैं कि छोटा परिवार और महिला गर्भ निरोधक पर बल प्रदान करते अमूमन 50 साल के परिवार नियोजन कार्यक्रम में स्त्री की प्रजनन प्रणाली के अध्ययन और स्त्री–गर्भ–निरोधक विकसित करने के प्रति स्पष्ट आग्रह रहा है। विनीता के मुताबिक़ ऐसे शोधों और परीक्षणों में औरतों पर ही ज़ोर दिये जाने का क्या विज्ञान से कोई लेना–देना है। अपने इस विश्लेषण के ज़रिये वे गर्भ–निरोध और जनसंख्या के योजनाकारों और शोधार्थियों के जेंडर आधारित भेदभाव भरे रवैयों की तरफ़ ध्यान दिलाती हैं, जिनका सामना औरतों को करना पड़ता है।

यू. विंध्या ने मनोविज्ञान में प्रचलित संकल्पनाओं की नारीवादी दृष्टिकोण से पड़ताल की है। उन्होंने यह दिखलाया है कि नारीवादी दृष्टिकोण अपनाने पर व्यवहार की सार्वभौमिकता, मानसिक प्रक्रियाओं की प्राथमिकता, सामाजिक अन्तर्विरोध का वैयक्तिक (सब्जेक्टिव) व्यवहारों में विघटनीकरण, वस्तुनिष्ठता और मूल्य निरपेक्षता जैसी अवधारणाओं में निहित पूर्वाग्रह किस तरह स्पष्ट होने लगते हैं। ये जेंडर की निर्मिति सम्बन्धी विचारों और स्त्री–पुरुष समानता के लिए उचित उपायों की प्रकृति को प्रभावित करते आ रहे थे।

नारीवाद ने मनोविज्ञान को वैयक्तिक–मानसिक दायरे से निकालकर सामाजिक दायरे की राह दिखलायी।

साधना आर्य ने अपने पर्चे की शुरुआत इस तथ्योद्घाटन से की है कि राजनीति विज्ञान नारीवादी हस्तक्षेप से लगभग निरापद रहा है। इसके बाद उन्होंने दिल्ली विश्वविद्यालय में स्नातक और स्नातकोत्तर स्तर के पाठ्यक्रमों की समीक्षा की है। उन्होंने अपने लेख में यह लक्षित किया है कि बतौर स्पेस कक्षा में स्त्री–अध्ययन से सृजित हो रहे नये ज्ञान के सत्ता–सम्बन्धों को चुनौती देने के क्रम में लड़के असहज हो जाते हैं। आख़िर यह नया ज्ञान सामाजिक सत्ता, विशेषाधिकार और दमन पर सवाल उठाता है। कक्षा में बैठे लड़के इससे ख़ुद को जुड़ा हुआ महसूस नहीं करते। उन्हें यह अपने ख़िलाफ़ पूर्वाग्रह भरा लगने लगता है। लेकिन असहजता, बहस और सवालात न केवल विद्यार्थियों से जुड़ने में मदद करते हैं बल्कि इससे यह भी पता चलता है कि अध्यापन में क्या छूटता चला आ रहा था। इसके अलावा, उन्होंने 'स्त्री और राजनीति प्रक्रिया' (जिसका बाद में 'नारीवादी सिद्धान्त और व्यवहार' नामकरण किया गया) नाम से एक पेपर पढ़ाने का अनुभव भी साझा किया है, जो उनके मुताबिक़ नारीवादी मुद्दों को अलग–अलग पेपर के हिस्से के रूप में पढ़ाने के अनुभव से एकदम भिन्न था। अलग पेपर की व्यवस्था के कारण विद्यार्थियों को ख़ासकर स्त्री मुद्दों पर ही अपेक्षाकृत लम्बी अवधि तक पढ़ने और विचार–विमर्श का अवसर मिलता है। विभिन्न मुद्दों के बीच विद्यमान अन्तःसम्बन्ध नज़र आने लगते हैं, जिससे नारीवादी राजनीति की समग्र समझ विकसित होती है। सम्भावनाओं के कई द्वार खुलते हैं। हर पेपर के साथ नारीवाद को नत्थी करने की तुलना में इसे अलग से एक पेपर के तौर पर पढ़ाने को श्रेयस्कर बताने के साथ ही वे यह भी जोड़ती हैं कि यह हर पेपर में नारीवादी अन्तर्वस्तु के समाविष्ट किये जाने का स्थानापन्न नहीं हो सकता। यानी दोनों ही प्रक्रियाओं का साथ–साथ चलना ज़रूरी है।

ज्ञान के विभिन्न पारम्परिक अनुशासनों की नारीवादी आलोचनाएँ उभर कर सामने आयीं। उनमें से सब इस संकलन में नहीं ली जा सकीं। ऐसी आलोचनाओं के शुरुआती प्रयास नारीवादी इतिहासकारों की तरफ़ से किये गये।[2] उमा चक्रवर्ती और कुमकुम रॉय ने इतिहास की राष्ट्रवादी पुनर्रचना और उसके अन्य क्षेत्रों को नज़रअन्दाज़ कर केवल राजनीतिक सत्ता मात्र से ताल्लुक़ रखने की ग्रन्थि को अपने इस आलेख का विषय बनाया। इसी तरह शर्मिला रेगे ने समाजशास्त्र और स्त्री–अध्ययन के बीच के तनाव की तीखी आलोचना की।[3] पूर्वा भारद्वाज ने संस्कृत के बारे में लिखा है कि इस विषय

की नारीवादी आलोचना की गयी है लेकिन इस आलोचना के प्रति यह विषय उदासीन–सा रहा। संस्कृत की स्कूली पाठ्यपुस्तकों में महिला संस्कृतज्ञों का शामिल न किया जाना इसमें व्याप्त वर्चस्वी 'हिन्दू' पितृसत्तात्मक विचारों को प्रदर्शित करता है।

ग्लोरिया बोल्स और रेनाटे ड्यूली क्लाईन ने *स्त्री–अध्ययन के सिद्धान्त और स्वायत्तता/एकीकरण विवाद* में स्त्री–अध्ययन की प्रकृति पर विचार करते हुए यह दिखाने की कोशिश की है कि अन्तर्वस्तु, रूप, ध्येय और आशय के स्तर पर यह कैसे पारम्परिक ज्ञानानुशासनों से भिन्न है। अस्सी के आरम्भ में अमेरिका में लॉरेंस में राष्ट्रीय स्त्री–अध्ययन संघ का प्रथम सम्मेलन हुआ था। तब तक वहाँ स्त्री–अध्ययन को शुरू हुए एक दशक बीत चुका था। बोल्स और क्लाईन का यह आलेख सम्मेलन में स्त्री–अध्ययन के विविध पहलुओं पर हुए बहस–मुबाहिसे से उपजे संकलन के परिचय के रूप में लिखा गया था। इसमें उन्होंने बहस का केन्द्र रहे स्वायत्तता बनाम एकीकरण सवाल पर विचार किया है। दोनों ही पक्षों के तर्कों का मुआयना करने के उपरान्त वे इस नतीजे पर पहुँचती हैं कि इस बहस की आधारभूत प्राक्कल्पना ही ग़लत है। उनके मुताबिक़ स्वायत्तता और एकीकरण एक–दूसरे के विकल्प न होकर पूरक हैं। हमारा काम इन दोनों में से किसी एक के चयन से नहीं चल सकता। स्वायत्त स्त्री–अध्ययन के सहारे के बिना पारम्परिक ज्ञानानुशासनों के नारीवादी विद्वानों और स्त्री–अध्ययन के एकीकरण के पक्षधरों को इन ज्ञानानुशासनों के आला कमान के समक्ष अपना औचित्य सिद्ध करने में कठिनाई आ सकती है। स्वायत्तता के पक्ष में इनका दूसरा मज़बूत तर्क यह है कि एकीकरण की परियोजना भी स्त्री–अध्ययन के विद्वानों के कार्यों पर ही टिकी है। एकीकरण के पक्षधरों से वे यह सवाल पूछती हैं कि आख़िर वे 'क्या' एकीकृत करना चाहते हैं? स्त्री मसलों को ज्ञान के मौजूदा ज्ञानानुशासनों के साथ महज़ नत्थी करते जाने से कुछ भी हासिल नहीं होने वाला। उनका निष्कर्ष है–चूँकि 'परिवेश से हमारे निर्णय प्रभावित होते हैं', इसलिए हमें अपनी एक स्वायत्त जगह चाहिए जहाँ हम अपने बेहतर भविष्य के निर्माण के लिए अतीत और वर्तमान की समझ विकसित करने हेतु बेरोकटोक काम कर सकें।

II

दूसरी इकाई में पश्चिमी यूरोप में समता की बहस की जड़ें तलाशते हुए हम फ्रांसीसी क्रान्ति तक पहुँच गये, जो समता, स्वतन्त्रता और बन्धुत्व के नारे के साथ हुई थी। पुरुष अधिकारों का घोषणा–पत्र उसी परिवेश की उपज था।

ध्यान देने की बात है कि क्रान्ति में स्त्रियों ने भी बढ़–चढ़ कर भाग लिया था। लेकिन घोषणा–पत्र में उनका कोई उल्लेख नहीं था। इसी सन्दर्भ में ओलम्प द गूज ने महिला अधिकारों का घोषणा–पत्र तैयार किया। अफ़सोस कि वे क्रान्ति के बाद फ्रांस के संविधान में अपने इस घोषणा–पत्र को जगह मिलते हुए नहीं देख सकीं। कारण क्रान्तिकारी पुरुषों के विवेक को उनकी चुनौती उनके लिए जानलेवा साबित हुई, उनकी हत्या कर दी गयी। घोषणा–पत्र की ऐतिहासिक महत्ता का ध्यान रखते हुए हमने उसे इस संकलन में शामिल किया है।

अनुपमा रॉय के आलेख में पश्चिमी जनतान्त्रिक व्यवस्था में समता के मसले का सफ़रनामा देखा जा सकता है।

जिनी लोकनीता ने अपने पर्चे में मार्क्सवाद में वर्ग पर अत्यधिक बल प्रदान करने तथा यौनिकता और जेंडर जैसे मसलों को तुच्छ और गौण समझने की प्रबल प्रवृत्ति पर सवाल उठाये हैं। इसके लिए उन्होंने एलेक्ज़ेंड्रा कोलोंताई के जीवन और कृतित्व को बतौर सन्दर्भ इस्तेमाल किया है। ग़ौरतलब है कि मार्क्सवाद के प्रवर्तकों में रहे एंगेल्स ने *परिवार और राज्य की उत्पत्ति* नामक अपनी कृति में सामाजिक गठन को समझने के लिए वर्ग और जेंडर के अन्तःसम्बन्ध का उल्लेख किया है। कहना न होगा बीसवीं सदी में कई मार्क्सवादी नारीवादियों ने यौन–जेंडर–विषयक मसले उठाये और मार्क्सवादी चिन्तन को परिष्कृत किया।

भारत में समाज सुधार आन्दोलन और आज़ादी के संघर्ष के सन्दर्भ में स्त्रियों से जुड़े मसले उठाये गये। जहाँ बाल विवाह, सती, विधवा विवाह और पर्दा प्रथा पर सुधार आन्दोलन के केन्द्रीय सरोकार बने, वहीं स्त्री–शिक्षा ऐसा मुद्दा था जो सबसे कम विवादास्पद रहा। 1882 तक आते–आते शैक्षिक संस्थानों की कुल संख्या 2,700 हो गयी। इनमें सबसे अधिक संख्या प्राथमिक स्कूलों की थी। 82 माध्यमिक स्कूल, 15 शिक्षक प्रशिक्षण संस्थान और एक कॉलेज था। छात्राओं की संख्या 1,27,000 थी। हालाँकि शिक्षा का अवसर उच्च वर्ग और जाति की लड़कियों को ही सुलभ था, लेकिन इसने उनके लिए रोज़गार की राह खोली और घर की हदों को तोड़ने की सम्भावनाएँ उत्पन्न कीं (कुमारी जयवर्धने, पृ. 87–91)। 1848 में जोतिराव फुले और सावित्रीबाई फुले ने निम्न जाति की लड़कियों की शिक्षा के लिए स्कूल शुरू किया, जो इस तरह का पहला प्रयास था और जिसकी ओर उतना ध्यान नहीं दिया गया जितना कि दिया जाना चाहिए था। स्कूल के अलावा, इस दम्पति ने 1854 में हिन्दू विधवाओं के लिए संरक्षण स्थल भी खोला था। यौन–दुर्व्यवहार की शिकार हुई विधवाओं व उनके बच्चों की सहायता और अन्तरजातीय विवाह

का समर्थन कर वे अपने समय के लिहाज़ से बहुत आगे थे। इन प्रयासों के लिए उनका कड़ा विरोध किया गया। उन पर जानलेवा हमले भी किये गये। इस इतिहास, और फुले द्वारा जाति आधारित समाज में स्त्री की स्थिति के किये गये विश्लेषण का अभी भी स्त्री–अध्ययन ने यथोचित संज्ञान नहीं लिया है। फुले के विश्लेषण से जाति और जेंडर आधारित दमन के अलग अक्ष होने और उसके साथ ही, उनके परस्पर जुड़ाव की सूझ मिली थी। दरअसल, ब्राह्मणवादी पितृसत्ता का पहला विश्लेषण और विभिन्न जाति की स्त्रियों पर उसके प्रभाव की बातें हमें फुले के लेखन में दिखलाई देती हैं।

एक बार जब कोई सामाजिक आन्दोलन शुरू हो जाता है तो ऐसी ऐतिहासिक ताक़तों का जन्म होने लगता है, जो उस आन्दोलन को उसके आरम्भिक उद्देश्यों तक ही सीमित नहीं रहने देतीं। इसी दौरान दो और महत्त्वपूर्ण बदलाव होते दिखे। पहला, स्त्रियों ने सुधारकों द्वारा तय की गयी सीमाओं को लाँघना शुरू कर दिया था और दूसरा, कई स्त्री संगठन और राजनीतिक पार्टियों से जुड़े स्त्री समूह बन रहे थे, जिन्होंने राष्ट्रीय आन्दोलन में महत्त्वपूर्ण भूमिका निभायी। ताराबाई शिंदे की *स्त्री–पुरुष तुलना* (1882) और रोकेया सखावत हुसैन की *सुल्ताना का सपना* (1905) इसी दौरान प्रकाशित हुईं, जिन्हें हमने इस संकलन में शामिल किया है। आज ये दोनों ही रचनाएँ नारीवादी मानी जाती हैं।

ताराबाई शिंदे ने *स्त्री–पुरुष तुलना* में पितृसत्तात्मक समाज में स्त्रियों और पुरुषों के लिए नैतिकता के दोहरे मानदण्ड की कड़ी आलोचना की है। इसे प्रायः पहली आधुनिक भारतीय नारीवादी कृति माना जाता है। अपने समय में इस किताब को लेकर काफ़ी विवाद हुआ था। कारण इसमें स्त्री की पराधीन स्थिति के लिए हिन्दू धर्मशास्त्रों की बतौर स्रोत आलोचना की गयी थी। इस तरह के विचार पर आज भी विवाद और बहस जारी है। ताराबाई को अपने इस लेखन के लिए समकालीनों, यहाँ तक कि सुधारकों से भी भला–बुरा सुनना पड़ा था। अपने समुदाय से तिरस्कार और निन्दा झेल रही ताराबाई के समर्थन में केवल जोतिराव फुले और सावित्रीबाई फुले सामने आये।

सुल्ताना का सपना नारीवादी यूटोपिया है। मूलतः अंग्रेज़ी में लिखी गयी यह रचना मद्रास से निकलने वाली पत्रिका *इंडियन लेडीज़ मैगज़ीन* में 1905 में छपी थी। यानी अमेरिकी नारीवादी और उपन्यासकार चार्लोट पी. गिलमैन की इसी विधा की कृति *हरलैंड* के प्रकाशन से दस साल पहले। *सुल्ताना का सपना* में लेखिका ने *ऐसे समाज की कल्पना की है जो वास्तविक समाज का ठीक उलटा है। इसमें पर्दे–जैसी स्थिति में पुरुष रह रहे हैं, जबकि स्त्रियाँ*

बाहर–लेडी लैंड–का कामकाज सँभाले हुई हैं। शान्तिप्रिय स्त्रियाँ अपने दिमाग़ का इस्तेमाल कर राजकाज का एक अलग ही रूप सामने रखती हैं। मज़े की बात यह है कि यह विज्ञान कथा (साइंस फ़िक्शन) है, एक नारीवादी विज्ञान कथा, जिसमें कल्पित की गयी दुनिया में औरतें वास्तविक दुनिया की तरह की वैज्ञानिक खोजें और आविष्कार करती हैं। जबकि उस वक़्त औरतों के लिए शायद ही कहीं विज्ञान की पढ़ाई मुमकिन थी। अस्सी और नब्बे के दशक में स्त्री–अध्ययन के विद्वानों ने ऐसी कई रचनाएँ ढूँढ़ निकाली हैं, जिन्होंने अपने समय में समाज में खलबली मचा दी थी और जिन्हें इस कारण रूढ़िवादियों का विरोध झेलना पड़ा था।

इस इकाई में फुले दम्पति द्वारा शुरू किये गये स्कूल, जिसका उल्लेख ऊपर हुआ है, की एक दलित छात्रा मुक्ताबाई साल्वे का लिखा निबन्ध शामिल किया गया है। निबन्ध में उन दिनों मांग और महारों के दयनीय और शोषण भरे जीवन का चित्रण हुआ है। ब्रजरंजन मणि का मत है कि यह किसी दलित लड़की का लिखा पहला दस्तावेज़ हो सकता है। मुक्ता ने हिन्दू धर्म पर भी सवाल उठाया है, जिस तक उसकी पहुँच नहीं थी, लेकिन जिसे मानने की उससे अपेक्षा थी।

कुमकुम संगारी और सुदेश वैद ने *पितृसत्ताओं की पुनर्रचना* में इस हक़ीक़त की ओर ध्यान दिलाने का प्रयास किया है कि भारत में 'परम्परा' और 'आधुनिकता' दोनों ही पितृसत्तात्मक विचारों के वाहक रहे हैं। आधुनिक समाज सुधार आन्दोलन रहे हों, या पश्चिमी संस्कृति की तुलना में पूर्वी संस्कृति (पारम्परिक भारतीय) का महिमामण्डन करते राष्ट्रवादी कार्यक्रम रहे हों, या रूढ़िवादी दक्षिणपन्थी ताक़तों के उभार के कारण धर्म/परम्परा अनुमोदित पितृसत्तात्मक व्यवहारों को मिला पुनर्जीवन हो–इन सबमें स्त्रियों को परम्परा का वाहक मानने की विद्यमान विचारधारा प्रायः असल में हो रहे बदलावों को नज़र में नहीं आने देती; उन्हें धीमा, धुँधला और चुनौती देने का काम करती है। स्त्रीपन प्रायः चयनित और इच्छित होता है न कि वास्तविक सांस्कृतिक निरन्तरता का हिस्सा। संगारी और वैद उत्पादन और पुनरुत्पादन की प्रक्रियाओं में जेंडरगत भेद का मसला उठाती हैं। वे बताती हैं कि सम्पत्तिशाली और सम्पत्तिहीन दोनों वर्गों में उत्पादन और पुनरुत्पादन के दायरों में पितृसत्ता की कैसे पुनरोत्पत्ति होती है।

उनके मुताबिक़ नारीवादी इतिहास लेखन को जेंडर–निर्माण की प्रक्रिया की समझ विकसित करनी होगी। विचारधाराएँ, मान्यताएँ, आचार–व्यवहार किस तरह जुदा जेंडरों का निर्माण करती हैं, इसे समझने के लिए ज्ञान के

पारम्परिक अनुशासनों की सीमाएँ लाँघनी होंगी। वे आगाह करती हैं कि नारीवादी प्रविधि औपनिवेशिक अवधि के दौरान रचे गये निजी और सार्वजनिक दायरे के द्विभाजन को प्रायः प्रदत्त मानकर चलता है। इससे इन दायरों को वजूद में लाने वाली बृहत्तर आर्थिक और वैधानिक प्रक्रियाएँ नज़रअन्दाज़ होकर रह जाती हैं। संगारी और वैद का मत है कि पितृसत्ता नित निरन्तर पुनर्रचित हो रही है। ऐसे में, स्त्री विरोधी आचार–विचार को सामन्ती अवशेष मानकर चलना और इसलिए, वक़्त के साथ इसके स्वतः मिट जाने की प्रत्याशा पालना वाजिब नहीं।

III

तीसरी इकाई में भारत में समकालीन स्त्री–आन्दोलन की शुरुआत पर फ़ोकस किया गया है, जब स्त्रियों के साथ होने वाली हिंसा आन्दोलन के लिए सर्वाधिक महत्त्वपूर्ण मुद्दा बन गया। इसमें हमने शुरुआती स्त्री–आन्दोलन से जुड़े कुछ दस्तावेज़ दिये हैं।

भारत में स्त्री–अध्ययन की शुरुआत सत्तर के दशक में हुई जब भारतीय स्त्री–आन्दोलन का तीसरा चरण शुरू हो गया था। उसी दौरान *समता की ओर* रिपोर्ट आयी थी। 1971 में भारतीय स्त्रियों की हालत में बदलाव का जायज़ा लेने के लिए डॉ. फुलरेनु गुहा (तत्कालीन समाज कल्याण मन्त्री) की अध्यक्षता में गठित समिति ने यह रिपोर्ट तैयार की थी। रिपोर्ट में भारतीय स्त्री की बदहाल स्थिति की भयावह तस्वीर सामने आयी। उसने आशा के उस महल को धराशायी करके रख दिया जिसे यहाँ के नीति–निर्माताओं से लेकर विद्वानों ने इस आधार पर खड़ा किया था कि आज़ाद भारत में स्त्री–पुरुष समता के संवैधानिक प्रावधानों और सरकार की आर्थिक व कल्याणकारी योजनाओं से स्त्रियों की हालत बेहतर हुई होगी। उसके बाद तो नारीवादी अभियानों का सिलसिला–सा चल पड़ा।

कहना न होगा कि समिति के गठन के वक़्त सरकार की विकास योजनाओं से मोहभंग की स्थिति शुरू हो गयी थी। बढ़ती बेरोज़गारी, ग़रीबी, महँगाई, पर्यावरण विनाश और भ्रष्टाचार के मुद्दों पर नये सामाजिक आन्दोलन उभर रहे थे। सरकार को कठघरे में खड़ा किया जाने लगा था। इसके बावजूद कहीं–न–कहीं यह सन्तोष भाव क़ायम था कि विकास सब तक पहुँच रहा होगा और स्त्रियाँ भी लाभान्वित हो रही होंगी। रिपोर्ट के नतीजों ने उस भाव को भंग कर दिया। रिपोर्ट ने यह उजागर किया कि 1901 से 1971 के दौरान लिंगानुपात में गिरावट आयी थी; स्त्रियों की शैक्षणिक स्थिति खराब थी;

कुल श्रम–शक्ति में स्त्रियों का प्रतिशत कम होता गया था; बेरोज़गारी और अल्प–रोज़गारी के कारण स्त्रियों का भारी पलायन हो रहा था; निर्णय लेने वाली संस्थाओं में स्त्रियाँ न के बराबर थीं। रिपोर्ट के नतीजे तो जगज़ाहिर हैं। उन नतीजों तक कैसे पहुँचा गया यानी रिपोर्ट कैसे तैयार हुई, उसकी जानकारी ज़्यादा ज़ाहिर नहीं हो सकी है। हमने यहाँ महिला विकास अध्ययन केन्द्र के 20 साल पूरा करने के अवसर पर प्रकाशित पुस्तिका *मुड़ कर देखते हुए : समता की ओर रिपोर्ट के 30 साल बाद* के कुछ अंश लिए हैं। उनसे गुज़रते हुए पता चलता है कि रिपोर्ट बनाने की राह में कितनी उलझनें, तनाव और चुनौतियाँ आयीं। उक्त पुस्तिका इस रिपोर्ट के तैयार होने की 'अनकही कहानी' कहती है। भारत की विशाल जनसंख्या तथा क्षेत्रीय, सांस्कृतिक और सामाजिक–आर्थिक विविधताओं को देखते हुए स्त्रियों की स्थिति पर आँकड़े जुटाना काफ़ी चुनौती भरा काम था। इसके लिए सरकार और नौकरशाही का सहयोग और साथ ज़रूरी था। लेकिन शुरू से ही समिति के अध्यक्ष ने यह महसूस किया कि उसकी कुछ भी नहीं चल रही है। हालात इतने बिगड़ गये कि समिति के सदस्यों ने एक साथ इस्तीफ़ा दे दिया। सरकार को दबाववश समिति का पुनर्गठन करना पड़ा। पुस्तिका में यह सवाल भी उठाया गया है कि आख़िर *समता की ओर* रिपोर्ट को उसके अध्यक्ष के नाम से क्यों नहीं पुकारा गया, जैसा कि भारत में आमतौर पर चलन रहा है। रिपोर्ट के नतीजे तत्कालीन सत्तारूढ़ पार्टी के पक्ष में नहीं थे। उस वक़्त ख़ुद पार्टी संकट में थी, जिसकी परिणति देश पर आपात्काल लादे जाने के रूप में हुई। भारी राजनीतिक उथल–पुथल के दौर में रिपोर्ट कैसे सामने लायी गयी, उसकी भी एक अलग कहानी है।

बलात्कार विरोधी और दहेज विरोधी अभियानों के क्रम में उभरे नये स्त्री समूहों और सहायता केन्द्रों ने स्त्रियों के साथ होने वाली हिंसा के प्रत्यक्ष और परोक्ष दोनों रूपों को उजागर करना शुरू किया। उन्होंने निजी (परिवार और समुदाय) तथा सार्वजनिक दोनों दायरों में स्त्रियों के साथ होने वाली हिंसा के प्रति व्याप्त चुप्पी और उसे मामूली मानने की प्रबल प्रवृत्ति की ओर ध्यान आकृष्ट किया। पितृसत्ता और नारीवाद जैसी नयी संकल्पनाओं के कारण स्त्री–मुद्दों को नयी दृष्टि से देखा–समझा जाना मुमकिन हो पाया। स्त्री–आन्दोलन जैसे–जैसे विकसित होता गया वैसे–वैसे इसके द्वारा उठाये जाने वाले मुद्दे भी व्यापक होते गये। इसके साथ ही, मुद्दों की जटिलता भी उजागर हुई। इससे नारीवादी कार्यकर्ता इतिहास में और गहरे जाने तथा संस्कृति, परम्परा और धर्म को और भी अच्छे ढंग से समझने की ओर उन्मुख हुए। सती के ख़िलाफ़

अभियान, शाहबानो केस, मुसलमान औरतों के अधिकार सम्बन्धी विधेयक के पारित होने, समान नागरिक संहिता आदि पर फिर बहस छिड़ने और अस्सी के दशक के मध्य में दक्षिणपन्थी ताक़तों के पुनरुत्थान के कारण यह स्पष्ट होने लगा कि जेंडर के निर्माण में संस्कृति और राज्य के स्तर पर धर्म किस तरह काम करता है। स्त्री की परिवार और समुदाय में स्थिति तथा 'घर', 'कमाऊ पुरुष', 'निर्भर पत्नी', 'गृहिणी' जैसी मौलिक संकल्पनाओं की पड़ताल के ज़रिये स्त्री का परिवार के भीतर और बाहर किया जाने वाला काम और श्रम स्त्री समूहों के बहस–मुबाहिसे का केन्द्रबिन्दु बन गया। इसके साथ, इस बात पर भी विचार किया गया कि स्त्री समूहों को स्वायत्त तौर पर संघर्ष करना चाहिए या स्त्रियों के मुद्दों को हरेक आन्दोलन और अभियान के साथ एकीकृत किया जाना चाहिए। देश–भर के स्त्री–आन्दोलनों के बीच समन्वय स्थापित करने, उनके अनुभवों तथा मुद्दों की विविधता और जटिलता को समझने के उद्देश्य से 1980 के बाद होने वाले सम्मेलनों में कई अवधारणाओं पर विवाद हुए, कई शब्दों और पदों के अर्थ को लेकर दुविधा की स्थिति बनी। इसमें एक पद ख़ुद 'स्त्री–आन्दोलन' है। सम्मेलनों में स्त्री कार्यकर्ताओं और स्त्री–अध्ययन के शोधार्थियों–विद्वानों के बीच विद्यमान तनाव, जुड़ाव और अलगाव भी उजागर हुए। क्या स्त्री–अध्ययन के विद्वान कार्यकर्ता हैं? स्त्री–अध्ययन के विद्वानों और कार्यकर्ताओं को एक साथ बनाये रखने के लिए हम क्या कर सकते हैं? इन सब पर हुए बहस–मुबाहिसे और शिक्षा के स्तर पर हस्तक्षेप की ज़रूरत की समझ के कई परिणाम निकले। मसलन नारीवादी परिप्रेक्ष्य से पाठ्यचर्या में बदलाव, स्त्री–अध्ययन के नये केन्द्रों और कार्यक्रमों की शुरुआत। इससे स्त्री–अध्ययन, विद्वत्कर्म के उद्देश्य और स्त्री–आन्दोलन के ध्येय को जोड़ा जा सका। इस इकाई में ऐसे तमाम बहस और मसलों को सम्बोधित करने का प्रयास किया गया है।

लोतिका सरकार, उपेन्द्र बख़्शी, वसुधा धागम्बर और रघुनाथ केलकर ने मथुरा बलात्कार के मामले में सर्वोच्च न्यायालय द्वारा आरोपियों को निर्दोष करार देने के फ़ैसले के विरोध में मुख्य न्यायाधीश के नाम खुली चिट्ठी लिखी थी। उक्त चिट्ठी को इस इकाई में लिया गया है। मथुरा का बलात्कार पुलिस स्टेशन में पुलिसकर्मियों ने किया था। न्यायालय ने अपने फ़ैसले के पक्ष में यह दलील दी थी कि मथुरा ने विरोध नहीं किया था यानी उसकी मर्ज़ी से सब कुछ हुआ था। यह चिट्ठी मर्ज़ी को परिभाषित किये जाने और बलात्कार के क़ानून में सुधार के इतिहास का महत्त्वपूर्ण हिस्सा है। मथुरा के तुरन्त बाद माया त्यागी और रमीज़ा बी के मामले सामने आये, जिन्हें हमने यहाँ शामिल किया है।

ये बलात्कार भी हिरासत में हुए थे। इनमें भी आरोपी पुलिसकर्मी थे। ग़ौर करने वाली बात यह है कि इन सबमें आरोपियों को निर्दोष करार देने के उद्देश्य से पीड़िताओं को झूठा साबित करने के प्रयास किये गये। रमीज़ा बी के मामले में पीड़िता को झूठा नहीं साबित किया गया। यानी उसके साथ बलात्कार हुआ था इस बात को तो स्वीकार किया गया। लेकिन उसके चरित्रहीन होने का हवाला देकर आरोपियों को दोषमुक्त कर दिया गया।

मानुषी के प्रवेशांक के सम्पादकीय में बड़े ही सटीक और सारगर्भित ढंग से वे मसले उठाये गये हैं, जिनकी स्त्रियों की वंचित, उपेक्षित और शोषित स्थिति को समझने के लिए जाँच–पड़ताल ज़रूरी है। इसमें न केवल प्रत्याशित समाज की तस्वीर उकेरी गयी है बल्कि उसके निर्माण के लिए आवश्यक पहल पर भी विचार किया गया है। इसमें स्त्रियों के बीच जाति, वर्ग, धर्म, शिक्षा, पेशा, क्षेत्र और अन्य कई ऐतिहासिक कारकों के आधार पर विद्यमान भिन्नताओं का उल्लेख किया गया है लेकिन इस बात पर ज़ोर देते हुए कि स्त्री होने के नाते सभी स्त्रियों को एक समान भेदभाव, शोषण और असमानता झेलनी पड़ती है। यही वह तथ्य है जो सभी स्त्रियों में एकता के भाव और साझे संघर्ष की सम्भावना को मुमकिन करता है। सत्तर के दशक में लिखे गये इस सम्पादकीय में समतामूलक और न्यायमूलक समाज के निर्माण के लिए ग़रीब, ग्रामीण और आदिवासी स्त्रियों के संघर्ष के साथ खड़े होकर सामूहिक संघर्ष की ज़रूरत पर ज़ोर दिया गया है। इसके मुताबिक़ स्त्री–प्रश्न महज़ अधिक रोज़गार, अधिकार और अवसर की माँग तक ही सीमित न होकर नये समाज का अक्स गढ़ने और उसके निर्माण के प्रयास तक विस्तृत है।

नारीवादी विश्लेषण के लिए परिवार स्त्रियों की अधीनता के प्रमुख स्थल के रूप में केन्द्रीय रहा है। स्त्रियाँ परिवार के भीतर ख़ुद को अन्तर्विरोधी स्थिति में पाती हैं। यहाँ उन्हें भावनात्मक और आर्थिक सुरक्षा मिलती है। लेकिन साथ ही उन्हें असमानता, दबाव, अधिकारहीनता और हिंसा भी झेलनी पड़ती है। परिवार का यह दोहरा चरित्र इस इकाई में शामिल 'महज़ पारिवारिक मामला' में पूरी शिद्दत से व्यक्त हुआ है। वास्तव में यह जनहित याचिका है जिसे 1982 में एक बेटी ने अपने पिता के ख़िलाफ़ दायर किया था। दूसरे समुदाय के लड़के से प्रेम–विवाह करने के उसके फ़ैसले के कारण पिता ने प्रताड़ित करना और डराना–धमकाना शुरू कर दिया था। पिता के ख़िलाफ़ बेटी का यह क़दम बड़ा ही साहस भरा था। इसमें उसे कुछ एक्टिविस्टों ने सहयोग किया था। याचिकाकर्ता ने संविधान प्रदत्त मौलिक अधिकारों का हवाला देते हुए जीवन की सुरक्षा, आवाजाही, चैन से जायज़ पेशा अपनाने और क़ानूनी

करार करने (इस मामले में विवाह) के अपने अधिकारों की रक्षा की माँग की थी। याचिका में स्त्रियों के जीवन के नियन्त्रण, ख़ासकर विजातीय विवाह के मामले में परिवार और समुदाय के हिंसा की हद तक उतर जाने के मसले को ज़ोरदार ढंग से उठाया गया। ग़ौरतलब है कि इसमें विवाह के मुद्दे को परम्परा, संस्कृति और परिवार व समुदाय के तार्किक घेरे से निकालकर जनतान्त्रिक और नागरिक अधिकारों के सन्दर्भ में उठाया गया था।

परिवार में स्त्रियों की अन्तर्विरोधी स्थिति से ही सम्बन्ध रखती रिपोर्ट 'चारदीवारी के भीतर' अपनी तरह की अकेली रिपोर्ट है जिसे पीयूडीआर जैसे जनतान्त्रिक अधिकार संगठन ने तैयार किया। रिपोर्ट में यह बात सामने आयी कि कैसे परिवार अपने–आप में जनतन्त्र–विरोधी संस्था है, जहाँ स्त्रियों को हर रोज़ नज़रअन्दाज़ किया जाता है, जबरन काम करना पड़ता है और हिंसा झेलनी पड़ती है; कैसे परिवार की धार्मिक और सामाजिक परम्पराओं से नियन्त्रित निजी दायरे की धारणा को जारी रखा गया, ताकि इसके भीतर मौजूद असमानता और अन्याय पर क़ानून का कोई वश न चले। परिवार की इस तरह की धारणा के कारण ही पुलिस और न्यायालय स्त्रियों के साथ होने वाली हिंसा के प्रति पूर्वाग्रह रखते हैं, जिसकी परिणति स्त्रियों के लोकतान्त्रिक अधिकारों के हनन के रूप में होती है। इन अधिकारों की रक्षा और बहाली को संविधान और राज्य के दायित्व के तहत रखते हुए रिपोर्ट में राज्य पर तंज़ कसा गया है, जो अपने दायित्व का निर्वाह न करने के कारण स्त्रियों के जीवन को और भी ज़्यादा असुरक्षित कर देता है।

इस इकाई में उपरोक्त रिपोर्ट के बाद कुछ एक्टिविस्टों के आलेख शामिल किये गये हैं, जिन्होंने ज़मीन और पर्यावरण जैसे मुद्दों पर आन्दोलनों में भाग लेने के क्रम में वहाँ भी पितृसत्ता को मौजूद पाया। गोविन्द केलकर और चेतना गाला ने अपने आलेख *बोधगया भूमि संघर्ष* में भूमि सम्बन्धों और स्त्रियों की सामाजिक स्थिति का विश्लेषण किया है। उन्होंने यह प्रदर्शित किया है कि कैसे आन्दोलन में भू–सम्पत्ति पर स्त्रियों का अधिकार, घरेलू काम और स्त्री श्रम जैसे मसले हाशियाकृत हो जाते हैं। उन्होंने पितृस्थानिक आवास नियमों पर भी सवाल उठाया जो पुरुषों के पक्ष में सम्पत्ति संचय और स्त्रियों की पराधीनता को सुनिश्चित करते हैं।

उपरोक्त सन्दर्भ में सत्तर के दशक के आख़िरी अवधि में लिखे ये तीन आलेख (इस संकलन में सबको शामिल नहीं किया जा सका है) बड़े महत्त्वपूर्ण हो जाते हैं–बोधगया आन्दोलन पर मणिमाला का लिखा *ज़मीन किनकर? जोते उनकर!*, गोपा जोशी का लिखा *स्लेंडर्ड बाई द कम्युनिटी इन रिटर्न*

और सुन्दरलाल बहुगुणा का लिखा *वीमेंस नॉन–वायलेंट पावर इन द चिपको मूवमेंट*। स्त्री–अध्ययन के ये तीन आलेख सभी विद्यार्थियों के लिए ज़रूरी और मास्टरपीस हैं। इनसे उन्हें बड़े जन–आन्दोलनों में स्त्रियों की भागीदारी से जुड़े मसलों की जानकारी मिलेगी। उन्हें पता चलेगा कि कैसे घरेलू काम और हिंसा स्त्रियों की भागीदारी की राह के रोड़े थे; निर्णय लेने के स्तर पर उनकी भागीदारी कितनी नगण्य थी; कैसे उन आन्दोलनों में जेंडर के आधार पर श्रम–विभाजन, परिवार के भीतर व बाहर स्त्रियों के साथ होने वाली हिंसा आदि स्त्री मुद्दे आन्दोलन के 'मुख्य' मुद्दे के बरअक्स कम करके आँके गये; शराब विरोधी आन्दोलन हमेशा क्यों स्त्रियों ने ही शुरू किया।

कुछ कारणों से हम मणिमाला का उपरोद्धृत आलेख शामिल नहीं कर पाये लेकिन यहाँ उसका ज़िक्र करना ज़रूरी है। मणिमाला ने यह ज़ाहिर किया है कि आन्दोलन में भाग लेने के दौरान कैसे स्त्रियों को यह बात समझ में आयी कि पुरुष उन्हें न तो नेतृत्वकारी भूमिका में देखना चाहते थे और न ही उनके जीवन से जुड़े मसलों को प्राथमिकता देने के लिए तैयार थे। समाज में स्त्री–पुरुष सम्बन्धों पर सवाल उठाने वाली स्त्रियों को घर में अपने पुरुषों की हिंसा झेलनी पड़ती थी। ये वे पुरुष थे जो स्त्रियों को ज़मीन के आन्दोलन में अग्रणी भूमिका में रखने के हिमायती थे। कारण उन्हें यह भलीभाँति मालूम था कि स्त्रियों की शिरक़त के बिना वे अपने मक़सद में कामयाब नहीं हो सकते थे। बोधगया संघर्ष में घरेलू कामकाज में पुरुषों के हाथ बँटाने, शराबबन्दी, और पत्नी की पिटाई के मुद्दे कई बैठकों में उठाये गये, लेकिन उन्हें ज़मीन के मसले की तुलना में कम तवज्जो दी गयी। जो स्त्रियाँ दोनों ही मोर्चों पर संघर्षरत थीं वे सोच में पड़ गयीं कि जब पुरुष भूमिहीन हैं तब उनका स्त्रियों के साथ इतना बुरा व्यवहार है, क्या होगा जब उन्हें ज़मीन मिल जायेगी? स्त्रियों के लिए अलग समिति बनाने और ज़मीन पर मालिकाना हक़ में स्त्रियों की साझेदारी की उनकी माँग ज़्यादा दूर तक नहीं जा पायी, लेकिन जो थोड़ा कुछ वे हासिल कर पायीं वे उनके लिए मायने रखता था। स्त्री–अध्ययन के सभी विद्यार्थियों को स्त्रियों के *शिविर* में पारित किये गये प्रस्तावों पर एक नज़र डालनी चाहिए। *शिविर* का आयोजन स्त्रियों के मुद्दों पर विचार करने, रणनीति बनाने और जागरूकता का आकलन करने के लिए किया गया था जिसमें विभिन्न गाँवों से लगभग 500 स्त्रियाँ भाग लेने आयी थीं। मणिमाला ने अपने आलेख में राज्य की दमनात्मक प्रकृति को भी उकेरा है, जो आजीविका और सम्मान से जीने के अधिकार के लिए किये गये शान्तिपूर्ण आन्दोलनों के मामले में भी खुलकर सामने आयी। स्त्रियों को प्रायः यौनिक हमले (शाब्दिक और शारीरिक) झेलने पड़े।

सुन्दरलाल बहुगुणा और गोपा जोशी के आलेख में चिपको आन्दोलन के दौरान और बाद में स्त्रियों के प्रति पुरुषों की प्रतिक्रिया ज़ाहिर हुई है। इस आन्दोलन में जंगल बचाने के लिए स्त्रियों ने जो बहादुरी दिखलाई थी उसके क़िस्से ख़ूब प्रचलित हैं। लेकिन इसके लिए उन्हें जो तिरस्कार, अपमान और हमले झेलने पड़े, इससे लोग कम वाक़िफ़ हैं। बोधगया आन्दोलन की तरह ही इसमें भी जिन स्त्रियों ने नेतृत्वकारी भूमिका में आने की कोशिश की उन पर उनके समुदाय के साथ–साथ आन्दोलन के भीतर से भी हमले किये गये। सुन्दरलाल बहुगुणा ने नीति–निर्माताओं की ग्रामीण ग़रीबों के प्रति बरती जाने वाली उदासीनता की तरफ़ ध्यान खींचा है। इससे सबसे ज़्यादा ग़रीब तबकों की स्त्रियाँ प्रभावित होती हैं। बहुगुणा ने लिखा है कि आन्दोलन में स्त्रियों ने मिट्टी, पानी और बयार को बचाने के जो नारे बनाये थे वे उनकी रोज़मर्रा के जीवन के अनुभवों से उपजे थे न कि किसी वैज्ञानिक शोध से। उनमें से एक नारे में तो यहाँ तक कहा गया कि चारा, जलावन और पानी को ध्यान में न रखकर बनाई गयी योजना 'अन्धी योजना' है।

ये संघर्ष स्त्रियों के मसलों और आकांक्षाओं की सामूहिक अभिव्यक्ति होने के लिहाज़ से महत्त्वपूर्ण हैं। स्त्री–आन्दोलन के तीसरे चरण के शुरुआती दौर के इन संघर्षों के वृत्तान्त इस मिथक को भी तोड़ते हैं कि 1970 के दौरान स्त्री–आन्दोलन का नेतृत्व मुख्य तौर पर शहरी स्त्रियों ने किया था। जैसा कि पहले भी हमने ज़िक्र किया है, स्त्रियाँ केवल स्त्री–आन्दोलनों में भाग नहीं ले रही थीं बल्कि वे आजीविका और इसके स्रोतों जैसे मुद्दों के आन्दोलनों में भी बढ़–चढ़ कर हिस्सा ले रही थीं। स्त्रियों की इस भागीदारी के मायने क्या थे? इन आन्दोलनों में स्त्रियों के सवालों को उठाने की परिणति क्या हुई? इन पर इलिना सेन ने अपने पर्चे में अलग परिप्रेक्ष्य से विचार किया है। इलिना के मुताबिक़ स्त्रियों की राजनीतिक भागीदारी के लिहाज़ से वह दौर ऐतिहासिक था। लेकिन वे संख्या और ऊर्जस्विता के अलावा अन्य पक्षों पर भी ग़ौर करने की बात करती हैं। उन दिनों एआइडब्ल्यूसी, वाईडब्ल्यूसीए और राजनीतिक पार्टियों से जुड़े स्त्री संगठनों में फिर से जान आयी। साथ ही, कई नये स्वायत्त स्त्री संगठन वजूद में आये। इसके अलावा, साठ के दशक की राजनीतिक और सांगठनिक अशान्ति ने भी सक्रियता के नये चरण के लिए अनुकूल परिवेश मुहैया किया जो कई लिहाज़ से काफ़ी रैडिकल था। इलिना उन हालात पर ग़ौर करने के लिए कहती हैं जिनमें स्त्रियाँ (ख़ासकर पार्टी, ट्रेड यूनियन और अन्य स्थापित संगठनों में) सक्रिय हो रही थीं या कि जा रही थीं। उनका पर्चा जन–आन्दोलनों में स्त्रियों की भागीदारी,

उनकी सक्रियता के रूप, नेतृत्व और स्त्रियों के परिप्रेक्ष्य से संघर्ष के मुद्दे तय किये जाने पर दूसरी/समग्र अन्तर्दृष्टि प्रदान करता है। वे लिखती हैं कि नारीवाद की पारम्परिक अवधारणा के हिसाब से इन आन्दोलनों में स्त्रियों की भागीदारी से पितृसत्ता पर सीधा प्रहार होता भले न दिखलाई देता हो, लेकिन उनका पारम्परिक घरेलू भूमिकाओं से बाहर निकलकर सामाजिक दायरे में सक्रिय ज़िम्मेदारी उठाने के लिए आना अपने–आप में पितृसत्ता को चुनौती देने की शुरुआत का प्रतीक था। लेकिन इन सभी संघर्षों में आर्थिक और आजीविका के मसलों के साथ–साथ पारिवारिक हिंसा और घरेलू कामकाज में हाथ बँटाने का मुद्दा भी उतना ही वास्तविक बना रहा।

राधा कुमार ने *चिपको से सती तक : समकालीन महिला आन्दोलन* में सत्तर और अस्सी के दशक में चले विभिन्न अभियानों का लेखा–जोखा प्रस्तुत किया है। उन्होंने दिखाया है कि इन अभियानों से नारीवादी विचार का मार्ग कैसे प्रशस्त हुआ। वाम से लेकर अन्य राजनीतिक पार्टियों के आचार–विचार की आलोचना का माहौल पैदा करने में ऐसे अभियानों की क्या भूमिका रही। इस बात पर भी बहस छिड़ी कि तदजन्य स्त्री संगठनों को राजनीतिक पार्टियों के साथ जुड़कर चलना चाहिए या अलग। इसके साथ ही, स्त्रियों के साथ होने वाली हिंसा के ख़िलाफ़ शुरू किये गये अभियानों और स्त्रियों के दमन व उनके प्रति होने वाले भेदभाव को दृश्य करने और उन पर आमतौर पर व्याप्त चुप्पी को तोड़ने के उद्देश्य से उन्हें लोगों के बीच ले जाने के क्रम में नारीवादी कार्यकर्ता 'परम्परा' और 'रूढ़ियों' की पुनर्व्याख्या की ओर प्रवृत्त हुए। राधा कुमार बताती हैं कि इन तमाम अभियानों की लिखित प्रचार सामग्री किस तरह स्त्री–विषयक साहित्य के विकास का पहला चरण सिद्ध हुई। मीडिया में महिला आन्दोलन को अच्छी–ख़ासी जगह दी जाने लगी। इन सबने आइसीसीआर, सीडब्ल्यूडीएस, और एसएनडीटी जैसी संस्थाओं में स्त्री–अध्ययन के फलने–फूलने की पीठिका तैयार की।

IV

इन दिनों स्त्री–अध्ययन एक अजीब विरोधाभास में फँसा हुआ है। एक तरफ़ जहाँ इसका विस्तार हो रहा है, वहीं दूसरी तरफ़ इसे अपने भीतर के साथ–साथ बाहर (विश्वविद्यालय) से विरोध का सामना करना पड़ रहा है। हाल ही में दिल्ली विश्वविद्यालय में चार वर्षीय स्नातक पाठ्यक्रम लागू किया गया है। इसका सबसे बड़ा ख़मियाज़ा स्त्री–अध्ययन को भुगतना पड़ रहा है। समाजशास्त्र की सभी श्रेणियों–मेजर, माइनर और एप्लाइड में इसे महज़ एक

पेपर के रूप में सीमित कर दिया गया है। केवल अंग्रेज़ी और दर्शनशास्त्र में इसे मेजर श्रेणी में रखा गया है। राजनीतिशास्त्र में मेजर श्रेणी में रखे जाने की भारी माँग को दरकिनार करते हुए इसे केवल माइनर में जगह दी गयी है। पत्रकारिता, अर्थशास्त्र, इतिहास और हिन्दी में तो किसी भी श्रेणी में इसे एक पेपर के रूप में भी रखना ज़रूरी नहीं समझा गया। दिल्ली विश्वविद्यालय में सभी विद्यार्थियों के लिए अनिवार्य घोषित किये गये 11 फ़ाउंडेशन पाठ्यक्रमों में भी स्त्री मुद्दों को पढ़ने–पढ़ाने का कोई प्रबन्ध नहीं किया गया है। ध्यान देने की बात है कि इस विश्वविद्यालय में अभी तक स्त्री–अध्ययन विभाग नहीं है और न ही इस विषय में स्नातकोत्तर की व्यवस्था है। दिल्ली विश्वविद्यालय जैसे केन्द्रीय शिक्षा संस्थान में स्त्री–अध्ययन का पारम्परिक पाठ्यक्रमों में बतौर पेपर सम्मिलित न किया जाना अथवा अलग से इसका अपना विभाग न होना और कुछ नहीं बल्कि इसके प्रति व्याप्त घोर उदासीनता और विरोध की ओर संकेत करता है।[4]

ये तो हाल–फिलहाल की बातें हैं। इससे पूर्व, स्थापित विद्वानों ने इस पर एकान्तिक होने का दोषारोपण किया और शिकायत की कि इसमें पुरुषों को दरकिनार किया जाता है। हालाँकि इस तरह के उद्‌गार केवल दो जाने–माने समाजविज्ञानियों ने सरेआम व्यक्त किये, लेकिन इसमें दो राय नहीं कि वे इस तरह की राय रखने वाले कई और विद्वानों की एवज़ में भी बोल रहे थे। पुरुषों को बाहर रखने के अलावा उन्होंने भारतीय स्त्री–अध्ययन पर दूसरा बड़ा आरोप यह लगाया कि इसका बौद्धिक सहारा उत्तर–आधुनिकता है और यह पश्चिम के विद्वानों के कार्यों को अपने स्रोत के रूप में इस्तेमाल करता है। उक्त बहस को चौथी इकाई में शामिल किया गया है। इसमें हम उन दोनों विद्वानों के आलेख नहीं ले पाये। नारीवादी विद्वानों ने उनके आरोपों पर कड़ी प्रतिक्रिया दर्ज की और यह ज़ाहिर किया कि हमारे उन पुरुष समाजशास्त्रियों का भारतीय स्त्री–अध्ययन का ज्ञान कितना अपूर्ण था। ग़ौरतलब है कि नारीवादियों की ओर से जवाब देने वालों में पुरुष विद्वान भी शरीक़ हुए। इससे भारतीय स्त्री–अध्ययन ने मुख्यधारा के समाजशास्त्रीय अनुशासनों में अपने लिए जो जगह बनायी उसका, और साथ ही, ख़ुद उसकी अपनी नव–अर्जित ज़मीन का स्पष्ट इज़हार हुआ।

स्त्री–अध्ययन ने अपने चार दशक पूरे कर लिए हैं। इतना समय तनिक रुककर आत्मावलोकन करने, अपनी उपलब्धियों और चुनौतियों का लेखा–जोखा करने के लिए पर्याप्त होता है। अभी हमारे सामने कई सवाल हैं। कुमुद शर्मा, मैत्रेयी कृष्णराज, लीला गुलाटी और उमा चक्रवर्ती के आलेखों

में ऐसे ही कुछ सवालों पर विचार किया गया है। उन्होंने 'स्त्री–अध्ययन आन्दोलन' के भीतर उभरी प्रवृत्तियों के मूल्यांकन की ज़रूरत पर ज़ोर दिया है। लीला गुलाटी और उमा चक्रवर्ती ने इस तथ्य की तरफ़ भी ध्यान दिलाया है कि स्त्री–अध्ययन के विकासक्रम में जो बेहतरीन लेखन सामने आये हैं, उनमें से ज़्यादातर उन महिला अकादमिकों के हैं जो किसी स्त्री–अध्ययन केन्द्र का हिस्सा नहीं रही हैं।

1985 में स्थापित अन्वेषी स्त्री–अध्ययन शोध केन्द्र की कहानी में एक ऐसे स्वायत्त सांस्थानिक मंच बनाने की इच्छा व्यक्त हुई है जहाँ अकादमिक और एक्टिविस्ट दोनों एक जगह काम कर सकें। हालाँकि इसके संस्थापक सदस्यों में से अधिकांश विश्वविद्यालय और अन्य संस्थानों से जुड़े थे, लेकिन वे सब एक ऐसी जगह बनाने के ख़याल से इकट्ठे हुए थे जो औपचारिक संस्थानों से हटकर हो; जहाँ शोध–अध्ययन की चाहत रखने वालों के लिए औपचारिक संस्थानों की तरह कोई वांछित शैक्षणिक योग्यता ज़रूरी न हो। यह एक बड़ी चुनौती थी जिसका लीला गुलाटी ने भी ज़िक्र किया है।

एक बड़ा मसला इस प्रयास में पुरुषों को भी साथ जोड़ने का है ताकि इस क्षेत्र में उत्पन्न हो रहा नया श्रम–विभाजन ख़त्म किया सके (उमा के शब्दों में) और बेहतर विद्वत्कर्म के साथ–साथ समाज की ज़्यादा समग्र समझ मुमकिन हो सके।

उपरोक्त मसलों के अलावा एक बड़ी समस्या इस विषय में पाठ्य सामग्री की कमी है। कक्षा में विद्यार्थियों और शिक्षकों दोनों के ही काम आने लायक उपयुक्त पाठ्य सामग्री निर्माण की दिशा में यथेष्ट प्रयास नहीं किया जा सका है। इसका कारण अत्यन्त विशेषीकृत अकादमिक और बौद्धिक लेखन की तुलना में सरल पाठ्य सामग्री लेखन को अकादमिक दृष्टिकोण से तुच्छ समझे जाने की व्याप्त मनोवृत्ति है। हिन्दी और अन्य भारतीय भाषाओं में पाठ्य सामग्री का घोर अभाव है। हालाँकि पुणे स्थित सावित्रीबाई फुले स्त्री–अध्ययन केन्द्र मराठी में उत्कृष्ट पाठ्य सामग्री सृजन की अनूठी राह पर चल पड़ा है। स्त्री–अध्ययन और भाषा के सवाल पर विजय ने अपने पर्चे में विचार किया है।

स्त्री–अध्ययन और स्त्री–आन्दोलन के समक्ष खड़े समकालीन मुद्दों और चुनौतियों को मैरी जॉन ने अपने पर्चे *स्त्री–अध्ययन : विरासत और भविष्य* में बहुत ही बढ़िया ढंग से उठाया है। स्त्री–अध्ययन के प्रवर्तक विद्वानों और कार्यकर्ताओं के कार्यों का उल्लेख करते हुए उन्होंने अपने पर्चे में इस बात की तरफ़ ध्यान दिलाया है कि युवा पीढ़ी को इस विरासत से अवगत कराया जाना चाहिए। स्त्री–अध्ययन में ख़ूब शोध–अध्ययन हुए हैं, लेकिन इनकी समीक्षा की

कोशिश शायद ही की गयी है। ये शोध किस प्रकार के हैं, इनकी मूल्यवत्ता या उपयोगिता क्या है, ये सवाल नहीं उठाये जा रहे हैं। जहाँ अभी तक यह शंका दूर नहीं हुई है कि कहीं यह एक पृथक् स्पेस (घेटो) बनकर तो नहीं रह गया है, वहीं इसके लिए और भी अधिक वित्तीय सहायता उपलब्ध करने की माँग बढ़ती ही जा रही है। विरासत पर बात करते हुए मैरी ने नीरा देसाई और वीना मजूमदार के लिखे लम्बे आलेख *फ्रॉम वीमेंस एजुकेशन टू वीमेंस स्टडीज़ : ए लॉन्ग ड्रॉन स्ट्रगल फॉर लेजिटीमेसी एंड इंफ्लुएंस* का ज़िक्र किया है। इसमें स्त्री–आन्दोलन में आये बड़े मोड़ों और शैक्षिक बहस में आये महत्त्वपूर्ण बदलावों का इनके स्त्री–अध्ययन के प्रादुर्भाव पर पड़े प्रभावों के सन्दर्भ में विचार किया गया है। इसमें इस बात की पड़ताल की गयी है कि आज़ादी के बाद भारत में सत्तर के दशक के मध्य तक शिक्षा के प्रति अपनाये गये रुख़ में स्त्री समता, राष्ट्र के विकास में स्त्री की भागीदारी और शिक्षा के विकास—इन तीनों के आपसी जुड़ाव को किस तरह नज़रअन्दाज़ किया जाता रहा; कैसे आपात्काल के बाद आइसीएसएसआर और एसएनडीटी में स्त्री शिक्षा की बजाय ख़ासकर ग़रीब और अशिक्षित–'स्त्रियों का जीवन और उनके अनुभव' अकादमिक चिन्ता का उचित केन्द्र बिन्दु हो गये; कैसे ये बदलाव और इनसे उपजा नया परिप्रेक्ष्य उच्च शिक्षा में स्त्री–अध्ययन की शुरुआत का सबब बनता गया।

मैरी के मुताबिक़ ज्ञान के इस क्षेत्र में हुए विकास का आलोचनात्मक मूल्यांकन किया जाना ज़रूरी है। उन्होंने नब्बे के दशक में राज्य के उदारीकरण की राह पकड़ने और दक्षिणपन्थी हिन्दू राष्ट्रवाद के उभार के कारण बदली परिस्थितियों और उनके शैक्षणिक संस्थानों पर पड़े प्रभावों, ख़ासकर जिनमें स्त्री–अध्ययन का बसेरा है, की ओर भी ध्यान दिलाया है। मैरी ने मुख्यधारा के ज्ञानानुशासनों के स्त्री–अध्ययन पर पड़े प्रभावों और स्त्री–अध्ययन के पृथक्करण सम्बन्धी मसले को भी विचारणीय माना है। वे बताती हैं कि इस विषय के शिक्षाशास्त्रीय पहलू पर ज़्यादा ध्यान नहीं दिया गया है।[5]

स्त्री-अध्ययन केन्द्रों की समस्याएँ

स्त्री–अध्ययन केन्द्रों की स्थिति डाँवाडोल रहती है। विश्वविद्यालय अनुदान आयोग इन्हें पद आवंटित करने अथवा वित्तीय सहायता प्रदान करने का निर्णय योजना (प्लान) के हिसाब से करता है। ऐसा लगता है कि आयोग भी स्त्रियों को कमतर आँकने की प्रचलित रूढ़ि का अनुसरण कर रहा है। नतीजतन स्त्री–अध्ययन केन्द्र महज़ औपचारिकता निभाने वाले स्थल मात्र होकर रह गये हैं। वे विश्वविद्यालय तन्त्र को चुनौती देने के अपने मूल ध्येय को पूरा नहीं

कर रहे हैं या *ऐसा कर पाने की स्थिति* में नहीं हैं। यहाँ वेंडी ब्राउन का इस सन्दर्भ में महत्त्वपूर्ण हस्तक्षेप करता आलेख उल्लेखनीय है। हमने उसे प्रस्तुत संकलन में शामिल नहीं किया है। उक्त आलेख में वेंडी ने स्त्री–अध्ययन के प्रति ज़्यादा आलोचनात्मक रुख़ अपनाने के लिए विचारोत्तेजक तर्क पेश किये हैं। यह एक प्रकार से स्त्री–अध्ययन के शुरू किये जाने के मूल उद्देश्य से विचलन है। कहना न होगा कि अमेरिकी विश्वविद्यालयों में स्त्री–अध्ययन की शुरुआत रैडिकल स्टूडेंट आन्दोलन के समय हुई थी। उस आन्दोलन ने नस्ल, जातीयता, जेंडर, यौन रुचि और अन्य अल्पसंख्यक अध्ययन के नये विषयों की शुरुआत के लिए अनुकूल माहौल बनाया था। वेंडी ब्राउन पूछती हैं कि स्त्री–अध्ययन नयी चुनौतियों का सामना कैसे कर रहा है। यह किस दिशा में जा रहा है? जो बदलाव आ रहे हैं उनके लिए विभाग तैयार हैं या नहीं?[6]

भारतीय सन्दर्भ में दूसरे क़िस्म की चुनौतियाँ सामने आ रही हैं। उदारीकरण के बाद हाशियाकृत पृष्ठभूमि के विद्यार्थियों की संख्या बढ़ने के कारण कक्षाओं की आन्तरिक बनावट में तब्दीली आयी है। इन नवागन्तुकों के अपने सरोकार, अपनी चिन्ताएँ हैं इसलिए कक्षा के भीतर कई तरह के पुनरावलोकन होते देखने को मिल रहे हैं।

स्त्री–अध्ययन केन्द्रों की एक बड़ी चुनौती रोज़गार के अवसरों की कमी भी है।

भारत में स्त्री–अध्ययन केन्द्र को शुरू करने और जारी रखने में विश्वविद्यालय अनुदान आयोग की निर्णायक भूमिका रही है। इसलिए स्त्री–अध्ययन की हालत इसके प्रति सरकार के रुख़ के हिसाब से बदलती रहती है। सबसे पहली बात तो यह कि इन केन्द्रों का अस्तित्व बेहद नाज़ुक डोर के सहारे अटका हुआ है। कारण यह पूरी तरह से विश्वविद्यालय अनुदान आयोग की मर्ज़ी पर निर्भर करता है कि वह इन केन्द्रों को वित्तीय सहायता देना जारी रखे या बन्द कर दे। हाल के सालों में भारतीय संस्कृति के 'अनुरूप' बनाने की बात करते हुए स्त्री–अध्ययन का नाम बदलकर परिवार–अध्ययन करने के भी प्रयास हुए। इसके पीछे ख़ास वैचारिक आग्रह काम कर रहे थे। हद तो तब हो गयी जब कुछ महीने पहले हमें यह सुनने को मिला कि स्त्री–अध्ययन का पाठ्यक्रम 'संस्कारी बहू' तैयार करने के उद्देश्य से तैयार किया जाना चाहिए। हमारे समक्ष कई चुनौतियाँ हैं। विद्यार्थियों की पृष्ठभूमि में भारी विविधता आयी है। निजी विश्वविद्यालय तेज़ी से फैल रहे हैं। विश्वविद्यालय में अस्थायी नियुक्तियों के चलन ने ज़ोर पकड़ रखा है।

तो क्या हमें निराश हो जाना चाहिए? हरगिज़ नहीं। कक्षाएँ हमेशा से सम्भावना से भरपूर स्थल रही हैं। क्या हम स्त्री–अध्ययन की रैडिकल धार को बरकरार रखने के लिए इनका उपयोग कर सकते हैं? 2011 में वर्धा में हुए स्त्री–अध्ययन सम्मेलन में शर्मिला रेगे ने बड़े ही ज़ोरदार ढंग से कहा था, 'कक्षाएँ अभी भी जीवन्त और सम्भावनाओं से भरपूर स्थल हैं! हमें इनका उपयोग करना चाहिए'।

टिप्पणियाँ

1. मर्सिया वेस्टकॉट (1983), 'वीमेंस स्टडीज़ एज ए स्ट्रैटजी फॉर चेंज : बिटवीन क्रिटिसिज़्म एंड विज़न', ग्लोरिया बोल्स और रेनाटे ड्यूली क्लाईन (सं.), *थियरीज़ ऑफ़ वीमेंस स्टडीज़*, रूटलेज एंड केगन पॉल, बॉस्टन : 211
2. उमा चक्रवर्ती और कुमकुम रॉय (1988), 'इन सर्च ऑफ़ अवर पास्टः प्रॉब्लम्स एंड पॉसिबिलिटीज़ फॉर ए हिस्ट्री ऑफ़ वीमेन इन अर्ली इंडिया', *इकोनॉमिक एंड पॉलिटिकल वीकली*, खण्ड 23, अंक 8, स्त्री–अध्ययन विशेषांक, 30 अप्रैल।
3. शर्मिला रेगे (1997), 'इंस्टीट्यूशनल एलायंस बिटवीन सोशियोलॉजी एंड जेंडर स्टडीज़ : स्टोरी ऑफ़ क्रोकोडायल एंड मंकी', *इकोनॉमिक एंड पॉलिटिकल वीकली*, खण्ड 32, अंक 32, 9 अगस्त; और वही (1995), 'फ़ेमिनिस्ट पेडागोजी एंड सोशियोलॉजी फॉर एमेंसीपेशन इन इंडिया', *सोशियोलॉजिकल बुलेटिन*, खण्ड 44, अंक 2, सितम्बर।
4. बाद में फिर से 3 साल वाला कार्यक्रम लागू किया गया और स्नातक स्तर पर सत्र व्यवस्था के साथ–साथ विभिन्न अनुशासनों के कोर्सों की संरचना में बदलाव किये गये।
5. दीप्ता भोग ने इस सवाल पर अपने पर्चे में तफ़सील से विचार किया है, जिसे हमने इस संकलन में शामिल किया है। देखें, इकाई 1, अध्याय 2
6. वेंडी ब्राउन (1997), 'द इंपॉसिबिलिटी ऑफ़ वीमेंस स्टडीज़', *डिफरेंस : ए जर्नल ऑफ़ कल्चरल स्टडीज़*, खण्ड 9, अंक 3

इकाई–I

स्त्री–अध्ययन क्यों?

स्त्री-अध्ययन क्यों? कुछ नारीवादी परिप्रेक्ष्य

मैत्रेयी कृष्णराज

•

अनुवाद : **अपर्णा दीक्षित**

ज्ञान के अन्य अनुशासनों की तरह स्त्री–अध्ययन को भी उसकी ज़रूरत ने वजूद में लाया। इसकी शुरुआत इस सोच के साथ हुई है कि स्त्रियों की समाज में जैसी स्थिति होनी चाहिए वैसी वास्तव में है नहीं। उनके साथ भेदभाव बरता जाता है। उनका उत्पीड़न होता है। इस हक़ीक़त के प्रति ज्ञान के पारम्परिक अनुशासन उदासीनता बरतते हैं। उन्हें स्त्रियों की स्थिति बेहतर करने में कोई दिलचस्पी नहीं है। इसलिए स्त्री–अध्ययन जैसा ज्ञानानुशासन वजूद में आता है। यह चाहकर भी तटस्थ और अराजनीतिक नहीं हो सकता है। इसे कई तरह से परिभाषित किया जाता है। मिसाल के लिए, 'स्त्रियों के परिप्रेक्ष्य से स्त्रियों का अध्ययन'; स्त्रियों के दृष्टिकोण से स्त्रियों के जीवन का अध्ययन इत्यादि।

स्त्री–अध्ययन की प्रेरक शक्ति नारीवाद है। नारीवाद स्त्रियों के हक़ों को हासिल करने का आन्दोलन है। इसका मतलब यह नहीं कि यह स्त्रियों के हितों को पुरुषों के हितों से बढ़कर मानता है। जैसे कि मज़ाक़ में अथवा गम्भीरतापूर्वक कुछ लोग (प्रायः नारीवाद से ख़तरा महसूस करने वाले पुरुष ही) नारीवाद का मतलब यह समझते हैं कि इसके ज़रिये स्त्रियाँ अपना प्रभुत्व क़ायम करना चाहती हैं या स्त्रियाँ पुरुष बनना चाहती हैं। अपने व्यापक अर्थों में नारीवाद एक मानवतावादी सरोकार है। यह समाज के आधे हिस्से को उसकी वाज़िब जगह दिलाने की माँग है। यह स्त्रियों को उनकी इन्सानियत लौटाने का अभियान है। इसकी कोशिश है कि मानव जाति के दोनों ही अंग अपनी नियति के साझेपन के प्रति सचेत हों।

नारीवाद की भ्रान्त व्याख्या की वजह से ही स्त्रियों के हक़ों और स्त्री–मुक्ति के लिए प्रतिबद्ध तथा संघर्ष करने वाली कई स्त्रियाँ अपने लिए 'नारीवादी' विशेषण का प्रयोग करने से कतराती हैं। इसकी बजाय वह ख़ुद को मुक्त कहना पसन्द करती हैं। जबकि नारीवाद का ध्येय मुक्ति ही है।

आख़िर उस मुक्ति का स्वरूप क्या होगा और उसे कैसे हासिल किया जायेगा, जैसे सवाल स्त्री–अध्ययन के दायरे में आते हैं। इस लिहाज़ से नारीवादी परिप्रेक्ष्य का मतलब–*स्त्रियों की स्थिति, उनके दीन–दुनिया से सम्बन्ध, उनके दमन और उनके साथ होने वाले भेदभाव को समझना और इस समझ के बल पर सूरत बदलना है।*

हम 'स्त्रियों की स्थिति' का अध्ययन कर रहे हैं, कहते ही कई सवाल खड़े हो उठते हैं। सबसे पहला सवाल तो यही उठता है कि 'स्त्रियों की स्थिति' से हमारा मतलब क्या है? क्या हमारा आशय बुरी, अच्छी, अवांछनीय आदि है? जब हम स्त्री की 'स्थिति' के बारे में बात करते हैं तो क्या हमारे ज़ेहन में उसका हँसता–मुस्कुराता चेहरा होता है? नारीवादी विद्वत्कर्म ने इस सवाल से जूझने की कोशिश की है, जिसके परिणामस्वरूप 'रुतबा', 'सत्ता' और 'स्वायत्तता' जैसी कई उपयोगी संकल्पनाएँ सामने आयी हैं। इन्हें और भी अधिक स्पष्ट और परिष्कृत किये जाने की ज़रूरत है, तभी हम इनका अपने लिए बेहतर उपयोग कर सकने की स्थिति में होंगे।

'स्थिति' बहुत उलझा हुआ शब्द है। इससे व्यक्तिनिष्ठ और वस्तुनिष्ठ दोनों ही तरह के अर्थ ध्वनित होते हैं। कोई महज़ 'प्रतिष्ठा' अथवा सम्मानित होने के एहसास को स्थिति मान सकता है जबकि सम्मान के साथ नकार और कई तरह की वंचनाएँ विद्यमान हो सकती हैं। इन दिनों इसे सम्पत्ति, आय, अवसर, रोज़गार की सम्भावनाएँ खोलने वाले कौशल का प्रशिक्षण, स्वास्थ्य जैसे विकासात्मक सूचकांकों के पदों में मापा जाता है। ये सभी जीवन की गुणवत्ता का निर्धारण करने वाले संकेतक माने जाते हैं। लिहाज़ा ज़्यादातर देशों की मानव विकास रपट में यह बात दर्ज होती है कि कैसे वहाँ की महिलाओं की आय कम है, शिक्षा और स्वास्थ्य का स्तर नीचे है और उनके लिए रोज़गार कम हैं। 'रुतबा' के दायरे में निषेधात्मक, दमनकारी और महिलाओं के शारीरिक तथा मानसिक स्वास्थ्य के लिए नुक़सानदायक साबित होने वाले रीति–रिवाज और आचार–व्यवहार भी शामिल हो सकते हैं। आचार–व्यवहार जो स्त्रियों का घूमना–फिरना नियन्त्रित करते हैं, उन पर पाबन्दी लगाते हैं, रोज़मर्रा की ज़िन्दगी में चयन की उनकी आज़ादी को प्रतिबन्धित करते हैं, उनके शरीर को विकृत करते हैं, और यहाँ तक कि उनके जीवन को नष्ट कर देते हैं।

'सत्ता' का आशय सीधे उन उपादानों से है जो एक विशेष स्थिति दिलाने के लिए ज़िम्मेदार हैं। जहाँ स्थिति विवरणात्मक पद है वहीं सत्ता विश्लेषण ात्मक संकल्पना है। स्त्रियाँ सत्ताहीन होने के कारण ही पराधीन हैं। वे ख़ुद के साथ होने वाले अन्याय और ग़ैर–बराबरी का विरोध नहीं कर सकतीं।

यदि वे सत्ताहीन हैं, तो कुछ 'अन्य' हैं जो उन पर अपनी सत्ता क़ायम किये हुए हैं। ये जो अन्य हैं वे कैसे और कहाँ से सत्ता हासिल करते हैं? वे इसका इस्तेमाल कैसे करते हैं? वे कौन–सी संस्थाएँ हैं जहाँ यह सत्ता मूर्त रूप लेती है? दरअसल राज्य, धर्म और परिवार जैसी संस्थाएँ इस सत्ता का केन्द्र हैं। नारीवादी विश्लेषण इस सत्ता के इस्तेमाल के तरीक़े को समझने का प्रयास करता है। यह पता करना चाहता है कि कैसे यह स्त्री के स्वतन्त्र मानवीय विकास के प्रतिकूल है। इसी समझ से इससे पार पाने अथवा इसे जड़ से ख़त्म करने के लिए ज़रूरी और समुचित रणनीति बनाई जा सकती है।

क़ानूनी ढाँचा इसका एक उदाहरण है। स्त्री और पुरुष अधिकारों के मामलों में इसका रुख़ एक समान नहीं रहा है। यही बात सम्पत्ति के अधिकार के साथ भी लागू होती है। क़ानून, रीति–रिवाज और परम्परा ने स्त्री को परिवार के भीतर जो स्थान दे रखा है, उसकी वजह से वह अनेक अधिकारों से वंचित होती हैं। लिहाज़ा यदि स्त्री की इस हालत की वजह उसका सत्ताविहीन होना है तो नारीवादी संघर्ष का प्रमुख उद्देश्य इस सत्ता को हासिल करना है।

बतौर संकल्पना 'स्वायत्तता' वस्तुतः सत्ता का ही एक ख़ास रूप है। इसका ताल्लुक़ व्यक्तिगत ज़रूरतों से है। स्वायत्तता यानी अपनी मर्ज़ी से जीने की आज़ादी और किसी के आदेश अथवा निर्देश के पालन की बाध्यता न होने की स्थिति। यह इस बुनियादी विचार पर आधारित है कि हरेक को अपनी नियति तय करने का अधिकार है, बशर्ते इससे किसी और का अधिकार प्रभावित न हो रहा हो। इस तरह स्वायत्तता में यह भाव निहित है कि आज़ादी हरेक का हक़ है।

लेकिन ये संकल्पनाएँ इतनी सरल और स्पष्ट नहीं हैं। इन पर तनिक गहराई से विचार करने की ज़रूरत है। लेकिन जो बात साफ़ है वह यह कि स्त्रियों को समाज में अपेक्षाकृत कम सत्ता और स्वायत्तता मिली हुई है। स्त्रियों और पुरुषों को कितने अधिकार और स्वायत्तता मिलनी चाहिए, यह पहले से तय नहीं किया जा सकता। हर नये सन्दर्भ में इन पर नये सिरे से विचार करने की ज़रूरत पड़ेगी। नारीवादी विद्वानों ने स्त्रियों के जीवन से जुड़े उन प्रमुख क्षेत्रों को उजागर किया है, जहाँ उन्हें स्वायत्तता हासिल नहीं है। मिसाल के लिए–विवाह और तलाक, करिअर, शिक्षा, जीवन–शैली, घूमना–फिरना, यौन–अभिव्यक्ति आदि।

स्थिति का विचार सीधे तौर पर बराबरी के भाव से जुड़ा है। जब हम यह कहते हैं, 'समाज में स्त्रियों की स्थिति पुरुषों के बराबर नहीं है',

तो पैमाना पुरुष हो जाते हैं। लेकिन बराबरी की संकल्पना खुद व्याख्या की माँग करती है। यह अस्मिता नहीं है। यह सही है कि लोगों में क्षमता या प्रतिभा के स्तर पर भिन्नता होती है। लेकिन हम यह नहीं कह सकते कि इसके लिए अवसरों की भिन्नता कितनी ज़िम्मेदार है। स्त्रियों में बहुत–सी क्षमताएँ केवल मौक़ा न मिलने के कारण विकसित नहीं हो पातीं। जब वर्ग आधारित असमानता की बात उठती है तो उसे साफ़ तौर पर परिवेशजन्य माना जाता है। लेकिन जब स्त्री–पुरुष असमानता की बात आती है, तब तनिक भी विचार किये बिना उसकी वजह उनके बीच के जैविक भेद को मान लिया जाता है। इससे स्त्री–पुरुष असमानता प्रकृति प्रदत्त हो जाती है, यह दिखलाई भी देता है। सभी वर्गों में स्त्रियाँ, पुरुषों की तुलना में ग़ैर–बराबरी झेलती हैं। इसलिए नारीवाद का अधिकतर प्रयास यही साबित करने में लगता रहा कि कैसे ये तर्क असमानता को औचित्य प्रदान करने के लिए गढ़े गये। स्त्री को कम खिलाइए, उसे खुली हवा में घूमने–फिरने नहीं दीजिए, उसे उबाऊ घरेलू कामों में जोते रखिए, उसे शिक्षा से वंचित रखिए, उसे अपनी प्रतिभा का इस्तेमाल नहीं करने दीजिए, तो ज़ाहिर है आपको समाज में कमज़ोर, मूर्ख और कल्पनाविहीन स्त्रियाँ ही मिलेंगी।

अवसर की असमानता की सूरत में समानता की ओर नहीं बढ़ा जा सकता है। ऐसे में यह ज़रूरी है कि हम स्त्री और पुरुष के हर मायने में एक–दूसरे से भिन्न होने की धारणा से प्रस्थान न करें। हम इस भिन्नता को स्वाभाविक न मानें तो तस्वीर अलग दिखलाई देने लगेगी। जहाँ भी स्त्रियों को सीखने के, आगे बढ़ने के अवसर मिले हैं, वहाँ उन्होंने अपनी क्षमता और योग्यता का बेहतरीन और अभूतपूर्व प्रदर्शन किया है। समानता का मुद्दा कुछ और सवाल भी खड़े करता है। जैसे, किसके समान? किस मामले में समान? क्या स्त्री का गन्तव्य पुरुष के समान होना ही है? या हमें स्वतन्त्र मानक तय करने चाहिए? ऐसे में समानता को स्वायत्तता से अलग करके नहीं देखा जा सकता। सबको मानवीय विकास के लिए ज़रूरी हर क्षेत्र में समान स्वायत्तता मिलनी चाहिए।

ऊपर जिन संकल्पनाओं की बात की गयी है, उनकी संक्षिप्त ही सही लेकिन कामचलाऊ समझ हमने बना ली है। अब सवाल यह उठता है कि आख़िर स्त्रियाँ पराधीन और दमित क्यों हैं? क्या यह सार्वकालिक और सार्वत्रिक रहा है? इसकी शुरुआत कैसे होती है? इसे कैसे बनाये रखा जाता है? समय के साथ यह किस तरह अपने स्वरूप को बदलता है? कौन–से मुख्य घटक मिलकर इसके नतीजे को निर्णायक रूप से प्रभावित करते हैं?

बाक़ी कौन–सी प्रक्रियाएँ हैं जो इस प्रक्रिया की मदद करती हैं अथवा इसे प्रभावित करती हैं?

इनके जवाब तलाशने के क्रम में जो सिद्धान्त विकसित हुए हैं उन्हें हम सुविधा के लिए इन दो प्रमुख वर्गों में बाँट सकते हैं–मार्क्सीय और ग़ैर–मार्क्सीय। हालाँकि इनके बीच सहमति और असहमति के कई बिन्दु हैं। मार्क्सीय स्कूल मार्क्सवादी सिद्धान्त की बुनियादी विश्लेषणात्मक कोटियों–उत्पादन के साधन, उत्पादन सम्बन्धों और उनके बीच के सम्बन्ध–का इस्तेमाल करता है। जबकि ग़ैर–मार्क्सीय स्कूल का वैचारिक स्रोत बहुलता लिए है। ऐसे में, दोनों ही स्कूलों की इस मान्यता पर रज़ामन्दी अचरज की बात है कि स्त्रियों की मौजूदा स्थिति के पीछे इतिहास का हाथ है। दोनों ही इतिहास में गोते लगाते हैं और इस नतीजे के साथ ऊपर आते हैं कि इतिहास के आरम्भ (प्राक्–इतिहास) में स्त्रियों का दर्जा ऊँचा था। वे वहाँ से गिरती हुई आज की स्थिति में आ पहुँचीं। दरअसल इस तरह का रुख़ ज़रूरी भी है। यदि स्थिति को सुधारना है तो हमारे पास एक उदाहरण तो होना चाहिए कि यह कभी बेहतर रह चुकी है।

जीव वैज्ञानिक व्याख्या स्त्री–पुरुष ग़ैर–बराबरी को जीव विज्ञान के आधार पर तार्किक ठहरा सकती है लेकिन इसमें सामाजिक ताक़तों की भूमिका को नकार नहीं सकती। इस सन्दर्भ में 'सेक्स' के स्थान पर 'जेंडर' शब्द के इस्तेमाल ने धुन्ध छाँटने में महत्त्वपूर्ण भूमिका निभायी है। जेंडर शब्द ग़ैर–मार्क्सवादी नारीवादियों की देन है। यहाँ तक कि मार्क्सवादी नारीवादी भी अब 'जेंडर' और 'वर्ग' की बात करते हैं। ग़ैर–मार्क्सवादी नारीवादियों ने जेंडर की मनोसामाजिक संरचना का विस्तृत विश्लेषण किया है, जिसे सामान्य तौर पर सेक्सरोल (यौन भूमिकाओं) के विचार के रूप में व्यक्त किया जाता रहा है। इसके लिए मनोविश्लेषण और नारीवाद दोनों एक–दूसरे के क़र्ज़दार हैं। जिन प्रक्रियाओं द्वारा स्त्री और पुरुष की कामेच्छा का नियन्त्रण किया जाता है, उन पर भी हाल में काफ़ी शोध किया गया है। इसमें मार्क्सवादी नारीवादी चिन्तन ने यह जोड़ा है कि 'पूँजीवाद' ख़ास मनोविश्लेषणात्मक गतिकी पैदा करता है।

नारीवाद के दोनों ही स्कूल स्त्री–यौनिकता पर नियन्त्रण को उस पर आधिपत्य स्थापित करने का बुनियादी उपक्रम मानते हैं। स्त्री–अधीनता के मार्क्सवादी चिन्तन को नारीवादी सिद्धान्त का विशिष्ट योगदान यह है कि उसने उसके ख़ासकर उत्पादन सम्बन्धों पर केन्द्रित ध्यान को पुनरुत्पादन–व्यवस्था की ओर खींचा है। इसमें स्त्रियों की यौनिकता और प्रजनन क्षमता दोनों पर नियन्त्रण शामिल है। स्त्री और पुरुष के बीच के यौन–सम्बन्ध को निर्धारित और नियन्त्रित करने वाले सामाजिक क़ायदे कुछ इस प्रकार विकसित हुए कि

उनसे स्त्री के शरीर पर पुरुष का अधिकार हो जाता है। इसके नतीजे स्त्रियों के अनुभवों को या तो दबाने, या विकृत करने वाले रहे हैं। विवाह स्त्री की यौनिकता को सीमित और नियन्त्रित कर देता है। विवाह से जुड़े क़ायदे यह तय कर देते हैं कि स्त्री को क्या करना है और क्या नहीं करना है। इतिहास गवाह है कि यौन–व्यवहार के मामले में पुरुषों की अपेक्षा स्त्रियों पर कहीं अधिक क्रूर और सख़्त नियन्त्रण रहा है। इसे क़ानून, परम्परा, सम्पत्ति और आर्थिक अधिकारों की मदद से क़ायम किया जाता रहा है। उल्लंघन करने वालों के लिए दण्ड का भी प्रावधान रहा है। वह भी इतना कठोर जिसे कुछ अत्यधिक साहसी स्त्रियाँ ही बर्दाश्त कर सकती हैं। दण्ड की नौबत न आये इसलिए स्त्रियों के लिए शुचिता के आदर्श का प्रतिष्ठिकरण किया गया और उसका मिथक, दन्तकथाओं, धर्म सभी जगह महिमामण्डन किया जाता रहा है।

स्त्री की प्रजनन क्षमता पर नियन्त्रण का मक़सद वंश का विस्तार और उसकी शुद्धता को सुनिश्चित करना रहा है। उनके पास यह तय करने का अधिकार बमुश्किल ही होता है कि वे बच्चे पैदा करेंगी या नहीं और करेंगी तो कितने। इसका निर्धारण या तो परिवार की पुरुष वारिस की चाहत से होता है या फिर, आबादी को कम या ज़्यादा रखने की राज्य की मंशा से।

पूँजीवाद का विश्लेषण नारीवादी सिद्धान्त को मार्क्सवाद की ओर से बड़ा योगदान है। अब 'घरेलू श्रम' को भी स्त्री की पराधीनता की वजहों में शामिल किया जाने लगा है। इसके विश्लेषण के परिणामस्वरूप 'श्रम का लैंगिक विभाजन' के रूप में एक और कोटि सामने आयी। श्रम का लैंगिक विभाजन कोई पारम्परिक व्यवस्था नहीं है, जैसा कि आम तौर पर माना जाता रहा है। यह एक पदानुक्रमित व्यवस्था है, जिसमें ऊँच–नीच का भाव आबद्ध है। इसके साथ ही, यह विभाजन इतना कठोर है कि किसी भी परिस्थिति या सन्दर्भ में, स्त्रियाँ महज़ कुछ ख़ास कार्यों तक सीमित रह सकती हैं।

इन तमाम अन्तर्दृष्टियों को मिलाकर एक केन्द्रीय संकल्पना विकसित की गयी है और उसे 'पितृसत्ता' का नाम दिया गया है। 'पितृसत्ता' को स्त्रियों की यौनिकता, प्रजनन क्षमता और श्रम–शक्ति पर पुरुष के नियन्त्रण के तौर पर परिभाषित किया जाता है। बतौर संकल्पना पितृसत्ता सैद्धान्तिक तौर पर आगे बढ़ने में ख़ूब सहायक सिद्ध हुई है। यह स्त्री–पुरुष सम्बन्धों को स्थिर और समरूप नहीं मानती। स्त्री–पुरुष सम्बन्धों के विश्लेषण में यह देश और काल आधारित विविधताओं का ख़याल रखती है।

मैंने सोच–समझकर तमाम संकल्पनाओं पर एक सरसरी निगाह डाली है। मेरा ध्येय यह है कि इन सबके बारे में आपको सोच–विचार के लिए

प्रेरित कर सकूँ, ताकि आपकी नज़र में स्त्री पराधीनता का नारीवादी सिद्धान्त विकसित करने और मौजूदा नारीवादी सिद्धान्तों की समालोचना में इनकी उपयोगिता ज़ाहिर हो सके। स्त्री–अध्ययन में सांस्कृतिक ख़ासियत का विचार भी तेज़ी से अपनी जगह बना रहा है। एक तरफ़ यह केन्द्रीय परिकल्पना है कि स्त्री पराधीनता सार्विक है वहीं दूसरी तरफ, सांस्कृतिक विविधताओं की बढ़ती समझ यह भी स्पष्ट कर रही है कि स्त्री पराधीनता का स्वरूप सभी जगह एक–सा नहीं है।

हमें प्रायः यह सुनने को मिलता है कि 'तीसरी दुनिया' की स्त्रियाँ 'पुरुष विरोधी' नहीं होना चाहतीं। उनकी समस्या मुख्यतः वर्गमूलक यानी आर्थिक है। यह दलील दी जाती है कि ग़रीब स्त्रियाँ ग़रीबी से मुक्त होना चाहती हैं। इसलिए हमारी प्राथमिकता वर्ग–असमानता को ख़त्म करना होना चाहिए। वे और उनके पुरुष सम्मानजनक जीवन, सामाजिक संसाधनों और राजनीतिक ताक़त से वंचित रखे जाते हैं। लेकिन इस तरह की सोच में इस बात की अनदेखी की जाती है कि निम्न वर्ग की स्त्रियों को स्त्री–मात्र होने के नाते भी उत्पीड़न झेलना होता है। एक तरफ़, उनके नियोक्ता उन्हें कम मज़दूरी देकर उनके श्रम का शोषण करते हैं तो दूसरी तरफ़, उनका श्रम उनके अपने घर में पुरुषों के लिए बिना किसी मूल्य के हमेशा उपलब्ध रहता है। उनकी कमाई उनका पति कभी शराब पीने में, तो कभी दूसरे फ़िज़ूल ख़र्चों के लिए अधिकारपूर्वक उनसे छीन लेता है। उन्हें अपने और दूसरे वर्गों के पुरुषों के यौन शोषण का शिकार होना पड़ता है।

दुनिया–भर की स्त्रियों के हितों को एक समान मानते हुए पश्चिमी नारीवादी जब 'सार्विक बहनापे' जैसे जुमले का प्रयोग करती हैं तो उनका अज्ञान ही प्रदर्शित होता है। उन्हें राष्ट्रों की वित्तीय स्थिति तय करने में अन्तरराष्ट्रीय पूँजी की भूमिका का ख़याल नहीं आता है। विकसित राष्ट्रों की स्त्रियों की अपेक्षाकृत बेहतर जीवन–शैली विकासशील राष्ट्रों की स्त्रियों के शोषण के कारण ही तो मुमकिन हो पाती है। इसलिए उनके बीच भला बहनापे का रिश्ता कैसे हो सकता है, जब तक कि वे इस शोषण में अपनी भूमिका को स्वीकार नहीं करती हैं?

ये तो हुईं सैद्धान्तिक बातें। हमने स्त्री–अध्ययन के बारे में सामान्य बातें कर लीं। अब यह देखने की ज़रूरत है कि हाल की नयी समझदारी और विश्लेषण ने अकादमिक ज्ञानानुशासनों की सीमाओं और अन्तर्निहित धारणाओं को कैसी चुनौतियाँ दी हैं। अर्थशास्त्र का ताल्लुक़ 'उत्पादन' और 'श्रम' से है। इनकी परिभाषाओं में समाजशास्त्रीय निहितार्थ अन्तर्निहित हैं।

ज्ञानानुशासनों की सीमाएँ तोड़ने के अलावा भाषा का सवाल भी खड़ा होता है। हम सिर्फ़ ज्ञान के फ़ासले पर सवालों की बात नहीं करेंगे बल्कि ज्ञान हासिल करने की समूची प्रक्रिया पर भी सवाल उठायेंगे। हम भाषा के आतंक के इस्तेमाल की भी पड़ताल कर सकते हैं। इसलिए भारतीय भाषाओं में भी अध्ययन किये जाने की ज़रूरत है।

हमें स्त्री–अध्ययन और स्त्री–संघर्ष के बीच सम्बन्ध की भी पड़ताल करनी होगी। स्त्री–अध्ययन को महज़ जानकारी जुटाने का काम नहीं करना है, इसे मुक्ति की नारीवादी चेतना के प्रवक्ता की भूमिका निभानी होगी।

यह कोई विस्तृत अवलोकन नहीं था। इस संक्षिप्त अवलोकन का उद्देश्य आपकी चेतना को उत्तेजित करना था। यह पूरी बात किसी एक विचार, समस्या या क्षेत्र का प्रतिनिधित्व नहीं करती। कोशिश यह थी कि पिछले एक–दो दशकों में नारीवादी सिद्धान्त ने जो दायरा और गहराई हासिल की है, उसका एक नमूना पेश किया जाये और भारतीय सन्दर्भ में इसके आगे के विश्लेषण की अहमियत की पड़ताल की जाये। यह हम सबका दायित्व बनता है। यह चुनौती भरा है, लेकिन इसके बिना हम न तो अपने अनुभवों का जायज़ा ले पायेंगे और न ही अपनी समझ का स्तर ऊँचा कर सकेंगे, जो मुक्ति संघर्ष के लिए ज़रूरी है। भारत में हमारी ज़िम्मेदारी दोहरी है। यहाँ हमें न केवल हमारे संस्थानों में पुरुष पक्षपात को बेपर्दा करना है जिसके चलते पुरुष प्रभुत्व क़ायम हुआ है, बल्कि उस औपनिवेशिक विरासत का भी बोझ उतार फेंकना है जो हमें सांस्कृतिक और बौद्धिक तौर पर पराधीन बनाये हुए है। हमारे सामाजिक विज्ञान के विषय उन सिद्धान्तों पर आधारित हैं, जिनकी नींव किसी दूसरे सामाजिक और सांस्कृतिक परिवेश में रखी गयी। जेंडर की नज़र से सभी विषयों की पड़ताल भी पश्चिमी और औपनिवेशिक पूर्वाग्रहों को समझने की एक प्रक्रिया हो सकती है। इस काम में स्त्री और पुरुष दोनों के संयुक्त प्रयास की आवश्यकता है। कोई भी मानव विज्ञान ख़ुद को 'विज्ञान' कैसे कह सकता है यदि स्त्रियों के जीवन यथार्थ और उनके योगदान की उपेक्षा करता है? मुझे नहीं लगता कि स्त्री–अध्ययन की ज़रूरत के लिए इससे सशक्त कोई और तर्क हो सकता है।

[**स्रोत** : मैत्रेयी कृष्णराज (सम्पादक), *वीमेंस स्टडीज़ इन इंडिया : सम पर्सपेक्टिव्स*, पोपुलर प्रकाशन, बम्बई, 1986]

जेंडर और पाठ्यचर्या

दीप्ता भोग

•

अनुवाद : **विजय झा**

14 नवम्बर 2000 को सरकार द्वारा प्रस्तुत किये गये राष्ट्रीय पाठ्यचर्या फ्रेमवर्क (एनसीएफ) ने समाज विज्ञान की पाठ्यपुस्तकों की विषय–वस्तु को बहस और विवाद का मसला बना दिया है। ख़ासतौर पर, इस पर इतिहास की पाठ्यपुस्तकों के सम्प्रदायीकरण और ब्राह्मणीकरण का आरोप लगाया गया है। आरोप यह भी है कि नौकरशाही और राजनीतिक दख़लअन्दाज़ी के चलते इसमें इतिहास की अध्ययन पद्धति को ताक पर रख दिया गया है। ग़ौरतलब है कि बहस का फ़ोकस इतिहास और एनसीईआरटी द्वारा इतिहास से हटाये गये भागों पर ज़्यादा है। इस तथ्य की ओर किसी का ध्यान नहीं जा रहा कि पाठ्यचर्या का यह फ्रेमवर्क जेंडर–समतायुक्त शिक्षा के प्रति सरकार की प्रतिबद्धता के वादे के ख़िलाफ़ जाता है। इस पर क़रीबी निगाह डालने पर हम पाते हैं कि समता, मौलिक अधिकारों की रक्षा और सबके लिए एक समान गुणवत्तायुक्त शिक्षा मुहैया कराने की लाख दुहाई के बावजूद इसमें स्त्रियों से उनकी पारम्परिक सामाजिक भूमिका का निर्वाह करने यानी परिवार और राष्ट्र के लिए अच्छी माँ, अच्छी पत्नी और अच्छी बेटी बनना सीखने की अपेक्षा की गयी है।

यह आलेख दो भागों में विभाजित है। पहले भाग में यह विचार किया गया है कि एनसीएफ में भारतीय परम्परा पर जो ज़ोर दिया गया है और नैतिक शिक्षा को जिस क़दर धार्मिकता का आवरण पहनाने की कोशिश की गयी है, उससे शिक्षा के स्त्री–सशक्तीकरण का ज़रिया होने की राह में बाधा पहुँचेगी। यदि हम इस एनसीएफ की तुलना शिक्षा पर उन्नीसवीं सदी के दौरान चले बहस–मुबाहिसे से करें तो हम पाते हैं कि इसमें कुछ भी नया नहीं है। मिलाकर वही पुरानी चिन्ताएँ और वही पुराने समाधान दुहराने की कोशिश हो रही है। आलेख के दूसरे भाग में इन बहसों के साथ–साथ 1986 की नयी शिक्षा नीति के स्त्री–शिक्षा सम्बन्धी विज़न और नीतियों की संक्षिप्त समीक्षा की गयी है।

इसमें ख़ासकर, भाषा शिक्षण के लिए तैयार की गयी पाठ्यपुस्तकों पर प्रगतिशील नीति द्वारा प्रयुक्त 'ट्रिकल–डाऊन'[1] जुमले के वास्तविक प्रभाव के विश्लेषण पर फ़ोकस किया गया है। इस समीक्षा से यह बात सामने आयी कि 1986 की परिष्कृत नीति का बाद के दशक की पाठ्यपुस्तकों में जेंडर के प्रस्तुतीकरण पर कोई उल्लेखनीय प्रभाव नहीं पड़ा। इस विश्लेषण के ज़रिये मैं यह प्रस्तावित करना चाहती हूँ कि एनसीएफ के स्त्री विरोधी रुख़ की आलोचना के क्रम में हमें यह नहीं भूलना चाहिए कि स्कूली पाठ्यचर्या में गहरे जड़ जमाये जेंडर सम्बन्धी पूर्वाग्रह केवल प्रगतिशील जुमलेबाज़ी से दूर नहीं होंगे। इसके लिए केवल नीति निर्माण भर से सन्तोष कर लेने की बजाय इस हक़ीक़त की ओर भी ध्यान देना होगा कि पाठ्यपुस्तकों में स्त्री की वैकल्पिक छवि प्रस्तुत हो पा रही है या नहीं।

I

परम्परा का बोझ

यह सर्वविदित है कि 19वीं सदी के औपनिवेशिक भारत में स्त्री शिक्षा महत्त्वपूर्ण मसले के रूप में उभरी। ब्रिटिश हुकूमत और समाज सुधारकों ने स्त्रियों एवं लड़कियों के लिए शिक्षा संस्थान खोले। स्त्री शिक्षा की प्रकृति और विषय–वस्तु क्या हो, इसे लेकर तथाकथित उदारवादी–प्रगतिशील और रक्षणशील–पुनरुत्थानवादी तत्त्वों के बीच तीखी बहस चली। दिलचस्प है कि दोनों ही राष्ट्रवादी चेतना के मानदण्डों के दायरे में सीमित थे। उनके बीच कई प्रकार के मतभेद थे, लेकिन कुछ बिन्दुओं पर सहमति भी थी। पहला, दोनों इस बात पर एकमत थे कि स्त्रियों में शिक्षा के अभाव के ऐतिहासिक कारण जो भी रहे हों, लेकिन यह भारतीय सभ्यता के पिछड़ेपन और इतिहास के विकासक्रम में इसकी निम्न स्थिति की निशानी हैं। इसलिए, भारत के उत्थान और उसके पश्चिमी देशों के स्तर तक पहुँचने के लिए स्त्री शिक्षा को अत्यावश्यक माना गया। लेकिन इतना महत्त्वपूर्ण कार्य औपनिवेशिक हुकूमत अथवा मिशनरियों के ज़िम्मे नहीं छोड़ा जा सकता था। कारण, यदि यहाँ की स्त्रियाँ शिक्षित होने का मतलब ख़ुद को अंग्रेज़ श्वेत स्त्रियों के साँचे में ढालना भर समझ लेतीं तो वे यहाँ के समाज और उदीयमान राष्ट्र की अस्मिता के लिए एक नया संकट पैदा कर देतीं। सूत्र रूप में कहें तो स्त्री–शिक्षा ज़रूरी है, इसकी गूँज चारों तरफ़ व्याप्त थी। लेकिन, इसके नियन्त्रण यानी पश्चिमी शिक्षा के संक्रमण से इसे बचाये रखने को भी उतना ही ज़रूरी माना जा रहा था।

शिक्षा की अन्तर्वस्तु को लेकर व्याप्त दुश्चिन्ता का कारण यह था कि इससे राष्ट्र की अस्मिता संकट में पड़ सकती है। इसे तत्कालीन समाज व्यवस्था पर प्रबोधन के बुद्धिवादी–मानववादी सन्देश आधारित आधुनिकता के हमले से जाति, जातीयता और जेंडर आधारित पदानुक्रमों के टूटने के भय से और भी बल मिल रहा था। इसलिए, इसमें कोई अचरज की बात नहीं कि भारतीय स्त्रियों के लिए उपयोगी शिक्षा की प्रकृति के प्रति अतिरिक्त सतर्कता बरती जा रही थी।

1887 में बम्बई के महिला उच्च विद्यालय के सन्दर्भ में *महरट्टा*[2] अख़बार ने यह प्रहारात्मक टिप्पणी की–"अपनी लड़कियों को अंग्रेज़ी शिक्षा प्रदान करने से या पुरुषों की नक़ल करना सिखाने से हमें कुछ भी प्राप्त नहीं होने वाला। विद्यालय उनमें हमारे घरेलू जीवन के प्रति विमुखता उत्पन्न न करे। लड़कियों की पाठ्यचर्या में प्राचीन आर्य–धार्मिक नैतिक मूल्य उत्पन्न करने वाले तथा पातिव्रत्य और पत्नी धर्म का निर्वाह करने की सीख देने वाले पाठों की अनुपस्थिति घोर निन्दनीय है।"[3]

महरट्टा का प्रकटतः 'प्रतिक्रियावादी' लहजा अपवाद न था। 19वीं सदी में भारतीय राष्ट्रवाद का सर्वाधिक 'प्रगतिशील' चेहरा दादाभाई नौरोजी भी यही चिन्ता व्यक्त कर रहे थे, भले ही तनिक परिष्कृत लहजे में– "वह समय आयेगा जब हम यह देख सकेंगे कि सभ्यता की सीढ़ी पर ऊपर चढ़ने तथा सामाजिक ख़ुशहाली और प्रगति के लिए स्त्री शिक्षा की कितनी अहमियत है। साथ ही, हमें यह भी समझ में आयेगा कि स्त्रियों को अधिकारों, सुविधाओं और कर्तव्य निर्वाह का हक़ पुरुषों से कम नहीं है। *लेकिन, वह समय अभी नहीं आया है...अच्छी और शिक्षित माताएँ ही नेक और शिक्षित बेटे तैयार कर सकती हैं।*"

कोकोनाड़ा[4] (अब काकीनाड़ा) के ज़मींदार के. बी. वी. कृष्णा राव ने 1916 में लिखा–"सभी तबकों की लड़कियों की स्थितियों का ध्यान रखते हुए शिक्षा में विविध दिशाओं में सुधार की ज़रूरत है ताकि वे अच्छी गृहिणी और अच्छी माँ बन सकें...उन्हें वैसी शिक्षा प्रदान करना बुद्धिसम्मत न होगा जो उनमें ऐसी वृत्तियों को बढ़ावा दे जिन्हें तुष्ट करने का उन्हें अपने भावी जीवन में अवसर ही न मिल पाये।"

स्पष्ट है कि स्त्री शिक्षा को साध्य नहीं बल्कि परिवार और राष्ट्र की बेहतरी के साधन के तौर पर लिया जा रहा था। दादाभाई नौरोजी इस बात का ज़िक्र तो करते हैं कि स्त्रियाँ उन सभी अधिकारों की हक़दार हैं, जो पुरुषों को प्राप्त हैं। लेकिन, इसके साथ वे भी यह परिचित जुमला जोड़ना नहीं भूलते कि उन्हें राष्ट्र के लिए अच्छे बेटे तैयार करने वाली माँ बनना है।

इसके साथ ही, 'आंग्लीकृत' होने की राह पर अग्रसर भारतीय स्त्रियों के प्रति व्याप्त भय भी द्रष्टव्य है, जो अपनी संस्कृति और परम्परा को पीछे छोड़ ऐसी 'वृत्तियाँ' अर्जित कर रही थीं जिन्हें भारतीय पुरुष तुष्ट नहीं कर सकते थे।

राष्ट्रीय पितृसत्ता की रचना–प्रक्रिया में अन्तर्निहित बौद्धिक उद्यम पूरब और पश्चिम की स्त्रियों के बीच फ़र्क़ करके चल रहा था। राजा राममोहन राय ने लगभग आधी सदी पहले कहा था– "हिन्दू स्त्रियाँ पुरुषों की तुलना में ज़्यादा आत्मबलिदानी होती हैं। पातिव्रत्य व आध्यात्मिकता उन्हें पुरबिया स्त्री की जुदा पहचान देती है।"

एनसीएफ 19वीं सदी में वापस लौटना चाहता है। इसका मूल सरोकार पाठ्यचर्या को भारतीय परम्परा, जो कि स्वयंसिद्ध और समस्यारहित है, के हिसाब से ढालने से है। 19वीं सदी के दौरान चली बहस में जो एक बड़ी चिन्ता उभरकर सामने आयी थी वह यह कि भारतीय स्त्रियों को ऐसी शिक्षा देनी चाहिए जिससे उसके सर्वोत्तम गुण अक्षुण्ण रहें और वे अंग्रेज़ियत के प्रभाव से बची रहें। एनसीएफ ने सर्वत्र पाठ्यचर्या के 'भारतीयकरण' का राग अलापकर 19वीं सदी की चिन्ता के प्रति अजीब वफ़ादारी का परिचय दिया है।

उम्मीद के अनुरूप, इसमें वर्तमान भारतीय समाज के अपने 'धार्मिक–दार्शनिक चरित्र' से दूर होते जाने के प्रति गहरी चिन्ता व्यक्त की गयी है–

> "वर्तमान भारतीय समाज के एक बड़े हिस्से ने अपनी धार्मिक– दार्शनिक परम्परा, सामाजिक प्रारूप और विरासत की समझ से दूरी–सी बना ली है। यह अपनी धरोहर व सामाजिक संरचना के प्रति उदासीन है। विदेशी तकनीक आधारित आचार–व्यवहार के प्रभाव में आकर माता–पिता और शैक्षणिक संस्थानों, दोनों का पूरा ज़ोर तकनीकी और सूचनात्मक ज्ञानार्जन पर है। अच्छी बात यह है कि पश्चिमीकरण का यह प्रभाव आभिजात्य तबके तक ही सीमित है। आम आबादी इसकी जद से बाहर है। ऐसे में, ग्रामीण–शहरी, कृषि–औद्योगिक, विपन्न–सम्पन्न और निरक्षर–साक्षर आधारित भेद बढ़ा है। इससे पारम्परिक कृषि आधारित समाज में विद्यमान अधिकार की संरचना गड़बड़ा गयी। ऐसे समाज में परिवार या जाति का पेशा और आचार–व्यवहार अगली पीढ़ी अपना लिया करती थी। *(कंन्टेक्स्ट एंड कंसर्न्स, पृ. 3)*

दूसरे शब्दों में, मौजूदा शिक्षा में यथास्थिति भंग करने की निहित क्षमता के ख़तरे भाँपकर ही एनसीएफ परम्परा की ओट ले रहा है। परम्परा की दुहाई देकर यह वस्तुतः शिक्षा को पारम्परिक जाति समाज में सत्ता–संरचना को पुनरुत्पादित करने की उसकी पारम्परिक भूमिका में ले आना चाहता है।

यह पश्चिमी सभ्यता से सम्पर्क को सामाजिक तनाव और अशान्ति का स्रोत मानता है और पश्चिमीकरण को परिवार या समुदाय के स्तर पर स्थापित सत्ता के समक्ष चुनौती देने वाली परिघटना यानी गम्भीर ख़तरे के रूप में प्रस्तुत करता है। यह 'विदेशी पश्चिमी तकनीकी उपलब्धियों' को अपनाना चाहता है पर 'प्राचीन आर्य–धार्मिक नैतिकता के उच्च मूल्यों' का त्याग किये बिना। इन दोनों को एक साथ लेकर कैसे चलें यही इसकी चिन्ता का केन्द्र–बिन्दु है, जिसका इज़हार *महरट्टा* ने भी किया था।

कहने की ज़रूरत नहीं कि इस तरह की चिन्ता के क्रम में यह भुला दिया जाता है कि शिक्षा वस्तुतः परिवर्तन और मुक्ति का साधन है। एनसीएफ में कहीं भी शिक्षा का सबलीकरण के साधन या सामाजिक गतिशीलता या समतामूलक समाज बनाने के माध्यम के रूप में ख़याल नहीं किया गया है।

मज़े की बात यह है कि 'लड़कियों की शिक्षा' को सामाजिक एकजुटता (परिवर्तन या प्रगति नहीं) शीर्षक के तहत रखा गया है। इसमें निहित दुविधा दादाभाई नौरोजी की याद दिलाती है। इसकी शुरुआत जेंडर समानता के बड़े और अमूर्त दावों से हुई है और अन्त पारम्परिक जेंडर–आधारित भूमिकाओं के निर्वाह पर ज़ोर देने से–

> ''भारतीय संविधान में जेंडर समानता को मौलिक अधिकार माना गया है। ज़्यादा–से–ज़्यादा लड़कियों, ख़ासकर ग्रामीण भारत की लड़कियों के लिए शिक्षा का अवसर उपलब्ध करना और स्कूली पाठ्यचर्या से जेंडर आधारित सभी भेद और पूर्वाग्रह ख़त्म करना निहायत ही ज़रूरी है। लेकिन इसके साथ ही, भारतीय परम्परा के तहत प्रत्येक जेंडर के लिए अपेक्षित विशेषताओं की पहचान और उनका पोषण अधिक उपयुक्त होगा।
>
> कुछ भी हो, भारत में स्त्रियों को मताधिकार के लिए पश्चिमी देशों की स्त्रियों की तरह लम्बा संघर्ष नहीं करना पड़ा। जेंडर समावेशी और जेंडर संवेदी पाठ्यचर्या विकसित करना ज़रूरी है ताकि समान योग्यता और परस्पर संवेदनशील लड़कियों और लड़कों की पीढ़ी तैयार हो सके, जो एक–दूसरे का ख़याल रखते हुए मेल–मिलाप से बड़े हों न कि एक–दूसरे के प्रति विरोध या स्पर्धा का भाव लिए। (*कंटेक्स्ट एंड कंसर्न्स,* पृ. 9)

शिक्षा और जेंडर–समानता की धारणा सामाजिक तनाव को जन्म दे सकती है, इसके प्रति एनसीएफ की सतर्कता इसे नौरोजी से जुदा करती है। इसलिए, सिद्धान्ततः लड़की की शिक्षा को एकजुटता के लिए शिक्षा के तहत

रखने की ज़रूरत पड़ी। पश्चिम में स्त्रियाँ अपने अधिकारों के लिए लड़ीं तो परिवार नामक संस्था की चूलें हिल गयीं। यहाँ की स्त्रियाँ कहीं उसी राह पर न चल पड़ें, इसका ध्यान रखते हुए एनसीएफ ने बड़ी होशियारी से मताधिकार के आसानी से मिल जाने का उदाहरण पेश करते हुए भारतीय स्त्रियों को सन्देश दिया है कि अति उदार भारतीय पुरुष संरक्षक (पैट्रियार्क) उनके अन्य अधिकार भी समय की स्वाभाविक गति के साथ देते जायेंगे। इसके लिए उन्हें संघर्ष करने की ज़रूरत नहीं है। इसने सेकुलर सामाजिक प्रवृत्तियों को पश्चिम और पूरब की सभ्यताओं के बीच तात्त्विक भेद का सूचक मानने की भी ग़लती की है। उदाहरण के लिए, इस कथन को लीजिए– ''संयुक्त और बड़े परिवार की जगह छोटे परिवार लेते जा रहे हैं, केवल माता या पिता से बना परिवार, बिन ब्याहे यौन–सम्बन्ध आदि जैसी चीज़ें देखने को मिल रही हैं, इत्यादि...''

विडम्बना ही है कि बतौर राष्ट्र–राज्य घरेलू हिंसा या भ्रूण–निर्धारक तकनीकी के ख़िलाफ़ क़ानून को भारत अपनी प्रगतिशीलता की मिसाल के तौर पर पेश करता है, वहीं परिवार की संस्था के रूप में आलोचना के दरवाज़े बन्द किये जा रहे हैं, जिसके लिए यहाँ का स्त्री–आन्दोलन लम्बे अरसे से संघर्षरत रहा है।

मूल्यों की शिक्षा के रूप में धार्मिक शिक्षा

मूल्यों की शिक्षा और धार्मिक शिक्षा के बीच का भेद मिटाकर एनसीएफ ने स्त्रियों और लड़कियों को शिक्षित करने के उद्देश्य को नये सिरे से परिभाषित करने का प्रयास किया है–

> किसी भी कक्षा में पढ़ाई या परीक्षा में मूल्यों की शिक्षा और धार्मिक शिक्षा अलग–अलग विषय नहीं होंगे। इन्हें सभी विषयों, कार्यकलापों और कार्यक्रमों में इस तरह समाविष्ट किया जायेगा कि कक्षा, कार्यकलाप स्थल, खेल के मैदान और अन्य ऐसे स्थलों पर प्रत्यक्ष या परोक्ष किसी भी ढंग से अभीष्ट पूरा हो सके। (अध्याय 2, पृ. 35)

एक ऐसे समाज में जहाँ ख़ासकर स्त्रियाँ ही परम्परा और धार्मिक अस्मिता के निर्वाह का बोझ ढोती आयी हैं वहाँ एनसीएफ अपनी उक्त पहलक़दमी के ज़रिये उस बोझ को और बढ़ा रहा है। विभिन्न धर्मों में स्त्रियों की जो दोयम स्थिति है, उसके प्रति यह उदासीन है। ज़रा इसकी तुलना राष्ट्रीय शिक्षा नीति (नेप) 1986 से करके देखिए– ''शिक्षा अतीत की संचित विकृतियों को ख़त्म करेगी।''

सबसे दुखद है इसके द्वारा प्रस्तावित 'स्प्रिचुअल क्वोशेंट' (आध्यात्मिक क्षमता) की संकल्पना। इसे शैक्षणिक उपलब्धि का सूचक घोषित किया गया है

जबकि इसे न तो ठीक से परिभाषित किया गया है और न ही स्पष्टता से सामने रखा गया है। यह हैरत की बात नहीं कि समूचे दस्तावेज़ में इस पर कहीं भी विचार करने की ज़हमत नहीं उठाई गयी है कि उनके इस अभिनव पैमाने को व्यावहारिक धरातल पर कैसे उतारा जायेगा। यदि हम थोड़ी देर के लिए यह मान भी लें कि यह परिमितीय (मापन योग्य) है तो भी उसके मूल्यांकन पर एनसीएफ में चुप्पी बरती गयी है। कहीं ऐसा तो नहीं कि इसमें उच्च अंक प्राप्त करने के लिए लड़कियों से स्वार्थहीनता, बलिदान और सेवाभाव जैसे पारम्परिक स्त्रियोचित लक्षणों की कसौटी पर खरा उतरने की प्रत्याशा की जायेगी? और उनका क्या होगा जो रूढ़ छवियों को अंगीकार करने से इनकार कर देंगी?

II

निस्सन्देह, एनसीएफ 1986 के 'नेप' से कई क़दम पीछे हटने का प्रयास है। 'नेप' में शिक्षा को 'स्त्री की स्थिति में आधारभूत परिवर्तन लाने का ज़रिया' माना गया था। इसमें कहा गया कि 'राष्ट्रीय शैक्षणिक योजना स्त्री सशक्तीकरण में सकारात्मक व हस्तक्षेपकारी भूमिका निभायेगी'। क्या ऐसा हो पाया? इसके प्रगतिशील दावे पाठ्यपुस्तक निर्माण की वास्तविक प्रक्रिया को प्रभावित कर पाये या नहीं, इसकी छानबीन करने की ज़रूरत है, क्या यह अतीत की संचित विकृतियाँ मिटा पाया? स्त्रियाँ और लड़कियाँ जिन रूपों में प्रस्तुत की जाती रही थीं, क्या उनमें तनिक भी फ़र्क़ आ पाया?

यहाँ मैंने 'नेप' के ठीक बाद के दशक की तीसरी, पाँचवीं और आठवीं कक्षाओं के लिए तैयार की गयी भाषा की पाठ्यपुस्तकों की समीक्षा की है।[5] भाषा की पाठ्यपुस्तकों के चयन का तार्किक आधार यह है कि नारीवादी शिक्षाशास्त्रीय व्यवहार में भाषा आधारभूत मसला है। भाषा जेंडरगत अस्मिताओं की रचना और उनके बीच की अन्तःक्रिया के साथ–साथ सत्ता सम्बन्धों को सुदृढ़ करने का मज़बूत धरातल है।

सभी संस्कृतियों में कहानी/आख्यान अर्थ की रचना करते हैं। हमारी अनुभूतियों को व्यवस्थित करके, उनका निरूपण करके वे हमें जगत के बोध में मदद करते हैं। भाषा की सबसे बड़ी ताक़त यह है कि उसमें निर्मिति इस प्रकार मूर्त होती है कि वह स्वाभाविक लगने लगती है। वह यह काम ख़ासकर उस बिन्दु पर करती है जहाँ निर्मिति पर सवाल किये जाने की सम्भावना सर्वाधिक प्रबल होती है। दो टूक शब्दों में कहें तो भाषा जेंडरगत असमानता को स्वाभाविक रूप प्रदान करती है।

इन पाठ्यपुस्तकों की भूमिका में यह दावा किया गया है कि इनका उद्देश्य बच्चों के मानसिक क्षितिज को विस्तृत करना, उनकी सोचने की क्षमता को परिष्कृत करना और उनमें मूल्यों का सृजन करना है। जिन मूल्यों का उल्लेख किया गया है वे हैं—दृढ़ता, परोपकार, बहादुरी, अनुशासन, समय की पाबन्दी, कठिन परिश्रम की मूल्यवत्ता, समाज सेवा और राष्ट्र प्रेम।

भूमिका में शिक्षकों को सलाह दी गयी है कि वे भाषा शिक्षण में ऐसे तरीक़ों का इस्तेमाल करें जो बच्चों को ज़्यादा—से—ज़्यादा संवाद करने और बहस में भाग लेने का अवसर प्रदान करें। लेकिन पाठ्यपुस्तक की विषय—वस्तु और प्रस्तुतीकरण को देखने पर यह सन्देह पैदा होता है कि शिक्षक भूमिका में व्यक्त किये गये उद्देश्य निबाह ले जायेंगे। ख़ासकर, छात्राओं के सन्दर्भ में तो यह और मुश्किल है। ऊपर जिन पाठ्यपुस्तकों की चर्चा की गयी है उनके लगभग 75 अध्यायों की समीक्षा से निम्न चित्र उभरता है—

- चौंतीस अध्याय ऐसे मिले जिनमें केवल लड़के और पुरुष ही पात्र हैं। कहानियों में स्त्री—पात्र नदारद हैं।
- दस अध्याय ऐसे थे, जिनमें स्त्रियाँ थीं, पर उनका होना या तो नाममात्र के लिए था या फिर वे माँ, बहन आदि की पारम्परिक भूमिकाओं में थीं।
- कम—से—कम तेईस अध्याय ऐसे थे जिनका मक़सद जानकारी देना था। उनमें जनसंख्या विस्फोट, पौष्टिक भोजन के फ़ायदे, आदि विषयों पर उपदेशात्मक लेख थे। उनमें 'दोहे' और पद्य के अन्य रूप भी थे, जो पहली नज़र में जेंडरगत पूर्वाग्रह से मुक्त माने जा सकते हैं।
- लगभग दस अध्यायों में से एक अथवा ज़्यादा सटीक रहते हुए कहें तो आठ में से एक में लड़कियों और स्त्रियों को 'भिन्न रूपों में' प्रस्तुत किया गया था। जैसे तैराकी पर केन्द्रित एक अध्याय में उन स्त्रियों का ज़िक्र है जिन्होंने इस क्षेत्र में उपलब्धियाँ हासिल कीं। ऐसे ही एक दूसरे अध्याय में एक लड़की अपने दोस्त को चिड़ियाघर जाने का अनुभव लिखती हुई दिखायी गयी है। एक अन्य अध्याय में खेल दिवस समारोह में लड़कियों को बढ़—चढ़कर हिस्सा लेते हुए चित्रित किया गया है। इसके अतिरिक्त, तीन और ऐसे अध्याय मिले जिनमें स्त्रियों को जुदा रूप में पेश करने की कोशिश की गयी है। इनमें से दो में रानी लक्ष्मीबाई और मैडम क्यूरी की जीवनी है। तीसरे में गाँव की एक लड़की के जेंडरगत भेदभावजन्य अनुभव दर्ज हैं। ऐसी बात नहीं है कि इन प्रस्तुतियों के साथ समस्या नहीं है।

वे पुरुष जन्मना महान थे!

सबसे पहले तो हमें यह देखने की ज़रूरत है कि जिन पुरुषों ने ज़िन्दगी में कुछ हासिल किया और प्रतिष्ठा प्राप्त की, वे इन आख्यानों में कैसे प्रस्तुत किये गये हैं। जिन पाठों की यहाँ बात की जा रही है उनमें जीवनी, बचपन के अनुभव, पत्र और महान लोगों के जीवन के प्रचलित क़िस्से शामिल किये गये हैं। महान व्यक्तित्व के रूप में परिपाटी के अनुरूप महात्मा गाँधी, लालबहादुर शास्त्री, राजेन्द्र प्रसाद, ईश्वरचन्द्र विद्यासागर, एडिसन, चन्द्रशेखर आज़ाद, विक्रम साराभाई, वीर अभिमन्यु, जगदीशचन्द्र बसु, बाबा आमटे, अर्जुन शामिल किये गये हैं।

उनके जीवन–प्रसंग और उनकी उपलब्धियाँ सार्वजनिक दायरे से जुड़ी हुई हैं। कहीं भी पारिवारिक जीवन या घर की चर्चा नहीं मिलती। बाबा आमटे के क़िस्से में उनके जीवन पर माँ के प्रभाव का उल्लेख हुआ है लेकिन यह कोई अलहदा बात नहीं। यह और कुछ नहीं बल्कि इस धारणा की ओर ही इंगित करता है कि हरेक महान पुरुष के पीछे एक स्त्री का हाथ होता है।

इन महान पुरुषों के जीवन की निहायत ही मामूली बातें बढ़ा–चढ़ाकर प्रस्तुत की गयी हैं। उदाहरण के लिए, लालबहादुर शास्त्री बचपन में बाग से चोरी से फूल तोड़ते वक़्त पकड़े जाते हैं। कहानी में बताया गया है कि माली की डाँट–फटकार ने उनके जीवन को बदलकर रख दिया और उन्हें भविष्य का महान नेता बनने की ओर प्रेरित कर दिया। इस बेतुके मिथकीकरण के अलावा जो बात सबसे रोचक है वह है माली के द्वारा कहे गये शब्द। माली ने उस छोटे बच्चे से कहा, "तुम्हारे सिर पर पिता का हाथ नहीं है! तुम्हारा व्यवहार हमेशा अच्छा होना चाहिए। इस गुलाब के फूल की तरह तुम्हें सबको ख़ुश रखने की कोशिश करनी चाहिए।"

किसी लड़के के जीवन में पिता के न होने के निश्चित ही गम्भीर मायने हो सकते हैं। लेकिन क्या इसका मतलब यह होना चाहिए कि वह सबको ख़ुश रखता फिरे? इस प्रत्याशा का उदित होना यही इंगित करता है कि बच्चे के जीवन में पिता के न होने का मतलब नैतिक अधिकारी का न होना माना गया है, जो उसे भटकाव से बचा सकता है। यानी क्या उचित है और क्या अनुचित, यह बतलाने के लिए यदि पिता न हो तो उसकी ज़िम्मेदारी ख़ुद बच्चे पर आ जाती है। उससे अपेक्षा की जाती है कि वह पिता की भूमिका निभाये, उसके दायित्वों को सँभाले एवं परिवार में पुरुष नेतृत्व स्थापित करे।

पुरुषों को अपने दैनिक जीवन (ख़ासकर बचपन के दिनों में ही, कारण ऐसा माना जाता है कि वे या तो जन्मना महान होते हैं या फिर बाल्यावस्था में

ही जो चीज़ वे सबसे पहले हासिल करते हैं वह महानता होती है) की मामूली गतिविधियों में ही दृढ़ता, संघर्ष, साहस, ताक़त आदि का इलहाम हो जाता है।

लड़कियाँ इसी के लिए होती हैं!

अब उक्त सीवनरहित महिमामण्डन की तुलना दो दिलेर स्त्रियों के प्रस्तुतीकरण से करके देखते हैं।

झाँसी की रानी निस्सन्देह घुड़सवारी में माहिर और पराक्रमी है, पर वह अवसादग्रस्त (बेटे और पति की मृत्यु होने पर) और सशंकित (रानी अक्सर जगत से विमुख हो भगवान की शरण में शान्ति पाती है) भी होती है। यहाँ तक कि अंग्रेज़ों से लड़ाई के दौरान भी वह हर सुबह पूजा–अर्चना करती है। महान पुरुषों को इस तरह कभी कमज़ोर या शंका में पड़ते हुए नहीं दिखलाया जाता। वे सभी चुनौतियों का सामना आत्मविश्वास से और बेहिचक करते दिखाये जाते हैं।

स्त्री के मामले में यदि शंका या अवसाद की स्थिति नहीं है तो अन्य उतने ही महत्त्वपूर्ण कारण उसका ध्यान बँटाने के लिए सामने आ जाते हैं। उदाहरण के लिए, मैडम क्यूरी। उनके बारे में लिखा गया है–'वह प्रयोगशाला में रासायनिक द्रवों, टेस्ट ट्यूबों और जटिल प्रायोगिक उपकरणों के बीच व्यस्त रहती थीं। पर घर का सारा कामकाज भी ख़ुद ही करती थीं। खाना बनाना, कपड़े साफ़ करना, घर की सफ़ाई, बरतन माँजना सब कुछ वह ख़ुद करती थीं। विवाह के दो वर्ष बाद उन्होंने एक लड़की को जन्म दिया। इससे उन पर काम का बोझ और अधिक बढ़ गया, लेकिन उन्होंने अपने वैज्ञानिक कर्म की गुणवत्ता को कोई आँच नहीं आने दी।' स्त्री द्वारा दो बोझों को एक साथ सफलतापूर्वक ढोने की उम्दा मिसाल।

महान स्त्रियों के बारे में ऐसी छोटी–छोटी जानकारियाँ देने का उद्देश्य उनके प्रति प्रशंसा का भाव जगाना नहीं है। दरअसल, उनकी सार्वजनिक जीवन की उपलब्धियाँ उन्हें आम स्त्री से जुदा करती हैं। यह जुदा होना यथास्थितिवाद के लिए चुनौती–सा होता है। इसमें निहित प्रेरणा की ताक़त कुन्द करने के लिए ही उनके व्यक्तित्व का घरेलू पक्ष उकेरा जाता है, ताकि वे आम स्त्री ही प्रतीत हों। झाँसी की रानी और मैडम क्यूरी को साधारण स्त्री की तरह चिन्तित होते, कमज़ोर पड़ते, पूजा–पाठ करते और घरेलू कामकाज में संलग्न दिखाने का मक़सद और कुछ नहीं बल्कि उनकी उपलब्धियों की चमक फीकी करना है। वे सामान्य से अलग और चुनौती देने वाली स्त्री के रूप में नहीं दिखनी चाहिए। महान पुरुषों के जीवन चरित्र के प्रस्तुतीकरण में हम इसका ठीक उलटा होते पाते हैं। वहाँ साधारण भी विराट और महान बनने का उत्प्रेरक हो जाता है।

मैडम क्यूरी की जीवनी की प्रस्तुति जगदीशचन्द्र बसु और विक्रम साराभाई जैसे पुरुष वैज्ञानिकों की जीवनी की प्रस्तुति से सर्वथा भिन्न है। ये पुरुष वैज्ञानिक जो कुछ भी कर रहे हैं, उसके प्रति निःशंक और आत्मविश्वास से भरे दिखलाये गये हैं जो कि अन्य महान पुरुषों की भी चारित्रिक विशेषता है। वे घरेलू कामकाज से मुक्त और अपने चुने पेशे के प्रति तनिक भी चिन्तित नहीं हैं। झाँसी की रानी की कहानी का अन्तिम वाक्य उपदेशात्मक है–'अपने *बलिदान* से रानी ने सिद्ध कर दिया कि *ज़रूरत पड़ने पर* (ज़ाहिर है असाधारण परिस्थिति में) भारतीय स्त्रियाँ भी दुश्मन के छक्के छुड़ा सकती है।'

लड़के और पुरुष

यहाँ सवाल यह उठता है कि आख़िर ये पाठ्यपुस्तकें लड़कियों के समक्ष क्या आदर्श प्रस्तुत करती हैं। लड़के प्रायः तमाम विपरीत परिस्थितियों में साहस, कठिन मेहनत और दृढ़ता से डटकर जीवन के ऊँचे मूल्य अर्जित करने का प्रयास करते दिखलाये गये हैं। लेकिन लड़कियों के लिए सीखने का क्या मतलब है?

तीनों ही पाठ्यपुस्तकों में लड़कों को ज़्यादा भ्रमण करते, ख़ुद ही कई जगहों की यात्रा करते और नये अनुभवों से सामना और उन पर बातचीत करने की क्षमता से लैस दिखलाया गया है। वहीं, यदि इस तरह की यात्राओं में स्त्री आती है, तो नासमझ व अज्ञानी के रूप में। उदाहरण के लिए, 'तमिलनाडु की यात्रा' पाठ में दिनेश पहली बार चेन्नई जाता है। उसका दोस्त उसे लेने स्टेशन पर पहुँचता है। वहीं से दिनेश अपने दोस्त को वहाँ के भौगोलिक विवरण बताना शुरू कर देता है। दोस्त की पत्नी माया, जो बचपन से ही वहाँ रह रही है, दिनेश से पूछती है–'भाई साहब, अपने राज्य के बारे में ये जानकारियाँ मैं पहली बार सुन रही हूँ। आप इतनी सारी बातें कैसे जानते हैं?'

आगे रास्ते में मल्लाह दिखायी देते हैं। उनके जाल में पकड़ी गयी मछलियों की भारी मात्रा को देखकर माया विस्मित हो चीख़–सी पड़ती है– 'छी! छी! हे भगवान, कैसे कसाई हैं ये मल्लाह! इन बेचारी मछलियों ने उनका क्या बिगाड़ा है! ...ये नीच मल्लाह उन्हें तब (रात में) पकड़ते हैं जब वे सोयी रहती हैं'। कहानीकार बताता है कि 'उसकी बात सुनकर हम सभी पेट पकड़कर ज़ोर–ज़ोर से हँसने लगे'।

सवाल है– कहानी कौन कह रहा है और किससे कह रहा है? स्त्रियों को इन कहानियों में दूसरों की तुलना में कहाँ रखा गया है?

माया बच्ची नहीं है, फिर भी वह उस जगह के बारे में जानकारीविहीन है जहाँ उसका जीवन गुज़रा है। उसकी प्रतिक्रिया भोलेपन से भरी हुई है।

उसकी बातें गम्भीरता से नहीं ली जातीं। पूरी कहानी में पुरुष कथावाचक हावी है और तमिलनाडु के बारे में क्या जानना महत्त्वपूर्ण है, वह बताता जा रहा है।

स्त्रियाँ जैसी हैं?

स्त्रियों की प्रस्तुति ज़्यादातर माँ के रूप में हुई है। 'कदम्ब का पेड़' कविता में माँ का प्यार उमड़ रहा है। दूसरे पाठों में वे आज़ादी की लड़ाई के दिनों की आदर्श माँ की तरह अपने पुत्रों को देश की सेवा की सीख देती हुई चित्रित की गयी हैं।

स्त्रैण और पौरुष के मायने कविताओं और कहानियों के ज़रिये बख़ूबी उभरकर सामने आते हैं। स्त्रैण यानी प्रकृति के नज़दीक, आदत का हिस्सा और पौरुष यानी सांस्कृतिक, संघर्ष और उपलब्धि का मामला। उदाहरण के लिए, चिड़ियाँ। मीठे गीत गाती, फूलों के इर्द–गिर्द नाचती चिड़ियाँ स्त्रैण का मूर्त रूप हैं।

तीसरी कक्षा की भाषा की पाठ्यपुस्तक में 'गौरैये के लिए' शीर्षक से एक कहानी है। इसमें छोटे बच्चों को पुरुषत्व/स्त्रीत्व के लक्षणों से परिचित कराया गया है।

> उसका नाम बलराम था और उसके गाँव का नाम पोखरी। वह खेती करता था। परेशानी की बात यह थी कि उसमें उसका मन नहीं लगता था। इसलिए उसकी सारी पुश्तैनी ज़मीन परती पड़ी थी। लेकिन भूख का वह क्या करता! हर रोज़ उसे भूख लगती थी। वह हर रोज़ जंगल जाता और फल तोड़कर खा लेता। यदि फल नहीं मिलते तो लकड़ियाँ इकट्ठा कर गाँव ले आता और उसे रोटी के बदले किसी को दे देता। किसी तरह वह पेट की आग बुझा लेता। कभी–कभी उसके मन में खेती करने की बात उठती थी, लेकिन उसे वह आती नहीं थी। एक दिन जब वह लकड़ियाँ बटोर रहा था, कोई बहुत ही कोमल चीज़ उसके हाथ आ टकरायी। उसने ग़ौर से देखा तो पाया कि वह गौरैये का बच्चा था। बलराम ने उसे अपने हाथों में उठा लिया। वह *कमज़ोर* और *बीमार* था। बलराम को लगा कि वह उससे कुछ कह रहा है।
>
> उसने सोचा कि वह ज़रूर प्यासा है। उसने उसके मुँह में पानी की कुछ बूँद डालीं और खाने को फल दिया। दिन–भर वह उसे कन्धे पर बिठाये रहा। शाम में वह पड़ोसी के पास गया और लकड़ी के बदले अनाज ले आया। उसने चिड़िया के आगे अनाज के दाने रखते हुए कहा, 'प्यारी चिड़िया, तुम यहाँ तब तक रहो जब तक कि ठीक न हो जाओ। ठीक हो जाने पर तुम जा सकती हो'।

चिड़िया बलराम के घर में ख़ुश थी। हर रोज़ वह बलराम के कन्धे पर बैठकर जंगल जाया करती। रास्ते–भर उसे मीठा गीत सुनाती और शाम को उसके साथ घर वापस लौट आती। बलराम उसका ख़ूब ख़याल रखता। अब वह हर रोज़ लकड़ी लाने जाता और उसके बदले अपने साथ–साथ चिड़िया के लिए भी भोजन का जुगाड़ करता। दोनों एक–दूसरे से ढेरों बातें करते। धीरे–धीरे बलराम को उससे प्रेम हो गया। उसे एक साथी मिल गया था।

चिड़िया स्वस्थ हुई तो उसके जाने की सम्भावना भी बढ़ गयी। अन्ततः बलराम ने अपनी परती ज़मीन पर खेती करना शुरू कर दिया। वह कठोर मेहनत करता और चिड़िया उसके चारों ओर उड़ती रहती।

कुछ समय बाद खेत में फ़सल लहलहा रही थी। फ़सल जब पककर तैयार हुई तो रखने के लिए घर ही छोटा पड़ गया। बलराम ने चिड़िया को अनाज का ढेर दिखलाते हुए कहा, 'यह सब तुम्हारा है। अब तुम्हें कहीं जाने की ज़रूरत नहीं है। मेरे साथ रहो'। यह सुनकर चिड़िया ख़ुशी से गाने लगी!

क्या यह महज़ एक लड़के और चिड़िया के बीच की दोस्ती की मीठी और निर्दोष कहानी भर है? या फिर यह कुछ और बयान करती है? चिड़िया की वजह से बलराम प्रतिष्ठित और ज़िम्मेदार इन्सान बनता है। बदले में चिड़िया को भी उड़कर चले जाने की अपनी स्वाभाविक वृत्ति पर संयम रखने की गारंटी देनी होती है। आख़िर उसके रुकने के लिए घर में अनाज का होना पर्याप्त कारण था। ठीक वैसे ही जैसे किसी विवाहिता का पति के साथ रहने का पर्याप्त कारण उसका भोजन जुटा ले आना होता है।

इसी तरह एक दूसरी कहानी है, जिसमें एक राजकुमार काला हिरण पकड़ता है। हिरण की मादा साथी भी है। वह राजकुमार के सामने रोने लगती है। नर साथी के प्रति उसके प्रेम की गहराई देखकर राजकुमार का हृदय पिघल जाता है। वह हिरण को छोड़ने का फ़ैसला लेता है। नर साथी के लिए मादा हिरण का रोना स्वभावगत है। अतः इसमें कोई बड़प्पन वाली बात नहीं। बड़प्पन तो राजकुमार दिखाता है। आख़िर, पकड़ में आये शिकार को छोड़ने–न–छोड़ने के आन्तरिक द्वन्द्व से गुज़रना और अन्ततः, अपनी इच्छाओं पर क़ाबू करते हुए हिरण को छोड़ने का दृढ़ निर्णय आसान नहीं। उसके इस कठिन नैतिक निर्णय के समक्ष मादा हिरण का भावुक क्रन्दन फीका पड़ जाता है।

ये दोनों कहानियाँ यह बताती हैं कि क्या पौरुष है और क्या स्त्रैण, उसे किस तरह निहायत ही अराजनीतिक और सीधे–सादे प्रतीत होते निरूपणों के ज़रिये बख़ूबी बयाँ किया जा सकता है।

निष्कर्ष

भाषा शिक्षण की पाठ्यपुस्तकों के विश्लेषण से यह स्पष्ट ज़ाहिर होता है कि स्त्रियों और लड़कियों के सशक्तीकरण के लिए उचित शिक्षा मुहैया कराने की पूर्ववर्ती सरकारों की स्पष्ट नीतिगत प्रतिबद्धता के बावजूद ज़मीनी स्तर पर स्थिति में कोई उल्लेखनीय बदलाव नहीं आ पाया। सक्रिय–निष्क्रिय, भावुक–बौद्धिक, प्रकृति–संस्कृति, स्वायत्त–निर्भर जैसी द्विभाजक कोटियों के साथ–साथ स्त्रीत्व और पुरुषत्व के पारम्परिक अर्थों की व्याप्ति बरकरार है।

इस स्थिति में यह ज़रूरी है कि प्राथमिक और माध्यमिक स्तर पर जेंडर–संवेदी पाठ्य–सामग्री के निर्माण में उनका सहयोग लिया जाये, जिन्होंने स्त्री के आख्यान, अनुभव, दृष्टिकोण और स्वर को अकादमिक मुख्यधारा में लाने के लिए संघर्ष किया है। इस ज्ञानाधार के बिना पाठ्यपुस्तक के पुनर्लेखन कार्य में जुटे लोग लड़की की दृश्य या शाब्दिक प्रस्तुति की संख्या बढ़ाने या फिर उनकी भूमिकाओं की अदलाबदली को ही पर्याप्त मानते रहेंगे।

दरअसल, स्त्री विषयक ज्ञान के निर्माण में योगदान देने वालों का पाठ्यपुस्तक लेखन की प्रक्रिया से कोई लेना–देना नहीं होता। सम्भवतः यह एक अत्यन्त महत्त्वपूर्ण कारण हो सकता है कि हम डेढ़ दशक के प्रयासों के बावजूद नीतिगत स्तर पर दिखावटी दावे पेश करने की अवस्था से आगे नहीं बढ़ पाये हैं। बल्कि, पीछे खिसकने की कष्टप्रद स्थिति में फँसे हैं।'

टिप्पणियाँ

1. विकास प्रक्रिया के रिस–रिस कर ऊपर से नीचे पहुँचने की धारणा।
2. बाल गंगाधर तिलक के सम्पादन में अंग्रेज़ी में निकाला गया अख़बार।
3. एस. भट्टाचार्य, जे. बारा इत्यादि (सं.), *डेवलपमेंट ऑफ़ एजुकेशन इन इंडिया : 1850–1920,* जे. एन. यू., कनिष्क प्रकाशन, 2001, नौरोजी और कृष्णराव के उद्धरण भी यहीं से लिए गये हैं।
4. आन्ध्र प्रदेश के पूर्वी गोदावरी ज़िले का शहर।
5. *बाल–भारती, भाग 3,* फ़रवरी 2002; बाल–भारती, भाग 5, 1994, पुनर्मुद्रण 1999 और *सरस–भारती, भाग 20,* 1998, पुनर्मुद्रण 2001

[**स्रोत** : दीप्ता भोग, 'जेंडर एंड करीकुलम', *इकोनॉमिक एंड पॉलिटिकल वीकली,* अप्रैल, 27, 2002]

नव-क्लासिक अर्थशास्त्र में जेंडर : अवधारणात्मक अवलोकन

रितु दीवान

•

अनुवाद : **प्रभा दीक्षित**

हाल के वर्षों में स्त्री–अध्ययन को गम्भीर तवज्जो मिली है। यह मुख्य रूप से राष्ट्रीय और अन्तरराष्ट्रीय स्तर पर स्त्री–आन्दोलन के पुनरुत्थान का परिणाम है। अकादमी और सक्रियता दोनों ही स्तरों पर स्त्रियों के दमन और शोषण की व्याख्या करने के लिए प्रविधि विकसित करने और पितृसत्ता को सैद्धान्तिक प्रारूपों के साथ एकीकृत करने के प्रयास किये जा रहे हैं।

लेकिन, इन प्रयासों का आधारभूत दृष्टिकोण मुख्य तौर पर अन्तरानुशासनिक रहा है।

इसमें कोई दो राय नहीं कि अन्तरानुशासनिकता अत्यावश्यक और महत्त्वपूर्ण है लेकिन इसका ज़ोर स्त्री–अध्ययन को मौजूदा ज्ञानानुशासनों में समन्वित करने के बजाय इसे एक नये और स्वायत्त ज्ञानानुशासन के रूप में सीमांकित करने पर रहा है, जो पुनः जेंडर आधारित पृथक्करण की ओर ले जाता है। बतौर शिक्षक और एक्टिविस्ट मेरे लिए यह परेशान करने वाली बात है। अलग पाठ्यक्रम होने के कारण यह 'ऐच्छिक' बन गया है। किसी अन्य पाठ्यक्रम की ही भाँति जो इच्छुक हो, जिसकी इसमें रुचि हो वही इसे पढ़े, यह धारणा आम होती जा रही है। ज़रूरत तो इस बात की थी कि इसे सभी मौजूदा पाठ्यक्रमों के साथ समाविष्ट किया जाता ताकि सभी विद्यार्थी जेंडर–रहित विश्लेषण से परिचित होते।

यहाँ मैंने इन दिनों पढ़ाये जा रहे आर्थिक सिद्धान्त की नारीवादी समालोचना की है।

इन दिनों अर्थशास्त्र में प्रभुत्वशाली प्रतिमान नव–क्लासिक अर्थशास्त्र है। इसे 'मुख्यधारा' का दर्जा प्राप्त है। प्रविधि के स्तर पर अत्यधिक परिष्कृत और (आँकड़ों के) मापन पर ख़ासा ज़ोर के कारण प्रविधि–पूजन का दबदबा

स्थापित हो गया है। प्रविधि की चमक ने प्रासंगिकता के सवाल को फीका कर दिया है। विषय–वस्तु के रूप में केवल आँकड़ों की पूछ है। पितृसत्ता जैसे असहज करने वाले मुद्दे आँकड़े की श्रेणी में न आने के कारण अदृश्य रह जाते हैं। अमूर्तीकरण इस हद तक पहुँचा हुआ है कि यथार्थ पर बात करना अपवाद हो गया है। इसकी बुनियादी संकल्पना यह है कि पूँजीवादी व्यवस्था की कुंजी बाज़ार है, जो निराकार है। यह मनुष्य को 'होमो इकोनॉमिक्स' के रूप में देखता है जिसका तात्पर्य यह है कि मनुष्य मूलतः 'आर्थिक प्राणी' है। वह तार्किकता से लैस उत्पादक और उपभोक्ता है और केवल अपने फ़ायदे से मतलब रखता है। निराकार बाज़ार हरेक के लिए संसाधनों के स्वतः सन्तुलित आवंटन की क्षमता से लैस है।

'होमो इकोनॉमिक्स' की धारणा में जेंडर, जाति, नस्ल, जातीयता आधारित भेद मायने नहीं रखते। ऐसे में अर्थशास्त्र की यह धारा उन सभी परिस्थितियों में विश्लेषण के लिए अनुपयोगी है जहाँ सत्ता–सम्बन्ध मौजूद हैं। जो समाज–व्यवस्थाएँ पूँजीवादी नहीं हुई हैं, जहाँ बाज़ार ने अपना आधिपत्य क़ायम नहीं किया है उनकी तो बात ही छोड़िए, पूँजीवादी और बाज़ारीकृत समाज–व्यवस्थाओं के सम्यक् विश्लेषण के लिहाज़ से भी यह अपर्याप्त है। फ़िलहाल हम अपना ध्यान जेंडर पर केन्द्रित रखेंगे।

जहाँ तक जेंडर का सवाल है तो नव–क्लासिक अर्थशास्त्र पूर्णतया अनुपयोगी सिद्ध होता है। यह इस तथ्य की उपेक्षा करता है कि हर अर्थव्यवस्था में दो परस्पर–निर्भर व्यवस्थाएँ अन्तर्निहित रहती हैं–भौतिक वस्तुओं के उत्पादन की व्यवस्था तथा श्रमिकों के पुनरुत्पादन की व्यवस्था। इसके साथ ही, यह इस हक़ीक़त की भी अनदेखी करता है कि पितृसत्ता उत्पादन–सम्बन्धों और उत्पादन–साधनों के साथ गुँथी हुई है। ऐसे में यह स्त्रियों और पुरुषों के लिए अप्रासंगिक हो जाता है।

मुख्यधारा के अर्थशास्त्र में 'चयन' का मसला उतना ही महत्त्वपूर्ण है जितना कि 'विवेक' की भूमिका। जेंडर आधारित विभाजन की व्याप्ति और ख़ासकर, श्रम के स्तर पर विद्यमान पृथक्करण और पितृसत्ता के कारण 'चयन' और 'विवेक' स्त्रियों के लिए वही मायने नहीं रखते जो कि वे पुरुषों के लिए रखते हैं। इतिहास ने स्त्री को उत्पादक व उपभोक्ता के रूप में भिन्न भूमिकाएँ सौंपी हैं। कोई स्त्री क्या चाहती है यह मौजूदा उत्पादन प्रणाली में उसकी 'आर्थिक स्थिति' और समाज द्वारा उसे सौंपे गये 'घरेलू दायित्व', इन दोनों से तय होता है। कर्व–एनालिसिस से काम और आराम के बीच चयन के निर्णय का रेखांकन होता है। इससे स्त्री की वास्तविक स्थिति का चित्रण नहीं हो पाता। इससे यह पता नहीं चलता है कि उसके पास चयन का विकल्प है या नहीं है।

इसी तरह, उपभोक्ता के रूप में चयन (कंज्यूमर चॉइस) करने सम्बन्धी विश्लेषण भी स्त्रियों के सन्दर्भ में अप्रासंगिक है। कितनी स्त्रियाँ हैं जो कमाती हैं। जो नहीं कमाती हैं वे ख़र्च करने के लिए पुरुषों पर निर्भर हैं। जो कमाती हैं उनमें से कितनी हैं जिनकी आय इतनी होती है कि वे मनमाने उपभोग की स्थिति में आ सकें। प्रायः यही देखा गया है कि अपनी आय पर भी ख़ुद उनका नियन्त्रण नहीं रहता है।

परिवार में स्त्री के अवैतनिक श्रम में उसकी उत्पादक और उपभोक्ता दोनों ही भूमिकाएँ शामिल हैं। समाज ने उस पर पत्नी और माँ की भूमिका में स्त्रियोचित उत्पादक कार्य सौंप रखा है। यह परिवार की सेवा करने के नाम पर सम्पन्न होता है। उपभोक्ता के रूप में वे वस्तुतः परिवार के लिए ख़रीददार की भूमिका निभाती हैं। वे वही चीज़ें ख़रीदती हैं जिनका इस्तेमाल उन्हें परिवार में अपनी उत्पादक भूमिका निभाने के क्रम में करना पड़ता है। उन्हें 'चयन' के लिए न तो उत्पादक के रूप में और न ही उपभोक्ता के रूप में उतनी स्वतन्त्रता प्राप्त है जितनी कि पुरुषों को...।

हमारी तरह की अल्पविकसित तथा ग़ैर–पूँजीवादी अर्थव्यवस्थाओं में तो स्थिति और जटिल हो जाती है, जहाँ स्त्रियाँ भारी संख्या में उन आर्थिक कार्यों में संलग्न हैं जो बाज़ार के दायरे में नहीं आते। ख़ासकर, ग़रीब परिवारों में जीवन–निर्वाह के लिए ये कार्य ख़ूब मायने रखते हैं।

इसके अलावा, ग़रीब परिवारों में व्यक्ति उपभोक्ता या उत्पादक के रूप में केवल अपने बारे में नहीं सोचता। यहाँ समूचे परिवार के हित की चिन्ता रहती है और उसे ध्यान में रखते हुए ही विवेक का इस्तेमाल किया जाता है। अल्पविकसित तथा 'जनसंख्या बहुल' देशों में नव–क्लासिक विवेकशीलता सर के बल खड़ी हो जाती है जहाँ ज़्यादा बच्चे होना विवेकपूर्ण साबित होता है क्योंकि वे परिवार की आमदनी में जितना जोड़ते हैं, उतने का उपभोग नहीं करते। यह वास्तविकता प्रत्यक्ष रूप से आर्थिक–व्यक्ति भाव के उर्वरता के वर्चस्वी सिद्धान्तों के विपरीत है जिनमें बच्चों को उपभोग की टिकाऊ वस्तुओं के समान माना जाता है। और अभी हाल में बच्चों की तुलना 'परिवार में उत्पादित वस्तुओं' के साथ भी की गयी है। ये सिद्धान्त मानते हैं कि परिवार कम्पनियों की तरह विवेकपूर्ण ढंग से काम करते हैं; अभाव की स्थिति में वे अपनी उपयोगिता में वृद्धि करते हैं और समय, रुचि, मूल्य और आय आदि दबावों के अनुसार इसके बीच चुनाव कर सकते हैं कि वस्तुओं का उपयोग करें या बच्चे पैदा करें। अतः अन्य वस्तुओं के उत्पादन के समान बच्चों की संख्या और गुणवत्ता का निर्णय भी उनके उत्पादन और रखरखाव के लिए आवंटित समय तथा संसाधनों पर निर्भर है।

मूल्य, महत्तम उपयोगिता, उपभोग इत्यादि के आर्थिक–सिद्धान्त से परिवार की संकल्पना के बहिष्कृत रहने के महत्त्वपूर्ण परिणाम हुए। क्योंकि अनेक वस्तुएँ जिनका उत्पादन घर में होता था उनकी जगह बाज़ार से ख़रीदी गयी वस्तुओं ने ले ली, जो बढ़ाया गया वह एक सामान्य उपयोगिता–प्रकार्य था जिसमें विश्लेषण की इकाई व्यक्ति नहीं परिवार है। उपयोगिता के प्रकार्य को सामान्यतः परिवार के मुखिया की उपयोगिता के प्रकार्य के बराबर रखा जाता है जो या तो निजी स्वार्थ से प्रेरित होता है या 'परिवार की भलाई' से। यह मान्यता कि 'मुखिया' कोई जेंडरविहीन शै है, वह भी उस स्थिति में जहाँ स्त्री मुखिया की हैसियत वाले परिवारों की संख्या क्रमशः बढ़ रही है, वहाँ परिवार के मुखिया का इस रूप में निरूपण परिवार के लिए धन व समय के संसाधनों को जुटाने में स्त्री और पुरुष की एक–दूसरे से भिन्न, लेकिन पूरक भूमिकाओं पर पर्दा डाल देता है।

इसके अलावा, परिवार के भीतर काम का निर्धारण और सत्ता–सम्बन्ध मूल्य की क्रियाविधि के बाहर सक्रिय होते हैं क्योंकि परिवार के सदस्य वस्तुओं में साझेदारी नहीं करते हैं और न घर के भीतर बाज़ारू सौदेबाज़ी द्वारा काम करते हैं। एक वैकल्पिक मॉडल सुझाया गया है–विश्लेषण की इकाई वह कुटुम्ब या परिवार है जो 'सहकारी द्वन्द्व' से संचालित होती है, मोल–तोल की समस्या का मतलब एक ऐसा विशेष सहकारी समाधान खोज निकालना है जो परिवार के विभिन्न सदस्यों की विभिन्न हैसियतों के अलावा अन्य विभिन्न पैमानों पर भी एक संवेदनशील हित–वितरण सम्भव बनाता हो। परिवार को चाहे 'सहकारी द्वन्द्व' के मैदान की तरह देखा जाये या जैसा कि माओ ने परिभाषित किया है, 'ग़ैर–प्रतिद्वन्द्वी अन्तर्विरोध' की तरह, लेकिन इससे इनकार नहीं किया जा सकता है कि विश्लेषण परिवारों के बीच और परिवार के अन्दर दोनों ही स्तरों पर करना महत्त्वपूर्ण है, विशेषकर अर्धविकसित, जीवन–निर्वाही अर्थव्यवस्थाओं में जहाँ व्यापारिक वस्तुओं और सेवाओं का उत्पादन एक महत्त्वपूर्ण अनुपात में अनौपचारिक पारिवारिक सेक्टर में किया जाता है, जहाँ स्त्रियाँ मुख्य कामगार होती हैं।

यह स्थिति हमें तर्कसंगत ढंग से आर्थिक सिद्धान्त और उसकी कार्यान्विति की सर्वाधिक सुस्पष्ट कमी की ओर ले आती है–अर्थात काम की संकल्पना। अर्थशास्त्र में काम को सामान्यतः बाज़ार के काम या भुगतान किये जाने वाले काम के बराबर माना जाता है, अर्थात वह श्रम–शक्ति जिसका एक विनिमय मूल्य होता है। यद्यपि काम, विशेषकर 'घरेलू' काम, को पूरी परिभाषा में लाये बिना भी, जिसे अपने आप में एक अलग अध्याय की ज़रूरत है, इस ओर इशारा करना आवश्यक है कि 'बाज़ार काम', 'बाज़ार वेतन' और 'बाज़ार समय'

की नव–क्लासिक संकल्पनाएँ अर्धविकसित जीवन–निर्वाही अर्थव्यवस्थाओं या लैंगिकता–आधारित श्रम के विभाजन और विखण्डन के सम्बन्ध में पूरी तरह से लागू नहीं होती हैं। विशेषकर उन अर्थव्यवस्थाओं जहाँ अधिकांश स्त्रियाँ ग़ैर–बाज़ारू सेक्टर में काम करती हैं, जिनका वर्गीकरण ग़ैर–कामगार, ग़ैर–उत्पादक के रूप में किया जाता है, अतः डाटा के रूप में वे अदृश्य रह जाती हैं। यह श्रम–शक्ति को कम कूतने तथा स्त्रियों के आर्थिक योगदान के अवमूल्यन एवं अस्वीकृति की ओर ले जाता है।

किसी संकल्पना को हम कैसे परिभाषित करते हैं, उससे भी आँकड़े प्रभावित होते हैं। हाल ही में हुए एक अध्ययन से खेतिहर समाज में काम की परिभाषा और स्त्रियों की श्रम में भागीदारी दर के बीच निकट सम्बन्ध होने की बात ज़ाहिर हुई है। 'वैतनिक श्रम–शक्ति' के परिप्रेक्ष्य में (वेतन/मज़दूरी पाने वाले) परिभाषित कामगार में स्त्री–भागीदारी दर 13 प्रतिशत पायी गयी। वहीं, जब परिप्रेक्ष्य का फलक विस्तृत होकर 'बाज़ारोन्मुख श्रम–शक्ति' (वेतन/मज़दूरी पाने वाले + परिवार के स्तर पर की जाने वाली ऐसी खेती या उद्यम जिसके कुछ अथवा सभी उत्पाद या सेवाएँ बेची जाती हों) हुआ तो स्त्री–भागीदरी दर बढ़कर 32 प्रतिशत हो गयी। अन्तरराष्ट्रीय श्रम संगठन ने 'श्रम–शक्ति' के दायरे में उन्हें भी शामिल किया है जो ऐसी गतिविधियों में लगे हैं जिनके उत्पाद और सेवाएँ संयुक्त राष्ट्र की अनुशंसा के अनुसार राष्ट्रीय आय के आँकड़ों में शामिल होने चाहिए (अर्थात, प्राथमिक वस्तुओं का उत्पादन + इनके उत्पादकों द्वारा इनका शोधन + अन्य उन वस्तुओं का भी उत्पादन जो आंशिक रूप से विक्रय के लिए और आंशिक रूप से उपभोग के लिए किया जाता है)। इस आधार पर परिभाषित करने पर स्त्री–भागीदारी दर 38 प्रतिशत हो गयी। चौथी परिभाषा, 'विस्तारित श्रम–शक्ति' में उपर्युक्त के अलावा परिवार की बुनियादी ज़रूरतें पूरा करने वाली वस्तुओं और सेवाओं, जिनकी औद्योगिक देशों में सामान्यतः ख़रीद–बिक्री होती है, से जुड़े कार्य भी शामिल हो जाते हैं। इस आधार पर स्त्री–भागीदारी दर विस्मयकारी रूप से 91 प्रतिशत पायी गयी।

स्पष्ट है कि काम की परिभाषा तथा आँकड़ा–व्यवस्था के अन्य संकल्पनात्मक एवं प्राविधिक पूर्वग्रहों, दोनों पर पुनर्विचार किया जाना ज़रूरी है। इसके साथ ही, घरेलू काम बाज़ार सेक्टर के लिए किस हद तक वेतन में आर्थिक सहायता पहुँचाता है, इसका विश्लेषण भी आवश्यक है। परिवार में स्त्रियों और पुरुषों के बीच सत्ता सम्बन्धों में पितृसत्ता और पूँजीवाद के आपसी सम्बन्ध इसीलिए विशेष रूप से महत्त्वपूर्ण हो जाते हैं।

परिवार वह इकाई है जहाँ जेंडर सम्बन्धों के भौतिक पक्षों और श्रम–विभाजन के आधार पर उत्पादन और आय का पुनर्वितरण होता है जो द्वन्द्व और परिवर्तन को जन्म देता है। व्यावसायिक अलगाव पितृसत्ता को क़ायम रखने का एक केन्द्रीय औज़ार है जो श्रम के पारम्परिक विभाजन पर बल देता है। इसका परिणाम स्त्रियों के कमतर वेतन में होता है, जो बदले में पुरुषों पर उनकी निर्भरता को क़ायम रखता है।

अल्प–विकसित, अर्ध–सामन्ती अर्थव्यवस्थाओं में परिवार उत्पादन की प्राथमिक इकाई है, जहाँ व्यापारिक वस्तुओं के उत्पादन के साथ–साथ वस्तुओं की ग़ैर–व्यापारिक विशेषताओं को अक्षुण्ण रखा जाता है। इसीलिए सिद्धान्त और विश्लेषण दोनों में ही घरेलू काम के भौतिक आधार का समावेशन आवश्यक है जो व्यवस्था के लिए एक अनिवार्य आर्थिक प्रकार्य है। मुख्य रूप से, ग़ैर–बाज़ारू गतिविधियाँ नव–क्लासिक अर्थशास्त्र के दायरे के बाहर रही हैं। इसकी शुरुआत विशेषकर माँग और पूर्ति के सिद्धान्तों के वर्चस्व के साथ हुई जिन्होंने उत्पादन, उत्पाद, उपभोग और वितरण की पद्धतियों में परिवर्तन लाने वाली विविध व्यापक स्थितियों के समावेशन पर रोक लगाने वाली पद्धति का सहारा लिया। ये सिद्धान्त एक वास्तविक अर्थव्यवस्था के अन्तःसम्बन्धपरक विश्लेषण के लिए कोई आधार उपलब्ध नहीं कराते हैं, क्योंकि वे अर्थव्यवस्था की गतिशीलता के लिए अनिवार्य सामाजिक सम्बन्धों के उन महत्त्वपूर्ण पक्षों को बाहर रखते हैं जो अर्थव्यवस्था की गतिमत्ता के लिए ज़रूरी हैं। सामाजिक सम्बन्धों के अन्य पक्षों की तरह जेंडर को भी नव–क्लासिक अर्थशास्त्र में तनिक–सी ही जगह मिलती है। लेकिन हाल में कुछ अर्थशास्त्रियों ने इसमें बाज़ार तथा परिवार के रखरखाव में स्त्री की गतिविधियों को शामिल करना शुरू किया है। ग़ैर–बाज़ारी गतिविधियों का अध्ययन प्राथमिक रूप से ग़ैर–पूँजीवादी और अर्ध–सामन्ती खेतिहर अर्थव्यवस्थाओं के अर्थशास्त्रियों ने किया है।

श्रम–बाज़ार का विश्लेषण प्राथमिक तौर पर माँग और आपूर्ति के सिद्धान्त को सामने रखते हुए श्रम–शक्ति में भागीदारी और श्रम–बाज़ार के विखण्डन का अध्ययन करता है। श्रम–बाज़ार में स्त्री की भागीदारी उसकी पारिवारिक स्थिति, शिक्षा, रोज़गार के अवसरों में वृद्धि तथा आर्थिक सक्रियता के सामान्य स्तर द्वारा निर्धारित होती है। श्रम–बाज़ारों के अन्तरों का विश्लेषण आमदनी और व्यावसायिक वितरण की शब्दावली में होता है जिसका सम्बन्ध उत्पादन की विविधता, वेतन में प्रत्यक्ष भेदभाव तथा लैंगिकता के कारण व्यावसायिक अलगाव के साथ है।

शिकागो स्कूल द्वारा विकसित 'नव्य घरेलू अर्थशास्त्र' ने मूल रूप से व्यापार सिद्धान्त के अन्तरराष्ट्रीय विशेषीकरण की व्याख्या के लिए अपनाये गये 'तुलनात्मक लाभ' के सिद्धान्त का विस्तार जेंडर आधारित श्रम–विभाजन तक कर, इसका इस्तेमाल इस बात की व्याख्या करने के लिए किया है कि स्त्रियाँ गृहकार्य में विशेषता क्यों प्राप्त करती हैं।

इस स्कूल का तर्क है कि पुरुषों और स्त्रियों के बीच ऐतिहासिक श्रम–विभाजन बाज़ार की गतिविधियों में पुरुषों को तथा गृहकार्य में स्त्रियों को स्वाभाविक रूप से तुलनात्मक लाभ देता है। यह तर्क भी दिया गया है कि स्त्रियाँ बाज़ार की कठिन स्थितियों के कारण जानबूझकर घरेलू काम का चुनाव करती हैं तथा पूर्णकालिक काम को स्वेच्छा से कम समय देती हैं। यही नहीं, उत्पादकता के स्तरों में अन्तरों की व्याख्या अनुभव, हुनर, कुशलता तथा शिक्षा के निचले स्तरों द्वारा की जाती है।

इसके अलावा, मुख्यधारा का अर्थशास्त्र जो कि असीमित चाहतों और सीमित साधनों का अर्थशास्त्र है, अल्प–विकसित अर्थव्यवस्थाओं के जीवन *निर्वाह* के मुद्दों की व्याख्या करने के लिए पर्याप्त नहीं है। नव–क्लासिक अर्थशास्त्र कहता है कि मज़दूरी बढ़ने के साथ–साथ श्रम की आपूर्ति भी बढ़ती जाती है। वैसे तो पुरुषों के मामले में भी इस सूत्रीकरण के सही होने पर सवाल उठाया जा सकता है लेकिन स्त्रियों के सन्दर्भ में तो माजरा ठीक उलटा है। आर्थिक स्थिति बेहतर होने पर स्त्रियाँ श्रम करना छोड़ देती हैं, जो इस बात का संकेत है कि वे जीवन निर्वाह के लिए काम करती हैं न कि अपनी इच्छा के अनुसार। भारत में बड़ी संख्या में हुए अध्ययनों ने उन विभिन्न कारकों को चिन्हित किया है जो श्रम के बाज़ार में स्त्रियों की भागीदारी घटाते हैं। पुरुष की कमाई में वृद्धि, परिवार के औसत आकार का बढ़ना, प्रति व्यक्ति आय में वृद्धि, भू–सम्पत्ति के आकार में बढ़त, जाति की हैसियत का ऊँचा उठना इत्यादि ऐसे ही कुछ कारक हैं। इनमें से कुछ ही कार्य–कारण की व्याख्या नव–क्लासिक अर्थशास्त्र द्वारा की जा सकती है।

मुख्यधारा के अर्थशास्त्र के लिए स्त्री और पुरुष अमूर्त इकाई हैं। यह दोनों को समान मानता है। इसके मुताबिक़ काम–काज से लेकर विवाह तक में दोनों ही 'विवेकसम्मत' और अपने हित में निर्णय लेने के लिए समान रूप से स्वतन्त्र हैं। इस अर्थशास्त्र के लिए जेंडर आधारित सत्ता–सम्बन्ध का वजूद ही नहीं है। इसने जेंडर का यदि कहीं ख़याल किया भी है तो मामूलीकृत करते हुए ही। सभी समाज विज्ञानों के बीच सर्वाधिक 'वैज्ञानिक' होने के बावजूद मुख्यधारा का अर्थशास्त्र जेंडर सम्बन्धी समझ के लिए संकल्पनात्मक अथवा

प्राविधिक स्तर पर कुछ प्रदान करने के लिहाज़ से विपन्न है। जब तक यह उत्पादन–पद्धति और पुनरुत्पादन–पद्धति के बीच के जुड़ाव का व्यवस्थित और वैज्ञानिक ढंग से विश्लेषण नहीं करता तब तक यह स्त्री और पुरुष दोनों ही के जीवन यथार्थ के लिए अप्रासंगिक बना रहेगा।

[**स्रोत** : रितु दीवान, 'जेंडर इन नियो–क्लासिकल इकोनॉमिक्स : ए कॉनसेप्चुअल ओवरव्यू', *फ्रॉम मिथ्स टू मार्केट्स : एसेज ऑन जेंडर* (सम्पा.), उमा चक्रवर्ती और कुमकुम संगारी, आईआईएएस, शिमला, 1999, पृ. 312–320]

मनोविज्ञान की नारीवादी आलोचना

यू. विंध्या

•

अनुवाद : **प्रभा दीक्षित**

इस आलेख में मनोविज्ञान की कुछ प्रमुख प्राक्कल्पनाओं का नारीवादी दृष्टिकोण से आलोचनात्मक मूल्यांकन करने का प्रयास किया गया है। ऐसी बात नहीं है कि अकादमिक व्यवहार की तटस्थता के दावे को चुनौती देने का काम केवल नारीवादी विद्वानों ने ही किया है। उन्नीसवीं और बीसवीं सदी में मार्क्सवादियों और बीसवीं सदी के अश्वेत–मुक्ति और समलैंगिक अधिकारों के आन्दोलनों की ओर से भी अकादमिक–विचार–प्रणाली की तथाकथित मूल्य–निरपेक्षता पर सवाल उठाये गये।

विगत तीन–चार दशकों के दौरान स्त्री–आन्दोलन और तद्‌जन्य विद्वत्कर्म ने पारम्परिक समाज विज्ञान के उन तरीक़ों को बड़ी चुनौती दी है जिनसे स्त्री, पुरुष और सामाजिक जीवन का विश्लेषण किया जाता रहा है। छठे और सातवें दशक के दौरान यानी आरम्भ में इसने सबसे पहला काम यह किया कि स्त्रियों को अदृश्यता की स्थिति से मुक्त कर दृश्य के बीचोबीच स्थापित किया। होता यह आया था कि या तो स्त्रियाँ पूरी तरह उपेक्षित थीं या फिर 'मनुष्य' नामक जेंडरविहीन कोटि के तहत पुरुषों के साथ ही सान दी गयी थीं। इसके बाद नारीवादी अध्येता धीरे–धीरे ऐसे ज्ञान के विकास की ओर प्रवृत्त हुए जिसमें स्त्री 'ऑब्जेक्ट' (विषय) न रहकर 'सब्जेक्ट' के तौर पर व्यवहृत की गयी।

वैसे तो ऐसा कोई इकलौता परिप्रेक्ष्य नहीं है, जो नारीवादी माने जाने वाले सभी लेखन–कार्यों को एकता के सूत्र में बाँधता हो। तथापि सब–के–सब जेंडर को सामाजिक निर्मिति मानते हैं। परिवर्तन, सक्रियता और समाज के प्रति आलोचनात्मक रुख़ सभी नारीवादों में अन्तर्निहित है। ऐसा कोई नारीवादी खाँचा नहीं जो मनोविज्ञान के शोध की मूल मान्यताओं तथा नीतियों को अपर्याप्त न मानता हो।

यहाँ मैंने ज्ञानमीमांसा, प्रविधि और पद्धति, इन तीन पहलुओं पर विचार किया है। कहना न होगा कि ये तीनों परस्पर गुम्फित हैं और इसलिए तीनों पर किये गये विचार में कमोबेश दुहराव मिल सकता है।

ज्ञानमीमांसीय मुद्दे : व्यवहार की सार्वभौमिकता

मनोविज्ञान में ज्ञान का स्रोत अथवा उद्भव तथा लोग इसे कैसे अर्जित करते हैं, ये केन्द्रीय सरोकार के मसले रहे हैं। इसकी ऐतिहासिक पृष्ठभूमि में पाश्चात्य दर्शनशास्त्र की दो प्रमुख प्रतियोगी बौद्धिक परम्पराओं से प्रस्फुटित होने वाले अनुभववादी–सहजवादी (एम्पिरिसिस्ट–नेटिविस्ट) द्वैत मौजूद रहा है।

एक ओर ब्रितानी दार्शनिक जॉन लॉक, डेविड ह्यूम और जॉन स्टुअर्ट मिल से लेकर विगत सदी के तार्किक–प्रत्यक्षवादी (लोजिकल पॉजिटिविस्ट) रहे हैं, जो ज्ञान का स्रोत प्रत्यक्ष जागतिक घटनाओं को मानते रहे हैं। इनके मुताबिक़ ज्ञान इन्द्रियनिष्ठ होता है। जगत सम्बन्धी इन्द्रिय–प्रदत्त कच्ची सामग्री के बिना ज्ञान का महल खड़ा नहीं किया जा सकता। इस बौद्धिक परम्परा की सर्वश्रेष्ठ अभिव्यक्ति प्रत्यक्ष और तटस्थ निरीक्षण तथा तदनुसार निष्पत्ति पर पहुँचने की वैज्ञानिक पद्धति के रूप में हुई।

दूसरी ओर इसके ठीक विपरीत, स्पिनोजा, कांट और नीत्शे जैसे 18वीं और 19वीं सदी के जर्मन दार्शनिकों ने ज्ञान के मानवीय मन की सहज उपज होने की बात की। इनके मुताबिक़ मनुष्य के मन में सोचने, वर्गीकृत करने और सूचनाओं के विवेचन की अन्तर्जात प्रवृत्ति होती है। यही सहज वृत्ति ज्ञानार्जन में केन्द्रीय भूमिका निभाती है। सभी ज्ञान इन्द्रिय–प्रदत्त जानकारियों के (मन द्वारा किये गये) तर्कसंगत विश्लेषण का नतीजा होते हैं और इन्द्रियों की जानकारी जुटाना भी अन्तर्जात विवेकपूर्ण निर्देशक सिद्धान्त के कारण ही मुमकिन हो पाता है।

जहाँ तक वैज्ञानिक पद्धति पर उनके प्रभाव की बात है तो अनुभववाद की परिणति वस्तुनिष्ठ और आगमन (इंडक्टिव) विधि में हुई जबकि सहजवाद की हायपोथेटिको–डिडक्टिव (अनुमानात्मक–निगमनात्मक) विधि में। वैसे तो आधुनिक मनोवैज्ञानिक चिन्तन सम्प्रदायों पर इन दोनों परम्पराओं के प्रभाव में उतार–चढ़ाव आता रहा है, पर समकालीन मनोविज्ञान प्रमुख तौर पर अनुभववादी दर्शन का सह–उत्पाद है।

ग़ौरतलब है कि परस्पर विरुद्ध होने के बावजूद अनुभववादी और सहजवादी दोनों परम्पराओं का मनोविज्ञान पर जिस मायने में एक समान प्रभाव पड़ा, वह है उसकी मानव व्यवहार के सार्वभौमिक नियमों की तलाश। इसमें प्रचलित व्यवहारवाद और संज्ञानवाद (कोग्निटिज़्म) इसकी जीवन्त मिसाल हैं।

व्यवहारवाद की जड़ें अनुभववाद में हैं। यह मनोविज्ञान को प्राकृतिक विज्ञान मानता है जिसकी विषय–वस्तु अवलोकनीय जीव–व्यवहार तक सीमित है।

इस विज्ञान का उद्देश्य व्यवहार का अनुमान लगाना और उसका नियन्त्रण है। जागतिक उद्दीपक और उसके प्रति व्यवहारात्मक प्रतिक्रिया के बीच नियमितता होती है, इसलिए उनका अवलोकन व्यवहार के अनुमान को सम्भव करता है। व्यवहारवाद के आलोचकों का मत है कि महज़ अवलोकित उद्दीपक–अनुक्रिया शृंखला के विवरण तक सीमित इस प्रकार का अनैतिहासिक और अ–सैद्धान्तिक रुख़ बमुश्किल ही कार्य–कारण व्याख्या के रूप में फलित होता है, जोकि वास्तव में विज्ञान का प्राथमिक उद्देश्य है।

व्यवहार की सार्वभौम धारणा पर सवाल उठाना नारीवादी परिप्रेक्ष्य का एक बड़ा योगदान है। नारीवादी विश्लेषणों ने जेंडर की निर्मिति करने वाली व्यवस्थाओं तथा ऐतिहासिक और सांस्कृतिक संस्थानों के जटिल अन्तर्गुम्फन की ओर ध्यान आकर्षित किया है। 'पुरुष' नामक ऐसी कोई शै नहीं जो सार्वभौम चरित्र लिए हो और इसलिए, न ही 'स्त्री' की कोई समरूप और सार्वभौम कोटि होती है। स्त्री और पुरुष संस्कृति सापेक्ष होते हैं।

नारीवाद का व्यवहारमूलक पक्ष सहजवादी परम्परा और उसकी समकालीन सन्तति संज्ञानवाद की मान्यताओं को बुनियादी चुनौती पेश करता है। मोटे तौर पर, संज्ञानवाद उन मनोवैज्ञानिक रुख़ों का द्योतक है जिनका ज़ोर व्यक्ति के मन के भीतर की उन संरचनाओं और प्रक्रियाओं पर है जो व्यवहार के संचालन में केन्द्रीय भूमिका निभाती हैं। वस्तुजगत मानसिक प्रक्रियाओं की उपज है। यह मन से स्वायत्त नहीं है। इस तरह की धारणा का विचारधारात्मक निहितार्थ यह है कि व्यक्ति जिन परिस्थितियों में जीवन बसर करता है उन्हें वह नहीं बदल सकता, क्योंकि परिस्थितियाँ मानसिक अन्तःप्रक्रियाओं का प्रतिबिम्ब हैं। इसलिए बदलाव मन (आत्म) के स्तर पर ही करना होगा।

कहना न होगा कि संज्ञानवाद का बाह्य को आत्म का ही निरूपण मानना और इसलिए उसका 'आत्मान्तरण' पर ज़ोर देना और कुछ नहीं बल्कि यथास्थितिवाद का पोषण करना है। नारीवाद का समाज और ज्ञान के प्रति जो आलोचनात्मक रुख़ है उसकी बुनियाद ही इस तरह की धारणा के खण्डन पर खड़ी हुई है। नारीवाद का मानना है कि व्यक्ति और परिस्थिति के बीच गहरा रिश्ता है। व्यक्ति के निर्माण में ऐतिहासिक और सामाजिक ताक़तें निर्णायक भूमिका निभाती हैं। ख़ासकर, स्त्रियों का जीवन उनकी खुदी से निर्धारित नहीं होता। वे अपने ढंग से जीने के लिए स्वतन्त्र नहीं होतीं। उनका जीवन पितृसत्तात्मक संरचनाओं द्वारा लादी गयी पाबन्दियों से निर्धारित होता है और इसलिए, इन संरचनाओं में बदलाव लाये बिना उनके जीवन में किसी भी तरह का बदलाव लाने की बात नहीं सोची जा सकती।

नारीवादी शोध और व्यवहार की आलोचनात्मक संवेदना न केवल इस धारणा का खण्डन करती है कि व्यक्ति सामाजिक–ऐतिहासिक परिस्थितियों से स्वायत्त होते हैं बल्कि समाज में व्याप्त सत्ता–सम्बन्धों को बदलने के लिए ज़रूरी पहल का खाका भी बुनती है।

पद्धतिमूलक मसले : मूल्य-मुक्त तटस्थता का मिथक

आधुनिक मनोविज्ञान वस्तुपरक होने का दावा करता है। इसने वस्तुपरकता की प्रेरणा अनुभववादी–प्रत्यक्षवादी खाँचे से ली है। वस्तुपरक होने का अर्थ यह हुआ कि यह मूल्य–मुक्त है। इसका समाज में विद्यमान सत्ता–संरचनाओं से कोई लेना–देना नहीं है, यह तटस्थ है। इसलिए, मनोवैज्ञानिक अपने ज्ञानानुशासन में किसी भी तरह के मूल्य की किसी भी भूमिका की सम्भावना के बारे में ख़याल भी नहीं करते। लेकिन, इसमें उन्हीं का दोष नहीं। उनकी यह आस्था दरअसल बृहत्तर पैमाने पर जड़ जमाये यक़ीन का हिस्सा है, जिसके मुताबिक़ वस्तुपरक समाज विज्ञान सम्भव है।

मनोविज्ञान के मूल्य–मुक्त अथवा तटस्थ होने के दावे की मज़बूती हमें वहाँ दिखायी देती है जहाँ इस तरह की धारणा से विचारधारात्मक हित सधते हैं। इस दावे के कारण लोग इसकी स्थापनाओं और निष्कर्षों को बिना कुछ सोचे–समझे सत्य वचन मान लें। वे एक पल के लिए भी इसकी ऐतिहासिकता या सामाजिकता की ओर ध्यान न दें। इसका यही मन्तव्य है। मनोविज्ञान अपनी इस छवि के ज़रिये ख़ुद को अ–राजनीतिक के रूप में पेश करता है और *जो है उसे यही होना चाहिए* बना देता है। *क्या होना चाहिए* यह तय होता है वर्चस्वशाली और व्याप्त परिपाटी से। नतीजतन, मनोविज्ञान इस रूप में और कुछ नहीं बल्कि यथास्थितिवाद का हिमायती बनकर रह जाता है।

मूल्य–मुक्त शोध की ओट में मनोविज्ञान ने वस्तुतः व्यक्तिवाद, पुरुष श्रेष्ठता, राजनीतिक अनुकूलन को प्रतिष्ठित करने, मानवीय समस्याओं के समाधान में प्रौद्योगिकी की भूमिका के महिमामण्डन और उदार मानववाद के आरोपण को मज़बूती प्रदान करने का काम किया है।

ऐसी बात नहीं है कि मूल्य–मुक्त विज्ञान के विचारधारात्मक इस्तेमाल पर आक्रमण करने का श्रीगणेश नारीवाद ने ही किया। समाज विज्ञान में इस सिद्धान्त की प्राण–प्रतिष्ठा की आलोचना की धमक पाँचवें दशक में ही सुनाई देने लगी थी। लेकिन, अपने–आप में ज्ञान की एक पद्धति के रूप में नारीवाद की बुनियादी संकल्पना ही इस धारणा को चुनौती देती थी कि तथ्यों का मूल्यों से अलग वजूद होता है। समाज और मुख्यधारा के ज्ञानानुशासनों में मूल्य–युक्त पूर्वाग्रहों का उद्घाटन नारीवादी प्रविधि का मूल उद्देश्य रहा है।

अब ज़ोर इस बात पर नहीं है कि मूल्य वैज्ञानिक व्यवहार को प्रभावित *करते हैं अथवा नहीं*, बल्कि इस पर है कि *वे कैसे हैं*।

नारीवादी परिप्रेक्ष्य की मूल्यवत्ता उसके इस दावे में नहीं है कि यह पारम्परिक मनोविज्ञान की तुलना में अधिक वस्तुपरक या मूल्य–मुक्त है और इसलिए, स्त्रियों के अनुभव को जानने–समझने के लिहाज़ से अपेक्षाकृत बेहतर स्थिति में है। बल्कि, इसकी मूल्यवत्ता इस बात में है कि वह मनोविज्ञान को यह एहसास कराता है कि वह मूल्य–मुक्त नहीं है। उसे अपने मूल्य–युक्त होने के प्रति आत्म–सजग करना ही नारीवाद को महत्त्वपूर्ण बनाता है। एक बार जब यह पता चल जाये कि मनोविज्ञान वर्चस्वी सांस्कृतिक मूल्यों से ग्रस्त है, तब इन मूल्यों के गुण–दोषों पर बहस की जा सकती है।

मनोविज्ञान की जेंडरीय राजनीति की ओर ध्यान आकर्षित करने में नारीवादियों ने अपनी कुशाग्रता का प्रदर्शन किया है। मनोविज्ञान में यह मान्यता हावी रही है कि समस्त व्यवहारों की कसौटी पुरुष है। इसकी सबसे प्रबल मिसाल स्त्री और पुरुष के बीच की भिन्नता व्यक्त करने के लिए इसके द्वारा अपनाई गयी भाषा है। यह स्त्री को अपूर्ण पुरुष करार देता है (स्त्री = पुरुष)। पुरुष पूर्ण मनुष्य की बानगी है। इस लिहाज़ से, परिवर्तन की किसी भी कवायद का उद्देश्य स्त्री को पुरुष जैसा बनाना मात्र हो जाता है।

प्रत्यक्षवाद की आलोचना

मनोविज्ञान में इस बात का दावा किया गया कि केवल प्रत्यक्षवादी पद्धति अपनाकर ही यह वैज्ञानिकता की कड़ी परीक्षा में सफल हो सकता है, ख़ुद को निष्पक्ष और तटस्थ के रूप में पेश कर सकता है और सामाजिक रूप से उपयोगी स्थापनाएँ दे सकता है।

प्रत्यक्षवादी परम्परा का सर्वोत्तम उदाहरण प्रयोगशाला में किये जाने वाले अध्ययन थे, जहाँ सार्वभौम नियम की खोज के लिए कुछ व्यक्ति–नमूने लिए जाते हैं और उनके व्यवहार का वांछित और नियन्त्रित अध्ययन किया जाता है। नारीवादियों ने नमूने के लिए चयनित व्यक्ति को सन्दर्भविहीन करने और उसके तथा प्रयोगकर्ता के बीच पदानुक्रम की स्थिति होने को लेकर मनोविज्ञान की प्रयोगशाला पद्धति की आलोचना की है।

[**स्रोत** : यू. विंध्या, 'इंटेरोगेटिंग साइकोलॉजी : सम फ़ेमिनिस्ट इशूज़ एंड इंप्लिकेशंस', *फ़्रॉम मिथ्स टू मार्केट्स : एसेज ऑन जेंडर* (सम्पा.) उमा चक्रवर्ती और कुमकुम संगारी, आईआईएएस, शिमला, 1999, पृ. 380–393]

विज्ञान और जेंडरगत भेदभाव

विनीता बल

•

अनुवाद : **कुमार विजय**

शहरी भारत, उसमें भी विशेष रूप से महानगरों में, बहुतेरी स्त्रियाँ पूर्णकालिक नौकरी करते हुए पारिवारिक आय में योगदान करती हैं। उनकी बढ़ती संख्या से ऊपरी तौर पर यही इंगित होता है कि ज़्यादा–से–ज़्यादा स्त्रियाँ आर्थिक रूप से स्वतन्त्र होती जा रही हैं और समाज जेंडरगत समानता की दिशा में आगे बढ़ रहा है। विज्ञान के पेशेवरों के बीच तो यह समझ आम है। इस तरह की समझ के कारण इस विषय की समूची कार्यप्रणाली प्रभावित होती रही है। इस पर्चे में विज्ञान में स्त्री पेशेवरों की स्थिति और वैज्ञानिक अनुसन्धान प्रयोग के विषय के रूप में स्त्री की भूमिका के विश्लेषण का प्रयास किया गया है।

विज्ञान में स्त्री पेशेवर

विगत सदी की शुरुआत में भारतीय अकादमिक जगत में विज्ञान के विषयों में स्त्रियों की भागीदारी न के बराबर थी। हालाँकि समय के साथ धीरे–धीरे उनकी संख्या बढ़ती गयी है। फिर भी, इन विषयों में समाज विज्ञान तथा मानविकी के मुक़ाबले स्त्रियों की मौजूदगी काफ़ी कम है। लेकिन इसका मतलब यह नहीं कि समाज विज्ञान और मानविकी में स्त्रियाँ बेहतर स्थिति में हैं। स्त्री होने के नाते प्रकट या अप्रकट भेदभाव झेलने के लिहाज़ से दोनों ही क्षेत्रों में हालत समान ही है।

महिला विद्यार्थियों के विज्ञान विषयों में प्रवेश लेने की दर बढ़ने से वे अनुल्लेखनीय से उल्लेखनीय अल्पसंख्यक की स्थिति में आ पहुँची हैं। भारतीय सन्दर्भ में इसे स्त्री–साक्षरता की निम्न दर से जोड़कर देखा जा सकता है और/या हो सकता है कि मामला इतना सीधा और सरल न हो। इसके पीछे निम्न साक्षरता के अलावा अन्य बड़े जटिल कारणों की भी भूमिका हो सकती है। मेरे ख़याल से इसे समझने में हमें साक्षरता–दर की बजाय बीच में ही पढ़ाई

छोड़ देने के आँकड़ों से ज़्यादा मदद मिल सकती है। हमारे यहाँ लड़कियों के स्कूल छोड़ने की दर बहुत ऊँची है, जो आगे उच्च शिक्षा में भी जारी रहती है।

लड़कियों के पढ़ाई छोड़ने की ऊँची दर अकादमिक जगत (इसमें विज्ञान भी शामिल है) में स्त्रियों की कम संख्या का एक बड़ा कारण हो सकता है। हालाँकि इसमें स्त्रियों के प्रति सामाजिक रवैये की भी कम बड़ी भूमिका नहीं है। ग़ौरतलब है कि स्त्रियों के प्रति भेदभाव भारत तक ही सीमित नहीं है। अमेरिका के मेसाचुसेट्स इंस्टीट्यूट ऑफ़ टेक्नोलॉजी (एमआईटी) द्वारा 1994 में कराये गये सर्वेक्षण[1] से पता चलता है कि विज्ञान में स्नातक स्तर तक स्त्रियाँ पुरुषों के मुक़ाबले कमतर नहीं ठहरती हैं, लेकिन उसके बाद उनमें अधिकांश पढ़ाई छोड़ देती हैं। संकाय (फ़ैकल्टी) स्तर पर चयन के लिए उन्हें 'सहकर्मियों की समीक्षा' (पीयर रिव्यू) का सामना करना पड़ता है। ज़ाहिर है, ऐसे में जेंडर आधारित भेदभाव की सम्भावना और ज़्यादा बढ़ जाती है। भारत के सन्दर्भ में मेरे पास इस तरह के आँकड़े नहीं हैं। लेकिन, एक वैज्ञानिक के रूप में मेरे अनुभव भी कुछ इसी तरह के हैं। हालाँकि राष्ट्रीय स्तर के संस्थानों में जीव विज्ञान में पीएच.डी. में प्रवेश लेने वाली छात्राओं का प्रतिशत बढ़ा है। लेकिन इसका अर्थ यह नहीं है कि जेंडर आधारित भेदभाव कम हो गया है। बल्कि, हुआ यह है कि परिवार के प्राथमिक उपार्जक माने जाने वाले पुरुष–वर्ग के लिए अकादमिक जगत मनपसन्द और आकर्षक नहीं रह गया है। इस जगत की नौकरी परिवार में अतिरिक्त आय जोड़ने के लिहाज़ से निश्चित तौर पर बुरी नहीं है। इसलिए अकादमिक जगत में स्त्रियों की संख्या बढ़ी है।

जहाँ रोज़गार और शिक्षा के समान अवसर उपलब्ध हैं, वहाँ यह मान लिया जाता है कि जेंडर अथवा रंग आधारित भेदभाव नहीं होगा। अमेरिका के एमआईटी की वरिष्ठ और स्थायी संकाय सदस्याएँ भी सालों से यही मानती आ रही थीं। लेकिन, दस साल पहले उनका ध्यान इस तथ्य की ओर गया कि जगह तथा अन्य संसाधनों की उपलब्धता, वेतन, पुरस्कार और सम्मान के अन्य प्रतीकों के स्तर पर उनके साथ जेंडर–आधारित भेदभाव किया जाता है। तब जाकर उन स्त्रियों ने, जो संख्या के लिहाज़ से भी कम थीं, इस स्थिति पर विचार करने के लिए समिति गठित करने का दबाव बनाया। समिति द्वारा जुटाये गये आँकड़ों से पता चला कि प्रयोगशाला में जगह, व्यक्तिगत शोध अनुदानों से भुगतान किये गये नौ माह के वेतन, शैक्षिक कार्यों के आवंटन, पुरस्कार तथा पदकों, महत्त्वपूर्ण समितियों में शामिल करने तथा विभागीय दायित्वों के वितरण के स्तर पर घोर असमानता व्याप्त थी। संकाय के कनिष्ठ और वरिष्ठ सदस्यों के साक्षात्कारों से

भी यह उजागर हुआ कि विज्ञान के क्षेत्र में स्त्रियों की स्थिति कैसी है। वरिष्ठ महिला सदस्यों के बारे में यह पता चला कि उन्हें विभाग में किसी प्रकार की आवाज़ उठाने और सत्ता के पद से दूर रखा गया था। एक तरह से वे 'अदृश्य' थीं। उनके हशियाकरण और पदोन्नति के बीच आनुपातिक सम्बन्ध पाया गया। यानी विभागीय पदानुक्रम में वे जितना ऊपर उठ रही थीं उतना ही ख़ुद को किनारे होते भी पा रही थीं। वे अपने काम से असन्तुष्ट थीं। वहीं, कनिष्ठ महिला सदस्याओं के अनुभव ठीक विपरीत थे। वे ख़ुद को विभाग में पूरी तरह शरीक़ पा रही थीं और उन्हें सहयोग भी प्राप्त था। उनकी समस्या अलग क़िस्म की थी। उन्हें घर और काम के बीच सन्तुलन बनाये रखने में कठिनाई हो रही थी। 1999 में समिति की रिपोर्ट के आने के बाद संस्थान के अधिकारियों ने भी माना कि संकाय की महिला सदस्यों के साथ उनका व्यवहार पूर्वाग्रह–भरा रहा है। उसके बाद संस्थान की तरफ़ से सुधारात्मक पहल की गयी।

भारतीय सन्दर्भ में विचार करने के लिए हमारे पास कोई व्यवस्थित सर्वेक्षण नहीं है। यहाँ विज्ञान के क्षेत्र में सक्रिय कई वरिष्ठ स्त्रियों ने यह नहीं स्वीकार किया कि उनके साथ जेंडर के आधार पर किसी क़िस्म का भेदभाव किया गया। ग़ौरतलब है कि वे सम्पन्न परिवारों की महिलाएँ थीं। उनकी पारिवारिक ज़िम्मेदारियाँ अन्य स्त्रियाँ–आया, माँ या सास–उठा रही थीं। इसलिए वे अपने काम को पूरा समय और ध्यान दे सकीं। इसके बावजूद, यह सच नहीं है कि भारत में जेंडर आधारित भेदभाव नहीं रहा। विगत सदी के पूर्वार्ध में कमला सोहोनी अथवा अन्ना मणि जैसी शोधार्थियों को पीएच.डी. के दौरान जिन समस्याओं का सामना करना पड़ा, वे उनके पुरुष सहपाठियों से बिल्कुल अलहदा थीं। 1930 में सी. वी. रमन की प्रयोगशाला में कार्यरत स्त्रियों के बारे में आभा सुर ने अपने अध्ययन में जेंडर आधारित भेदभाव के कई साक्ष्यों का उल्लेख किया है।[2] मुम्बई स्थित कैंसर रिसर्च सेंटर से प्रतिरक्षा विज्ञान (इम्युनोलॉजी) प्रमुख के रूप में अवकाश प्राप्त करने वाली सुधा गंगल के मुताबिक़ नीति–निर्माण के महत्त्वपूर्ण पद तथा पुरस्कार के मामले में महिला वैज्ञानिकों की लगातार उपेक्षा की जाती रही है।[3]

ज़रूरी नहीं कि स्त्रियों के साथ होने वाले भेदभाव का कारण पुरुष सहकर्मियों की सोची–समझी नीति हो। कई दफा यह अवचेतन स्तर पर होता है। ज़ाहिर है इसमें उस सांस्कृतिक परिवेश और मूल्यों की भूमिका होती है जिनके तहत हमारा समाजीकरण होता है। एमआईटी के ही एक भौतिकशास्त्री ने अपने एक निबन्ध में लिखा है, "...चयन प्रक्रिया में सिर्फ़ प्रतिभा ही नहीं देखी जाती, जिसका सफलता से सीधा जुड़ाव है। बल्कि यह भी देखा जाता है

कि अभ्यर्थी में डटे रहने और एकनिष्ठ बने रहने की सम्भावना है या नहीं...ये कहीं से भी किसी के वैज्ञानिक के रूप में सफल होने के लिए वांछित योग्यताएँ नहीं हैं। लेकिन बौद्धिक जिज्ञासा, अध्यवसाय और समर्पण की तुलना में इनका वस्तुनिष्ठ मापन अपेक्षाकृत आसान होता है।"[4] उनके मुताबिक़ सांस्कृतिक रूढ़िकरण के कारण कम ही स्त्रियाँ डटे रहने और एकनिष्ठ बने रहने की क्षमता अर्जित कर पाती हैं। इस पर भी, दिलचस्प बात यह है कि ऐसी स्त्रियाँ 'अच्छी वैज्ञानिक लेकिन तुनकमिज़ाज' मानी जा सकती हैं।

इससे यह बात सामने आती है कि करिअर के विकास में सहकर्मियों के विचार और रवैये की अहम भूमिका होती है। ऐसी बात नहीं है कि ऐसा केवल प्राकृतिक विज्ञानों के दायरे में होता है। लेकिन, यहाँ अनुदान–अनुमोदन, संकाय पद के लिए चयन, पाण्डुलिपि प्रकाशन, वित्तीय सहायता, प्रयोगशाला के लिए जगह अथवा कार्मिक आदि सबके लिए समकक्षों के तथाकथित 'वस्तुनिष्ठ' मूल्यांकन से गुज़रने की नौबत निरन्तर पैदा होती रहती है। इस मामले में मेरी निज़ी मान्यता यह है कि पुरुष पुरुषों के साथ अधिक सहज महसूस करते हैं। स्त्री के साथ असहजता महसूस करने का कारण भारतीय सोच और तदनुसार समाजीकरण में निहित है, जो स्त्री और पुरुष के सहज मेलजोल को उचित नहीं मानती। स्त्री के प्रति इस पुरुष असहजता के कारण ही स्त्रियाँ उन समूहों और समितियों से बाहर रही हैं जिनके लिए सदस्य नामित किये जाते हैं। इससे यह बात समझ में आती है कि बोस्टन हो या फिर मुम्बई, संकाय की वरिष्ठ महिला सदस्यों में अदृश्यता और हाशियाकरण को लेकर एक समान रोष क्यों दिखायी देता है।

स्त्रियाँ : शोध के विषय के रूप में

भारत में परिवार नियोजन कार्यक्रम लगभग पचास वर्ष से अस्तित्व में है। छोटे परिवार और गर्भ–निरोध की अहमियत भी चर्चा में रही है। हमने यह भी देखा है कि गर्भ–निरोध की कई तकनीक और उपाय अपनाये और त्यागे गये। पुरुष नसबन्दी को सर्वाधिक सुरक्षित युक्ति माना गया। लेकिन, आपात्काल के बाद इस पर चर्चा ही बन्द हो गयी। डायफ्राम (Diaphragm) और कॉपर–टी भी लोकप्रिय हुए। उसके बाद गर्भ–निरोधक गोलियाँ भी चलन में आयीं। डायफ्राम उपलब्ध नहीं है और न ही इसके उपयोग की सलाह दी जा रही है। अभी उपलब्ध साधनों में पुरुषों के लिए एक उलटनीय (रिवर्सिबल) और एक अनुलटनीय (इर्रिवर्सिबल) उपाय उपलब्ध हैं, जबकि स्त्रियों के पास गर्भपात और दो स्थायी तरीक़ों से लेकर चार से पाँच उलटनीय उपाय अपनाने के विकल्प हैं।

उपलब्ध साधनों के आलोक में सवाल यह उठता है कि क्या पुरुषों के लिए निरोध के नये और बेहतर तरीक़ों का आविष्कार करना वैज्ञानिक तौर पर कठिन है? इस सवाल का जवाब देने से पहले पुनरुत्पादन और निरोध के बारे में प्रचलित धारणाओं पर संक्षेप में विचार कर लेना उपयुक्त होगा।

जब कोई शुक्राणु किसी परिपक्व अण्डे को निषेचित करता है, तो अण्डा विभाजित होने लगता है और ख़ुद को गर्भाशय की दीवार के सहारे स्थिर करने का प्रयास करता है। स्थिरता प्राप्त करने के बाद कोशिकाओं का समूह दिन/सप्ताह/महीने के साथ विकसित होते हुए पूर्ण मानव शिशु का रूप लेता है। यह समूची प्रक्रिया अत्यन्त जटिल होती है। इसमें कई पड़ाव–बिन्दु आते हैं। पुनरुत्पादन की प्रक्रिया में संलग्न स्त्री और पुरुष अंगों की तुलना (देखें, तालिका 1) करने पर हम पाते हैं कि कमोबेश दोनों की संख्या समान ही होती है। अलग–अलग स्थित इन अंगों के बीच समन्वय लाने का काम इनसे स्रावित हॉरमोन (देखें, तालिका 2) करते हैं।

तालिका 1

पुरुष	स्त्री
हाइपोथैलेमस	हाइपोथैलेमस
पीयुष (pituitary)	पीयुष
वीर्यकोष (testis)	गर्भाशय
पुरःअस्थि (prostate)	अण्डाशय
शुक्रपुटिका (seminal vesicle)	गर्भाशय ग्रीवा (cervix)
शिश्न	योनि योनि मुख (vulva)

तालिका 2

पुरुष	स्त्री
FSH	FSH
LH	LH
GnRH	GnRH
Testosterone	Oestrogen
Oestrogen	progesterone
inhibin	HCG Prolactin

ये तालिकाएँ बताती हैं कि परिपक्व शुक्राणु के उत्पादन व निक्षेपण में संलग्न अंगों और हार्मोनों की संख्या तथा अण्डाणु के उत्पादन, निषेचन व भ्रूण के विकास में संलग्न अंगों और हार्मोनों की संख्या लगभग समान है।

निरोध के लिए ज़रूरी है कि शुक्राणु और अण्डाणु एक–दूसरे के सम्पर्क में न आयें। इसके लिए जितने तरीक़े शुक्राणु की राह में बाधा डालने के लिए ईजाद किये जा सकते हैं उतने ही अण्डाणु की राह में अवरोध डालने के लिए भी आविष्कृत किये जा सकते हैं। इसका मतलब यह हुआ कि वैज्ञानिक तौर पर स्त्री और पुरुष दोनों के लिए एक समान मात्रा में गर्भ निरोधक उपाय किये जा सकते हैं। लेकिन, वास्तविकता यह है कि स्त्रियों की तुलना में पुरुषों के लिए बहुत ही कम निरोध–साधन उपलब्ध हैं। इससे यह नतीजा निकलता है कि इस भेद के लिए केवल विज्ञान ही नहीं बल्कि अन्य और भी कारक (विज्ञानेतर) ज़िम्मेदार रहे हैं।

आँकड़े बताते हैं कि प्रजनन–प्रक्रिया की समझ से लेकर निरोधक विकसित करने तक अधिक ध्यान स्त्री–शरीर की ओर ही दिया जाता है। पुरुष प्रजनन की शरीर वैज्ञानिक और नैदानिक समझ के स्तर पर मौलिक वैज्ञानिक निवेश (इनपुट) अत्यल्प है। स्त्रियों के लिए निरोधक विकसित करने के लिए जो प्रयास होते हैं उनका आधा भी पुरुषों के मामले में नहीं होता है। जैसा कि चिकित्सीय परीक्षणों के आँकड़ों से भी ज़ाहिर होता है, इस दिशा में जो थोड़े–बहुत प्रयास होते भी हैं उन सबकी परिणति व्यवहार्य निरोधक बनाने में नहीं होती है। नतीजतन, ज़्यादा ज़ोर स्त्रियों के लिए व्यवहार्य निरोधक विकसित करने पर है। स्त्रियों पर होने वाले चिकित्सकीय परीक्षण पुरुषों की तुलना में सात गुना अधिक हैं। ऐसे में, स्त्रियों के लिए बाज़ार में अपेक्षाकृत अधिक गर्भ निरोधकों की उपलब्धता हैरतजनक नहीं है।

गर्भ निरोध विकसित करने के लिए चिकित्सकीय परीक्षणों के दौरान स्त्रियों के साथ बड़ा ही बुरा बर्ताव किया जाता है। परीक्षण हेतु स्त्रियों का बड़ा स्रोत भारत और बांग्लादेश जैसे विकासशील देश के कमज़ोर तबकों की वे स्त्रियाँ होती हैं, जो अपनी स्वास्थ्य सम्बन्धी ज़रूरतों के लिए सार्वजनिक अस्पतालों पर निर्भर हैं। कागज़ पर उनके अँगूठे के निशान को प्रायः उनकी 'जानकारी भरी सहमति' का 'प्रमाण' मान लिए जाने का चलन व्याप्त है। ये मानवाधिकार और स्त्री–अधिकारों की स्पष्ट खिल्ली उड़ाये जाने के दृष्टान्त हैं।

भारत समेत वियतनाम और बांग्लादेश जैसे विकासशील देशों में स्त्रियों के रासायनिक बन्ध्याकरण के लिए मलेरियारोधी दवा क्विनोक्राईन के अवैधानिक इस्तेमाल की रिपोर्ट उजागर हुई हैं। भारत में कोलकाता में ये परीक्षण किये गये।

यह काम भारतीय चिकित्सा अनुसन्धान परिषद के निरीक्षण में किया जाना था, लेकिन परिषद की मंजूरी नहीं ली गयी। इतना ही नहीं, उन स्त्रियों की परीक्षण के बाद ज़रूरी देखभाल भी नहीं की गयी, जिसके कारण उनमें से अधिकांश को कष्टप्रद समस्याओं से गुज़रना पड़ा। बताये जाने पर उन्हें 'मामूली' कहकर टाल दिया गया।

इसी तरह, दो–तीन महीने से पाँच वर्ष तक प्रभावी रहने की सम्भावना भरे हार्मोन आधारित गर्भ निरोधक के लिए चिकित्सकीय परीक्षणों से गुज़रने वाली स्त्रियों ने जब मासिक–स्राव में गड़बड़ी होने और बहुधा अवसाद की स्थिति उत्पन्न होने की शिकायत की तो उसे भी 'मामूली' करार देकर टाल दिया गया। निजी चिकित्सा सुविधा का ख़र्च उठा सकने वाली स्त्रियाँ प्रायः इंजेक्शन आधारित हार्मोनिक गर्भ निरोध नहीं अपनातीं। इससे तो यही ज़ाहिर होता है कि निजी चिकित्सक और उनकी सेवाएँ लेने वाली स्त्रियाँ, दोनों ही इस प्रकार की गर्भ निरोधजन्य समस्याओं को 'मामूली' नहीं मानते।

नसबन्दी से पुरुषों की यौन क्षमता प्रभावित होती है, इस प्रचलित मिथक के कारण सुरक्षित उपाय होने के बावजूद यह कभी लोकप्रिय न हो सका।

तो स्पष्ट है कि स्त्रियों द्वारा शोध और स्त्रियों पर शोध दोनों ही, समाज में व्याप्त पितृसत्तात्मक प्रवृत्तियों से ग्रस्त है। प्राकृतिक विज्ञान हो या सामाजिक विज्ञान, जेंडर आधारित भेदभाव स्त्री–जीवन का हिस्सा है।

टिप्पणियाँ

1. एमआईटी (1999) : *द एमआईटी फैकल्टी न्यूज़लेटर,* खण्ड XI, अंक 4, मार्च, वेबसाइट पता : http://web.mit.edu/fnl/women/women.html
2. आभा सुर (2001) : *ओर्डिनरी / एक्स्ट्राओर्डिनरी : इंडियास फ़र्स्ट वीमेन फिजिसिट्स,* आभा सुर का वेब पता : http://depts.washington.edu/hssexec/annual1999/abstracts99p6.html और 'द लाइफ एंड टाइम्स ऑफ़ ए पायनियर, आभा सुर', *द हिन्दू,* 14 अक्टूबर, http://www.hinduonnet.com/thehindu/2001/10/14/stories/1314078b.html
3. कल्पना शर्मा (1994) : 'इंडिया : इज़ ओवरकमिंग डिफिडेंस द रूट टू सक्सेस?' साइंस, 11 मार्च 1995–96
4. होवार्ड जोर्जी (2000) : *न्यूजलेटर ऑफ़ द अमेरिकन फिजिकल सोसाइटी,* जनवरी, वेब पता : http://www.aps.org/apsnews/0100/010016.html

[**स्रोत** : विनीता बल, 'जेंडर्ड साइंस : वीमेन एज़ प्रेक्टिशनर्स एंड टार्गेट्स ऑफ़ रिसर्च', *ईपीडब्ल्यू,* दिसम्बर 28, 2002]

स्त्री-अध्ययन : कक्षा और उससे आगे की दुनिया

साधना आर्य

•

अनुवाद : **रवीन्द्र चौधरी**

स्त्री–अध्ययन के उदय का स्त्री–आन्दोलन में आयी तेज़ी से सीधा जुड़ाव है। इसने मौजूदा ज्ञान व्यवस्था की पुरुष–केन्द्रीयता को चुनौती दी और अलग तरह के ज्ञानोत्पादन के सिलसिले का सूत्रपात किया। पारम्परिक ज्ञान जिस दृष्टिकोण पर आधारित था वह 'स्त्री की स्थिति' और स्त्री–विषयक जानकारियों से छूट गयी जगहों को भरने तक सीमित था। स्त्री–अध्ययन ने इस दृष्टिकोण की सीमाओं को उजागर किया। इसने स्त्री–जीवन के अनुभवों के समावेशन के लिए समाज विज्ञान के पारम्परिक अध्ययन–अध्यापन, विषय–वस्तु और शोध–प्रविधि की समीक्षा की। स्त्री–अध्ययन ने पारम्परिक सैद्धान्तिक फ्रेमवर्क और प्रविधिगत उपकरण को सुधारने पर ज़ोर दिया ताकि नारीवादी दृष्टिकोण से ज्ञानोत्पादन मुमकिन हो सके। इस हिसाब से देखा जाये तो पिछले पच्चीस साल बड़े कामयाबी भरे रहे हैं। कारण, उपरोक्त उद्देश्यों की पूर्ति करते अच्छी–ख़ासी मात्रा में ज्ञान का सृजन हुआ है। इसके साथ ही, ख़ुद सरकार को पहले तो भारतीय सामाजिक विज्ञान अनुसन्धान परिषद के ज़रिये, और उसके बाद स्त्री–अध्ययन तथा प्रलेखन केन्द्रों की स्थापना द्वारा स्त्री–अध्ययन के संस्थानीकरण की ओर उन्मुख होना पड़ा। कुछ विश्वविद्यालयों में स्त्री–अध्ययन में सर्टिफ़िकेट, डिप्लोमा/डिग्री, एम.ए. आदि पाठ्यक्रमों की शुरुआत की गयी। चूँकि स्त्री–अध्ययन ने शिक्षा व्यवस्था के लिए चुनौती पेश की, इसलिए अनेक विषयों ने, ख़ासकर समाज विज्ञान के क्षेत्र में, स्त्री 'घटक' को शामिल करने के मक़सद से अपनी पाठ्यचर्या में संशोधन के प्रयास किये। इसके परिणामस्वरूप उच्च शिक्षा के स्तर पर स्त्री प्रश्न के दृश्य होने ने हमारे लिए यह ज़रूरी कर दिया है कि हम इस नये परिप्रेक्ष्य के विभिन्न ज्ञानानुशासनों पर पड़े प्रभावों और उपजी सम्भावनाओं को समझें।

स्त्री–अध्ययन को एक ऐसे दृष्टिकोण के रूप में देखा गया 'जो प्रत्येक विषय में, संस्थान में, सभी अध्ययनों में और सभी स्तरों पर अभिव्यक्ति की अपेक्षा कर रहा था'। इसके बावजूद, अपेक्षित परिवर्तन की प्रक्रिया बेहद धीमी रही है और अक्सर मुश्किलों से भरी रही है। मैं दिल्ली विश्वविद्यालय के एक कॉलेज में राजनीति विज्ञान की शिक्षक हूँ और स्नातक स्तर पर स्त्री एवं राजनीतिक प्रक्रिया पर एक वैकल्पिक पेपर को पढ़ाते वक़्त मैंने अनेक दिक़्क़तों का सामना किया।

प्रस्तुत पर्चा स्त्री और जेंडर के मुद्दों पर राजनीति विज्ञान के विषय और राजनीति विज्ञानियों की संलग्नता या असंलग्नता की जाँच–पड़ताल करने के व्यापक सन्दर्भ में पिछले वर्षों के दौरान स्त्री–अध्ययन पर एक पेपर को पढ़ाते समय कक्षा में हुए मेरे अनुभवों पर आधारित है। मैं इस शोध–पत्र में बहुत तेज़ी से बदल रहे सामाजिक–राजनीतिक और आर्थिक परिदृश्य से पैदा हुई नारीवादी राजनीति और सैद्धान्तिकी के सामने आ रही चुनौतियों पर भी बात करूँगी।

स्त्री–अध्ययन अब एक पीढ़ी से भी ज़्यादा पुराना हो चुका है। अस्सी के दशक में इसकी शुरुआत से लेकर अब तक लगभग चालीस साल का वक़्त हमारे यह सोचने के लिए काफ़ी है कि इसने मुख्यधारा के ज्ञानानुशासनों में स्वीकार्यता, शिक्षण, सामाजिक बदलाव आदि के स्तरों पर क्या प्रभाव डाला है? इन सारे प्रश्नों का उत्तर देने की कोशिश करते हुए, मैंने अपने पर्चे को तीन भागों में बाँटा है–(1) मेरी खुद की ज़िन्दगी के अनुभव, जिन्होंने मुझे और मेरे शिक्षण को ढाला, (2) राजनीति विज्ञान जैसे पुरुष धारा के विषय पर स्त्री–अध्ययन के प्रभाव का मूल्यांकन, पाठ्यचर्या में हुए बदलाव–एकीकरण बनाम पृथक् पेपर का मसला और (3) शिक्षण के स्तर पर स्त्री–अध्ययन पाठ्यक्रम की समस्याएँ और अनुभव तथा भविष्य के लिए मुद्दे।

मैं एक ऐसे मध्यवर्गीय परिवार से आयी हूँ, जो काफ़ी हद तक उदार था और अपनी बेटियों को शिक्षित तथा आर्थिक रूप से आत्मनिर्भर बनाना चाहता था। मुझे शिक्षा के जो अवसर मिले, उनमें जेंडरगत भेदभाव नहीं था। लेकिन यह शिक्षा तक ही सीमित रहा। हमारे समाजीकरण की बाक़ी सारी प्रक्रिया जेंडर की परम्परागत भूमिकाओं के अनुरूप ही है। हम दो बहनें थीं और हमसे उम्मीद की जाती थी कि हम घर के सारे कामकाज में अपनी माँ की मदद करें, जबकि हमारे भाई से ऐसी कोई उम्मीद नहीं की जाती थी। आमतौर पर हमारे कहीं भी आने–जाने पर पाबन्दी थी। लम्बे समय तक हमें इसका भान नहीं हुआ और न ही हमने कभी कोई सवाल उठाया। लेकिन मुझे कुछ असहजता

महसूस होनी ज़रूर शुरू हुई। हमारे परिवार के एक नज़दीकी जान–पहचान वाले थे, जिनकी बेटी की शादी के सिर्फ़ तीन महीने बाद ही दहेज हत्या कर दी गयी। इस घटना ने मुझे हिलाकर रख दिया। लगातार यह भी सुनने को मिलता रहता था कि उनकी तीन बेटियाँ और हैं। इससे मैं समाज में स्त्री और पुरुष के सम्बन्धों के बारे में सोचने पर मजबूर हो गयी। मैं तब स्कूल में ही पढ़ती थी। अपनी इसी बेचैनी और इस बारे में और जानने की जिज्ञासा की वजह से मैं बाद में महिलाओं के स्वायत्त समूह 'सहेली' से जुड़ गयी।

तब से नारीवादी राजनीति की मेरी समझ 'सहेली' के एक अंग के रूप में महिलाओं के मुद्दों से जुड़ी मेरी प्रत्यक्ष भागीदारी से बनी है। 'सहेली' के साथ काम करने से मेरे शिक्षण कार्य पर भी मूलभूत रूप से असर पड़ा है। कई सालों तक मैं अपने विद्यार्थियों को असल ज़िन्दगी से जोड़े बग़ैर ही पढ़ाती रही। लेकिन अब 'सहेली' के अन्दर और बाहर विभिन्न अभियानों के साथ मेरे जुड़ाव, राजनीतिक मुद्दों पर गहन विचार–विमर्श, नारीवादी दृष्टिकोण से कोई समझौता किये बग़ैर वर्ग और जाति के मुद्दों को उठाने वाले दूसरे आन्दोलनों को समझना और उनके साथ सामंजस्य स्थापित करना, फंडिंग के बारे में विचार–विमर्श करना तथा जानबूझकर फंड न लेने का फ़ैसला करना, सामाजिक बदलाव लाने में क़ानून और राज्य की भूमिका तथा अन्यान्य मुद्दों पर चिन्तन करना, यह सब मेरी चेतना का हिस्सा बन गये। यह सब मेरे शिक्षण कार्य में और अपने विद्यार्थियों, परिवार, मित्रों, पड़ोसियों और सहकर्मियों के साथ मेरे रोज़मर्रा के व्यवहार में भी दिखायी पड़ता था। कॉलेज में महिला विकास केन्द्र ने भी मुझे महिलाओं से जुड़े मुद्दों पर कई अलग–अलग तरीक़ों से विद्यार्थियों के साथ जुड़ने का एक अवसर मुहैया कराया तथा उन्हें महिलाओं से जुड़ा पेपर चुनने के लिए राजी करने में भी मदद की।

राजनीति विज्ञान के पाठ्यक्रम में महिलाओं से जुड़े मुद्दे

महिलाओं से जुड़े मुद्दों और राजनीति के साथ इस सक्रिय भागीदारी के दौरान मैंने जाना कि राजनीति विज्ञान जैसा विषय नारीवाद से किस क़दर अछूता रहा है। एक राजनीतिक वर्ग के तौर पर महिला राजनीतिक सिद्धान्तों में अनुपस्थित रही है, जबकि सत्ता, समानता, न्याय, अधिकार और राजनीतिक प्रतिनिधित्व से जुड़े मुद्दे इस विषय का केन्द्रीय तत्त्व रहे हैं। राजनीति की राज्य–केन्द्रित समझ ने महिलाओं के विभिन्न राजनीतिक अनुभवों और गतिविधियों के सही मूल्यांकन में बाधा पहुँचाई है।

इस विषय की परम्परागत विषय–सामग्री है–उच्च राजनीतिक सन्धियाँ, युद्ध, सार्वजनिक क्षेत्र के शीर्ष स्तर पर खेली जाने वाली सत्ता की राजनीति,

दलों की सांस्थानिक राजनीति। कार्यपालिका और विधायिका के बारे में यह बताने की ज़रूरत नहीं है कि वे परम्परागत रूप से पुरुष प्रधान रही हैं। राजनीति विज्ञान राजनीति और सरकार से जुड़ा विषय है, यह सार्वजनिक जीवन के बारे में है। राजनीति की सीमाओं को परिभाषित करने के माध्यम हेतु राजनीति के पाठ्यक्रमों के परिचय की सामान्य शुरुआत पोलिस (polis) या समुदाय की शास्त्रीय धारणाओं की ओर लौटने से होती है, तथा राजनीतिक जीवन की अवधारणा निःसन्देह पुरुषों के लिए कामकाज और अधिकार के वर्चस्व के रूप में परिभाषित थी। इसलिए अगर 'राजनीतिक' की अवधारणा ही महिलाओं और घरेलू जीवन के विरोध में रही है, तो यह देखना बेहद मुश्किल है कि स्वयं राजनीतिक के क्रान्तिकारी रूपान्तरण के बग़ैर महिलाओं को इसमें कैसे शामिल किया जा सकता है, यानी राजनीतिक क्षेत्र के दायरे में 'परिवार' को लाना।

पिछले चार दशकों में स्त्री–अध्ययन ने *महिलाएँ राजनीतिक क्यों नहीं हैं से लेकर महिलाएँ कैसी हैं* तक अनेक मुद्दे चिह्नित किये हैं– 'जो भी निजी है, वह सब राजनीतिक है' (द पर्सनल इज़ पॉलिटिकल) के नारे के माध्यम से वर्ग द्वारा स्वयं की कड़ी जाँच–परख करना, इस विश्लेषण में संवर्धन करना कि 'व्यक्तिगत' और 'निजी' उसी तरह सत्ता केन्द्रित क्यों हैं जैसे कि मुख्यधारा के सांस्थानिक घटक, शासन प्रणाली में महिलाओं का दिखायी ना देना प्रत्यक्ष रूप से उनके सामाजिक और आर्थिक उत्पीड़न से कैसे जुड़ा है, सरकारी नीतियों में महिलाओं को केन्द्र–बिन्दु न मानना या नारीवादी नज़रिये से सत्ता के एक स्थल के तौर पर राज्य की जाँच–परख करने की आवश्यकता। नारीवादी आन्दोलनों की दूसरी धारा का प्रारम्भिक लेखन यह मानता है कि परिवार राजनीतिक क्षेत्र का भाग है। 'जो भी निजी है, वह सब राजनीतिक है' के अपने नारे के माध्यम से उन्होंने राजनीतिक सिद्धान्त की धारणाओं की आलोचना की और उन्हें कमज़ोर किया तथा एक वैकल्पिक दृष्टिकोण देने का प्रयास किया।

नारीवादी सैद्धान्तिक दृष्टिकोण ने पितृसत्ता की समस्या को उठाया। अन्य सैद्धान्तिक नज़रियों के उलट, नारीवाद ने पुरुष वर्चस्व को एक राजनीतिक समस्या के तौर पर देखा। नारीवादियों ने प्रश्न किया कि ऐसा क्योंकर और कैसे हुआ कि परम्परागत रूप से राजनीतिक माने जाने वाले संस्थानों में पुरुष ही निर्णायक भूमिकाओं में होते हैं, तथा ऐसा क्यों और कैसे हुआ कि इन संस्थानों के माध्यम से और परिवार में, विवाह में, उत्पादन में, निजी यौन सम्बन्धों में, और अगर संक्षेप में कहें तो पूरे सामाजिक–राजनीतिक जीवन में स्त्री के ऊपर पुरुष की ही सत्ता क़ाबिज़ रहती है।

इस ढंग से ज्ञान के सृजन से इस तथ्य का पता चलता है कि यह प्रयास मुख्यतः मुख्यधारा के विषयों के दायरे के बाहर ही हुआ है। नयी जानकारी से हमें यह पता चलता है कि मुख्यधारा के विषयों में जेंडर घटक पूरी तरह से अनुपस्थित कैसे रहा। नये ज्ञान के इस विस्फोटन के बाद हुए प्रयासों के अंग के रूप में समाज विज्ञान के अनेक विषयों ने जेंडर घटक को अपने पाठ्यक्रम में शामिल कर लिया। दिल्ली विश्वविद्यालय में भी नब्बे के दशक में राजनीति विज्ञान विभाग द्वारा स्नातक और स्नातकोत्तर स्तर पर जेंडर घटक और दृष्टिकोण को शामिल करने के इसी तरह के प्रयास किये गये। जैसा हम पायेंगे कि दोनों ही स्तरों पर ये प्रयास मूलभूत विश्लेषणात्मक ढाँचों और पाठ्यक्रमों की संरचना में कोई बदलाव किये बग़ैर सिर्फ़ सतही ही बने रहे। पाठ्यक्रम में बदलाव करने के नाम पर थोड़े–बहुत पेपरों में महिलाओं से जुड़े कुछ विषयों को शामिल कर लिया गया, जबकि उन्हें अवधारणाओं में तथा विषय में चल रहे बहस–मुबाहिसे और पढ़ाये जा रहे सिद्धान्तों की समालोचना में तब्दील करने की ज़रूरत थी। पाठ्यक्रम में जो कुछ भी जोड़ा गया, उसका किसी दूसरे पेपर से और यहाँ तक कि ख़ुद उन्हीं पेपरों से भी कोई तालमेल नहीं था। स्नातक और स्नातकोत्तर स्तर पर 'महिलाएँ एवं राजनीतिक प्रक्रिया' और 'महिलाएँ एवं राजनीति' नाम के महिलाओं से जुड़े दो पेपर भी वैकल्पिक पेपर के तौर पर शुरू किये गये थे।

दिल्ली विश्वविद्यालय में स्नातक स्तर के पाठ्यक्रम में नौ अनिवार्य पेपर और एक वैकल्पिक पेपर थे। नब्बे के दशक में राजनीति विज्ञान के पाठ्यक्रम में नारीवादी विषय–वस्तु को शामिल करने के प्रयास किये जाने के बावजूद भी कुछ पेपर इन प्रयासों से अछूते ही रहे। भारतीय राजनीतिक विचार और पश्चिमी राजनीतिक विचार के दो पाठ्यक्रमों में स्त्री प्रश्न के बारे में कुछ भी नहीं है। राजनीतिक विचार वाले इन प्रमुख पाठ्यक्रमों में नारीवादी सिद्धान्तों को कोई जगह नहीं मिल पायी। न ही उनमें कोई ऐसा मत है जो महिलाओं को उनकी संरचना और विचार शैली से पूरी तरह बाहर रखने के रवैये या निजी सम्बन्धों के प्रतीकों के तौर पर महिलाओं के साथ उनके बर्ताव, समाज और राज्य व्यवस्था की मदद करने के लिए अपेक्षित नियन्त्रण एवं स्थायित्व के बारे में पश्चिमी और भारतीय दोनों राजनीतिक विचारकों, जो सभी निश्चित तौर पर पुरुष ही रहे थे, के राजनीतिक विचारों की आलोचना करता हो।

भारतीय सन्दर्भ में महिलाओं और जेंडर के मुद्दों पर राजनीतिक विज्ञान के विषय की ओर से किसी गहरे सरोकार का अभाव भारतीय शासन एवं राजनीति के पेपर में साफ़ तौर पर दिखायी पड़ता है। इस पेपर में महिलाओं

के मुद्दों और दृष्टिकोण को शामिल करने के लिए कहीं ज़्यादा विस्तृत स्थान मुहैया कराया जाना चाहिए था। प्रारम्भ से ही, इस पेपर में संविधान की प्रकृति और महिला अधिकारों तथा समानता, महिला श्रम, सम्पत्ति पर महिलाओं के अधिकार और परिवार के उत्पादक संसाधनों के बारे में उसके दृष्टिकोण की नारीवादी आलोचना को कहीं जगह नहीं मिलती। जेंडर की असमानता और परिवार के पुरुष सदस्यों के महिलाओं पर वर्चस्व के सिद्धान्तों पर टिके पर्सनल लॉ रूपी अवरोध, स्त्री और पुरुष के लिए समान अधिकारों पर आधारित नागरिक संहिता के कार्यान्वयन को टाले रखने का फ़ैसला, संविधान के अनुच्छेद 15 की जेंडर आधारित आलोचना की माँग करता है। साथ ही, विकास की प्रक्रिया में महिलाओं के साथ बरती जा रही असमानता, भेदभाव, अन्याय और उन्हें हाशिये पर डाले रखने के मुद्दे तथा महिलाओं के राजनीतिक प्रतिनिधित्व के मुद्दे पेपर में सूचीबद्ध विषयों से स्पष्ट रूप से नदारद हैं। पूरे पेपर में महिला आन्दोलन पर सिर्फ़ एक विषय है, जो 'सामाजिक आन्दोलन' शीर्षक से सूचीबद्ध है। साम्प्रदायीकरण, धर्मनिरपेक्षता और हिंसा से जुड़े मुद्दों को 'विशुद्ध' राजनीतिक विषयों के तौर पर प्रस्तुत किया गया है, जिसमें इस बात का कोई विश्लेषण नहीं है कि इस तरह के संघर्ष और हिंसक परिस्थितियाँ महिलाओं को कैसे ख़ास ढंग से प्रभावित करती हैं। इसी प्रकार जाति, वर्ग, धर्म और जेंडर के बीच के आपस के सम्बन्धों की किसी भी प्रकार की समझ नदारद है, जिस तरह यह अनेक विषयों में शामिल नहीं की गयी है।

राजनीतिक सिद्धान्त वाले पेपर में सत्ता एवं न्याय और समान हित (कॉमन गुड) के विषय के अन्तर्गत महिलाओं पर दो टॉपिक हैं। लेकिन चूँकि सत्ता, न्याय और समान हित की जेंडर सम्बन्धी यह समझ बाक़ी दूसरे पेपर्स में आगे नहीं बढ़ाई गयी, इसलिए जिन छात्रों ने प्रथम वर्ष के इस अनिवार्य पेपर को पढ़ा था, उन्हीं छात्रों को उनके अन्तिम वर्ष में पढ़ाते हुए अपने अनुभव के हिसाब से मैंने पाया कि उन्हें पितृसत्ता, जेंडर और नारीवादी सिद्धान्तों जैसी अवधारणाओं की कोई मूलभूत समझ है ही नहीं, जिसे उन्होंने अपने प्रथम वर्ष में पढ़ा होगा। परिणाम यह है कि असल में हम कामचलाऊ और पूरी तरह से एक अलग रवैया अपनाते हैं, जिसका पहले वाले पेपर्स से कोई सम्बन्ध दिखायी नहीं देता।

अन्तरराष्ट्रीय सम्बन्ध, भारतीय विदेश नीति के पेपर और यहाँ तक कि लोक प्रशासन का भी महिलाओं से कोई लेना–देना नहीं है। यह सब इस तथ्य के बावजूद है कि पिछले एक दशक में स्त्री–अध्ययन में ऐसा बहुत सारा साहित्य आया है, जिसमें भूमण्डलीकरण और सैन्यीकरण की प्रक्रियाओं और

महिलाओं और जेंडर सम्बन्धों पर उनके प्रभाव को जोड़कर दिखाया गया है। समान बाज़ारों (कॉमन मार्केट्स) का बढ़ता भूमण्डलीकरण वैश्विक सैन्यीकरण तक फैला हुआ है, जहाँ राज्य अपनी रक्षा क्षमताओं को बढ़ाने के लिए उकसाये जा रहे हैं। वैचारिक और सांस्कृतिक स्तर पर यह प्रतिवाद किया जाता है कि भूमण्डलीकरण और सैन्यीकरण की नीतियाँ अन्तरराष्ट्रीय राजनीति पर एक 'पौरुषी विमर्श' का मुलम्मा चढ़ा रही हैं, जो पितृसत्ता और विशेषाधिकार के सिद्धान्तों को बनाये रखती हैं, जो इतिहास के पूर्ववर्ती युगों का भी आधार रहे हैं। इस तरह का विमर्श संस्थानों और संरचनाओं में इस क़दर व्याप्त हो जाता है कि वह जेंडर सम्बन्धों को गढ़ने लगता है। उसी समय, नारीवादी विश्लेषण और शान्ति आन्दोलन एक वैकल्पिक विमर्श प्रस्तुत कर रहे हैं। युद्धों, संघर्षों और सैन्यीकरण के ख़िलाफ़ महिलाएँ इसलिए प्रदर्शन नहीं कर रहीं क्योंकि वे स्वभावतः शान्तिप्रिय हैं, बल्कि इसलिए कर रही हैं क्योंकि महिलाओं ने घरेलू हिंसा और जेंडर की रूढ़िबद्धताओं को राज्य और अन्तरराज्यीय हिंसा से जोड़कर देखना शुरू कर दिया है।

इसलिए, महिलाओं और जेंडर के मुद्दे महिलाओं की भूमिकाओं के लिहाज़ से ही अन्तरराष्ट्रीय राजनीति का हिस्सा नहीं हैं, बल्कि युद्ध एवं संघर्ष में जेंडर की भूमिका और जेंडर के सम्बन्धों पर अन्तरराष्ट्रीय राजनीति के संरचनागत प्रभाव के लिहाज़ से भी ये उसका हिस्सा हैं। चाहे बेशक पुरुष संख्या में महिलाओं से ज़्यादा हों और चाहे वे उन पर हावी हो जाते हों, लेकिन महिलाएँ कर्ता हैं, रणनीतिक नेता हैं और नीति–निर्माता हैं। इससे भी बढ़कर, जेंडर से जुड़े मुद्दे विदेश नीति के एजेंडों में इस्तेमाल होते हैं और अन्तरराष्ट्रीय राजनीति का महिलाओं और जेंडर सम्बन्धों पर प्रभाव पड़ता है, यद्यपि महिलाओं की प्रमुख भूमिका ऐसी नीतियों के शिकार हुए व्यक्ति की ही रही है। महिलाएँ ऐसी राजनीति में योद्धा हैं और राष्ट्रवाद एवं सैन्यीकरण की विचारधाराओं की सम्मति की निर्माता हैं, जिसकी राज्यों को विदेश नीति के एजेंडों के लिए ज़रूरत पड़ती है। इसके अलावा, वे शान्ति आन्दोलनों का हिस्सा रही हैं तथा संघर्ष के समाधान में सक्रिय रही हैं और उनकी विश्लेषक रही हैं। बीते समय में, नारीवादी आन्दोलनों और अध्येताओं ने सैन्यीकरण एवं पितृसत्ता की विचारधारा को विखण्डित किया है और राष्ट्रीय सुरक्षा के प्रतिमानों पर सवाल उठाये हैं। मुख्यधारा की अन्तरराष्ट्रीय राजनीति इस विमर्श को अभी भी अस्वीकार कर रही है। पाठ्यक्रम में इस नयी समझ का अभाव और जीवन के अनुभवों की अनुपस्थिति सबसे ज़्यादा दिखायी पड़ती है।

पाठ्यक्रम की प्रकृति पर उपरोक्त बहस–मुबाहिसा जेंडर की अनुपस्थिति का एक मामला सामने रखता है, जबकि पाठ्यक्रम के अन्तिम वर्ष में महिलाएँ एवं राजनीतिक प्रक्रिया वाला वैकल्पिक पेपर सारे जेंडर्स को एक में ही रखने का अनोखा उदाहरण प्रतीत होता है। पाठ्यक्रम के बेहद भारी होने का परिणाम यह होता है कि छात्र उसे चुनने से कतराते हैं। छात्र किसी भी पेपर को मुख्यतः तीन वजहों से चुनते हैं–(क) क्या यह पेपर दूसरे पेपरों की तुलना में आसान है, (ख) क्या इस पेपर में अच्छे अंक आते हैं, (ग) क्या इसे पढ़ने की आसान सामग्री उपलब्ध है। हालाँकि इस प्रवृत्ति के अपवाद हमेशा रहते हैं, लेकिन छात्रों का निर्णय वास्तव में मुख्यतः उपरोक्त कारकों पर ही निर्भर करता है। एम.ए. के लिए लाये गये नये पाठ्यक्रम में 'महिलाएँ और राजनीति' वाला वैकल्पिक पेपर समाप्त कर दिया गया है। नये सिलेबस में पेश किये गये लगभग सभी पेपरों में जेंडर घटक को शामिल करने का दृष्टिकोण रहा है।

शिक्षण के स्तर पर समस्याएँ

'महिलाएँ और राजनीतिक प्रक्रिया' वाले वैकल्पिक पेपर को स्नातक स्तर पर पढ़ाते हुए मैंने महसूस किया कि इस पेपर में पढ़ाई जा रही सभी अवधारणाएँ एवं सिद्धान्त छात्रों के लिए अधिकांशतः नये थे। नारीवादी सिद्धान्तों की तो बात ही छोड़िए, छात्रों में 'पितृसत्ता', 'सेक्स–जेंडर विभेद', 'श्रम के लैंगिक विभाजन' और 'घरेलू श्रम' जैसी मूलभूत अवधारणाओं की भी कोई समझ नहीं थी। असल में, छात्रों के विभिन्न समूहों के साथ काम करने से उस ढंग के भी कई अनुभव हुए, जिस ढंग से छात्र उच्च शिक्षा में जेंडर घटक को शामिल करने की कवायदों को देख रहे थे। इसमें यह वास्तविकता भी शामिल थी कि इन सारी कवायदों की अनेक सीमाएँ हैं, जो पहले से मौजूद विश्लेषणात्मक ढाँचे के साथ जेंडर के विश्लेषण एवं महिलाओं की स्थिति और सहभागिता के प्रश्न को मिलाने से उपजी हैं, जिसमें यह आकलन करने का प्रयास ही नहीं किया गया कि ये ढाँचे स्वयं जेंडर के नज़रिये से पुनः निरूपण चाहते भी हैं या नहीं। ऐसा करना बेहद मुश्किल भरा हो सकता है, लेकिन चूँकि ऐसा नहीं किया गया है, इसलिए हमें छात्रों की ओर से दो विरोधाभासी जवाब सुनने को मिलते हैं–(1) छात्र इस पेपर को लेने में हिचकते हैं क्योंकि उन्हें लगता है कि वे इस नये और 'मुश्किल' विषय को सँभाल नहीं पायेंगे और (2) उन्हें लगता है कि यह बेहद आसान विषय है क्योंकि महिलाओं के बारे में कुछ भी लिखना बेहद आसान है। इससे इस धारणा को बल मिलता है कि महिलाओं से जुड़े किसी भी पाठ्यक्रम को पढ़ाना मामूली बात है, जिसे गम्भीरता से लेने की

कोई ज़रूरत नहीं है। इसलिए साल–दर–साल मुझे इस पेपर के प्रति न सिर्फ़ उदासीन रवैया दिखायी देता है, बल्कि इन मुद्दों के प्रति नासमझी भी दिखती है, जिसकी वजह से वही रटे–रटाये जवाब सुनने को मिलते हैं। हालाँकि अब इसमें बदलाव नज़र आ रहे हैं।

महिलाओं के बारे में वैकल्पिक पाठ्यक्रमों का मुद्दा हमेशा बहसतलब रहा है। राजनीति विज्ञान के मामले में भी, महिलाओं के बारे में वैकल्पिक पेपर रखने से इन पेपरों तक छात्रों की पहुँच सीमित हो गयी है। दिल्ली विश्वविद्यालय के अनेक कॉलेज अपने छात्रों को यह विकल्प मुहैया नहीं कराते, क्योंकि इन कॉलेजों में कोई भी इस पेपर को पढ़ाने की कोशिश करने में कोई दिलचस्पी नहीं लेता। इस पेपर को चुनने के लिए छात्रों को प्रेरित करने हेतु बहुत मेहनत करने की ज़रूरत है। इस समस्या के कारणों में आसान पाठ्य सामग्री की अनुपलब्धता वाले प्रचालन–तन्त्र से लेकर विभिन्न स्तरों पर पेश आने वाली अनेक प्रकार की बाधाएँ तक शामिल हैं। छात्रों और शिक्षकों की ज़रूरतों को पूरा करने के लिए व्यवस्थित रूप में सामग्री का अभाव इस समस्या में और इज़ाफ़ा कर देता है और यही वह क्षेत्र है जिस पर मैं यहाँ ध्यान केन्द्रित करना चाहती हूँ।

मौजूदा समाज विज्ञानों में शब्दावलियों, अवधारणाओं और पद्धतियों का आलोचनात्मक मूल्यांकन करने वाला नारीवादी शोध एवं अध्ययन तथा पाठ्यक्रम में नारीवादी घटक का होना अपने आप में कोई ध्येय नहीं था। छात्रों और शिक्षकों की मौजूदा पीढ़ी तक अपनी बात पहुँचाने के लिए ज़रूरत थी कि नये ज्ञान और जानकारी को आसान बनाया जाये तथा उसे आसान पाठ्य सामग्री में ढाला जाये। हिन्दी, अंग्रेज़ी और क्षेत्रीय भाषाओं में अच्छी पुस्तकों का अभाव एक बहुत बड़ी कमी रही है। दिल्ली विश्वविद्यालय के स्त्री–अध्ययन एवं विकास केन्द्र ने या राजनीति विज्ञान विभाग ने इस पेपर की पढ़ाई को आसान बनाने के लिए ऐसी सामग्री तैयार करने का कोई गम्भीर प्रयास ही नहीं किया। सिर्फ़ स्त्री–अध्ययन एवं विकास केन्द्र ने जल्दबाज़ी में अंग्रेज़ी में डोसियर्स (dossiers) का एक सेट निकाल दिया था। वस्तुतः सन् 2001 में, कॉलेज शिक्षकों के प्रयासों से बी.ए. और एम.ए. में वैकल्पिक पेपर के पाठ्यक्रम पर आधारित हिन्दी में एक पुस्तक आ गयी थी। इस मामले में, हम पाते हैं कि कुछ एक्टिविस्ट और स्वयं पहल करने वाले शिक्षकों के अलावा इस पेपर को पढ़ाने में किसी ने कोई दिलचस्पी नहीं दिखायी।

चूँकि स्त्री–अध्ययन पर किया गया अधिकांश कार्य अंग्रेज़ी में ही हुआ है, इस वजह से स्त्री–अध्ययन ने एक वर्ग–चरित्र अपना लिया है, भले ही वह

कार्य बेहद गम्भीर एवं उत्कृष्ट क़िस्म का रहा हो। इसके अलावा, ज़्यादातर कार्य शोध पुस्तकों और पेपर के रूप में रहा है, क्योंकि अंग्रेज़ी, हिन्दी या क्षेत्रीय भाषाओं में लिखी गयी पाठ्यपुस्तकों के बजाय अंग्रेज़ी में लिखे गये शोध–पत्र और पुस्तकों के साथ अकादमिक प्रतिष्ठा जुड़ी हुई है। भारत या विदेशों में उपलब्ध विभिन्न शोध उद्देश्यों एवं अन्य अवसरों के लिए जो राष्ट्रीय और अन्तरराष्ट्रीय फंडिंग उपलब्ध है, वो इस बात पर निर्भर करती है कि गम्भीर अकादमिक शोध के रूप में आपका कितना कार्य प्रकाशित हुआ है, जबकि उसका इस नज़रिये से ज़्यादा मूल्यांकन नहीं किया जाता कि आपने कितने अलग–अलग ढंग से छात्रों के बीच सफलतापूर्वक अपनी बात रखी है। यह दलील दी जाती है कि किसी के सिर्फ़ एक अच्छे शिक्षक होने के आधार पर मेरिट को आँकने का कोई तरीक़ा नहीं है। स्त्री–अध्ययन सम्मेलनों में भी इस पहलू पर ज़्यादा ग़ौर नहीं किया गया है। अस्सी के दशक में भारतीय स्त्री–अध्ययन संघ (आईएडब्ल्यूएस) की शुरुआत से ही उसके सम्मेलनों में अनेक मुद्दों पर ध्यान केन्द्रित किया गया और उनका अन्वेषण किया गया, लेकिन इसके बावजूद भी इन विभिन्न सम्मेलनों में सृजित हुए इस भरे–पूरे संसाधन को हिन्दी में या क्षेत्रीय भाषाओं में उपलब्ध कराने के या स्थानीय भाषाओं में मौलिक लेखन को प्रोत्साहित करने के पर्याप्त प्रयास नहीं हुए हैं। यहाँ तक कि अंग्रेज़ी में उपलब्ध सामग्री को भी आसान बनाने की ज़रूरत है, ताकि छात्र उसे आसानी से समझ सकें। इस दिशा में अकादमिक क्षेत्र से बाहर कुछ व्यक्तियों और स्वयंसेवी संगठनों द्वारा कुछ प्रयास किये गये हैं, लेकिन ऊपर बताये गये कारणों की वजह से शिक्षा–जगत की ओर से ऐसे प्रयास नहीं किये जा रहे हैं। इस विषय की गम्भीरता से समझौता किये बग़ैर हमें सामग्री को आसान और सृजनात्मक ढंग से विकसित करना होगा, ताकि हम ज़्यादा से ज़्यादा छात्रों और शिक्षकों तक अपनी बात पहुँचा सकें।

आसान पाठ्य सामग्री की भारी कमी के अलावा यह पेपर बहुत उबाऊ भी है और सामान्यतः इसे संयुक्त राष्ट्र वाले पेपर के मुक़ाबले रखा जाता है, जो न सिर्फ़ एक औपचारिक पेपर है बल्कि उसे इस बात का भी लाभ मिलता है कि उस पर अधिक पाठ्य सामग्री उपलब्ध है। इसलिए, महिलाएँ एवं राजनीतिक प्रक्रिया वाले पेपर को चुनने वाले छात्रों में यह आत्मविश्वास ही नहीं होता कि वे दूसरे पेपर को चुनने वाले छात्रों से ज़्यादा अंक ला पायेंगे।

शिक्षण के स्तर पर मौजूद अन्य गम्भीर समस्याएँ मुख्यतः पौरुषी संस्कृति की वजह से हैं। जैसा कि मैं पहले ज़िक्र कर चुकी हूँ कि जब दूसरे पेपरों में और बाक़ी कक्षाओं में जेंडर पूरी तरह नदारद है, तो छात्र उनमें अन्तःसम्बन्ध

स्थापित नहीं कर पाते हैं, ख़ासतौर पर तब, जब शिक्षक अपने लेक्चर्स में जेंडर, वर्ग और जाति जैसे मुद्दों को शामिल करने की कोशिश ही न कर रहे हों। परिणामस्वरूप, जब छात्रों को अपने पाठ्यक्रम के अन्तिम वर्ष में इस पेपर को चुनना होता है, तो उन्हें लगता है कि जैसे वे एक बिल्कुल अजनबी दुनिया में प्रवेश कर रहे हैं, जबकि वह उनके रोज़मर्रा के जीवन से बेहद नज़दीकी से जुड़ा है। आम तौर पर पुरुष शिक्षक इस पेपर को पढ़ाने के इच्छुक नहीं होते। जिन कॉलेजों में नारीवादी पाठ्यक्रम पढ़ाये जाने लगे हैं, उनकी महिला शिक्षक भी अभी तक यही मानती हैं कि इस पर इस तरह ख़ास ध्यान देने की वास्तव में कोई ज़रूरत नहीं है और स्त्री–अध्ययन सिर्फ़ एक 'क्षणिक सनक' भर है। कॉलेज में क़दम–क़दम पर महिला दृष्टिकोण के लिए लड़ने और उसका समर्थन करने की ज़रूरत है, और अगर कॉलेज को–एजुकेशन वाला हो तो यह ज़रूरत और ज़्यादा बढ़ जाती है। यह कोई चौंकाने वाली बात नहीं है कि कुछ एक्टिविस्ट शिक्षकों या नारीवादी विचार से प्रभावित व्यक्तियों की पहल पर ज़्यादातर गर्ल्स कॉलेज ही इस पेपर को अपने यहाँ पढ़ा रहे हैं। इन कॉलेजों में भी ऐसे पेपर का जारी रहना या बन्द हो जाना कुछ प्रतिबद्ध शिक्षकों की पहल पर या उनकी उपलब्धता पर निर्भर करता है।

इसलिए, असलियत यही है कि महिलाओं से जुड़े मुद्दे विषय के हाशिये पर ही पड़े हुए हैं, सिर्फ़ 'योगात्मक' के रूप में महिलाओं से सम्बद्ध 'टॉपिक्स' मुख्यधारा के लिए कोई गम्भीर चुनौती पेश कर पाने में बेहद अक्षम हैं और नारीवादी फ़ैकल्टी के 'स्वैच्छिक' परिश्रम पर बहुत ज़्यादा निर्भर हैं। ज़्यादातर नारीवादी मुद्दे इस विषय से बाहर के अध्येताओं द्वारा उठाये गये हैं। नारीवादी दृष्टिकोण से साम्प्रदायिकता, हिंसा जैसे समकालीन मुद्दों के प्रति राजनीति विज्ञानियों की प्रतिक्रिया तुलनात्मक रूप से कम रही है। इसलिए राजनीति विज्ञान का विषय स्त्री–अध्ययन में होने वाले बदलावों से ज़्यादातर अछूता ही रहा है, अन्यथा महिलाओं से जुड़े मुद्दों की बढ़ती उपस्थिति ने ऐसी स्थिति पैदा कर दी है, जिसमें ऐसे विशेष पाठ्यक्रम की ज़रूरत को लेकर सवाल किये जा रहे हैं।

मुझे इस बात को लेकर बेहद कोफ्त होती है कि इस मुद्दे पर अपने सहकर्मियों, ख़ासकर पुरुष सहकर्मियों को कैसे बदला जाये। वे ना सिर्फ़ इस तथ्य से अनभिज्ञ हैं कि नारीवादी अध्येताओं की दुनिया में क्या घट रहा है, बल्कि ऐसे पाठ्यक्रमों को देखने के अपने चलताऊ नज़रिये के साथ–साथ वे महिलाओं से जुड़े मुद्दों को लेकर भी उदासीन हैं। यहाँ हमें ऐसे बड़े मुद्दों पर भी बात करनी होगी कि क्या समाज के पुरुष केन्द्रित रहते हुए भी हम विश्वविद्यालय को महिला केन्द्रित बनाने के बारे में सोच सकते हैं। स्त्री–अध्ययन और एक्टिविज़्म

में हम जैसे लोगों ने अपनी सोच और नज़रिया बदल लिया है और हमने अपनी ज़िन्दगी के ढर्रे को भी बदलने की कोशिश की है, लेकिन बाक़ियों के बारे में क्या कहा जाये? इसके लिए हमें उन अहम सवालों के जवाब देने होंगे, जिनका सामना स्त्री–आन्दोलन और स्त्री–अध्ययन को करना पड़ रहा है। इस मुद्दे पर इस पेपर में आगे बात की जायेगी।

क्या कक्षा में सवाल पूछने का हौसला मिलता है

वैसे तो उच्च शिक्षा संस्थानों में हमें निराशा और कुण्ठा का ही अनुभव हुआ है, लेकिन उसमें कुछ उम्मीद भी दिखायी देती है। ज़रूरत बस इस बात की है कि वह उम्मीद हमारे क्रियाकलाप में दिखनी चाहिए। क्योंकि स्त्री–अध्ययन के माध्यम से जो ज्ञान सृजित हुआ है, वह निश्चित तौर पर छात्रों के उस जीवन अनुभव से जुड़ने की सम्भावना प्रस्तुत करता है, जो उन्हें कक्षाओं में पढ़ाया गया है और पैदा किया गया है। जिसमें इस बात पर ख़ास ज़ोर दिया गया है कि रोज़मर्रा के जीवन में जाति, वर्ग, धर्म और जेंडर के सम्बन्ध कैसे बनते हैं। साफ़ तौर पर यह ज्ञान कक्षा में काफ़ी असहज स्थिति उत्पन्न करता है, ख़ास तौर पर अगर वह एक मिश्रित कक्षा हो तो और भी ज़्यादा। क्योंकि सीखने की प्रक्रिया में सामाजिक सत्ता, विशेषाधिकार और दमन की असहज लगने वाली पहचान एवं प्रश्न शामिल होते हैं, जहाँ पर अपने अलग जीवन अनुभवों की वजह से लड़के लड़कियों से भिन्न होते हैं और वे पाठ्यक्रम के साथ सामंजस्य नहीं बिठा पाते तथा आमतौर पर ऐसी प्रतिक्रिया देते हैं जैसे यह कोई ऐसी चीज़ है, जो पुरुषों के ख़िलाफ़ है। महिलाओं से जुड़े मुद्दों ने समय के साथ–साथ अपनी उपस्थिति दर्ज करा ली है, चाहे वह महिला आन्दोलनों के माध्यम से हुआ हो या राज्य समर्थित योजनाओं, कार्यक्रमों, वैधानिक सुधारों आदि के माध्यम से हुआ हो या चाहे वह स्त्री–अध्ययन केन्द्रों, महिला प्रकोष्ठों, समितियों, विभागों की वजह से हुआ हो। इस उपस्थिति ने एक मिथ्या धारणा को जन्म दिया है कि महिलाओं के नाम पर जब इतना कुछ किया जा रहा है तो हमें महिलाओं के लिए किसी अलग पाठ्यक्रम की क्या ज़रूरत है। कक्षा में लड़कियाँ उन विरोधाभासों के बारे में अपना दुख प्रकट करती हैं, जिनसे वे कक्षा में दो–चार होती हैं कि अगर हम समानता की बात करते हैं तो स्त्री–अध्ययन के बारे में कोई पाठ्यक्रम क्यों होना चाहिए, ठीक इसी बिन्दु पर पुरुष इस अध्ययन से अलग हो जाते हैं। दिलचस्प ढंग से, एक ओर वे इस पृथक्करण को समस्यापरक मानते हैं, वहीं दूसरी ओर जब उनसे महिलाओं को परम्परागत कक्षाओं या मुख्यधारा के पाठ्यक्रमों से बाहर रखने के बारे में पूछा जाता है, तब वे इस तरह का जवाब नहीं दे पाते।

शिक्षण के दौरान होने वाले ये सारे बहस–मुबाहिसे ना सिर्फ़ छात्रों के साथ एक सम्बन्ध क़ायम करने में मदद करते हैं, बल्कि यह जानने में भी मदद करते हैं कि कक्षा की पढ़ाई–लिखाई में क्या चीज़ छूट रही है–और वह चीज़ है उद्देश्य की पहचान। स्त्री–अध्ययन में किसी वैकल्पिक पाठ्यक्रम की सीमाओं के बावजूद, इस तरह के पाठ्यक्रम शिक्षा जगत के अन्दर नारीवादी स्पेस के मुख्य अंग का प्रतिनिधित्व करते हैं। छात्रों के एक समूह को साल–भर 'महिलाएँ एवं राजनीतिक प्रक्रिया' पर एक पूरा पेपर पढ़ाने के अपने अनुभव से मैं आश्वस्त हूँ कि विभिन्न पेपरों के हिस्से के तौर पर नारीवादी मुद्दों पर बात करने के बजाय यह एक बिल्कुल अलग क़िस्म का अनुभव रहा है। एक पूरा पेपर पढ़ाने का मतलब है साल–भर महिलाओं से जुड़े विभिन्न मुद्दों पर पूरी तरह से उनके साथ घुल–मिल जाना और मिलकर काम करना, जिससे अनेक सम्भावनाओं के द्वार खुलते हैं। इससे मुद्दों पर विस्तार से बात करने के लिए लम्बा वक़्त मिल जाता है और अन्तःसम्बन्ध और संलग्नता स्थापित करके नारीवादी राजनीति की समग्र रूप से समझ विकसित करने में भी मदद मिलती है। महिलाओं पर पूरा एक पेपर पढ़ाने के निश्चित रूप से सकारात्मक पहलू हैं, जिसकी भरपाई सभी पेपर्स में या अधिकांश पेपर्स में नारीवादी विषय–वस्तु शामिल करके नहीं की जा सकती। दोनों प्रक्रियाएँ एक साथ चलनी चाहिए। साथ ही, संलग्नता और निरन्तरता बनाये रखने के लिए इन पेपर्स/पाठ्यक्रमों को स्नातकोत्तर पाठ्यक्रमों या स्त्री–अध्ययन कार्यक्रमों से जोड़ने की भी ज़रूरत है।

स्नातक स्तर पर समेस्टर व्यवस्था लागो होने से जेंडर और महिलाओं से जुड़े पेपर को पढ़ाने की अवधि घटकर 3–4 महीने ही रह गयी है।

किन मुद्दों का सामना कर रहे हैं स्त्री-अध्ययन और स्त्री-आन्दोलन

हम वापस उन्हीं मुद्दों पर आते हैं, जिनका सामना नारीवादी राजनीति और सिद्धान्तीकरण कर रहे हैं। सबसे पहले तो हमें यह समझने की ज़रूरत है कि हम एक ऐसे हालात में फँस गये हैं, जहाँ महिलाओं से जुड़े मुद्दों पर हर जगह बात की जा रही है, जबकि चेतना और सोच के स्तर पर बहुत कम बदलाव हुआ है। इसका मतलब यह है कि पहले जो हमारी उम्मीद थी कि महिलाओं से जुड़े मुद्दों को मुख्यधारा में लाना महिलाओं की ज़िन्दगी में महत्त्वपूर्ण बदलाव लाने में अहम भूमिका निभायेगा, वह ग़लत साबित हुई। सोच में अपेक्षित बदलाव नहीं हुआ और बग़ैर उसके कोई भी बदलाव स्थायी नहीं हो सकता। यहाँ हमें स्त्री–आन्दोलन और स्त्री–अध्ययन दोनों की स्थिति पर विचार करना होगा–जिन चुनौतियों का वो सामना कर रहे हैं और जिन नयी रणनीतियों की उन्हें ज़रूरत है। एक ऐसे समय में जबकि आन्दोलन और अध्ययन दोनों संस्थानीकरण की चुनौती का सामना कर रहे हैं, स्त्री–आन्दोलन और अध्ययन के बीच सम्पर्क बनाये रखने की बेहद सख़्त ज़रूरत है।

हालाँकि, आन्दोलन के भाग के रूप में शुरू में हमने स्त्री–अध्ययन को शिक्षा और मौजूदा ज्ञान व्यवस्था को बदलने की रणनीति के तौर पर इस्तेमाल करने के विचार के साथ शुरुआत की थी, लेकिन हमें यह भी महसूस हुआ कि स्त्री–अध्ययन में ज्ञान और चेतना में अहम बदलाव करके छात्रों, शोधार्थियों और अध्येताओं के व्यक्तिगत जीवन को बदलने की सम्भावना है। इसलिए स्त्री–अध्ययन को स्त्री–आन्दोलन के एक अंग के तौर पर काम करना था। लेकिन स्त्री–अध्ययन के संस्थानीकरण, जो ख़ासतौर से पिछले दशकों में हुआ है, की वजह से स्त्री–आन्दोलन और स्त्री–अध्ययन के बीच, एक्टिविज़्म और शिक्षण एवं शोध के बीच पहले मौजूद रहा सम्बन्ध बुरी तरह से प्रभावित हुआ है। ज्ञान के एक बेहद विशेषीकृत और शैक्षणिक क्षेत्र के रूप में स्त्री–अध्ययन के उभार की वजह से स्त्री–आन्दोलन और स्त्री–अध्ययन के बीच चौड़ी होती जा रही खाई पर, स्त्री–अध्ययन के अनेक पेशेवर अवसरों के लिए स्वयं एक सीढ़ी बन जाने पर तथा एक्टिविस्ट प्रवर्तकों और इन पाठ्यक्रमों को चुनने वाले स्नातक एवं स्नातकोत्तर के युवा छात्रों और शिक्षण एवं शोध में लगे शिक्षकों एवं अध्येताओं के बीच आ चुके पीढ़ी के फ़ासले पर गम्भीर बहस किये जाने की ज़रूरत है।

इसी समय, समाज और राज्य दोनों ही स्तरों पर रूढ़िवादी, धार्मिक और प्रतिक्रियावादी ताक़तों के उभार के कारण स्त्री–आन्दोलन जिन चुनौतियों का सामना कर रहा है, उनसे पूर्णतः जेंडर जस्टिस की दृष्टि से महिलाओं के मुद्दों को उठाने में स्त्री और पुरुष दोनों की लामबन्दी को उनकी धार्मिक, सामुदायिक और जाति की पहचानों के आधार पर गम्भीर चुनौतियाँ मिल रही हैं। उपरोक्त मुद्दों पर लोगों के बीच अपनी बात रखने में वाम और धर्मनिरपेक्ष तबके की कमज़ोरी ने इस काम को और भी मुश्किल बना दिया है। ऐसे समय में जब राज्य अपने नेशनल करिकुलम फ्रेमवर्क के माध्यम से परिवार और राष्ट्र के अन्दर महिलाओं पर माताओं, पत्नियों और बेटियों की 'परम्परागत' सामाजिक भूमिका लादने पर आमादा है, महिलाओं के सशक्तीकरण के औज़ार के तौर पर शिक्षा का इस्तेमाल करने की सम्भावना ख़तरे में पड़ गयी है। (देखें, दीप्ता भोग, 'जेंडर एंड करिकुलम', *इकोनॉमिक एंड पॉलिटिकल वीकली*, वॉल. XXXVII नं. 17, 27 अप्रैल–3 मई, 2002, पृष्ठ 1638–42)। ऐसे हालात में, स्त्री–आन्दोलन जिन चुनौतियों का सामना कर रहा है, उसे ख़ुद ही उनकी और भी अधिक जाँच–पड़ताल और विश्लेषण करने की ज़रूरत है। जब वह राज्य, समाज और क़ानून के साथ व्यवहार करने के लिए अधिक रचनात्मक रणनीतियों को तलाश रहा है, तो यह बिल्कुल स्पष्ट है कि

पितृसत्ता की ताक़त वैचारिक और सांस्थानिक तौर पर उससे कहीं अधिक जटिल रूप से सुरक्षित है, जितना हमने लगभग चार दशक पहले सोचा था। महिलाएँ स्वयं बृहत् समाज में सामाजिक, आर्थिक और सांस्कृतिक बदलावों से जुड़ी विरोधाभासी प्रक्रियाओं में उलझी हुई हैं। इन हालातों में, यह और भी महत्त्वपूर्ण हो गया है कि स्त्री–अध्ययन के अध्येताओं और शिक्षकों को न सिर्फ़ स्त्री–आन्दोलनों द्वारा किये जा रहे संघर्षों के क़रीब लाया जाये, बल्कि छात्रों की मौजूदा और भावी पीढ़ियों तक इन मुद्दों को असरदार ढंग से ले जाने के लिए उन्हें स्त्री–आन्दोलन और स्त्री–अध्ययन दोनों के इतिहास को जानने के लिए कहा जाये। स्त्री–अध्ययन को शुरू करने वाले एक्टिविस्ट प्रवर्तकों और इन पाठ्यक्रमों को चुनने वाले युवा स्नातकों तथा इन पाठ्यक्रमों को पढ़ाने वाले शिक्षकों के बीच के अन्तर को जानने की ज़रूरत है। विश्वविद्यालय में अध्येताओं और शिक्षकों की नयी पीढ़ी भी अक्सर अपने छात्रों की तरह स्त्री–अध्ययन के आन्दोलन के इतिहास को ज़्यादा नहीं जानती। साथ ही, ज़्यादातर अध्येता, शोधकर्ता और शिक्षक समाज के साधन–सम्पन्न तबके से आते हैं, जबकि अधिकांश महिलाएँ हाशिये पर जी रही होती हैं। तो क्या उनका शिक्षण महिलाओं की ज़िन्दगी की वास्तविकता से दूर नहीं हो जायेगा? स्त्री–अध्ययन पर काम कर रहे लोगों के लिए भी इसे कोई ज़्यादा ख़तरे वाली बात नहीं समझा जाता, यहाँ तक कि स्त्री–आन्दोलन का स्पष्ट दिख रहा नॉन–एक्टिविस्ट रूप भी।

समकालीन महिला आन्दोलन और नारीवादी विश्लेषण ने स्त्री की समरूप कोटि श्रेणी के तौर पर महिला की अवधारणा को चुनौती देते हुए सामाजिक साँचे की बहुलतावादी बनावट और औपनिवेशिक अतीत की दृष्टि से भारतीय समाज की जटिलताओं की बहुत सही पहचान की है। मैं इस तथ्य से असहमत नहीं हूँ कि महत्त्वपूर्ण भिन्नताएँ महिलाओं को एक–दूसरे से अलग करती हैं, लेकिन वर्ग, जाति या धार्मिक भिन्नताओं के परे भी कुछ महत्त्वपूर्ण विशेषताएँ होती हैं, जो उन्हें आपस में जोड़ती हैं। धार्मिक रूढ़िवाद और प्रतिक्रियावादी राजनीति के उभार को देखते हुए, भारतीय सन्दर्भ में यह और भी ज़रूरी हो गया है कि 'भिन्नता' के सवाल पर और ज़्यादा गम्भीरता से ध्यान दिया जाये। जेंडर के सार्वभौमिक सिद्धान्तों को मिल रही बौद्धिक चुनौतियाँ सवाल उठाती हैं कि क्या नारीवाद विश्लेषण की एक श्रेणी के तौर पर जेंडर की श्रेष्ठता को आगे भी मानता रहेगा। इसके बावजूद नारीवादी सिद्धान्त और व्यवहार को अपना केन्द्र–बिन्दु सीमित और स्थिर रखना होगा, क्योंकि उस केन्द्र–बिन्दु के बग़ैर कोई अनुशासनबद्ध या असम्बद्ध कार्यक्षेत्र नहीं हो सकता,

जिसे हम अलग से नारीवादी कह सकें। और क्या ऐसा करने से नारीवादी अध्ययन एक मुख्य श्रेणी के बजाय सिर्फ़ एक योगात्मक श्रेणी बनकर नहीं रह जायेगा? स्त्री–अध्ययन का लक्ष्य केवल इन सवालों के जवाब ढूँढ़ना नहीं है, बल्कि उसे बदलाव के लिए अनेक कार्य–क्षेत्रों, मसलन–घरेलू सम्बन्ध, घर और काम के बीच के सम्बन्ध आदि पर भी ध्यान देना होगा।

इसके अलावा, हमें इस तथ्य पर भी ग़ौर करना होगा कि विश्वविद्यालय में किसी कारगर तन्त्र, समूह और संरचना का गठन नहीं किया गया है, जो वहाँ आने वाली महिलाओं को सुरक्षा, भयमुक्ति और आत्मविश्वास दे सकता है। दिल्ली विश्वविद्यालय में महिला समुदाय (जिनमें से ज़्यादातर युवा छात्राएँ होती हैं) पर यौन हिंसा के मामलों का इतिहास हममें से अधिकांश लोगों से ढेरों सवाल करता है, जो लोग अस्सी के दशक से इस प्रकार की हिंसा के ख़िलाफ़ होने वाले संघर्ष का हिस्सा रहे हैं। समय–समय पर उठने वाले इन मुद्दों और माँगों के प्रति विश्वविद्यालय प्रशासन की उदासीनता, सुधार के किसी तन्त्र का अभाव तथा छात्रों, शिक्षकों और प्रशासनिक कर्मचारियों का बेरुख़ी भरा रवैया, इन सबकी वजह से एक निःशक्तीकरण का भाव पैदा होता है। समाज के स्तर पर महिलाओं के ख़िलाफ़ बढ़ती हिंसा, पुलिस के साथ होने वाला बेहद निराशाजनक अनुभव, वैधानिक एवं न्यायिक व्यवस्था और अनेक सामाजिक–धार्मिक ताक़तों के उभार से पैदा हुए दबावों वाले इस परिदृश्य में एक बेचारगी का अहसास होता है और संघर्ष आधारित राजनीति में विश्वास कम होता जाता है। सिद्धान्त और व्यवहार के बीच की यह खाई शिक्षण के स्तर पर भी कई समस्याएँ पैदा करती है।

आज, नारीवादी राजनीति और सिद्धान्तीकरण को तेज़ी से बदल रहे सामाजिक–राजनीतिक और आर्थिक परिदृश्य की ओर से पेश की जा रही चुनौतियों का सामना करना पड़ रहा। इसकी वजह है–महिलाओं के लिए हितकारी रहे कल्याणकारी राज्य का पतन, धार्मिक और रूढ़िवादी आन्दोलनों का उभार और उस उभार से उपजी धार्मिक पहचानों का मुद्दा, परिवार और घर के पुरातनपन्थी मूल्यों की पुनःप्रतिष्ठा और उनसे जुड़ी धार्मिक आस्था एवं कर्मकाण्डों की पुनर्स्थापना, इसका महिलाओं और महिलाओं के आन्दोलन पर पड़ने वाला प्रतिगामी प्रभाव तथा मीडिया और अन्य प्रकार से प्रचारित धारणा से पैदा हुआ प्रतिरोध (ख़ासकर शहरी क्षेत्रों में) कि विभिन्न सरकारी कार्यक्रमों, नीतियों और संरचनाओं के माध्यम से महिलाओं को उनका हक़ दे दिया गया है। इसके साथ ही, कुछ इस तरह की बेतुकी बात करना कि ये 'नारीवादी' हमेशा आरोप ही लगाते रहते हैं और इन्हें तो हर बात में

मीन–मेख निकालने की आदत है। ऐसे हालात में, जहाँ शिक्षा व्यवस्था पर भी चौतरफ़ा हमले हो रहे हों, हमारे वैचारिक एजेंडे हेतु ज़्यादा जगह बनाने के लिए बहुत ज़्यादा प्रयास करने की ज़रूरत है। इस परिदृश्य में इस बात की जाँच–पड़ताल करने की ज़रूरत है कि इन चुनौतियों का सामना करने के लिए हम क्या क़दम उठाते हैं। यह पड़ताल हमें दोनों ही नज़रिये से करनी होगी। पहला, महिलाओं और हाशिये पर पड़े समाज के बाक़ी तबकों के संघर्षों का अतिक्रमण करने वाले तत्त्वों की पहचान करके। और दूसरा, जो कुछ हम कक्षाओं में पढ़ाते हैं, उसमें उनके जीवन अनुभवों को प्रभावशाली ढंग से और समग्र रूप से शामिल करके। इसके साथ–साथ हमें अपनी जैसी सोच रखने वाले पेशेवरों, शिक्षकों एवं कार्यकर्ताओं के सहयोगी प्रयासों को दिशा देने की दृष्टि से भी इसे परखना होगा, ताकि स्त्री–अध्ययन एक और किताबी एवं परीक्षाओं तक सीमित विषय बनकर न रह जाये।

[भुवनेश्वर के उत्कल विश्वविद्यालय में 17–20 सितम्बर 2002 को आयोजित हुए भारतीय स्त्री–अध्ययन संघ के दसवें राष्ट्रीय सम्मेलन में पेश किये गये परचे का संशोधन रूप]

स्त्री-अध्ययन : स्वायत्तता बनाम एकीकरण बहस*

ग्लोरिया बोल्स और रेनाटे ड्यूली क्लाईन

•

प्रस्तुति : **विजय झा**

स्त्री–अध्ययन के विद्वानों के बीच इस बात को लेकर मतभेद है कि इसे एक स्वायत्त ज्ञानानुशासन होना चाहिए या अन्य स्थापित ज्ञानानुशासनों के संग एकीकृत। इस मतभेद का कारण बदलाव लाये जाने सम्बन्धी उनकी भिन्न दृष्टियाँ हैं। एकीकरण के पक्षधरों के मुताबिक़ स्त्रियों को पाठ्यचर्या में शामिल करने, लोगों को समझाने–बुझाने, चेतना–उत्थान जैसे कार्यक्रमों के ज़रिये एकपक्षीय शिक्षा में अपेक्षित बदलाव लाया जा सकता है।

परिवर्तन लाने की उनकी इस दृष्टि से स्वायत्तता के पक्षधर सहमति नहीं रखते। उन्हें इन तरीक़ों से किसी प्रकार के बदलाव की सम्भावना पर सन्देह है। वे मानते हैं कि ज्ञान की मौजूदा संरचना में केवल आमूल और नवोन्मेषी नारीवादी विद्वत्कर्म से परिवर्तन लाया सकता है। ऐसा विद्वत्कर्म तभी मुमकिन है जब नारीवादी विद्वानों को निर्विघ्न ज्ञान–निर्माण करने और आपस में जीवन्त बहस–मुबाहिसा करने के लिए समुचित परिवेश मिले। इसलिए स्त्री–अध्ययन के लिए स्वायत्त स्पेस ज़रूरी है। यानी इसे स्वायत्त ज्ञानानुशासन होना चाहिए।

शुरुआत में स्त्री–अध्ययन के अध्येता और अध्यापक दोनों ही यह मानकर चल रहे थे कि पारम्परिक ज्ञानानुशासनों के साथ स्त्री–विषयक ज्ञान को जोड़ते चले जाने से कुछ ही सालों में ज्ञान की संरचना की एकपक्षीयता दूर कर दी जायेगी। नतीजतन, स्त्री–अध्ययन के स्वायत्त ज्ञानानुशासन का तर्क निरर्थक होकर रह जायेगा। लेकिन यह आस पूरी न हो पायी। ज़ाहिर है हमने जो सवाल उठाने शुरू किये और जो जवाब तलाशने शुरू किये वे पारम्परिक

---

* ग्लोरिया बोल्स और रेनाटे ड्यूली क्लाईन द्वारा सम्पादित 'थियरीज़ ऑफ़ वीमेंस स्टडीज़' के परिचय के 'स्वायत्तता बनाम एकीकरण बहस' का संक्षिप्त भावानुवाद।

अध्ययन (पुरुष–अध्ययन) के खाँचे में फिट नहीं हो सकते थे। आख़िर हमारी मान्यताएँ वर्चस्वशाली संस्कृति की मान्यताओं से न केवल जुदा हैं बल्कि विपरीत हैं। हमारे सवालों के जवाब के लिए कक्षों में विभाजित मौजूदा ज्ञान प्रणाली अपर्याप्त है। नारीवादी दृष्टिकोण से बात करने का मतलब है ज्ञान के सृजन से लेकर वितरण तक को आमूल चुनौती देना, ज्ञानानुशासन के मौजूदा स्वरूप में आमूल बदलाव की बात करना। और यह स्त्रियों को महज़ जोड़ते चले जाने, महान कवियों के साथ महान कवयित्रियों को रख देने जैसे प्रयत्नों से पूरा नहीं होने वाला। समान–अधिकार आधारित यह रुख़ वर्चस्वशाली मूल्य–जगत, जो कि पुरुषत्व केन्द्रित है, को चुनौती नहीं देता।

स्वायत्त स्त्री–अध्ययन पुरुष केन्द्रीयतायुक्त ज्ञान–खाँचे से इतर अपना ज्ञान–खाँचा विकसित कर सकता है, जिसमें स्त्रियों के भिन्न विचारों, अनुभवों, ज़रूरतों और हितों पर अपने ढंग से विचार किया जा सके। यह ज्ञान की प्रकृति में मूलभूत परिवर्तन लाने की क्षमता से लैस है। इसके लिए हरेक मुद्दा स्त्री–मुद्दा है।

एकीकरण के मुख़तार स्त्री–अध्ययन की स्वायत्तता के ख़याल की प्रायः यह कहकर आलोचना करते हैं कि इससे यह अलग–थलग (घेटो) होकर रह जाता है, जहाँ होने वाले विद्वत्कर्म की इसके अपने विद्वानों के अलावा किसी और को कुछ भी पता नहीं हो पाता। लेकिन इसमें भला स्त्री–अध्ययन का क्या दोष है? और इसमें चकित होने वाली भी कोई बात नहीं है। आख़िर हम वर्चस्वशाली संस्कृति की जड़ 'पुरुषकेन्द्रीयता' पर प्रहार करके बौद्धिक क्रान्ति को ही तो अंजाम दे रहे हैं। हम भू–केन्द्रीयता को ध्वस्त करने की कॉपरनिकसीय क्रान्ति और मानव–केन्द्रीयता को ध्वस्त करने की डार्विनीय क्रान्ति जैसा कार्य कर रहे हैं। हम जिस अकादमिक जगत की बुनियाद पर प्रहार करने का क्रान्तिकारी काम कर रहे हैं, वह हमारा स्वागत क्यों करेगा? इसलिए अलग–थलग हो जाने की स्थिति में चकित होने वाली कोई बात नहीं।

एकीकरण की बात करने वालों की एक शंका यह भी है कि स्वायत्त स्त्री–अध्ययन के होने से पारम्परिक ज्ञानानुशासन ख़ुद में सुधार लाने की ज़िम्मेदारी से मुक्त हो जायेंगे। वे सोचेंगे चलो अच्छा हुआ बला टली। उनकी पुरुषकेन्द्रीयता जस–की–तस बनी रहेगी। लेकिन इस तरह सोचने वाले स्त्री–अध्ययन के विद्वान यह भूल जाते हैं कि वे पारम्परिक ज्ञानानुशासनों में सुधार लाने, फ़ैकल्टी विकास कार्यक्रम करने, पाठ्यचर्या पुनर्निर्माण करने यानी दूसरों के दिलोदिमाग़ को बदलने के कार्यों के बाद ख़ुद अपने लिए यानी

स्त्री–अध्ययन के शोध और अध्ययन के लिए कितनी ऊर्जा और वक़्त बचा पायेंगे!

स्वायत्तता का विरोध करने वाले यह भूल जाते हैं कि पारम्परिक ज्ञानानुशासनों के साथ एकीकरण के लिए ज़रूरी सामग्री उन्हें स्वायत्त स्त्री–अध्ययन ही मुहैया कराता है। पारम्परिक ज्ञानानुशासन उन्हें इस तरह का ज़रूरी ज्ञान सृजन करने के लिए न तो संसाधन दे सकते हैं और न ही समुचित परिवेश। हरेक ज्ञानानुशासन का अपना एक इतिहास होता है, एक परम्परा होती है। उसकी कुछ आधारभूत संकल्पनाएँ और पदावली होती है। विद्वानों और अध्येताओं का उसका अपना जगत होता है। नारीवादी दृष्टि से उसमें काम करने वाले विद्वान को इन सबका ख़याल रखना पड़ता है। उसके ऊपर अपने ज्ञानानुशासन, जोकि वास्तव में पुरुष–अध्ययन ही होता है, में सिद्धहस्त होने के साथ–साथ पारम्परिक ज्ञानानुशासन विषयक 'नये नारीवादी ज्ञान' में भी निष्णात होने की दोहरी ज़िम्मेदारी आ पड़ती है। जबकि स्वायत्त तौर पर स्त्री–अध्ययन करने वाले विद्वान के समक्ष ऐसी स्थिति नहीं उत्पन्न होती है। उसे पितृसत्तात्मक आग्रहों का उस हद तक सामना नहीं करना पड़ता है जिस हद तक एक पारम्परिक ज्ञानानुशासन में नारीवादी दृष्टि से काम करने वाले विद्वान को करना पड़ता है।

एकीकरण स्वायत्तता का स्थानापन्न नहीं हो सकता। स्वायत्त तौर पर नारीवादी ज्ञानोत्पादन और सक्रियता के बिना एकीकरण के बारे में सोचा ही नहीं जा सकता। और न ही एकीकरण के बिना स्वायत्त प्रयासों का अभीष्ट पूरा हो सकता है।

दरअसल हमें *स्वायत्तता बनाम एकीकरण* विवाद में न उलझकर *स्वायत्तता* और *एकीकरण* दोनों की बात करनी चाहिए।

[**स्रोत** : *इंट्रोडक्शन : थियरीज़ ऑफ़ वीमेंस स्टडीज़ एंड द ऑटोनॉमी/इंटीग्रेशन डिबेट,* ग्लोरिया बोल्स और रेनाटे ड्यूली क्लाईन इन *थियरीज़ ऑफ़ वीमेंस स्टडीज़* (सम्पा.) ग्लोरिया बोल्स और रेनाटे ड्यूली क्लाईन, रूटलेज एंड केगन पॉल, 1983]

इकाई–II

स्त्री प्रश्न का इतिहास, भारत और यूरोप : शुरूआती सिद्धान्त और आलोचना

महिला एवं नागरिक अधिकार घोषणापत्र, 1791

ओलम्प द गूज

•

अनुवाद : **अपर्णा दीक्षित**

स्त्रियों के अधिकार

पुरुष, क्या तुम इस लायक हो कि उचित–अनुचित के बारे में सोच सको? यह सवाल तुमसे एक स्त्री पूछ रही है और तुम उसे कम–से–कम इस हक़ से महरूम नहीं कर सकते। मुझे बताओ कि स्त्रियों को पीड़ा पहुँचाने का निरंकुश अधिकार तुम्हें कैसे मिल गया? क्या तुम हमसे अधिक ताक़तवर हो या फिर अधिक प्रतिभाशाली हो? सृष्टिकर्ता के विवेक पर ग़ौर करके देखो; अथवा उस प्रकृति के ही बड़प्पन का ख़याल करो जिसके साथ तुम तालमेल करने की कोशिश करते प्रतीत होते हो। तुम्हें कहीं भी उस निरंकुश सत्ता की मिसाल नहीं मिलेगी जो तुमने हम पर क़ायम कर रखी है। तुम मुझे अपनी अत्याचारी सत्ता और सृष्टिकर्ता की बनायी प्रकृति के बीच एक भी समानता बता दो। प्रकृति की ऐसी कोई भी शै नहीं जिसके दोनों लिंगों (सेक्स) के बीच पारस्परिकता न हो, तालमेल न हो। चाहे वे जीव–जन्तु हों, पेड़–पौधे हों अथवा अन्य चेतन पदार्थ। तुम्हें सर्वत्र दोनों लिंग एक–दूसरे का सहयोग करते हुए मिलेंगे।

केवल पुरुष ही है जो अमानवीय, अन्धा, विज्ञान के गुमान में पागल विकृत मानसिकता से ग्रस्त जीव है। यही वजह है कि उसने अपनी सुविधा के हिसाब से सामाजिक नियम तय कर दिये, जिसका मक़सद औरत पर अपनी सत्ता स्थापित करना था। इसी तानाशाही के चलते संवेदनाविहीन पुरुष, ज्ञान और बुद्धिमत्ता की इस सदी में औरत की रचनात्मकता, बौद्धिकता एवं क्षमताओं को दबाकर उसके वजूद को ख़त्म कर देना चाहता है। ग़ैर–बराबरी को ख़त्म करने की लड़ाई में औरत के साथ होने का तो वह सिर्फ़ ढोंग कर रहा है

क्योंकि उसे डर है कि कहीं उसकी पोल न खुल जाये और उसकी यथास्थिति बनाये रखने की मंशा सामने न आ जाये।

महिला अधिकारों की घोषणा

राष्ट्रीय सभा अपनी आगामी विधायिका में इन अनुच्छेदों को शामिल करे–

भूमिका

महिलाओं के अधिकारों की अनदेखी और अवमानना की वजह आम जनता का दुर्भाग्य और सरकार का भ्रष्टाचार है, जिसके तहत वह ग़ैर–बराबरी बनाये रखना चाहती है और इसका फ़ायदा उठाना चाहती है। इसके ख़िलाफ़ हम सब माताएँ, बेटियाँ, बहनें इस देश के प्रतिनिधि के हक़ से राष्ट्रीय सभा गठित करने की माँग करती हैं। इसमें महिलाएँ मज़बूती के साथ अपने अधिकारों की घोषणा करेंगी और ये आवाज़ पूरे समाज तक पहुँचेगी। इसका मक़सद स्त्री व पुरुष दोनों को ही उनके अधिकारों व कर्तव्यों के बारे में बताना है। ऐसे अधिकार जिनमें किसी तरह का कोई भेदभाव न हो। जो महिला व पुरुष दोनों के लिए ही बराबर हों। जिनका आधार बराबरी पर आधारित नियम हों। हमें विश्वास है कि ये अधिकार संविधान को मज़बूती देंगे और ख़ुशहाल समाज की नींव भी रखेंगे।

ख़ूबसूरती ही नहीं बल्कि मातृत्व की तकलीफ़ बर्दाश्त करने वाली महिलाएँ साहस का पर्याय हैं। इसी आत्मविश्वास के साथ ये महिलाएँ महाशक्ति के समक्ष और उसके पूर्ण संरक्षण में अपने अधिकारों को समझते हुए उनकी घोषणा करती हैं।

अनुच्छेद 1

औरत जन्म से ही स्वतन्त्र और अधिकारों में पुरुष के बराबर है। सामाजिक ग़ैर–बराबरी की वजह पुरुष केन्द्रित सोच हो सकती है।

अनुच्छेद 2

स्वतन्त्रता, सम्पत्ति व सुरक्षा का अधिकार और दमन का विरोध करना किसी भी महिला या पुरुष के प्राकृतिक व अहस्तान्तरणीय अधिकार हैं। किसी भी तरह की राजनीतिक गतिविधि, जुड़ाव या गठबन्धन का मक़सद इनका संरक्षण होता है।

अनुच्छेद 3

सम्प्रभुता का सिद्धान्त राष्ट्र की रीढ़ है। जिसके सीधे मायने महिला व पुरुष की एकता में निहित हैं और इसके उल्लंघन का हक़ किसी को नहीं है।

अनुच्छेद 4

औरत के प्राकृतिक अधिकारों पर हमेशा से अत्याचारी पुरुष ने पाबन्दी लगायी है। इन पाबन्दियों को प्रकृति के क़ानून और तर्क से उखाड़ फेंकने की ज़रूरत है। इन अर्थों में एक औरत के लिए स्वतन्त्रता और न्याय का अर्थ अपने अधिकार वापस हासिल करना है।

अनुच्छेद 5

प्रकृति के क़ानून ने समाज के लिए निषेधात्मक कार्यों को पहले से ही तय किया है, जो तार्किक भी हैं। इनके अलावा नागरिकों के किसी भी कार्य या अधिकार पर प्रतिबन्ध नहीं लगाया जा सकता और किसी को यह हक़ नहीं कि वह प्रकृति के नियमों के ख़िलाफ़ जाये।

अनुच्छेद 6

क़ानून में समाज की सामान्य इच्छाओं की अभिव्यक्ति होनी चाहिए। इसके बनने में स्त्री व पुरुष की सीधे या उनके प्रतिनिधियों के माध्यम से भागीदारी होनी चाहिए। क़ानून के समक्ष स्त्री व पुरुष बराबर हों। सरकारी नौकरियों, पद व सम्मान के बराबर भागीदार हों। इसके लिए उनका मूल्यांकन उनकी क्षमताओं व योग्यता के आधार पर हो।

अनुच्छेद 7

क़ानून, क़ानून तोड़ने वाले स्त्री व पुरुष में कोई भेद नहीं करता। वह औरत को भी पुरुष की ही तरह अभियुक्त बनाता है। उन्हें गिरफ़्तार करता है और फिर हवालात में भी डालता है। औरतें मर्दों की ही तरह कठोरता से क़ानून का पालन करती हैं।

अनुच्छेद 8

क़ानून सिर्फ़ वही हर्जाने लागू करे जो बेहद ज़रूरी और लाजमी हों।

अनुच्छेद 9

यदि कोई महिला दोषी पायी जाती है क़ानून उसके साथ कठोरता से व्यवहार करता है।

अनुच्छेद 10

पुरुषों की इस दुनिया में औरतों के प्रति उनके विचारों से डरकर ख़ामोश हो जाने की ज़रूरत नहीं है। पुरुष के समान ही औरत भी उसे फाँसी के तख़्ते

तक पहुँचाने का हक़ रखती है। लिहाज़ा इस अधिकार का इस्तेमाल क़ानूनी दायरे में रहकर किया जाये।

अनुच्छेद 11

जब से बच्चों की पहचान उनके पिता के नाम से होने लगी, महिलाओं की अभिव्यक्ति का अधिकार महत्त्वपूर्ण बन गया। इसके बाद कोई भी महिला आदिम पूर्वाग्रहों से ग्रसित होकर अपने बच्चों की पहचान छुपाने को मजबूर नहीं रही। अब वह खुलकर कह सकती है कि मैं उस बच्चे की माँ हूँ जिसका पिता 'वह' है और उसकी इस अभिव्यक्ति की स्वतन्त्रता उससे कोई नहीं छीन सकता।

अनुच्छेद 12

महिला अधिकारों का सुनिश्चितीकरण केवल महिलाओं के लिए नहीं बल्कि पूरे समाज के लिए हितकर है।

अनुच्छेद 13

महिला व पुरुष समान रूप से राज्य के निर्माण में शामिल हैं। इतना ही नहीं महिला अपने सभी कर्तव्यों को ईमानदारी से निभाती है और मुश्किल काम करने में भी पीछे नहीं हटती है। इस नाते हमारी (महिलाओं की) पद, सम्मान व नौकरियों में भी बराबर की हिस्सेदारी होनी चाहिए।

अनुच्छेद 14

स्त्री व पुरुष दोनों को ही यह अधिकार है कि वे ख़ुद या किसी प्रतिनिधि के माध्यम से अपनी सामाजिक साझेदारी की ज़रूरत का मूल्यांकन करें। ज़ाहिर है औरत किसी भी तरह की सामाजिक साझेदारी के लिए तभी ज़िम्मेदार है, जब सम्पत्ति, प्रशासन और इसके दूसरे महत्त्वपूर्ण पहलुओं पर भी उसे बराबरी का हक़ हासिल हो।

अनुच्छेद 15

संख्या में पुरुषों के ही बराबर औरतों का समूह 'कर' के मुद्दे पर एकजुट हुआ है। समूह का यह अधिकार है कि वह पुरुषों के प्रशासन की पड़ताल की माँग सरकार के प्रतिनिधियों से करे।

अनुच्छेद 16

प्रत्येक समाज का संविधान नागरिकों के अधिकारों व उनके बीच बराबरी को

सुनिश्चित करता है। ऐसे संविधान के कोई मायने नहीं जिसमें उस समाज विशेष के हर एक नागरिक को ध्यान में न रखा गया हो।

अनुच्छेद 17

सम्पत्ति का अधिकार सभी के लिए अनुल्लंघनीय व सम्मानजनक है। किसी को इससे वंचित नहीं किया जा सकता। स्त्री व पुरुष दोनों का सम्पत्ति पर बराबर का हक़ है चाहे वे साथ हों या अलग–अलग। सम्पत्ति का हस्तान्तरण पैतृक होता है लिहाज़ा वह सम्पत्ति सामाजिक ज़रूरत से न जुड़ी हो। हालाँकि ऐसा होने पर राज्य उस सम्पत्ति पर क़ब्ज़ा करने से पहले उसके हक़दार को उसकी क़ीमत के बराबर हर्जाना देता है।

बदलाव की आवाज़

औरत! तू जाग, उठ खड़ी हो। तर्क का कड़वा सच पूरे ब्रह्माण्ड में फैल चुका है। प्रकृति का मज़बूत साम्राज्य पूर्वाग्रह, कट्टरता, अन्धविश्वास व झूठ के बन्धनों से आज़ाद हो चुका है। सच की रोशनी से अज्ञानता व दमन के बादल छँट चुके हैं। अपनी ही दूषित, ग़ैर–बराबरी आधारित सोच के वशीभूत पुरुष ने अपनी सत्ता स्थापित कर ली और दिन–ब–दिन अपनी ताक़त को बढ़ाता रहा। अपनी स्वतन्त्रता को उसने तुम्हारे शोषण पर खड़ा किया और यही ओछी तथाकथित स्वतन्त्रता बनाये रखने के लिए वह अपने ही साथी (तुम्हारे) के साथ ग़ैर–बराबरी पर उतारू हो गया। लेकिन अब शोषण की इस कहानी के अन्त का वक़्त आ चुका है।

मेरी बहनो, साथियो, तुम कब अपने इस अन्धेपन से बाहर आओगी? तुम कब खुली आँखों और दिमाग़ से इस शोषण को देखोगी और समझोगी? क्रान्ति से तुम्हें क्या मिला? पहले से भी कहीं ज़्यादा बदतर तिरस्कार, अवहेलना, दुख, अवसाद। तुम्हें किस बात का डर है? पुश्तों के उद्धार का, जो ख़ुद भी ग़ैर–बराबरी का जीवन जीने को मजबूर रहीं। लेकिन उनका उद्धार तो अब प्रकृति के आदेश पर टिका है। जो बेहद न्यायसंगत है। फिर ऐसा क्या है जो तुम्हें इस ग़ैर–बराबरी व शोषण के विरुद्ध वाज़िब और ज़रूरी क़दम उठाने से रोकता है। कहीं तुम्हें फ्रांसीसी विधायिका के प्रतिनिधियों का डर तो नहीं कि वे तुम पर उँगली उठायेंगे? लेकिन ये नियम बनाने व उनमें सुधार करने वाले लोग तो ख़ुद ही अपनी उलझनों में उलझे हुए हैं। फिर ये क्या सवाल उठायेंगे? मेरी दोस्त, मैं तुम्हारी बहन हूँ। तुम्हारी ही तरह एक औरत हूँ। तुम मुझे इन सब सवालों के जवाब दो। अगर उनमें (पुरुष) इतना साहस नहीं कि अपनी अत्याचारी सत्ता को कुबूल कर सकें और झूठे दम्भ से तर्क को

नकारने से बाज आयें। तो तुम अपने सिद्धान्तों के आधार पर एक हो जाओ। अपने भीतर की आग को सामने आने दो। फिर देखो कैसे वह अहंकारी तुम्हें बराबरी का हक़ देने में गौरव अनुभव करेगा। मैं जानती हूँ, यह रास्ता आसान नहीं। इस पर चलते हुए तुम्हें तमाम तकलीफ़ों का सामना करना होगा। विरोध सहने होंगे। तीखी आलोचनाएँ सुननी पड़ेंगी। इन सबके बावजूद यही एक रास्ता है जिस पर चलकर तुम ख़ुद को आज़ाद कर सकती हो, अपने भीतर की शक्ति से, हिम्मत से, विरोध से। ज़रूरत है तो बस तुम्हारे एक बार ऐसा चाह लेने की।

विवाह प्रेम और विश्वास की क़ब्र है। इस संस्था के भीतर एक औरत अगर चाहे तो विवाहिता बनकर अपने पति को तथाकथित नाजायज़ औलाद का पिता बना सकती है। इतना ही नहीं अपने पति की सम्पत्ति भी उसे दिलवा सक़ती है, जिसका वो हक़दार नहीं। इसके लिए उसे कोई दण्ड भी नहीं भोगना पड़ेगा। आख़िर क्या मतलब है इस दकियानूसी, सड़े–गले और अमानवीय क़ानून का? जिसने औरत को सिर्फ़ कमज़ोर किया है। ऐसा कोई नया क़ानून क्यों नहीं बनाया गया, जो अविवाहित महिला के बच्चों को उसके पिता की पहचान व सम्पत्ति का हक़ दे सके। मेरे तर्कों पर अगर पुरुषों को एतराज़ है।, औरत को सम्मान व बराबरी दिलाने की हमारी कोशिश अग़र उन्हें बेमानी व बेकार लगती है, तो वे ही क्यों नहीं इस दिशा में कोई क़दम उठाते। जितनी चाहे वाहवाही लूट लें पर कुछ करें तो सही। कुछ ऐसा जो ग़ैर–बराबरी को ख़त्म करे। मुझे पता है ऐसा कुछ नहीं होने वाला। लेकिन हमें इन्तज़ार है शिक्षा की उस मशाल का जो महिलाओं के हक़ में रोशनी लेकर आयेगी और घटिया मूल्यों व सड़े–गले रीति–रिवाजों का अँधेरा मिटायेगी।

स्त्री और पुरुष के बीच सामाजिक समझौते का प्रपत्र

मैं,...और...अपनी इच्छा से इन शर्तों के साथ यह क़दम उठा रहे हैं। जीवन में जब तक हमारा आपसी तालमेल रहेगा तब तक हम साथ रहेंगे। हमारी सम्पत्ति पर हमारा बराबर का हक़ होगा। जिसे हम अपने बच्चों में बराबर बाँट देंगे। फिर वे चाहे हमारे जैविक बच्चे हों या सामाजिक। उन्हें बिना किसी भेदभाव के अपनी माँ और पिता का नाम मिलेगा। हालाँकि हम उस क़ानून के पैरोकार हैं जो अपने जैविक बच्चे को छोड़ने वाले माता–पिता के लिए दण्ड का प्रावधान रखता है। यदि हमारे बीच अलगाव की स्थिति आती है, तो आपस में सम्पत्ति के बँटवारे से पहले हम अपने बच्चों के लिए क़ानून द्वारा निश्चित सम्पत्ति का

हिस्सा निकालने के लिए प्रतिबद्ध हैं। अगर हमारा साथ सुखद रहा तो हम दोनों ही मरने से पहले अपनी आधी सम्पत्ति अपने बच्चों के नाम कर जायेंगे। जबकि आधी सम्पत्ति ख़ुद–ब–ख़ुद जीवित साथी के नाम हो जायेगी। अगर उस वक़्त तक हमारा कोई बच्चा न हो तो उस स्थिति में पूरी सम्पत्ति जीवित साथी को मिल जायेगी। बशर्ते मरने वाले ने अपनी आधी सम्पत्ति के लिए किसी दूसरे व्यक्ति को मनोनीत न किया हो।

मेरे ये विचार विवाह अधिनियम में शामिल किये जायें। यही मेरा मक़सद है और इच्छा भी। मुझे पता है मुझे अपनी इस अभिव्यक्ति की क़ीमत चुकानी होगी। मेरे ख़िलाफ़ ढोंगी व कपटी पुरुषों, मानसिक गुलाम नारियों, पादरियों व मेरे सच से बेचैन लोगों की एक पूरी जमात खड़ी हो जायेगी। लेकिन दुख इस बात का है कि इस स्थिति में मेरे ये विचार एक बराबरी पर आधारित राज्य की नींव के लिए बौद्धिक बिरादरी को कैसे प्रेरित कर पायेंगे!

मैं एक ऐसा क़ानून चाहती हूँ जो उन विधवाओं व किशोरियों के हक़ में काम करे जिन्हें अपने पुरुष साथी से धोखा मिला। ये क़ानून ज़िम्मेदार धोखेबाज़ पुरुष को सज़ा दे...या इसके एवज़ में उसकी सम्पत्ति के बराबर हर्जाना पीड़िता को दे। इसके उलट अगर यह साबित हो जाये कि कोई औरत इस क़ानून का ग़लत फ़ायदा उठा रही है तो उसे भी बख़्शा न जाये और इसके लिए उसे कठोर से कठोर दण्ड दिया जाये। साथ ही जैसा कि मैंने "ली बोनहेयोर प्रिमिटिट डी ई'होम, 1788" में ज़िक्र किया। समाज के नैतिक मूल्यों के ह्रास व दूषित चरित्र की ज़िम्मेदार वेश्याएँ नहीं। बल्कि समाज की पाक–साफ़ कही जाने वाली औरतें हैं। इसलिए मेरा सुझाव है कि वेश्याओं की बिरादरी को अलग रखा जाये। ताकि हम तथाकथित सभ्य समाज की गन्दगी को देख पायें। क्योंकि जब भी हम औरतों के बदलाव की बात करते हैं, उसका अर्थ यही होता है कि वेश्याओं को बदला जाये। इस अलगाव के बाद बदलाव की कोशिश उसी दिशा में होगी जहाँ इसकी ज़रूरत है। फिर अगला क़दम इन दोनों बिरादरियों को एक करना होगा। इस प्रक्रिया में शुरुआती दौर में भले ही हमारे पूर्वाग्रह व पुरानी सोच दिक़्क़तें पैदा करें। लेकिन बाद में यह एक बेहतरीन समानता की नींव रखेगी।

औरत की सोयी आत्मा को जगाने के लिए मेरे ज़ेहन में बेहद आसान और विश्वसनीय तरीक़ा है। इसके तहत औरतों को उन सभी कामों से जोड़ना होगा जो सिर्फ़ मर्द करते हैं। यह अहसास उनके भीतर आत्मविश्वास जगायेगा और ग़ैर–बराबरी से लड़ने की ताक़त देगा। अगर पुरुषों को यह अव्यावहारिक लगता है तो फिर वे ही बता दें कि वे औरत के साथ मिलकर किस तरह

का समाज बनाना चाहते हैं। बशर्ते, उस समाज का आधार बराबरी आधारित क़ानून हो, न कि पुरुषवादी सनक। बदलाव प्रकृति का नियम है। पूर्वाग्रह मिट जाते हैं। मूल्य बेहतर होते जाते हैं। प्रकृति अपने सभी अधिकार हासिल कर लेती है। लेकिन सच यह भी है कि पादरी का समाज से सम्बन्ध, राजा की सत्ता पर पकड़ और फ्रांसीसी सरकार कभी ख़त्म नहीं हो सकती।

[**स्रोत** : http://www.fmyv.es/ci/in/women/3.pdf]

पश्चिम में नारी-आन्दोलन का उदय : सन्दर्भ और मुद्दे

अनुपमा राय

आमतौर पर नारीवाद के पहले झोंके के तौर पर ज्ञात नारी आन्दोलन का विकास मताधिकार के मुद्दे पर हुआ। मताधिकार के लिए महिलाओं के संगठित संघर्ष या 'सफरेज' आन्दोलन (जैसा कि सामान्य तौर पर कहा जाता है) ने मताधिकार को एक राजनीतिक अधिकार के रूप में अत्यधिक महत्त्व दिया है और लोकतान्त्रिक हिस्सेदारी के एक महत्त्वपूर्ण हिस्से के तौर पर माना है। इस संघर्ष का अध्ययन करते वक़्त हमें इन बातों को ध्यान में रखना चाहिए– (अ) लोकतान्त्रिक सहभागिता का अर्थ ऐतिहासिक रूप से बदल चुका है, (ब) मताधिकार आधुनिक राष्ट्र–राज्य के विशेष दौर में प्राप्त हुआ है, (स) मताधिकार के लिए संघर्ष को सत्ता सम्बन्धों के सन्तुलन और लोकतान्त्रिक हिस्सेदारी की सीमाओं में, जो पहचान, धर्म, लिंग, रंग, वर्ण इत्यादि से प्रभावित होती है, ढूँढ़ा जा सकता है। इसलिए इस अध्याय में हम इन बिन्दुओं पर अपना ध्यान केन्द्रित करेंगे–

(अ) लोकतान्त्रिक हिस्सेदारी का अर्थ, (ब) उन ऐतिहासिक सन्दर्भों जिनमें लोकतान्त्रिक हिस्सेदारी ने अपना मौजूदा स्वरूप ग्रहण किया, यानी फ्रांस की क्रान्तिकारी परम्परा, पूँजीवादी अर्थव्यवस्था और विचारधारा के तौर पर उदारवाद का बढ़ता प्रभाव, (स) लोकतान्त्रिक हिस्सेदारी को परिभाषित करने में मताधिकार का महत्त्व, (द) नारी आन्दोलन को संगठित करने में मताधिकार की केन्द्रीय भूमिका (इंग्लैंड और संयुक्त राज्य अमेरिका के सन्दर्भ में), (य) वोट के लिए महिलाओं के संघर्ष ने किस प्रकार समानता के मौजूदा विचार को पुनःपरिभाषित करने की माँग की, (र) 'सफरेज' आन्दोलन के द्वारा लोकतान्त्रिक राजनीति में महिला सदस्यों की हिस्सेदारी का खुलासा।

आज हम सार्वभौमिक और समान मताधिकार के विषय में सोचने के आदी हो चुके हैं। लेकिन इस बात को समझने की ज़रूरत है कि मताधिकार से अब जो हमारा तात्पर्य है आरम्भिक दिनों में ऐसा नहीं था। मिसाल के तौर पर,

उन्नीसवीं शताब्दी में सार्वभौमिक 'सफरेज' से अर्थ केवल सम्पत्तिवान पुरुषों के लिए वोट से ही था। इस अधिकार के विस्तार को आबादी के सभी हिस्से तक पहुँचाने में लम्बे संघर्षों के दौर से गुज़रना पड़ा है। महिलाओं द्वारा मताधिकार के लिए संघर्ष तो विशेष तौर से लम्बा और कठिन था। इससे पहले कि हम विभिन्न देशों में हुए महिलाओं के संघर्षों की चर्चा करें, एक नज़र इस तथ्य पर डालते हैं कि इन देशों में महिलाओं और पुरुषों को वोट देने का अधिकार कब मिला। यूरोप में मताधिकार के लोकतन्त्रीकरण में लगभग सौ वर्ष लग गये। 1848 में फ्रांस द्वारा पुरुषों को मताधिकार दिये जाने से पहले किसी भी देश में पुरुषों के लिए सार्वभौमिक मताधिकार की व्यवस्था नहीं थी। जर्मनी, स्विट्ज़रलैंड और न्यूजीलैंड ने 1889 में पुरुष मताधिकार की व्यवस्था दी थी। ऑस्ट्रेलिया, फिनलैंड और ऑस्ट्रिया जैसे देशों ने इसे प्रथम विश्वयुद्ध के तुरन्त बाद लागू किया। ज़्यादातर अन्य देशों में यह व्यवस्था प्रथम विश्वयुद्ध के समय या उसके बाद लागू की गयी। महिलाओं को मताधिकार पुरुषों की अपेक्षा काफ़ी देर से मिला। 1900 से पहले केवल न्यूजीलैंड में महिलाओं को वोट डालने की अनुमति थी। शताब्दी की शुरुआत के तुरन्त बाद फिनलैंड और जर्मनी में भी उन्हें मताधिकार के दायरे में शामिल कर लिया गया। प्रथम विश्वयुद्ध के बाद बहुत–से देशों ने महिला के मताधिकार व्यवस्था की शुरुआत की (कुछ देशों ने तो इसे पुरुष मताधिकार के साथ–साथ ही आरम्भ किया) थी। लेकिन फ्रांस, इटली, बेल्जियम, पुर्तगाल, स्पेन और स्विट्ज़रलैंड में महिलाओं को मताधिकार हासिल करने के लिए द्वितीय विश्वयुद्ध तक इन्तज़ार करना पड़ा। (ये सभी देश पूरी तरह से रोमन कैथोलिक्स के प्रभाव में थे)। द्वितीय विश्वयुद्ध के बाद लोकतान्त्रिक मताधिकार के सिद्धान्त को लगभग प्रत्येक यूरोपीय देश द्वारा अपना लिया गया था। मुट्ठी–भर देश इसका अपवाद रहे, जैसे कि स्विट्ज़रलैंड, जहाँ 1971 तक महिलाओं को वोट से वंचित रखा गया तथा स्पेन और पुर्तगाल में, जहाँ खुले प्रतिद्वन्द्वात्मक निर्वाचन 1970 के मध्य तक नहीं हो पाये।

लोकतान्त्रिक हिस्सेदारी : एक ऐतिहासिक अन्वेषण

इससे पहले कि हम इस बात की तहक़ीक़ात शुरू करें कि कैसे और क्यों वोट का अधिकार लोकतान्त्रिक हिस्सेदारी का एक महत्त्वपूर्ण हिस्सा बन गया और नारीवादी आन्दोलन के पहले दौर में इसे प्रधानता कैसे मिली? यह समझ लेना ज़रूरी है कि समय के साथ लोकतान्त्रिक हिस्सेदारी का अर्थ किस प्रकार बदला और हिस्सेदारी की पहुँच कितनी लोकतान्त्रिक थी। आधुनिक लोकतन्त्र के मौजूदा स्वरूप की हमारी समझ से यह विश्वास और पुख़्ता हो

जाता है कि कुछ निश्चित सिद्धान्त हैं जिसकी बुनियाद पर लोकतन्त्र टिका हुआ है। हमारा मानना है कि लोकतन्त्र एक ऐसी व्यवस्था है जो प्रत्येक व्यक्ति (चाहे वह किसी भी जाति, धर्म, रंग या पहचान से सम्बद्ध हो) को राजनीतिक समूह या राष्ट्र–राज्य के मामलों में भाग लेने का अधिकार प्रदान करता है। राजनीतिक समुदाय के मामलों में हिस्सेदारी महत्त्वपूर्ण मानी जाती है क्योंकि यह सदस्यों को, उनके जीवन को प्रभावित करने वाले निर्णयों में भूमिका अदा करने की अनुमति प्रदान करता है। लोकतन्त्र में हिस्सेदारी का अर्थ पूरे इतिहास में एक जैसा नहीं रहा है। लोकतन्त्र के एक महत्त्वपूर्ण अवयव के रूप में और समानता, स्वतन्त्रता जैसे आधुनिक लोकतान्त्रिक सिद्धान्तों की महत्त्वपूर्ण अभिव्यक्ति के बावजूद हिस्सेदारी कभी भी अबाध और बन्धनमुक्त नहीं रही।

प्रत्यक्ष लोकतन्त्र की जैसी व्यवस्था प्राचीन ग्रीक गणराज्य में चौथी या पाँचवीं शताब्दी में थी, प्रायः उसे लोकप्रिय सहभागिता की शुद्ध या आदर्श व्यवस्था के रूप में जाना जाता है। इस शुद्ध पद्धति के बतौर पेश किये जाने वाले एथेंस के लोकतन्त्र की कार्यशैली से यह पता चलता है कि राष्ट्र–राज्यों पर शासन में नागरिकों की राजनीतिक गतिविधियाँ और ज़िम्मेदारी बढ़–चढ़कर होती थी। असेम्बली काउंसिल जैसी जनता की निर्णायक निकायों और समितियों का गठन और उनका कार्य–निष्पादन इस प्रकार होता था कि नागरिकों के एक बड़े हिस्से को बातचीत में हिस्सेदारी का अवसर मिलता था। हालाँकि यह राजनीतिक हिस्सेदारी जनता के एक बड़े हिस्से जो अनागरिक थे, उनके बिना ही सम्भव बनाई जाती थी। उन अनागरिकों में जनता का एक बहुत बड़ा हिस्सा शामिल था। महिला, दास और बाहर से आये हुए लोग उसका हिस्सा थे, इस हिस्से के बारे में यह समझ थी कि इनमें ख़ुद पर शासन करने की क्षमता नहीं है। उन्हें केवल ग़ैर–राजनीतिक, ग़ैर–आर्थिक और घरेलू गतिविधियों के लायक ही समझा जाता था। शासन करने का काम नागरिकों के लिए छोड़ दिया गया था। अर्थात वहाँ पैदा हुए पुरुष, जिनकी उम्र बीस वर्ष से अधिक थी, वही शासन करने के आधिकारिक पात्र माने जाते थे। इस प्रकार ग्रीक लोकतन्त्र में राजनीतिक हिस्सेदारी में समानता का सिद्धान्त, जनता के एक बड़े हिस्से (दास, महिला और बाहरी लोगों) को उनके जीवन से सम्बन्धित मामले में निर्णय लेने के उनके अधिकार से वंचित रख के लागू होता था।

स्वतन्त्रता और समानता के आदर्श, जो कि सत्रहवीं और अठारहवीं शताब्दी की बुर्जुआ क्रान्तियों के आधार बने, आधुनिक समय में वे लोकतान्त्रिक

सहभागिता के परिभाषित सिद्धान्त बन गये। बुर्जुआ क्रान्तियों ने राजशाही/सामन्ती राजनीतिक संरचनाओं को समाप्त करने तथा राजाओं के अधिकार और साधन सम्पन्न तबके के वर्चस्व को भी हटाने की माँग की। जिसके लिए उसने व्यक्तियों के प्राकृतिक अधिकार और सम्प्रभुता के विचारों का सहारा लिया। (क) प्रबोधन चिन्तन जिसने व्यक्तियों के विवेक–बुद्धि के प्रति उसकी क्षमता में विश्वास जाग्रत किया, (ख) एक विचारधारा के तौर पर उदारवाद जिसने सृजनात्मक व्यक्ति के लिए स्वतन्त्रता के विस्तृत दायरे की माँग की, (ग) उभरती हुई पूँजीवादी अर्थव्यवस्था जिसने 'मुक्त' व्यक्ति के विचार को आगे बढ़ाया, इन सभी प्रकार के प्रभावों के फलस्वरूप व्यक्ति लोकतान्त्रिक राजनीति के प्रकृति पर होने वाले विमर्श के केन्द्र में आ गया। हालाँकि सत्रहवीं और अठारहवीं शताब्दी में जो लोकतान्त्रिक आदर्श प्रभावी हो गये थे, वह क्लासिकल ग्रीक गणराज्य द्वारा स्थापित लोकतान्त्रिक पम्रपराओं से बहुत भिन्न थे। बल्कि इसे ऐसी व्यवस्था के तौर पर समझा गया जिसके तहत राजनीतिक जीवन, लोगों की ज़िन्दगी की बाहरी परत बनाता है, जो उन्हें जीवन, स्वतन्त्रता और सम्पत्ति जैसी निहायत ही बहुमूल्य निजी बातों को बचाये रखने और उनकी सुरक्षा के लायक बनाता है।

बुर्जुआ क्रान्तियों ने व्यक्ति के जीवन, स्वतन्त्रता और सम्पत्ति के अधिकारों को उनसे अलग नहीं करने की व्यवस्था दी। नागरिकता का विचार बुर्जुआ क्रान्तियों की देन थी, जिसने नागरिक को कुछ ऐसे अधिकार दिये जिसे उससे अलग नहीं किया जा सकता था और जिसकी सुरक्षा उन लोगों की सामूहिक ज़िम्मेदारी थी, जो प्रभुसत्तासम्पन्न थे। साथ–साथ जीवन, स्वतन्त्रता और सम्पत्ति का अधिकार, जो व्यक्ति का अभिन्न हिस्सा माने गये, ने एक निजी दायरे का निर्माण किया, जिसकी सुरक्षा मानव के तौर पर प्रत्येक व्यक्ति का सरोकार था। ये अधिकार स्वतन्त्रता और स्वेच्छा के निजी क्षेत्रों को तो परिभाषित करते थे लेकिन ये राजनीतिक जीवन में हिस्सेदारी की ओर निर्देशित नहीं थे। बल्कि ये अधिकार व्यक्ति को उन सृजनात्मक उद्यमों, जिन्हें मुख्यतः आर्थिक रूप में समझा गया है, को आगे बढ़ाने की स्वतन्त्रता प्रदान करते हैं। अपने बन्धन मुक्त आनन्द और निजी खुशियाँ हासिल करने के लिए, जीवन, स्वेच्छा और सम्पत्ति के प्राकृतिक और सामाजिक अधिकारों को बचाते हुए यह मुक्त व्यक्ति शासन करने का अधिकार दूसरों को सौंप देता है। जिन पर शासन करने का काम सौंपा जाता है वे प्राथमिक तौर पर व्यक्तिगत आज़ादी के क्षेत्र की सुरक्षा के लिए ज़िम्मेदार होते हैं। वे तभी तक शासन कर सकते हैं जब तक उन्हें शासितों की सहमति प्राप्त होती है।

शासितों की सहमति ही शासन का आधार होती है जिसे जॉन लॉक 'वोट का अधिकार' के रूप में देखते हैं। सत्रहवीं शताब्दी में जॉन लॉक ने कहा था कि, वोट का अधिकार, प्राकृतिक अधिकारों पर और विशेषकर सम्पत्ति के अधिकारों की मौजूदगी पर निर्भर था। अगर सरकार टैक्स लगाकर सम्पत्ति कम करने या छोड़ने के लिए मजबूर करती है, तब नागरिकों को यह अधिकार प्राप्त होता है कि वह टैक्स निर्धारण करने वाली संस्था/कार्यपालिका के गठन पर नियन्त्रण करके अपने उस अधिकार की सुरक्षा करे। दूसरे शब्दों में कहा जाये तो लोकतन्त्र का तात्पर्य एक ऐसी व्यवस्था से है जिसमें सरकार एक प्रतिनिधि सभा के ज़रिये आम सहमति से चलाई जाती है। हालाँकि आज की तुलना में लोकतन्त्र के बारे में लॉक का नज़रिया बेहद संकीर्ण था। क्योंकि वह इस विश्वास पर आधारित था कि मताधिकार सिर्फ़ उन्हें ही दिया जाना चाहिए जो सम्पत्ति के मालिक थे, क्योंकि सिर्फ़ उन्हें ही प्राकृतिक अधिकार प्राप्त थे, जिन्हें सरकार उनसे छीन सकती थी। सार्वभौमिक मताधिकार का रैडिकल विचार अठारहवीं शताब्दी के अन्त में बेंथम और मिल जैसे उपयोगितावादी सिद्धान्तकारों द्वारा विकसित किया गया।

अब हम अपना अध्ययन फ्रांस की क्रान्ति पर केन्द्रित करते हैं। आधुनिक लोकतान्त्रिक समझ और व्यवहार में किस प्रकार महिलाओं के अधिकारों के प्रति नज़रिया विकसित हुआ, उसकी जाँच इस अध्ययन में करने की कोशिश करेंगे।

फ्रांस की क्रान्ति और महिलाओं का सवाल

1688 में इंगलैंड की ग्लोरियस क्रान्ति ने सामन्तवाद का अन्त किया तथा समानता और आज़ादी के सन्देश को प्रचारित करने में मदद की। 1776 में सम्पन्न हुई अमेरिकी क्रान्ति अपने साथ स्वतन्त्रता और सबके लिए सुख का विचार लायी, वह अमेरिका में औपनिवेशिक शासन की समाप्ति की भी पहचान थी। फ्रांसीसी क्रान्ति पर इन दोनों का ही असर था, लेकिन सामन्तवाद के ख़ात्मे, पूँजीवाद के प्रोत्साहन और आधुनिक लोकतन्त्र के सिद्धान्तों को स्थापित करने के मामले में उसका व्यापक और गम्भीर प्रभाव पड़ा। 17 जून, 1789 को थर्ड एस्टेट के सदस्यों, अर्थात फ्रांस की 96 प्रतिशत आबादी का प्रतिनिधित्व करने वाले मध्यम और निम्न वर्गों ने राजशाही/सामन्ती प्रशासन को नकारकर अपने–आपको नेशनल असेम्बली घोषित कर दिया। नेशनल असेम्बली ने अगस्त 1789 में 'मानव और नागरिक अधिकारों की घोषणा' को अपना लिया जिसमें व्यक्ति के प्राकृतिक, अटूट और पवित्र अधिकारों में विश्वास करते हुए घोषणा की गयी कि ''मनुष्य समान अधिकारों की स्वतन्त्रताओं के साथ पैदा होता है और इनके साथ ही जीता है।'' मनुष्य की स्वतन्त्रता और

समानता तथा पुरानी निर्दयी हुकूमत को ललकारने के लिए इन प्राकृतिक अधिकारों ने ज़मीन मुहैया की। ये प्राकृतिक अधिकार स्वतन्त्रता और समानता के लिए संघर्ष और तानाशाही पर आधारित पुरानी व्यवस्था के विरोध का आधार बने। उस घोषणा में, क़ानून की नज़र में सभी व्यक्तियों की समानता, सार्वजनिक कार्यालयों के लिए सभी नागरिकों की समान योग्यता, दोष के बिना गिरफ़्तारी या सज़ा से आज़ादी, अभिव्यक्ति और प्रेस की स्वतन्त्रता की व्यवस्था थी। इस प्रकार लम्बे दौर से चली आ रही राजशाही प्रशासन और सामन्ती हुकूमत के ख़ात्मे के लिए ज़मीन तैयार करने के साथ–साथ फ्रांस की क्रान्ति ने 'नागरिकता में सहभागिता' की एक नयी राजनीतिक और सामाजिक व्यवस्था के सृजन की प्रक्रिया भी आरम्भ की। उत्तरदायित्वों की परस्परता, सामाजिक अस्तित्व के मूल उद्देश्यों के लिए क़ानून और नीतियाँ, विरोधी दावों के मूल्यांकन के तार्किक मापदण्ड और जनता के सुख/आनन्द को नागरिकों के सामूहिक जीवन की विशिष्टताओं के तौर पर प्रस्तुत किया गया।

फ्रांस की क्रान्ति के दरम्यान सुविधा सम्पन्न तबके के विरोध में नागरिकता का एक नया अर्थ भी सामने आया, जिसके तहत किसी भी राष्ट्र पर शासन करने में भूमिका निभाने वाले किसी भी व्यक्ति को नागरिक माना गया। साथ ही, प्रबोधन काल के मतानुसार नागरिकता के विचार सिर्फ़ पुरुष के लिए ही लागू होते थे। मेंडले गुडरीथ का तर्क है कि प्रबोधन काल के कुछ लेखकों का स्त्री के प्रति विरोध और ज़्यादातर क्रान्तिकारी प्रवक्ताओं द्वारा इस विरोध के निष्ठापूर्ण अनुसरण के कारण महिलाएँ पूर्ण नागरिकता से दरकिनार हो गयीं। उदाहरणस्वरूप, शिक्षा पर रूसो के लेख 'एमिली' में कहा गया है कि महिला और पुरुष एक–दूसरे के लिए बने हैं लेकिन उनकी परस्पर निर्भरता समान नहीं...हम लोग उनके बिना उनसे अच्छी तरह जी सकते हैं जबकि वे हमारे बिना नहीं...इसलिए महिलाओं की शिक्षा की सम्पूर्ण योजना पुरुषों को ध्यान में रखकर बनाई जानी चाहिए। पुरुषों को ख़ुश रखना/करना, उनके लिए उपयोगी बनना, उनका प्यार और सम्मान जीतना, उन्हें बच्चों जैसे बड़ा करना और बड़ों की तरह उनकी देखभाल करना, उनकी ग़लतियों को सुधारना और सान्त्वना देना, उनकी ज़िन्दगी को ख़ुशहाल और अच्छा बनाना–ये सब युगों से नारियों के कर्तव्य हैं, और इसके विषय में उन्हें बचपन से ही सिखाया–पढ़ाया जाना चाहिए। 1789 में जब क्रान्तिकारियों ने 'पुरुष और नागरिक अधिकारों की घोषणा' में सभी व्यक्तियों के लिए समानता की बात उठायी तब महिलाओं (जिन्हें पुरुषों के साथ निर्भरता के सम्बन्ध के रूप में देखा जाता था) को कोई राजनीतिक अधिकार नहीं मिले। इस प्रकार फ्रांस की क्रान्ति ने प्रत्यक्ष रूप से

जो सहभागी, समानता पर आधारित सार्वजनिक क्षेत्र का निर्माण किया था वह क्लासिकल रिपब्लिकन परम्परा की तरह ही–जिसकी बराबरी करने की कोशिश की गयी थी--महिलाओं के बहिष्कार पर टिका था।[1] इस नये नागरिक समाज में सभी पुरुष अनुबन्ध द्वारा अपना अधिकार प्राप्त कर सकते थे, जबकि महिलाएँ अधीनता में पैदा हुई थीं। अधिक–से–अधिक वह नागरिकों की साथी बन सकती थीं। उस समय के वर्चस्वशाली विचारों ने महिलाओं के नागरिक कार्य को घर की शान्ति भंग करने वाला कहकर नकार दिया। महिलाओं को मताधिकार और असेम्बली को क्रान्ति द्वारा पुरुषों के प्रति किये गये वायदों के प्रति चुनौती के रूप में देखा गया। कहा गया कि वे अपने ही घरों के मुखिया के पद पर बिठा दी जायेंगी, जिसे सरल/सन्तुष्ट और समर्थक महिलाओं ने उचित ठहराया।

यह एक महत्त्वपूर्ण बात है कि उच्चवर्गीय पढ़ी–लिखी महिलाओं द्वारा बनाये गये सेलॉन (Salons) वे केन्द्र बने जहाँ सबसे पहले क्रान्तिकारी विचारों पर चर्चा की गयी। कामकाजी औरतों ने रोटी के लिए हुए दंगों की अगुआई की जो क्रान्ति की पृष्ठभूमि बने। क़ैदखाने को उड़ाने और क़ैदियों को रिहा करवाने में बहुत सारी महिलाओं ने हिस्सेदारी की। इस बात पर आश्चर्य नहीं होना चाहिए कि जिन महिलाओं ने क्रान्ति के शुरुआती दौर में भाग लिया और पहले के वर्षों में उन्होंने राज्य से अपनी स्त्री–सुलभ चिन्ताओं, जैसे–शिक्षा, महिलाओं के लिए दहेज की सुरक्षा, परिवार की शुचिता का बचाव (जिसके लिए वेश्याओं को बैज पहनना ज़रूरी था), अवैध बच्चों के मुद्दे और उनको पिता का नाम बताने के अधिकार इत्यादि विषयों पर बार–बार दरख़्वास्तें की थीं। वे अब स्वयं को निष्क्रिय नागरिकों तक सीमित कर दिये जाने पर विस्मित थीं। पुरुषों के अधिकारों की घोषणा के बाद महिलाएँ संविधान के तहत अपनी ज़रूरत पर खरा उतरने वाले समाज के निर्माण में हिस्सेदारी के हक़ से वंचित हो गयीं। 1789 में महिला समूहों और धार्मिक समुदायों ने इस्टेट्स जनरल से ख़ुद को वंचित किये जाने पर अपनी निराशा व्यक्त की। जब घरेलू पुरुष नौकरों को 1791 में नागरिक अधिकार प्रदान किये गये, तब भी महिलाओं ने नागरिकता से वंचना का दर्द महसूस किया। ओलम्प द गूज ने 'महिलाओं के अधिकारों का वैकल्पिक घोषणापत्र'[2] जारी किया–

''महिलाएँ स्वतन्त्र रूप से जन्मी हैं और उनके अधिकार पुरुष अधिकारों के समान हैं...क़ानून सामान्य इच्छा की अभिव्यक्ति होना चाहिए, सभी नागरिकों, पुरुष हों या स्त्री, की इसे बनाने में हिस्सेदारी होनी चाहिए..., महिलाओं को फाँसी के तख़्ते पर जाने का अधिकार है, उसे संसद में भी जाने का अधिकार होना चाहिए।''

अपनी बात सुनाने के औरतों के प्रयासों जिनमें क्रान्ति के तर्कों और भाषा का ही इस्तेमाल किया गया था, पर जो चुप्पी साधी गयी, से यह स्पष्ट हुआ कि क्रान्ति का उद्देश्य केवल पुरुषों के गणतन्त्र की स्थापना था। इसलिए जॉन लैंड्स कहती हैं कि क्रान्ति महिलाओं के ख़िलाफ़ की गयी, न कि सिर्फ़ उनके बिना।

1793 में महिलाओं के राजनीतिक क्लबों को दबाया गया, महिलाओं की राजनीतिक हिस्सेदारी का विरोध किया गया और क़ानून में नेपोलियन की संहिता लागू की गयी, जिसके तहत महिलाओं को परिवार के पुरुषों के मातहत रखा गया। महिलाएँ पुरुषों की अधीनता से एक लम्बे संघर्ष के बाद मुक्त हुई थीं। उन्हें 1870 में जाकर विश्वविद्यालय में प्रवेश मिला था, डॉक्टरी करने की अनुमति 1875 में तथा 1900 में क़ानून का पेशा अपनाने की अनुमति मिली। विवाहित स्त्रियाँ 1907 तक अपनी आय ख़ुद इस्तेमाल नहीं कर सकती थीं, 1938 तक उन्हें क़ानूनी हैसियत प्राप्त नहीं थी और 1965 तक बिना पतियों की इजाज़त के वह बैंक में खाता नहीं खोल सकती थीं, न ही कोई चिट्ठी या सन्देश प्राप्त कर सकती थीं। 1870 में जब फ्रांस में पुरुषों को सार्वभौमिक मताधिकार मिला तब से ही फ्रांस की महिलाओं ने मताधिकार के लिए संघर्ष करना शुरू कर दिया। मैडम बारबरॉज ने कहा कि, जब संविधान द्वारा व्यवस्था दी गयी है कि सभी फ्रांसवासियों को मताधिकार प्राप्त है तब इसके मुताबिक़ महिलाएँ क़ानूनी रूप से वोट की हक़दार हैं। जबकि कोर्ट ने कहा कि सभी फ्रांसवासियों में महिलाएँ शामिल नहीं हैं। राजनीतिक भागीदारी और नागरिकता से महिलाओं के बहिष्कार को न्यायसंगत ठहराने के लिए औरतों की सामाजिक भूमिकाओं की असंगत व्याख्याओं का सहारा लिया गया, जो नारीत्व को 'स्त्री सुलभता' से जोड़कर देखती है, जिसे औरतों की जैविकीय संरचना और उससे प्राप्त होने वाले लक्षणों द्वारा परिभाषित किया गया है। गणराज्य में महिला सहभागिता के विरोधियों ने ऐलान किया कि सिर्फ़ पुरुषों में ही निष्ठा, धीरता और शासन करने के लिए आत्मत्याग की भावना होती है। और अपने परिवार की औरतें मर्दों की तरह बार, मंच और राजनीतिक सभाओं में आयें और अपने परिवार की देखभाल और बन्धनों को छोड़ें जोकि उनके लिंग आधारित गुणों का स्रोत हैं।

जहाँ प्रत्येक संसदीय सुधार एक्ट ने अधिक–से–अधिक पुरुषों के लिए मताधिकार का विस्तार किया, वहाँ महिलाओं को 1918 में भी सम्पत्ति के अधिकार के आधार पर सीमित मताधिकार प्रदान किया गया। 1928 में लगभग एक शताब्दी के संघर्ष के वयस्क मताधिकार के आधार पर भी महिलाओं

को पुरुषों के बराबर अधिकार नहीं मिले थे। मताधिकार के लिए महिलाओं के संघर्ष की जड़ें उन्नीसवीं शताब्दी के शुरुआत से देखी जा सकती हैं। उन्नीसवीं शताब्दी में चार्टिस्टों में एक समान मताधिकार के साथ आम राय बनाने के लिए सांसदों, रैडिकल समूहों से अपील, दरख़्वास्तगी से लेकर बीसवीं शताब्दी में मताधिकार के लिए जुझारू संघर्ष तक, ब्रिटिश महिलाओं ने मताधिकार के लिए लम्बा और कठिन संघर्ष किया। कैरोल पैटमैन रेखांकित करती हैं कि, ''माताओं के रूप में महिलाओं की भूमिका पर बल दिया जाना आधुनिक राज्य के पितृसत्तात्मक चरित्र को बरकरार रखने का शक्तिशाली हथियार बना। मातृत्व का महत्त्व महिलाओं के ख़िलाफ़ लिंग के आधार पर राजनीतिक भेदभाव बरतने का हथियार साबित हुआ। इस लिंग भेद की वजह से महिलाओं को इस तरह अधीन बनाया गया कि 'वे व्यक्ति जिनका नारी शरीर है' कभी भी 'पोलिस' की पूरी नागरिकता के हक़दार हो ही नहीं सकते।''

इंग्लैंड और संयुक्त राज्य में महिलाओं को मत के अधिकार के संघर्ष को इसी तरह के वैचारिक, सामाजिक और आर्थिक शक्तियों के प्रतिरोध का सामना करना पड़ा। जिसके कारण महिलाओं को नारीत्व के रूप में परिभाषित किया गया जिसके आधार पर उन्हें पुरुषों से अलग और राजनीतिक हिस्सेदारी में निर्णय प्रक्रिया के लिए अक्षम बनाया गया।

इंग्लैंड में मताधिकार आन्दोलन और नारीवादी सोच का उद्भव

1668 की ग्लोरियस क्रान्ति या रक्तविहीन क्रान्ति के परिणामस्वरूप इंग्लैंड से निरंकुश राजशाही की समाप्ति हुई और संसद की सर्वोच्चता स्थापित हुई। हालाँकि यह भी सच है कि उस समय संसद न तो लोकतान्त्रिक तरीक़े से चुना हुआ कोई निकाय था और न ही वह जनता के सभी हिस्सों का प्रतिनिधित्व करती थी। वोट का अधिकार आबादी के बहुत ही छोटे हिस्से तक सीमित था। पूरी अठारहवीं और उन्नीसवीं शताब्दी में संसद को एक लोकतान्त्रिक संस्था के रूप में विकसित होने देने की माँग उठी, विशेषकर कामगार, ग़रीब और पूँजीवादी तबके की ओर से यह माँग ज़ोरदार तरीक़े से उठाई गयी। 1832 तक संसद में प्रतिनिधित्व आबादी के आधार पर नहीं बल्कि चुनाव ज़िले, काउंटीज और बोरोस (जिनमें से अधिकतर में कुछ ही घर शामिल थे) के आधार पर होता था। 1832 के संसदीय सुधार अधिनियम के साथ ही मताधिकार का दायरा सम्पत्ति के स्वामित्व या पट्टेदारी के आधार पर पुरुष आबादी के अन्य हिस्सों तक बढ़ाया गया, कामगारों के मताधिकार आन्दोलन के लिए चार्टिस्ट आन्दोलन की शुरुआत की गयी थी। हालाँकि 1850 के दशक में यह आन्दोलन धीमा हुआ, लेकिन फिर भी इसने अपना प्रभाव छोड़ा

और 1867, 1882, 1918 और 1928 के अधिनियमों के माध्यमों से सभी वयस्क नागरिकों को मताधिकार दिया गया।[3] इस प्रकार संसद की सर्वोच्चता के सिद्धान्त की स्थापना के 200 सालों बाद संसद सही मायने में एक प्रतिनिधि इकाई बन पायी।

ब्रिटेन में मताधिकार के लिए हुए आन्दोलन तथा संघर्ष की प्रकृति और तेज़ी के आधार पर इसे तीन अलग–अलग चरणों में विभक्त किया जा सकता है– (क) 'रैडिकल एसोसिएशनलिज़्म' का सबसे पहला और छोटा चरण, जिसमें महिलाओं ने अपने आपको कामगारों के आन्दोलनों और चार्टिस्ट आन्दोलन से जोड़ा, (ख) संवैधानिक 'सफरेजिज़्म' का चरण, जो बीसवीं सदी के आरम्भ तक रहा, (ग) अन्तिम और सबसे सघन चरण, 'मिलिटेंट सफरेजेट' का चरण, जिसने एक तरफ़ तो अपने हिंसक स्वरूप के कारण जनता की संवेदनाओं को झकझोर दिया और दूसरी तरफ़ सरकार की ओर से तीव्र दमन को आमन्त्रित किया। मताधिकार आन्दोलन के तीनों चरण की गतिविधियों का केन्द्र–बिन्दु था संसद सदस्यों पर दबाव डालना ताकि वे महिलाओं के मताधिकारों सम्बन्धी सुधार लायें। अपने संघर्ष के शुरुआती दिनों में महिलाओं ने खुद को रैडिकल चार्टिस्ट आन्दोलन के सार्वभौमिक वोट के अधिकार की माँग के साथ जोड़ा। हालाँकि वह रैडिकल जुड़ाव बहुत कम समय का ही रहा। 1938 में चार्टिस्ट घोषणापत्र के ड्राफ्ट में सार्वभौमिक मताधिकार को भी शामिल किया गया। लेकिन बाद में इस डर से कि महिलाओं को वोट का अधिकार देने से मज़दूर वर्ग के पुरुषों को मताधिकार दिलाने की सम्भावना कम हो सकती है, मौलिक माँग–पत्र का टोन थोड़ा धीमा कर दिया गया और माँग को बदलकर सार्वभौमिक पुरुष मताधिकार कर दिया गया। वोट के अधिकार के लिए महिला संगठनों ने अब अपने प्रयासों को प्रेस में अपील के ज़रिये आम राय बनाने, बैठकें करने और संसद सदस्यों से निवेदन करने पर केन्द्रित किया। ज़्यादातर मामलों में अपील की प्रकृति ऐसी थी कि पुरुषों के साथ किसी भी तरह का कोई भी टकराव न हो, और उन्हें अपने संघर्ष में सहयोगी के बतौर शामिल किया जाये। साथ ही, औरतों के घर के काम से सम्बन्धित धारणाओं, जो उन्हें राजनीतिक हिस्सेदारी से रोकती थी, को अस्वीकार किया गया। 1838 के न्यूकैसल के महिला राजनीतिक संघ की तरफ़ से अपने देशवासियों से सम्बोधन में कहा गया–

''हम आपसे आग्रह करते हैं कि हमारे साथ जुड़ें और हमारे पिताओं तथा पतियों की सहायता करें ताकि वे ख़ुद को और हमें भी राजनीतिक, शारीरिक और मानसिक गुलामी से आज़ाद कर सकें...हमसे कहा गया है कि महिलाओं

का क्षेत्र उनका घर ही है और राजनीति का क्षेत्र पुरुषों के लिए छोड़ दिया जाना चाहिए, हम इसे नकारते हैं...''

महिलाओं के मताधिकार पर संसद में होने वाली बहसों और मताधिकार प्रचारकों की विभिन्न अपीलों से यह पता चलता है कि बातचीत तीन मुख्य 'समर्थन ध्रुवों' पर केन्द्रित थी, यानी कि महिलाओं की अलग प्रकृति, हित और कार्यक्षेत्र। महिला मताधिकार विरोधियों द्वारा उनके उन स्वाभाविक लक्षणों के विषय में बातचीत की गयी जो उन्हें पुरुषों से अलग 'प्रजाति' बनने के लिए अयोग्य बनाते हैं। महिलाओं की प्रकृति स्वाभाविक रूप से अलग है। पुरुषों से अलग उनके ख़ास 'महिला हित' हैं और वे अलग क्षेत्र से सम्बन्ध रखती हैं जो पारिवारिक और निजी हैं तथा पुरुषों के कार्यक्षेत्र–सार्वजनिक और राजनीतिक–अलग हैं, ऐसी बातें महिला मताधिकार की बहसों में ख़ूब गूँजीं। इस प्रकार 1892 में ग्लैडस्टोन ने अपनी उस प्रतिबद्धता को ज़ोरदार तरीक़े से प्रकट किया कि लिंग विभेद ईश्वर द्वारा प्रतिपादित है और इसलिए यह मौलिक है, इसे बदला नहीं जा सकता। ग्लैडस्टोन के अनुसार, महिलाओं को मताधिकार देना निरर्थक और विध्वंसक साबित होगा, क्योंकि महिलाएँ प्रायः अपने अर्ध–सामाजिक और हितैषी स्वभाव के कारण व्यापक सार्वजनिक हित के बजाय अपनी संकीर्ण रुचियों पर ध्यान केन्द्रित करेंगी। महिलाएँ जो स्वाभाविक रूप से सामाजिक और घरेलू दायरे से जुड़ी हैं, अगर राजनीतिक शक्ति के साथ जुड़ती हैं तो उससे एक असन्तुलित संकीर्णता प्रतिफलित होगी। 1840 में 'महिलाओं के अधिकार और कर्तव्य' नामक एक गुमनाम पर्चा प्रकाशित हुआ, जिसमें महिलाओं को वोट देने से रोकने की माँग उसी तरह की गयी थी जिसके तर्क महिलाओं के 'हितों' पर आधारित थे। उस पर्चे में कहा गया था कि, ''पुरुषों से अलग महिलाओं का कोई राजनीतिक हित नहीं है... नागरिकों के तौर पर तो उन्हें पहले से ही पर्याप्त प्रतिनिधित्व मिल रहा है। उन्हें मताधिकार देने से बग़ैर कोई नये हितों को शामिल किये मतदाताओं की संख्या सीधे दूनी हो जायेगी, और समाज की प्रगति की बात तो दूर, कुछ चीज़ें ऐसी होंगी जिससे समाज को नुक़सान पहुँचेगा, जो इसे भ्रष्ट भी बना देगा।'' सत्रह साल बाद भी जिस तरह ये भावनाएँ संसद में गूँजीं, सचमुच वह रोचक है–

''आज की रात असंख्य अदृश्य महिलाएँ 'डिविजन लॉबी' के प्रवेश–द्वार पर चौकीदारी करेंगी, और हमारे माध्यम से मतदान कर रही होंगी। साथ ही अब यह प्रस्ताव रखा गया है कि उनके पास उनका वोट होगा, इस प्रकार उनके पास दो वोट हैं और हमारे पास एक भी नहीं।''

हालाँकि अगर महिलाओं के विशेष हित हैं जो कि शिकायतों के रूप में वोट के अधिकार द्वारा पूरे किये जायेंगे तो इसका नतीजा यह होगा कि इस प्रकार के हित, जो पूरी तरह से स्त्रियोचित होंगे, उनका पूरे पुरुष सेक्स के हितों से टकराव होगा जो अन्य किसी पार्टी या वर्ग के हितों के टकराव से भिन्न होगा। इससे अन्ततः दो में से एक ही चीज़ होगी—या तो एक सेक्स दूसरे सेक्स के प्रति सामान्य शत्रुता का रुख़ अख़्तियार करेगा या फिर वे आपस में बँट जायेंगे। महिलाओं के मताधिकार की तरफ़दारी करने वालों ने उनकी प्रकृति के आधार पर बाँटने वाले आरोप को निम्नलिखित तर्कों के साथ कई तरह से ख़ारिज किया—

(अ) स्त्रियों की प्रकृति की विशिष्टता के तर्क को चुनौती—1843 में श्रीमती हुगो रीड ने दावा किया, "हम यह नहीं कहना चाहते हैं कि महिला और पुरुष प्राकृतिक रूप से समान हैं या दिमाग़ी तौर पर बराबर हैं—लेकिन अपने बृहत्तर लक्षणों के हिसाब से वे समान हैं और जिस वजह से उनमें अन्तर है वह बहुत छोटा है क्योंकि उनमें जो समानता है वह उनके एक—दूसरे के अन्तर से बहुत अधिक है।"

(ब) अन्तर को स्वीकारते हुए इसे तार्किक रूप से अप्रासंगिक बनाकर—समाज सुधारक फ्रांसेस पॉवर कोब ने 1868 के अपने लेख में अपराधियों, बेवकूफ़ों, महिलाओं, नाबालिग़ों जैसे वर्गीकरण पर सवाल उठाते हुए यह चिह्नित किया कि, ऐतिहासिक रूप से समानता नागरिक स्वतन्त्रता प्रदान करने का आधार नहीं रही है? उन्होंने यह माना कि, "मैं शारीरिक, बौद्धिक और नैतिक रूप से तुमसे निम्न हूँ लेकिन जब तुम यह मानते हो कि मेरे पास सही और ग़लत का फ़र्क़ करने की समझ है (यह बात मैं समझती हूँ कि तुम मानोगे नहीं तो हत्या करने पर मुझे फाँसी क्यों), मैं बहुत सन्तुष्ट हूँ और केवल नैतिक और बौद्धिक होने के नाते मैं अपने नागरिक अधिकारों का दावा करती हूँ।"

(स) अन्तर को दरकिनार करके ताकि उसमें से सकारात्मक मूल्य बनाया जा सके—1877 में अरावेला शोरे ने महिलाओं के स्वभाव की विशिष्टताओं पर इन शब्दों में अपनी राय प्रकट की—

"माना कि वह (स्त्री) पुरुषों की तुलना में ज़्यादा भावुक और आवेगी होती है, लेकिन इससे क्या होता है? क्या एक या दूसरी जाति के कम या ज़्यादा समान गुणों के कारण राष्ट्र की आधी आबादी प्रतिनिधित्व के लायक हो जाती है और आधी नालायक? क्या एक आयरिश सिर्फ़ इसलिए वोट के अयोग्य ठहराया जा सकता है कि वह एक अंग्रेज़ के मुक़ाबले ज़्यादा आवेगी होता है? क्या उसकी भिन्नता उसकी ख़ूबियों की तुलना में अधिक बेहतर नहीं?"

1890 के दशक के जुझारू दौर के आख़िरी हिस्से में मिलिसेंट फॉसेट, जिन्होंने 'नेशनल यूनियन फॉर वीमेन सफरेज' का नेतृत्व किया था और आन्दोलन की महत्त्वपूर्ण शख़्सियत थीं। 1880 के अन्त तक लिबरल पार्टी के वर्चस्व वाले संसद से मताधिकार के संवैधानिक समर्थकों का विश्वास कमज़ोर होने लगा था। स्थानीय 'वीमेंस लिबरल एसोसिएशंस' जो कि 1886 में 'वीमेंस लिबरेशन फ़ेडरेशन' के तौर पर कैथेरीन ग्लैडस्टोन के नेतृत्व में संगठित हुआ और 1888 में महिलाओं के मताधिकार के सवाल पर उसके दो धड़े हो गये–वीमेंस लिबरेशन फ्रंट और वीमेंस लिबरेशन यूनियनिस्ट एसोसिएशन। 1892 में पुनः वीमेंस लिबरेशन फ्रंट का विघटन हुआ। समाज सुधार के काम को आगे बढ़ाने के लिए वीमेंस नेशनल लिबरेशन एसोसिएशन की स्थापना की गयी जिसके साथ बीररिस बैब जैसी महिलाएँ जुड़ीं। वीमेंस लिबरेशन फ्रंट ने अपने–आपको मताधिकार के सवाल पर ही केन्द्रित रखा। 1897 में मिलिसेंट फॉसेट की अध्यक्षता में वीमेंस लिबरेशन फ्रंट की अलग–अलग शाखाओं को मिलाकर एकजुट समूह 'नेशनल यूनियन ऑफ़ वीमेन सफरेज सोसायटीज़' का गठन किया गया। मताधिकार समर्थकों ने उदारवादियों और संसदीय विपक्ष के प्रति अपनी निराशा व्यक्त की। 1898 में वेस्ट मिनिस्टर रिव्यू में एलिज़ाबेथ वोस्टेनहोम एल्मी द्वारा एक पत्र लिखकर कहा गया, "अगर हमें मताधिकार के लिए तब तक इन्तज़ार करना पड़ेगा जब तक कि लिबरल पार्टी इतनी प्रशिक्षित हो जाये कि वह यह अधिकार देने के लिए तैयार हो जाये तो हमें डर है कि यह हमारी या अपनी ज़िन्दगी रहते नहीं आयेगा...मेरी समझ से किसी भी महिला की यह भूल होगी कि वह पहले पार्टी की महिला और बाद में मताधिकार समर्थक बने।" वीमेंस लिबरेशन फ्रंट के एक समूह 'यूनियन ऑफ़ प्रैक्टिकल सफरेजिस्ट्स' के नेतृत्व में 'फॉरवर्ड' आन्दोलन के माध्यम से आन्दोलन में तेज़ी लाने का निश्चय किया गया। 1906 तक आक्रामक तरीक़े अख़्तियार करने की वजह से आन्दोलन एक नयी ऊँचाई पर पहुँचा। मताधिकार के आक्रामक समर्थकों ने संवैधानिक तौर–तरीक़े को छोड़कर, सम्पत्ति को नष्ट करने वाले और घेराव करने वाले तत्त्वों का सहयोग किया। बड़ी संख्या में मताधिकार समर्थकों को गिरफ़्तार करके जेल में भेजा गया। मताधिकार आन्दोलन ने जेल जाने को, अपने विरोध को ज़ाहिर करने की रणनीति के तहत अपनाया। उन्होंने 'कोर्ट अरेस्ट' के सामान्य क़ानून को तोड़कर गिरफ़्तारी दी और जेल में अपने साथ राजनीतिक दर्जे के अनुरूप प्रथम श्रेणी के व्यवहार की माँग को लेकर अभियान शुरू कर दिया। जबकि 1898 के जेल अधिनियम के मुताबिक़ उनमें से बहुत–सी महिलाएँ अपनी प्रभावी और

सम्मानित पृष्ठभूमि की वजह से प्रथम श्रेणी सुविधा के योग्य भी थीं, लेकिन कोर्ट, क़ैदियों के पूरे–के–पूरे वर्ग को उस श्रेणी में रखने के ख़िलाफ़ अड़ा हुआ था। परिणामस्वरूप बहुत–से महिला मताधिकारवादियों को द्वितीय और 'सामान्य अपराधियों' के लिए बनी तृतीय श्रेणी में रखा गया, जिसका अर्थ होता था पूरी तरह से अलग करके रखना और कपड़े उतरवाकर तलाशी लेना। प्रतिरोध के जिस तरीक़े ने जनता का ध्यान अपनी ओर खींचा और प्रशासन को दुखी किया वह था आन्दोलनकारियों का भूख हड़ताल पर जाना। हड़तालियों को जबरन खिलाने की सरकारी कोशिश के कारण जनता में भारी रोष पनपा।

प्रथम विश्वयुद्ध के परिप्रेक्ष्य में महिलाओं को 1918 में सीमित मताधिकार प्रदान किया गया, जब 30 साल और उससे अधिक उम्र की महिलाओं को वोट का अधिकार प्राप्त हुआ। 1919 में महिलाओं को चुनाव के लिए खड़े होने का अधिकार मिला। 1928 में उन्हें पुरुषों के समान शर्तों पर मताधिकार दिया गया।

संयुक्त राज्य अमेरिका में मताधिकार आन्दोलन

4 जुलाई 1776 के 'स्वतन्त्रता की अमेरिकी घोषणा' ने मानवीय समानता के क्रान्तिकारी विचारों का समर्थन किया। 1789 में अमेरिका के संविधान में दस संशोधनों द्वारा जोड़े गये 'बिल ऑफ़ राइट्स' के कारण अमेरिकी जनता को बहुत सारे अधिकार मिले, जिनमें अभिव्यक्ति की स्वतन्त्रता, प्रेस की आज़ादी, धर्म की आज़ादी और न्याय के अधिकार शामिल हैं। हालाँकि 'घोषणा' द्वारा किये गये समानता के वायदे सब पर लागू नहीं थे। घोषणा पर हस्ताक्षर के 90 साल बाद तक दास प्रथा जैसी संस्था जारी रही और अमेरिका स्थित भारतीय, अफ़्रीकी–अमेरिकी महिलाओं को राजनीतिक नागरिकता से बाहर ही रखा गया था।

राजनीतिक अधिकारों के लिए महिलाओं के संघर्ष की शुरुआत 1930 में दास प्रथा की समाप्ति के लिए आन्दोलन में हिस्सेदारी के साथ हुई। दास प्रथा की समाप्ति के लिए काम करते वक़्त महिलाओं ने यह महसूस किया कि उन्हें पुरुष 'एबॉलिशनिस्ट' के बराबर नहीं माना जाता है, उन्हें कुछ संगठनों की सदस्यता नहीं दी जाती थी और सार्वजनिक रूप से बोलने के अधिकार भी नकार दिये गये थे। हालाँकि इस संघर्ष ने उनके मानवाधिकारों के लिए आन्दोलन के प्रभाव को भी प्रदर्शित कर दिया। ग्रीमके बहनों (साराह और एंजेलिना), ल्युक्रेटिया मोट और एलिज़ाबेथ कैडी स्टैंटन जैसी महिला एबॉलिशनिस्ट्स ने दास प्रथा और महिला अधिकारों को एक–दूसरे से जोड़ा।[4] उन्होंने 19–20 जुलाई, 1848 को सेनेका में

'वीमेंस राइट्स कनवेंशन' का आयोजन किया। इसे 'सेनेका फाल्स कनवेंशन' के नाम से जाना जाता है। यहाँ छोटे से चैपल (गिरजाघर) में लगभग तीन सौ पुरुष और महिलाएँ एकत्रित हुए और 'डिक्लेरेशन ऑफ़ सेंटीमेंट्स एंड ट्वेल्व रिज़ोल्यूशंस' को स्वीकृत किया। डिक्लेरेशन ऑफ़ सेंटीमेंट्स को डिक्लेरेशन ऑफ़ इंडिपेंडेंस में बदला गया। इसने महिलाओं और पुरुषों की समानता की बात की और कहा कि उनका सृजन समान रूप से हुआ है और सृजनकर्ता ने उन्हें समान अधिकार दिया है। डिक्लेरेशन ने यह भी रेखांकित किया है कि, ''इतिहास में हमेशा ही महिलाओं को इस समानता से नकारा गया है। मानव समुदाय का इतिहास पुरुषों द्वारा महिलाओं पर बलप्रयोग और कष्ट देने का इतिहास रहा है। जिसमें मुख्य उद्देश्य औरत पर पुरुषों का प्रभुत्व स्थापित करना रहा है।'' मताधिकार को इस अन्याय की समाप्ति और अन्य अधिकारों की प्राप्ति के योग्य स्थितियाँ पैदा करने में सहयोगी के तौर पर देखा गया। इसलिए बारह प्रस्तावों में से एक ने इसे 'महिलाओं का कर्तव्य बनाया...कि महिलाएँ अपने मताधिकार को हासिल करें।'

1861 में गृहयुद्ध की शुरुआत के साथ ही महिलाओं के अधिकारों की वकालत करने वालों से कहा गया कि वे अपने लक्ष्य को त्याग दें। हालाँकि सुसान बी. एंथॉनी और एलिज़ाबेथ कैडी स्टैंटन स्वतन्त्रता के किसी भी संघर्ष में महिलाओं की स्वतन्त्रता को ज़रूर शामिल करने के तर्क को दुहराते रहे, युद्ध के दौरान महिलाओं के आन्दोलन की गतिविधियाँ रुक गयी थीं। युद्ध और दास प्रथा को समाप्त करने वाले तेरहवें संशोधन के लागू होने के बाद एबॉलिशनिस्ट चौदहवें संशोधन की माँग पर ज़ोर देने लगे ताकि नागरिकों को और भी अधिकार और सुविधाएँ हासिल कराई जा सकें। हालाँकि प्रस्तावित संशोधन के दूसरे भाग में 'पुरुष' शब्द का पहली बार इस्तेमाल, संविधान में लिंग विभेद के लिए किया गया है। महिला कार्यकर्ता यह देखकर बेहद निराश हुईं कि न तो रिपब्लिकन प्रशासन और न ही उनके पुराने एबॉलिशनिस्ट सहयोगी, दासों के अधिकार को महिलाओं के अधिकारों के साथ जोड़ना चाहते थे। जब महिलाओं ने 'सेक्स' शब्द को प्रस्तावित पन्द्रहवें संशोधन (जो नस्ल के आधार पर मताधिकार की मनाही का निषेध करता था) में जोड़ने का प्रयास किया तब भी उन्हें वैसा ही जवाब मिला।

इस निषेध ने महिला आन्दोलन को प्रेरित किया कि वह मताधिकार को ही अपने संघर्ष की मुख्य धुरी बनायें। हालाँकि 1869 में वैचारिक और रणनीति के सवालों पर आन्दोलन में फूट पड़ गयी। मई 1869 में सुसान बी. एंथॉनी और एलिज़ाबेथ कैडी स्टैंटन ने 'नेशनल वीमेन सफरेज एसोसिएशन' को

संगठित किया और महिलाओं के अधिकारों जैसे व्यापक सवाल को उठाया। साथ ही, वोट के अधिकार को उन अधिकारों को हासिल करने के हथियार के रूप में देखा। लुसी स्टोन और अन्य महिलाओं के द्वारा अमेरिकन वीमेन सफरेज एसोसिएशन का गठन किया गया जिसमें महिलाओं ने अपने सवाल को मताधिकार के सवाल पर केन्द्रित किया तथा चर्च, विवाह जैसे अधिक विवादास्पद मुद्दों से अपने को अलग रखा। दोनों ही संगठनों ने अगले बीस सालों तक बतौर रणनीति भाषण यात्राओं, लॉबिंग गतिविधियों, आवेदन–अभियान इत्यादि का इस्तेमाल किया। स्टैंटन और एंथॉनी की नेशनल वीमेन सफरेज एसोसिएशन ने कोर्ट द्वारा महिलाओं को मताधिकार दिलाने की कोशिश भी की। 'कोर्ट के द्वारा वोट' के प्रयत्न को उस समय धक्का लगा, जब 1875 के एक फ़ैसले में कोर्ट ने कहा कि मताधिकार चौदहवें संशोधन द्वारा प्रदान की गयी सुविधा नहीं है। हालाँकि महिलाएँ नागरिक थीं, संविधान मताधिकार को सिर्फ़ पुरुषों तक सीमित रख सकता था। 1890 में अमेरिकन और नेशनल ने नेशनल अमेरिकन वीमेन सफरेज एसोसिएशन बनाने के लिए अपना विलय कर लिया और महिला आन्दोलन ने अपने–आपको मताधिकार के एकमात्र मुद्दे पर फिर से केन्द्रित किया। महिला सफरेजिस्ट्स की नयी पीढ़ी ने पुराने नेतृत्व का स्थान लेना शुरू कर दिया। अब तक मताधिकार आन्दोलन पश्चिम के कुछ राज्यों में महिलाओं को मिले मताधिकार का ही दावा कर सकता था। 1913 में एक युवा आक्रामक मताधिकारवादी एलिस पॉल ने 'कांग्रेसनल यूनियन' नामक एक रैडिकल समूह की स्थापना की जिसको वीमेंस पार्टी के रूप में पुनर्संगठित किया गया। ब्रिटिश मताधिकारवादियों से प्रभावित होकर यूनियन ने जुलूसों, विशाल प्रदर्शनों, भूख हड़तालों जैसे तरीक़ों का इस्तेमाल किया। ब्रिटिश मताधिकारवादियों की तरह कई बार गिरफ़्तारी दी और जेल गये। हालाँकि बहुत सारी महिला कार्यकर्ताओं ने आक्रामक तरीक़े को नकार दिया। लेकिन फिर भी इन कार्यकर्ताओं ने माना कि एलिस पॉल और उसके सहयोगियों के प्रयासों से मन्द हो रहे आन्दोलन में फिर जान आयी।

ब्रिटेन की तरह ही अमेरिकी मताधिकारवादियों को भी सामाजिक–आर्थिक शक्तियों, राजनीतिक गठजोड़ों और वैचारिक संगठनों का सामना करना पड़ा, जो महिलाओं को स्त्रीत्व के दायरे में ही रखते थे। कांग्रेस हाउस और सेलेक्ट कमिटी ने महिला मताधिकार पर होने वाली बहसों में संविधान संशोधन का विरोध इसलिए किया कि यह समाज में दरार पैदा करेगा। अश्वेत महिलाओं को विशेष तौर से मिलने वाले मताधिकार से सामाजिक अराजकता, महिलाओं की राजनीतिक हिस्सेदारी से स्त्रीत्व के खोने और उसके बाद घर टूटने के

ख़तरों को मुख्य डर के रूप में चिह्नित किया गया। मिसरी के सीनेटर वेस्ट ने अपना रोष इन शब्दों में व्यक्त किया–

"...जब मैं घर जाता हूँ तो मैं चाहता हूँ कि जब मैं उस क्षेत्र से निकल आता हूँ जहाँ तुच्छ दुनिया के पुरस्कार पाने के लिए आदमी आदमी से लड़ता है–तब मैं वापस लौटना चाहता हूँ, किसी महिला राजनीतिज्ञ को बाँहों में भरने के लिए नहीं बल्कि एक प्यार भरे उत्सुक चेहरे और एक सच्ची महिला के स्पर्श के लिए। मैं पत्नी और माँ के अधिकार क्षेत्र में वापस जाना चाहता हूँ न कि वित्तीय चुंगी या संविधान की बनावट पर भाषण सुनने के लिए। मैं घरेलू ज़िन्दगी और घरेलू प्यार के उन पवित्र उपहारों को पाना चाहता हूँ।"

महिलाओं के मातृत्व, घरेलू कर्तव्यों से जुड़ी वैचारिक संरचनाओं के अलावा सशक्त सामाजिक–आर्थिक और राजनीतिक शक्तियों ने महिलाओं के मताधिकार का विरोध किया। महिला मताधिकारवादियों द्वारा घोषित 'छुपे शत्रु' यानी कि शराब निर्माण से जुड़े हित महिलाओं के मताधिकार के लिए भयंकर चुनौती साबित हुए। शराब निर्माताओं का विरोध शराब विरोधी और शराबबन्दी आन्दोलनों में महिलाओं की सक्रिय हिस्सेदारी की वजह से हुआ।[5] रिपब्लिकंस और डेमोक्रेट्स के बीच अनोखे सामाजिक/वैचारिक गठजोड़ (कैट के शब्दों में–अपवित्र गठजोड़) भी महिलाओं की राजनीतिक समानता को बाधित करने के लिए एकजुट हो गये। सीनेट की गैलरी के दृश्य ने रिपब्लिकंस और डेमोक्रेट्स का बड़े प्यार के साथ एक–दूसरे के गले में बाँह, सीनेट को वोट देने से रोकने की भारी विजय हासिल करने की ख़ुशी का इज़हार के संकेत के बतौर डेमोक्रेट्स द्वारा रिपब्लिकंस की पीठ थपथपाने जैसे 'विस्मयकारी दृश्यों' की रिपोर्टिंग की। ये सीनेटर्स...'जो ज़्यादातर मामलों में विभाजित थे, फेडरल एमेंडमेंट द्वारा महिलाओं को मताधिकार मिलने से राष्ट्र में उत्पन्न भयंकर उपद्रव से राष्ट्र की रक्षा के लिए' जुड़वाँ भाइयों की तरह एकजुट हो गये थे।

ब्रिटिश मताधिकारवादियों की तरह ही अमेरिकी मताधिकारवादियों ने विरोधियों के महिलाओं के स्त्रीत्व वाले तर्क को निरस्त करने का प्रयास किया। नेशनल एसोसिएशन की सुश्री स्केंडरमैन ने न्यूयॉर्क सीनेटर की उस आशंका का जवाब दिया जिसमें उन्होंने महिलाओं को वोट के अधिकार मिल जाने से उनके स्त्रीत्व की समाप्ति हो जायेगी–

"हम लोग अर्धनग्न अवस्था में ढलाई करने वाले कारख़ानों में काम करते हैं, आपकी इच्छा है आप चाहें तो इसकी वजह गर्मी बता सकते हैं। फिर भी सीनेटर इन महिलाओं की मोहकता के विषय में कुछ नहीं कहता है। उन्हें तो अपनी मोहकता और शिष्टाचार को बरकरार रखना और कारख़ाने में काम करना है।

निश्चित रूप से आप जानते हैं कि उन्हें कारख़ाने में इसलिए काम दिया गया है क्योंकि वे तुलनात्मक रूप से सस्ती मज़दूर हैं और मर्दों के मुक़ाबले ज़्यादा घण्टे काम भी करती हैं। मिसाल के तौर पर, बेतहाशा गर्मी में हाथ में भयावह भाप और ताप लिए 13 से 14 घण्टे लॉन्ड्रीज़ में खड़ी रहती हैं। साल में एक बार मतदाता पेटी में एक वोट डालकर ये महिलाएँ निश्चित तौर पर अब अपनी सुन्दरता और माधुर्य नहीं खो सकती हैं, जो कि वह फाउंडरीज़ और लॉन्ड्रीज़ में सालों काम करके खोती हैं।'' महिला मताधिकार संशोधन (उन्नीसवाँ संशोधन, एंथॉनी एमेंडमेंट के बतौर भी जाना जाता था) जिस पर 1878 से कांग्रेस के प्रत्येक सत्र में बहस होती थी, अन्ततः उसे 26 अगस्त 1920 को पारित किया गया और महिलाओं को उनका मताधिकार मिला। कैरी चैपमैन के मुताबिक़ मत का अधिकार पाने के लिए महिला आन्दोलन को–

''...52 साल के अविराम अभियान...पुरुष वोटर्स के जनमत संग्रह के लिए 56 अभियान, मताधिकार संशोधन पर वोटिंग कराने के लिए तथा विधानसभाओं पर दबाव डालने के लिए 480 अभियान, महिला मताधिकार को राज्य के संविधान में लिखने के लिए राज्य को संवैधानिक कनवेंशनों को राजी करने के लिए 47 अभियान, राज्य पार्टी की कनवेंशनों में महिला अधिकारों के सवाल को शामिल करवाने के लिए 277 अभियान, अध्यक्षीय पार्टी कनवेंशनों को पार्टी के मंचों पर महिला मताधिकार से जुड़े सवाल स्वीकारने हेतु राजी करने के लिए 30 अभियान और 19 लगातार कांग्रेसों में 19 अभियान करने पड़े।''

निष्कर्ष

वोट के अधिकार के लिए संघर्ष ने महिलाओं के परिवार के अन्दर उचित स्थान को सीधी चुनौती तो नहीं दी परन्तु फिर भी राजनीतिक समानता के अधिकार की रैडिकल माँग उभरकर सामने आयी। यह महिलाओं के नागरिकता पर केन्द्रित, राजनीतिक शक्ति और राजनीतिक हिस्सेदारी के अधिकार की माँग थी। इस प्रकार मताधिकार के लिए आन्दोलन द्वारा नारीवादी मुद्दे सार्वजनिक बहस का हिस्सा बनने लगे।

टिप्पणियाँ

1. उन्नीसवीं शताब्दी के अन्त में थर्ड रिपब्लिक (1870–1939) के गठन के साथ फ्रांस में रिपब्लिकन सिद्धान्त पूरी तरह से स्थापित हो चुके थे। सरकार के ढाँचे पर विवाद, 'फर्स्ट प्रिंसिपल्स' पर तीव्र बहसों (जो उन शुरुआती वर्षों में हुए थे) ने महिलाओं को पूरी तरह दरकिनार रखा। अपने सभी पुरुष नागरिकों को 1848 में सार्वभौमिक मताधिकार देने वाला प्रथम राष्ट्र फ्रांस महिला नागरिकों को वोट देने वाले अन्तिम देशों में से एक था।

2. इस किताब की दूसरी इकाई का पहला अध्याय देखें।
3. उन्नीसवीं शताब्दी की शुरुआत में औद्योगिक क्रान्ति से एक बड़े सम्पन्नशाली मध्यम वर्गीय तबके का उदय हुआ जो राजनीतिक निर्णय प्रक्रिया में बड़ी हिस्सेदारी चाहता था। काफ़ी हड़ताल और संघर्ष, जिसमें बड़े शहरों में दंगे भी भड़के, के बाद 1832 में सुधार अधिनियम पारित किया गया, जिसने मताधिकार के नये मॉडल का आधार रखा। यह अधिनियम मध्यम वर्ग की अच्छी–ख़ासी संख्या को वोटर के तौर पर आगे लाया। 1867 के जनप्रतिनिधित्व अधिनियम ने कामगार पुरुषों को भी मताधिकार के दायरे में शामिल किया, शर्त केवल यह थी कि वह पुरुष घर/परिवार वाला हो। अर्थात उसका अपना निवास हो या फिर वह किराये पर रहता हो। जनप्रतिनिधित्व अधिनियम 1884 ने देश में मताधिकार सम्बन्धी परिवर्तन किया। इसने मताधिकार में ऐसे लोगों को भी शामिल किया जिनके पास सम्पत्ति थी और कामगार तबके के कुछ सदस्यों जिसमें नौकर (माली), यदि वे परिवार के पुरुष थे अर्थात अपने मालिकों से उनके अलग घर थे (दास या भण्डारियों से अलग), को भी इसमें शामिल किया गया। 1918 के जनप्रतिनिधित्व अधिनियम ने 30 वर्ष से अधिक की उन महिलाओं को मताधिकार के दायरे में शामिल किया बशर्ते वह या उनके पति स्थानीय सरकार के लिए चुनावों में वोट देने के योग्य हों। 1928 के जनप्रतिनिधित्व अधिनियम ने 21 वर्ष या इससे अधिक उम्र के सभी पुरुषों और महिलाओं को मताधिकार दिया–बस उन्हें केवल कुछ न्यूनतम योग्यता पूरी करनी होती थी। जनप्रतिनिधित्व अधिनियम 1948 ने असमान मताधिकार को समाप्त किया जैसे–व्यावसायिक प्रस्तावनाओं और यूनिवर्सिटी ग्रेजुएट्स इत्यादि। जबकि 1969 के जनप्रतिनिधित्व अधिनियम ने वोटिंग की उम्र को घटाकर 18 वर्ष कर दिया।
4. 1840 में लन्दन में एक दास प्रथा विरोधी विश्व कनवेन्शन हुआ था। अमेरिकी प्रतिनिधिमण्डल में एक महिला समूह था जिसमें ल्युक्रेटिया मोट तथा एलिज़ाबेथ कैडी स्टैंटन भी शामिल थीं, हालाँकि उन महिलाओं को गैलरी से बहिष्कृत किया गया तथा कार्रवाइयों में भाग लेने से भी रोका गया।
5. इस दौरान एक मज़बूत नशाबन्दी आन्दोलन भी उभरा जिसमें बड़ी संख्या में महिलाओं ने हिस्सा लिया। जिसमें कुछ सफरेजिस्ट्स ने भी सक्रिय रूप से हिस्सेदारी की। महिलाएँ क्यों इस अभियान में शामिल हुईं, जो शराब के उपयोग और बिक्री के नियम को रोकती थीं, इसका मुख्य कारण था कि विवाहित महिलाओं की क़ानूनी स्थिति उन्हें पियक्कड़ पतियों द्वारा शारीरिक रूप से परेशान करने के ख़िलाफ़ कोई सुरक्षा प्रदान नहीं करती थी। चूँकि महिलाओं को पुरुष समूहों में भाग लेने की अनुमति नहीं थी, इसलिए महिलाओं ने अपना अलग नशाबन्दी संगठन गठित किया। चूँकि आन्दोलन को महिलाओं के हित के तौर पर माना गया, इसलिए आन्दोलन के विकास के साथ–साथ महिलाओं ने मताधिकार और नशाबन्दी को अलग–अलग मुद्दों के तौर पर रखने की कोशिश की। 'रिस्पेक्टेबल' और 'कंज़र्वेटिव' महिला सफरेज समूहों ने धीरे–धीरे और जानबूझकर अपने काम को एकमात्र (मताधिकार) मुद्दे तक सीमित करना शुरू कर दिया। –जो फ्रीमैन, *वीमेन : ए फ़ेमिनिस्ट पर्सपेक्टिव*, मेफील्ड पब्लिशिंग, पालो आल्टो, 1975, पृ. 444

[**स्रोत** : साधना आर्य, निवेदिता मेनन और जिनी लोकनीता (सं.), *नारीवादी राजनीति*, हिन्दी माध्यम कार्यान्वयन निदेशालय, दिल्ली विश्वविद्यालय]

एलेक्ज़ेंड्रा कोलोंताई और मार्क्सवादी नारीवाद

जिनी लोकनीता

•

अनुवाद : **अर्चना वर्मा**

स्मृति की राजनीति

कम्युनिस्ट घोषणा–पत्र के प्रकाशन के डेढ़ सौ वर्ष पूरा होने के उपलक्ष्य में दुनिया–भर में मार्क्सवाद के बुनियादी तत्त्वों के आलोचनात्मक पुनरीक्षण की कई पहल की गयीं। सोवियत यूनियन तथा अन्य देशों में हुए समाजवादी प्रयोग की समीक्षा के प्रयास भी हो रहे हैं। साथ ही, उन आवाज़ों को पुनः खोज निकालने की ज़रूरत महसूस की जा रही है जो मार्क्सवादी विचारधारा के घोषित अनुयायी थे, लेकिन अपने आलोचनात्मक प्रश्नों और असहमत हस्तक्षेपों के कारण इतिहास, सिद्धान्त और व्यवहार में हाशिए पर डाल दिये गये। यह इस लिहाज़ से भी महत्त्वपूर्ण है कि उनके जीवन–अनुभव न केवल सरकारी इतिहासों और इतिहासकारों की प्रकृति पर से पर्दा हटाते हैं बल्कि उन सम्भावनाओं को भी उजागर करते हैं जो एक विशिष्ट विचारधारा/इतिहास/व्यवहार के दायरे में विद्यमान थे या नहीं थे।

1920–1930 के दरम्यान सोवियत राज्य की प्रथम महिला राजदूत के रूप में प्रशंसित हों या फिर, क्रान्ति–उपरान्त रूस में स्वच्छन्द प्रेम की प्रस्ताविका के रूप में निन्दित, एलेक्ज़ेंड्रा कोलोंताई (1872–1952) प्रायः इकहरे और एकांगी चरित्र–चित्रण का पात्र रही हैं। समाजवादी क्रान्तिकारी परम्परा की प्रमुख स्त्रियों की सूची में क्लारा ज़ेटकिन, नादेज़्दा क्रुप्सकाया और रोज़ा लक्ज़ेमबर्ग शामिल की जाती हैं, एलेक्ज़ेंड्रा कोलोंताई नहीं। जबकि क्रान्ति के दौरान लेनिन ने कथित तौर पर उन्हें 'प्रखर वक्ता और प्रबल प्रचारक' बताया था। अगस्त 1917 की केन्द्रीय समिति में वे एकमात्र महिला थीं। इतना ही नहीं, वे प्रथम सोवियत सरकार में समाज कल्याण की 'कमिस्सार'[1] भी बनीं। बाद में कोलोंताई रूसी सामाजिक जनतान्त्रिक स्त्री–आन्दोलन[2] की सर्वप्रमुख

नेत्री के तौर पर सोवियत रूस के केन्द्रीय स्त्री–विभाग 'ज़ेनोत्देल' की प्रमुख अधिकारी भी बनीं। ऐसी शख़्सियत को केवल राजदूत के रूप में याद किया जाना, जो वस्तुतः उनका राजनीतिक पतन था, थोड़ी व्याख्या माँगता है।

इससे सरकारी इतिहास की स्मृति के चयनशील होने की बात पुष्ट होती है जो इतिहास के केवल उन पहलुओं को सँजोकर रखती है जो दर्ज प्रभुत्वशाली संस्करण के अनुकूल ठहरते हैं। कोलोंताई को समाजवादी क्रान्तिकारी परम्परा और ख़ासकर सोवियत इतिहास द्वारा कैसे उपेक्षित किया गया इसके दो उदाहरण पर्याप्त होंगे। *स्त्री मुक्ति के सवाल पर*[3] शीर्षक से लेनिन के स्त्री विषयक विचारों के 1965 में प्रकाशित संकलन में तो कोलोंताई के वजूद तक को भुला दिया गया है, उनके द्वारा उठाये गये सवालों का जवाब देना तो दूर की बात है। इतना ही नहीं, मॉस्को के प्रगति प्रकाशन ने 1984 में उनके कुछ भाषणों और आलेखों को चुनकर एक पतली किताब प्रकाशित की और इस तरह उनके जीवन और लेखन को सीमित करने की कोशिश की। प्रकाशक ने उक्त चयन इस तरह किया है कि कोलोंताई की सर्वथा विवादमुक्त और संक्षिप्त तस्वीर सामने आये। लेनिन की 'बाँह में बाँह डाले निकट सहयोगी कॉमरेड' और एक सफल 'कमिस्सार' के रूप में उनके योगदान को ख़ूब बढ़ा–चढ़ा कर पेश किया गया है। पार्टी के प्रभुत्वपरक अवस्थितियों के विरुद्ध उनकी जो असहमति रही, उन्होंने जो प्रतिरोध दर्ज किया और पार्टी के भीतर संघर्ष किया, उसे बड़ी होशियारी से छिपा लिया गया है। जबकि यही वे कारण थे जो कोलोंताई के राजनीतिक जीवन के ग्राफ़ में उतार–चढ़ाव और अन्ततः सोवियत राजनीति की मुख्यधारा से बाहर किये जाने का सबब बने। इस इतिहास में यदि वे बनी भी रहीं तो केवल सोवियत रूस के राजदूत के रूप में या फिर, अपने लेखन–कार्य के विरूपित और संक्षिप्त संस्करण की लेखिका के रूप में।

प्रस्तुत आलेख कोलोंताई के जीवन के अल्पज्ञात पक्षों (जिन्हें सरकारी इतिहास ने नज़रअन्दाज़ कर दिया) को प्रकाश में लाने की एक कोशिश है। इससे न केवल सरकारी इतिहास लेखन की राजनीति बेपर्दा होगी बल्कि बीते दौर के साथ–साथ आज के मार्क्सवादी नारीवाद पर भी कुछ सवाल उठेंगे। "अतीत के औपचारिक वृत्तान्तों में स्त्रियों की अदृश्यता का कारण उनसे जुड़ी सूचनाओं का अभाव नहीं, बल्कि इतिहास–लेखन का वह बोध ज़िम्मेदार रहा है जो ऐसी सूचनाओं को महत्त्वपूर्ण ही नहीं मानता।"[4]

कोलोंताई के मामले में सूचनाओं की महत्त्वहीनता नहीं बल्कि उनके भाषणों और लेखों की आलोचनात्मक प्रकृति सरकारी इतिहास से उनकी अदृश्यता और अप्रासंगिकता का कारण बनी।

अगर लिखित इतिहास को जनतान्त्रिक बनाने की कोशिशों की तरफ़ देखा जाये तो पता चलेगा कि 1970 के दशक से आरम्भ करके स्त्री–आन्दोलन और स्त्री–अध्ययन ने स्त्री इतिहास को परम्परागत पुरुष केन्द्रित इतिहास के बरअक्स दर्ज करने की कोशिश की है। 'पुरुष' इतिहास के पितृसत्तात्मक दस्तावेज़ों में स्त्रियों के जीवन और उनके परिप्रेक्ष्यों के न शामिल किये जाने को दुरुस्त किया जाना था। अतः नारीवादी इतिहास लेखन के लिए नयी तकनीक और पद्धति विकसित की गयी।

आरम्भिक प्रयासों का अधिकांश 'रिक्तिपूर्तिमूलक' था यानी छोड़ दी गयी 'महान स्त्रियों' को 'महान पुरुषों' के साथ समाविष्ट कर पितृसत्तात्मक इतिहास के सामाजिक सरोकारों में स्त्रियों के योगदान का रेखांकन। स्त्रियों को इतिहास में से खोज निकालना कम बड़ी बात नहीं, लेकिन इस पद्धति की सीमाएँ भी पहचानी गयीं। इस तरीक़े से केवल वे स्त्रियाँ ही चिह्नित की जा सकती थीं जो अधिकारसम्पन्न वर्ग की होने के कारण 'पुरुष' इतिहास की बड़ी परिघटनाओं में अपना योगदान दे सकने में समर्थ रही थीं यानी जो 'अपवाद' थीं। ग़ौरतलब है कि इन्हें ढूँढ़ निकालना इसलिए आसान हुआ कि इनके प्रमाण दस्तावेज़ों में मौजूद थे और इस मौजूदगी का कारण पुनः इनकी अधिकारसम्पन्न स्थिति ही थी। इस पद्धति से इतिहास लिखने से स्त्रियों की बड़ी संख्या के साथ–साथ अन्य सबऑल्टर्न समूहों के जीवन–यथार्थ और अनुभव छूट रहे थे।

यही वजह है कि नारीवादी तथा सबऑल्टर्न दृष्टिकोण से इतिहास के पुनर्लेखन के लिए वाचिक परम्परा, फोटोग्राफ़, रीति–रिवाज, अवशिष्ट चिह्न, मूर्तिविज्ञान जैसे वैकल्पिक साक्ष्यों पर फ़ोकस किया गया। यह इतिहास तक पहुँच, उसकी रचना व विषय–वस्तु के जनतन्त्रीकरण का प्रयास था। पूर्ववर्ती इतिहास लेखन के कालविभाजन पर भी सवाल उठाये गये क्योंकि वह स्त्रियों के जीवन के रूपान्तरणों का लेखा–जोखा देने में असफल रहा था। उदाहरण के लिए, प्रजनन अधिकार, या फिर उनके दैनिक जीवन से ताल्लुक़ रखने वाले अन्य मुद्दे।

'रिक्तिपूर्तिमूलक' पद्धति की सीमाओं का ज़िक्र करने के बावजूद मैंने यहाँ उसी को अपनाया है, हालाँकि तनिक छूट के साथ। मेरे विचार से इस तरीक़े से इतिहास की रचना के ज़रिये हाल के समय के भी हाशियाकरण का इतिहास उजागर किया जा सकता है। स्त्री के जीवन में आये हुए परिवर्तनों के आधार पर कालविभाजन का सवाल महत्त्वपूर्ण है लेकिन इन्हें समाज में बड़े पैमाने पर होने वाले रूपान्तरणों से भी सम्बद्ध करके चलना होगा ताकि

वे सामाजिक इतिहास का आंशिक निरूपण बनकर न रह जायें। इसके अलावा, ख़ुद इतिहास ने स्त्रियों के बड़े हिस्से को बाहर नहीं रखा बल्कि यह पितृसत्तात्मक शक्तियाँ और संरचनाएँ थीं, जिन्होंने उन्हें बड़े पैमाने की कई सामाजिक प्रक्रियाओं में भाग लेने का अवसर नहीं दिया। मसलन 'रेनेसाँ' (पुनर्जागरण), जिसकी ओर जॉन केली ने अपने मार्गदर्शी आलेख 'डिड वीमेन हैव ए रेनेसाँ?' में ध्यान आकर्षित किया।

यहाँ यह स्पष्ट कर देना उचित होगा कि इस पद्धति का उपयोग करने यानी 'असाधारण' स्त्रियों के योगदान को उद्‌घाटित करने का मतलब यह नहीं है कि मैं इतिहास में स्त्रियों की अदृश्य बहुसंख्या के योगदान को दर्ज करने की ज़रूरत को नगण्य मानती हूँ। बल्कि मैं बहुसंख्य स्त्रियों के संघर्ष के साथ ही उन कई असाधारण स्त्रियों की ओर ध्यान दिलाना चाहती हूँ, जिन्होंने पितृसत्तात्मक व्यवस्था के 'पुरुष' दायरे में घुसकर अपने लिए जगह बनाई थी और संघर्ष छेड़ा था। इन्हें सामाजिक स्मृति से प्रायः मिटा दिया जाता रहा है। सरकारी इतिहास लेखन कर्म ने उनके योगदान के 'दस्तावेज़ी साक्ष्य' को या तो नष्ट करने की प्रवृत्ति दिखलायी या फिर उस पर पर्दा डालने की।

अतीत के किसी हिस्से की छोड़ दी गयी रिक्तियों को भरना कठिन उद्यम हो जाता है यदि हम कुछ चुने हुए भाषण, लेख व कहानियों पर निर्भर हों। इस चयन और उसकी व्याख्याओं का पाश्चात्य और सोवियत साहित्य में भिन्न–भिन्न प्रकृति लिए होना कठिनाई को बढ़ा ही देता है। कोलोंताई ने अलग–अलग समयों में एक साथ सिद्धान्तकार, आन्दोलनकारी, पार्टी–सदस्य और सरकारी अधिकारी रहते हुए अलग–अलग तरह की स्थितियों और श्रोताओं को सम्बोधित किया। पार्टी के भीतर, जनता (स्त्री और पुरुष), पार्टी के सदस्य (स्त्री और पुरुष)–इन सबके साथ कोलोंताई ने समझ के स्तर और 'जनतान्त्रिक बहस' की सीमा को ध्यान में रखते हुए बहस में हिस्सा लिया। इसलिए उनके लेखन में समरूपता नहीं मिलती। इसके अलावा, जनता के कमिस्सार की हैसियत से उनके व्यावहारिक सरोकार कई बार उनकी सोच तथा पार्टी के भीतर उनके द्वारा उठाये गये वैचारिक सवालों के साथ बेमेल–से प्रतीत होते हैं। इस कारण भी कोलोंताई के लेखन के व्यवस्थित विश्लेषण में कठिनाई आती है। तथापि इन्हीं स्तरों के बीच उनके विरोधाभासों के साथ उस वैकल्पिक परम्परा की झलक भी मिल जाती है जिसकी वे नुमाइन्दगी करने का प्रयत्न कर रही थीं।

सोवियत इतिहास असहमति के प्रतीकों से भरा पड़ा है। सवाल यह है कि कोलोंताई में इतना क्या 'महत्त्वपूर्ण' था कि उन्हें क्रान्तिकारी सोवियत इतिहास

में से लगभग पूरी तरह से मिटाना ज़रूरी हो गया? कोलोंताई ने अनेक अवसरों पर पार्टी के रुख़ का खुलकर विरोध किया, चाहे प्रथम विश्वयुद्ध में भाग लेने की बात हो, ब्रेस्ट लितोव्स्क ट्रीटी हो या फिर श्रमिक विरोध हो। बाद वाले दो मामलों में तो उन्हें प्रमुख सरकारी पदों से हटना तक पड़ा। लेकिन अधिकतम आलोचना उनको स्त्री–प्रश्न पर अपने विचारों के लिए सहनी पड़ी।

यद्यपि कोलोंताई ने पार्टी के भीतर और बाहर दोनों ही दायरों में स्त्रियों के अधिकार के लिए संघर्ष करने की ज़रूरत की बात की थी। पार्टी के बाहर स्त्री–अधिकार सम्बन्धी उनके विचारों के केन्द्र में बुर्जुआ स्त्री–आन्दोलन की आलोचना थी। उन्होंने इसकी वर्गीय प्रकृति और श्रमिक वर्ग की स्त्रियों के मुद्दे उठाने में इसकी सीमाओं की जैसी व्यवस्थित विवेचना की, उसकी पार्टी और सरकार के भीतर विद्यमान 'पुरुष आग्रह' की उनकी आलोचना में झलक तक नहीं दिखती। पार्टी के भीतर एक स्वायत्त स्त्री समूह बनाने के प्रयासों और साम्यवादी नैतिकता पर अपने विचारों के लिए जो आलोचना और विरोध उन्हें झेलना पड़ा, उसके विश्लेषण की बात तो दूर है, बहुत सामान्य–से ढंग के अलावा कभी ठीक से उनका उल्लेख तक नहीं किया गया। पार्टी के भीतर उन्हें और उनके अन्य साथियों को स्त्री–प्रश्न की वैधता के लिए जो संघर्ष करने पड़े, उनका पाठ उनके लेखन में पुरुष–आग्रहों की उनकी किंचित नरम आलोचना तथा उस अवधि के अन्य वृत्तान्तों के परिप्रेक्ष्य में करना होगा। पार्टी/सरकार की पदाधिकारी तथा एक मार्क्सवादी नारीवादी सिद्धान्तकार की भूमिकाओं के बीच विद्यमान अन्तर्विरोध की सबसे स्पष्ट अभिव्यक्ति स्त्री–प्रश्न पर पार्टी/सरकार के रुख़ पर उनकी चुप्पी के रूप में हुई है। फिर भी, उनके जीवन और लेखन के अन्तर्विरोधों को दर्ज करने का मतलब मार्क्सवादी नारीवादी इतिहास के अब तक के प्रायः अनचीन्हे हिस्से की पुन निर्मिति है जो स्त्री–दमन के एंगेल्स और बेबेल के विश्लेषण को आगे बढ़ाने के क्रम में उनकी अपर्याप्तता उजागर करने की ओर बढ़ गया।

इस आलेख में उस इतिहास को पुनःनिर्मित करने का आलोचनाहीन प्रयास नहीं बल्कि मार्क्सवादी चौखटे के तहत 'स्त्री–प्रश्न' उठाने के कोलोंताई के प्रयास को पहचान देना और उनके परिप्रेक्ष्य को समझना है। उनके काम की ज़ाहिर सीमाओं का कारण न केवल यह था कि वे सदी के आरम्भिक वर्षों में लिख रही थीं जब क्रान्तिकारी कई अभियानों में संलग्न थे, बल्कि 'संघर्ष के भीतर संघर्ष' की स्थिति भी थी। बोल्शेविक पार्टी को पहले ज़ारशाही से और उसके बाद निरन्तर विदेशी हस्तक्षेप से भी जूझना पड़ा। पार्टी के भीतर स्त्रियों की लड़ाई दोहरी थी। एक स्तर पर वे अपने पुरुष कॉमरेडों के साथ

मिलकर पार्टी की उक्त लड़ाई में शामिल थीं, तो दूसरे स्तर पर उन्हें समाज से लेकर राज्य और पार्टी में विविध परिमाणों में व्याप्त पितृसत्तात्मक मूल्यों और व्यवहारों के ख़िलाफ़ भी लड़ना पड़ रहा था।

II

जेनोत्देल : स्वायत्तता की एक अदृश्य तलाश

रूसी समाजवादी जनतान्त्रिक आन्दोलन में स्त्रियों को एक स्वायत्त जगह देने के लिए स्त्री–विभाग जेनोत्देल गठित किया गया था। *रैबोनित्सा* (यानी 'स्त्री कामगार') नाम से अलग से एक स्त्री अख़बार तो था ही, साथ में पार्टी के अन्य अख़बारों में भी स्त्री केन्द्रित विशेष पृष्ठ हुआ करते थे। यह कम ही लोग जानते हैं कि स्त्रियों को मिली ये जगह रूसी समाजवादी जनतान्त्रिक पार्टी (आरएसडीपी) की स्त्री–समता के प्रति प्रतिबद्धता के सहज क्रियान्वयन का परिणाम नहीं बल्कि एलेक्ज़ेंड्रा कोलोंताई जैसी क्रान्तिकारी महिलाओं के अनवरत और कठिन संघर्ष का नतीजा थी।

ऐसी बात नहीं है कि बोल्शेविक क्रान्ति के दौरान ही पहली बार रूस में स्त्रियाँ आन्दोलित हुईं। क्रान्ति के मशालवाहकों को समाजवादी लक्ष्यों की पूर्ति हेतु स्त्रियों की व्यापक लामबन्दी की ज़रूरत महसूस हुई तो उन्होंने ऐसा किया। लेकिन, उनसे बहुत पहले से ही रूस में स्त्री–आन्दोलन की परम्परा रही है। बोल्शेविक क्रान्ति से पहले चले क्रान्तिकारी आन्दोलनों में शुरुआत से ही स्त्रियाँ शरीक़ होती रही हैं। चाहे वह बाकुनिन का 'जनता के पास चलो' अभियान हो या फिर, 1861 में कृषक–दासता को उखाड़ फेंकने वाला किसान विद्रोह। ऐसी स्त्रियों की प्रमुख नेत्रियाँ सामान्यतः अभिजात पृष्ठभूमि की होती थीं जैसे–वेरा फिंगर और लेशर्न बहनें। इन्हीं से प्रेरित होकर महान रूसी साहित्यकार तुर्गनेव ने अपनी प्रसिद्ध कविता 'ऑन द थ्रेशहोल्ड' (On the threshold) लिखी।[5] रूस में 19वीं सदी के उत्तरार्ध में मिल हड़तालों के सिलसिले और अशान्ति में न केवल सर्वहारा स्त्रियों ने भाग लिया था बल्कि कई बार तो पहलक़दमी तक की थी। 1870–80 के दशक में मॉस्को और पीटर्सबर्ग की मिलों में की गयी हड़तालें ऐतिहासिक संघर्ष थीं, जिनमें स्त्रियों ने महती भूमिका निभायी। लेकिन, समाजवादी पार्टी की ओर कुछ ही स्त्रियों ने रुख़ किया था।

उस दरम्यान दो कारकों ने सामाजिक जनतान्त्रिक पार्टी को स्त्रियों की लामबन्दी के लिए मजबूर किया। पहला, 1905–06 के संघर्ष ने स्त्रियों की सामूहिक क्रान्तिकारी सम्भावनाओं का उद्घाटन किया था।

स्त्रियों को अपने अधिकार माँगने के क्रम में जार के सैनिकों का दमन झेलना पड़ा था। अपने अधिकारों के प्रति उनकी बढ़ती सजगता ज़ाहिर हो रही थी। दूसरा, पार्टी तथाकथित बुर्जुआ स्त्री–संगठनों के बढ़ रहे प्रभाव को देख सकती थी, जो विभिन्न मोर्चों पर स्त्रियों को लामबन्द करने में जुटे हुए थे। अधिकांश मार्क्सवादियों की तरह कोलोंताई भी तथाकथित बुर्जुआ स्त्री–संगठनों से समाजवादियों को अलग करके देखती थीं। धारणा यह थी कि बुर्जुआ स्त्री संगठनों की नागरिक और राजनीतिक अधिकारों की माँग पूँजीवादी ढाँचे के दायरे में सीमित है जबकि समाजवादी सामाजिक–आर्थिक समता आधारित समाजवादी समाज के निर्माण के लिए शोषित जनता और स्त्रियों के संयुक्त संघर्ष में विश्वास करते हैं।

हालाँकि अपने लेखन में कोलोंताई ने यह मत प्रस्तुत किया था कि बुर्जुआ स्त्री संगठन अपने अन्तर्विरोधों के कारण स्वाभाविक मौत मर जायेंगे, लेकिन वस्तुतः वे समाजवादियों के लिए एक बड़ी चुनौती खड़ी कर रहे थे। स्त्रियों को संगठित करने का पहला प्रयास 'रशियन वीमेंस म्युचुअल एड सोसायटी' जैसे क्लबों के ज़रिये किया गया, जो बुर्जुआ स्त्रियों के लिए मनोरंजन की स्थितियाँ प्रदान करते थे। धीरे–धीरे सभी स्त्रियों की माँग उठाने वाले कई संगठन पनपते गये। उस अवधि के वृत्तान्त कुछ आक्रामक नारीवादी संगठनों के उद्भव और विकास का ज़िक्र करते हैं जिन्होंने 'अपने वर्गीय हितों से ऊपर उठने' और कामगार वर्ग की औरतों के अधिकारों को शामिल करने की कोशिश की। उदाहरण के लिए, 'यूनियन फॉर वीमेंस इक्वैलिटी', 'वीमेंस इक्वल राइट्स यूनियन', 'वीमेंस प्रोग्रेसिव पार्टी', आदि। उनमें से कुछ ने न केवल मताधिकार की माँग की बल्कि सामाजिक और श्रम सम्बन्धी सुधारों के स्तर पर कुछ आमूल माँगें उठाने की हद तक चली गयीं। कुछ समय तक नारीवादी और समाजवादी साथ–साथ चले और स्त्रियों को 'संयुक्त स्त्री मंच' (यूनाइटेड वीमेंस प्लेटफ़ॉर्म) की ओर खींचा। लेकिन यह सिलसिला तब थम गया जब समाजवादियों को यह महसूस होने लगा कि उन्हें ख़ुद को बुर्जुआ संगठनों से पूरी तरह अलग कर लेना चाहिए। कुल मिलाकर, बुर्जुआ स्त्री संगठन की माँगें सीमित थीं। उनका उद्देश्य समाज की पुनर्रचना नहीं था। फिर भी, वे श्रमिक स्त्रियों को अपनी ओर आकर्षित कर रहे थे और यह समाजवादियों के लिए विचलित होने की बात थी। ऐसे में, रूसी समाजवादी जनतान्त्रिक पार्टी की यह मजबूरी हो गयी कि वह अपनी वर्गीय राजनीति का इस प्रकार नियोजन करे कि स्त्री प्रश्न का समाधान सर्वहारा क्रान्ति में ही नज़र आये और इस तरह स्त्रियाँ उनके साथ खिंची चली आयें।

पार्टी के इस सूत्रीकरण की दुर्बलता 1905 में प्रथम 'ऑल रशियन वीमेंस कॉन्फ्रेंस' में ज़ाहिर हो गयी। एक तो, सम्मेलन में केवल दो स्त्रियों ने पार्टी के इस सूत्र को रखा और दूसरा, उनका प्रस्ताव नहीं माना गया। इस स्थिति में एलेक्ज़ेंड्रा कोलोंताई उन गिने–चुने लोगों में से एक थीं जो बुर्जुआ स्त्री संगठनों द्वारा प्रतिपादित समस्त स्त्रियों के बहनापे के विचार की आलोचना करने के बावजूद स्त्रियों तक पहुँच बनाने के लिए एक स्वायत्त राह की ज़रूरत महसूस कर रही थीं। कामगार, गृहिणी और माँ के रूप में स्त्रियों को तिहरा बोझ उठाना पड़ता है। इसी को ध्यान में रखकर वे यह विचार करने की ओर उन्मुख हुईं कि यदि समाजवादी समाज के निर्माण में स्त्रियों का साथ पाना है तो उनसे सम्पर्क के लिए अलग माध्यमों की स्थापना करनी होगी। किसान और कामगार स्त्रियाँ दिन–प्रतिदिन के स्तर पर जिस तरह के शोषण झेलती हैं, उन्हें विशिष्ट माना गया और तदनुसार यह ज़रूरत महसूस की गयी कि उनकी माँगें संघर्षरत आमजन की सामान्य माँगों के साथ अलग से रखी जायें।

स्त्रियों के अलग संगठन के लिए 1906 से शुरू किया गया संघर्ष क्रान्ति के बाद ही फलीभूत हो सका। 1906 में कोलोंताई ने कामगार स्त्रियों का एक ब्यूरो स्थापित करने की कोशिश की लेकिन पार्टी के भीतर से विरोध के कारण असफल रहीं। पार्टी के सदस्य इस तरह के किसी भी प्रयास को कामगार वर्ग के बीच फूट पैदा करने वाला और ठीक उसी बुर्जुआ 'नारीवाद' का प्रतिपादन करने वाला मान रहे थे जिसका कोलोंताई और अन्य पुरज़ोर विरोध कर रहे थे। अपने लेखन में कोलोंताई ने ऐसे उदाहरणों का ज़िक्र किया है जिनमें पार्टी के पुरुषों ने जानबूझकर स्त्रियों को संगठित करने के उनके आरम्भिक प्रयासों में अड़ंगे लगाये। बैठक के लिए उनकी तय की हुई जगह पर अक्सर ताला और 'जगह अनुपलब्ध है' का नोटिस लगा दिया जाता था। कोलोंताई ने ख़ुद इस विरोध भाव का ज़िक्र किया है– "उन्होंने कभी प्रोत्साहित नहीं किया, उल्टे विघ्न पैदा करने की हद तक गये।"

लेकिन अगले ही अनुच्छेद में, कोलोंताई पार्टी कॉमरेडों के शत्रुतापूर्ण रुख़ का बचाव करती हुई प्रतीत होती हैं ताकि उनकी आलोचना ग़लत रूप में न ले ली जाये। उनके शब्दों में, "उनका उक्त रुख़ इस डर पर आधारित था कि श्रमिक वर्ग नारीवाद के आकर्षण में वर्ग–संघर्ष से विमुख न हो जाये।" यहाँ मार्क्सवादी पार्टी के भीतर 'नारीवाद' के जो विविध अर्थ व्याप्त थे वह दिलचस्प हैं। एक ओर, कोलोंताई पार्टी के भीतर स्त्री–प्रश्न के अलग रेखांकन की ज़रूरत पहचान रही थीं पर ख़ुद को 'नारीवाद' शब्द से अलग रखना चाहती थीं। कारण, नारीवाद का मतलब बुर्जुआ नारीवाद समझा जा रहा था, जो सभी

वर्गों की स्त्रियों के अधिकारों की संयुक्त लड़ाई का हिमायती था। इससे श्रमिक वर्ग के स्त्री और पुरुष समूहों में बँटने और इसलिए, सम्पत्तिशाली वर्ग के विरुद्ध श्रमिक वर्ग के संघर्ष यानी मार्क्सवाद प्रेरित वर्ग–संघर्ष को आँच आ सकती थी।

बड़ी विडम्बना की बात है कि जिन पार्टी कॉमरेडों का प्रतिनिधित्व और बचाव करने के लिए उन्होंने बुर्जुआ नारीवादियों के विचारों को ध्वस्त किया उन्हें उनकी ही कटु आलोचना झेलनी पड़ी। इसके साथ ही, वे इन आलोचनाओं को पार कर मार्क्सवाद के दायरे में नारीवाद को पुनःपरिभाषित करने में असमर्थ रहीं।

1907 में जाकर पार्टी की स्त्रियाँ अपना एक क्लब 'सोसाइटी फॉर वर्किंग वीमेंस म्युचुअल एड' बना सकीं, लेकिन यह स्पष्ट करते हुए कि इसमें केवल स्त्रियाँ ही शामिल होंगी, ऐसी कोई शर्त नहीं है। इस स्पष्टीकरण की ज़रूरत से यह संकेत मिलता है कि आमतौर पर स्त्रियों की किसी भी विशिष्ट लामबन्दी को सन्देह की नज़र से देखा जाता था। ऐसी विपरीत परिस्थिति में एक क्लब भी बड़ी उपलब्धि थी। इसका उपयोग कामगार स्त्रियों के बीच जागरूकता फैलाने और उन्हें लामबन्द करने के लिए बतौर मंच किया गया।

व्यापक लामबन्दी का अगला दौर 1917 की फ़रवरी क्रान्ति के समय देखने को मिला। कामगार महिलाओं की संख्या तेज़ी से बढ़ी थी। युद्ध और उसके परिणामस्वरूप ब्रेड के अभाव के कारण 23 फ़रवरी को हज़ारों की संख्या में स्त्री और पुरुष सड़कों पर उतर आये।[6] और एक बार फिर जार के सिपाहियों के गुस्से का मुक़ाबला करने में कामगार स्त्रियों की आक्रामक दृढ़ता ने आरएसडीपी का ध्यान स्त्रियों की लामबन्दी की ओर आकर्षित किया। लेकिन कामगार वर्ग के स्त्रियों और पुरुषों के संयुक्त संघर्ष की दीर्घ परम्परा के बावजूद उन गतिविधियों के प्रति प्रतिकूल रुख़ जारी रहा जो ख़ासकर स्त्रियों से सम्बन्धित होते थे। 1908 से 1917 के बीच अपनी 'सरकार विरोधी' कार्रवाइयों के कारण कोलोंताई को जार के हाथों गिरफ़्तारी से बचने के लिए देश छोड़ने को मजबूर होना पड़ा। और यह केवल संयोग की बात नहीं कि स्त्रियों के संगठन का मुद्दा उनकी वापसी के बाद ही पुनः ज़ोर–शोर से उठाया गया। पार्टी की सदस्य वेरा स्लुत्सकाया से पार्टी के लिए एक योजना बनाने को कहा गया था। उन्होंने स्त्रियों के बीच जागरूकता और मुहिम के समन्वय के लिए एक ब्यूरो गठित करने और समाचार–पत्र *रैबोनित्सा* को फिर से शुरू करने का सुझाव दिया था। अतः ब्यूरो तो गठित किये गये थे पर वे कोलोंताई और अन्य दूसरे जिस तरह के स्वायत्त स्त्री संगठन की माँग कर रहे थे, उनका अपर्याप्त स्थानापन्न थे। इसके अलावा, उनमें से अधिकांश का अस्तित्व महज़ काग़ज़ी था।

स्त्रियों के अलग संगठन के विचार का भय किस हद तक था, इसका अन्दाज़ा इसी से लगाया जा सकता है कि पार्टी के सातवें सम्मेलन में जब एक विशेष आयोग ने इस मुद्दे को उठाया तो बिना किसी चर्चा के उसे वापस लेने का निर्देश दे दिया गया। निर्देश का ढंग नौकरशाही भरा और पितृसत्तात्मक अहंयुक्त था। उस क्षण जो वार्तालाप हुआ वह दर्ज है– ''अध्यक्ष का प्रस्ताव है कि सवाल वापस ले लिया जाये, कारण यहाँ मौजूद स्त्रियों में से किसी के भी पास मताधिकार नहीं है...सर्गेई का सुझाव है कि *स्त्रियों के विरोध को दिशा देने के लिए एक औपचारिक अंग* के निर्माण की ज़रूरत है...अध्यक्ष का सुझाव है कि सवाल वापस लिया जाये। सवाल वापस लिया जाता है।"

सितम्बर 1919 में जाकर ही केन्द्रीय स्त्री विभाग जेनोत्देल के समन्वय में वजूद में आये। यह 1918 में हुए 'ऑल रशियन वीमेंस कॉन्फ्रेंस' में शरीक़ हुई एक हज़ार से ज़्यादा स्त्रियों द्वारा 'स्त्रियों के बीच प्रचार–प्रसार के लिए एक विशेष आयोग' की ज़रूरत पर पारित प्रस्ताव का नतीजा था। स्त्री–विभागों के ज़िम्मे क्या कार्य हैं, उन्हें जिस क़दर अत्यधिक सावधानी बरतते हुए रेखांकित किया गया वह काफ़ी दिलचस्प और असल मंशा को उजागर करने वाला है। ब्यूरो की अपनी प्रस्तावना में वेरा स्लुत्सकाया ने संगठन और आन्दोलन के बीच भेद करते हुए ब्यूरो का काम आन्दोलन बताया था। 'संगठन' से 'विभाजन' की ध्वनि निकलती प्रतीत होती थी। 1918 के कॉन्फ्रेंस में अधिकार–क्षेत्र की सीमा को सुनिश्चित करने के लिए एक और शर्त जोड़ दी गयी। कहा गया कि आयोग 'केन्द्रीय समिति के निर्णयों के वाहक–अंग' के रूप में काम करेगा। इस तरह आयोग की स्थापना के पहले ही एक स्वायत्त स्थल के निर्माण का प्रयास कुन्द कर दिया गया। पार्टी के सम्मेलनों में स्त्री मुद्दों को नज़रअन्दाज़ करने की सामान्य प्रवृत्ति ने भी आयोग की ज़रूरत को महत्त्वपूर्ण बना दिया था।

स्त्री–संगठन के प्रति पार्टी के पितृसत्तात्मक दुराग्रह को देखते हुए अन्ततः पार्टी के अधिवेशन के बाहर स्त्री विभाग 'जेनोत्देल' गठित किया गया। केन्द्रीय समिति ने इसकी स्थापना के निर्णय की पुष्टि की और क्रियाकलाप के स्तर पर पिछले ब्यूरो की तुलना में अधिक स्वतन्त्रता भी दी। इस सन्दर्भ में 'इंटरनेशनल सोशलिस्ट वीमेंस कॉन्फ्रेंस' (अन्तरराष्ट्रीय समाजवादी स्त्री सभा) और 'इंटरनेशनल वीमेंस सेक्रेटेरियट' (अन्तरराष्ट्रीय स्त्री सचिवालय) की स्थापना का भी कुछ प्रभाव सोवियत पार्टी और सरकार पर पड़ा।

जेनोत्देल गठित करने की कोलोंताई की ज़िद से यह स्पष्ट होता है कि बोल्शेविक पार्टी में पितृसत्तात्मक आग्रह व्याप्त थे और स्त्रियों के लिए एक

स्वायत्त स्थल की ज़रूरत थी। स्त्री विभाग न केवल मौजूदा आन्दोलनकारी गतिविधियों को और अधिक तीव्र कर सकता था बल्कि सांगठनिक स्तर पर और भी गतिविधियाँ शुरू कर सकता था। पार्टी की ग़ैर–सदस्य स्त्रियों के लिए बैठकें और सभाएँ आयोजित की जाती थीं। इनमें सबसे अधिक महत्त्वपूर्ण प्रतिनिधिमण्डल बैठकें थीं जिनमें, ''कामगार व किसान स्त्रियाँ तथा गृहिणियाँ कुछ महीनों के लिए अपने प्रतिनिधि चुनती थीं जो स्थानीय समस्याओं पर चर्चा करने के लिए नियमित रूप से मिलती थीं, राजनीतिक भाषणों में शरीक़ होती थीं और सोवियत के खण्डों के प्रशासनिक कार्यों में भाग लेती थीं।'' स्त्रियों को आर्थिक और राजनीतिक रूप से स्वावलम्बी बनाने के प्रयास भी किये गये और कुछ इलाकों में स्त्री–विभागों ने कामगार स्त्रियों का बोझ हल्का करने के लिए कैंटीन और शिशुकेन्द्र शुरू किये।

जेनोत्देल एक ऐसे स्थल के रूप में विकसित हुआ जहाँ स्त्रियाँ अपनी दिन–प्रतिदिन की समस्याओं या उत्पीड़न के रूपों पर बहस करने लगीं और उन्हें समाजवादी कार्यक्रम के दायरे में लाने लगीं। पार्टी की स्त्री सदस्यों ने यह महसूस किया कि स्त्रियाँ जब तक घरेलू काम और बच्चों के पालन–पोषण के बोझ से लदी रहेंगी तब तक वे राजनीतिक प्रक्रिया का हिस्सा नहीं हो पायेंगी।

नयी आर्थिक नीति (1927) के तहत समाजीकरण की अधिकतर गतिविधियों से वित्त–निवेश वापस ले लिए जाने के कारण स्थिति और भी बदतर हो गयी। अनेक कामगार और किसान औरतों को बेरोज़गारी और वेश्यावृत्ति जैसी समस्याओं का सामना करना पड़ा। उस समय जेनोत्देल नयी आर्थिक नीति की आलोचना का मंच बन गया। इसके पहले जेनोत्देल की एक प्रमुख महिला नेता सोफिया स्मिदोविक पार्टी को यह विकल्प दे चुकी थीं या तो प्रशिक्षित कार्यकर्ता दो या जेनोत्देल भंग कर दो। ऐसे निर्णायक मोड़ पर भी पार्टी से कोई मदद न मिलने के कारण जेनोत्देल ने अपने हाथ बँधे पाये।

जेनोत्देल स्वायत्तता के लिए संघर्ष का प्रतीक बन गया था, लेकिन वह एक समाजवादी समाज में स्त्री अधिकारों के लिए संघर्ष के आन्दोलन के रूप में विकसित हो पाने में असफल रह गया।

कोलोंताई और अन्यों ने अलग से स्त्री संगठन बनाने के लिए जो निरन्तर संघर्ष किया उससे यह ज़ाहिर होता है कि स्वायत्त स्थल की उनकी धारणा और पार्टी की धारणा के बीच भेद था। इसका इज़हार कोलोंताई के स्त्री–प्रश्न के विभिन्न मनोयौनिक पहलुओं से जुड़े सवाल भी करते हैं। 'व्यक्तिगत' के दायरे में अन्वेषण उन्हें परम्परागत मार्क्सवादी विश्लेषण के परे ले गया।

कोलोंताई मार्क्सवादी खाँचे के भीतर स्त्री–प्रश्न की विशिष्टता के सैद्धान्तीकरण की ज़रूरत समझ रही थीं। वे उस परम्परा की प्रतिनिधि थीं जिसकी स्वायत्तता की माँग इस अहसास से निकली थी कि इससे सदियों से उत्पीड़ित स्त्री को समाज के अन्य उत्पीड़नों के साथ पितृसत्तात्मक उत्पीड़न की अभिव्यक्ति, उसके विश्लेषण और उसके विरुद्ध संघर्ष के लिए जगह मिलेगी। इसी परिप्रेक्ष्य ने कोलोंताई को स्त्री उत्पीड़न के वैचारिक और यौनिक पहलुओं के (आर्थिक पहलू के अलावा) ज़्यादा गहन सैद्धान्तीकरण की ओर उन्मुख किया।

उन्होंने प्रेम, परिवार, यौनिकता और नैतिकता के विश्लेषण और तत्सम्बन्धी सिद्धान्त विकसित किये जाने की ज़रूरत को समझा जो सदियों से स्त्री पराधीनता के कारण रहे हैं। 'व्यक्तिगत' संस्था के विभिन्न रूपों और इतिहास के अलग–अलग चरणों की विचारधाराओं के बीच के सम्बन्ध का अध्ययन किया गया और इन्हें चुनौती देने की ज़रूरत को समाजवादी संघर्ष का सहवर्ती लेकिन अलग अंग स्वीकार किया गया।

III

व्यक्तिगत भी राजनीतिक है : कोलोंताई के विचार

परिवार को एंगेल्स और बेबेल ने स्त्री के आर्थिक और यौनिक उत्पीड़न का स्थल माना। एंगेल्स ने यह दिखलाने की कोशिश कि स्त्री उत्पीड़न के पीछे सामाजिक कारणों का हाथ है न कि जैविक कारणों का, जो आमतौर पर स्वीकृत था। एकल विवाह पर आधारित परिवार का उद्भव पूँजीवादी समाज में पुरुष की 'वैध सन्तान' के उत्तराधिकार को सुनिश्चित करने के लिए हुआ था। जिन नृशास्त्रीय साक्ष्यों के आधार पर एंगेल्स ने परिवार और अन्य संस्थाओं के उद्भव का सूत्रीकरण किया था, उनकी नारीवादियों ने आलोचना की है। स्त्री और पुरुष के बीच श्रम–विभाजन को स्वाभाविक मान लिए जाने के कारण भी एंगेल्स की आलोचना हुई है। फिर भी उनकी प्रस्तावना स्त्री उत्पीड़न का विश्लेषण करने वाली समस्त नारीवादी धाराओं के लिए आवश्यक सन्दर्भ बनी हुई है।

सामाजिक उत्पीड़न के अन्य रूपों के साथ स्त्री उत्पीड़न के जुड़ाव और शोषण के निर्णायक कारकों की पहचान मार्क्सवादियों का महत्त्वपूर्ण योगदान रहा है। लेकिन उत्पीड़न के यौनिक, मनोवैज्ञानिक और वैचारिक आयाम, जिन्हें स्त्रियाँ झेलती हैं; प्रायः अनुपस्थित रहे। स्त्री के दैनिक जीवन से ताल्लुक़ रखने वाले उत्पीड़न के इन आयामों को सैद्धान्तिक जामा पहनाने का काम

मुख्य तौर पर रैडिकल नारीवादी परम्परा ने किया। उन्होंने यह ज़ाहिर किया कि स्त्री उत्पीड़न के विविध पहलू सिर्फ़ आर्थिक पदों में विवेचित नहीं किये जा सकते। आरम्भिक मार्क्सवादी सिद्धान्त में परिवार, यौनिकता, विवाह जैसे मुद्दे प्रायः गौण माने जाते रहे, जिनसे आर्थिक परिवर्तन होने के बाद निपटा जाता। क्रान्ति उपरान्त सोवियत रूस में भी राज्य और अर्थतन्त्र के पुनर्निर्माण के प्राथमिक दायित्व के समक्ष इन मुद्दों के प्रति उदासीनता बरती गयी। पूँजीवादी समाज में परिवार, प्रेम और एकल दाम्पत्य के रूपों और उनके भावी प्रारूपों पर एंगेल्स, मार्क्स और बेबेल ने जो कुछ विचार व्यक्त किये थे, वे 'आप्त–वचन' मान लिए गये। इस परिप्रेक्ष्य ने इस तथ्य को असम्बोधित ही रहने दिया कि तथाकथित निजी दायरा प्रायः स्त्री उत्पीड़न का प्राथमिक स्थल है।

कोलोंताई ने एक हद तक इस रिक्ति को भरने की कोशिश की। उनका लेखन, ख़ासतौर से उस अवधि के मद्देनज़र (जब वह किया गया था) मार्क्सवादी नारीवादी सिद्धान्त के लिए एक मार्गदर्शी योगदान है। सरकार की सदस्य, पीपल्स कमिस्सार, जेनोत्देल की निदेशक, पार्टी की सदस्य और मार्क्सवादी नारीवादी–इन विभिन्न भूमिकाओं में उन्होंने अनेक द्वन्द्वपूर्ण स्थितियों का सामना किया और उन्हें सैद्धान्तिक तथा व्यावहारिक दोनों स्तरों पर सम्बोधित करने का प्रयास भी किया।

बतौर मार्क्सवादी उनका मानना था कि स्त्री उत्पीड़न और कामगारों के शोषण के बीच जुड़ाव है और समाजवादी क्रान्ति के लिए संयुक्त संघर्ष ज़रूरी है। लेकिन कोलोंताई ने इस सामान्य सूत्रीकरण में निहित जटिलताओं को सम्बोधित करने की ज़रूरत को समझा तथा जेंडर को उत्पीड़न की एक अलग लेकिन अन्य उत्पीड़न कोटियों के साथ उसकी सम्बद्धता का ध्यान रखते हुए विश्लेषण का प्रयास किया।

स्त्री–प्रश्न की समझ और समाधान का उनका सिद्धान्त दो विषय–वस्तुओं से परिभाषित होता है। पहला, वे श्रम की मार्क्सवादी अवधारणा के साथ शुरुआत करती हैं कि प्रकृति के साथ सृजनात्मक प्रतिक्रियाशीलता की क्षमता ही मानव–अस्तित्व का सार है। इसलिए स्त्री को श्रम के उसके बुनियादी अधिकार से वंचित करने वाली कोई भी भूमिका उत्पीड़नकारी है। उसके श्रम के अधिकार में बाधा डालने वाली किसी भी वस्तु का विरोध किया जाना चाहिए। इस सामान्य प्रतिपादन का उन्होंने उस विशेष उत्पीड़न के विश्लेषण में इस्तेमाल किया है जिसका सामना स्त्रियों को माँ, पत्नी, वेश्या इत्यादि की समाज द्वारा थोपी गयी भूमिकाओं को निभाने में करना पड़ता है। वे इसी नज़रिये से समाजवादी समाज में स्त्री मुक्ति के उपायों के विकास के बारे में भी सोचती हैं।

दूसरा, समाजवादी समाज में सामूहिकता प्राथमिक हो जाती है। पशुवत, बौना, अहंकारी और अधिकार–भाव से ग्रस्त व्यक्ति, जो पूँजीवादी समाज का आधार है, को समाजीकृत समुदाय (इस मामले में सोवियत राज्य) द्वारा प्रतिस्थापित किया जाना है। समाजवादी समाज में समता, एकजुटता, प्रेम और साथीपन निर्णायक तत्त्व हो जाते हैं।

कम्युनिस्ट नैतिकता और यौन सम्बन्धों पर उनके लेखन को इसी परिप्रेक्ष्य में समझना चाहिए। रूस के मामले में राज्य, समाज और अर्थव्यवस्था सर्वोपरि थे। सभी प्रयास सोवियत अर्थव्यवस्था के त्वरित विकास के लिए किये जाने थे।

मातृत्व और घरेलू कामकाज

सामाजिक कल्याण की कमिस्सार की हैसियत से कोलोंताई ने मातृत्व के अपने सिद्धान्त को व्यावहारिक जामा पहनाने की कोशिश की। उनके मुताबिक़ बच्चे को जन्म देना और लालन–पालन निजी दायित्व नहीं हैं। इसमें राज्य को महत्त्वपूर्ण भूमिका निभानी चाहिए। सोवियत सरकार को स्त्रियों के कन्धे से 'मातृत्व का बोझ' उतारकर उन्हें मुक्त करना था।

इतिहास में पहली बार किसी सरकार ने शिशुकेन्द्र, दुग्धाहार केन्द्र, कार्यस्थल पर मातृत्व की रसद, गर्भवती स्त्रियों के लिए सलाहकेन्द्र इत्यादि स्थापित किये। गर्भस्थ स्त्री से उम्मीद की गयी कि वह राज्य प्रदत्त अनुकूल स्थितियों में अपना ख़याल रखेगी और 'स्वस्थ शिशु' को जन्म देगी। मातृत्व सम्बन्धी सारे प्रावधान विवाहित और अविवाहित दोनों ही स्त्रियों के लिए थे। क्रान्ति से पहले रूस में अविवाहित माँ के प्रति पाखण्ड–भरा रुख़ था। शिशु को जन्म देना और उसका लालन–पालन अलग–अलग कार्य माने गये। कोलोंताई के मुताबिक़ "मातृत्व का मतलब माँ का हर समय बच्चे के साथ बने रहना या ख़ुद को पूरी तरह उसकी शारीरिक और नैतिक शिक्षा में झोंक देना नहीं है।" बच्चे की शिक्षा की ज़िम्मेदारी राज्य की है न कि माता–पिता की।

कोलोंताई के इन प्रयासों में अन्तर्निहित परिप्रेक्ष्य का विश्लेषण ज़रूरी है। बतौर कमिस्सार उनका ध्येय नवगठित समाजवादी राज्य और अर्थव्यवस्था का कल्याण और उसके लिए यथोचित श्रम–शक्ति सुनिश्चित करना है।

ग़ौरतलब है कि कोलोंताई स्त्री के प्रजनन अधिकारों के प्रति उदासीन हैं। गर्भधारण अथवा गर्भ निरोधक का इस्तेमाल स्त्री के अधिकार हैं, यह उनकी सैद्धान्तिकी में उपस्थित नहीं है और यदि है भी तो सामाजिक ज़रूरतों का ख़याल रखते हुए ही। गर्भपात को क़ानूनी बनाने के विचार से वे सिद्धान्ततः

सहमत थीं पर साथ ही यह भी मान रही थीं कि श्रम–शक्ति की तंगी से ग्रस्त सोवियत संघ के लिए यह प्रतिकूल होगा। दूसरे शब्दों में, कोलोंताई स्त्रियों के अधिकार को लेकर एक मुकम्मल सिद्धान्त का यथोचित विकास किये बिना ही राज्य हित को अधिक तरजीह दे रही थीं।

इसके अलावा, स्त्री को मातृत्व के बोझ से मुक्त करने की कोशिश के बावजूद उन्होंने माँ और बच्चे के बीच के सम्बन्ध का महिमामण्डन किया और स्तनपान की अनिवार्यता पर बल दिया–

> "स्त्री की (दूसरी) ज़िम्मेदारी शिशु को स्तनपान कराना है। इसे करने के बाद ही वह यह दावा कर सकती है कि उसने अपने दायित्व सम्पन्न कर लिए। बाक़ी काम समुदाय का है। यह सच है कि मातृत्व का आवेग काफ़ी तीव्र होता है, लेकिन इसे केवल अपने बच्चे तक ही सीमित क्यों रखा जाये? क्यों न उसे इतना फैलने दिया जाये कि उसकी आगोश में सारे बच्चे आ जायें।"

इस अनुच्छेद में संक्रमण काल की एक मार्क्सवादी नारीवादी स्वप्नदर्शी, जो राज्याधिकारी भी है, की दुविधा का सारतत्त्व मौजूद है। समाजवादी समाज ऐसी परिस्थितियाँ उत्पन्न करेगा जिनमें सभी स्त्रियाँ मातृत्व के प्रावधानों का लाभ प्राप्त करेंगी, समुदाय का अंग होने के प्रति सचेत होंगी और केवल अपने बच्चों के प्रति ही नहीं बल्कि अन्य बच्चों के प्रति भी स्नेहिल हो सकेंगी। लेकिन कोलोंताई संक्रमण के दौर से गुज़र रहे समाज की स्त्रियों को सम्बोधित कर रही थीं, जब सरकार मातृत्व के सारे प्रावधान प्रदान करने में असमर्थ थी और स्त्रियाँ नये विचारों के प्रति सशंकित थीं। ऐसे में, वे इस मुद्दे को बतौर राज्याधिकारी सम्बोधित करती प्रतीत होती हैं। इस क्रम में वे मातृत्व और स्तनपान के उत्तरदायित्व का महिमामण्डन कर रही हैं, इसका अहसास उन्हें नहीं हो पाता।

इसके अलावा, उनके मातृत्व विषयक विचार में मातृत्व अथवा गर्भ निरोध के चयन में स्त्री की मर्ज़ी के लिए कोई जगह नहीं है। वे राष्ट्र की श्रम–शक्ति बढ़ाने के लिए प्रजनन का सामाजिक उत्तरदायित्व निभाना 'ज़रूरी' मान रही थीं। आख़िर उनके लिए समुदाय का हित अधिक मायने रखता था। यद्यपि सन्तानोत्पादन और सन्तान का लालन–पालन अलग–अलग कार्य माने गये और लालन–पालन की ज़िम्मेदारी राज्य/समुदाय पर डाली गयी। लेकिन राज्य के इसे न निभा पाने के अवसरों पर स्त्रियों पर फैक्ट्री/बाहर काम करने के साथ–साथ इसके भी निर्वाह का दोहरा बोझ आ पड़ता था। संक्रमण काल में घरेलू कामकाज में पुरुष भी हाथ बँटायें, यह विचार नदारद था।

इस तरह, शिशुपालन के लिए राज्य के उत्तरदायी होने की उनकी धारणा स्त्रियों के लिए मुक्तिकामी होने की बजाय और अधिक उत्पीड़नकारी बन गयी।

घरेलू कामकाज के मामले में भी कोलोंताई ने अपना श्रम–सिद्धान्त लागू किया। यद्यपि वे घरेलू श्रम को अनुत्पादक मानती हैं और इसका उल्लेख पूँजीवादी समाज के सन्दर्भ में करती हैं। एक कृषक अर्थव्यवस्था में परिवार की 'सेहत' तात्कालिक ज़रूरतें (खाना–पकाना, साफ़–सफ़ाई आदि) पूरा करने के साथ–साथ बाज़ार में बिकने लायक चीज़ें (कपड़ा, धागा, मक्खन आदि) उत्पादित करने की स्त्री की क्षमता/दक्षता पर निर्भर करती थी। इसलिए हर पुरुष, चाहे वह किसान हो या कामगार, ऐसी पत्नी की लालसा रखता था जो दोनों ही तरह के कार्यों में निपुण हो।

वस्तुतः कोलोंताई यह महसूस कर रही थीं कि यह श्रम न केवल परिवार के हित के लिए बल्कि राष्ट्र की समृद्धि के लिए भी ज़रूरी है। पूँजीवाद में वस्तुओं का उत्पादन घरेलू दायरे में न होकर बाहरी दायरे में होने लगा और परिवार केवल उपभोग की इकाई बनकर रह गया, जहाँ साफ़–सफ़ाई, खाना–पकाना, देखभाल आदि काम रह गये। कोलोंताई इन कामों को थकाऊ, कठिन, काफ़ी समय लेने वाला और राज्य तथा राष्ट्रीय अर्थव्यवस्था के लिए अनुपयोगी मानती थीं। यहाँ पुनः ज़ोर सोवियत अर्थव्यवस्था के लिए उत्पादक श्रम के ज़रिये मूल्योत्पादन पर है।

पारम्परिक तौर पर मार्क्सवादी केवल उसी श्रम को उत्पादक श्रम मानते रहे हैं जिसका विनिमय मूल्य (उपयोग मूल्य नहीं) हो, जो अधिशेष मूल्य उत्पन्न करता हो और जिसका पूँजी के साथ सीधा सम्बन्ध हो। इस धारणा के तहत घरेलू श्रम अनुत्पादक श्रम हो जाता है। कोलोंताई के श्रम सम्बन्धी विचार इसी धारणा पर आधारित थे। नारीवादियों ने इसकी जो आलोचना की है वह 'घरेलू–श्रम–बहस' नाम से प्रसिद्ध है।

नारीवादियों ने यह उद्घाटित किया कि परिवार अथवा घरेलू–उत्पादन–प्रणाली पत्नी के अवैतनिक श्रम पर आधारित है। इससे पति और पत्नी के बीच विरोधी उत्पादन सम्बन्ध का निर्माण होता है। पितृसत्तात्मक शोषण का यही आधार है जहाँ पुरुष शोषक होते हैं। इसलिए श्रम का उत्पादक अथवा अनुत्पादक होना उत्पाद की प्रकृति से नहीं बल्कि उत्पादन सम्बन्ध से तय होता है। विवाह के सार्वभौमिक चौखटे और व्यक्तिगत सम्बन्ध के तहत स्त्रियाँ अवैतनिक श्रम प्रदान करती रही हैं जिससे उनकी घरेलू दासता की स्थिति निर्मित होती रही है।

इसी श्रम का बाज़ार में जाकर उत्पादक और विनिमय–मूल्य–युक्त हो जाना ज़ाहिर करता है कि घरेलू के नाम पर किस क़दर इसका अवमूल्यन किया जाता रहा है।

बहरहाल, घरेलू–श्रम–बहस और तद्जन्य चेतना का निर्माण साठ के दशक के दरम्यान जाकर ही सम्भव हो पाया। ऐसे में, कोलोंताई की सीमाएँ स्वाभाविक हैं। लेकिन इन सीमाओं के बावजूद इस तथ्य की सराहना की जानी चाहिए कि वे घरेलू श्रम के प्रथम सिद्धान्तकारों में से एक थीं।

जिस समय में वे लिख रही थीं उसके मद्देनज़र इन मुद्दों के विश्लेषण का उनका प्रयास अपने–आप में अत्यन्त महत्त्वपूर्ण योगदान था। इसके साथ ही, उनका परिवार में पूर्व में होने वाले 'सृजनात्मक' कार्यों और अभी के कभी न ख़त्म होने वाले थकाऊ और उबाऊ कार्यों के बीच भेद रेखांकित करना भी महत्त्वपूर्ण था। यह स्त्री के कार्यों का अवमूल्यन नहीं बल्कि उनकी प्रकृति की आलोचना थी। वे लिखती हैं– ''किसी कामगार स्त्री को यदि हज़ार बरस भी मिल जायें तो भी उसे हर दिन एक ही तरीक़े से जीना पड़ेगा। उसे रोज़ धूल की नयी परत झाड़ने के लिए मौजूद मिलेगी, उसका पति रोज़ भूखा घर लौटेगा और उसके बच्चे हर दिन जूतों के साथ कीचड़ घर के भीतर ले आयेंगे।''

शिशुपालन और घरेलू कामकाज के बारे में कोलोंताई ने कहा कि इनके समाजीकरण की प्रक्रिया नयी बात नहीं। क्रैश, शिशु–पाठशाला, रेस्तराँ, लॉन्ड्री आदि के रूप में ये पूँजीवादी व्यवस्था में पहले ही सार्वजनिक रूप ले चुके हैं। लेकिन इनका फ़ायदा सिर्फ़ अमीरों को मिलता रहा है। समाजवादी व्यवस्था सार्वजनिक भोजनालय, सामुदायिक रसोईघर, सिलाई केन्द्र जैसे उपक्रमों के ज़रिये कामगार स्त्रियों को भी घरेलू काम के बोझ से मुक्त करेगी।

यौन सम्बन्ध और कम्युनिस्ट नैतिकता

पूँजीवाद के अन्तर्गत परिवार ने आर्थिक कार्यों का निर्वाह किया था। कोलोंताई के अनुसार क्रान्ति के उपरान्त घरेलू कामकाज और शिशुपालन का दायित्व जब राज्य ने अपने ऊपर उठा लिया तब परिवार के नाम पर केवल स्त्री और पुरुष के बीच का सम्बन्ध बचा रह गया। इस सम्बन्ध यानी यौन सम्बन्ध के मसले का समाज के अन्य संघर्षों से गहरा जुड़ाव है, इस धारणा के आधार पर ही वह तत्सम्बन्धी बुर्जुआ और समाजवादी मतों की आलोचना कर रही थीं। बुर्जुआ नीति यह थी कि तथाकथित 'व्यक्तिगत' दायरे में हस्तक्षेप नहीं करना चाहिए। वहीं, समाजवादी इस प्रश्न को समाज के पुनर्गठन की प्रक्रिया के सम्पन्न होने के बाद ही विचार योग्य मान रहे थे।

कोलोंताई मनोयौनिक जगत और सामाजिक परिक्षेत्र दोनों के पुनर्गठन की प्रक्रिया को आबद्ध मानकर चल रही थीं। उन्होंने लिखा है–"इस तथ्य की अवहेलना क्यों की जा रही है कि स्त्री–पुरुष सम्बन्ध और उन्हें निर्धारित करने वाली नैतिक संहिता इतिहास में हमेशा से सामाजिक संघर्ष का नियमित मसला रहे हैं। इस हक़ीक़त को भी भुलाया जा रहा है कि व्यक्तिगत सम्बन्ध के स्वरूप का वर्ग–संघर्ष के नतीजे पर निर्णायक प्रभाव पड़ता है।"

विवाह के इतिहास पर नज़र डालते हुए कोलोंताई ने स्पष्ट किया कि विवाह/परिवार के बदलते रूपों को उचित ठहराने के लिए प्रेम की धारणा का इस्तेमाल किया जाता रहा है और इसी पर स्त्री की पराधीन स्थिति आधारित रही है। प्राचीनकाल में नातेदारी के प्रति आदर और सामूहिक हित विवाह का निर्धारक कारक हुआ करते थे। सामन्ती व्यवस्था में इनकी जगह पारिवारिक–व्यावसायिक हित ने ले ली। लेकिन इसी समय पहली बार 'नाइटों'[7] के बहादुरी प्रदर्शन के प्रेरक के रूप में 'अभिजात महिला' के प्रति 'निष्काम' प्रेम की धारणा ने भी जन्म लिया। पूँजीवाद में एकल प्रेम विवाह का आधार बना। उत्तराधिकार सुनिश्चित करने के उद्देश्य से बुर्जुआ प्रेम ने स्त्री से अपने पति के प्रति समर्पण और एकनिष्ठता की प्रत्याशा की जबकि पुरुष वेश्यावृत्ति जैसी संस्था के ज़रिये स्त्रियों का शोषण कर सकते थे।

कोलोंताई का मत था कि पूँजीवादी समाज में व्याप्त प्रेम का चरित्र पितृसत्तात्मक और व्यक्तिवादी होता है। उन्होंने पूँजीवादी समाज के आधुनिक पुरुष के मानस के दो चारित्रिक लक्षण बताये। पहला, पत्नी के प्रति अधिकार भाव और दूसरा, स्त्री और पुरुष यौनिक क्षेत्र समेत हर क्षेत्र में असमान हैं।

कोलोंताई के अनुसार यह स्थूल व्यक्तिवाद जो कि पूँजीवादी समाज का आधार है, अकेलेपन का ऐसा अहसास रचता है, जिससे 'दूसरों के ज़रिये अपने लिए आत्मिक और शारीरिक आनन्द के बृहत्तर अंश की प्राप्ति की लालसा प्रबल हो उठती है।' यह प्रबलता इतनी तीव्र होती है कि लालसा साधन पर अधिकार–भाव में तब्दील होते हुए दमनात्मक रूप ले लेती है। पूँजीवादी समाज में व्याप्त यही भाव 'आदर्श साथी' की तलाश का भ्रम पैदा करता है।

पितृसत्ता के विषय में कोलोंताई के विचारों में न केवल वास्तविक यौनिक और आर्थिक दमन के अलावा इसके प्रति भी सजगता है कि स्त्री विचारधारात्मक निर्मिति है। स्त्री न केवल पति की सम्पत्ति मानी जाती है बल्कि व्यक्तित्वहीन रूढ़ छवि में परिभाषित की जाती है। "हम स्त्री को एक व्यक्तित्व के रूप में नहीं बल्कि पुरुष के संलग्नक के रूप में देखने के आदी हैं। पुरुष (पति या प्रेमी) अपने व्यक्तित्व का जो प्रकाश स्त्री पर प्रक्षेपित करता है,

हम उसी में उसकी भावनात्मक और नैतिक निर्मिति देखते हैं। पुरुष के व्यक्तित्व को उसके यौन–व्यवहार से सम्बद्ध करके नहीं देखा जाता जबकि स्त्री के व्यक्तित्व का पैमाना ख़ासकर उसके यौन जीवन पर आधारित होता है।''

कोलोंताई को इस बात का पूरा अहसास है कि कोरी आर्थिक स्वतन्त्रता स्त्री को मुक्ति की ओर नहीं ले जायेगी। पितृसत्तात्मक विचारों के स्वायत्त वजूद की ओर इंगित करते हुए वे लिखती हैं कि–''स्त्री की आर्थिक भूमिका में परिवर्तन और उत्पादन में उसकी स्वतन्त्र सहभागिता से पितृसत्तात्मक कमज़ोर तो होंगे पर पूरी तरह से ख़त्म नहीं होंगे। उन्हें मिटाने के लिए विशेष प्रयास करने होंगे।''

नये समाज की नैतिकता

कोलोंताई यौनिक सम्बन्ध में तीन खामियाँ पाती हैं–अतिशय अहं, विवाहित साथी पर अधिकार और सेक्स आधारित असमानता। उनके अनुसार समाज में ढाँचागत बदलाव लाने के साथ–साथ व्यक्तिगत मानसिकता बदलने के लिए इन सबमें आमूल बदलाव लाना होगा। उन्होंने साम्यवादी नैतिकता का अपना सिद्धान्त नये समाज को ध्यान में रखते हुए विकसित किया था। क्रान्ति के बाद के सोवियत रूस में यौन सम्बन्ध के कई रूप उभरकर सामने आये। जहाँ अधिकांश साम्यवादी नेता इसे यौन अराजकता घोषित कर रहे थे वहीं कोलोंताई की प्रतिक्रिया यह थी कि कामगारों की सामूहिकता आधारित नयी समाज–व्यवस्था में क्या नैतिक है और क्या अनैतिक, इस पर बहस होनी चाहिए। चूँकि यह संक्रमण काल था, इसलिए मनोयौनिक परिक्षेत्र में पूँजीवादी समाज की आलोचना के बरअक्स नयी नैतिकता के आधार का एक खाका खींचना अनिवार्य था। दूसरे शब्दों में, कोलोंताई का निर्माणाधीन समाज के बारे में ख़याल यह था कि इसमें सम्बन्धों में समानता होगी, निजी सम्बन्धों के स्तर पर स्वतन्त्रता होगी और साथी–भाव (कॉमरेडशिप) असमानता की भावना को पीछे छोड़ देगा।

समाजवादी समाज में साथीपन और एकजुटता की अवधारणा बीज तत्त्व होंगे। पूँजीवादी समाज में यौन आकर्षण की जगह विवाहेतर क्षणिक मुलाक़ातों में रहती आयी है, समाजवादी समाज में इस पर हदबन्दी नहीं होगी। यौन सम्बन्ध का स्थायी या अस्थायी होना मायने नहीं रखेगा। इसमें असमानता के लिए कोई जगह न हो, यह मायने रखेगा। दोनों ही पक्ष एक–दूसरे के अधिकारों और भावनाओं की क़द्र करेंगे। एक–दूसरे के अन्तःकरण की आवाज़ों को सुनने और समझने के क़ाबिल होंगे। ऐसी बात नहीं है कि कोलोंताई यौन–सम्बन्ध की यह प्रस्तावना सामूहिक हित को ताक पर रखकर दे रही थीं।

प्रेमी जोड़े की इकाई कहीं सर्वथा एकान्तिक न हो जाये, इसे सुनिश्चित करने के लिए उन्होंने सामूहिक हित को प्राथमिक करार देते हुए सभी सदस्यों के बीच आन्तरिक लगाव रचने की ज़रूरत पर ज़ोर दिया।

कोलोंताई के बारे में प्रायः यह प्रचारित किया जाता है कि वे यौन–क्रिया को उतना ही प्राकृतिक और सहज मानती थीं जितना कि एक गिलास पानी पीने को। इसी आधार पर उन पर स्वच्छन्द सेक्स के प्रचार और सोवियत समाज में यौन अराजकता को प्रोत्साहन देने का आरोप लगाया गया। उनके लेखन को ध्यान से पढ़ने पर उक्त आरोप ग़लत साबित होता है। वस्तुतः, तत्कालीन सोवियत समाज में यौनिकता के संकट की प्रतिक्रिया में कोलोंताई की नयी नैतिकता ने आकार लिया था। 1920 के दशक के आरम्भिक वर्षों में सोवियत समाज सम्बन्धों के कई रूपों का साक्षात्कार कर रहा था।

ऐसे में कोलोंताई ने समतामूलक मूल्यों पर नवगठित समाज में नैतिकता की रचना के लिए इसे बहस का मुद्दा बनाने की ज़रूरत महसूस की। ''नये समाज में यौन सम्बन्धों के स्वीकृत मानक सम्भवतः (बिना किसी विकृति और अतिरंजना के) स्वतन्त्र, स्वस्थ और स्वाभाविक आकर्षण तथा रूपान्तरित कामभावना पर टिके होंगे।'' कोलोंताई सामूहिक हित को ध्यान में रखकर ही कामगार वर्ग के लिए नयी नैतिकता के निर्माण पर बल दे रही थीं। हालाँकि वे उसके स्वरूप का स्पष्ट रेखांकन नहीं कर पायीं। उसे संघर्ष के क्रम में उभरकर सामने आना था।

यह कोलोंताई की यौन–सम्बन्धी धारणा थी, जो सोवियत पार्टी के भीतर उनकी आलोचना का प्रमुख स्रोत बन गयी। यद्यपि इस विषय पर अन्य लोगों ने भी कुछ लिखा लेकिन वह मार्क्स, एंगेल्स और बेबेल के विश्लेषण से मूलतः इतना भिन्न नहीं था। कोलोंताई ने व्यक्तिगत दायरे के मुद्दों को वर्ग–संघर्ष और सामाजिक पुनर्गठन जैसे अन्य 'राजनीतिक' मुद्दों के साथ उठाने की कोशिश की। पार्टी के अन्य किसी नेता ने व्यक्तिगत दायरे और स्त्री उत्पीड़न के बीच के सम्बन्ध के व्यवस्थित विश्लेषण की कोशिश नहीं की, जो कोलोंताई का सर्वाधिक महत्त्वपूर्ण योगदान था। विडम्बना की बात है कि उन्हें सर्वाधिक आलोचना अक्सर केन्द्रीय स्त्री विभाग से सहनी पड़ी। विभाग की एक युवा कर्मचारी विनोग्राद्स्काया कोलोंताई की प्रबल कटु आलोचक थी। ऐलिक्स होल्ट ने लिखा है–''विनोग्राद्स्काया यह मान बैठी है कि मार्क्सवाद और सेक्स पर एक साथ विचार किया ही नहीं जा सकता। नये सिरे से समाज के गठन के ऊहापोह भरे माहौल में 'बहुमुखी प्रेम' कार्यक्रम का हिस्सा नहीं हो सकता। वे मानती हैं कि यह ख़याल कि 'यौनिक प्रेम' स्वायत्त और आत्म–उन्मुखी माना

जा सकता है और इसका प्रजनन से अनिवार्य जुड़ाव नहीं है, प्रबल निन्दा के योग्य है।'' 'व्यक्तिगत' दायरे के मुद्दों पर कोलोंताई के रूढ़ि रहित विचारों में ही शायद उनके राजनीतिक पतन और सोवियत इतिहास के सरकारी दस्तावेज़कारों द्वारा उन्हें भुला दिये जाने का कारण खोजा जा सकता है।

टिप्पणियाँ

1. 1946 के पहले के सोवियत यूनियन में किसी सरकारी विभाग के उच्चतम अधिकारी की पदवी।
2. रशियन सोशल डेमोक्रेटिक वीमेंस मूवमेंट।
3. ऑन द इमैन्सिपेशन ऑफ़ वीमेन।
4. जॉन वाला स्कॉट, एस. जे. किनबर्ग (सम्पादक) : *रिट्रिविंग वीमेंस हिस्ट्री : चेंजिंग परसेप्शंस ऑफ़ द रोल ऑफ़ वीमेन इन पॉलिटिक्स एंड सोसाइटी*, यूनेस्को प्रेस, पेरिस, 1988, पृ. 10
5. इस कविता में उन स्त्रियों का चित्रण हुआ है जो सामाजिक अन्याय के विरुद्ध संघर्ष के लिए घर की दहलीज़ पीछे छोड़ आयी थीं।
6. ग्रिगोरियन कैलेंडर के अनुसार 8 मार्च 1917 में रूस में जूलियन कैलेंडर प्रचलित था जिसके अनुसार फ़रवरी का अन्तिम रविवार पीटर्सबर्ग में महिला दिवस की तरह मनाया जाता था। 1917 में ग्रिगोरियन कैलेंडर में वह दिन 8 मार्च को पड़ा था, वह फ़रवरी क्रान्ति की शुरुआत का दिन था।
7. यूरोप में युद्ध में विशेष बहादुरी प्रदर्शित करने वाले योद्धाओं को राजा की ओर से दी जाने वाली उपाधि।

[**स्रोत** : जिनी लोकनीता, एलेक्ज़ेंड्रा कोलोंताई एंड मार्क्सिस्ट फ़ेमिनिज़्म, *इकोनॉमिक और पॉलिटिकल वीकली*, 28 अप्रैल 2001]

स्त्री-पुरुष तुलना

ताराबाई शिंदे

आजकल सभी अख़बारों में अबलाओं के बारे में बहुत कुछ लिखा जाता है, फिर भी यह महान अर्थ मिटाने के लिए आप में से कोई भी प्रयास नहीं कर रहा है, इसका कारण क्या होगा?

पुनर्विवाह न करने की प्रथा महान बीमारी के समान जगह–जगह और विविध जातियों में फैली है। इसके कारण कितनी ही महिलाएँ वैधव्य की असहनीय पीड़ा न जाने किस प्रकार अनुभव कर रही हैं। इसके कारण कितने अनर्थ होते हैं और किस प्रकार इनकी संख्या निरन्तर बढ़ती जा रही है। इसकी कल्पना भी नामुमकिन लगती है। क्योंकि मनुष्य–समाज में रहकर केवल मनोनिग्रह से स्त्री–धर्म की रक्षा करना असम्भव है। मन और आँखों के कारण ही सही, लेकिन वे दोषी ठहराई जाती हैं। बाल काटकर और सिन्दूर मिटाकर उसका (नारी का) सौभाग्य छीन लिया तो क्या हुआ? उसका मन और सही–ग़लत विचार करने की क्षमता तो उसके पास ही है। बाह्य रीति से उसे लूटने के बाद भी उसका अन्तःकरण कौन लूट सकता है? और स्त्री–धर्म का अर्थ भी क्या है? पति की आज्ञा का पालन करना, उसके मन के मुताबिक़ बर्ताव करना, पति ने यदि लताड़ दिया, गालियाँ दीं, दूसरी स्त्रियों के साथ सम्बन्ध रखे, शराब पी, जुआ खेला, चोरी करके, किसी को मारकर, चुगली करके, ख़ज़ाना लूटकर, रिश्वत खाकर चिल्लाता हुआ भी यदि वह घर आये तो भी यह मानकर कि कोई बड़ा कृष्ण महाराज ही आया है, उसका हँसकर स्वागत करना, उसकी सेवा करना, यही तो है ना आपका स्त्री–धर्म? परन्तु जहाँ भला–बुरा सोचने की शक्ति हो, वहाँ यह नारी–धर्म कैसे टिक पायेगा? जहाँ विचार हो वहाँ विकल्प तो आयेंगे ही। परद्वार स्वीकारने से ही पातिव्रत्य धर्म नष्ट नहीं होता, बल्कि उसके कई और कारण भी हैं। पति को ईश्वरस्वरूप मानकर आज उसकी पूजा कौन स्त्री करेगी? सावित्री आख्यान में पतिव्रता धर्म का विश्लेषण किया गया है। एक मिसाल दे सकते हैं कि आज कौन–सी नारी इसके अनुसार बर्ताव करती है?

स्त्रीपुरुषतुलना

अथवा

स्त्रिया व पुरुष यांत साहसी कोण हें स्पष्ट करून दाखविण्या-करितां हा निबंध

ताराबाई शिंदे यानीं रचिला

बुलढाणें

प्रांत वऱ्हाड

पुणें येथें

"श्री शिवाजी" छापखान्यांत छापिलें

सन १८८२ इ०

किंमत ९ आणे

सावित्री आख्यान कहता है कि पति ने लताड़ दिया तो हँस कर नरम स्वर में पति से कहना चाहिए—'आप मत मारो, आपके पाँव में दर्द होगा'—पति के पैर दबाने चाहिए। आख्यान कहता है कि पति मुक्कों से, लकड़ी से पिटाई करे तो रोना छोड़कर उलटे मक्खन लेकर, घर में मक्खन न हो तो पड़ोसी से माँगकर, बाज़ार से लाकर पति के हाथों में लगाना चाहिए। जो चीज़ पति नापसन्द करता हो वह चीज़ पत्नी को भी त्याग देनी चाहिए। परन्तु वास्तविकता तो अलग ही है। कौन स्त्री आज ऐसा करती है? पति के हाथों को मक्खन लगाने के बजाय वह कहती है, 'पीटने वाले के हाथ जल जायें।' पति जो चीज़ नापसन्द करता है, उसे ही स्त्री खाती है। बस चीज़ नमकीन या मीठी होनी चाहिए। पति यदि आम न खाता हो तो पत्नी उसे थोड़े ही खाना छोड़ देगी। आज पति ने प्यास बुझाने के लिए पानी की माँग की तो हो सकता है कि पत्नी कहे, 'मुझे भी बड़ी प्यास लगी है, वहाँ लोटा भरा पड़ा है। आप भी पी लीजिए और ज़रा मुझे भी दे दीजिए। यह बच्चा तो मुझे जगह से उठने ही नहीं देता। क्या करूँ?'

किसी ज़माने में शौहर यदि स्नान का नाम ले तो पत्नी पीढ़ा रखकर, गरम पानी निकालकर, शरीर मलने के लिए तैयार रहती थी और अब स्नान की बात निकलते ही पत्नी चिल्लाती है, 'अरे रामा, मालिक के स्नान के लिए पानी तो निकाल, उनकी धोती रख दे और हाँ, यदि मेरे लिए पूछें तो कह देना मैं चाय पी रही हूँ।' पहले ज़माने में पत्नी पति के भोजन के समय उसकी थाली परोसकर उसके साथ मीठी—मीठी बातें करती हुई पंखा झलती थी, आज के समय में वही स्त्री पति के खाना परोसने के लिए कहने पर कहती है, 'दाल—चावल पकना तो चाहिए, या वैसे ही परोस दूँ? आपकी कचहरी के नौ हर दिन बजते हैं। हाँ, यदि पान आदि चाहिए तो तैयार करवा लेना और मेरे लिए भी बनाकर रख देना ताकि खाने के उपरान्त मैं भी ज़रा आराम से पान खाऊँ।' अब पतिव्रताएँ और शास्त्र दोनों ही नहीं रहे।

यह बात आज भी तो सही है कि यदि पति पत्नी के लिए ईश्वरस्वरूप है तो पत्नी भी तो पति के लिए देवीस्वरूप होनी चाहिए, बल्कि यही ज़रूरी है। औरतों को भक्त बनकर पति से बर्ताव करना है तो क्या यह ज़रूरी नहीं है कि स्वयं को ईश्वर मानने वाले पतियों को भी भगवान की ही तरह अपने भक्त के सुख–दुख को पहचानकर उसके प्रति स्नेहपूर्वक आचरण रखना चाहिए। ईश्वर भक्त की भक्ति से प्रसन्न होते हैं, उसके गुण–दोषों को जानकर उसके अपराधों के लिए स्नेहपूर्वक उसका शमन करते हैं। उसी प्रकार यदि पत्नी के लिए पति ईश्वर है तो पति का ईश्वर समान व्यवहार होना भी आवश्यक है। दुर्गुणी पति को ईश्वर मानकर कौन स्त्री उसके साथ ज़िन्दगी बितायेगी? धृतराष्ट्र का अन्धापन सुनते ही गान्धारी ने भी अपनी आँखों पर पट्टी बाँध ली। आज की कौन नारी इस प्रकार अपनी आँखों पर पट्टी बाँध लेगी? आँखों के साथ अपनी विचार–शक्ति पर भी रोक लगा देगी? शास्त्रों का उदाहरण तो सभी देते हैं, परन्तु शास्त्रकर्ताओं ने प्राचीनकाल की जिन स्त्रियों को पतिव्रता कहा है, उनमें से दो–चार तो दोष–पात्र ही हैं। फिर भी उन्हें पतिव्रता का गौरव प्राप्त हुआ है। द्रौपदी पाँच पाण्डवों की पत्नी होते हुए भी अन्तर्मन में कर्ण का चिन्तन करती थी–क्या यह तथ्य नहीं है? अहिल्या इन्द्र के साथ रत होकर पत्थर बन गयी। सत्यवती और कुन्ती ने कौमार्यावस्था में ही वेदव्यास तथा कर्ण को जन्म दिया था। फिर भी वे सब श्रेष्ठ हैं। एक ने शरीर दुर्गन्ध नष्ट करने के लिए ऋषि वचन मान लिया और दूसरी ने मन्त्र का प्रभाव भी देख लिया। वाह रे देव! वाह रे ऋषि! सब एक से बढ़कर एक। पहले पराशर से गन्धर्व विवाह और बाद में शान्तनु से, वही बात कुन्ती की–पहले सूर्य से मन्त्र बल की प्राप्ति और तदुपरान्त पाण्डु के साथ पाणिग्रहण–क्या यह पुनर्विवाह नहीं थे? उनके पुत्र वेदव्यास और कर्ण पूज्य हुए, देवानाम प्रिय हुए, आज पुनर्विवाह के बाद हुए बच्चे को 'लेकावला', 'ख़र्चा', 'विदुर', 'गोलक' आदि नामों से बुलाया जाता है, परन्तु कौमार्य अवस्था में हुए बच्चों को क्या कहेंगे आप? कहिए। शास्त्र–पुराण पारंगत होकर वेदव्यास ने 'महाभारत' जैसे महाग्रन्थ की रचना की तो क्या माता–पिता उससे ही पावन हो गये? उनका दोष उससे नष्ट हो गया? कर्ण ने कुरुक्षेत्र में अपने भाइयों से युद्ध किया तो क्या इससे कुन्ती दोषमुक्त हो गयी?

तारा तो वानरराज बाली की पत्नी थी। बाली ने पहले भाई सुग्रीव की पत्नी रूमा को अपनाया और सुग्रीव को महल से निकाल बाहर किया। बेसहारा सुग्रीव जब राम से मिला तो वे दोनों समदुखी ही थे। एक की पत्नी को रावण उठा ले गया और दूसरे की पत्नी उसके ही बड़े भाई ने छीन ली थी।

दोनों की गहरी दोस्ती हुई। रामचन्द्र जी ने सुग्रीव के प्रति आस्था दिखाकर बाली को कपट से मार दिया और तारा का विवाह सुग्रीव के साथ करने लगे। उस बेचारी ने कहा, 'देवर तो पुत्र के समान होता है, उससे विवाह कैसा?' राम जी बोले, 'तू सुग्रीव के साथ पुनर्विवाह कर। तेरा नाम पतिव्रताओं में ही जाना जायेगा।' श्रीधर स्वामी ने ग्रन्थ की रचना करते हुए इसमें दो पंक्तियाँ और जोड़ दीं–'भगवान के कर्म को कोई बन्धन नहीं होता परन्तु मानव ऐसा कर्म नहीं कर सकता।' स्वामी जी कैसे जानते थे कि जो वह लिखेंगे उसे ही दुहराया जायेगा? और इसमें स्वामी जी का भी क्या दोष? वे तो सुग्रीव के राज्याभिषेक को शब्दों में उतारने में अधिक मशगूल थे। मानवीय आदर्शों का उनके लिए क्या महत्त्व?

अब रामायण ही ले लीजिए। सीता मैया को रावण उठाकर ले गया। उनके सौन्दर्य से लुब्ध हो गया। परन्तु, 'स्त्री पर बलात्कार करेगा तो सिर के सौ टुकड़े हो जायेंगे', ब्रह्मदेव के इस शाप की वजह से रावण 'गौ बनकर' रह गया। उसने सीता को बहकाने के जो भी भरसक प्रयत्न किये उनमें भी एक उदाहरण पातिव्रत्य का मिलता है। रावण ने अपनी पत्नी मन्दोदरी से कहा, 'तुम महान पतिव्रता हो, सीता को बोध देकर अपनी सौतन बनाने के लिए उसे तैयार करो।' पतिवचन वन्दनीय मानकर पति के इच्छित हेतु को पूरा करने के लिए मन्दोदरी सीता के पास गयी और उन्हें समझाया। उसने कहा, 'राम रावण एक ही राशि के हैं। उनका 'रा' अक्षर अमर है। राम वन में रहते हैं, उनके पास घर नहीं, राज्य नहीं, सुख–सुविधाओं का अभाव है और रावण के पास सुख–सुविधाएँ, धन–सम्पत्ति भरी हैं।' मन्दोदरी की इन बातों पर सीता हँस पड़ीं क्योंकि वह जानती थीं कि इसी धनवान रावण की वानरराज बाली के घर एक सामान्य दासी द्वारा फ़जीहत हुई थी और छोटे अंगद के झूले पर उसे उलटा लटकाया गया था। रावण कुछ नहीं कर सकता, इसी विश्वास से सीता ने मन्दोदरी को उलटे पाँव भेज दिया।

पतिवचन मानकर, उसकी मर्ज़ी के लिए किसी परायी स्त्री को इस प्रकार अपने पति के सुख के लिए बहकाना क्या दोष नहीं है? उलटे मन्दोदरी तो पुराणों में मशहूर है। पति का सुख देखा, इसलिए पति ख़ुश और अपना कर्तव्य किया, इसलिए पत्नी ख़ुश–तीसरी ही बेचारी बलि जा रही है–परन्तु उसका इन दोनों को क्या? वाह रे पतिव्रता!

इस लेख में अपने ही देवताओं की निन्दा करनी पड़ी है। परन्तु सत्य को कभी छुपाया जा सकता है? हमारे शास्त्रवचन हैं कि युद्ध के समय समरांगण में सामने चाहे अपना ही पिता–भाई क्यों न हो, यदि वह दोषी है

तो उसे मारना ही चाहिए। जब राम–रावण युद्ध में इन्द्रजीत मारा गया था तो श्रीराम ने कहा, 'क्या करें? क्षत्रिय–धर्म बड़ा ही कठिन है। युद्ध में सामने कौन है यह देखा नहीं जाता, चाहे वह जमाई पुत्र ही क्यों न हो! यह तो सत्य की असत्य पर विजय होती है।' वास्तव में सुलोचना का पातिव्रत्य देखकर श्रीराम इन्द्रजीत को पुनर्जीवित कर सकते थे परन्तु उन्होंने ऐसा नहीं किया। हनुमान और विभीषण की बात मानकर उन्होंने सुलोचना जैसी नारी को आग में जलने दिया।

उस ज़माने के ऋषियों के बारे में भी क्या कहना? कोई गौ के पेट से जन्मा, तो कोई हिरनी के पेट से। पक्षिणी के पेट से जन्मा भरद्वाज और गधी के पेट से जन्मा था, वह गर्दभऋषि! इन लोगों के कहे–लिखे वाक्य जैसे वेदवाक्य हो गये और उसका परिणाम भुगतना पड़ा नारी को। ईश्वर निन्दा के लिए मैं क्षमाप्रार्थी हूँ परन्तु इसके सिवा कोई दूसरा उपाय भी तो नहीं है। शास्त्रों और पुराणों के उदाहरण देकर नारी को किस प्रकार झुकाया जा रहा है, यह समझना तो चाहिए न?

आप लोगों ने शेर के समान जाँबाज़, भागीरथ जैसा प्रयत्नशील, जैमिनी के समान व्युत्पन्न आचरण कर, मर्दानगी और शूरता से महान वीरता का परिचय देते हुए शत्रुओं को मात दी। अग्नि जैसे प्रखर देवता को अपने क़ाबू में कर लिया। स्पर्शहीन वायु जो अग्नि से भी शक्तिशाली है, उसे अपने शक्ति–सामर्थ्यय से अपना ग़ुलाम बना लिया। बिजली तो सबकी माँ है। निरन्तर मेघमण्डल में, जहाँ पंछी भी पर नहीं मार सकते–वहाँ रहने वाली, उसे भी अपनी दासी बना लिया। इस प्रकार बलवान पराक्रमी होने के बावजूद आप, ग़रीब विधवाओं को लोक–लाज और रीति–रिवाजों की खाई से निकालकर, सब जाति–धर्मों के बन्धन तोड़कर उनके भाल पर कुमकुम–तिलक लगाकर उन्हें सौभाग्य प्रदान करने का पराक्रम क्यों नहीं कर सकते?

अन्धी माँ के दो–चार बच्चे रहते हैं। और खेल–खेल में ही उनमें से एक माँ से कहता है, 'माँ मैं राजा बना', दूसरा कह उठता है, 'माँ–माँ, मैं सेनापति हूँ' और तीसरा कहता है, 'माँ, मैं तो प्रधान बन गया हूँ'। अन्धेपन की वजह से माँ यह सब सत्य समझ बैठती है। क्या आपका बड़प्पन और शौर्य भी इसी प्रकार का है? क्या आपके पराक्रम का प्रवाह मृगजल है? यदि नहीं तो जवाँमर्दी का बीड़ा कोई क्यों नहीं उठाता? आप सब बच्चों की कहानी के चूहों के समान हैं। बिल्ली के गले में घण्टी तो डालनी है, पर वह डालेगा कौन? सिर्फ़ बतियाना जानते हैं आप लोग। कृतित्व कौन करेगा? सभाओं में सज–धज कर लम्बे–लम्बे भाषण देकर मूँछों पर हाथ फेरते–फेरते घर लौट आना,

क्या यही है आपका पराक्रम? इन सभाओं में कृतिहीन बनकर जाने में आप चाहे धन्यता समझें, मैं तो आप लोगों को अजागत स्तनों के समान निर्जीव ही समझती हूँ। देखो तो, जगतनारायण ईश्वर ने इस सृष्टि की रचना असीम चतुराई दिखाकर विविध मन लुभावने पदार्थों से की है। उसने भी धन और नारी के प्रति अधिक आकर्षण का निर्माण किया। नारी का स्थान धन से भी बढ़कर है। पुरुषों के हृदय को लक्ष्मी से अधिक सुख वही देती है। यदि तुम पुरुषों को सम्पत्ति से भरे हुए सुख–सुविधाओं के साथ परन्तु स्त्री–विरहित राजमहल में रखा जाये तो कैसा महसूस करोगे तुम? राजमहल भी क़ब्रिस्तान लगेगा, सुख–सुविधाएँ नीरस लगेंगी और यदि उस समय भगवान भी तुम्हारे सामने आयें तो तुम उनको भी भगा दोगे। जो तुम्हारी स्थिति रहती है, वही नारी की भी! पुरुष के बिना कैसे जी सकेगी वह? स्वयं ईश्वर ने नर–नारी की जोड़ी बनायी है। सारे सजीवों में स्त्री–जाति का निर्माण उसने किया है। प्रपंच का भार दोनों को एक साथ ढोना है। अकेला पुरुष या अकेली स्त्री कुछ नहीं कर सकते। नारी का मुखावलोकन किये बिना संन्यस्त वृत्ति से कितने दिन काट सकोगे तुम? पूजा–पाठ में भी नारी का होना महत्त्वपूर्ण माना गया है। श्रीराम जी का दर्शन अगस्त्य ऋषि ने इसलिए नहीं किया क्योंकि उनके साथ सीता जी नहीं थीं। जब शक्ति ही रावण उठाकर ले गया तब श्रीराम हाय–हाय करते सीता के शोक में मग्न एक भिखारी की तरह वन–वन घूमते रहे। यह नारी की महिमा है। तुम पराक्रम दिखाकर बलशाली शत्रु को पराजित कर लो, शेर को घोड़े के समान उपयोग करो, लेकिन अबला नारी के एक ही नेत्र कटाक्ष से तुम्हारा सारा धैर्य, शौर्य, पराक्रम हरण होगा, तुम उसका दासत्व करोगे। तुम शस्त्र से किसी को भी घायल कर सकते हो परन्तु क्या नारी के समान शस्त्र न उठाते हुए केवल नज़रों से प्राणी को हताहत कर सकते हो? तो अब बताओ, श्रेष्ठ कौन है? स्त्री अथवा पुरुष?

तुम्हें जो प्राणों से अधिक प्यार करती है, तुम्हारा पूरा ख़याल करती है, तुम्हारे इशारों पर बिजली के समान नाचती है, तुम्हारी इज़्ज़त बचाने के लिए सुख–दुख सब कुछ सहकर जो तुम्हारे जीवन से एकरूप हो जाती है, उसे ही दोषी मानकर तुम उस पर अत्याचार करते हो? आत्महत्या के लिए उसे मजबूर करते हो? तुम्हें इसकी कोई लज्जा भी नहीं? कितनी शर्मनाक बात है यह! नारी जन्मतः कोमल, लज्जाशील, मृदुल रहती है और तुम उसे ही निर्बल, अविचारी और मूर्ख कहते हो? अरे मूर्खो, क्या तुम जन्मजात सबल और पराक्रमी उत्पन्न हुए हो? माता का दुग्धामृत क्या तुम पुरुष नहीं प्राशन करते? तो दोष क्या केवल नारी में रहते हैं? 'जिसके हाथ में लाठी वही बलवान बाक़ी

सब निर्बल' यही तो आचरण है तुम्हारा, तुमने अपने हाथों में सब धन–दौलत रखकर नारी को कोठी में दासी बनाकर, धौंस जमाकर दुनिया से दूर रखा। उस पर अधिकार जमाया। नारी के सद्गुणों को, दुर्लक्षित कर अपने ही गुणावगुणों के दीये तुमने जलाये। नारी को विद्याप्राप्ति के अधिकार से वंचित कर दिया। उसके आने–जाने पर रोक लगा दी। जहाँ भी वहाँ जाती थी, वहीं उसे उसके समान अज्ञानी स्त्रियाँ ही मिलती थीं। फिर दुनियादारी की समझ कहाँ से सीखती वह?

पति के पहले पत्नी की मृत्यु हो या पत्नी के पहले पति की, मृत्यु और जीवन दोनों ही तो सर्वशक्तिमान नारायण के हाथों में है। किसी को जीवन या मृत्यु क्या तुम दे सकते हो? जवान मृत हो या बूढ़ा, इसका भी कोई नियम है? कोई जन्म लेते ही, कोई भरी जवानी में, कोई सौ साल जीकर, कोई सारे परिवार राजपाट का सुख उपभोग कर, ख़ुशी से अथवा दुखी होकर मृत्यु पाते हैं या नहीं? जब काल के आगे तुम्हारे जैसे 'सबल' पुरुष कुछ नहीं कर सकते तो, वहाँ इन बेचारी अबलाओं से क्या होगा? जब किसी नारी की कथा कही जाती है कि वह अपना सौभाग्य प्राप्त करने के लिए ब्रह्मा जी के पास गयी थी, तो क्या प्रजापिता ने उसे यह कहा था कि, 'किसी भी नारी को उसका सौभाग्य प्राप्त नहीं होगा?' इसका कोई प्रमाण दे सकते हो तुम? एक सावित्री को छोड़ कौन नारी यम के पास गयी है? सावित्री ने पति के प्राणों के साथ और भी बहुत कुछ माँग लिया था। पति के प्राणों की भिक्षा यम–दरबार में जाकर लाने का साहस एक स्त्री ने अवश्य किया है, परन्तु कभी सुना है कि एक पुरुष अपनी पत्नी के प्राण माँगने यम के पीछे–पीछे दौड़ा जाये? दौड़ने की बात छोड़ो, कोई पुरुष उस रास्ते पर चला भी नहीं। सौभाग्यहीन होने पर यदि स्त्री को आजन्म किसी महाख़ूनी के समान अँधियारी जगह पर जीवन बिताना पड़ता है तो तुम अपनी पत्नियों की मृत्यु के उपरान्त अपने मुँह पर कालिख पोतकर, दाढ़ी–मूँछ मुँडवाकर अरण्यवास क्यों नहीं स्वीकारते? तुम तो पहली की मृत्यु के पश्चात दसवें ही दिन दूसरी को ब्याह लाते हो। बताओ भी कि कौन–से ईश्वर ने तुम्हें ऐसी सलाह दी है? जैसी स्त्री वैसा ही पुरुष! तुम में ऐसे कौन–से अलौकिक गुण विद्यमान हैं, तुम कौन ऐसे शूरवीर और जाँबाज़ हो कि जिसकी वजह से परमपिता ने तुम्हें ऐसी स्वतन्त्रता दी है?

अरे, जब तक तुम्हारी वीरता नहीं आजमायी जाती तब तक ही तुम्हारी शान है। झाँसी की रानी के समान चार–पाँच सौ औरतें निस्संग होकर हाथों में तलवार लिए निकलें तो तुम्हारे भागने का ठिकाना नहीं रहेगा। पीठ दिखाकर ऐसे भागोगे कि ढूँढ़े पता न चलेगा। पहले मराठों में ऐसे संगीन बहादुर थे,

जिन्होंने दिल्ली के तख्त को हिला रखा था और आज अंग्रेज़ों का राज आते ही तुम्हारी घिग्घी बँध गयी! तुम चाहे अपने–आप को बड़े कलम बहादुर क्यों न समझो, उसे कौन घास डाल रहा है? वैसे भी आज की स्थिति में कलम बहादुर की जगह रोटी–बहादुर कहा जाये तो हर्ज़ ही क्या?

तुम बड़े ही ज्ञानी, धर्मपरायण, परोपकारी, दयावान, सर्वगुणसम्पन्न बुत हो तो तुम्हारे पास भूत दया क्यों नहीं है? या वह तुमने जंगल के शेर को बेच दी है? तुम कहते हो कि अपनी जात होती है, वैसे ही दूसरे की भी–उसका सम्मान करना चाहिए, फिर स्त्री के लिए तुम्हारा ऐसा भेदभाव क्यों? जिस प्रकार तुम्हारे प्राण तुम्हें प्रिय हैं वैसे ही क्या स्त्री को उसके प्राण प्रिय नहीं रहेंगे? तुम्हारे प्राण सोने से बने और स्त्री के लोहे से बने हैं क्या? या फिर स्त्री को तुम पत्थर समझते हो, भावनाहीन पत्थर! पति की मृत्यु के बाद उसकी स्थिति बदतर हो जाती है। उसका केश–वपन किया जाता है। इस सृष्टि की सारी सुन्दर चीज़ों से, सुख–सुविधाओं से उसे वंचित किर दिया जाता है। मंगलकार्यों में भाग लेने की उसे अनुमति नहीं होती। भले ही वह एक निरीह अबोध बालिका क्यों न हो, उस पर बन्धन डाले जाते हैं। विधवा का किसी के सामने आना अपशगुन माना जाता है। क्या यह सब उचित है? पति की मृत्यु हुई, इसमें उसकी पत्नी का क्या दोष? उसने थोड़े ही भगवान से प्रार्थना की थी कि, 'मेरे पति को ले जाओ और मुझे छुटकारा दे दो?' अन्य विधवाओं का बदतर जीवन देखने के बाद तो वह ऐसी प्रार्थना कर ही नहीं सकती। परन्तु इतनी विचारशक्ति है किसके पास? जो गुज़र गया, उसकी आयु समाप्त हुई इसलिए गया, तो उसकी पत्नी इस मृत्यु के लिए अपराधी कैसे हो जाती है? यदि विधवा को अपना उर्वरित जीवन अँधियारा, बदसूरत और भगवान का नाम लेकर ही बिताना है तो विधुर हुआ पुरुष भी यह स्थिति क्यों नहीं अपनाता? वह क्यों दूसरी शादी कर गृहस्थ धर्म अपनाता है? शास्त्रकर्ताओं की तिरछी नज़र केवल स्त्रियों पर ही क्यों? धर्म तो सबके लिए समान है–जो नारी के लिए, वही पुरुष के लिए क्यों नहीं होता? परन्तु ऐसा नहीं है। यदि शास्त्रकर्ताओं ने स्त्री–पुरुष दोनों के लिए एक ही नियम रखे होते तो प्रथम पत्नी की मृत्यु के बाद पुरुष दूसरा विवाह नहीं कर सकता था और यदि किया भी तो उस पुरुष को जातिभ्रष्ट किया जाता। अपशगुनी कहकर मंगलकार्यों से वंचित रखा जाता। हो सकता है कि इस परिस्थिति का मुक़ाबला स्वयं शास्त्रकर्ताओं को भी करना पड़ता, शायद इसलिए ही पुरुष को अधिकाधिक विवाह करने का अधिकार दिया गया, और उसमें भी यदि पुरुष धनवान हो तो पूछिए ही मत! हाथ में पैसा और साथ में स्तुति पाठक, फिर क्या पूछना?

चाहे वह शरीर से भिखारी हो, बूढ़ा हो–पैसा चाहे जो करवा सकता है, और ऊपर से स्तुति पाठकों द्वारा मिलने वाली उत्तेजना! सफ़ेद बाल काले रंग से रँगाये जाते हैं। गुज़री जवानी को पुनः दिखाने की कोशिश होती है। आईने में झाँककर बार–बार रूप निहारा जाता है। और रूप अधिकाधिक निखारने के लिए प्रयास किये जाते हैं। फिर स्तुति गायक बढ़ा–चढ़ा कर तारीफ़ करते हैं और बूढ़े बाबा घोड़ी पर सवार हो विवाह के लिए तैयार हो जाते हैं। चाहे शरीर भले ही साथ न दे। मुँह में दाँत नहीं हैं, सर से बाल ग़ायब हो रहे हैं, झुर्रियों से भरे शरीर में कँपकँपी छूट रही है, बोलते वक़्त तोतले बोल निकल रहे हैं और कान ऊँचा सुनने के लिए मजबूर हैं। ऐसी स्थिति में हाथ में लकड़ी लेकर, सिर पर साफ़ा, दुबले शरीर पर बढ़िया अँगोछा–धारीदार धोती ऐसा पहनावा पहनकर पुरुष अपनी स्तुति पाठकों से पूछता है, 'कैसा लगता हूँ मैं?' और वे लालची कह उठते हैं, 'आप तो बिल्कुल पच्चीस साल के युवा लगते हैं। शादी करने में कोई हर्ज़ नहीं। हमें भी तसल्ली मिलेगी।' बात सुनते ही बुढ़ऊ की नज़र में नारी का रूप छा जाता है। किसी ग़रीब को हज़ार–दो हज़ार देकर उसकी सुन्दर लड़की को ख़रीदा जाता है जैसे बाघ के सामने मेमने को डाला जाना। जब यह बूढ़े महाराज स्वर्गारोहण के पथ पर मार्गस्थ होते हैं तो उस बालिका की वही अपमानित स्थिति! क्यों यही सच है ना?

स्त्री को कभी इस तरह स्वाँग रचते देखा है किसी ने? एक बार उस पर यह वैधव्य की गाज गिरी तो बेचारी वही गठरी अपने पास रखकर अपने पति के गुण–अवगुण याद करती घर में, तथा बाहर भी लोगों के अत्याचार सहती हुई एक दिन भगवान को प्यारी हो जाती है। पति बीमार हुआ तो नारी डरती है, उसकी सेवा करती है–चाहे भक्ति भाव से या भय से। पति चाहे भला हो या बुरा, स्त्री सदा उसकी इच्छा के अनुसार ही आचरण करती है। और यदि पत्नी दो–चार साल बीमार हुई तो पति सोचता है, 'न जाने इससे कब छुटकारा मिलेगा, दवाएँ पिला–पिला कर हैरान होता जा रहा हूँ।' कभी सुना है आपने कि एक स्त्री इस प्रकार सोचती है? पुरुष धनवान हुआ तो अमीर, भिखारी रहा तो फ़क़ीर, और मरने के बाद पीर! संन्यास लेना चाहा तो भी तब जब मृत्यु कुछ ही दूरी पर रहती है। इनकी उपभोग की इच्छा तो कभी समाप्त ही नहीं होती। तुम लोग तो लोमड़ी के समान होते हैं, बहला–फुसलाकर शिकार को अपने क़ब्ज़े में करने वाले!

इसलिए सोचती हूँ कि ईश्वर इस अंग्रेज़ सरकार की शासन–प्रणाली ही क़ायम रखे। कम–से–कम इन अंग्रेज़ों ने स्त्रियों को पढ़ा–लिखा कर सुशिक्षित करने पर ज़ोर तो दिया और इस विद्यादान के कारण व्यावहारिक एवं मानसिक

अपमानों के क्षणों में भारतीय नारी अपना मानसिक सन्तुलन धैर्य से बनाकर खड़ी हो पायी। उनका अज्ञान दूर हुआ और सत्य, धर्म, स्वधर्म सबकी जानकारी उन्हें मिली। इससे इस भारतवर्ष की स्थिति में अवश्य बदलाव आयेंगे। फिर भी 'पुणे वैभवकर्ताओं' को शायद यह बात रुचिकर नहीं लगती। यह उनके एक–दो पत्रों से ज्ञात होता है। कोई एक विजयालक्ष्मी थी, जिसने स्वयं विधवा होने के बावजूद गर्भपात करवाया अथवा शिशु को जनमते ही मरवा दिया। इस विषय की जाँच अभी भी जारी है। किसी ने इस विषय पर पत्र लिखकर विधवाओं के पुनर्विवाह की माँग की। परन्तु स्त्रियों के बैरी 'पुणे वैभवकर्ताओं' को इस बात पर काफ़ी क्रोध आया और उन्होंने लिखा कि अंग्रेज़ों को हमारे धर्म में हस्तक्षेप करने का कोई अधिकार नहीं है। 'वैभवकर्ता' भी आख़िर सनातनी पुरुष हैं–चाहे विचार–स्वातन्त्र्य का प्रतीक अख़बार ही उन्होंने क्यों न निकाला हो! वे अपना मूल स्वभाव कैसे सुधारेंगे? हाँ, एक भेद अवश्य है, आप लोगों ने अब तक तो किसी यूरोपीय नारी से विवाह नहीं किया। परन्तु इसके अलावा अन्य ऐसी कौन–सी चीज़ है, जो आपने न अपनायी हो?

अंग्रेज़ों के समान पहरावा करते हैं, उनके समान अथवा उनसे अधिक ज्ञान प्राप्त करते हैं, उनके साथ बैठकर मांस–मदिरा भक्षण तो कब का शुरू हो गया है। यहाँ से परदेस जाकर उनका आचरण पूरी तरह से अपनाकर सारी उपभोग्य वस्तुओं का आनन्द लेते हो, और फिर यहाँ, अपने देश में लौटते ही धर्म के नाम से हो–हल्ला करते हो? क्या कहा जाये इसे? पंचगव्य प्रायश्चित्त करने के बाद भी जो अभक्ष्य भक्षण तुमने किया है, क्या उसका अंश जो अब रक्त बन कर तुम्हारे शरीर में बह रहा है, वह क्या धुल गया? हमारे धार्मिक कार्यों में अंग्रेज़ सरकार न आये, ठीक है, लेकिन उसी सरकार की आयात की हुई पाश्चात्य मदिरा तुम जिस शौक से पी रहे हो और मदिरा के साथ हज़ारों अजपुत्र, मुर्गे बलि होकर तुम्हारा उदर–भरण कर रहे हैं, उनका क्या होगा? क्या वह तुम्हारे इस हो–हल्ले से नष्ट हो सकेगा? 'पराया पैर और घर बेचैन' यह बात सही है। परन्तु वह कब, जब तुम स्वधर्म की ही भाँति बर्ताव करते, शासकों का आचरण न स्वीकार करते तब, फिर शायद इन विधवाओं के जीवन में प्रकाश की रेखा कभी भी नहीं आ सकती, यह समझकर हम सब शान्त रहते, परन्तु जब मनुपुत्रों का सारा आचरण ही बदल गया हो तो केवल स्त्रियाँ ही पीछे क्यों? तुमसे तो ये परदेसी भले–उन्होंने आपकी कोई रीति इस प्रकार बीभत्स रूप से अपनायी है कभी? तुम्हारे ऐसे अनुकरणीय स्वाँग पर सब हँसते हैं। इन पच्चीस सालों में तुम इतने बदल चुके हो कि तुम्हारी अपनी पहचान ही छूट चुकी है तुमसे। इन ख्रिस्तियों में और तुममें फ़र्क़ ही क्या रहा है?

ऐसी स्थिति में फिर धर्म कैसा? वह रहा ही कहाँ है? तुम्हारे पूर्वज भी तुम्हें पहचान न पायें। और तो और, गोरा साहब शायद दिन में एक बोतल पीता हो, तुम्हें हर दो घड़ी में एक बोतल और एक जोड़ी कबूतर चाहिए। इतना सब करने के बावजूद तुम स्वयं को स्वधर्मनिष्ठ कहलाते हो, उस निष्ठा को जताने के लिए पुराणों का आधार लेकर अपनी ही स्त्रियों पर अत्याचार करते हो? अब इसे कहें भी तो क्या कहें?

अंग्रेज़ों ने तुम्हारे इस देश को देश का, और मनुष्य को मनुष्य का रूप दे दिया। मानव रूप में जो तुम विचारहीन मूर्ख थे, ऐसे तुम पर करोड़ों रुपये ख़र्च कर तुम्हें शिक्षित किया। क़ानून बनाकर तुम्हारे सामाजिक जीवन को स्वस्थ बनाया, विज्ञान के दरवाज़े तुम्हारे लिए खोले। सुना है कि पाण्डवों ने अपने अज्ञातवास में काफ़ी गुफाएँ बनवायी थीं, जो शिल्प–चित्रकला से भी भरी हुई थीं। पाण्डवों और द्रौपदी को किसने देखा? परन्तु आज के ये शककर्ता अवश्य पाण्डवों के समान हैं। 'रामविजय' में श्रीधर स्वामी लिखते हैं कि इन्द्रजीत का अग्निरथ काफ़ी बोझ उठाता था और तेज़ी से जाता था। वह किसी ने देखा नहीं है। परन्तु इन शककर्ताओं ने जिस अग्निरथ का निर्माण किया है वह नियत समय पर नियत बोझ उठाकर हवा की गति से अवश्य दौड़ता है। आज तुम सोना उठाकर कहीं भी घूमो किसी का डर नहीं रहता है। ऐसी अद्‌भुत चमत्कारी सरकार ने यदि तुम्हारे धर्म में हस्तक्षेप कर तुम्हारी अबलाओं को सबला नहीं बनाया होता तो वह कार्य दूसरा कौन कर सकता था?

वैभवकार कहते हैं कि, "आज तक अंग्रेज़ सरकार ने जो भी क़ानून बनाये वह केवल चंचुप्रवेश के समान थे।" इस कथन से पता चलता है कि तुम लोग कृतघ्न और एहसान–फ़रामोश हो। विधवाओं का केश–वपन कर यदि इसी तरह उन्हें विद्रूप बनाना जारी रहा तो बावनखणी जैसी गृहशालाएँ खड़ी होने में किस बात की देरी! और फिर सरकार को तुम्हारे लिए एक बड़ा–सा कारागृह और हर स्त्री को इन 'बावनखणियों' से बचाने के लिए एक–एक छोटा घर बनाना पड़ेगा। तुम्हारे जैसे कामान्ध, मदिराप्रिय, मांसभक्षी व्याघ्र कारागार की पथरीली दीवारों के पीछे बन्द रहेंगे। सरकार यदि तुम जैसे भेड़–बकरों को इकट्ठा करती है तो कम–से–कम बैल, भैंस, घोड़ों को तो श्रम–परिहार मिलेगा। सरकार को पुण्य मिलेगा और ख़ज़ाना भरने के लिए एक और पर्व!

जो माता–पिता अपनी लाड़ली बेटी को सुख–चैन से रखते हैं, प्यार से उसका संगोपन करते हैं और युवा होते ही कन्यादान करते हैं उस पर यदि तुम धौंस जमाना चाहोगे, उसे लात–मुक्कों से मारोगे तो उस स्त्री के मन पर क्या गुज़रेगी, कभी इसका विचार भी आया है तुम्हारे मन में? तुम्हारा आचरण

'अन्दर गुद्दड़ और ऊपर से मखमल' जैसा ढोंगी ही है। स्त्री सदैव तुम्हारे संसार के लिए कष्ट सहती है। तुम्हारी इच्छानुसार अपना आचरण रखती है। अपने ख़ून से सींचकर तुम्हारे संसाररूपी बगीचे को सम्हालती है। तुम्हारी एक हँसी उसके लिए स्वर्गानन्द की प्राप्ति है और जब 'अमृतं स्वामीगौरवं' यह तुम ही कहते हो, तो अपनी पत्नी द्वारा बनायी छोटी कृति की तारीफ़ कर पत्नी को ख़ुशी देने में तुम कंजूसी क्यों करते हो? परन्तु नहीं, तुम तो अपनी पत्नी को निंद्य विशेषणों से जलील करते हो। क्या यही उसका प्रारब्ध है?

अहा रे देव! तेरी भी ऐसी विचित्र गति क्यों है? आजन्म पति के लिए कोल्हू के बैल की तरह पिसने वाली स्त्री को अपने मुख से शब्द निकालने की न अनुमति है ना घर पर उसका अधिकार। यही है तेरा न्याय? हे विधाता, स्त्री के माथे पर यह कैसा वनवास लिख डाला तूने? यदि ऐसी ही हर स्त्री की तकदीर है तो उसका निर्माण ही क्यों किया तूने? कम–से–कम तुम्हें लक्ष–लक्ष गालियाँ तो नहीं सुननी पड़तीं। हे परमेश्वर, तुम भी बड़े चालाक हो! अपनी ही जाति को स्वच्छन्दता और स्वतन्त्रता दे दी। तुम्हें भी पुरुष होने का अभिमान है क्या? दोनों का निर्माण तो तुमने ही किया है, फिर स्त्रियों की हालत इतनी बदतर क्यों की, हे विधाता? क्या पुरुषों में अवगुण रहते ही नहीं? सतयुग में पुरुष अपने वचन निभाते थे इसलिए स्त्रीहठ, बालहठ और राजहठ का निर्माण हुआ। आज की स्थिति में तो केवल 'पुरुषहठ' ही चलता है। स्त्री ने यदि किसी बात के लिए हठ किया भी तो उसकी सुनता कौन है? उलटे उसकी चमड़ी उधेड़ दी जाती है ताकि अन्य स्त्रियाँ भी चुप रहें। यहाँ एक काव्य–वचन दिये देती हूँ–स्त्री केवल कुल्हाड़ी, सबल वृक्ष तोड़ी–प्राणि त्रस्त कोटि–कोटि, मूर्तिमन्त व्याधी–इतने सारे अवगुण नारी के माथे पर थोपकर क्या तुम पुरुष सद्‌गुणों के बुत बन गये हो?

तुम्हारे विचार से यदि नारी तुम्हारा पुण्यवृक्ष काटने वाली कुल्हाड़ी है तो अपनी निर्मिति का अधिकार तुमने उसे क्यों दिया है? कम–से–कम यह तो मत भूलो कि तुम्हारा जन्म भी उसी की कोख से होता है। तुम्हारी बुद्धि बलिष्ठ है। इस बुद्धि से तुम लोगों ने क्या–क्या नहीं किया? सृष्टि में जो अघटित है वह सब तुम कर चुके हो। नारी यदि अनेकानेक संशयों का भँवर है भी तो उसके संशय केवल अज्ञान के कारण रहते हैं। परन्तु तुम्हारे मन का संशयचक्र इस गति से घूमता रहता है कि किसी की नज़र भी न रुक सकेगी। तुम्हारे मन में दगाबाज़ी के जो विविध संभ्रम रहते हैं, वह संभ्रम नारी के मन में नहीं रहते। हर नारी सूर्य के समान सतेज, गंगा के समान निर्मल रहती है, ऐसा नहीं है। लेकिन मन में संशयचक्र रखने वाली नारियाँ सौ में दस के बराबर रहती हैं,

और तुम लोगों में गंगाजल की तरह एक निर्मल अन्तःबाह्य मिलना भी मुश्किल है। तुम सब एक ही माला में पिरोये मोतियों की तरह हो। स्त्री को अविचारी कर्म का नगर कहा जाता है। तो क्या तुम विचारशील, विवेकी, उचित कर्मकार हो? तुम्हारे हाथों से इतने अविचार हुए हैं, होते हैं और फिर भी अपने आप को तुम विचारशील कहलवाते हो! धन्य हो तुम!

स्त्री भैंसों के समान मूर्ख कहलाती है, उसे न पढ़ना आता है न ही लिखना, तो क्या ईश्वर ने उसे बुद्धि ही नहीं दी? अविचारी होते हुए भी वे तुमसे तो अच्छी हैं। तुम अपने–आपको ज़रा देखो भी, स्वयं को सयाने, विद्वान समझते हो, फिर भी कारागृहों में तुम्हारी ही भरमार है। किसी ने जाली रुपये बनवाये, किसी ने ख़ून किया, किसी ने रिश्वत ली, कोई दूसरे की बहू लेकर भागा, राजद्रोह किया, किसी–न–किसी गुण के कारण सरकार ने तुम्हें बन्दीशालाओं में आतिथ्य प्रदान किया है। स्त्रियों ने ऐसे कितने अपराध किये हैं? कितने कारागार स्त्रियों से भरे हैं? दो–तीन हज़ार पुरुषों में सौ औरतें भी गुनहगार नहीं होंगी। उनके हाथ से यदि कोई अपराध होता भी है तो वह है, परद्वार का स्वीकार! दूसरा घर करना। परन्तु इसके लिए भी ज़िम्मेदार कौन है? निर्लज्ज नारी भी अपनी ओर से किसी पराये पुरुष के गले नहीं लगती। स्त्री के लिए सुख का क्या अर्थ है? केवल वही जो सुख उसे अपने पति के सच्चे प्रेम से मिलता है। यदि ऐसा होता है तो वह स्त्री दरिद्रता को भी सह लेती है, किसी चीज़ का अभाव उसके लिए अभाव नहीं रहता, दुखों में भी वह सुख ढूँढ़ती है। पुराणों में पुत्रहीन राजा की मृत्यु के उपरान्त वंशवृद्धि के लिए उसकी रानी को परपुरुष से नियोग की सम्मति दी गयी है। क्या यह परद्वार नहीं? व्यभिचार नहीं? ऐसी सम्मति के बजाय पुनर्विवाह की अनुमति क्यों न दे दी गयी? उसे राज–संरक्षण तो मिल जाता। सन्तानहीन राज्य आज जिस प्रकार विधवाओं के बाज़ार भर हैं, यह तो न होता। इससे अपना ख़ज़ाना भरकर सरकार ने इस देश को जो भिखारी बना दिया है, यह स्थिति तो न आती। और तुम, तुम भी क्या कम हो? अपनी वासनाओं की पूर्ति के लिए तुमने इन रूपवती प्रमदाओं को ऐसी विपन्नावस्था में ला छोड़ा है कि पूछो मत। पुनर्विवाह की मान्यता रहती तो इनकी ऐसी दुर्दशा कभी नहीं होती। एक पत्नी को सन्तान नहीं, इसलिए एक के बाद एक तुम शादियाँ करो। पति की मृत्यु होते ही फिर ये सब अपने नसीब को कोसती रहती हैं। फिर यहाँ वंश हो या न हो। स्त्रियों का मन कोमल होता है और वे अल्पसन्तुष्ट भी रहती हैं। बड़े–बड़े ओहदे के लिए, पैसे के लिए, अपना बड़प्पन दिखाने के लिए स्त्री कभी असाध्य कृत्य नहीं करती और तुम सारे दुष्कृत्यों का बोझ उनके सिर पर मढ़ते हो?

दोषों के निधान तो तुम हो। तुम्हारे ही कारण स्त्री दोषी हो जाती है। कितने ही पिता अपनी दस वर्षीय सुकोमल कन्याओं को धन के लालच में धनवान, नब्बे साल की उम्र वाले बूढ़ों को बेच देते हैं। बाघ के घर अपने ही हाथों अपनी ही लड़की को पहुँचाते हैं। नारी को जो सुख पति के साथ रहने से मिलता है, क्या वह सुख बूढ़े पति की मृत्यु के बाद रुपयों की खनखनाहट से मिलेगा? पति न हो तो दुनिया उसके लिए घना अँधियारा जंगल ही बन जाती है। बाह्य बवण्डरों से उसे क्या लेना–देना? सती (पूना की सार्वजनिक सभा में कहा गया कि सती प्रथा पर डाला बन्धन यदि सरकार उठायेगी तो अच्छा होगा। तुम लोगों के लिए तो यह अच्छा ही होगा। लेकिन आग की ऐसी झुलस तुम क्यों नहीं पत्नी की मृत्य के बाद चखते? यदि वह सती हो गयी तो उसके बच्चों को सँभालेगा कौन? कहावत है कि घोड़ा घुमाने वाला बाप चाहे तो मरे लेकिन चरखे पर धागा बुनने वाली माँ नहीं मरनी चाहिए) प्रथा इसलिए अच्छी थी कि कम–से–कम ऐसे अपमानित जीवन से तो मुक्ति मिलती थी। जीवन–भर विद्रूप होकर चमगादड़ों का जीवन तो न बिताना पड़ता था। माँ और पति दोनों ही न रहें, तो य़ौवन की आग में झुलसती यह यौवना जाये भी तो कहाँ जाये? जरठकुमारी विवाह का परिणाम यही होता है। कुछ लोग अपनी लड़की को सौतन बनाकर भेजते हैं। परन्तु सौतन बनना क्या स्त्रियों के लिए आनन्ददायक है? पति यदि कभी दूसरी नारी की ओर देख ले तो भी पत्नी जल–भुन उठती है। फिर अपनी सौतन आये, यह कौन–सी नारी को सुहायेगा? उस पर दोनों के लिए समान आचरण रखने वाले महाभाग पति दुर्लभ ही हैं। गहने, वस्त्र आदि का समान विभाजन हो सकता है, परन्तु प्रेम? वह तो फल के समान बाँटा नहीं जाता। प्रेम तो दूध के समान है–एक बार फट गया तो ख़राब ही हुआ समझो। यदि कोई स्त्री परपुरुष को नज़र–भर देखती है तो उसका पति अंगारों की तरह जल उठता है। आगबबूला हो अपनी ही पत्नी की इज़्ज़त पर दाग लगाने के लिए उतारू हो जाता है। मारपीट का तो अलग से पुरस्कार मिलता ही है। परायी स्त्री को देखने वाले पुरुष को क्यों नहीं इस तरह बेइज़्ज़त किया जाता? और फिर ग़रीबी के कारण यदि कोई पिता अपनी लड़की को सौतन बनाकर भेज दे तो वह पिता कैसा? यह तो पितृत्व का लक्षण नहीं हो सकता! उसे तो केवल कसाई ही कहना चाहिए। धनवान और मनचाहा पति होते हुए भी परपुरुष का साथ देनेवाली औरतें काफ़ी कम हैं। जैसे किसी राजा के रनिवास में होता है। परन्तु वहाँ राजा की इतनी पत्नियाँ होती हैं कि वर्षों तक पति प्रेम नसीब नहीं होता। फिर यौवन की आग में झुलसती ये स्त्रियाँ अपने आसपास मँडराने वाले दासों का साथ

न दें तो और क्या करें? यदि पति ही एकपत्नीव्रत का आचरण करने वाला हो तो ऐसे प्रश्न ही नहीं उठेंगे। यौवन की आग में स्वयं को ब्रह्मज्ञानी समझने वाले भी पिघलते हैं। यहाँ तो कोमल हृदयी नारी है, और फिर करताल की ध्वनि दो हाथों से ही होती है ना!

कभी–कभी कई धनवान अपनी इकलौती बेटी का ब्याह किसी ग़रीब से कर उसे घरजमाई बना लेते हैं। जब तक वे दोनों अज्ञानी होते हैं, तब तक तो ठीक रहता है। परन्तु जब दोनों बड़े होते हैं, सयाने होते हैं तो पति की नज़रों में पत्नी का धनवान होना, उसका कुल–शील काँटों के समान चुभता है। वह अपनी पत्नी से अपनी तुलना करता है। पौरुष दिखाने के लिए वह पत्नी से मार–पीट करता है। कभी–कभी पत्नी को अपना कुलहीन, ग़रीब पति पसन्द नहीं होता और ऐसा संसार शॉल के साथ कम्बल की तरह होता है। क्या इसमें पिता दोषी नहीं, जिसने अपनी लड़की का ब्याह अपनी बराबरी के घर में नहीं किया?

तुम्हें जिस प्रकार गँवार, कुरूप पत्नी पसन्द नहीं उसी प्रकार पत्नी भी गँवार, कुलहीन पति कैसे पसन्द करेगी? पत्नी की भी कुछ अपेक्षाएँ तो होती ही हैं। ज़्यादातर बाल–विवाह ऋण लेकर किये जाते हैं। वहाँ हर एक को सुन्दर धनवान लड़की कहाँ से मिलेगी? यौवन में सुशिक्षित हुए तुम्हें, फिर ऐसी गँवार पत्नी के प्रति घृणा महसूस होती है और उसे नौकरानी का स्थान तुम देते हो। अपने लायक दूसरी पत्नी की फ़िक्र में लग जाते हो और ऐसी कोई मिलते ही दूसरा विवाह रचाते भी हो। नारी कभी इस प्रकार बर्ताव करती है? जो पति नसीब में मिलता है उसके साथ ही ज़िन्दगी गुज़ार देती है। अब अवगुण किसके पास है–स्त्री के पास या पुरुष के?

कपटनीति में तो तुम लोग प्रवीण हो। हर पग पर तुम्हारी कपटनीति दिखायी देती है।. बहुरूपिए बनकर तुम घूमते हो। कितने नाम दिये जायें तुम्हें? गोसावी, साधु, बैरागी, दुग्धाहारी, मिताहारी, जटाधारी और न जाने कितने, संन्यासी का स्वाँग रचते हो। बाबा कहलाकर लोगों को ठगते हो। तुम्हारा पंच पकवानों का उपभोग शुरू होता है। साथ–ही–साथ और करतूतें शुरू रहती हैं। दर्शन के लिए आयी महिलाओं में से सुन्दर नवयौवना नज़र में आती है। मन में ईश्वर की जगह उन सुन्दरियों का चिन्तन बाबा करते हैं। काशी जाकर गंगा नहाने से अन्तर्मन की पापवासना थोड़े ही जाती है। पूरे बगुला भगत हो तुम। मूँदी हुई आँखों से किसी स्त्री का ध्यान लगाकर तपस्या करने वाले, भगवान के सामने पड़े पैसे उठाकर रंडी के घर जाने वाले तुम कैसे संन्यासी?

जब भगवान भी स्त्री के विरोध में हैं, तो तुम किस खेत की मूली हो? कृष्ण ने अर्जुन को संन्यासी के रूप में सुभद्राहरण करने के लिए कहा और सुभद्राहरण के बाद यादव चिल्लाने लगे 'संन्यासी ने बुआ को भगाया।' कभी सुना है कि बुआ ने संन्यासी को भगाया? वैसे ही रावण सर्वशक्तिमान हुआ तो त्रिभुवन को त्राहि–त्राहि करनी पड़ी थी। देवों ने नारायण की प्रार्थना की और उन्होंने राम के अवतार में जन्म लिया। सीता राम–रावण युद्धोपरान्त रावण के घर से लौटी तो उसे अग्निपरीक्षा देनी पड़ी। फिर अयोध्या में एक सामान्य पुरुष ने उस पर उँगली उठायी तो उसे गर्भावस्था में वनवास स्वीकारना पड़ा। इसमें राम का बड़प्पन कहाँ है? फिर भी राम की महिमा गायी जाती है। वह देव हैं, और सीता के भाग्य में केवल दुख! तुम तो इन देवों की परछाईं हो, तुम्हारी करतूतें तो देवों से बढ़ कर हैं। जिसके साथ भाई का रिश्ता मानते हो उसका भी बुरा सोचते हो। दोस्त की दोस्ती के गुण गाते हो किन्तु उसकी स्त्री से लेकर घर के कुत्ते पर भी तुम्हारी नज़र रहती है। सदैव दूसरों की निन्दा करते फिरते हो। नारी को कभी अपनी सहेली के प्रति जलन करते हुए देखा है? किसी नारी ने संन्यासिनी के रूप में कभी किसी पुरुष को भगाया है? एक तो उदाहरण दे दो। नारी स्वभावतः भोली होती है। इसलिए ही शायद वह साधु बैरागियों की बातों में आ जाती है। ठगी जाती है। असाध्य कर्मों से इच्छाएँ पूरी करने में उनकी मूर्खता अवश्य दिखायी देती है। यदि वे ऐसे कर्म ज्ञान–प्राप्ति के बाद भी करती हों तो उन्हें दोषी कहना ठीक था। अज्ञानी, अशिक्षित स्त्रियाँ ही ऐसे अविचार करती हैं।

मोहिनी के विषय में कहा जाये, तो स्त्री–जाति स्वयं मूर्तिमन्त मोहिनी है। नख से लेकर शिख तक उसका हर अवयव, उसकी चाल, उसकी आवाज़, आचरण सब कुछ दूसरों को आकर्षित करने वाला चुम्बक है। मधुमक्खियाँ जिस प्रकार मधु–छत्ते पर लुब्ध होती हैं, वैसे ही उसे देखते ही पुरुष मोहित होता है। इसमें नारी का क्या दोष? यह ईश्वरीय देन है। यदि स्वर्ण मुद्राओं के साथ सुन्दर नारी को खड़ा किया जाये और तपस्वी से कहा जाये, इसमें से एक का चुनाव करो तो वह निश्चय ही नारी को चुनेगा। दुर्गुणों की उत्पत्ति का स्थान तो तुम ही हो। स्वधर्म छोड़कर मनमाना आचरण करना, शराब पीकर रास्ते पर तमाशा करना, जुआ खेलना, अफ़ीम खाना, वेश्याओं के पास जाना आदि बुराइयाँ तो तुमने ही शुरू कर दी हैं। अब सवाल है वेश्या कौन? उसकी तो सृष्टि विरहित उत्पत्ति नहीं हुई, ना किसी देव ने उन्हें गढ़ा। वे तो तुमसे ही उगायी गयी और घर से निकाली गयी औरतें हैं। स्त्री बेशर्म नहीं होती। तुमने उसे एक बार अपनी करतूत दिखायी, बाहर के मोहमयी जीवन की झाँकी

दिखायी तो बात ही क्या? एक बार फिसली हुई वह फिर फिसलती ही जाती है। जैसे शराब की माँग बढ़ती है, उसके व्यापारी भी बढ़ते हैं। यदि तुम लोग ही मनोरंजनार्थ वेश्याओं को बढ़ावा नहीं देते तो समाज वेश्यारहित हो सकता था। लेकिन अब औरतों को पता चला है कि पेट भरने के लिए जिस्म का उपयोग हो सकता है। स्त्री में तो कामुकता पहले से ही ज़्यादा है, उस पर सौन्दर्य का वरदान उसे मिला है। यह तो आग में घी बराबर हुआ न! किसी वेश्या से यदि उसकी पिछली ज़िन्दगी के बारे मे पूछा जाये तो आगबबूला हो वह पुरुष की ही निन्दा करेगी जो उसे इस स्थिति तक ले आया। तुम अपने आप में विषवृक्ष के समान दुर्गुण के फलों से भरे हुए हो और स्वयं के दुर्गुणों का दोष औरत के माथे पर डालते हो, यही आश्चर्य की बात है। एक बार बुराई की आदत हुई तो मनुष्य किसी भी सीमा तक जा सकता है, बस उसे वह सुख मिलना चाहिए। इसमें फिर क्या पुरुष और क्या स्त्री? एक झूठ के लिए सौ झूठ! शराब पीना, जुआ खेलना आदि अवगुण स्त्रियों में देखे हैं कभी?

स्त्रीचरित्रम नामक किताब में स्त्रियों के 'साहस' के बारे में किसी पुरुष ने ही लिखा है। वह कितना सच है, इसका प्रमाण कहीं नहीं है। महलों में रहने वाली स्त्रियाँ कितने कड़े पहरे में रहती हैं। रात में चाहे पुरुष वेश में ही सही, राजमहल से बाहर निकलना उनके लिए मुश्किल ही नहीं असम्भव भी है। पहरेदारों से बच निकलना क्या आसान है? और न ही सारे पहरेदार नमकहराम होते हैं। अरे! जिन्होंने राजमहल के बाहर की धूप शायद ही देखी हो, वे अपना सारा ऐश्वर्य, विलासी जीवन छोड़ किसी गुसाईं, साधु के लिए इतना साहस कर पायेंगी? ऐसा तो हो ही नहीं सकता। राजहंस मोतियों को छोड़कर कुछ खाते भी हैं कभी? फिर उन्हें भूखा ही क्यों न रहना पड़े! वेश्याएँ जो करती हैं, वह उनके लिए केवल व्यवसाय है। उनका सारा ध्यान तो अपनी आमदनी पर ही होता है, मनुष्य पर नहीं। *स्त्रीचरित्रम* में एक बात तो इतनी बीभत्स लिखी है कि पाठक ही शरमा जाये, इससे तो यही साबित होता है कि लेखक कितना नीच और असभ्य है। उच्च स्तर के साहित्य के लिए शृंगार, हास्य, तथा विरह रस प्रधान अवश्य माने जाते हैं परन्तु ग्रन्थकर्ताओं के लिए यह भी ज़रूरी है कि वे सत्य का ध्यान रखें। मंजुघोषा, सार्वभौम राजा की चतुर, सर्वगुणसम्पन्न लड़की! कुल, शील, योग्यता की परवाह न करते हुए, पिता से छिपकर जिस राजपुत्र के साथ वह भाग गयी क्या वह यथार्थ लगता है? क्या उसके मन में अपने पिता के प्रति कुछ न आया होगा? राजसी वैभव छोड़कर एकाएक वह कैसे जा सकती थी? कितनी सच है यह बात?

ग्रन्थकर्ता तो इसी सदी का है, किन्तु मेरी पीढ़ी ने वसन्तमाधव नामक हवाई जहाज़ के बारे में कभी सुना तक नहीं है, जिसमें बैठकर मंजुघोषा चली गयी थी। अंग्रेज़ों ने हवाई जहाज़ बनाये परन्तु हवाई जहाज़ का ऐसा उपयोग करने की कल्पना भी उनके मन में न आयी होगी। मुक्तमाला भी बड़े सरदार की बेटी थी। उसका पति कारागृह में था, उससे मिलने के लिए प्रयास करते–करते वह भद्राक्ष नाम के दुष्ट के हाथों में आ जाती है। वह मुक्तमाला को कहीं क़ैद कर देता है। कथा कहती है कि उसने अपना स्त्री–धर्म नहीं छोड़ा। परन्तु निर्मल मनुष्य की जगह पर किसी कामान्ध व्याघ्र को गौ मिल जाये तो क्या वह उसे मारे बिना रहेगा? कपटी पुरुषों के आगे पतिव्रता धर्म कहाँ तक रहेगा? कल्पना विलास ठीक है। जैसे कथाकार कथा कहते समय कहता है कि बैंगन निषिद्ध है और कथा समाप्ति के बाद ख़ुद वह घर जाकर बैंगन की सब्ज़ी चाव से खाता है। दुष्ट पुरुषों के हाथ से स्त्री के छूटने का एक ही रास्ता है–प्राण त्याग!

तुम्हारी कामवासना पूर्ण होते ही तुम ज़िम्मेदारी से मुँह मोड़ लेते हो। और उस गर्भवती नारी के लिए दो ही रास्ते बचते हैं–देह–त्याग नहीं तो बाल–हत्या!

तुम्हारे कुकर्मों का कोई साक्षी नहीं होता, इसलिए दण्ड नारी को मिलता है। यदि पुरुष को भी उससे कड़ा दण्ड दिया जाये तो वह कभी किसी नारी को लांछित नहीं करेगा। तुमसे तो साँप अच्छा है, जिसके दंश से मृत्यु तत्काल मिलती है। तुम तो नारी का जीवन–भर शोषण करते रहते हो। जिस प्रकार नारी तुम्हारे लिए दर्द सहती है, उसी प्रकार क्या तुम दर्द सह सकोगे, उसके लिए?

नारी का प्रेम सागर की तरह गहरा होता है। जिसे वह चाहती है उसे कभी भूलती नहीं, लेकिन तुम भँवरे के समान यहाँ से वहाँ सूँघते रहते हो। अपने दुर्गुणों को पहले पहचानना सीखो तुम।

जिस स्त्री को तुम नरकद्वार कहते हो वह असल में है कौन? तुम्हें किसने जन्म दिया है? नौ महीनों तक तुम्हारा बोझ किसने उठाया? आँखों का दिया और हाथों का झूला बनाकर तुम्हें किसने पाला? वह तुम्हारी माँ है, भैया कहकर पुकारने वाली, तुम्हारी बहन है। यह भी तो स्त्री है। उसे ही तुम लोग दुर्गुणों की खान, सुख पर पड़ी कुल्हाड़ी कहते हो। क्या कहा जाये तुम्हें? मातृद्रोही? मातृनिन्दक?

हमारी संस्कृति माता, पिता, गुरु को ईश्वर का स्थान देती है। पुंडलिक ने अपने माता–पिता की ऐसी सेवा की कि स्वयं भगवान को भी अट्ठाईस

युगों तक ईंट पर खड़े रहकर पुंडलिक की प्रतीक्षा करनी पड़ी। अकबर ने बीरबल से पूछा, 'भगवान कहाँ रहता है? क्या खाता है?' बीरबल ने कहा था कि, 'जिसका ईमान क़ायम है, उसके पास भगवान रहता है। वह दुनिया के अपराध सहकर दुनिया को क्षमा करता है।' स्त्री में यही क्षमता है। स्त्री में यही क्षमाशीलता है। वह पृथ्वी के समान है। वह सभी अपराधियों को धारण करती है–धरती के समान। फिर वह नरकद्वार कैसे हो सकती है? यदि तुम्हारी माँ को कोई दोषी कहे तो क्या तुम चुपचाप मान जाओगे? स्वर्ग तो किसी ने देखा ही नहीं है फिर स्त्री को स्वर्ग का रोड़ा कहने का क्या अर्थ? रंगरेलियाँ उड़ाते समय स्त्री के साथ तुम्हें स्वर्गिक–सुख मिलता है और दण्ड की नौबत आती है, तो स्त्री को दोषी ठहराते हो! धन्य हो तुम!

तुम इतने कुटिलनीतिज्ञ हो कि स्वयं भ्रमर के समान चंचल होते हुए भी कहते हो कि, 'स्त्रियश्चरित्रं पुरुषस्य भाग्यं देवो न जानति कुतो मनुष्यः।' विधि लिखित का दोष स्त्री को क्यों दिया जाता है?

नारी जब किसी पर सर्वस्व न्योछावर करती है तो दूसरे की ओर देखती भी नहीं। लेकिन तुम हो कि शरीर में मदन का संचार होते ही कुरूप कुब्जा तुम्हें रम्भा महसूस होती है। कहा जाता है कि स्त्री के कारण अनर्थ हुए हैं। इसका सत्य कारण कभी जानना चाहा? कैकेयी दोषी कहलाती है, किन्तु दशरथ अपने वचन से भरत को राजा बनाने के लिए कैकेयी से विवाह के क्षण से बाध्य था, और रघुवंशी का यह वचन निभवाने के लिए ही कैकेयी को क्रोधित होना पड़ा, यह बात कितने लोग जानते हैं? सीता के कारण राम–रावण युद्ध हुआ। वनवास के अभावों में जीने के लिए सीता को राम ने ही बाध्य किया था न? अब दोष किसे दें? एक पति अपनी पत्नी को जुए में एक वस्तु समझकर हार जाये, क्या यह नारी का अपमान नहीं? उसके लिए जो महाभारत हुआ, उसका दोषी द्रौपदी को क्यों कहा जाता है? यदि इस दुनिया में स्त्री ही न रहती तो सुन्दरता किसे कहते तुम?

स्त्री शक्ति है। वह अर्धांगिनी है। यदि आधा शरीर पीड़ित हो तो बाक़ी आधा शरीर काम कर सकता है? स्त्री ऐसी शक्ति है जो इस सारे संयम को जला सकती है। जहाँ वह रहती है, वहाँ लक्ष्मी का निवास रहता है। इसीलिए तो उसे लक्ष्मी कहा जाता है। तुम ऐसा सोचोगे तो स्त्री तुम्हारे लिए अमृत ही बन जायेगी। वह गौ है, इसलिए उसका संरक्षण तुम्हारी ज़िम्मेदारी है। तुम अपने मन को विवेक के खम्भों से बाँध दो। सदाचार से रहो। फिर देखना, हर घर आनन्द का महल हो जायेगा और निष्कलंक पातिव्रत्य की पताका हर जगह लहरायेगी। स्त्री अपने सदाचार के बल पर अग्नि के समान पवित्र,

अन्तर्बाह्य शुचि रहकर पुरुषों को नीचा दिखा सकती है। अपने शक्ति नाम को रोशन कर सकती है। ऐसी सदाचारी, पतिव्रता, दोनों कुलों का भूषण रहने वाली, तेजस्विनी स्त्री की सुकीर्ति की ध्वजा म्दा ऊँची रहे और बाल–बच्चों सहित वैभव का पूरा आनन्द प्राप्त हो, यही उस दयानिधि ईश्वर के चरणों में मेरी प्रार्थना है।

[**स्रोत** : *स्त्री–पुरुष तुलना*, संवाद प्रकाशन, मेरठ]

सुल्ताना का सपना
रोकेया सखावत हुसैन
•

अनुवाद : **विद्यानिधि**

[वरिष्ठ कथा–लेखिका रुकय्या सखावत हुसैन का जन्म 1880 में पैराबन्द, रंगपुर (अब बांग्लादेश) में हुआ। शिक्षा, अनौपचारिक। *सुल्तानाज़ ड्रीम* (अंग्रेज़ी) *दि इंडियन लेडीज़ मैगजीन* में 1905 में प्रकाशित हुई। *मोतीचूर* भाग–1, 1903, भाग–2, 1921, *पदमार्गा* 1924, *अवरोध–वासिनी*, 1928–29। यह कहानी पहली बार *हंस* में प्रकाशित हुई थी जहाँ से यह अनेक हिन्दी–उर्दू संकलनों में ली गयी।]

एक शाम अपनी ख़्वाबगाह में आरामकुर्सी पर सुस्ताते हुए मैं हिन्दुस्तानी औरतों की दशा पर विचार कर रही थी। ऊँघते–ऊँघते शायद मैं सो गयी, लेकिन जहाँ तक मुझे याद है, मैं पूरी तरह जागी हुई थी। हज़ारों–लाखों हीरों से चमकता और चाँदनी से दमकता आसमान मुझे साफ़–साफ़ दिखायी दे रहा था।

एकाएक एक ख़ातून मेरे सामने आ खड़ी हुईं। अन्दर कैसे आयीं, पता नहीं। मुझे लगा जैसे मेरी सहेली सारा आपा आयी हैं।

"आदाब", वह बोलीं, मैं भीतर से मुस्करायी, क्योंकि मुझे पता था वह सुबह नहीं, तारों भरी रात थी, फिर भी जवाब में मैंने पूछा, "आप कैसी हैं?"

"मैं बिल्कुल अच्छी हूँ। शुक्रिया। चलो, बाहर चलकर अपने बगीचे में सैर करते हैं।"

मैंने खुली खिड़की के भीतर से चाँद को फिर देखा और सोचा, कि इस वक़्त बाहर जाने में कोई हर्ज नहीं। बाहर नौकर–चाकर अब गहरी नींद में होंगे और मैं आराम से सारा आपा के साथ उस ख़ुशगवार सैर को जा सकती हूँ।

जब हम दार्जिलिंग में थे, अक्सर मैं सारा आपा के साथ सैर को जाती थी। कई बार हम दोनों हाथों में हाथ डाले इधर–उधर की गप करते वहाँ के

बॉटनिकल गार्डन में घूमा करते थे। मुझे लगा, सारा आपा शायद मुझे ऐसे ही किसी बाग़ में ले जाने आयी हैं, इस़लिए मैंने झट उनकी बात मान ली और उनके साथ बाहर निकल आयी।

चलते हुए मुझे यह देखकर बड़ी हैरानी हुई कि वह अच्छी--भली सुबह थी। शहर पूरी तरह जाग चुका था और सड़कें जोशीली भीड़ों की चहलक़दमियों से आबाद थीं। मैं दिनदहाड़े सड़क पर चली जा रही हूँ, यह सोचकर पहले तो मुझे बड़ी शर्म आयी, लेकिन फिर मैंने देखा कि वहाँ एक भी मर्द मौजूद न था।

राह चलती कुछ औरतों ने मुझसे दिल्लगी की। हालाँकि मैं उनकी ज़बान से वाक़िफ़ न थी, फिर भी यह पक्का था कि वे दिल्लगी ही कर रही थीं, मैंने अपनी दोस्त से पूछा, "क्या कहती हैं वो?"

"कहती हैं, तुम बड़ी मर्दानी हो।"

"मर्दानी? इससे उनके क्या माने?" मैंने पूछा।

"यही कि तुम मर्दों की तरह झेंपू और बुजदिल हो।"

"मर्दों की तरह झेंपू और बुजदिल?" मुझे यह वाक़ई मज़ाक़ लगा। जब मैंने जाना कि मेरे साथ चलने वाली ख़ातून मेरी दोस्त सारा आपा नहीं, बल्कि कोई ग़ैर हैं, मैं सिहर उठी। उफ़, मैंने कितनी ग़लती की, जो इन्हें अपनी पुरानी दोस्त सारा आपा समझा।

उन्होंने अपने हाथों में मेरी उँगलियों का कँपकँपाना महसूस किया, हम एक–दूसरे का हाथ थामे जो चल रहे थे।

"मेरी जान, तुम्हें क्या हुआ", उन्होंने बड़े लाड़ से पूछा।

"मुझे कुछ अजीब–सा लग रहा है। पर्दानशीं औरत हूँ न, मुझे सड़क पर बेपर्दा होकर चलने की आदत नहीं।" मैंने कुछ माफ़ी–सी माँगते हुए कहा।

"यहाँ किसी मर्द से सामना होने का ख़ौफ़ नहीं। यह नारी–प्रदेश है, पाप और पीड़ा से परे। यहाँ ख़ुद नेकी का राज है।"

अब मुझे भी नज़ारों का मज़ा आने लगा था। सच, बड़ा सुहाना मंज़र था। हरी घास के एक टुकडे को मैंने मखमली गद्दी समझा। एक नरम कालीन पर चलने का अहसास होने पर नीचे देखा, तो फूलों और सेवार से ढँका रास्ता नज़र आया।

"कितना अच्छा लग रहा है!" मैंने कहा।

"पसन्द आया?" सारा आपा ने पूछा। (मैं उन्हें सारा आपा कहकर ही बुलाती रही और वह मुझे मेरे नाम से।)

"बहुत ज़्यादा, लेकिन मैं इन नर्म–नाजुक फूलों पर चलकर इन्हें रौंदना नहीं चाहती।"

"फ़िक्र क्यों करती हो, सुल्ताना जान, ये रास्ते के फूल हैं, तुम्हारे चलने से इन्हें कोई फ़र्क़ नहीं पड़ेगा।"

"सारी जगह एक बाग़ की तरह लग रही है। आपने हर पौधा इतनी होशियारी से जो लगाया है।" मैंने उन्हें सराहा।

"तुम्हारा कलकत्ता भी ऐसा ही बाग़ बन सकता है। बशर्ते तुम्हारे देशवासी उसे ऐसा बनाना चाहें।"

"बाग़वानी को इतना महत्त्व देना उन्हें फ़ालतू ही लगेगा, आख़िर उन्हें इतने और काम जो हैं।"

"इससे बढ़िया बहाना उनके लिए और क्या होगा?" उन्होंने मुस्कराते हुए कहा।

मुझे यह जानने की बड़ी उत्सुकता हो रही थी कि आख़िर सारे मर्द कहाँ चले गये। यहाँ तक आते–आते सौ से भी ज़्यादा औरतों से मेरा सामना हो चुका था, लेकिन किसी एक भी मर्द पर मेरी निगाह नहीं पड़ी थी।

"सब मर्द कहाँ हैं?" मैंने पूछा।

"अपनी सही जगह पर, जहाँ उन्हें होना चाहिए।"

"सही जगह से आपका क्या मतलब है भला?"

"ओह समझी, तुम पहले कभी यहाँ नहीं आयी हो न, इसलिए हमारे रिवाजों से वाक़िफ़ नहीं। हम अपने मर्दों को अन्दर ही रखते हैं।"

"जैसे हमें ज़नाना में रखा जाता है?"

"बिल्कुल वैसे ही।"

"क्या बात है!" मैं खिलखिला उठी। सारा आपा भी हँसने लगीं।

"लेकिन सुल्ताना जान, कितनी ग़लत बात है कि बेचारी औरतों को तो अन्दर बन्द रखा जाये और मर्दों को खुला छोड़ दिया जाये।"

"क्यों, हम कुदरत से ही कमज़ोर ठहरीं, इसलिए ज़नाना से बाहर आना हमारे लिए महफ़ूज़ नहीं।"

"हाँ, तभी तक महफ़ूज़ नहीं, जब तक मर्द सड़कों पर हों, या जब कोई जंगली जानवर बाज़ार में घुस आये।"

"बेशक!"

"मान लो, कुछ पागल पागलखाने से भाग निकलें और आदमियों, घोड़ों और दूसरे जानवरों के साथ शरारत करने लगें। उस हालत में तुम्हारे देशवासी क्या करेंगे?"

"वे उन्हें पकड़कर वापस पागलखाने में ही बन्द कर देंगे।"

"शुक्रिया, कहीं तुम यह तो नहीं सोचतीं कि सयाने लोगों को पागलखाने में बन्द कर दिया जाये और पागलों को खुला छोड़ दिया जाये?"

"बिल्कुल नहीं।" मैंने हँसते हुए कहा।

"सच तो यह है कि तुम्हारे देश का यही रिवाज है। वो मर्द, जो ग़लत हरकतें करते हैं, या कर सकते हैं, खुले छोड़ दिये जाते हैं और बेगुनाह औरतों को ज़नाना में बन्द रखा जाता है। खुले घूमते इन छुट्टे मर्दों पर तुम यक़ीन कैसे कर सकती हो?"

"हमारे सामाजिक मामलों की देख–रेख में हमारी कोई भागीदारी या सुनवाई नहीं है। भारत में आदमी ही ख़ुदा और मालिक है। उसने सारे हक़ और हुकूमत ख़ुद ले ली है और औरतों को ज़नाना में बन्द कर दिया है।"

"तुम बन्द होने को तैयार क्यों होती हो?"

"कोई और चारा भी तो नहीं है, वो औरतों से ज़्यादा ताक़तवर हैं।"

"एक शेर भी आदमी से ज़्यादा ताक़तवर होता है, लेकिन इससे वह आदमी पर हावी नहीं हो जाता। अपने लिए जो तुम्हारा फ़र्ज़ बनता है, तुमने उसे ही नज़रअन्दाज़ किया है। अपनी ही भलाई से आँख मूँद लेने के कारण तुमने अपने पैदाइशी हक़ खो दिये हैं।"

"लेकिन आपाजान, अगर हम सब कुछ ख़ुद ही करेंगी, तो फिर मर्द क्या करेंगे?"

"माफ़ करना, उन्हें कुछ नहीं करना चाहिए। वे कुछ करने के लायक हैं ही नहीं। उन्हें तो बस पकड़कर ज़नाना में डाल देना चाहिए।"

"लेकिन क्या उन्हें पकड़ना और चहारदीवारी में बन्द करना इतना आसान होगा?" मैंने पूछा, "अगर ऐसा हो भी जाये, तो क्या उनका सारा कामकाज, राजनीतिक मसले और व्यापार वगैरह, सब उनके साथ ज़नाना में जायेंगे?"

सारा आपा कुछ न बोलीं, बस, मुस्करा भर दीं। शायद यह सोचकर कि ऐसे शख़्स से बहस करने का क्या फ़ायदा, जो कुएँ के मेढक जैसा हो।

इस वक़्त तक हम सारा आपा के घर तक पहुँच गये थे, जो दिल की शक्ल के एक सुन्दर बगीचे के बीचोबीच बना था। बँगले की छत पनारीदार टीन की थी। वह हमारी किसी भी शानदार इमारत से कहीं ज़्यादा सुन्दर और ठण्डा था। वह कितना साफ़–सुथरा और कितने सलीके से सजाया गया था, बताना मुश्किल है।

हम लोग साथ–साथ बैठ गये। वह अन्दर से कढ़ाई का कोई काम उठा लायीं और उस पर एक नया नमूना बनाने लगीं।

"क्या तुम सिलाई–बुनाई जानती हो?"

"हाँ, ज़नाना में हमारे पास कुछ और तो करने का होता नहीं।"

"लेकिन हम अपने ज़नाना के लोगों को कढ़ाई का काम सौंपने में यक़ीन नहीं रखते, क्योंकि आदमी के पास तो सूई में धागा तक डालने का धीरज नहीं होता।" उन्होंने हँसते हुए कहा।

"क्या आपने यह सब ख़ुद किया है?" मैंने उन कढ़े हुए तिपाईपोशों की तरफ़ इशारा करते हुए पूछा।

"हाँ।"

"इतना सब करने का वक़्त कब मिलता है? आपको ऑफ़िस का सारा काम भी तो करना होता होगा, है ना!"

"हाँ, लेकिन मैं सारा दिन प्रयोगशाला में ही नहीं बैठी रहती। मैं अपना काम दो घण्टे में पूरा कर लेती हूँ।"

"दो घण्टे में? यह कैसे मुमकिन है? हमारे देश में तो अफ़सर लोग, मसलन मजिस्ट्रेट वग़ैरह रोज़ सात घण्टे काम करते हैं।"

"मैंने उनमें से कुछ को काम करते देखा है। तुम्हारा क्या ख़याल है, वे पूरे सात घण्टे काम करते हैं?"

"बिल्कुल करते हैं!"

"नहीं सुल्ताना जान, वे बिल्कुल नहीं करते। वे अपना सारा वक़्त हुक़्क़ापानी में ज़ाया कर देते हैं। कुछ तो ऑफ़िस के समय में भी दो या तीन चुरुट फूँकते रहते हैं। वे अपने काम के बारे में जितनी बातें करते हैं, उतना काम नहीं, मान लो, एक चुरुट ख़त्म होने में आधा घण्टा लगता है और एक आदमी रोज़ बारह चुरुट पीता है, तो यह समझो कि वह धुआँ उड़ाने में छह घण्टे रोज़ ज़ाया कर देता है।"

हम दोनों कई मसलों पर बातें करते रहे। बातचीत में मुझे पता चला कि उनके यहाँ कोई महामारी नहीं फैलती है और न ही उन्हें मच्छरों के डंक झेलने पड़ते हैं। यह जानकर भी बड़ी हैरानी हुई कि नारी प्रदेश में भरी जवानी में कोई नहीं मरता है, सिवाय इक्का–दुक्का दुर्घटनाओं के।

"क्या तुम हमारा बावर्चीख़ाना देखना चाहोगी?" उन्होंने पूछा।

"ख़ुशी से।" मैंने कहा और हम उसे देखने चल दिये। बेशक, मेरे वहाँ जाते वक़्त मर्दों को वहाँ से हटने को कह दिया गया था। बावर्चीख़ाना एक सुन्दर सागबाड़ी के बीचोबीच था। हर बेल, टमाटर का हर पौधा अपने आप में एक गहना था। बावर्चीख़ाने में न तो धुआँ ही था और न कोई चिमनी ही। एकदम साफ़ और उजला। खिड़कियों पर फूलों की मालाएँ। कोयले और धुएँ का नामोनिशाँ तक नहीं था।

"आप लोग खाना कैसे बनाते हैं।" मैंने पूछा।

"सूरज की गर्मी से।" उन्होंने कहा और मुझे एक नली दिखायी, जिसके अन्दर से सूरज की गाढ़ी रोशनी और गर्मी बह रही थी। पूरी प्रक्रिया समझाने के लिए वह फिर कुछ बनाकर दिखाने लगीं।

"आप सूरज की गर्मी को एकत्र और संचित कैसे करते हैं?" मैंने हैरान होकर पूछा।

"चलो, तुम्हें अपने इतिहास से थोड़ा वाक़िफ़ कराया जाये, तीस साल पहले की बात है, जब हमारी मौजूदा मलिका 13 साल की थीं, उन्हें गद्दी पर बैठाया गया। वह सिर्फ़ नाम की ही मलिका थीं, क्योंकि असलियत में वज़ीर–ए–आज़म ही देश पर हुकूमत करते थे।

"हमारी अच्छी मलिका को विज्ञान बहुत पसन्द था। उन्होंने यह हुक्म जारी किया कि उनके देश में सभी औरतों को पढ़ना होगा। इसके लिए सरकार ने लड़कियों के कई स्कूल खोले और कइयों को चलाने में मदद दी। दूर–दूर तक औरतों में शिक्षा का प्रसार हुआ। 21 साल की होने से पहले किसी औरत को विवाह करने की इजाज़त नहीं थी। यह भी बता दूँ, कि इस बदलाव से पहले हमें सख़्त पर्दे में रखा जाता था।"

"पासा ही पलट गया।" मैंने हँसते हुए जोड़ा।

"लेकिन अलगाव तो वैसा ही है।" उन्होंने कहा, "कुछ ही साल बाद हमारे अलग विश्वविद्यालय बन गये, जहाँ मर्दों को दाख़िला नहीं मिलता था।

"राजधानी में, जहाँ हमारी मलिका रहती हैं, दो विश्वविद्यालय हैं, उनमें एक में एक हैरतअंगेज़ गुब्बारा बनाया गया, जिसके साथ कई सारी नलियाँ जोड़ दी गयीं, इस गुब्बारे को उन्होंने इस तरह बाँध दिया कि वह बादलों के ऊपर तैरता रहे और इसके ज़रिये वे हवा से जितना चाहें, उतना पानी निकाल सकें, चूँकि विश्वविद्यालय के लोग बराबर पानी निकालते रहे, इसलिए बादल नहीं बने और इस तरह हमारी होशियार प्रधानाचार्य ने बारिश और तूफ़ानों को रोक दिया।"

"सच! अब पता चला कि यहाँ कीचड़ क्यों नहीं होता।" मैंने कहा, लेकिन मैं यह नहीं समझ पा रही थी कि इन नलियों में पानी इकट्ठा कैसे किया जाता है। वो मुझे समझाने लगीं कि ऐसा कैसे होता है, मगर विज्ञान की मेरी जानकारी बड़ी सीमित थी, इसलिए मुझे कुछ समझ नहीं आया। बहरहाल उन्होंने बात आगे जारी रखी–

"जब दूसरे विश्वविद्यालय को यह पता चला, तो उन्हें बड़ी ईर्ष्या हुई और उन्होंने इससे भी ज़्यादा हैरतअंगेज़ काम करने की सोची। उन्होंने एक ऐसा यन्त्र बनाया, जिससे कि जितनी चाहिए, सूरज की गर्मी इकट्ठी की जा सके और ज़रूरत पड़ने पर इस एकत्र और संचित ऊर्जा को सही जगह पर बाँटा जा सके।

''जब औरतें वैज्ञानिक शोध में लगी थीं, तब इस देश के मर्द अपनी सैन्य–शक्ति बढ़ाने में जुटे थे। उन्हें जब पता चला कि नारी विश्वविद्यालयों ने हवा से पानी एकत्र करने और सूरज से गर्मी प्राप्त करने में कामयाबी हासिल की है, तो वे विश्वविद्यालय की औरतों का मज़ाक़ उड़ाने लगे और इसे 'भावुक दुःस्वप्न' कहने लगे।"

"आपकी उपलब्धियाँ वाक़ई शानदार हैं, लेकिन यह तो बताइए कि अपने देश के मर्दों को ज़नाना में डालने में आप कैसे सफल हुईं? क्या आपने पहले उन्हें क़ैद किया?"

"नहीं।"

"यह तो हो ही नहीं सकता कि अपनी आज़ाद उन्मुक्त ज़िन्दगी को सौंप देने और ज़नाना की चहारदीवारी में बन्द होने को वे अपनी मर्ज़ी से राज़ी हो गये हों? उन्हें ज़रूर क़ाबू में करना पड़ा होगा?"

"हाँ, करना पड़ा।"

"किसने किया? शायद किन्हीं महिला सैनिकों ने?"

"नहीं, हथियारों से नहीं।"

"ऐसा कैसे हो सकता है! आदमी की बाँहों में औरतों से ज़्यादा ताक़त होती है। फिर?"

"दिमाग़ से।"

"लेकिन उनके दिमाग़ भी औरतों से ज़्यादा बड़े और भारी होते हैं। हैं ना?"

"हाँ, होते हैं, पर इससे क्या? एक हाथी के पास भी आदमी से ज़्यादा बड़ा और भारी दिमाग़ होता है फिर भी आदमी हाथियों को ज़ंजीरों से बाँध सकता है, उनसे मन–मुताबिक़ काम करवा सकता है।"

"वो सब तो ठीक है, पर यह सब हुआ कैसे? मैं यह जानने को बड़ी बेचैन हूँ।"

"औरत का दिमाग़ आदमी से ज़्यादा तेज़ होता है। दस साल पहले, जब सेना के अफ़सरों ने हमारी वैज्ञानिक खोजों को भावुक दुःस्वप्न कहा, तो कुछ औरतों ने इसका जवाब देना चाहा। लेकिन दोनों प्रधानाचार्यों ने उन्हें रोक दिया और कहा कि उन्हें बोलकर नहीं, बल्कि सही मौक़ा आने पर कुछ करके इसका जवाब देना चाहिए और उन्हें इस मौक़े के लिए ज़्यादा इन्तज़ार नहीं करना पड़ा।"

"कितने अचरज की बात है!" मैं ख़ुशी से तालियाँ बजाने लगी।

"और अब वे गर्वीले पुरुष ख़ुद भावुक दुःस्वप्न देख रहे हैं।''

"थोड़े ही दिन बाद पड़ोसी देश से कुछ लोगों ने आकर हमारे यहाँ शरण ली। वे मुसीबत में थे। उन्होंने कोई राजनीतिक अपराध किया था। उनके बादशाह ने, जो ठीक से हुकूमत करने के बजाय हुकूमती हक़ों के पीछे ज़्यादा पागल था, हमारी मलिका से उन अफ़सरों को वापिस सौंप देने को कहा। मलिका ने ऐसा करने से इनकार कर दिया, क्योंकि शरणागतों को लौटाना उनके उसूलों के ख़िलाफ़ था। इस पर बादशाह ने हमारे देश के ख़िलाफ़ लड़ाई छेड़ दी।

''हमारे सैनिक अफ़सर फ़ौरन उठ खड़े हुए और दुश्मन का सामना करने को चल पड़े। लेकिन दुश्मन उनसे ज़्यादा ताक़तवर थे। बेशक हमारे सिपाही बड़ी हिम्मत से लड़े, लेकिन अपनी सारी बहादुरी के बावजूद दुश्मन की सेना हमारे देश में धीरे–धीरे आगे बढ़ने लगी।

''ज़्यादातर आदमी लड़ाई पर गये थे। यहाँ तक कि 16 साल के लड़के भी लड़ने गये थे। हमारे ज़्यादातर सिपाही मारे गये। बाक़ी वापस खदेड़ दिये गये और दुश्मन राजधानी के 25 मील दूर तक पहुँच गये। देश को बचाने के लिए क्या किया जाये, इस पर विचार करने के लिए मलिका के महल में सयानी औरतों की एक बैठक हुई। कुछ ने सैनिकों की तरह लड़ने की बात की, तो कुछ ने यह कहकर इसका विरोध किया कि औरतों को तलवारों–बन्दूक़ों से लड़ने की न तो तालीम ही दी गयी है और न उन्हें कोई हथियार चलाने की आदत ही है। तीसरे दल ने यह अफ़सोस ज़ाहिर किया कि वे शरीर से बिल्कुल कमज़ोर हैं।"

"मलिका ने उनसे कहा कि अगर तुममें देश को बचाने की शारीरिक ताक़त नहीं, तो दिमाग़ी ताक़त से काम लो।"

थोड़ी देर तक एकदम चुप्पी रही। मलिका ने फिर कहा, ''कि अगर मेरा देश और मान ही खो जाता है, तो फिर मुझे अपनी जान दे देनी होगी।"

तब दूसरे विश्वविद्यालय की प्रधानाचार्य ने, जिसने सौर ऊर्जा एकत्र की थी और जो पूरा वक़्त चुपचाप बैठी कुछ सोच रही थीं, कहा, ''कि अब हम अपने सब दाँव हार चुके हैं और कोई उम्मीद नहीं बची है। हाँ, एक तरकीब है, अगर आजमाना चाहें, तो देख लें, यही हमारी पहली और आख़िरी कोशिश होगी। अगर इसमें भी हार हो जाती है, तो फिर आत्महत्या के सिवाय कोई रास्ता नहीं बचेगा। वहाँ मौजूद सभी ने यह प्रतिज्ञा की कि चाहे कुछ भी हो जाये, वे जीते जी ख़ुद को ग़ुलाम नहीं होने देंगी।"

मलिका ने सबका दिल से शुक्रिया अदा किया और प्रधानाचार्य से अपनी तरकीब आजमाने को कहा।

प्रधानाचार्य फिर उठीं और बोलीं, ''हमारे बाहर निकलने से पहले मर्दों को ज़नाना में जाना होगा। मैं पर्दे की ख़ातिर यह माँग कर रही हूँ।"

"बेशक!" मलिका ने जवाब दिया।

अगले दिन मलिका ने सभी मर्दों को आज़ादी और इज़्ज़त की ख़ातिर ज़नाना में जाने को कहा।

वो घायल और थके–हारे थे ही, सो इस हुक्म को उन्होंने वरदान की तरह लिया। उन्होंने झुककर आदाब बजाया और प्रतिवाद का एक शब्द बोले बग़ैर ज़नाना में घुस गये। उन्हें यक़ीन था कि देश के लिए अब कोई उम्मीद बाक़ी न बची है।

तब प्रधानाचार्य ने अपनी दो हज़ार छात्राओं के साथ लड़ाई के मैदान को कूच किया। वहाँ पहुँचकर उन्होंने सूरज की गाढ़ी रोशनी और संचित गर्मी को दुश्मन की तरफ़ छोड़ दिया।

इतनी गर्मी और रोशनी सह पाना उनके बस की बात नहीं थी। डर के मारे वे भागने लगे। इस प्रचण्ड गर्मी का सामना कैसे किया जाये, उन्हें यह समझ में ही नहीं आया। जब वे अपनी बन्दूक़ें और दूसरे हथियार छोड़कर भाग रहे थे तो सूरज की उसी गर्मी में उनके सारे शरीर झुलस रहे थे।

तब से किसी ने हमारे देश पर हमला करने की कोशिश नहीं की।

"और तब से आपके देश के मर्दों ने भी ज़नाना से बाहर आने की कोई कोशिश नहीं की?"

"हाँ, वे आज़ाद होना चाहते थे। कुछ पुलिस कमिश्नरों और ज़िला न्यायाधीशों ने मलिका को यह सन्देश भेजा कि सेना के अफ़सरों को तो उनकी नाकामयाबी की सज़ा मिलनी चाहिए, लेकिन ख़ुद उन्होंने कभी भी अपना फ़र्ज़ निभाने में कोताही नहीं की थी, उन्होंने अपने पुराने कामों पर फिर से हाज़िर होने की इच्छा ज़ाहिर की।"

मलिका ने उन्हें एक गश्ती चिट्ठी लिखकर जवाब दिया कि अगर उनकी सेवाओं की कभी ज़रूरत पड़ेगी, तो उन्हें वापस बुला लिया जायेगा, तब तक वे जहाँ हैं, वहीं बने रहें।

अब तो वे पर्दे के आदी हो चुके हैं और उन्हें अपने इस अलगाव से कोई शिकायत भी नहीं रह गयी है। अब हम इस रिवाज को ज़नाना की जगह मर्दाना कहते हैं।

"लेकिन पुलिस या मजिस्ट्रेट के बिना चोरी या हत्या हो जाने पर आपका काम कैसे चलता है?" मैंने सारा आपा से पूछा।

"जब से यह 'मर्दाना' रिवाज आया है, कोई पाप या जुर्म होता ही नहीं, इसलिए न तो हमें मुजरिम को पकड़ने के लिए पुलिस की ज़रूरत पड़ती है और न ही मुक़दमा चलाने के लिए किसी न्यायाधीश की।"

"यह तो बड़ी अच्छी बात है। मैं सोचती हूँ कि अगर कोई शख़्स बेईमान हो भी, तो आप आराम से उसे सीधा कर सकती हैं। ख़ून की एक बूँद बहाये बग़ैर जैसे आपने जग फतह किये, वैसे ही बिना किसी मुश्किल के आप जुर्म और मुजरिम दोनों से लड़ सकती होंगी।"

"अब यह बताओ, सुल्ताना जान कि तुम यहीं बैठी रहोगी या मेरे कमरे में भी चलोगी?"

"आपका बावर्चीख़ाना किसी मलिका की ख़्वाबगाह से कम थोड़े ही है।" मैंने मुस्कराकर कहा, "लेकिन अब हमें चलना चाहिए क्योंकि बेचारे पुरुष मुझे गाली दे रहे होंगे कि मैंने इतनी देर तक उन्हें उनके काम से दूर रखा है।" हम दोनों खुलकर हँस पड़ीं।

"मेरी सारी दोस्त कितनी खुश और हैरान होंगी, जब मैं घर लौटकर उन्हें बताऊँगी कि दूर कहीं एक नारी–प्रदेश है, जहाँ औरतें देश पर हुकूमत करती हैं और अब सामाजिक मामलों पर उनका अधिकार है, जबकि मर्दों को 'मर्दाना' में रखा जाता है कि वे बच्चे पालें, खाना बनायें और सब तरह के घरेलू काम करें। उनके लिए खाना बनाना भी इतना आसान है कि उसे बनाने में उन्हें मज़ा ही आता है।"

"हाँ, यहाँ जो तुमने देखा है, सब उन्हें बताना।"

"अच्छा, यह तो बताइए कि आप लोग खेती कैसे करते हैं, धरती कैसे जोतते हैं और कड़ी शारीरिक मेहनत वाले काम कैसे करते हैं?"

"हमारे खेत बिजली के ज़रिये जोते जाते हैं। कड़ी शारीरिक मेहनत वाले दूसरे काम भी ऐसे ही किये जाते हैं। बिजली का ही इस्तेमाल हम अपने हवा–यातायात में भी करते हैं। हमारे यहाँ न तो रेल की पटरियाँ हैं और न ही पक्की सड़कें।"

''तभी यहाँ कोई सड़क या रेल दुर्घटनाएँ नहीं होतीं। क्या आपको कभी बारिश की ज़रूरत नहीं पड़ती?" मैंने पूछा।

"जब से पानी का गुब्बारा लगा है, तब से नहीं। तुम वह बड़ा गुब्बारा और उसमें लगी हुई नलियाँ देख रही हो न! उनकी मदद से हम जितना चाहें, पानी निकाल सकते हैं। हमारे यहाँ न तो बाढ़ आती है, न आँधी–तूफ़ान। हम कुदरत से उतना ही उपजाते हैं, जितना वह उपजाने के क़ाबिल है। हमें एक–दूसरे से लड़ने का वक़्त ही नहीं मिलता, क्योंकि हम ख़ाली बैठते ही नहीं।

हमारी अच्छी मलिका को बाग़वानी का बड़ा शौक़ है, उनका इरादा पूरे देश को एक विशाल बाग़ में बदल देने का है।"

"बड़ा अच्छा इरादा है। आपका मुख्य आहार क्या है?"

"फल।"

"आप गर्मियों में अपने देश को ठण्डा कैसे रखते हैं? हमें तो गर्मियों में बारिशें ख़ुदा की नियामत लगती हैं।"

"जब गर्मी असहनीय हो जाती है, हम ज़मीन पर फ़व्वारों से ढेर–सा पानी डाल देते हैं और सर्दियों में हम सूरज की गर्मी से अपने कमरों को गर्म रखते हैं।"

उन्होंने मुझे अपना गुसलख़ाना दिखाया, जिसकी छत एक बक्स के ढक्कन की तरह थी और हटाई जा सकती थी। उस छत को हटाकर, फव्वारे की नली खोल–भर देने से कभी भी नहाया जा सकता था।

"आप लोग कितने ख़ुशनसीब हैं।" मैं सहसा बोल उठी। "आपके पास सब कुछ है। पूछ सकती हूँ, आपका मज़हब क्या है?"

"हमारा मज़हब प्यार और सच की बुनियाद पर टिका है। यह हमारा धार्मिक कर्तव्य है कि हम एक–दूसरे से प्यार करें और पूरा सच बोलें। अगर कोई शख़्स, औरत या मर्द झूठ बोलता है, तो उसे..."

"सज़ा–ए–मौत दी जाती है?"

"नहीं, मौत की सज़ा नहीं, हमें ख़ुदा के किसी भी बन्दे को, ख़ासतौर पर इन्सान को मारना पसन्द नहीं। झूठे शख़्स को इस देश को छोड़कर चले जाने और कभी वापस न आने का हुक्म दिया जाता है।"

"क्या मुजरिम को कभी माफ़ नहीं किया जाता?"

"किया जाता है, अगर वह दिली पछतावा करे।"

"क्या आपको किसी मर्द को देखने की इजाज़त नहीं, अपने रिश्तेदारों को छोड़कर?"

"अपने नज़दीकी रिश्तेदारों को छोड़कर किसी को नहीं।"

"हमारे नज़दीकी रिश्तेदारों का दायरा तो काफ़ी छोटा है। यहाँ तक कि चचेरे–ममेरे भाई भी नज़दीकी नहीं कहलाते।"

"हमारा काफ़ी बड़ा है। एक दूर का भाई भी सगे भाई की तरह होता है।"

"यह तो बहुत अच्छी बात है। देखती हूँ, आपकी ज़मीन पर ख़ुद नेकी का राज है। मैं आपकी मलिका से मिलना चाहती हूँ, जो इतनी सयानी और दूरदर्शी हैं और जिन्होंने ये सारे दस्तूर बनाये हैं।"

"अच्छी बात है।" सारा आपा ने जवाब दिया। फिर उन्होंने तख़्त के एक चौकोर टुकड़े में दो कुर्सियाँ कस दीं। इस तख़्त पर उन्होंने दो चिकनी–चमकीली गेंदें जोड़ दीं। मेरे यह पूछने पर कि गेंदों का क्या काम है? उन्होंने बताया कि वे हाइड्रोजन की गेंदें हैं और गुरुत्वाकर्षण शक्ति को क़ाबू करने के लिए लगायी गयी हैं। ये गेंदें मुख़्तलिफ़ दर्जे की थीं, जिससे मुख़्तलिफ़ वज़न उठाने के लिए इस्तेमाल की जा सकें। फिर इस उड़नखटोले में उन्होंने परों जैसी दो पट्टियाँ और जोड़ दीं, जो बिजली से चलती थीं। हमारे आराम से बैठ जाने के बाद उन्होंने एक बटन छुआ और ये पट्टियाँ घूमने लगीं, हर पल तेज़, तेज़ और तेज़ होते हुए। पहले हम 6–7 फ़ीट की ऊँचाई तक उठ गये, फिर उड़ने लगे। इससे पहले कि मैं यह समझ पाती कि हमारी उड़ान पूरी हो चुकी है, हम मलिका के बाग़ में पहुँच चुके थे।

मेरी दोस्त ने मशीन को उलटा घुमाकर उड़नखटोले को नीचे उतारा और जब वह ज़मीन पर उतर गया, तो मशीन बन्द हो गयी और हम बाहर निकल आये।

मैंने उड़नखटोले के अन्दर से देखा कि मलिका अपनी चार साल की बेटी और कुछ बाँदियों के साथ बाग़ के रास्ते चली आ रही हैं।

"कहो कैसी हो?" मलिका ने पास आकर सारा आपा से पूछा।

जब मुझे उनसे मिलाया गया, तो उन्होंने बिना किसी राजसी तामझाम के, बड़ी सादगी के साथ मेरा हार्दिक स्वागत किया।

मुझे उनसे मिलकर बड़ी ख़ुशी हुई। बातचीत के दौरान मलिका ने मुझे बताया कि उन्हें अपनी प्रजा के दूसरे देशों से व्यापार करने पर कोई एतराज़ नहीं है। उन्होंने आगे कहा, "लेकिन उन देशों से कोई व्यापार करना मुमकिन नहीं, जहाँ औरतों को ज़नाना में रखा जाता हो और इसी कारण वे हमसे व्यापार करने बाहर न आ सकती हों और चूँकि हमने अक्सर यह पाया है कि मर्दों का नैतिक स्तर काफ़ी नीचा होता है, इसलिए उनसे व्यापार करना हमें पसन्द नहीं। हमें दूसरों की ज़मीन की चाह नहीं। हम हीरे के किसी टुकड़े के लिए लड़ाई नहीं करते, भले ही वह कोहिनूर[1] से भी ज़्यादा चमकीला क्यों न हो। न ही हम किसी बादशाह से उसका मयूरासन[2] छीनना चाहते हैं। हम तो ज्ञान के समन्दर में गहरे जाकर वे बहुमूल्य रत्न खोज लाना चाहते हैं, जो कुदरत ने हमारे लिए सँजोए हुए हैं। हम कुदरत के तोहफ़ों का खुले दिल से मज़ा लेना चाहते हैं।"

मलिका से विदा लेने के बाद मैंने उन मशहूर विश्वविद्यालयों का दौरा किया और उनके कुछ कारख़ानों, प्रयोगशालाओं और वेधशालाओं को भी देखा।

यह सब जगहें देखकर आने के बाद हम फिर उड़नखटोले में सवार हुए, लेकिन जैसे ही वह उड़ना शुरू हुआ, मैं उसमें से गिर पड़ी और अपने ख़्वाब से जाग गयी, आँख खुलने पर मैंने ख़ुद को अपने शयनकक्ष में उसी आरामकुर्सी पर सुस्ताते हुए पाया।

टिप्पणियाँ

1. कोहिनूर : भारत के मुग़ल शासकों का वह नायाब चमकीला हीरा, जो अब ब्रिटिश सिंहासन के जवाहरातों का अंग है। हिन्दुस्तानियों के लिए समृद्धि का प्रतीक।
2. मयूरासन : (तख़्ते–ताउस) मुग़ल बादशाह शाहजहाँ का हीरे–मोती जड़ा वह प्रसिद्ध तख़्त, जिसे नादिरशाह उठाकर ले गया था। अब यह तख़्त कहाँ है, यह अनुमान का विषय है। कई लोगों का मानना है कि इतनाम्बुल में प्रदर्शित अनेक तख़्तों में से यह एक है। हिन्दुस्तानियों के लिए यह राजसी शक्ति और शानोशौकत का प्रतीक है।

[**स्रोत** : *हंस,* अगस्त 2003]

मांग-महारों के दुख

मुक्ताबाई साल्वे

•

अनुवाद : **साधना आर्य**

[लड़कियों की शिक्षा के लिए जोतिराव फुले और सावित्रीबाई फुले द्वारा शुरू किये गये देश के पहले स्कूल की छात्रा मुक्ताबाई साल्वे ने यह निबन्ध 1855 में लिखा था।]

मुझे यह सोचकर बहुत अच्छा लगता है कि भगवान ने मुझ जैसी अछूत लड़की, जिसे पशु से भी हीन समझा जाता है, के दिल में मेरे अपने लोगों– महार और मांग–के दुखों का अहसास जगाया है। उस परमपिता का नाम लेते हुए जो शक्ति मुझे मिली है उसी की वजह से मैं यह लेख लिख पा रही हूँ। इसी रचयिता ने महार और मांगों को बनाया है और उसी ने ब्राह्मणों को बनाया है, और वही मुझमें इतनी विद्वत्ता भर रहा है कि मैं यह सब लिख पा रही हूँ। मुझे आशा है कि मेरी इस कोशिश को उसका आशीर्वाद मिलेगा और इसके कुछ सकारात्मक परिणाम होंगे।

अगर हम इन पेटू ब्राह्मणों, जो हमेशा घृणा करते हैं और ख़ुद को बहुत श्रेष्ठ समझते हैं, के तर्कों का वेदों के आधार पर विरोध करने की कोशिश करें, तो वे कहते हैं कि वेदों का क्षेत्र उनका है और वे सिर्फ़ उनकी सम्पत्ति हैं। तो फिर यह साफ़ है कि अगर वेद सिर्फ़ ब्राह्मणों के लिए हैं, तो वे हमारे लिए नहीं हैं।

अगर वेद सिर्फ़ ब्राह्मणों के हैं तो फिर यह एक खुला राज है कि हमारे पास कोई 'किताब' नहीं है–हमारे पास अपना कोई धर्म नहीं है। अगर वेद सिर्फ़ ब्राह्मणों के लिए हैं तो हम पर वेदों के मुताबिक़ काम करने का कोई दबाव नहीं है। अगर वेदों को देखना–भर भी हमारे लिए घोर पाप है (जैसा कि ब्राह्मण दावा करते हैं) तब उनका अनुकरण करना तो मूर्खता की पराकाष्ठा होगी। मुसलमान अपना जीवन क़ुरान के अनुसार बिताते हैं, ईसाई बाइबल को मानते हैं और ब्राह्मणों के पास अपने वेद हैं। क्योंकि उनके पास अपना अच्छा या बुरा धर्म है जिसका वे पालन करते हैं वे हमसे, जिनका कोई धर्म नहीं है, कुछ ज़्यादा ख़ुश हैं। हे भगवान, हमें बताओ कि हमारा धर्म क्या है? हमें सिखाओ कि हमारा सच्चा धर्म क्या है ताकि हम उसके अनुसार अपना जीवन गुज़ार सकें। ऐसा धर्म जो कुछ लोगों को विशेष अधिकार और सुविधाएँ प्रदान करता है और बाक़ियों को इन सबसे वंचित रखता है, को इस सृष्टि से समाप्त कर देना चाहिए और इस प्रकार के भेदभावपूर्ण धर्म के बारे में डींग हाँकना हमारे दिमाग़ में कभी नहीं आना चाहिए।

इन लोगों ने हम ग़रीब मांगों और महारों को हमारी ज़मीन से बेदख़ल किया और उन पर क़ब्ज़ा कर बड़ी–बड़ी इमारतें बनायीं। और शायद यह भी काफ़ी नहीं था। इन्होंने मांग और महारों को सिन्दूर तेल में मिलाकर पीने के लिए मजबूर किया और अपनी इमारतों की नींव में हमारे लोगों को दफ़न कर दिया और इस तरह हम ग़रीब लोगों की पीढ़ियों को ख़त्म कर दिया। ब्राह्मणों ने हमें बहुत ही हीन बना दिया, वे हमें गाय और भैंसों से भी कमतर मानते हैं। क्या बाजीराव पेशवा के शासनकाल के दौरान वे हमें गधों से भी हीन नहीं समझते थे? अगर आप एक लँगड़े गधे को मारते हैं तो उसका मालिक उसका विरोध करता है। लेकिन मांग और महारों पर होने वाली रोज़मर्रा की मारपीट पर आवाज़ उठाने वाला कौन है। बाजीराव के शासन में अगर कोई मांग या

महार व्यायामशाला के आगे से गुज़र जाता तो उसका सिर काटकर वे उसके साथ बल्ले और गेंद जैसा खेल खेलते थे यानी कि उसके सिर को गेंद बनाकर अपनी तलवारों को बैट की तरह इस्तेमाल करते थे। जब हमें उनके घरों के सामने से निकलने–भर के लिए सज़ायें दी जाती हैं तो फिर शिक्षा और ज्ञान हासिल करने की आज़ादी का तो सवाल ही नहीं उठता। और अगर बाजीराव को यह पता चलता कि मांग और महार किसी तरह से पढ़ना और लिखना सीख गये हैं तो वह कहते थे कि मांग या महार की शिक्षा का मतलब यही है कि वे ब्राह्मणों की नौकरियाँ छीन लेंगे। वह कहा करते थे, ये पढ़ने–लिखने की हिम्मत कैसे कर सकते हैं? क्या ये अछूत सोचते हैं कि ब्राह्मण अपनी औपचारिक ज़िम्मेदारियाँ उन्हें सौंप दें, ख़ुद नाइयों का सामान लेकर विधवाओं के सिर मूँड़ते फिरें। इस तरह के कटु वाक्यों से वे हमें सज़ा देते।

दूसरे, क्या ये ब्राह्मण हमारी शिक्षा को रोककर ही सन्तुष्ट थे? बिल्कुल नहीं। बाजीराव काशी गये और वहाँ एक नीच मृत्यु को प्राप्त हुए। लेकिन यहाँ महार, जो कि मांगों से कम अछूत नहीं हैं, वे भी मांगों के साथ रहना पसन्द नहीं करते। उन्होंने ब्राह्मणों की कुछ विशेषताओं को अपना लिया है और ख़ुद को मांगों से श्रेष्ठ समझते हैं–जैसे कि वे मांगों की छाया से अपवित्र हो जायेंगे। क्या ये पत्थर का–सा दिल रखने वाले ब्राह्मण जो अपने पवित्र कपड़ों में अपनी श्रेष्ठता दिखाते फिरते हैं हमारे लिए ज़रा–सा भी सौहार्द महसूस करते हैं जिन्हें वे अछूत कहकर लगातार अपमानित करते हैं। कोई नौकरी न होने का मतलब है कोई पैसा नहीं होना। हमें घोर ग़रीबी का सामना करना पड़ता है। ओ! पढ़े–लिखे पण्डितो अपने स्वार्थी पुजारीपने को छोड़ो और अपनी खोखली पण्डिताई की बकबक बन्द करो और जो मैं कह रही हूँ वह सुनो। जब हमारी औरतें बच्चे पैदा करती हैं तो उनके सिर पर छत भी नहीं होती। वे कैसे बारिश और ठण्ड में कष्ट भोगती हैं। कृपया अपने अनुभव से इसे समझने की कोशिश करें। अगर बच्चा पैदा करने के दौरान उन्हें कोई बीमारी हो जाती है तो डॉक्टर और दवाओं के लिए उनके पास पैसा कहाँ से आयेगा। क्या आप सबमें से कोई एक डॉक्टर ऐसा है जिसमें इतनी मानवता/इन्सानियत हो कि वह इनका मुफ़्त में इलाज करे।

मांग और महार बच्चे कभी यह हिम्मत नहीं कर सकते कि अगर ब्राह्मण बच्चे उन पर पत्थर भी फेंकें तो वे उनके ख़िलाफ़ शिकायत करें। उन्हें यह सब चुपचाप सहना पड़ता है क्योंकि उन्हें पता है कि उन्हें ब्राह्मणों के घरों में जाकर बचे–खुचे खाने के लिए भीख माँगनी होगी। हे ईश्वर! यह कैसी घोर पीड़ा है। अगर मैं इस अन्याय के बारे में और लिखूँ तो मेरी आँखों से आँसू उमड़ आते हैं।

इस दमन की वजह से इस दयालु ईश्वर ने हमें परोपकारी ब्रिटिश सरकार दी है। देखते हैं कि इस सरकार के द्वारा हमारी पीड़ा कैसे कम हुई है।

पहले गोरवले, आपटे, त्रिमकाजी, अन्धाला, पन्सारा, काले, बेहरे इत्यादि (सभी ब्राह्मण जातियों से) ने अपने घरों में चूहे मारकर अपनी बहादुरी दिखायी। इन्होंने बिना किसी कारण के हम पर अनेक अत्याचार किये, जिसमें गर्भवती औरतों को भी नहीं बख्शा गया। यह अब बन्द हो गया है। पेशवा शासन के दौरान महार और मांगों पर होने वाले उत्पीड़न और अत्याचार अब बन्द हो गये हैं। क़िलों और इमारतों की नींवों में की जाने वाली इन्सानों की बलि अब बन्द हो गयी है। कोई हमें अब ज़िन्दा दफ़न नहीं करता। हमारी जनसंख्या अब बढ़ रही है। पहले केवल ब्राह्मणों को नये कपड़े पहनने का हक़ था और मांग और महार जाति के लोगों को इसकी अनुमति नहीं थी। ब्राह्मणों का धर्म ख़तरे में आ जाता था अगर मांग और महार नये कपड़े पहन लेते थे। उन्हें ऐसा करने के लिए पेड़ों से बाँध दिया जाता था और सज़ाएँ दी जाती थीं। लेकिन ब्रिटिश राज में जिसके पास पैसे हैं वह नये कपड़े ख़रीद कर पहन सकता है। पहले अगर ब्राह्मणों के ख़िलाफ़ कुछ भी किया जाता था तो उसकी सज़ा थी सिर काट देना। अब यह बन्द हो गयी है। शोषणकारी कर प्रथा बन्द हो गयी है। खेल के मैदानों में हत्याएँ बन्द हो गयी हैं। अब हम बाज़ार भी जा सकते हैं। ब्रिटिश राज के निष्पक्ष शासन में यह सब हुआ है। अब जब मैं यह लिख रही हूँ तो मैं बहुत ही हैरान हूँ कि ब्राह्मण जो हमें धूल–मिट्टी की तरह समझते थे, वे हमें इस उत्पीड़न से मुक्त कराना चाहते हैं। लेकिन जो अभी तक शैतानियत से ग्रस्त हैं वे अभी भी हमसे पहले की तरह ही घृणा करते हैं। ये लोग उन ब्राह्मणों को निष्कासित करने पर तुले हैं जो हमें मुक्त करना चाहते हैं। कुछ दयालु लोगों ने मांग और महारों के स्कूल शुरू किये हैं और इन स्कूलों को परोपकारी ब्रिटिश सरकार का समर्थन मिला है। उफ्फ़, मांग और महारो तुम बहुत ही ग़रीब और बीमार हो। सिर्फ़ दवाइयों का ज्ञान ही तुम्हें स्वस्थ और रोगमुक्त कर सकता है। ये तुम्हें अन्धविश्वासों से दूर ले जा सकता है। यह तुम्हें सही और नैतिक बना सकता है। यह तुम्हारे शोषण को रोक सकता है। जो लोग तुम्हारे साथ जानवर की तरह व्यवहार करते हैं, वे ऐसा करने की हिम्मत न कर सकेंगे। इसलिए कृपया मेहनत करें और शिक्षा हासिल करें और अच्छे इन्सान बनें। लेकिन मैं शायद यह भी साबित नहीं कर सकती क्योंकि मैंने देखा है कि जो अच्छी शिक्षा भी हासिल कर लेते हैं वे भी बुरे काम कर हमें हैरान कर देते हैं।

[स्रोत : http://www.dalitweb.org/?p=2947]

पितृसत्ताओं की पुनर्रचना

कुमकुम संगारी और सुदेश वैद

•

अनुवाद : **विजय झा**

प्रस्तुत पर्चे में हमने औपनिवेशिक अवधि के दौरान पितृसत्ता की पुनर्रचना को अंजाम देने वाली ऐतिहासिक प्रक्रियाओं को समझने का प्रयास किया है। अकादमिक जगत से जुड़े होने के साथ–साथ कार्यकर्ता होने के नाते हमें इसकी ज़रूरत महसूस हुई। हमारा फ़ोकस ख़ासकर नागरिक समाज में विभिन्न वर्गों और जातियों में पितृसत्ता की कार्यप्रणाली और पुनरुत्पादन पर है। इसका मतलब यह नहीं कि हम पितृसत्तात्मकता को बनाये रखने, उसमें बदलाव लाने अथवा उसे मज़बूत करने में राज्य की भूमिका को कमतर आँकते हैं। दरअसल, सत्तर के दशक में स्त्री–आन्दोलनों में शिरकत करने और उनके अवलोकन के क्रम में दूसरों की भाँति हमें भी नागरिक समाज की उन सामाजिक और सांस्कृतिक प्रक्रियाओं का सामना करना पड़ा जो स्त्रियों की रोज़मर्रा की ज़िन्दगी में पितृसत्ता को निर्धारित करती हैं। हमारा मानना है कि इन प्रक्रियाओं की जड़ें औपनिवेशिक अवधि के दौरान हुई पितृसत्ताओं की पुनर्रचना तक फैली हुई हैं।

...पितृसत्तात्मक व्यवहारों और उनके इतिहास में क्षेत्र, वर्ग और जाति के आधार पर भारी विविधता है। ऐसे में एक समुचित सैद्धान्तिकी विकसित करने के लिए हमें विभिन्न क्षेत्रों, जातियों और वर्गों में विद्यमान पितृसत्ताओं के ख़ास अध्ययनों की ज़रूरत है। इसमें कोई दो राय नहीं कि ऐसे किसी भी अध्ययन के लिए सामान्य सिद्धान्त सहायक होते हैं, लेकिन 'सामान्य' को 'ख़ास' अध्ययनों की कसौटी पर निरन्तर कसे जाता रहना चाहिए। यदि हम यह मानते हैं कि पितृसत्ताएँ जाति और वर्ग की पूर्ववर्ती अथवा उत्तरवर्ती न होकर इनके बनने और बदलने की प्रक्रियाओं के साथ गुँथी हुई हैं तो फ़िलहाल किसी सामान्य सिद्धान्त को गढ़ने की जल्दबाज़ी करने का मतलब

होगा सरलीकरण और जड़ता का जोख़िम मोल लेना। इसका अर्थ यह नहीं कि हम सैद्धान्तिक तौर पर मनमाफ़िक होने अथवा 'बहुलतावाद' की पैरवी कर रहे हैं। हमारा आशय यह है कि अध्ययन का जो क्षेत्र अभी शक्ल अख़्तियार करने की प्रक्रिया में ही है उसमें खुलेपन की ज़रूरत है।

...विगत दो दशकों के दौरान हुए सामाजिक और राजनीतिक बदलावों ने स्त्रियों की स्थिति के बेहतर होने के उत्तरऔपनिवेशिक विश्वास को तोड़ कर रख दिया है और इसी के साथ सुधार और 'विकास' के राष्ट्रीय प्रारूप की वैधता पर भी सवाल उठ गया है। अब यह स्पष्ट हो गया है कि स्त्रियों को तथाकथित विकास से कोई फ़ायदा नहीं पहुँचा। उलटे बहुत–सी स्त्रियाँ उत्पादन की प्रक्रिया के हाशिये पर ठेल दी गयीं। इस 'परोक्ष' आर्थिक प्रक्रिया के साथ–साथ साम्प्रदायिक संघर्षों में 'प्रत्यक्ष' तेज़ी आयी है। 'धार्मिक' अस्मिताओं का राजनीतिकरण उत्तरोत्तर बढ़ा है। इन बदलावों ने 'धार्मिक' अनुमोदन के तहत पितृसत्तात्मक व्यवहारों में नयी जान डाल दी है। राज्य और इसके तन्त्र की भूमिका भी नज़रअन्दाज़ नहीं की जा सकती। दरअसल सत्तर के दशक में शहरी स्त्रियों के विरोध प्रदर्शन को बढ़ती दहेज हत्याओं, उन्हें पुलिस द्वारा 'पारिवारिक' मामला करार देने और हिरासती बलात्कार, जो राज्य के हाथों में अधिकतम दमनात्मक शक्तियों के संचित होने के लक्षण थे, ने बल प्रदान किया। इन सबकी वजह से पितृसत्तात्मक व्यवहारों की राजनीतिक अर्थशास्त्र, धर्म, क़ानून और संस्कृति से अन्तःसम्बन्धता यानी सामाजिक परिवर्तन की राजनीति से जुड़े सवालों पर विचार किया जाना अत्यन्त ज़रूरी हो गया है।

I

नारीवादी इतिहासलेखन का मतलब यह क़तई नहीं कि उसे केवल स्त्री का ही इतिहास होना चाहिए। केवल और केवल स्त्री का इतिहास हुए बिना भी इतिहासलेखन नारीवादी हो सकता है। इस तरह की धारणा इस मान्यता पर आधारित है कि यथार्थ का कोई भी पहलू ऐसा नहीं जो जेंडरीकृत नहीं है। इसलिए इस प्रकार का इतिहासलेखन, हम जो कुछ भी जानने का दावा करते हैं, उस पर सवाल उठाता है; विश्लेषणात्मक और ज्ञानमीमांसीय उपकरणों की पड़ताल करता है और तथाकथित जेंडर–निरपेक्ष प्रविधियों की विचारधारात्मक पूर्व मान्यताओं का उद्‌घाटन कर उनकी असलियत सामने लाता है। नारीवादी इतिहासलेखन न केवल इतिहास बल्कि ख़ुद इतिहासलेखन पर पुनर्विचार करता है। यह स्त्री के सन्दर्भरचित होने के विचार को नहीं मानता। यह जेंडर सम्बन्धों को व्यापक सामाजिक सम्बन्धों से रचित होने के साथ–साथ इनके

रचयिता के रूप में भी देखता है। इस हिसाब से नारीवादी इतिहासलेखन की राह सभी इतिहासकारों के लिए खुली हुई है। ऐसी राह नहीं जिसके साथ इसी तरह के और भी अन्य रास्ते हैं और न ही यह व्यक्तिगत रुचि का मामला है जिसके कारण कोई किसी क्षेत्र विशेष या अवधि विशेष के अध्ययन की ओर उन्मुख होता है। यहाँ मुद्दा स्त्रियों को नाम के लिए शामिल करने अथवा इस या उस आन्दोलन में भागीदारी का मात्रात्मक अथवा गुणात्मक मूल्यांकन पेश करने का भी नहीं है। इतिहासलेखन का ऐसा कोई भी प्रयास जो हमारी सामाजिकता को *पूर्ण* रूप में प्रस्तुत करने की इच्छा रखता हो, जो अपनी अध्ययन पद्धति की वस्तुनिष्ठ जेंडर निरपेक्ष मान्यताओं का सामना करने को प्रस्तुत हो उसके लिए यह राह खुली हुई है।

वस्तुस्थिति यह है कि इस विकल्प का शायद ही चयन किया जा रहा है। इसका एक कारण भारत में स्त्री–अध्ययन का उदय भी हो सकता है। इससे मुख्यधारा के इतिहासकारों को इस 'अलग' अनुशासन के विशेषज्ञों के ऊपर नारीवादी इतिहासलेखन की ज़िम्मेदारी डाल देने की सहूलियत मिल गयी है। कहना न होगा कि इससे अकादमिक जगत में एक और जेंडर आधारित श्रम–विभाजन पैदा हो जाता है।

सांस्कृतिक इतिहास का नारीवादी इतिहासलेखन के लिए सबसे समृद्ध, एकीकृत, तथापि कठिन रूप उपलब्ध है। जेंडर भिन्नता की (विचारधाराओं, धारणाओं और व्यवहारों के ज़रिये) निर्मिति और वर्ग व औपनिवेशिक अर्थव्यवस्था से इसके जुड़ाव को समझने के लिए पारम्परिक अनुशासनों की दीवारों पर दबाव डालना ज़रूरी है। इसके लिए न केवल अनुशासनों और उनके सम्पर्क–क्षेत्र का ज्ञान होना चाहिए बल्कि साथ–ही–साथ इनके इतिहास और पूर्वधारणाओं की समझ भी होनी चाहिए। सामाजिक प्रक्रियाओं के एजेंट और सब्जेक्ट के रूप में हमारी निर्मिति की समझ अपने–आप में अनन्य ज्ञानतन्त्रों की रचना में हस्तक्षेप होगा। सबसे बड़ी कठिनाई शायद वैचारिक का आनुभविक के साथ यानी विभिन्न प्रतीकों की स्त्रियों के जीवन और व्यवहार से मेल बैठाने की है। यद्यपि प्रतीकों और सामाजिक सम्बन्धों के स्वरूप अथवा चेतना और कारणता के बीच कोई सीधा सम्बन्ध नहीं है फिर भी विचार और आविष्कृत परम्पराएँ श्रम प्रक्रियाओं में कारक से लेकर औचित्य प्रदान करने वाले के रूप में दख़ल देती हैं।

II

वर्ग और पितृसत्ताओं के बीच का सम्बन्ध जटिल और परिवर्तनशील है। जहाँ वर्गों और प्रभुत्वशाली विचारधाराओं की रचना में जेंडर की भूमिका निर्धारक

की रही है, वहीं जेंडर–भेद की रचना में वर्ग की महत्त्वपूर्ण संलग्नता रही है। उदाहरण के लिए, किसी वर्ग विशेष की स्त्रियों और पुरुषों के लिए उस वर्ग के मायने एक समान नहीं होते। चाहे वह वर्ग से जुड़े विशेषाधिकारों की बात हो या फिर सुविधाओं की। मज़दूर वर्ग की स्त्रियों को पुरुषों की तुलना में कम मज़दूरी मिलती है।

ग़ौर करने वाली बात यह है कि पितृसत्ताएँ उत्पादन–प्रणाली और अन्य सामाजिक संरचनाओं से जुड़ी हुई हैं। लेकिन यह जुड़ाव ऐसा नहीं है कि इनमें बदलाव आ जाये तो पितृसत्ताएँ भी तदनुसार तत्काल रूपान्तरित हो जायें। इनकी दुनिया अपेक्षाकृत 'स्वायत्त' होती है और इसलिए, इनका रूपान्तरण भी अपेक्षाकृत विलम्बित होता है।

उपनिवेशवाद के दौरान स्त्री–सम्बन्धी सामाजिक विधि–विधान और शिक्षा–सुधारों के कई ऐतिहासिक अध्ययन हुए हैं, लेकिन भू–राजस्व बन्दोबस्त के क्षेत्र में औपनिवेशिक हस्तक्षेप और स्थानीय पितृसत्ताओं के बीच के सम्बन्ध का अध्ययन न के बराबर हुआ है।

भू–बन्दोबस्त के कारण ये परस्पर जुड़ी हुई तब्दीलियाँ हुई थीं। पहला, इसके कारण भू–स्वामियों का एक नया वर्ग वजूद में आया। जो अब तक राजस्व वसूली का काम करते आ रहे थे वे औपनिवेशिक भू–बन्दोबस्त के परिणामस्वरूप भू–स्वामी हो गये। भूमि पर निजी स्वामित्व के नये माहौल और उससे उपजे बाज़ार–सम्बन्धों ने रैयतों और खेतिहर मज़दूरों की बदहाल हालत को और अधिक तंग करने के साथ–साथ ग़ैर–आर्थिक सामाजिक दमन के विद्यमान रूपों को और भी बिगाड़ कर रख दिया। इसने इन तबकों की स्त्रियों के जीवन को सामाजिक और व्यक्तिगत दोनों ही स्तरों पर गहरे प्रभावित किया। शायद यही कारण था कि इन स्त्रियों ने किसान आन्दोलनों में बड़े पैमाने पर भाग लिया।

दूसरा, भू–बन्दोबस्त इस तरह किया गया कि भूमि पर प्रमुख तौर पर पुरुषों का निजी स्वामित्व क़ायम हुआ। अधीन स्थिति में होने के कारण स्त्रियों की भूमि तक पहुँच गौण रही। इससे उपनिवेशवाद पूर्व कृषक–व्यवस्था में उत्पादन के साधनों पर अधिकार अथवा नियन्त्रण से स्त्रियों को वंचित रखे जाने की विद्यमान रही परम्परा को निरन्तरता और मज़बूती दोनों मिली। इसके साथ ही, जहाँ कहीं उत्तराधिकार की मातृवंशीय रीति विद्यमान थी वहाँ भी धीरे–धीरे पितृवंशीयता ने क़ब्ज़ा जमा लिया।

तीसरा, यदि कुछ निम्न वर्गों में स्त्रियों का भूमि पर थोड़ा–बहुत नियन्त्रण (उदाहरण के लिए, काश्तकार के रूप में) था भी तो बदली हुई कृषक–व्यवस्था

के परिचालन के लिए औपनिवेशिक सत्ता द्वारा खड़े किये गये वैधानिक और प्रशासनात्मक ढाँचों तक उनका पहुँचना आसान नहीं था। अब तक काम करती आ रही क़रीबी ग्राम–पंचायतों की जगह दूर स्थित ज़िला–मुख्यालयों और थानों ने ले ली। स्त्रियाँ नयी क़ानून और प्रशासनिक व्यवस्था की जद में आ तो गयीं, लेकिन 'लोकवृत्त' से और भी अधिक हाशियाकृत होते हुए ही। इस हाशियाकरण के कारण उनकी पुरुषों पर निर्भरता भी बढ़ गयी।

चौथा, भू–बन्दोबस्त के अलावा औपनिवेशिक सत्ता ने प्रभु/उच्च/भूस्वामी वर्गों/जातियों की रीतियों को संहिताबद्ध भी किया। इससे तरल रूपी परम्परा ने जमकर ठोस क़ानून का रूप ले लिया और विवाह, उत्तराधिकार और गोद लेने जैसे पितृसत्तात्मक आचार–व्यवहार 'न्यायिक' के दायरे में आ गये। इसके अलावा, पारम्परिक नियमों के बरअक्स उच्च जातियों में प्रचलित कायदों को तरजीह दी गयी, जो *सभी* हिन्दू स्त्रियों के लिए प्रतिकूल साबित हुआ।

कृषक–व्यवस्था में औपनिवेशिक सत्ता के हस्तक्षेप में देशी पितृसत्तात्मक मान्यताओं और ब्रिटिश प्रशासकों के विचार के बीच अजीब प्रतिस्पर्धा और साँठ–गाँठ दिखायी देती है। जैसा कि हरियाणा पर किये अपने शोध–कार्य में प्रेम चौधरी ने दिखलाया है, राजस्व वसूली का ख़याल रखते हुए ब्रिटिश हुकूमत ने विधवाओं को कुछ अधिकार प्रदान तो किये, पर उनके वास्तविक अमल के वक़्त वह हिचकिचाती और विधवाओं को हतोत्साहित करते भी दिखी। ग़ौरतलब है कि यहाँ ब्रिटिश अधिकारी जो रुख़ अपना रहे थे वह उनके अपने देश ब्रिटेन में विवाहित महिलाओं के सम्पत्ति पर अधिकार के लिए अभियान छेड़े नारीवादियों, जिन्हें अन्ततः लम्बे संघर्ष (1856–82) के बाद क़ानून में संशोधन करवाने में सफलता भी मिली, के ख़िलाफ़ रूढ़िवादी प्रतिक्रियाओं से निर्धारित हो रहा था। अधिकांश अधिकारी सम्पत्ति और धन पर स्त्रियों के अधिकार या नियन्त्रण को पुरुषों के लिए अन्यायपूर्ण और सामाजिक तौर पर ख़तरनाक मान रहे थे। इसी तरह के विचारों की यहाँ भी व्याप्ति थी। यदि औपनिवेशिक सत्ता अपने राजनीतिक और आर्थिक हितों के मद्देनज़र उत्तराधिकार और सम्पत्ति पर पुरुष नियन्त्रण को सुनिश्चित करने के लिए विधवा विवाह की पारम्परिक रीति 'करेवा' को जबरन लाद रही थी तो आर्यसमाज उसके साथ क़दमताल करते हुए करेवा पर 'वैदिक' की मुहर लगाकर उसे वैध करार देने और इस तरह, कृषक–जाट–समुदाय को ऊँची जातियों के हिन्दू मत के दायरे में समेटने की जुगत में जुटा हुआ था।

जहाँ भी ब्रिटिशों का प्रत्यक्ष शासन था वहाँ कृषि–अर्थतन्त्र में उनके हस्तक्षेप से आमतौर पर ग्रामीण स्त्रियों के बहुलांश की दमित स्थिति के और

भी बिगड़ने की ही तस्वीर उभरती है। ऊपर हमने हरियाणा के मामले में यह पाया ही। अवध में सिपाही विद्रोह के बाद लागू किये गये तालुकदारी बन्दोबस्त (1858) ने पूर्ववर्ती राजाओं, चीफ़ों और कर वसूल करने वालों को ज़मींदार में परिणत कर दिया। अब वे 'मुक्त बाज़ार' की राह पर चलते हुए खेती के लिए ज़मीन देने के वैध अधिकारी बन गये। इसने न केवल दमित तबकों के बीच पितृसत्तात्मक आचार–व्यवहार को और भी बदतर किया (मसलन, बेटियों की ख़रीद–बिक्री, स्त्री रैयतों के शोषण का तीव्र होना) बल्कि ज़मींदारों और उच्च–वर्गों की जाति और वर्ग आधारित वैवाहिक रीतियों और यौन–नैतिकता का उनके नियन्ता होने (मसलन, ग्राम और जाति पंचायतों के ज़रिये) की सत्तामूलक स्थिति को और भी मज़बूत करके रख दिया।

गौरतलब है कि ब्रिटिश द्वारा निर्मित और समर्थित इस भू–स्वामी वर्ग से कुछ ने शहरियों की भाँति 'उदार' होने का प्रयास किया, जो उनके बारे में प्रचलित आम मत के विपरीत है। मिसाल के लिए, कुछ अवध तालुकेदारों ने स्त्रियों की शिक्षा और सुधार का बीड़ा उठाया। औपनिवेशिक अवधि के दौरान गाँव और शहर के बीच का भेद भौगोलिक था। सामाजिक संरचना की दृष्टि से कोई ख़ास अन्तराल नहीं था। दरअसल, शहर में बसे न केवल ज़मींदार वर्ग बल्कि व्यापारिक समुदाय, जोकि बाद में पूँजीपति के रूप में उदित हुए, कृषि–अर्थव्यवस्था और ग्रामीण समाज से जुड़े हुए थे। इसलिए गाँव और शहर की पितृसत्तात्मक संरचनाओं में एक हद तक निरन्तरता थी।

दूसरी तरफ़, कामगार वर्ग (औद्योगिक क्षेत्र के बाहर और भीतर) भी परिवर्तित कृषि–अर्थव्यवस्था की ही उपज था। बार–बार पड़ने वाले अकाल, दस्तकारी उद्योग के अवसान और आधुनिक संगठित औद्योगिक परिक्षेत्र के धीरे–धीरे वजूद में आने से पेशे की संरचना में भी बदलाव आये। ये बदलाव स्त्रियों के लिए ख़ास मायने रखते थे। उनमें से अधिकांश को पारम्परिक ग्रामीण पेशे के दायरे से बाहर हो जाना पड़ा और जो नये परिक्षेत्र उभरकर सामने आये, मसलन जूट और कपड़े के कारख़ाने, उनमें उनके लिए सीमित अवसर थे। उत्पादक वर्ग की बहुत–सी स्त्रियाँ 'घरेलू' दायरे में ठेल दी गयीं। इससे इनमें भी 'घरेलू' और 'सार्वजनिक' दायरों का निर्माण हुआ जिसे मध्य वर्ग ने अपने बीच क़ायम कर रखा था।

शहरी पेशेवरों और व्यापारियों के अलावा औपनिवेशिक तथा उससे सम्बन्धित पेशे में रोज़गार के लिए आये गाँव के छोटे ज़मींदार और पढ़े–लिखे लोग भी मध्य वर्ग का हिस्सा बने। इस तरह हम पाते हैं कि मध्य वर्ग में ग्रामीण तबका भी शामिल था। इसी मध्य वर्ग ने 'हिन्दू' और भारतीय स्त्रीपन

की छवि गढ़ी जिसका अन्य वर्गों में प्रचलित पितृसत्तात्मक कायदों से कोई मेल नहीं था और जो 'पश्चिमी' स्त्री के ठीक विपरीत था। सामाजिक सुधार और राष्ट्रवादी आन्दोलनों के ज़रिये ये धारणाएँ प्रचारित की गयीं। जैसा कि हम पायेंगे, किसान आन्दोलन भी इन निर्मितियों के वाहक बने।

III

स्त्रियों के लिए मध्य वर्ग की ओर से शुरू किये गये सुधार कार्य इस वर्ग की आत्म–परिभाषा और निजी और सार्वजनिक के नये विभाजन के साथ–साथ सांस्कृतिक राष्ट्रवाद से जुड़े थे।...

19वीं सदी के दौरान स्त्री मुक्ति के विभिन्न प्रयास धीरे–धीरे राष्ट्र की आज़ादी और पुनर्गठन के विचार के साथ जोड़कर देखे जाने लगे। शुरुआत में आर्य स्त्री की जो छवि बनायी गयी वह जाति और वर्ग के आधार पर देखा जाये तो पूरी तरह से आभिजात्य संकल्पना थी जिसने सामाजिक और राजनीतिक चिन्तन, साहित्य और मान्यता प्राप्त ऐतिहासिक प्रारूपों में राष्ट्रवादी रूपाकार लिया। इसके मुताबिक़ स्त्री की स्थिति के बिगड़ने के लिए मुस्लिम शासन ज़िम्मेदार था। वैदिक (और बाद में पौराणिक) प्रारूप आम जनमानस के साथ–साथ आर्यसमाज जैसे संगठन के सुधार प्रयासों का हिस्सा बन गया। इसे मध्य वर्ग के परिवार के लिए उपयुक्त माना गया। शास्त्रों से चयन और प्रतिमान की रचना केवल औपनिवेशिक के बरअक्स अस्मिता निर्माण के ही काम नहीं आती है बल्कि इसका ताल्लुक़ असमतावादी सामाजिक व्यवस्था से भी बनता है। इस तरह की पुनर्रचना विचारधारात्मक हो जाती है यदि चयन अत्यधिक ख़ास हो और उसके सार्विकीकरण का प्रयास किया जाये। इस तरह, आध्यात्मिकता और स्त्रीपन की वांछित धारणाओं का गठन ख़ुद मध्य वर्ग के गठन का हिस्सा है, जिसमें आध्यात्मिक और भौतिक दोनों ही स्तरों पर पदानुक्रमों और पितृसत्ताओं को बनाये रखने का प्रयास किया जाता है।

IV

भारत में परम्परा और आधुनिकता दोनों पितृसत्तात्मक विचारधाराओं के वाहक रहे हैं। इनमें से कोई भी हमें मूल्य निरपेक्ष के रूप में अथवा इस रूप में उपलब्ध नहीं हैं जिन पर सवाल न उठाया जा सके। और न ही ये समाधान हो सकते हैं जैसा कि इन्हें प्रस्तुत किया जाता रहा है। तो हम आज भी विद्यमान और पुनर्रचित सामन्ती विचारधाराओं से कैसे निपटें? हमारे ख़याल से अब समय आ गया है कि हम परम्परा/आधुनिकता के द्वैत से बाहर निकलें और

सांस्कृतिक प्रक्रियाओं को उनकी वास्तविक जटिलता के साथ समझने का प्रयास करें।

ऐसी बात नहीं है कि स्थिति जस–की–तस है। परिवर्तन हुआ है और यह जारी भी है (भले ही यह वांछित दिशा में न हो पाया हो)। हमें यह देखने की ज़रूरत है कि सामाजिक परिवर्तन की प्रक्रिया में कैसे स्त्रियाँ और स्त्रीपन लाये जाते हैं। परिवर्तन का उन पर क्या असर पड़ता है और कैसे परिवर्तन को निरन्तरता के रूप में पेश किया जाता है। कारण, स्त्री को परम्परा की वाहक के रूप में पेश करने वाली विचारधाराएँ प्रायः वास्तव में घटित हो रहे बदलाव की पर्दापोशी करती हैं, उन्हें धुँधला करती हैं या चुनौती देती हैं। स्त्रीपन चयनित और इच्छित होता है न कि वास्तविक सांस्कृतिक निरन्तरता का हिस्सा। चाही गयी निरन्तरता और वास्तविक निरन्तरता के बीच कई तरह के भेद बरतने की ज़रूरत है। इसके साथ ही यह भी ध्यान में रखना ज़रूरी है कि वास्तविक निरन्तरता विशुद्ध अथवा अदूषित नहीं होती। कारण, यह विभिन्न ऐतिहासिक पड़ावों पर विभिन्न संयोजनों में प्रकट होती है।

स्त्री–अध्ययन और नारीवादी आन्दोलन को लगता है कि इतिहास की रचना इस प्रकार की जाये जो सकारात्मक और प्रेरणादायी हो। लेकिन इसके साथ 'मॉडल' स्त्री को सरलीकृत रूप में लेने और सुधार व राष्ट्रवादी आन्दोलनों ने स्त्री प्रश्न को जिस रूप में उठाया था, उसे वैधता प्रदान करने का जोखिम जुड़ा हुआ है। इसलिए बजाय इसके हमें यह स्वीकार करने की ज़रूरत है कि कुछ दरवाज़े खुले हैं। साथ ही, स्त्रियों की चेतना प्रायः उन विचारधाराओं को लाँघ जाती है जो इसे रचती हैं या इसे सम्भव करती हैं। लेकिन जाति और वर्ग की निर्माणकारी भूमिकाओं को ध्यान में रखने की ज़रूरत है। स्त्रियाँ यदि कुछ ख़ास विचारधाराओं के निर्देशों का उल्लंघन कर जाती हैं तो इसलिए कि वे किसी प्रभु वर्ग की सदस्य होती हैं। राष्ट्रवादी आन्दोलन भी प्रेरणादायी इतिहास गढ़ता है। नारीवाद को यदि अलहदा होना है तो एक और महान परम्परा गढ़ने या मुक्ति जमा इतिहास निर्मित करने की जगह हमें इस ओर तवज्जो देने की ज़रूरत है कि अतीत किस तरह अन्य ऐतिहासिक अवधियों की चेतना में प्रवेश करता है और जेंडर, जाति और वर्ग जैसे कारकों से विखण्डित होता है।

सुधार–कार्यक्रमों के साथ सबसे अच्छी बात यह है कि यद्यपि ये स्त्रियों के लोकवृत्त और श्रम बाज़ार में प्रवेश करने से लेकर उनकी आत्म–निर्मिति को रूपाकार प्रदान करते हैं लेकिन इन्हें पूर्ण रूप से निर्धारित नहीं कर पाते। स्त्रियाँ पोज़िशन लेना और ख़ुद को संगठित करना शुरू कर देती हैं।

पुरुषों और स्त्रियों द्वारा शुरू किये गये सुधारों का इतिहास–चाहे वह औपनिवेशिक हो, देशी हो या फिर राष्ट्रवादी–ज़्यादा प्रेरणाप्रद नहीं लगते। आख़िर ये कई तरह के पितृसत्तात्मक मान्यताओं से भयभीत थे और स्त्री की पुनर्रचना में संलग्न भी थे। लेकिन यह निराशा की बात नहीं और न ही यह महज़ ऐतिहासिक 'सीमाओं' का मसला है। इस तरह के तर्क के साथ दिक़्क़त यह है कि यह हमें सहानुभूतिपरक आलोचना की ओर ले जाता है जिसका आशय यह है कि उस वक़्त के हिसाब से उन्होंने बेहतरीन करने का प्रयास किया। वे अपने युगबोध से बँधे हुए थे।

V

जहाँ तक सामाजिक आन्दोलन की बात है तो मोटे तौर पर हम उन्हें दो श्रेणियों में बाँट सकते हैं। पहला, स्त्रियों को नियन्त्रित करने वाले पितृसत्तात्मक रूपों का 'आधुनिकीकरण' करने वाले आन्दोलन और दूसरा, घर और बाहर कार्यस्थल, दोनों ही जगहों पर जेंडर सम्बन्धों का 'जनतन्त्रीकरण' करने वाले आन्दोलन। जो सामाजिक आन्दोलन किसी ख़ास पितृसत्तात्मक गठन के आधार (उत्पादन में श्रम का लैंगिक विभाजन और सम्पत्ति सम्बन्ध) और विचारधाराओं दोनों को (कमोबेश) बदलने का प्रयत्न करे उसे दूसरी श्रेणी का आन्दोलन कहा जा सकता है। कामगार और किसान स्त्रियों के आन्दोलन में आधुनिकीकरण वाले आन्दोलन की तुलना में पितृसत्तात्मक सम्बन्धों के जनतन्त्रीकरण की सम्भावना अधिक होती है। पहली श्रेणी के आन्दोलन में वे 'देशी' और 'राष्ट्रवादी' आन्दोलन रखे जा सकते हैं जो मध्य वर्ग की स्त्रियों को ज़्यादा 'उदार' स्थल मुहैया करते हैं। जहाँ जनतन्त्रीकरण वाले आन्दोलन का उद्देश्य वर्ग सम्बन्धों में बदलाव लाना होता है जिसके साथ जेंडर सम्बन्धों में समानता लाना भी जुड़ा रहता है वहीं औपनिवेशिक भारत में आधुनिकीकरण वाले आन्दोलनों का प्रयास जेंडर सम्बन्धों में आंशिक बदलाव लाना रहा। वर्ग सम्बन्धों पर इन्होंने या तो कोई प्रहार नहीं किया या फिर उन्हें ये स्वीकार करके चलीं। लेकिन, व्यावहारिक स्तर पर दोनों में एक समानता भी दिखलाई देती है। आधुनिकीकरण वाले आन्दोलन की ऐतिहासिक भूमिका यह रही कि इसने वैवाहिक सम्बन्धों और पारिवारिक कर्तव्यों के निर्वाह के लिए स्त्रियों की 'पुनर्रचना' की। इसके साथ ही, इसने मध्य–वर्ग की स्त्रियों के लिए व्यापारजगत में प्रवेश और राजनीतिक आन्दोलनों में भागीदारी, हालाँकि सीमित रूप में, को सम्भव किया। वहीं, जनतन्त्रीकरण वाले आन्दोलनों ने वैसे तो औपनिवेशिक और सामन्ती दोनों ही संरचनाओं पर प्रहार किया लेकिन ये भी प्रायः या तो मध्य वर्ग की पारिवारिक विचारधारा और

सुधार कार्यक्रम से सराबोर रहीं या फिर, सामन्ती पितृसत्तात्मक रूपों से ख़ुद को पूर्णतः अलग नहीं कर पायीं।

जनतन्त्रीकरण वाले आन्दोलन अधिक क्रान्तिकारिता की सम्भावना लिए हुए थे। इसलिए नहीं कि इन्होंने सबसे अधिक दमित तबकों की स्त्रियों, जो कि बहुसंख्य हैं, को अपने अधिकारों के लिए संघर्षरत किया बल्कि इसलिए भी कि अपने वर्ग अधिकारों के लिए संघर्ष कर रही ये स्त्रियाँ महज़ पारिवारिक या जातीय 'अस्मिताओं' तक सीमित नहीं रहीं। संघर्ष के क्रम में इन्हें कामगार और उत्पादक के रूप में कहीं अधिक आत्मसम्मान का बोध हुआ। राजनीतिक आन्दोलनों की तरह इन आन्दोलनों में भी स्त्रियों के अनुभव और 'विद्यमान' पितृसत्तात्मक विचारधाराओं के बीच प्रच्छन्न अन्तर्विरोध उभरे। संघर्ष को नेतृत्व प्रदान कर रहे संगठन इसे भाँप पाये भी कि नहीं और इनसे उन्होंने कैसे पार पाया यह नारीवादी इतिहासलेखन के लिए एक महत्त्वपूर्ण मसला है। इन आन्दोलनों में शरीक़ होने वाली स्त्रियाँ सामान्यतः पुरुष वर्चस्व वाले समाज या मध्य वर्ग की हैं। उनकी निर्मिति जिन हालातों में हुई होगी उन्हीं से उनका व्यवहार भी निर्धारित होगा। स्त्री भागीदारी के आनुभविक और विचारधारात्मक पहलुओं के बीच का सम्बन्ध जटिल और अध्ययन के लिहाज़ से समृद्ध क्षेत्र है। अभी उपलब्ध सामग्री के आधार पर किसान आन्दोलन में किसान स्त्रियों की माँगों की राजनीतिक महत्ता के बारे में निश्चित तौर पर कुछ भी नहीं कहा जा सकता।

इस सन्दर्भ में अवध किसान आन्दोलन के दो पहलू ग़ौरतलब हैं। पहला, कांग्रेस का आन्दोलन के प्रति दमनात्मक रुख़। 1921 में गाँधी ने उत्तर प्रदेश का दौरा किया। वहाँ पुलिसिया दमन झेल रहे आन्दोलनरत किसानों, जिसमें स्त्री और पुरुष दोनों शामिल थे, को उन्होंने 19 बिन्दुओं का निर्देश दिया और किसानों से कहा कि वे ज़मींदारों को अपना मित्र समझें और अपनी समस्याओं के समाधान के लिए बहिष्कार या अन्य तरह का विरोध प्रदर्शन न करें। जैसा कि अच्छी तरह ज्ञात है इन निर्देशों का अर्थ था आन्दोलन वापस लेने के लिए कहना। इस क्रम में इस पर शायद ही कभी ध्यान जाता है कि कृषक–वर्ग संरचना में स्त्रियों का दमन अक्षुण्ण रह जाता है। विडम्बनापूर्ण है कि जिस कांग्रेस ने आन्दोलन को रोका और, ऐसा करके स्त्रियों पर होने वाले वर्ग–आधारित पितृसत्तात्मक दमन के बने रहने में सहयोग किया, उसी के 'सुधार कार्यक्रम' में स्त्रियाँ शामिल थीं।

दूसरा, तीस और चालीस के दशक में किसान की समस्याओं के साथ–साथ राष्ट्रवादी कार्यक्रम अपनाये। इन आन्दोलनों में मध्य वर्ग की 'शुद्ध' स्त्री

की धारणा का प्रवेश हुआ। बाबा रामचन्द्र के जेंडर–सम्बन्धों सम्बन्धी विचार ने स्त्री सम्बन्धी गाँधीवादी विचारधारा के साथ मिलकर स्त्रियों की गतिशीलता को नियन्त्रित करने का स्पष्ट प्रयास किया। इसके साथ ही, उच्च जातियों के पितृसत्तात्मक विधानों के अनुरूप वैवाहिक नियमों और पारिवारिक जीवन की पुनर्रचना की भी स्पष्ट कोशिश की गयी। इस सम्बन्ध में बाबा रामचन्द्र के काग़ज़ात में 'कुर्मी–क्षत्रिय सभा' का उल्लेख रोचक होगा। इस क्षेत्र की प्रमुख कृषक जाति कुर्मियों ने जाति की संरचना में ऊपर उठने के लिए एक प्रयास अपने पितृसत्तात्मक व्यवहारों के पुनर्गठन के रूप में किया। यदि जाति या समूह की गतिशीलता और राजनीतिक आन्दोलनों के बीच कोई जुड़ाव है तो यह सबसे स्पष्ट रूप में जेंडर सम्बन्धों के पुनर्गठन में दिखलाई देता है। यहाँ 'हिन्दूकरण' और राजनीतिक आन्दोलन के बीच भी सम्बन्ध होने की सम्भावना बनती है। इसकी अभिव्यक्ति संगठनात्मक आवश्यकता (उच्च जाति का हिन्दूवाद जेंडर सम्बन्धों का प्रतिमान प्रस्तुत करता प्रतीत होता है) और विचारधारात्मक अर्थ (प्रभुत्वप्राप्त राष्ट्रवादी प्रवृत्तियों के साथ जुड़ाव की प्रकृति में) दोनों के पदों में हुई है।

इस अर्थ में आधुनिकीकरण और जनतन्त्रीकरण दोनों ही आन्दोलनों को जिस एक चीज़ से एक समान ढंग से चिन्तित होते पाते हैं वह है नये लोकवृत्त, राजनीतिक भागीदारी और नयी श्रम प्रक्रिया में स्त्रियों के प्रवेश करने और इस कारण पारिवारिक संरचना में आये बदलाव के मद्देनज़र यौनिकता का नियोजन और नियन्त्रण के विभिन्न रूप। बाबा रामचन्द्र का मध्य वर्ग के सुधारकों की दाम्पत्य सम्बन्धी विचारधारा को अपनाने के प्रयास का मतलब था किसान स्त्रियों की आज़ादी के कुछ हिस्सों का ख़त्म होना लेकिन इसके साथ ही सम्मान पाने की स्थिति में पहुँचना भी। विवाह और नैतिकता के विनियमन की बाबा रामचन्द्र की कोशिश में गाँधी जी के विचारों के साथ ग़ज़ब का साम्य दिखलाई देता है। बाबा ने मध्यवर्गीय एकलविवाह की वकालत तो नहीं की लेकिन स्त्री–पुरुष सम्बन्धों के अर्ध–वैधानिक नियन्त्रण और कुछ मध्यवर्गीय मूल्यों को अपनाने की बात की। इसका अर्थ था स्त्री यौनिकता की नैतिक निगरानी जिसका निम्न वर्गों में व्याप्त पितृसत्ता के विविध रूपों और व्यवहारों से कोई मेल नहीं बैठता था। इस क्षेत्र में कुर्मियों के बीच 'धरौआ' नाम से विधवा विवाह प्रचलित था, जिसमें हिन्दू विवाह की कुछ रस्में छोड़ दी जाती थीं (सेंसस में इसे जगह नहीं मिल पाने का कारण यही है)। लेकिन चूँकि स्त्रियाँ भी अपने मसले सामने ला रही थीं इसलिए यह तय कर पाना कठिन है कि यहाँ की जा रही पहल में कितना उनकी ओर से था और कितना बाबा

रामचन्द्र की ओर से। लेकिन बाबा का औपचारिक वैवाहिक बन्धन में बँधी स्त्रियों को सम्मान और राजनीतिक भागीदारी के क़ाबिल मानना उन्हें गाँधीजी की विवाह–सम्बन्धी इस मान्यता के क़रीब लाता था कि विवाह उच्च नैतिकता की गारंटी है। दरअसल गाँधी ने बरिसाल की वेश्याओं के कांग्रेस पार्टी की गतिविधियों में शामिल किये जाने के प्रति जो नाराज़गी भरी प्रतिक्रिया व्यक्त की थी उसका आधार उनकी अनैतिकता थी। उनकी ही तरह बाबा रामचन्द्र के लिए भी धर्म रूपक और लामबन्दी की चीज़ था। स्त्रियों को आन्दोलित करने और ग्रामीण स्त्रियों के सामाजिक सम्बन्धों को बदलने के लिए उन्होंने भी प्रतीकों का उपयोग किया।

मध्यवर्गीय यौन नैतिकता के किसान आन्दोलन में घुसाये जाने के प्रयास का शायद सर्वाधिक विडम्बना–भरा नतीजा यह है कि यह मध्यवर्गीय निजी दायरे से निकली है, जिसे उन स्त्रियों पर आरोपित किया जा रहा है जो पहले से ही उत्पादन प्रक्रिया में शिरकत कर रही हैं। आलम यह है कि तेलंगाना की किसान स्त्रियों को आन्दोलन में उनकी घरेलू ज़िम्मेदारियों से मिलते–जुलते काम सौंपे जा रहे हैं। जबकि इन स्त्रियों ने ख़ुद को शायद ही ख़ासकर घरेलू भूमिकाओं में सीमित पाया हो। तेलंगाना में एक ओर तो आन्दोलन में घरेलू विचारधाराएँ प्रविष्ट कराई जा रही हैं वहीं दूसरी ओर, आन्दोलन को उच्च आदर्श के रूप में प्रस्तुत किया जा रहा है और स्त्रियों से ज़रूरत पड़ने पर इसके लिए सामने आने के लिए कहा जा रहा है, भले ही उन्हें अपने बच्चे छोड़ने पड़ जायें। यहाँ हमें विरोधाभास दिखलाई देता है। तेलंगाना के 'जादुई समय' के अलावा क्रान्ति उपरान्त वजूद में आये सोवियत संघ और चीन में पितृसत्ता की निरन्तरता, वामपन्थी पार्टियों के कार्यक्रम, क्रान्तिकारी आन्दोलनों में स्त्रियों की अवस्थिति–इन अनुभवों के मद्देनज़र नारीवादियों ने विगत दो दशकों से वर्ग और जेंडर आधारित दमन के बीच के समस्यात्मक सम्बन्ध का विश्लेषण करने का प्रयास किया है।

पितृसत्ता को प्राथमिक अन्तर्विरोध मानने वाला सिद्धान्त इसे एक अनैतिहासिक कोटि बना देता है। इस तरह के दृष्टिकोण का मज़बूत पक्ष यह है कि यह पितृसत्ता को सभी ज्ञात ऐतिहासिक उत्पादन प्रणालियों और सभी वर्गों में व्याप्त बताता है। लेकिन स्त्री को एक 'वर्ग' मानना इसका कमज़ोर पहलू है। इससे यह तथ्य नज़रअन्दाज़ हो जाता है कि शोषित वर्ग की स्त्रियों का हित अपने वर्ग के पुरुषों के साथ होने में है न कि प्रभु वर्ग की स्त्रियों के साथ होने में। वहीं, स्त्रियों के दमन को केवल उत्पादन सम्बन्धों में देखने वाले मार्क्सवादी सिद्धान्त के साथ पितृसत्ता को 'अधिरचना' की चीज़ मानने की

समस्या जुड़ी हुई है। यह इस हक़ीक़त को नज़रअन्दाज़ करता है कि उत्पादन और प्रजनन की प्रक्रियाओं में जेंडर आधारित श्रम–विभाजन के ज़रिये पितृसत्ता बड़े ही इत्मीनान से 'आधार' में अपना बसेरा बनाये हुए है। इसी तरीक़े से यह उत्पादन सम्बन्धों के तन्त्र और सम्पत्तिशाली के साथ–साथ सम्पत्तिहीन परिवारों दोनों में पुनरुत्पादित होती है।

...दूसरे शब्दों में, वर्ग संघर्ष से पितृसत्ता के उन पक्षों के ख़िलाफ़ लड़ाई सम्भव हो पायेगी जो जन उत्पादन दायरे और दमनकारी वर्गों के शोषण मसलन–असमान मज़दूरी, बँधुआ श्रम, जबरन यौन सेवा, बलात्कार आदि से सम्बन्धित हैं। इससे उन निर्मितियों और विचारधाराओं के ख़िलाफ़ संघर्ष मुमकिन नहीं होगा जिन्हें मध्यवर्गीय कार्यकर्ता खुद आन्दोलन के भीतर और संघर्षरत लोग अपनाये हुए हैं। चालीस के दशक के तेलंगाना, तेभागा, वार्ली जैसे कम्युनिस्ट नेतृत्व वाले आन्दोलनों के हाल के मार्क्सवादी और ग़ैर–मार्क्सवादी दोनों ही दृष्टियों से किये गये अध्ययनों ने अलग–अलग तरीक़ों से इस महत्त्वपूर्ण तथ्य की ओर संकेत किया है। इन्होंने दिखलाया है कि आन्दोलन के भीतर पितृसत्तात्मक सत्ता सम्बन्ध आधारित अन्तर्विरोध उभरे, लेकिन या तो उन्हें हल्के में लिया गया या दबा दिया गया। इतिहास के उस दौर में मार्क्सवादी सिद्धान्त सोवियत मार्क्सवाद के व्यवहार से संचालित हो रहा था। माओवाद पितृसत्ता को भौतिक और सांस्कृतिक दोनों रूपों में विशिष्ट दमन के रूप में स्वीकार करता है और मानता है कि कम्युनिस्ट पार्टियों को इसे अपने क्रान्तिकारी संघर्षों में शामिल करना चाहिए। लेकिन यह प्रेरणा का स्रोत न बन सका (देखें, ह्यूमैन रिपोर्ट, 1927)। समाजवादी नारीवादियों द्वारा वाम के सिद्धान्त और व्यवहार की कठोर लेकिन रचनात्मक आलोचना होना अभी शेष था।

...वैसे अब संगठित पार्टियों ने अपने भीतर विद्यमान पितृसत्तात्मक सम्बन्धों का संज्ञान लेना शुरू कर दिया है। यह पार्टियों के भीतर मौजूद नारीवादियों की कोशिशों का नतीजा है। लेकिन यह काफ़ी नहीं है। संगठित वाम की सामाजिक असमानता की जो समझ है उसमें 'स्त्री मुद्दे' संकीर्ण अर्थों में हैं। वर्ग संघर्ष के साथ–साथ जेंडर को व्यापक अर्थों में केन्द्रीयता प्रदान करने और निजी व सार्वजनिक की धारणाओं को क्रान्तिकारी ढंग से पुनःपरिभाषित किये जाने के कार्यों का इनके एजेंडा में शामिल किया जाना अभी भी बाक़ी है।

VI

यहाँ हमने नारीवाद द्वारा उठाये जाने वाले सवालों की प्रकृति को प्रश्नांकित करने की कोशिश की है। स्त्री मसलों पर अधिकांश नारीवादी शोध और

व्यवहार, सुधार और पुनर्जागरण के औपनिवेशिक और राष्ट्रवादी ऐतिहासिक विचार–पद्धतियों से परिचालित होते रहे हैं। व्यावहारिक तौर पर जेंडर विभेद की मौजूदगी को स्वीकार करने के बावजूद इन पद्धतियों ने अपने स्वभाव के अनुरूप उत्पादन प्रक्रियाओं और भू–राजस्व बन्दोबस्त को जेंडर निरपेक्ष के रूप में प्रस्तावित किया। आर्थिक प्रक्रियाओं के निर्धारण में जेंडर विभेद के होने की बात शायद ही स्वीकार की जाती है। परिवार, शिक्षा और आर्थिक भागीदारी पर विचार करते वक़्त नारीवादी शोध सुधारकों की ही भाँति प्रायः निजी और सार्वजनिक दायरों के विभाजन को स्वीकार करता है और ख़ुद को इनमें अवस्थित पाता है। यह औपनिवेशिक अवधि में निर्मित हुए इन दायरों को वजूद में लाने वाली बृहत्तर आर्थिक और वैधानिक प्रक्रियाओं की ओर ध्यान नहीं देता। यदि देखा जाये तो किसान आन्दोलन और शहरी 'नारीवादी' सुधार कार्यक्रम एक ही सिक्के के दो पहलू रहे हैं। वर्गीय शोषण को ख़त्म करने के किसान आन्दोलन के अभियान के लिए ज़मीन, राजस्व, कर–उगाही जैसे मसलात जेंडर निरपेक्ष और स्त्री से जुड़े मुद्दे गौण हो जाते हैं। वहीं, शहरी नारीवादी सुधार प्रयास स्त्रियों के लिए घर और काम की जगह पर अधिक समानता की माँग करते वक़्त घर और बाहर के द्विभाजन की रचना को प्रश्नांकित नहीं करते हैं और वर्गीय असमानता के प्रति संजीदगी नहीं दिखलाते हैं।

[**स्रोत** : कुमकुम संगारी और सुदेश वैद (सं.), *रिकास्टिंग वीमेन : एसेज़ इन इंडियन कोलोनियल हिस्ट्री*, काली फॉर वीमेन, नयी दिल्ली, 1993]

इकाई–III

स्त्री–आन्दोलन का ज़ोर पकड़ना : स्त्री–अध्ययन–आन्दोलन के परिप्रेक्ष्य में

एक बुनियादी दस्तावेज़ के बनने की कहानी

वीना मजूमदार, लोतिका सरकार, कुमुद शर्मा

•

अनुवाद : **विजय झा**

आमतौर पर सरकार द्वारा गठित समिति की रिपोर्ट का नामकरण अध्यक्ष के नाम से किये जाने का चलन रहा है। लेकिन कुछ मामलों में इसका अनुसरण नहीं किया गया। मिसाल के लिए, *राष्ट्रीय स्त्री शिक्षा समिति* (1958–59) की रिपोर्ट को दुर्गाबाई देशमुख रिपोर्ट नहीं कहा गया। इसी तरह, *समता की ओर* (1975) रिपोर्ट को फुलरेनु गुहा के नाम से याद नहीं किया जाता। जबकि उनके हस्तक्षेप और सक्रियता के बिना यह रिपोर्ट तैयार नहीं हो पाती। हमने यहाँ समिति के अपने कुछ अनुभव दर्ज करने का प्रयास किया है। फुलरेनु गुहा ने इसके बारे में कभी ज़्यादा बात नहीं की। अपने राजनीतिक करियर के दौरान उन्होंने कई समितियों में महती भूमिका निभायी। लेकिन व्यक्तिगत लाभ या श्रेय लेने से वे दूर रहीं। जेंडर और सत्ता–सम्बन्धों की दृष्टि से यहाँ कई रोचक सवाल उभरते हैं। सामाजिक इतिहासकारों को इनकी तफ़्तीश करनी चाहिए। जैसा कि हमने पहले ही कहा है, हम यहाँ ख़ुद को रिपोर्ट के बनने के दौरान के कुछ अनुभवों को साझा करने तक सीमित रखेंगे।

सीएसडब्लूआई का गठन : पृष्ठभूमि और सन्दर्भ

हमारी कहानी की शुरुआत भारत में नहीं बल्कि संयुक्त राष्ट्र संघ में हुई। संयुक्त राष्ट्र संघ ने 1962 में महिलाओं के साथ होने वाले भेदभाव को मिटाने के लिए घोषणा की और सदस्य राष्ट्रों से महिलाओं की स्थिति पर रिपोर्ट तैयार करने के लिए कहा। अमेरिका और कनाडा में इसके लिए समितियाँ बनाई गयीं लेकिन भारत में कोई सुगबुगाहट नहीं हुई। समय बीतता रहा। फिर आया 1975 का साल। संयुक्त राष्ट्र संघ ने इसे अन्तरराष्ट्रीय महिला वर्ष घोषित करने का निर्णय लिया। इसके साथ ही उसी साल पहला अन्तरराष्ट्रीय महिला सम्मेलन आयोजित किया गया। उसी दौरान संयुक्त राष्ट्र संघ ने भारत

सरकार को एक स्मरण पत्र भिजवाया कि उसे अब तक भारत में महिलाओं की स्थिति से सम्बन्धित कोई जानकारी नहीं मिली है। जहाँ तक हमें पता चला है उस पत्र से विदेश मन्त्रालय में खलबली मच गयी। उन्हें यह समझ में नहीं आ रहा था कि पत्र किसे भेजा जाये? महिलाओं से सम्बन्धित मसलों के लिए कौन ज़िम्मेदार है? किसी को कुछ मालूम नहीं था। कारण सरकार ने अब तक ऐसी कोई संस्था ही नहीं बनाई थी। कुछ वरिष्ठ अधिकारियों ने सलाह दी कि पत्र समाज कल्याण विभाग (पाठक भली–भाँति समझ सकते हैं कि उनके ज़ेहन में वही विभाग क्यों आया) को भेजा जाना चाहिए।

इसे ऐतिहासिक संयोग ही माना जाना चाहिए कि उस वक़्त समाज कल्याण विभाग में फुलरेनु गुहा मन्त्री थीं। चिट्ठी उनके समक्ष रखी गयी। जहाँ तक हमें पता चला है फुलरेनु गुहा ने इस आशय का एक नोट लिखा कि राष्ट्रसंघ की माँग के अलावा यह हमारे अपने लिए भी ज़रूरी है कि महिलाओं की स्थिति का पुनरावलोकन किया जाये। संविधान में सभी कमज़ोर और पिछड़े तबके के लिए समानता का प्रावधान किया गया है। अनुसूचित जातियों, अनुसूचित जनजातियों, पिछड़े वर्गों और आदिवासियों की स्थिति का जायज़ा लेने की पहल तो की गयी थी लेकिन स्त्रियों की हालत की समीक्षा की बात किसी ने नहीं उठाई थी। जबकि देश को आज़ाद हुए लगभग पच्चीस साल होने जा रहे थे। फुलरेनु जी को लगा कि स्त्रियों के बारे में जानने का समय आ गया है। उन्होंने इसके लिए एक आयोग गठित करने का प्रस्ताव दे दिया।

फ़ाइल तत्कालीन प्रधानमन्त्री इन्दिरा गाँधी के पास भेजी गयी। लेकिन 13 महीनों तक कुछ नहीं हुआ। 1971 में चुनाव हुआ। फुलरेनु चुनाव नहीं जीत पायीं, इसलिए अब वे उस पद पर नहीं थीं। उसी वक़्त एक अन्य महिला प्रकट हुईं। उनके पति विपक्षी खेमे में जाने–माने नेता थे। लेकिन उक्त महिला ने इन्दिरा गाँधी के लिए प्रचार किया था। उन्हें कोई पद नहीं मिला तो वे यह प्रचारित करने लगीं कि उन्हें 'अपनी मर्ज़ी' से उठाये गये क़दम का फल भोगना पड़ रहा है। इन्दिरा गाँधी ने अपने सलाहकारों से उनके लिए कोई जगह ढूँढ़ने के लिए कहा। तभी किसी को साल–भर पहले फुलरेनु द्वारा भेजा गया वह नोट याद आया। उसने एक समिति (ज़ाहिर है कि वह फुलरेनु द्वारा प्रस्तावित आयोग की तुलना में कम दर्जे का और कम स्वायत्त) गठित कर उक्त 'बेचारी' महिला को उसका सदस्य सचिव और फुलरेनु को अध्यक्ष बनाने का सुझाव दिया। इस बात की किसी को कोई परवाह नहीं थी कि उक्त मोहतरमा के पास सदस्य सचिव पद की महती ज़िम्मेदारी के लिए किसी भी तरह का कोई अनुभव नहीं था।

नौ सदस्य वाली उस समिति के बनाये जाने में फुलरेनु से कोई सलाह नहीं ली गयी। लेकिन उन्होंने अपने नोट में इसकी राष्ट्रीय ज़रूरत पर जो बल दिया था उसका कुछ असर ज़रूर पड़ा। कारण समिति के गठन में कहीं भी राष्ट्रसंघ का उल्लेख नहीं किया गया था।

शुरुआती दौर में फुलरेनु ने पाया कि समिति में उनकी कोई सुन नहीं रहा है। उन्होंने ख़ुद को नज़रअन्दाज़ होते महसूस किया। उन्हें पता था कि ज़मीनी स्तर की सही जानकारी जुटा पाना आसान नहीं होता। इसलिए उन्होंने यह सुझाव दिया कि इस काम में आईसीएसएसआर की मदद ली जानी चाहिए। लेकिन उसे इस आधार पर ख़ारिज कर दिया गया कि, "आईसीएसएसआर इस काम का श्रेय ख़ुद ले लेगा"। एक सदस्य ने यह कहकर इस्तीफ़ा दे दिया कि समिति शायद ही रिपोर्ट तैयार कर पायेगी। लोतिका सरकार द्वारा बनाये गये क़ानून टास्क फोर्स ने अपना काम तेज़ी से शुरू कर दिया। उसने 1972 की शुरुआत तक दो पर्चे तैयार कर लिए। समिति ने यह तय किया कि उसके द्वारा जुटायी और तैयार की गयी समस्त सामग्री रिपोर्ट के प्रकाशन तक सुरक्षित और गोपनीय रखी जाये। इसके बावजूद क़ानून वाले दोनों पर्चे सदस्य सचिव के नाम से प्रेस में छपवा दिये गये। उसके बाद लोतिका सरकार इस्तीफ़ा देना चाह रही थीं। लेकिन अध्यक्ष ने उनसे ऐसा न करने का अनुरोध किया।

सदस्य सचिव के पास न कोई योजना थी और न ही कोई सोच। शोध अधिकारी समझ ही नहीं पा रहे थे कि वे क्या करें।

फुलरेनु गुहा इस अवसर को हाथ से नहीं जाने देना चाहती थीं। उनके कुछ साथियों का भी यही ख़याल था। अच्छी रिपोर्ट तैयार करने के लिए उन्हें कुछ प्रशिक्षित शोध विशेषज्ञों (समाज विज्ञानियों) की मदद लेने की ज़रूरत महसूस हो रही थी। उन्होंने समिति को इसके लिए मनाने की कोशिश की और उन्हें किस तरह के समाज विज्ञानी चाहिए, इसके बारे में बात करने के लिए मन्त्री से मिलने चली गयीं। मन्त्री ख़ुद अकादमिक जगत से जुड़े थे और समाज विज्ञानी थे। उन्होंने लीला दुबे और वीणा मजूमदार को चुना।

गुहा ने समिति से टास्क फोर्स गठित करने के लिए कहा। एक या दो सदस्यों से हरेक टास्क फोर्स का ज़िम्मा लेने और उपयुक्त लोगों को चुनने के लिए कहा गया, जो उन्हें मदद कर सकें। क़ानून और सामाजिक पहलू पर बने टास्क फोर्स ने अपने काम और उसके लिए उपयुक्त लोगों के बारे में जानकारी दे दी। आईसीएसएसआर के सदस्य–सचिव जे. पी. नायक ने वित्तीय मदद की पेशकश की थी, जिसे समिति स्वीकार नहीं करती। फुलरेनु ने अपने साथियों के साथ आपस में बात की कि आईसीएसएसआर से वित्तीय

सहायता ले ली जाये। कारण उन्हें शोध के लिए सचिवालय से अनुमोदित फंड पाने में दिक़्क़त का अनुभव हो चुका था।

समिति का सचिवालय फुलरेनु गुहा और जे. पी. नायक के बीच के सहयोग और उसके बाद की कार्यवाही से अनजान था। देश के विभिन्न भागों में राजनीति में स्त्रियों की भागीदारी के आलोचनात्मक विश्लेषण के लिए ज़रूरी जानकारी जुटाने के लिए आईसीएसएसआर का एक वर्किंग ग्रुप बनाया गया। इसी तर्ज पर सामाजिक पहलू पर गठित टास्क फोर्स भी काम कर रहा था, जो लीला दुबे के ज़िम्मे था। लोतिका सरकार को शुरू में परेशानी हुई। सदस्य–सचिव उनके टास्क फोर्स में अपने मनोनीत लोगों को रखना चाहती थीं। साथ ही, उनका कहना था कि सारी बैठकें समिति के ऑफ़िस में हों। टास्क फोर्स के ज़्यादातर सदस्य दिल्ली विश्वविद्यालय के क़ानून विभाग के थे और सदस्य–सचिव उनके आने–जाने का ख़र्च नहीं उठाना चाहती थीं, इसलिए लोतिका सरकार ने सारी बैठकें विश्वविद्यालय में कीं। इतना ही नहीं, सदस्य–सचिव उन्हें कोई भी रक़म नहीं देती थीं जो उनके चुने नहीं होते थे। तो शुरू में दिल्ली विश्वविद्यालय के क़ानून विभाग के सदस्यों ने बिना कुछ लिए काम किया। बाद में जब फुलरेनु गुहा के हाथों में समिति आयी तब जाकर क़ानून वाले टास्क फोर्स के साथ सामाजिक पहलू वाले टास्क फोर्स के समान सलूक किया जाने लगा।

दूसरा चरण : वसन्त 1973–अक्तूबर 1973

हिमाचल प्रदेश के दौरे के समय ('73 की गर्मियों में) कुछ सदस्यों के बीच एक सामूहिक सोच ने आकार लेना शुरू कर दिया। तब तक हमारी छिटपुट कोशिशें व्यक्तिगत स्तर तक ही सीमित थीं। टास्क फोर्स अपना काम कर रहे थे, लेकिन समिति के स्तर पर किसी वैचारिक फ्रेम, या पद्धति सम्बन्धी मुद्दों पर विचार–विमर्श का अवसर नहीं मिल पाया था।

शोधकर्मियों को समिति के सदस्यों से नहीं मिलने दिया गया। जबकि सदस्यों ने कई दफा उनसे मिलने की इच्छा जतलाई थी। लोतिका सरकार के कड़वे अनुभव के बाद कोई भी अपने टास्क फोर्स के काम की प्रगति की रिपोर्ट नहीं करना चाहता था।

महिलाओं के स्वैच्छिक संगठनों की मदद से सर्वेक्षण का एक बड़ा फ़ैसला लिया गया। सवाल क्या होने चाहिए इस पर विचार करने के लिए बैठक की गयी और लीला दुबे को प्रश्नावली बनाने का काम सौंपा गया। उन्होंने कुछ सर्वेक्षण शोध विशेषज्ञों से परामर्श कर प्रश्नावली तैयार की और सदस्य–सचिव को भेज दी। अगली बैठक में सदस्य–सचिव ने प्रश्नावली को सबके सामने रखा।

उसके साथ–साथ मन्त्रालय के एक अधिकारी की प्रश्नावली पर की गयी टिप्पणी भी रखी गयी। उक्त अधिकारी से सदस्य–सचिव ने परामर्श माँगा था। अधिकारी महोदय की टिप्पणी एक तरह से प्रश्नावली को ख़ारिज–सा करती थी।

कई सदस्यों ने महसूस किया कि सदस्य–सचिव का व्यवहार अनुचित था। उससे समिति की स्वायत्तता को ठेस पहुँची थी। बैठक में उपस्थित अधिकांश सदस्यों ने प्रश्नावली को मंजूरी दे दी। सदस्य–सचिव और समिति के ज़्यादातर सदस्यों के बीच गहराती खाई की वजह से उन स्वैच्छिक संगठनों को कोई स्पष्ट दिशानिर्देश नहीं मिल पा रहा था, जिन्हें सर्वेक्षण का काम सौंपा गया था। इन बाधाओं के बावजूद 1974 में प्राप्त हुई 8000 प्रतिक्रियाओं से रिपोर्ट के लिए कुछ मूल्यवान आँकड़े मिलने जा रहे थे।

हिमाचल प्रदेश दौरे से पहले हुई बैठक में, हमें रिपोर्ट की 10 पृष्ठों में तैयार की गयी रूपरेखा दी गयी और सूचित किया गया कि दोपहर में मन्त्री से मिलने का समय लिया जा चुका है। सदस्यों ने फुलरेनु गुहा से पूछा तो उन्होंने बतलाया कि न तो उन्हें रिपोर्ट की रूपरेखा के बारे में कुछ मालूम था और न ही मन्त्री से मुलाक़ात के बारे में। पहली दफा समिति के सदस्यों के सामने यह ज़ाहिर हुआ कि अध्यक्ष किस हद तक हाशियाकृत थीं। सदस्यों ने उसे ख़ारिज करने का सामूहिक निर्णय लिया। अगले दो घण्टों के भीतर, रिपोर्ट के अध्यायों की एक योजना तैयार की गयी। तब तक स्वास्थ्य और परिवार के लिए कोई टास्क फोर्स और शोध दल नहीं बनाया गया था। इसलिए इस क्षेत्र में कोई सर्वेक्षण शुरू नहीं हुआ था। दूसरी ओर, हमारे पास राजनीतिक भागीदारी पर एक औपचारिक टास्क फोर्स था। सदस्यों ने विभिन्न अध्यायों की आरम्भिक रूपरेखा के लिए विचार–विमर्श शुरु किया। स्वास्थ्य के क्षेत्र में कुछ ज़्यादा जानकारी प्राप्त नहीं हो पायी थी। इसलिए उसे सरकारी योजना और कार्यक्रम अध्याय के तहत रखने का निर्णय लिया गया।

वीणा मजूमदार ने जनसांख्यिकी पर एक अध्याय रखने का सुझाव दिया, जिस पर सभी सदस्य सोच में पड़ गये। कारण इस क्षेत्र में वीणा या किसी और सदस्य को कोई अनुभव नहीं था। लेकिन इसे छोड़ा नहीं जा सकता था। जनसंख्या वृद्धि रोकने के लिए सरकार ने परिवार नियोजन जैसी पहल की थी। इसके अलावा, आर्थिक टास्क फोर्स की एक बैठक में जनगणना के आँकड़ों का हवाला देते हुए कुमुद शर्मा ने महिलाओं की आर्थिक भागीदारी दर में गिरावट की तरफ़ ध्यान दिलाया था। इसी क्रम में पद्मिनी सेनगुप्ता के स्त्रियों के रोज़गार पर पर्चे का उल्लेख हुआ। उसमें गिरते लिंगानुपात का

भी उल्लेख किया गया था। ये चौंकाने वाले खुलासे थे, जिनसे लोग, उनमें भी ख़ासतौर पर औरतें अनजान थीं। किसी तरह डेढ़ पृष्ठ की नयी रूपरेखा तैयार की गयी। लेकिन जब हम दोपहर में मन्त्री से मिलने गये तो हमने पाया कि सदस्य–सचिव ने वही पुराना वाला ड्राफ्ट (वह दरअसल संवैधानिक प्रावधानों की एक प्रति थी) सबको वितरित कर रखा था, जिसे सबने ख़ारिज कर दिया था।

हिमाचल प्रदेश का दौरा कई मायनों में ऐतिहासिक साबित हुआ। हम तीनों (लोतिका सरकार, कुमुद शर्मा, वीणा मजूमदार) एक कार में थे। रास्ते में बातचीत के दौरान हमारे ज़ेहन में वैचारिक फ्रेम की रूपरेखा तैयार होने लगी थी। उर्मिला हक्सर और फुलरेनु गुहा दूसरी कार में थे। वे व्यावहारिक रणनीतियों का खाका बनाने में लगी हुई थीं। बाद में हम अपने–अपने विचार साझा कर देर रात तक सोच–विचार करते रहे।

दौरे से लौटने तक हमने दो निर्णय ले लिए थे। वीणा मजूमदार को वैचारिक फ्रेम पर एक नोट तैयार करना था, जिसे बाद में 'स्थिति' के प्रति 'तीन श्रेणी' दृष्टिकोण के रूप में जाना गया। उसमें आर्थिक सुरक्षा को स्त्री की स्थिति तय करने का पैमाना बनाया गया। फुलरेनु गुहा को उसकी चर्चा करने और अपनाने के लिए समिति के समक्ष रखना था। उसके बाद ड्राफ्टिंग समिति बनाने की ज़िम्मेदारी उर्मिला हक्सर को निभानी थी। ड्राफ्टिंग समिति की सदस्यता को लेकर हमारे विचार निश्चित थे, लेकिन फुलरेनु गुहा ने इस मामले में सावधानी से आगे बढ़ने की सलाह दी। कारण इस मुद्दे पर वह कोई मतभेद नहीं चाहती थीं।

बाद में परिस्थितियों ने कुछ ऐसा मोड़ लिया कि समिति के पुनर्गठन की नौबत आ गयी। 10 सितम्बर 1973 को हमें इस बावत सरकार के फ़ैसले की जानकारी मिल गयी। नयी समिति में पुराने सदस्य–सचिव को हटा दिया गया था। अब वीणा मजूमदार सदस्य–सचिव थीं।

[**स्रोत** : दिल्ली स्थित सेंटर फॉर वीमेंस डेवलपमेंट स्टडीज़ द्वारा प्रकाशित पुस्तिका]

मथुरा बलात्कार केस : मुख्य न्यायाधीश के नाम खुली चिट्ठी

उपेन्द्र बख़्शी, वसुधा धागम्बर,
रघुनाथ केलकर, लोतिका सरकार

क़ानून के चार विश्वविद्यालय अध्यापक–लोतिका सरकार, वसुधा धागम्बर, उपेन्द्र बख़्शी और रघुनाथ केलकर–भारत के प्रमुख न्यायाधीश चन्द्रचूड़ के नाम एक खुला पत्र लिख चुके हैं जिसमें उन्होंने सुप्रीम कोर्ट की समस्त अदालत (फुल बेंच) द्वारा केस की पुनः सुनवाई की माँग की है। पत्र में कई महत्त्वपूर्ण प्रश्न उठाये गये– "माननीय, यह एक ग़ैर–मामूली फ़ैसला है जिसमें क़ानून और संविधान के अधीन स्त्रियों को प्राप्त मानवाधिकारों की बलि चढ़ा दी गयी है। अदालत ने कोई विश्लेषण करके नहीं बताया कि उच्च न्यायालय ने जिन तत्त्वों को महत्त्व दिया था, वे उसने बलात्कार का अभियोग सिद्ध करने में अयोग्य कैसे पाये? मथुरा रात के सुनसान पहर में पुलिस चौकी में थी। उच्च न्यायालय ने यह विश्वास करना असम्भव पाया कि उसने संभोग के लिए अपनी ओर से इच्छा प्रकट की होगी। यह तथ्य अकाट्य रहता है कि उसका बयान दर्ज हो गया था और उसके साथियों व सम्बन्धियों को चले जाने के लिए कह दिया गया था, फिर भी उसे पुलिस चौकी में रुकने को कहा गया। भला क्यों? यह तथ्य भी अकाट्य है कि तुकाराम ने लड़की को गनपत से छुड़ाने के लिए कुछ नहीं किया। भला क्यों? सर्वोच्च न्यायालय ने तथ्यों के अपने विवरण में सम्भवतः निचली अदालत के दस्तावेज़ों के आधार पर कहा है कि तुकाराम नशे में था। पर यह बात भी पर्याप्त नहीं गिनी गयी। भला क्यों? बत्तियाँ क्यों बुझी हुई थीं और दरवाज़े क्यों बन्द थे?"

"माननीय न्यायाधीश, क्या भारत का उच्चतम न्यायालय पुलिस चौकी के भीतर दो पुलिसजनों से घिरी हुई 14–16 साल की एक लड़की से अपेक्षा करता है कि उसे मदद के लिए शोर मचाने में सफल होना चाहिए था? क्या वह सचमुच सोचता है कि उस लड़की को, जो कि एक मज़दूर है, हट्टे–कट्टे पुलिसजनों का इतना ज़बरदस्त प्रतिरोध करना चाहिए था कि उसके शरीर

पर चोट के यथेष्ट निशान पाये जाते? क्या ऐसे निशानों के न पाये जाने का यही मतलब निकलता है कि लड़की ने ज़बरदस्त प्रतिरोध नहीं किया होगा? सच तो यह है कि मथुरा के ज़बरदस्त विरोध करने के, जैसे नोचने या काटने के निशान, गनपत के शरीर पर देखे जाने चाहिए थे।"

"जज का फ़ैसला बहाल करते वक़्त क्या उच्चतम न्यायालय वाक़ई उन्हीं की तरह यक़ीन करता है कि मथुरा ने बलात्कार की, यहाँ तक कि पुलिस चौकी में घेरकर रखे जाने की भी कहानी 'अपने मन से गढ़ी' है, ताकि वह अशोक की निगाह में, 'सच्चरित्र' दिख सके? क्या अदालत यक़ीन करती है कि मथुरा इतनी बदचलन थी कि पुलिस चौकी के बाहर उसका भाई, उसका मालिक और उसका प्रेमी इन्तज़ार कर रहा था, तब भी वह दो पुलिसजनों के

साथ रंगरेलियाँ मनाने का मौक़ा चूकना नहीं चाहती थी और वह भी पुलिस चौकी के शौचालय के पास की जगह में? क्या वह उन्हीं की तरह यक़ीन करती है कि मुलज़िमा के बालों में और कपड़ों में वीर्य के दाग एक और रति कर्म से आये होंगे जो पुलिस घटना के और अगले दिन शाम उसकी डॉक्टरी

जाँच होने के बीच किसी समय हुआ होगा? गनपत के पायजामे पर वीर्य के जो दाग थे, उनके बारे में क्या कहा जायेगा? यह दोहरा प्रतिमान क्यों? गनपत की यौनचर्या के आधार पर उसका मुलज़िमा से बलात्कार सन्दिग्ध हो जाता है और मथुरा की यौनचर्या बलात्कार की कहानी पर अदालत से एकदम अविश्वास करवा देती है?"

"हमें यह बात भी अचरज में डालती है कि उच्चतम न्यायालय ने भारतीय दण्ड विधान की धारा 375 के तीसरे भाग पर ही ध्यान केन्द्रित करना चाहा जो तभी लागू होता है जब 'औरत की रज़ामन्दी से बलात्कार किया गया हो, जब उसकी रजामन्दी उसे मौत का या चोट का भय दिखाकर प्राप्त की गयी हो।' किन्तु धारा 375 का दूसरा भाग तब लागू होता है जब बलात्कार बिना सहमति के हुआ हो। क़ानून व सहज–बुद्धि दोनों की निगाहों में 'समर्पण' और 'सहमति' में अन्तर स्पष्ट है। सहमति में समर्पण निहित है परन्तु समर्पण के माने हमेशा सहमति नहीं होंगे। मामले के तथ्यों से जो सिद्ध होता है वह 'समर्पण' है, 'सहमति' नहीं। क्या 'सहमति' की अपनी व्याख्या अदालत इस भाँति बयान नहीं कर सकती थी कि मुलज़िमा के अधिकार व गरिमा की सचमुच रक्षा हो सकती?"

"नन्दिनी सत्पथी (1978) एस. सी. जी. के फ़ैसले की स्याही भी अभी तक सूखी नहीं है, जिसमें ज़ाब्ता फ़ौजदारी की धारा 160 (1) का घोर उल्लंघन करके औरतों को पुलिस चौकी में बुलाने की भर्त्सना अदालत ने न्यायमूर्ति कृष्ण अय्यर के मुख से की थी। उस धारा के अधीन किसी औरत से, पुलिस द्वारा तहक़ीक़ात के दौरान उसके अपने निवास स्थान के अलावा अन्यत्र उपस्थित होने को नहीं कहा जा सकता।"

"निश्चय ही न्यायमूर्ति अय्यर द्वारा अभिव्यक्त यह आशा झूठी सिद्ध हो गयी है कि, 'जब बड़े लोग युद्ध लड़ते हैं तो उसमें विजय का लाभ छोटों को भी मिल जाता है।' तो आख़िर नन्दिनी सत्पथी के लिए बना क़ानून भारत की असहाय मथुराओं पर लागू क्यों नहीं होता?"

"राष्ट्रीय क़ानून का घोर उल्लंघन करते हुए मुलज़िमा को पुलिस चौकी में बुलाने व रोके रखने के कुकृत्य की भर्त्सना करने वाला एक शब्द भी फ़ैसले में नहीं कहा गया, न फ़ैसले में एक शब्द भी पुलिस चौकियों को संभोग हेतु समर्पण के वास्ते या बलात्कार के वास्ते इस्तेमाल करने के विरुद्ध कहा गया है। प्रशासन को क़ानून के अनुसार चलने का कोई आदेश नहीं दिया गया है, किसी तरह की कोई ताड़ना नहीं दी गयी है।"

"अदालत ने उन तथ्यों, जैसे मुलज़िमा के आर्थिक–सामाजिक स्तर, विधि सम्मत अधिकारों के प्रति अज्ञानता, उसकी अपनी उम्र, क़ानूनी सेवाओं तक पहुँच की कमी और उस भयग्रन्थि पर, जिससे ग़रीब व शोषित भारतीय जन पुलिस चौकियों में जाते हुए ग्रस्त रहते हैं, आदि पर कोई विचार ही नहीं किया गया। हम विनयपूर्वक सुझाव देना चाहते हैं कि आप स्वयं अपने सहकर्मियों के साथ, ग़रीबों का वेश धारण करके कृपया दिल्ली के पास के गाँवों की पुलिस चौकियों में जाकर कभी देखें।"

"अन्त में हम केवल अनुरोध कर सकते हैं कि आप इस मामले को एक असामान्य मामला मानकर, पहले से बड़ी, अगर ज़रूरी हो तो पूरी अदालत के सामने दुबारा सुनवाई के लिए भेजें। माननीय, सम्भव है आपको यह अनुरोध बेहद अजीब–सा और असुविधाजनक लगे, शायद नादानी से भरा हुआ भी, लेकिन यहाँ और कुछ नहीं बल्कि मानवाधिकार और संवैधानिकता की रक्षा दाँव पर लगी है। इसमें तो कोई शक है ही नहीं कि इस देश की लाखों मथुराओं की वेदना भी उतनी ही महत्त्वपूर्ण है जितनी गोलकनाथ और परम पावन केशवानन्द भारती की है, जिन्होंने सम्पत्ति को मौलिक अधिकार मानते हुए उसके परिसीमन की वैधता को चुनौती दी थी, और जिनके केस की सुनवाई पूरी अदालत ने की थी।"

[**स्रोत** : *मानुषी* (हिन्दी संस्करण), मार्च–अप्रैल–मई 1980]

रमीज़ा बी से एक मुलाक़ात

विमला फ़ारूक़ी

सलोनी सूरत–शक्ल और छरहरे बदन वाली रमीज़ा बी अभी इक्कीस साल की भी नहीं है। अप्रैल 1978 में रमीज़ा बी से सम्बन्धित घटनाओं ने हैदराबाद और आन्ध्र प्रदेश के कुछ और ज़िलों को हिलाकर रख दिया था और उनकी ख़बरें सारे हिन्दुस्तान के अख़बारों में प्रमुखता से छापी गयी थीं।

तीन पुलिसवालों ने उनके साथ बलात्कार किया था और जब उनके शौहर ने उनके साथ बलात्कार किये जाने के ख़िलाफ़ आवाज़ उठाई थी तो रमीज़ा बी की आँखों के सामने ही उनकी हत्या कर दी गयी थी। इसके बाद मुक्ताधर कमीशन की रिपोर्ट आयी; उसके कुछ ही समय बाद यह ख़बर छपी कि रमीज़ा बी को वेश्यावृत्ति के लिए लड़कियाँ फाँसकर लाने के अपराध में गिरफ़्तार कर लिया गया है।

भारतीय महिला फ़ेडरेशन ने उसके मामले की जाँच करके असलियत का पता लगाने का फ़ैसला किया। मैं भारतीय महिला फ़ेडरेशन की आन्ध्र प्रदेश शाखा की वाइस–प्रेसीडेंट श्रीमती ब्रजरानी गौड़ के साथ उनसे मिलने गयी।

हम कुर्नूल ज़िले के छोटे से शान्त क़स्बे नन्दीकोटकुर में बहुत सवेरे पहुँचे और एक जानी–मानी सामाजिक कार्यकर्ता के घर गये। हमने उन्हें अपने आने का उद्देश्य बताया। उन्होंने कहा, "लोग इस अभागी लड़की को जाने बिना उसके बारे में बहुत कुछ लिखते रहे हैं। इस मामले की असलियत का पता लगाने के लिए यहाँ आप ही लोग सबसे पहले आयी हैं।"

वह हमें दो कमरों वाले एक मकान में ले गयीं जहाँ रमीज़ा बी अपनी नानी के साथ रहती हैं। हमारा बड़े 'तयाक' से स्वागत किया गया।

रमीज़ा बी खेत–मज़दूरों के परिवार की हैं; उनके माँ–बाप दोनों खेतों में काम करते हैं। पाँच भाई–बहनों में वह तीसरी सन्तान हैं। उनका बाप शराबी है और अपनी कमाई का काफ़ी हिस्सा शराब में उड़ा देता है। बच्चों को पालने का सारा बोझ उनकी माँ पर पड़ा इसलिए वह कुछ बदमिज़ाज और चिड़चिड़ी हो गयी हैं।

रमीज़ा बी की शादी सत्रह साल की उम्र में एक लड़के से कर दी गयी थी जो नन्दीकोटकुर में राज–मज़दूर का काम करता था। उसे रमीज़ा बी से प्यार था, वह उनकी इज़्ज़त करता था और इतना पैसा कमा लेता था कि दोनों आराम से रह सकें। ये रमीज़ा बी के जीवन के सबसे अधिक सुख के दिन थे। यह बात बताते समय रमीज़ा बी की आँखों में एक चमक आ गयी।

इस बात पर ज़ोर देना इसलिए ज़रूरी है क्योंकि अपना उल्लू सीधा करने वाले कुछ लोग यह कहते फिर रहे हैं कि वह आवारा औरत है और जिस आदमी की पुलिस ने हत्या की, उसकी वह ब्याहता बीवी नहीं थीं। चूँकि मुसलमानों में एक से ज़्यादा शादियाँ करने की इजाज़त है इसलिए रमीज़ा बी के साथ शादी होने से पहले भी इस आदमी की एक बीवी थी।

बाद में हम जिन लोगों से मिले उन्होंने इस बात को सही बताया कि रमीज़ा बी की उस आदमी से शादी हुई थी और दोनों हँसी–ख़ुशी रहते थे। हमने इसके बारे में लगभग पचास लोगों से बातें कीं जिनमें समाज के सभी हिस्सों के औरत–मर्द शामिल थे।

रमीज़ा बी ने बाक़ी जो क़िस्सा बताया वह अब तक सभी को मालूम हो चुका है। किस तरह रात गये सिनेमा से लौटते हुए पुलिस ने उनको सड़क पर पकड़ लिया था, फिर उन्हें थाने ले जाया गया था और आधी रात को घूमने पर जुर्माना कर दिया गया था; किस तरह शौहर को पैसा लाने के बहाने घर भेज दिया गया था और तीन पुलिस वालों ने रमीज़ा बी के साथ बलात्कार किया था।

सरकार की तरफ़ से तैनात किये गये मुक्ताधर कमीशन ने इस मामले की जाँच की और इस क़िस्से को सही पाया। कमीशन ने पुलिस की बहुत निन्दा की।

ऐसा लगता है कि इस बात पर हैदराबाद की पुलिस आगबबूला हो उठी। वहाँ के जिन लोगों से हम मिले उनकी यही राय थी; इस दो टके की छोकरी के लिए उन्हें लताड़ा जाये, जिनके हाथ में इतनी ताक़त है! उन लोगों ने बदला लेने की ठानी; कम–से–कम दस लोगों ने यही राय ज़ाहिर की।

इसी बीच रमीज़ा बी को हैदराबाद के एक फ़िल्म प्रोड्यूसर का सन्देश मिला कि वह उनकी ज़िन्दगी के बारे में फ़िल्म बनाना चाहता है और अगर उन्हें उसका सुझाव मंज़ूर हो तो हैदराबाद आकर उससे मिल लें। उन्होंने उसकी बात मंज़ूर कर ली और कुछ दिन बाद उन्हें तार मिला कि वह एक ख़ास दिन हैदराबाद आ जायें; वह दिन आने में लगभग एक हफ़्ते का वक़्त था।

रमीज़ा बी बिल्कुल अनपढ़ हैं, इसलिए तार किसी ने पढ़कर सुनाया। छोटे–से क़स्बे में देखते–देखते बात फैल गयी।

रमीज़ा बी बिल्कुल अकेली हैदराबाद गयी थीं; लोगों ने उन्हें बस अड्डे पर देखा भी था। फ़िल्म प्रोड्यूसर ने इस बात को सही बताया कि वह उससे मिलने आयी थीं। रमीज़ा बी का कहना है कि जब वह वापस जाने के लिए प्रोड्यूसर के घर से बस अड्डे की तरफ़ जा रही थीं तो नन्दीकोटकुर की तीन लड़कियाँ उन्हें रास्ते में मिलीं और उनसे बात करने लगीं। अचानक दो पुलिसवाले आ धमके और उनसे पूछने लगे कि वह उन लड़कियों को कहाँ ले गयी थीं। रमीज़ा बी हक्का–बक्का रह गयीं। तीनों लड़कियों ने एक साथ कहा, "यह हमें पेशा कराने ले गयी थीं।" इतने में एक फ़ोटोग्राफ़र ने आकर तस्वीर खींच ली।

यह बात कोई भी ठीक से नहीं बता पाया कि ये लड़कियाँ रमीज़ा बी के साथ कहाँ से आ गयीं। रमीज़ा बी को पेशा कराने के लिए लड़कियों को फाँसने के अपराध में गिरफ़्तार करके राजामुंदरी जेल भेज दिया गया। हाल ही में लगभग तीन महीने बाद उन्हें जमानत पर रिहा किया गया है।

हम उन तीन लड़कियों से भी मिले जिन्होंने रमीज़ा बी के ख़िलाफ़ गवाही दी थी। वे बहुत कम उम्र की हैं; एक तो मुश्किल से तेरह साल की होगी, बाक़ी दोनों पन्द्रह–सोलह साल की होंगी। दो लड़कियों के माँ–बाप नहीं हैं और वे अपने रिश्तेदारों के साथ रहती हैं; तीसरी खेत–मज़दूर की बेटी है।

क्या उनका बयान अदालत में साबित हो पायेगा? यह तो वक़्त आने पर ही पता चलेगा, लेकिन जब वहीं की एक औरत ने उनसे हैदराबाद तक के सफ़र के बारे में बताने को कहा तो वह बगलें झाँकने लगीं।

रमीज़ा बी के बारे में तरह–तरह के क़िस्से फैलाये जा रहे हैं जबकि हक़ीक़त यह है कि सत्रह साल की कच्ची उम्र में उनकी शादी हो गयी थी और अपने शौहर के मार दिये जाने के बाद से वह बड़ी मुसीबत की ज़िन्दगी गुज़ार रही हैं, जैसे चारों ओर से घिर गयी हों।

आख़िर अपनी ज़िन्दगी के किस दौर में उन्होंने रण्डियों की दलाली की होगी?

पुलिस के रवैये से तो यह मालूम होता है कि जब तक रमीज़ा बी का ख़ात्मा नहीं कर दिया जायेगा तब तक आन्ध्र प्रदेश की ख़ैरियत नहीं है। यह नौजवान, लाचार लड़की उनकी सबसे बड़ी दुश्मन है क्योंकि उसमें उन्हें अपनी बदचलनी की तस्वीर दिखायी देती है।

उसके ख़त तक बीच में रोककर पढ़े जाते हैं। वहाँ जाने से पहले मैंने उसे तीन ख़त लिखे थे जिनमें से एक भी उसे नहीं मिला। मेरी एक और दोस्त ने भी उसे ख़त लिखा था पर वह भी उसके पास कभी पहुँचा नहीं। उनसे और शहर के अन्य कई लोगों से मिलने के बाद हमारा विचार है कि इस लड़की को पुलिस के बर्बर दमन से छुड़वाना बहुत ज़रूरी है।

भारतीय महिला फ़ेडरेशन की स्थानीय सदस्याओं ने कुछ और संगठनों व व्यक्तियों के साथ, अदालत में रमीज़ा बी के केस को लड़ने का निश्चय किया है। और साथ में, असलियत के बारे में जनता को सूचित भी करना चाहती हैं।

यह सिर्फ़ रमीज़ा बी की कहानी नहीं है। कितनी ही नवयुवतियों की ज़िन्दगी इसी तरह बरबाद होती रहती है। इनके पक्ष में सभी सजग लोगों का सक्रिय होना, आवाज़ उठाना, अति आवश्यक है।

[**स्रोत** : *मानुषी* (हिन्दी संस्करण), जनवरी 1979]

माया त्यागी केस

अनुवाद : **विजय झा**

18 जून 1980 को 25 साल की माया त्यागी अपने पति ईश्वरचन्द और अन्य दो लोगों के साथ फ़रीदाबाद से साँकल पुठी से अपने मायके जा रही थी। उसके भतीजी की शादी थी। रास्ते में कार का एक टायर पंक्चर हो गया। उसे ठीक करने के लिए ड्राइवर ने बागपत चौक पर कार रोकी। ड्राइवर कार से निकलकर टायर ठीक करने में लग गया। तभी एक पुलिसवाला वहाँ आया और माया के साथ छेड़छाड़ करने लगा। माया ने विरोध किया तो नज़दीक खड़ा उसका पति उसे बचाने के लिए आ गया। उसने पुलिसवाले की पिटाई की। पुलिसवाला वापस चला गया और कुछ ही देर बाद पुलिसबल के साथ वहाँ आ धमका। पुलिस ने उन पर फायरिंग शुरू कर दी। डर के मारे वे लोग वहाँ से जल्दी निकलने के लिए कार में बैठ गये। लेकिन कार चली नहीं। माया के पति और साथ के अन्य दो लोग बाहर निकलकर कार को धक्का देने लगे। उनमें से दो को पुलिस की गोली लगी और वे वहीं मर गये। तब तक भीड़ जमा हो चुकी थी। तीसरा बचने के लिए भीड़ की तरफ़ दौड़ पड़ा। लेकिन उसे भी पुलिस ने मार डाला।

उसके बाद पुलिसवाले माया पर टूट पड़े। उसे खींचकर कार से बाहर निकाला गया। उसकी पिटाई की गयी। उसके कपड़े फाड़कार निर्वस्त्र बाज़ार में घुमाया गया। जिसने भी बीच में आने की कोशिश की, उसे पुलिस ने धमकाया। पुलिस माया को थाने ले गयी। वहाँ पुलिस अधिकारियों ने उसके साथ बलात्कार किया। माया ने 21 जून को ज़िलाधीश को दिये अपने आवेदन में उनका नाम लिखा है। माया के ही गाँव के वकील जगबीर सिंह ने उसकी रिहाई के लिए आवेदन डाला। अगले दिन न्यायिक मजिस्ट्रेट अस्पताल गये, कारण, माया की हालत गम्भीर थी। उसे कोर्ट नहीं ले जाया जा सकता था। मजिस्ट्रेट ने माया को दोपहर के ढाई बजे जमानत दे दी। लेकिन उसकी रिहाई रात को 8 बजे जाकर हुई।

पुलिस ने यह आरोप लगाया कि मारे गये तीनों लोग कुख्यात डाकू थे। माया उनमें से एक की पत्नी थी और पुलिस पर हमले के लिए वह उन्हें गोला बारूद दे रही थी। पुलिस के मुताबिक़ डाकुओं और उनके बीच की 'मुठभेड़' को देख रहे लोगों ने गुस्से में आकर माया के कपड़े फाड़ डाले और उसकी पिटाई की। पुलिस ने कहा कि उसने तो माया को भीड़ से बचाया। उसे नये कपड़े दिये। पुलिस ने बलात्कार के आरोप को निराधार बतलाया।

गीता मुखर्जी, अज़ीज़ा इमाम और कनक मुखर्जी, ये तीन महिला सांसद गृहमन्त्री के साथ बागपत पहुँचीं। वहाँ गाँववालों ने एक मत से उन्हें कहा कि पुलिस जो कह रही है वह पूरी तरह से मनगढ़न्त है। पुलिस ने माया से जबरन वांटेड डाकू सुदेश के नाम से हस्ताक्षर करवाया। इन महिला सांसदों ने घटना की न्यायिक जाँच कराने के लिए मुख्यमन्त्री को चिट्ठी लिखी है। संसद में इस पर हंगामा हुआ। 2 जुलाई को उत्तर प्रदेश के मुख्यमन्त्री ने न्यायिक जाँच के आदेश दिये हैं।

ग़ौरतलब है कि आरोपी पुलिस अधिकारियों का न तो तबादला किया गया है और न ही सस्पेंड। वे सबूतों के साथ छेड़छाड़ करने और गवाहों को डराने–धमकाने की स्थिति में हैं। उधर हमारे नेता हैं जो इस घटना का इस्तेमाल कर अपना हित साधने में लग गये हैं (4 जुलाई को राज नारायण ने बागपत में एक रैली निकाली)। माया की हालत की सुध किसी को नहीं है। पति गँवा चुकी गर्भवती माया को उसके स्तब्ध परिवार वाले छिपाते फ़िर रहे हैं, कारण उसकी जान को ख़तरा है।

नेशनल फ़ेडरेशन ऑफ़ इंडियन वीमेन, जनवादी महिला समाज, मानुषी, स्त्री–संघर्ष जैसे तमाम महिला संगठनों ने इस अत्याचार के ख़िलाफ़ 4 जुलाई को आम बैठक बुलायी और विरोध–प्रदर्शन किया। सबसे बड़ी बात यह है कि इस मुद्दे पर अधिकांश महिला सांसद एक साथ सामने आयी हैं और लोगों के बीच आक्रोश बढ़ता जा रहा है।

[**स्रोत** : *मानुषी,* जुलाई–अगस्त 1980]

मराठवाड़ा : औरतों के साथ क्या हुआ

विभूति पटेल

मराठवाड़ा विश्वविद्यालय के नामान्तरण के लिए महाराष्ट्र विधानसभा ने सर्वसम्मति से जो प्रस्ताव पारित किया था, और उसे 'बाबा साहेब आम्बेडकर विश्वविद्यालय' नाम देने का निर्णय लिया था, उसी के विरोध में शहर के सवर्णों ने दंगे किये थे। गाँवों में भी सवर्ण आभिजात्य वर्ग के लोगों ने इसी बहाने महार दलितों को आतंकित किया। हमले का ज़ोर महार समुदाय पर ज़्यादा पड़ा, क्योंकि ये लोग अब अपने अधिकार प्राप्त करने के लिए सजग हो रहे हैं—इनमें वर्ग—चेतना फैल रही है। सवर्णों का उद्देश्य था—इनको सबक सिखाना; इनकी चेतना को कुण्ठित करना।

जब मराठवाड़ा में जातिवादी दंगों ने ज़ोर पकड़ा, तब बम्बई से कुछ महिलाएँ, वहाँ की स्थिति की जानकारी प्राप्त करने, ख़ासतौर से औरतों पर किये जा रहे अत्याचारों की रपट लेने के लिए, वहाँ गयीं। ये पाँच महिलाएँ, जिनमें मैं भी थी, नांदेड़ ज़िले के अत्याचारग्रस्त विस्तारों में गयीं। वहाँ जो दृश्य सामने आया, उसके एक अंश के विषय में भी किसी समाचार—पत्र या पत्रिका ने ख़बर छापना ज़रूरी नहीं समझा था। यही नहीं, जातिवादी हमलों से पायमाल गाँवों में पहुँचने के लिए हमें पुलिस और कलक्टर से माथापच्ची करनी पड़ी, जिसमें दो दिन बरबाद हो गये।

नांदेड़ ज़िले के अलग—अलग तालुकों का चित्रण प्रस्तुत है। गाँव सोंखड़े, तालुका कन्धार में जातिवादी जुनूनियत के दौरान एक ज़मींदार ने गुण्डों के साथ मिलकर गाँव की दलित बस्ती को जलाया और दो स्त्री—खेतिहर मज़दूरों के साथ बलात्कार किया। भगदड़ में तीन दलित बच्चों ने अपनी जान गँवायी। इसी तालुका के सुगाव नाम के गाँव में जनार्दन मवाड़े को बुरी तरह से मारा और एक दलित स्त्री के साथ बलात्कार किया गया।

बिलोली तालुका के बेलसा गाँव में जनबाई और किस्ताबाई के साथ बाबू पोट जी नाम के कोली—शराबी ने असह्य अत्याचार किया। इस बात की

जानकारी होते हुए भी सरकार ने कार्यवाही नहीं की। इस तालुका के पोंगरी गाँव में एक औरत (जिसने दो दिन पहले ही एक बच्चे को जन्म दिया था) के साथ बोलसा के रमण बाबू ने बलात्कार किया। जब यह सब हो रहा था, गाँव के अन्य दलित भयभीत होकर जंगल की ओर भाग रहे थे।

कुशनुर गाँव में लोग अभी तक इतने आतंकित हैं कि वे खुलकर बात करने को भी तैयार नहीं थे। जैसे ही सवर्णों ने हमला किया, दलितों ने जंगल की ओर भागना शुरू कर दिया। जातिवादियों के हाथ चार–पाँच औरतें आ गयीं। उन्होंने उन औरतों की आबरू लूटी और उनकी आँखों के सामने एक औरत के मासूम बच्चे को जला दिया। दलितों की आँखों के सामने से यह भयानक दृश्य कैसे हट सकता है?

कोकल गाँव में एक दलित शिक्षक ने महार लोगों में सामाजिक चेतना बढ़ाने में अगुआई दिखायी थी। ये महार भीम–जयन्ती भी मनाते थे। इन सब महारों के घर जला दिये गये और शिक्षक की पत्नी को मारा गया। रज्जव गाँव के पाश्विक अत्याचारों के बारे में वहाँ के सभी रहने वालों को मालूम है। जंगल की ओर भागती चार–पाँच औरतों के साथ बलात्कार किया गया और एक के स्तन काट लिए गये। इस पर भी कोई मेडिकल या क़ानूनी कार्यवाही नहीं की गयी।

पांगरी में, जब हम दलित बस्तियों में गये, तब पुलिस–पटेल वहाँ आकर दलितों की ओर से बोलने लगे। दलितों के मुख पर आतंक का भाव देखकर हम समझ गये कि बात कुछ उलटी ही है। मीटिंग के बाद हम कुछ दलितों के साथ गाँव के बाहर आये तो वहाँ भी पुलिस–पटेल के चमचों ने हमारा पीछा किया। आगे जाकर खेत में काम करती दलित औरतों से बात हुई। दौतरबाई शेत्तीबा लोखंडे बोली, गाँव की पुलिस और पटेल के आशीर्वाद से ही पांगरी में इतने अत्याचार हुए। गाँव में एक ही कुआँ होने की वजह से जाग्रत दलित उसमें से ही पानी लेते थे। बाक़ी हरिजन तीन–चार कोस जा कर नदी से पानी लेकर आते थे। ऐसी हालत में पुलिस और पटेल ने सवर्णों को उकसाते हुए कहा–क्या सोच रहे हो? दलितों को मारना शुरू करो। बच्चों को कुएँ में फेंक दो। समराला में दलित ग्रामसेवक विट्ठल चौकोबा, ग्राम पंचायत के सभासद होने के बावजूद, जातिवादी हमले से नहीं बच पाये। गाँव के पुलिस–पटेल मरहराव नागोराव की निगरानी में पचास डण्डाधारी जुनूनियों ने घर आकर उन्हें और उनकी पत्नी को मारा और उनका घर जला दिया।

यह किसी एक स्त्री या एक गाँव की कहानी नहीं है। सभी गाँव में पुलिस, पटेल और सरपंचों ने सवर्ण धनिकों की तरफ़दारी लेकर ग़रीब और

मध्यम दलित कृषकों पर जुल्म ढाये हैं। क्या समाचार पत्र–पत्रिका निकालने वालों को इस सबकी जानकारी ही नहीं है? या वे जानबूझकर इस विषय पर चुप्पी साधे हुए हैं? क्या इस सबका संकेत इस बात की ओर है कि ग़रीब, ग्रामीण, दलित स्त्रियों की कोई 'इज़्ज़त' ही नहीं होती है?

[**स्रोत** : *मानुषी* (हिन्दी संस्करण), जनवरी 1979]

हमारा नज़रिया*

मानुषी सम्पादक मण्डल

•

अनुवाद : **विजय झा**

मानुषी स्त्रियों द्वारा स्त्रियों के बारे में निकाली जा रही पत्रिका है। यह एक–दूसरे से उन बातों को साझा करने का प्रयास है, जिन्हें हम सभी महसूस करती हैं, पर व्यक्त नहीं कर पातीं। यह स्त्रियों की दशा को, एक ऐसे समाज में सामूहिक रूप से समझने का प्रयास है, जिसका हर पहलू उनके ख़िलाफ़ जाता है।

लेकिन, क्या स्त्रियों के बीच के भेद को नज़रअन्दाज़ कर पाना सम्भव है? क्या आदिवासी, ग्रामीण दलित, कारख़ाने में काम करने वाली, क्लर्क का काम करने वाली, डॉक्टर, विश्वविद्यालय में अध्ययन–अध्यापन कर रही, मध्यवर्ग या मज़दूर वर्ग की गृहिणी, विमान परिचारिका, नर्स, परदे में रहने को मजबूर, पेशेवर वेश्या जैसी स्त्रियों की जीवन–परिस्थितियों में कोई फ़र्क़ नहीं है? हम मानते हैं कि वर्ग, जाति, धर्म, नस्ल, शिक्षा–अशिक्षा, कार्यक्षेत्र (घरेलू या बाहरी) और अन्य अनेक जटिल ऐतिहासिक कारकों ने स्त्रियों को विभाजित कर रखा है। फिर भी, उन सबके दमन या शोषण की प्रकृति और आधार पर ग़ौर करने पर हम पाते हैं कि यह सेक्स (शारीरिक–संरचना) है, जो हमें एक ही धरातल पर ला खड़ा करता है।

---

* *मानुषी* के पहले अंक का सम्पादकीय।

शोषण का स्वरूप अलग–अलग है, पर इसका कारण स्त्री होना ही है। स्त्री होने का निर्धारण देह से होता है। इसलिए, इसकी समानता को मूल आधार मानकर हम *स्त्री* के बारे में बात कर सकते हैं।

बचपन से ही हमारे मन में यह भरा जाता है कि विवाह स्त्री के जीवन का 'एकमात्र और अन्तिम' ध्येय है। लेकिन, स्त्री किन हालात में विवाह करती है? उसमें उसकी मर्ज़ी के लिए कितनी जगह रहती है? क्या उसे चयन की आज़ादी है? विवाह स्त्री और पुरुष के बीच इस क़दर असमानता का रिश्ता क्यों बन जाता है? और विधवा, परित्यक्ता या तलाक़शुदा होने यानी विवाह के टूटने के बाद उसकी क्या स्थिति रह जाती है?

बाहर जाकर नौकरी करने वाली स्त्री हो या घर में रहने वाली, सारे घरेलू कामकाज और बच्चे की देखभाल की ज़िम्मेदारी उसी की होती है। हमारे देश की लाखों–करोड़ों स्त्रियाँ बचपन से ही कोल्हू के बैल की मानिन्द इन कार्यों में जोत दी जाती हैं। जो उम्र उनके पढ़ने और खेलने की होती है, उसमें वे माँ का हाथ बँटाने लग जाती हैं, ताकि घर के लोगों को खाना मिल सके और शायद, भाई स्कूल जा सके। नतीजा यह है कि भारत में कुल जितने अनपढ़ हैं, उनमें दो–तिहाई हिस्सा हम औरतों का है।

इतना सब होने पर भी, समाज में हमारे काम की कोई क़द्र नहीं है। यहाँ तक कि ख़ुद स्त्रियाँ, अपनी मेहनत का मोल नहीं जानतीं। उनसे पूछो– 'क्या करती हो?' जवाब मिलेगा– 'कुछ नहीं; घर पर रहती हूँ–जस्ट ए हाउस वाइफ...'(मानो कोई पालतू जानवर हो)। हमें यह क्यों सिखाया जाता है कि हम अपने–आपको, अपने श्रम को तुच्छ समझें?

हममें से जो कामकाजी स्त्रियाँ हैं, जो घरों के बाहर काम करती हैं, उनके साथ कैसा सलूक किया जाता है? चुनिन्दा पेशे और क्षेत्रों में कार्यरत उच्च–शिक्षा प्राप्त स्त्रियों को छोड़कर, जिनकी संख्या बहुत कम है, हममें से अधिकांश स्त्रियों को पुरुषों की तुलना में कम वेतन/मेहनताना दिया जाता है। भले ही, हम काम उतना ही करती हैं जितना कि हमारे सहकर्मी पुरुष। ध्यान रहे कि ऐसा समान वेतन अधिनियम के बावजूद हो रहा है।

हमें ऐसे काम में लगाया जाता है, जिसमें कम–से–कम वेतन मिलता है और कम–से–कम दक्षता की ज़रूरत होती है। हम जीवन–भर उसी स्तर पर बनी रहती हैं। हमें नये हुनर सीखने का अवसर ही नहीं मिलता। हम कामकाजी स्त्रियों के लिए कोई भी काम घाटे का सौदा ही साबित होता है। कारण, बाहर काम करने के साथ–साथ हमें घर में भी सारा काम करना ही पड़ता है। हम दोहरे बोझ तले आ दबती हैं। ऐसे में हमारा रचनात्मक विकास कैसे हो सकता है?

जीवन के पुनरुत्पादन की हमारी क्षमता हमारी ओर से समाज को अमूल्य देन है, लेकिन इसे हमारा सबसे बड़ा उत्तरदायित्व बना दिया गया है। पुनरुत्पादन की अपनी इस क्षमता पर हमारा अपना कोई वश नहीं है। हमारे शरीर को पुरुष अपनी सम्पत्ति मानते हैं। पिता हो या पति, उसे हमारे शरीर की रखवाली, उपयोग और दुरुपयोग का हक़ है। बच्चे जन्म देते–देते हमारा स्वास्थ्य बिगड़ जाता है, हम ऊर्जाविहीन हो जाती हैं और हमारा जीवन चुक जाता है। लेकिन, समाज हमारे प्रति लापरवाही बरते हुए है।

हमारे शोषण का इतिहास बहुत पुराना है। इसका रूप बदलता रहा है, लेकिन अन्तर्वस्तु यथावत है। हमारी यौनिकता और प्रजनन क्षमता पर नियन्त्रण रखने के लिए समाज ने अनेक संस्थान और आचारसंहिता बना रखे हैं। 'नैतिकता' का सारा बोझ हम पर ही लदा हुआ है और इसलिए, जीवन के हर पहलू पर दोहरे मानदण्ड हैं। पुरुषों के लिए अलग और स्त्रियों के लिए अलग। हिंसा और दुर्व्यवहार की शिकार होने पर कलंकित हमें ही किया जाता है। हमारे साथ बलात्कार होता है तो समाज हम पर ही उँगली उठाता है, बलात्कारी पुरुष पर नहीं। वेश्या के रूप में हम समाज से बाहर हैं, न कि वे पुरुष जो हमें इस स्थिति में लाने के गुनहगार हैं। हमें प्रेम करने की भी छूट नहीं है। हम यदि ऐसा करने लगें तो पुरुष हमें अपनी सम्पत्ति समझकर आपस में हमारा विनिमय नहीं कर पायेंगे।

स्त्री के रूप में जीने का मतलब हर पल डर के साये में जीना है। डर यौन–दुर्व्यवहार का, डर बलात्कार का, डर सामाजिक कलंक का। घर में अकेले हैं तब डर; बाहर निकल रहे हैं तब डर; किसी के साथ हैं तब डर; हँसने, जीने, प्रेम करने की अपनी इच्छाओं को अंगीकार करने में डर। हमें हर काम करते वक़्त सावधान रहने की ज़रूरत पड़ती है। कुछ भी करते समय कोई–न–कोई डर हमारे मन में समाया रहता है।

लाख सावधानी बरतने और निषेधों के साये में जीने के बावजूद पत्थर हमीं पर फेंके जाते हैं। हर दिन, हर घड़ी, हर जगह–बसों में, सड़कों पर, काम की जगहों पर, बाज़ार में, घर में–हमें अपमानित और उत्पीड़ित किया जाता है।

यह है हमारे जीवन का रूप। लेकिन, क्यों?

स्त्री के जीवन का अन्त कैसे होता है? वह रसोईघर में ज़िन्दा जला दी जाती है। खेत, थाने, घर, सड़क–कहीं भी उसके साथ बलात्कार हो सकता है और उसे मारा जा सकता है। कितनी ही स्त्रियाँ आत्महत्या करने के लिए मजबूर कर दी जाती हैं। आख़िर, आजीविका के लिए अपराध और वेश्यावृत्ति अपनाने वाली स्त्रियों की संख्या क्यों बढ़ती जा रही है? अभाव और भूख से मरने वाली स्त्रियों की संख्या क्यों बढ़ती जा रही है?

ग़रीबी, कुपोषण, अन्धविश्वास, अज्ञानता का बोझ स्त्रियों पर ही ज़्यादा क्यों है? स्त्रियों के रोज़गार में भारी गिरावट क्यों आयी है?

हम यहाँ स्त्रियों की स्थिति का जो चित्र प्रस्तुत कर रहे हैं, वह महज़ हमारे अनुभवों पर आधारित नहीं हैं। 'कमिटी ऑन द स्टेटस ऑफ़ वीमेन इन इंडिया' और उसके बाद के अन्य कई सर्वेक्षणों के आँकड़ों से भी यही साबित होता है कि आज़ादी के बाद भारत में स्त्रियों का जीवन उत्तरोत्तर बदहाल होता गया है।

आख़िर ऐसा क्यों हो रहा है? हम सब कुछ चुपचाप क्यों सहती जा रही हैं? दरअसल, हमें हर तरीक़े से दब्बू बनाया जाता है। हमें दबे रहकर चुपचाप सब कुछ बर्दाश्त करना सिखाया जाता है। हम जिनसे जुड़ी होती हैं, वे हमारे अपने होते हैं। हम अपनत्व और सुरक्षा के लिए उन्हीं पर निर्भर हैं, जो हमारे दमन का ज़रिया बन गये हैं। हमारी यह विचित्र स्थिति हमारे विरोध की राह कठिन बना देती है। ऐसे में हमने अपनी समस्या को व्यवस्थागत की बजाय व्यक्तिगत मानकर चलना सीख लिया है। आर्थिक, भावनात्मक या यौन विषयक–किसी भी तरह की समस्या को हम निजी या व्यक्तिगत मानती हैं और इसलिए निजी स्तर पर ही और भी बेहतर पत्नी, माँ, बेटी, बहू बनने में जुट जाती हैं। हम अपने शोषकों से बँधी हुई हैं और उनकी माँगों और ज़रूरतों के साँचे में ख़ुद को ढालने के लिए ज़मीन–आसमान एक किये रहती हैं।

इस पूरी प्रक्रिया में हम अपने शोषण का ख़ुद ही एक तत्पर माध्यम हो जाती हैं। यदि कोई स्त्री कुछ भी ऐसा करने का साहस करती है, जो हम नहीं कर पातीं तो हम उस पर उँगलियाँ उठाने लगती हैं। हम अपने बच्चों को भी अपनी ही तरह घुटन–भरी ज़िन्दगी जीने को बाध्य करती हैं। हम स्त्रियाँ न केवल विभाजित हैं, बल्कि पुरुषों की कृपादृष्टि पाने के लिए आपस में प्रतिस्पर्धारत हैं। नतीजतन हम एक–दूसरे को शत्रुभाव से देखती हैं। पति द्वारा पिट रही स्त्री को बचाने के लिए शायद ही कोई सामने आती है। आख़िर, उसे उसका 'अपना' पति पीट रहा होता है। उससे किसी और स्त्री को क्या लेना–देना? इस तरह, हर स्त्री 'अपने' घर में दमित–उत्पीड़ित होती रहती है।

हम अकेली संघर्ष करती हैं। हमें अभी तक उस ताक़त का अहसास ही नहीं हुआ है जो एकजुट होकर संघर्ष करने से पैदा होती है। वह ताक़त तब तक नहीं आयेगी, जब तक हम अपनी समस्याओं को 'व्यक्तिगत' मानती रहेंगी। ऐसा मानने से हम अपनी समस्या को तुच्छ और मामूली बनाती हैं। हमें यह स्वीकार करना होगा कि जिन्हें हम व्यक्तिगत समस्या मानकर चलती हैं, वे वास्तव में सामाजिक और राजनीतिक हैं। इसलिए, यह ज़रूरी है कि हम 'व्यक्तिगत' को भी 'राजनीतिक' मानें।

संविधान और क़ानून का हमारी समस्याओं के प्रति संवेदनशीलता दिखावा मात्र है। संविधान–प्रदत्त समानता का अधिकार हममें से अधिकांश के लिए मिथक है। जितनी भी थोड़ी–बहुत उपलब्धियाँ हासिल हुई हैं, वे उच्च और मध्य वर्ग तक ही सीमित हैं। इन सीमित फ़ायदों ने स्त्री प्रश्न पर विचार–विमर्श को स्थगित–सा कर दिया। मध्य वर्ग की स्त्रियाँ इन सीमित उपलब्धियों की चमक के आगे स्त्रियों के बड़े हिस्से की बदहाल होती ज़िन्दगी और उनके बढ़ते शोषण को देख नहीं पायीं। इतना ही नहीं, इसने स्त्रियों की समान नियति के प्रति जागरूकता पैदा करने की राह में अवरोध का भी काम किया है।

समय आ गया है कि हम स्त्री प्रश्न को आम स्त्रियों के धरातल से देखें। यदि आज हम अपनी स्वतन्त्रता के क्षितिज का विस्तार करना चाहते हैं तो हमें इस देश की श्रमिक स्त्रियों की ओर देखना होगा। विकल्प की राह वहीं से खुलेगी। श्रम करने वाली स्त्रियाँ ही सामाजिक सम्पदा का उत्पादन करती हैं। श्रम ही उनके मान और ताक़त का स्रोत है। हमें उन्हीं से प्रेरणा लेनी है। इस अन्यायपूर्ण समाज–व्यवस्था में आमूल बदलाव के लिए ज़रूरी नेतृत्व की क्षमता और आक्रामकता उन्हीं में है।

वर्ग, जाति, धर्म, नस्ल आधारित तमाम शोषण को ख़त्म करने के संघर्ष तभी सफल होंगे जब स्त्रियाँ इनमें शामिल होंगी। वे एक ऐसे नये समाज के निर्माण में शामिल होंगी, जिसमें यौन आधारित असमानता के लिए कोई जगह न हो, जो कि बुनियादी असमानता है।

''आज हम यह नहीं कह रही हैं कि हमें नौकरी दो, अपने 'बराबर' समझो या कि समान अवसर दो। हम सभी सवालों का पुनःपरीक्षण करना चाहती हैं। हमें कोई भी धारणा, मान्यता और पूर्वनिर्धारित जवाब मंज़ूर नहीं। तो आइए, हम न केवल अपनी भूमिकाएँ और अपने अक्स नये सिरे से गढ़ें बल्कि जिस तरह के समाज में हम रहना चाहती हैं, उसके निर्माण में भी जुट जायें।''

[**स्रोत** : *मानुषी*, जनवरी 1979]

‘महज़ पारिवारिक मामला’

किरण सिंह

•

अनुवाद : **विजय झा**

[18 नवम्बर 1982 को पटना की किरण सिंह ने अपने पिता धरमनाथ सिंह, पटना विश्वविद्यालय के उपकुलपति, बिहार सरकार और पटना के पुलिस महानिरीक्षक के ख़िलाफ़ सर्वोच्च न्यायालय में याचिका दायर की थी। किरण के साथ जो हुआ वह बतौर नागरिक उसके मौलिक अधिकारों का हनन था। वह कोई व्यक्तिगत मामला नहीं था। ज़्यादातर महिलाओं के लिए वह रोज़मर्रा की बात थी। याचिका के साथ इस तरह के तर्क पेश किये गये तो न्यायालय ने किरण सिंह की याचिका को जनहित याचिका मानते हुए सभी आरोपियों के नाम नोटिस जारी किया।]

महामहिम,

मैं आपका ध्यान इस ओर दिलाना दिलाना चाहती हूँ कि मेरे पिता धरमनाथ सिंह (जयनगर, बिहार), पटना विश्वविद्यालय के उपकुलपति और पटना के पुलिस अधिकारियों ने मेरे मौलिक अधिकारों पर हमला और उनका हनन किया है। मैं 25 साल की हूँ और पटना विश्वविद्यालय के प्राणी विज्ञान विभाग में पीएच.डी. की शोधार्थी हूँ। मैं पटना के गणेशदत्त सिंह महिला छात्रावास में रहती हूँ। मुझे 400 रुपये प्रतिमाह शोध वृत्ति मिलती है। मैं उसी से अपना गुज़ारा करती हूँ। पिछले एक साल से मैंने पिता से कोई आर्थिक मदद नहीं ली है। 14 अक्तूबर 1982 को मैंने अपने सहपाठी अनवर अहमद से शादी के पंजीकरण के लिए पटना न्यायालय में आवेदन किया।

किसी ने मेरे पिता को चिट्ठी भेजकर यह बता दिया कि मैं एक मुसलमान से विवाह करने जा रही हूँ। मेरे पिता श्री धरमनाथ सिंह जयनगर में रहते हैं। 11 नवम्बर को वे पटना आये। तब दिन के सवा दो बज रहे थे। मैं अपने दोस्त किरण के साथ रिक्शे पर थी। बीच सड़क पर उन्होंने मुझे रिक्शे से उतारा और जबरन कार में बिठाकर घर को चल पड़े। मैं मना करती रही कि

मुझे घर नहीं जाना है, लेकिन उन्होंने मेरी एक न सुनी। उन्होंने कहा कि मेरी भलाई इसी में है कि पढ़ाई छोड़कर घर में रहूँ। मैंने उनसे कहा कि वयस्क होने के नाते मुझे अपनी ज़िन्दगी के बारे में निर्णय लेने और अलग रहने का हक़ है। इस पर मेरे पिता ने मुझे मार देने की धमकी दी। उनकी बेटी एक मुसलमान से शादी कर लेगी तो परिवार और उनकी इज़्ज़त चली जायेगी। बेटी की जान से ज़्यादा उन्हें अपनी इज़्ज़त प्यारी है।

उन लोगों का ध्यान कहीं और था तब मुझे कार से निकलने का मौक़ा मिल गया। किसी तरह रिक्शा पकड़कर मैं भागी–भागी हॉस्टल पहुँची। लेकिन साढ़े दस बजे रात को हॉस्टल–सुपरिंटेंडेंट ने आकर मुझसे कहा कि मैं अपने पिता और उनके साथ आये लोगों से जाकर मिलूँ। वे लोग सुपरिंटेंडेंट के आवास पर मेरा इन्तज़ार कर रहे थे। मैंने उनसे कहा कि इतनी रात के वक़्त लड़कियों को मुलाक़ाती से मिलने की अनुमति नहीं है। इसके बावजूद वह ज़ोर देती रहीं और मुझे अपने साथ चलने के लिए कहा। वहाँ जाकर मैंने देखा कि मेरे पिता का साथ देने के लिए कई नातेदार और गुण्डे मौजूद थे। उन्होंने मुझसे तत्काल पिता के साथ घर जाने के लिए कहा। मैंने फिर मना कर दिया। इस पर मेरे पिता और एक नातेदार ने जबरन मुझे पकड़कर ले जाने की कोशिश की। मैं उन्हें एक तरफ़ धकेलकर अँधेरे की तरफ़ दौड़ पड़ी और किसी तरह एक शौचालय में छिप गयी, जो काफ़ी गन्दा था लेकिन इस्तेमाल में नहीं था। मेरे पिता और उनके साथ आये लोग सुपरिंटेंडेंट के साथ हॉस्टल में घुस आये। उनका यह काम ग़ैर–क़ानूनी था। रात के एक बजे तक वे मुझे खोजते रहे। सौभाग्यवश वे मुझे ढूँढ़ नहीं पाये। फिर भी वे गये नहीं। हॉस्टल के गेट के बाहर कार पार्क कर वे रात–भर वहीं तैनात रहे। इस बीच मैं वहाँ से निकलकर हॉस्टल में आ गयी। वहाँ एक अलमारी में छिप गयी जो तीन फ़ीट ऊँची और डेढ़ फ़ीट चौड़ी था। अलमारी में मैं सुबह के तीन बजे से लेकर बारह बजे दिन तक दुबकी रही। चार दिन और रात तक मैं टॉयलेट नहीं गयी। मारे घबराहट के मुझे ब्लीडिंग होने लगी। अलमारी में हवा के आने–जाने के लिए कोई वेंटिलेशन नहीं था। घुटन और डर के कारण मुझे बुख़ार हो गया और मैं दिन–भर बेहोश रही।

12 नवम्बर को मेरे पिता गुण्डों और नातेदारों के साथ फिर हॉस्टल में घुस आये। इस बार उनके साथ सर्च वारंट के साथ पुलिस भी थी। इतना ही नहीं, कुलपति महोदय भी हॉस्टल पहुँच गये और सुपरिंटेंडेंट से कहा कि उस दिन किसी भी लड़की को बाहर न जाने दिया जाये। पुलिस ने सभी कमरों की तलाशी ली। जो कमरे बन्द थे उनके ताले तोड़े गये। वे मेरा सारा सामान

उठा ले गये, जिनमें से ज़्यादातर मैंने अपने पैसों से ख़रीदा था। उनमें मेरे कपड़े, किताबें, रेडियो, शोध से जुड़े कागज़ात, नोट्स और नक़दी थे। मेरे पास कुछ नहीं बचा। तलाशी के बाद हॉस्टल के चारों तरफ़ पुलिसकर्मी और गुण्डे तैनात कर दिये गये। शहर में यह अफ़वाह फैलायी गयी कि मैं एक मुसलमान लड़के के साथ भाग गयी। साथ ही, मुझे चोरी के झूठे केस में भी फँसाने का प्रयास किया गया।

हॉस्टल की उन लड़कियों–किरण अग्रवाल, सरोज और मणिमाला, को धमकाया और प्रताड़ित किया गया जो मेरी दोस्त थीं। उनसे कहा गया कि यदि वे मुझे सामने लेकर नहीं आती हैं तो मार दी जायेंगी। मेरे ठिकाने का पता लगाने के लिए पुलिस ने किरण और सरोज से कम–से–कम दसियों बार पूछताछ की। किरण अग्रवाल के परिवारवालों को दो बार धमकी दी गयी। गेट के बाहर तैनात गुण्डे कह रहे थे कि मैंने उनके समुदाय की इज़्ज़त को आँच पहुँचायी है इसलिए वे मुझे मार देंगे। डर का ऐसा माहौल बनाया गया है कि लड़कियाँ (ख़ासकर मेरी दोस्त) हॉस्टल से बाहर नहीं निकल रही हैं। उनकी पढ़ाई और दूसरे काम बाधित हो रहे हैं।

15 नवम्बर को किसी तरह मैं हॉस्टल से बाहर निकली और दिल्ली के लिए ट्रेन पकड़ ली। दिल्ली में मुझे *मानुषी* के ऑफ़िस में आश्रय मिला। हॉस्टल ने निकलने में मेरी दोस्त मणिमाला ने मदद की। इसमें हम दोनों की जान को ख़तरा था। शरणार्थियों की तरह छिपते–छिपाते हम यहाँ पहुँच पाये।

अभी मैं दिल्ली में हूँ। फिर भी डरी हुई हूँ। न जाने कब उन्हें पता चल जाये। मुझे भारी शारीरिक और मानसिक यन्त्रणा की स्थिति से गुज़रना पड़ रहा है। वे लोग मेरे साथ हिंसक तरीक़े से पेश आये और दो बार मुझे जबरन पकड़ने की कोशिश की। अपहरण और मार दिये जाने के डर से मैं अपना निवास–स्थल छोड़ने को विवश हुई। मेरी पढ़ाई रुक गयी है। मेरे साथ एक अपराधी जैसा सलूक किया गया, जिससे मैं क़ानूनी सहायता लेने के अधिकार से भी वंचित रही।

यह मेरी ज़िन्दगी और आज़ादी पर हमला है। यह देश के किसी भी हिस्से में आज़ादी से रहने, ठहरने, घूमने–फिरने और चैन से जायज़ काम करने के मेरे संवैधानिक अधिकार का क्रूरतापूर्ण दमन है। मुझे असहाय करने के इरादे से मेरी शोध–सामग्री, कागज़ात और किताबें ग़ैर–क़ानूनी तरीक़े से ज़ब्त कर ली गयी हैं। मुझे लगातार बदनाम और अकेला करने के साथ–साथ मुझे और मेरे दोस्तों को झूठे केस में फँसाने के प्रयास किये जा रहे हैं।

यह सब इसलिए किया गया ताकि मैं अपनी मर्ज़ी से शादी करने की आज़ादी के अधिकार का उपयोग न कर पाऊँ, जबकि मैं आत्मनिर्भर, मानसिक रूप से स्वस्थ तथा वयस्क नागरिक हूँ।

अभी अनवर अहमद भी ख़तरे में हैं। उन्हें भी धमकी दी गयी है। वे छिपे रहने को विवश हैं। वे न ही अपनी पढ़ाई जारी रख पा रहे हैं और न शहर में कहीं आ–जा सकते हैं।

गणेशदत्त हॉस्टल में रहने वालों को डराया और धमकाया जा रहा है। गुण्डों को पुलिस और पटना विश्वविद्यालय के कुलपति बढ़–चढ़ कर सहयोग कर रहे हैं। इससे हॉस्टल की लड़कियों के आज़ादी से जीने, आने–जाने और काम करने के अधिकार अवरुद्ध हो रहे हैं।

मेरे पिता श्री धरमनाथ सिंह एक अमीर ज़मींदार और बिहार कांग्रेस कमिटी के रोबदार सदस्य हैं। साथ ही, वे मधुबनी ज़िला कांग्रेस के प्रमुख अधिकारी भी हैं। रिश्ते–नाते और पारिवारिक सम्बन्धों के ज़रिये उनका कांग्रेस (आई) के कई मन्त्रियों, विधायकों और प्रशासनिक अधिकारियों से काफ़ी नज़दीकी जुड़ाव है। विश्वविद्यालय में भी उनकी ऊँची पहुँच है। उपकुलपति उनके रिश्तेदार हैं। अपने रसूख़ और पहुँच का बेजा इस्तेमाल कर वे मुझे, अनवर अहमद और हॉस्टल में रहने वालों–ख़ासकर मेरे दोस्तों किरण अग्रवाल, मणिमाला और सरोज–को परेशान कर रहे हैं। मेरी जान को ख़तरा है। यह मैं यूँ ही नहीं कह रही हूँ। ऐसा मानने के ठोस कारण हैं। मेरे पिता ने गुण्डों को मुझ पर यह कहकर छोड़ा कि इसका मर जाना बेहतर होगा। मेरे विरोध के बावजूद उन्होंने मुझे जबरन अपने साथ ले जाने की कोशिश की। जानबूझकर मेरा सारा सामान और रुपये ले लिए। उनकी ये सभी क़ानून–विरोधी हरकतें उपकुलपति, कुलपति, सुपरिंटेंडेंट और पुलिस की मिलीभगत के कारण मुमकिन हो पायीं। वे सभी इस मामले को हिन्दू और मुसलमान के बीच शादी के विरोध के रूप में प्रचारित कर साम्प्रदायिक तनाव को हवा दे रहे हैं।

मेरी ज़िन्दगी और आज़ादी पर इस हमले में विश्वविद्यालय प्रशासन और पुलिस की बड़ी भूमिका रही। 11 नवम्बर को मेरे पिता और गुण्डों को रात के वक़्त हॉस्टल की तलाशी के लिए घुसने दिया गया, जो नियम के विरुद्ध था। यह मर्यादा की सारी सीमाओं को तोड़ने वाला और लड़कियों/महिलाओं की निजता भंग करने वाला कृत्य था। 12 नवम्बर को कुलपति ने आदेश जारी किया कि हॉस्टल से कोई भी बाहर न जाये, ताकि उन पर दबाव डालकर मेरे ठिकाने का पता लगाया जा सके। गुण्डे मेरे दोस्तों पर घात लगाये रहे

और मेरा पता बताने के लिए उन पर दबाव डाला। कुलपति ने हॉस्टल के बाशिन्दों के लिए एक तरह से नज़रबन्दी की स्थिति ला दी। मेरी तलाश के लिए अपनाये गये तमाम ग़ैर–क़ानूनी हथकण्डों में पुलिस की महती भूमिका रही। उन्होंने मेरे साथ ऐसा सलूक किया मानो मैं कोई बड़ी अपराधी थी और मेरे सिर पर इनाम घोषित था।

मैं माननीय महोदय के समक्ष ये बातें रखना चाहती हूँ कि मेरे पिता श्री धरमनाथ सिंह, पटना के पुलिस अधिकरियों और पटना विश्वविद्यालय के कुलपति व उपकुलपति द्वारा–

1. भारतीय संविधान के अनुच्छेद 19 (l) (d) (e) और (9) द्वारा प्रदत्त जीवन और आज़ादी के मेरे मौलिक अधिकारों का हनन किया जा रहा है।
2. देश के किसी भी हिस्से में रहने, घूमने–फिरने, शान्ति से जायज़ काम करने और वैध करार (यहाँ विवाह) करने, न्याय पाने के संविधान प्रदत्त अधिकारों का हनन किया जा रहा है।
3. अनवर अहमद के जीने और घूमने–फिरने की आज़ादी के अधिकारों का हनन किया जा रहा है।
4. गणेशदत्त महिला छात्रावास के बाशिन्दों के जीने, आज़ादी से घूमने–फिरने की स्वतन्त्रता, जायज़ काम करने की आज़ादी और निजता के अधिकारों का हनन किया जा रहा है।
5. दो भिन्न समुदाय के सदस्यों के अपनी मर्ज़ी से विवाह के अधिकार का हिंसक तरीक़े अपनाकर विरोध किया जा रहा है और पटना शहर में साम्प्रदायिक कटुता और तनाव फैलाने की कोशिश की जा रही है।

मुझे आप तक पहुँचने से रोका गया। मैं आपसे नम्रतापूर्वक निवेदन करती हूँ कि–

1. मेरी जान व शरीर की सुरक्षा के साथ–साथ मेरे घूमने–फिरने, निवास और कामकाज करने के मौलिक अधिकार की रक्षा के लिए बिहार सरकार को आदेश जारी करें, ताकि मैं अपने निवास–स्थल पर लौटकर शोधकार्य जारी रख सकूँ और देश की नागरिक होने के नाते अपने अधिकारों का उपयोग कर सकूँ।
2. बिहार सरकार अनवर अहमद के लिए उपरोक्त आशय का आदेश जारी करे ताकि उनकी छिपकर रहने की मजबूरी ख़त्म हो।
3. बिहार सरकार गणेशदत्त सिंह महिला हॉस्टल में रहने वाली लड़कियों, ख़ासकर किरण अग्रवाल, मणिमाला और सरोज के लिए उपरोक्त आशय का आदेश जारी करे।

4. बिहार सरकार मुझे मेरे पिता श्री धरमनाथ सिंह, भाई, अन्य सगे–सम्बन्धियों और उनके द्वारा तैनात गुण्डों की हिंसा और धमकियों से बचाने का आदेश जारी करे।
5. ऐसे किसी भी शासकीय या न्यायिक आदेश को रद्द करने का आदेश जारी करे जो न्याय के ख़िलाफ़ जाता हो या जिसका दुरुपयोग सम्यक् क़ानूनी प्रक्रिया या मुझे, अनवर अहमद और गणेशदत्त हॉस्टल के निवासियों को परेशान करने के लिए किया जा सकता है।

[इस याचिका के जवाब में श्री धरमनाथ सिंह ने 16 दिसम्बर 1982 को हलफ़नामा जमा किया। इसमें उन्होंने हॉस्टल में तलाशी की बात को तो स्वीकार किया लेकिन किरण और उसके दोस्तों को डराने–धमकाने के आरोप को ग़लत बताया। उन्होंने दावा किया कि उनका मक़सद तो केवल उसे यह समझाना था कि किसी बहकावे में आकर वह ग़लत क़दम न उठाये। लेकिन एक महीना पहले 13 नवम्बर को धरमनाथ सिंह ने थाने में जो रिपोर्ट लिखवायी उसके हिसाब से उनका उक्त दावा खोखला था। उसमें उन्होंने अनवर अहमद, किरण अग्रवाल और सरोज कुमारी पर किरण को जबरन बन्धक बनाने या उसकी हत्या करने का आरोप लगाया था। धरमनाथ सिंह ने किरण सिंह के इन दोस्तों के बारे में यह लिखवाया कि, "ये अच्छे लोग नहीं हैं और किसी भी हद तक जा सकते हैं।"

इस मामले की प्रतिक्रिया में कुछ राजपूत पुरुषों ने मिलकर राजपूत संगठन बनाया है जिसका उद्देश्य राजपूत लड़कियों को ग़ैर–राजपूत लड़कों के संग मेल–मिलाप करने से रोकना है। यह चिन्ताजनक है। विश्वविद्यालय के नामी लफंगे इस संगठन के अगुआ हैं। वे हॉस्टल की लड़कियों को परेशान कर रहे हैं। ख़ासकर, किरण अग्रवाल ज़्यादा तंग की जा रही है। किरण सिंह और अनवर अहमद को दोस्तों ने चेताया है कि अभी उनका पटना वापस लौटना ख़तरे से खाली नहीं है। किरण और अहमद ने विशेष विवाह अधिनियम के तहत शादी कर ली है और अभी वे दिल्ली में रह रहे हैं।]

[**स्रोत** : *मानुषी*, अंक 14, जनवरी–फ़रवरी 1983]

चारदीवारी के अन्दर *

[स्त्रियों के जनवादी अधिकारों पर एक रिपोर्ट]

पीपुल्स यूनियन फॉर डेमोक्रेटिक राइट्स, दिल्ली

भूमिका

हमारे देश में उस शोषण और उत्पीड़न को जिसका शिकार औरतें (विशेष रूप से घर से बाहर जाकर काम करने वाली श्रमिक–वर्ग की औरतें) होती हैं, प्रमाणबद्ध करना अपेक्षाकृत आसान है। लेकिन घर के भीतर के उनके हालात की ठीक–ठीक जानकारी प्राप्त करना बहुत ही कठिन काम है। कारण यह है कि एक तो यहाँ उत्पीड़न एक तरह से 'अदृश्य' होता है और घर की चारदीवारी के अन्दर होता है। दूसरे इसे 'पारिवारिक' और 'व्यक्तिगत' मसले के रूप में लिया जाता है। परिवार के अन्दर औरतों के अधिकारों की उपेक्षा का प्रमुख कारण यह भी है कि इसे 'वैयक्तिक' करार दिया जाता है। इसीलिए परिवार में उत्पीड़न की शिकार किसी भी महिला का मामला स्वयं उस महिला का अपना निजी मसला लगता है, और लोगों को भी यह उस महिला का व्यक्तिगत मामला प्रतीत होता है या, अधिक–से–अधिक उस परिवार का। परिणामतः समस्या की सामाजिक प्रकृति की ओर लोगों का ध्यान नहीं जाता। और करोड़ों औरतों से यही अपेक्षा की जाती है कि परिवार के बीच उठे अपने व्यक्तिगत झगड़े को वे ख़ुद ही सुलझायें–बिल्कुल अकेले। महिलाओं का व्यापक सामाजिक उत्पीड़न उनकी घरेलू पारिवारिक स्थितियों का ही विस्तार और एक पक्ष है जो घर से बाहर और भी अधिक उग्र हो जाता है।

ध्यान देने योग्य तथ्य यह है कि जहाँ पुरुष और महिला दोनों ही वर्ग, जाति, मत–मतान्तर, जन्म आधारित विषमताओं के उत्पीड़न और शोषण का शिकार होते हैं, वहाँ महिलाओं के साथ विशेष स्थिति यह है कि उनका उत्पीड़न और शोषण केवल खेतों, कारख़ानों, बाज़ारों, पुलिस–थानों में ही

---

* मूल रिपोर्ट का संक्षिप्त रूप।

नहीं होता, बल्कि स्वयं उनके अपने घरों में भी होता है। सामाजिक समूह के रूप में दलित, आदिवासी, अल्पसंख्यक आदि समूहों के समान होते हुए भी महिलाओं के साथ यह एक असामान्य स्थिति है कि उनके उत्पीड़न का एक प्रमुख स्रोत स्वयं परिवार है।

सामाजिक व्यवस्था के अंग के रूप में हमारे देश में परिवार के संगठन और बनावट में काफ़ी वैविध्य है। कुछ ऐसी मान्यताएँ, परिपाटियाँ तथा रीति–रिवाज हैं जो सभी प्रमुख परिवार व्यवस्थाओं में मौजूद हैं। जन्म से ही प्रत्येक महिला को महत्त्वपूर्ण आर्थिक, क़ानूनी तथा सामाजिक अधिकारों से वंचित कर दिया जाता है, जबकि प्रत्येक पुरुष जन्म से ही इन अधिकारों को प्राप्त कर लेता है। असमान अधिकारों की लिंग–भेद पर आधारित इस व्यवस्था को विकृत सामाजिक मान्यताओं, परिपाटियों तथा धार्मिक–सांस्कृतिक परम्पराओं द्वारा बनाये रखा जाता है। पारिवारिक ढाँचा महिला को प्राथमिक तौर पर पत्नी, माँ तथा वंश व परिवार की परम्परा को आगे बढ़ाने वाली के रूप में ही मान्यता और महत्त्व प्रदान करता है। इसलिए इस प्रकार के सामाजिक ढाँचे में असमानता सहज अन्तर्निहित हो तो आश्चर्य नहीं होना चाहिए।

महिलाओं के प्रति होने वाली शारीरिक हिंसा के विविध रूपों ने उनके मूल अधिकारों के कम ज़ाहिर अतिक्रमणों को ढँक दिया है। जैसे कि दैहिक अनुभूति वाली प्राणी, मातृत्व धारण करने वाली, श्रम करने वाली तथा एक नागरिक के रूप में उसके अधिकार। ये सारे व्यक्तिगत और सार्वजनिक पहलू–परिवार द्वारा नियन्त्रित किये जाते हैं। एक औरत के शरीर और उसकी प्रजनन शक्तियों पर नियन्त्रण इसलिए और जटिल हो जाता है क्योंकि पैतृक परम्परा पुरुष द्वारा चलाई जाती है। सार्वजनिक क्षेत्र के शिक्षा या रोज़गार जैसे मामलों में महिलाओं की भागीदारी की सीमा और स्वरूप का निर्धारण भी परिवार करता है। निर्धारण और नियन्त्रण के तरीक़े कई मामलों में प्रत्यक्ष होते हैं, लेकिन वे 'घर और परिवार' के आदर्श के दायरे में अप्रत्यक्ष और सूक्ष्म भी होते हैं। परिवार को एक औरत के आश्रय के रूप में देखा जाता है। बदले में उससे अपेक्षा की जाती है कि वह परिवार के प्रति वफ़ादारी और आज्ञाकारिता के धर्म का निर्वाह करे। पुराण–कथा, धर्म, साहित्य, सिनेमा, विज्ञापन और जो भी अन्य तरीक़े हो सकते हैं, सभी के द्वारा परिवार और उसमें एक औरत के स्थान की इसी संकल्पना को निरन्तर दृढ़ किया जा रहा है[1] लेकिन देश में प्रचलित सामाजिक–धार्मिक रीति–रिवाजों के माध्यम से दी गयी स्वीकृति या समर्थन के नीचे परिवार के अलोकतान्त्रिक स्वरूप को छिपाया नहीं जाना चाहिए।

अत्यधिक स्पष्ट सच कहने का ख़तरा उठाकर यह दुहरा दिया जाना चाहिए कि परिवार में महिला केवल माँ, बहन या पत्नी ही नहीं है, वह इस देश की नागरिक भी है। इस नाते उसे संविधान–प्रदत्त सारे अधिकार पाने का हक़ है। जीवन, स्वातन्त्र्य, असहमति और मानवीय सम्मान के उनके मूल अधिकारों का अतिक्रमण अगर परिवार के अन्दर भी होता है और इस अतिक्रमण को सामाजिक स्वीकृति भी मिली होती है, तब भी यह लोकतान्त्रिक–अधिकार आन्दोलन के लिए चिन्ता का विषय होता है।

यह रिपोर्ट निम्न पक्षों को उजागर करती है–

- महिलाओं की असाधारण रूप से असमान स्थिति को समझने में क़ानून की असमर्थता।
- महिलाओं को आर्थिक विकास के दायरे से बाहर समझने का दृष्टिकोण और परिणामतः श्रम–शक्ति के रूप में उनका आर्थिक शोषण।
- परिवार को धार्मिक–सामाजिक प्रथाओं द्वारा नियन्त्रित व्यक्तिगत क्षेत्र समझना।
- महिलाओं के प्रति होने वाले अपराधों के सम्बन्ध में पुलिस और अदालतों का पक्षपातपूर्ण रवैया।

सामाजिक सन्दर्भ

महिलाओं का दिन–प्रतिदिन का जीवन अधिक प्रत्यक्ष रूप से परिवार के मौजूदा ढाँचे से नियन्त्रित होता है और यह ढाँचा अपनी कार्यशैली में धर्म, वर्ग या क्षेत्र के अनुसार बदल जाता है। फिर भी कुछ ऐसी विशिष्टताएँ तथा अन्तर्निहित मान्यताएँ हैं जो सभी परिवार–प्रणालियों में समान रूप से विद्यमान हैं। प्रत्येक परिवार में पुरुष सदस्य ही परिवार का मुखिया होता है जो परिवार की समस्त सम्पत्ति तथा आर्थिक साधनों का स्वामी माना जाता है। उस दशा में भी जबकि महिला सदस्य कमाऊ हो। परिवार के सभी प्रमुख निर्णय उसी के द्वारा लिए जाते हैं। ये अधिकार पिता से पुत्र को हस्तान्तरित होते हैं। अगर सम्पत्ति माँ से पुत्री को मिलती है, तो भी सम्पत्ति तथा पारिवारिक क्रियाकलापों पर प्रभावी नियन्त्रण पुरुष का ही होता है। प्रायः महिला के भाई का, जैसा कि नायर समुदाय में होता है। पारिवारिक संरचना में पुरुष को मिली इस विशेष स्थिति ने सभी मामलों में जो महिलाओं के अस्तित्व को नियन्त्रित करते हैं, लिंग–भेद पर आधारित परिवार व्यवस्था, जिसे प्रायः पितृसत्ता कहा जाता है, महिलाओं के व्यक्तित्व पर निरन्तर आघात करती रहती है और उन्हें भौतिक, सामाजिक तथा मनोवैज्ञानिक रूप से क्षति पहुँचाती है। परिवार के अन्दर

महिलाओं की असमानता उनकी सामाजिक–आर्थिक और क़ानूनी स्थिति तक विस्तार पाती है और इनसे अन्तःसम्बन्ध भी रखती है, कुछ इस तरह कि प्रत्येक पक्ष दूसरे को पुष्ट करता है।

महिलाओं से सम्बन्धित क़ानून

महिलाओं को अत्यधिक निकट से प्रभावित करने वाले क़ानून वे हैं जो परिवार से सम्बन्धित हैं। उत्तराधिकार, विवाह, तलाक़, निर्वाह इत्यादि, जिन्हें व्यक्तिगत या परिवार क़ानून कहा जाता है। भारतीय दण्ड संहिता (आईपीसी), दण्डविधि प्रक्रिया संहिता (सीआरपीसी) तथा सिविल क़ानून की बहुत–सी धाराएँ सभी नागरिकों पर लागू होती हैं। लेकिन व्यक्तिगत क़ानून, ब्रिटिश शासन के अन्तर्गत जब से इसका संहिताकरण हुआ, विभिन्न सम्प्रदायों की धार्मिक परम्पराओं पर आधारित रहा है। आज़ादी के चार दशकों के बाद भी समान सिविल क़ानून का निर्माण नहीं हो सका है। यानी उस परिवार क़ानून का निर्माण जो सभी नागरिकों का नियन्त्रण करे। धार्मिक और सामाजिक स्वीकृति के कारण महिलाओं का उत्पीड़न और उनके हितों के विरुद्ध कुछ परम्पराएँ व्यापक रूप से जारी हैं। धार्मिक पुनरुत्थानवाद और हाल के वर्षों में दिल्ली, कानपुर, हैदराबाद, भिवंडी और हैदराबाद के साम्प्रदायिक दंगों के सन्दर्भ में यह बात देखने में आयी ही है।

इस समय हिन्दू, मुस्लिम, ईसाई, यहूदी और पारसी सम्प्रदायों से सम्बन्धित व्यक्तिगत क़ानूनों की पाँच संहिताएँ मौजूद हैं और लगभग 18 वैधानिक क़ानून और अधिनियम विवाह, तलाक़, निर्वाह भत्ता, तथा दत्तक ग्रहण को नियमित करते हैं। इन क़ानूनों की एक प्रमुख विशेषता यह है कि ये सभी महिलाओं के ऊपर पुरुष वर्चस्व को वरीयता देते हैं। व्यक्तिगत क़ानूनों की असंगतियों और उनके द्वारा महिलाओं को प्रदत असमान अधिकारों के चलते लोकतान्त्रिक हलकों से यह माँग उठी है कि समान अधिकारों सहित, समान नागरिक संहिता के लिए संविधान के निदेशक सिद्धान्तों का क्रियान्वयन होना चाहिए। लेकिन यह लोकतान्त्रिक माँग बहुसंख्यक और अल्पसंख्यक दोनों ही वर्गों के साम्प्रदायिक तत्त्वों के कारण छूट जाती है और इस प्रकार के विवादों के रहते महिला अधिकारों की माँग गौण हो जाती है। हिन्दू साम्प्रदायिक संगठनों की जब अल्पसंख्यक वर्ग की महिलाओं के अधिकार के सन्दर्भ में समान नागरिक संहिता के लिए माँग उठती है तो उस पर शक होने लगता है। इसने अल्पसंख्यक वर्ग के कट्टरपन्थियों को अपने व्यक्तिगत क़ानून से और अधिक दृढ़ता से चिपके रहने को उकसाया है, क्योंकि वे इन माँगों के पीछे अपनी सामूहिक पहचान के लिए ख़तरा देखते हैं। केन्द्र और राज्य सरकारें

दोनों ही साम्प्रदायिकता को हवा देने में योगदान कर रही हैं। तो फिर इसमें आश्चर्य नहीं होना चाहिए कि साम्प्रदायिक ताक़तों के सामने महिलाओं के अधिकारों को संरक्षण देने के प्रश्न पर राज्य ढुलमुल रवैया अपनायें। अतः जब ट्रावनकोर ईसाई उत्तराधिकार क़ानून 1916 को हाल ही में (फ़रवरी 86) निरस्त कर दिया गया, तो उसी महीने सरकार ने मुस्लिम महिलाओं को निर्वाह भत्ता पाने का अधिकार देने वाली भारतीय दण्ड संहिता की धारा 125 के संरक्षण को वापस लेने के लिए प्रस्ताव पेश कर दिया।

भारतीय विधि व्यवस्था व्यक्तिगत क़ानूनों से, जो पुरानी धार्मिक परम्पराओं और मान्यताओं पर टिकी है, प्रतिबद्ध होकर अन्यायपूर्ण पारिवारिक ढाँचे को बनाये रखने में मदद करती है। इन क़ानूनों का प्रत्यक्ष प्रभाव, उस संविधान के विरुद्ध, जो सभी नागरिकों के समान अधिकारों की गारंटी देता है, स्त्री–पुरुष के बीच असमानताओं को मान्यता प्रदान करने का है।

श्रम

वैधानिक स्थिति की तुलना में महिलाओं की सामाजिक–आर्थिक स्थिति और भी अधिक ख़राब है। कुछ महिलाओं के उच्च पदों पर प्रतिष्ठित होने तथा मध्य वर्ग की महिलाओं के लिए नये अवसर उपलब्ध होने से ऐसा प्रतीत हो सकता है कि आज़ादी के बाद महिलाओं की दशा में भारी सुधार हुआ है। लेकिन चौंकाने वाला तथ्य, जो पिछले दशकों के अध्ययनों से निकलकर सामने आया है, यह है कि अधिकांश महिलाओं का स्तर पुरुष की तुलना में या तो वैसा–का–वैसा ही रहा है, या फिर उसमें गिरावट आयी है। अगर सुधार के संकेत हैं तो बहुत ही सीमित दायरे में।

महिलाओं की गम्भीर स्थिति का अन्दाज़ा हमारे देश की महिला मज़दूरों की दशा और उनकी भूमिका से लगाया जा सकता है। ऐसा हमारे योजनाकारों द्वारा अपनायी गयी आर्थिक विकास की नीतियों और औरतों के घर से बाहर निकलकर काम करने को निषिद्ध ठहराने वाली सामाजिक मान्यताओं–इन दोनों ही कारणों से है। अधिकांश परिवारों में महिलाओं का उपार्जक होना उतना ही शर्मनाक माना जाता है जितना कि पुरुषों का निठल्ला होना। परिवार का नियन्त्रण, प्रायः उन क्षेत्रों में जिनमें वे काम कर सकती हैं, या उन कामों में जिनमें वे कुशलता प्राप्त कर सकती हैं, महिलाओं को प्रविष्ट नहीं होने देता। अतः महिलाएँ मज़दूरी के बाज़ार में अत्यधिक अ–लाभकारी शर्तों पर प्रवेश करती हैं। वह भी, प्रायः परिवार को आर्थिक कठिनाइयों से उबारने के लिए। अधिकांश परिवार और स्वयं महिलाएँ भी, इन कार्यों को मात्र थोड़े समय के लिए अपनाते हैं। वे सोचती हैं कि जैसे ही पारिवारिक हालात सुधर जायेंगे

वे काम छोड़ देंगी। नियोक्ताओं के पुरुष सत्तात्मक व्यवहार के साथ–साथ महिला श्रमिकों के इस विशिष्ट चरित्र के कारण ही वे पुरुष श्रमिकों की तुलना में कहीं अधिक अमानवीय शोषण का शिकार हो जाती हैं।

क़तई आश्चर्य की बात नहीं है कि विकल्प की स्थिति में महिलाएँ बाहर काम करने से बचें। क्योंकि बाहर के काम के साथ–माथ उनसे घर के सारे काम करने की भी अपेक्षा की जाती है। घरेलू काम को प्रायः काम नहीं माना जाता जबकि घरेलू कार्य में सिलाई–सफ़ाई, खाना पकाना, बच्चों–बड़ों की देखभाल, बीमारों की टहल, पुरुषों की चाकरी बहुत से काम शामिल हैं। 1971 की जनगणना की एक रिपोर्ट के अनुसार 70 प्रतिशत औरतों ने घरेलू काम को अपना मुख्य काम बताया। परन्तु इस काम को क़ानूनी और आर्थिक रूप में कोई मान्यता नहीं दी जाती। यह एक ऐसा 'अदृश्य' शोषण है जिसमें सुबह से रात तक कड़ी मेहनत के कई घण्टे शामिल हैं। ग्रामीण क्षेत्रों में महिलाओं का घरेलू कार्य और भी अधिक कष्टसाध्य है। उन्हें कई घण्टे ईंधन बीनने, चारा जुटाने, पानी लाने तथा खाद्य सामग्री के प्रबन्ध में लगाने पड़ते हैं। ताकि परिवार के लिए सामान्य भोजन उपलब्ध हो सके। आदमी को तो आठ–दस घण्टे की मेहनत के बाद विश्राम का समय मिल जाता है परन्तु औरत का काम, जैसा कि कहावत है, कभी ख़त्म नहीं होता।

नीरस और कभी ख़त्म न होने वाली घरेलू मेहनत के अलावा महिलाएँ उपार्जन की उन गतिविधियों में भी हिस्सा लेती हैं जिनके बिना परिवार का गुज़ारा ही सम्भव नहीं। यद्यपि महिला और पुरुष दोनों ही इस निःशुल्क घरेलू काम को साथ मिलकर कर सकते हैं। पर महिलाओं के हिस्से में इस तरह के काम का बड़ा हिस्सा आता है। फिर भी युवावस्था तक अवैतनिक पुरुष श्रमिकों की संख्या में कमी आ जाती है जबकि महिलाओं की संख्या में कोई कमी नहीं आती। इसके अतिरिक्त घरेलू व्यवसायों में लाभ बँटवारा भी लिंग–भेद पर आधारित रहता है। उदाहरण के लिए, हथकरघा बुनाई में जोकि बहु–प्रचलित गृह उद्योग है, औरतें धागे की धुलाई करती हैं, माँड़ी लगाती हैं, तुर तैयार करती हैं, अटेरन लगाती हैं, जबकि बुनाई का वास्तविक काम पुरुषों के हाथ में होता है, जिन्हें कारीगर के रूप में जाना जाता है। अन्य दस्तकारी व्यवसायों के साथ भी यही बात है, विशेष रूप से उनमें जोकि जाति प्रधान हैं। जैसे कि चर्म व्यवसाय या मिट्टी के बर्तन आदि का व्यवसाय। इन व्यवसायों के क्षेत्र में कौशल प्राप्त करने से महिलाओं को सामाजिक रूढ़ियाँ रोकती हैं। अतः उनका योगदान प्रमुख रूप से कठिन और उबाऊ शारीरिक श्रम तक ही सीमित रहता है। साथ ही महिलाओं को परिवार की

अभिन्न सदस्याओं के रूप में लिए जाने के कारण उन्हें अपने श्रम का अलग मेहनताना भी प्राप्त नहीं होता।

महिलाओं को घर की चारदीवारी के भीतर रहकर ही बाज़ार के लिए वस्तुओं का निर्माण करने की अनुमति मिलती है। इसमें बीड़ी बनाने, सिलाई, कसीदाकारी, लेस बनाने, पैकेट बाँधने जैसे काम शामिल हैं। ये सारे काम उस विशाल असंरक्षित, असंगठित क्षेत्र में आते हैं जिसमें सम्पूर्ण महिला शक्ति का 94 प्रतिशत खपा हुआ है। उन्हें अपने काम का मामूली वेतन मिलता है, उन्हें सप्लायरों या दलालों पर बहुलता से निर्भर रहना पड़ता है। बाज़ार के उतार–चढ़ाव के कारण उन्हें हर समय असुरक्षा के बीच रहना होता है। उदाहरण के लिए, एक हज़ार बीड़ी बाँधने के लिए 12–16 श्रम घण्टे लगाने पड़ते हैं जबकि हज़ार बीड़ी बाँधने की मज़दूरी मात्र चार रुपये मिलती है। इस स्थिति में महिला मज़दूर को घर में क़ैदी होकर रह जाना पड़ता है। क्योंकि वह पूरी तरह दलाल या एजेंट की दया पर ही निर्भर रहती है। इसके अलावा, घर की ज़िम्मेदारियों के साथ–साथ हाथ में लिए काम को दी गयी अवधि में ही पूरा करने के लिए उन्हें अतिरिक्त समय निकालकर असुविधाजनक हालात में काम करना पड़ता है। यह थकानेवाली प्रक्रिया उनकी शारीरिक–मानसिक ऊर्जा को ही सोख लेती है। नियमित मज़दूरों को मिलने वाली भविष्यनिधि, स्वास्थ्य बीमा, चिकित्सा, अवकाश जैसी सुविधाएँ भी उन्हें नहीं मिलतीं।

कृषि तथा उद्योग के क्षेत्रों में आधुनिक औद्योगिकी के इस्तेमाल का महिला श्रमिकों पर विपरीत प्रभाव पड़ा है। उदाहरण के लिए, कृषि में महिला श्रमिकों के हिस्से में कम मज़दूरी वाले तथा अधिक मेहनत वाले दँवरी, निराई, खाद देना जैसे काम आते हैं। ये काम अब बहुतायत से मशीनों द्वारा किये जा रहे हैं। औरतों को कृषि–सम्बन्धी उपकरणों के प्रयोग का कोई अवसर या प्रशिक्षण नहीं दिया जाता, इसलिए महिला श्रमिकों को पुरुषों द्वारा अपदस्थ कर दिया जाता है। कपड़ा उद्योग में आधुनिक मशीनों के आ जाने से महिलाओं को मिलने वाले रोज़गारों की बलि चढ़ रही है। महिला श्रमिकों की छँटनी कोयला, लोहा या खनन जैसे सरकार नियन्त्रित उद्योगों में से भी आम बात है। स्वैच्छिक अवकाश योजनाओं की आड़ में यह खुलेआम किया जाता है। यह वैधानिक नहीं है, परन्तु महिला श्रमिकों की छुट्टी करने के लिए ठेकेदार इनका खुलकर प्रयोग करते हैं। रक्षण क़ानून भी महिला श्रमिकों के हितों के विरुद्ध जाता है। उदाहरण के लिए, खान अधिनियम महिलाओं को भूमि तल के नीचे काम करने के लिए नियुक्त करने का निषेध करता है। और 1951–71 के बीच महिला श्रमिकों की संख्या में 47 प्रतिशत की कटौती

यह दर्शाती है कि उस अधिनियम के तहत महिलाओं को उद्योग से बाहर धकेला जा रहा है बजाय इसके कि उन्हें सतह पर होने वाले छँटाई इत्यादि के वैकल्पिक कामों में खपाया जाय।

भारत में महिला रोज़गारों का निरन्तर ह्रास हो रहा है। कुल महिला जनसंख्या में महिला श्रमिकों का प्रतिशत 1981 में केवल 21 प्रतिशत था जबकि उसी वर्ष महिलाओं का योगदान सम्पूर्ण श्रम–शक्ति में केवल 14.4 प्रतिशत था। जनसंख्या में लिंग अनुपात में मात्र दो प्रतिशत का अन्तर है। किन्तु श्रमिकों की दृष्टि से लिंग अनुपात में 50 प्रतिशत के लगभग गिरावट आयी है (1985 के अनुसार)। जनगणना के तथ्य और आँकड़े अर्थव्यवस्था में महिलाओं द्वारा किये गये काम के योगदान का सही चित्र प्रस्तुत नहीं करते क्योंकि वे महिलाओं द्वारा घर में किये गये निःशुल्क घरेलू कार्यों का मूल्यांकन नहीं करते। तथापि वे यह संकेत अवश्य करते हैं कि योजनाओं की कई दशकों की परिणति महिलाओं को आर्थिक रूप से कमज़ोर बनाने में हुई है। मतलब यह कि महिलाओं की पुरुषों पर आर्थिक निर्भरता बढ़ी है और पितृसत्तात्मक प्रवृत्तियाँ अधिक मज़बूत हुई हैं। और योजना आयोग ऐसी ही महिलाओं के लिए 'महिला उत्थान' जैसे कार्यक्रमों का प्रस्ताव रखता है।

योजना

छठी और सातवीं योजनाएँ महिलाओं पर विशेष ध्यान केन्द्रित करने और पूर्व योजनाओं की मात्र 'समाज कल्याण' वाली नीति से उठकर उनके प्रति सरोकार दर्शाने के लिए उल्लेखनीय हैं। परिवर्तन का एक अन्य कारक अन्तरराष्ट्रीय महिला आन्दोलन रहा है जिसके अन्तर्गत मेक्सिको, कोपनहेगेन, नैरोबी में सम्मेलन हुए और भारत सहित उपनिवेशोपरान्त देशों में अपनाई गयी विकास नीतियों के महिलाओं पर पड़ने वाले विपरीत प्रभावों को अभिव्यक्ति देने वाले कई अध्ययन किये गये। इन अध्ययनों में जो बात निकलकर सामने आयी है वह यह कि योजनाओं में जिन विकास नीतियों का अनुसरण किया गया वे वर्ग और लिंग के पूर्वग्रहों से मुक्त नहीं थीं। कृषि और उद्योग के क्षेत्र में जो भारतीय अर्थव्यवस्था के मुख्य स्तम्भ हैं, लागू की गयी नीतियाँ विभिन्न वर्गों की महिलाओं पर सीधा प्रभाव (प्रायः नकारात्मक) छोड़ती हैं। महिलाओं के लिए योजना कार्यक्रमों में निहित मान्यता परिवार को 'विकास की इकाई' मानकर चलने की है। इस प्रकार परोक्ष रूप से परिवार के अन्दर महिलाओं के साथ होने वाले भेदभाव की उपेक्षा हो जाती है। ग़रीब तबकों का विशाल वर्ग महिलाओं के उपार्जन की मदद से परिवार की गाड़ी खींचता है, लेकिन इस तथ्य के बावजूद घर का मुखिया पुरुषों को ही माना जाता है। योजनाओं में महिलाओं के सन्दर्भ में

दूसरी मान्यता महिलाओं को मूल रूप से परिवार और बच्चों तक सीमित मानकर चलने की रही है। उसे सामुदायिक विकास योजना और छठे दशक में चलायी गयी 'गृह विस्तार सेवा' जैसी परियोजनाओं में देखा जा सकता है। इनका लक्ष्य यह नहीं था कि महिलाओं को अधिक सामाजिक–आर्थिक आत्मनिर्भरता प्राप्त हो, बल्कि उनको श्रेष्ठ 'गृह निर्मात्री' बनाना था। इसके लिए परियोजना के तहत उन्हें किचन गार्डन, सन्तुलित आहार तैयार करना, सिलाई–कढ़ाई जैसे घरेलू कामों में दक्षता प्राप्त करना आदि विषयों में जानकारी दी जाती थी। इस तथ्य के परिप्रेक्ष्य में कि ये सारे कार्यक्रम ग्रामीण महिलाओं के लिए जो प्रायः ग़रीबी की रेखा से नीचे रहती हैं, और जिनके लिए ये सारे कार्यक्रम हास्यास्पद ढंग से असंगत थे, परियोजना असफल हो गयी तो आश्चर्य नहीं होना चाहिए। ग्रामीण स्तर पर महिलाओं की समस्या को निपटाने हेतु 'महिला मण्डल' नामक संगठनों को गठित करने का प्रयास भी समान रूप से असफल हो गया। यद्यपि काग़ज़ों पर 50,000 महिला मण्डल सारे देश में फैले हुए हैं, उनमें से अधिकांश निष्क्रिय हैं, और जो सक्रिय हैं वे परिवार नियोजन कार्यक्रम ही प्रमुखता से चला रहे हैं।

छठी योजना में पूर्व योजनाओं की अन्तर्निहित मान्यताओं से स्पष्ट विचलन दिखायी दिया। नगण्य वित्तीय लागत (चालू सातवीं योजना में 0.56 प्रतिशत) के समाज एवं परिवार कल्याण कार्यक्रमों के अन्तर्गत आने वाले पारम्परिक प्रावधानों के अतिरिक्त एकीकृत ग्रामीण विकास परियोजना, स्वरोज़गार के लिए ग्रामीण युवाओं का प्रशिक्षण, एकीकृत बाल विकास सेवा–जैसी योजनाओं के अन्तर्गत ग्रामीण क्षेत्रों में महिला तथा बच्चों का विकास, 'वयस्क महिलाओं के लिए कामचलाऊ साक्षरता' जैसे कार्यक्रम चलाये गये। कृषि विज्ञान केन्द्र तथा विज्ञान एवं प्रौद्योगिकी जैसे अन्य कार्यक्रमों में एक भाग महिलाओं–बच्चों के लिए भी था जिसका उद्देश्य उनमें कृषि–सम्बन्धी कौशल का विकास और उनके अनुसार प्रौद्योगिकी का विकास करना था, यह मानते हुए कि 80 प्रतिशत महिलाएँ कृषि श्रम–शक्ति में हैं और उनमें से 90 प्रतिशत अकुशल या अर्धकुशल कार्य में हैं, ये योजनाएँ लक्ष्य समूह की नगण्य संख्या तक ही पहुँच सकीं। उदाहरण के लिए, एकीकृत ग्रामीण विकास परियोजना के अन्तर्गत लाभ प्राप्त करनेवाली महिलाएँ मात्र 7 प्रतिशत थीं और इनमें से भी अधिकांश निश्चित रूप से इसकी पात्र नहीं थीं। ग्रामीण महिलाओं के लिए कृषियेत्तर रोज़गार मुख्य रूप से खादी एवं ग्रामउद्योगों में है जहाँ वे कुल श्रम–शक्ति का 45 प्रतिशत हैं। जहाँ तक उधार सुविधाओं का प्रश्न है, क्योंकि ये व्यक्ति के स्वामित्वाधीन परिसम्पत्तियों के विरुद्ध दी जाती हैं, वे किसी भी महिला तक, विशेष रूप से निर्धन वर्ग की महिला तक, शायद ही पहुँच पाती हैं।

सातवीं योजना 'हरित क्रान्ति' योजना नये क्षेत्रों तक ले जाने की नीति, और उद्योग क्षेत्र में पूँजी प्रधान तथा उच्च तकनीकी उत्पादन को प्रोत्साहन देने की नीति की समर्थक है। इसका मतलब होगा बहुसंख्यक वर्ग की सामाजिक क़ीमत पर विकास की वर्तमान प्रवृत्ति को और अधिक तेज़ करना और अधिक ग्रामीण तथा आदिवासी ग़रीब बनाना, बिना उचित विकल्प प्रदान किये उन्हें उनकी ज़मीन और व्यवसायों से उखाड़ना, और इस प्रकार उनको भी कल्याण योजनाओं में होने वाली पहले से ही उमड़ती भीड़ में धकेल देना। इस प्रक्रिया का अन्तिम परिणाम, महिलाओं की परम्परागत रूप से मान्य सामाजिक–आर्थिक भूमिका को बनाये रखना, उनके पर–निर्भर स्तर को जारी रखना, और इस प्रकार वर्तमान पारिवारिक ढाँचे के भेदपूर्ण तथा अलोकतान्त्रिक ढाँचे को बरकरार रखना होगा।

परिवार

हमारे देश में परिवार का ढाँचा जैसा कि पहले ही संकेत किया जा चुका है, अपनी बनावट में अलोकतान्त्रिक है। इसके इर्द–गिर्द जिन सामाजिक मूल्यों का निर्माण होता है वे सामाजिक और व्यक्तिगत जीवन के हर पहलू में पैठ जाते हैं। महिलाओं के प्रति भेदभाव और अधिकारों का वंचन उनके जन्म से ही शुरू हो जाता है। प्रचलित सामाजिक परम्पराओं और रीतियों के कारण लड़की को बोझ के रूप में देखा जाता है। लड़के की चाहना की जाती है क्योंकि उससे बाद में अपनी आमदनी द्वारा परिवार की सहायता करने, वृद्धावस्था में माँ–बाप की देखभाल करने तथा वंश–परम्परा को आगे बढ़ाने की अपेक्षा की जाती है। लड़कों को इतनी प्रबल सामाजिक प्रमुखता के कारण परिवार की औरतें बच्चियों की हत्या तक कर देती हैं, और कभी–कभी यह कृत्य स्वयं माँ कर डालती है। एमनियोसेंटेसिस परीक्षा जैसी आधुनिक तकनीक ने लड़कियों से मुक्ति पाने के तरीक़े पैदा कर दिये हैं। अनुमान है कि 1978–83 के दौरान लगभग 18,000 मादा भ्रूणों को इस तरह के लिंग–निर्धारण परीक्षणों के बाद गर्भपात द्वारा नष्ट कर दिया गया।

शिशु–हत्या लड़कियों के प्रति किया जाने वाला एक अति उग्र व्यवहार है तो उनकी उपेक्षा और उनके प्रति दुर्व्यवहार भी जो नियोजित ढंग से होता है यह भी कम घातक स्थिति नहीं है। अध्ययन बताते हैं कि लड़कों की तुलना में लड़कियों को कम अवधि तक स्तनपान कराया जाता है, उन्हें अपने भाइयों की अपेक्षा कम भोजन दिया जाता है और देखभाल भी उतनी अच्छी तरह नहीं की जाती जितनी कि लड़कों की। लुधियाना के आसपास के गाँवों में कराये गये एक सर्वेक्षण के अनुसार पाँच वर्ष से कम के आयु वर्ग में 50 प्रतिशत लड़कियाँ

गम्भीर कुपोषण की शिकार थीं। लड़कियों की उपेक्षा केवल आर्थिक कारणों से न होकर सामाजिक कारणों से अधिक होती है, इसका संकेत कुल भारत की औसत दर की अपेक्षा पंजाब में महिला–मृत्युदर अधिक होने से मिलता है।

लिंग अनुपात, यानी कि पुरुषों की तुलना में स्त्रियों की संख्या में 1921 से 1971 तक निरन्तर गिरावट आयी है। अगले दशक में इस अनुपात में थोड़ा सुधार हुआ, लेकिन 1981 की जनगणना का अनुपात 1000 पुरुषों पर 933 स्त्रियाँ, 1921 के अनुपात 1,000 पुरुषों पर 955 स्त्रियाँ, की तुलना में शोचनीय स्थिति को दर्शाता है। स्त्री और पुरुष दोनों के लिए ही जीवन–प्रत्याशा में वृद्धि हुई है, लेकिन स्त्रियों के मामले में इसकी गति धीमी रही है। प्रसव काल में मातृ–मृत्युदर प्रति एक हज़ार पर 4.17 चिन्तनीय रूप से अधिक है। ध्यान देने योग्य है कि उपरोक्त जनसांख्यिकीय प्रवृत्ति भारत के लिए अपवाद है और किसी भी अन्य विकासशील देश में ऐसी स्थिति नहीं है।

लड़कियाँ जैसे–जैसे दुनिया में क़दम बढ़ाती हैं उनके साथ भेदभावपूर्ण व्यवहार बढ़ता जाता है। मज़दूर परिवारों के लड़के और लड़कियों दोनों को ही बचपन से पारिवारिक कामों में लगा दिया जाता है। लेकिन यहाँ भी लड़कियों के ही हिस्से में घर का अधिकांश काम आता है। मध्यवर्गीय परिवारों में लड़कियों को परिवार के भावी क़ामों का प्रशिक्षण ही नहीं दिया जाता है, इसके अलावा परिवार लड़कियों के आने–जाने और उनकी अन्य गतिविधियों पर प्रतिबन्ध लगाना शुरू कर देता है। परिवार के सम्मान और प्रतिष्ठा की मान्यताएँ लड़कियों को घर की चारदीवारी में क़ैद कर देती हैं। प्रारम्भ से ही घर के कामों में लग जाना, आने–जाने पर प्रतिबन्ध तथा पुरुष सत्ता के आगे झुके रहना आदि लड़कियों की शिक्षा सम्भावनाओं को विपरीत ढंग से प्रभावित करते हैं। स्कूल से बैठ जाने की दर हर स्तर पर लड़कों की तुलना में, लड़कियों की बहुत अधिक है। ग्रामीण अंचलों में, शहरी निर्धन तबकों में समस्या काफ़ी गम्भीर है। लड़कियों की एक बहुत बड़ी संख्या स्कूल तक पहुँच ही नहीं पाती, जो पहुँचती भी हैं वे पढ़ाई जारी नहीं रख पातीं। प्रारम्भिक शिक्षा के स्तर पर ही 70 प्रतिशत लड़कियाँ स्कूल छोड़कर घर बैठ जाती हैं। बहुत कम माध्यमिक शिक्षा तक पहुँचती हैं और उच्च शिक्षा तक पहुँचने वाली लड़कियों की संख्या तो बहुत ही कम है। जो लड़कियाँ शिक्षा प्राप्त कर सकती हैं उनके ऊपर भी व्यावसायिक अध्ययनों की अपेक्षा पारम्परिक व्यावसायिक पाठ्यक्रम जैसे कि हस्तशिल्प या गृह विज्ञान या उदार कला आदि को चुनने का दबाव डाला जाता है। किसी लाभदायक रोज़गार की दृष्टि से शिक्षा का महत्त्व नहीं आँका जाता।

पैतृक परिवार महिला के रोज़गार सम्बन्धी चुनाव और अधिकार, उसकी सामाजिक–राजनीतिक गतिविधि और उसके विवाह आदि क्षेत्रों पर भी नियन्त्रण रखता है, विवाह के बाद महिला पर नियन्त्रण रखने का अधिकार पति के परिवार को स्थानान्तरित हो जाता है। एक नियम के रूप में महिला के प्रशिक्षण और अनुकूलन जो कि नियन्त्रण के लिए आवश्यक हैं, कोमल, विनम्र और परोक्ष होते हैं, और एक हितपूर्ण संरक्षण की भावना के साथ स्वीकार्य बनाये जाते हैं। इस तरह की महिलाएँ स्वयं ही स्थापित सामाजिक परिपाटियों को स्वीकारना और उनके साथ तादात्म्य करना सीख लेती हैं। तथापि उन मामलों में जहाँ महिला की ओर से स्थापित परिपाटी से हटकर कोई क़दम उठाने का प्रयास किया जाता है, परिवार में तनाव पैदा हो जाता है। इस स्थिति में महिला को धमकाना और उसे शारीरिक प्रताड़ना देना आम बात है। क्योंकि विवाह को महिलाओं की 'स्वाभाविक' नियति माना जाता है। अतः जो लड़कियाँ अपनी मर्ज़ी से या परिस्थितियों के दबाव के कारण शादी नहीं करती हैं, वे या तो पथभ्रष्ट करार दे दी जाती हैं, या उन्हें दया का पात्र समझा जाता है। हमारे देश में ऐसी महिला के लिए जीवन काफ़ी कठिन है। अकेली अविवाहित लड़की के आर्थिक हितों की रक्षा के लिए क़ानून के पास भी कोई अधिकार नहीं है। इस तरह के मामले में क़ानून की अनुपस्थिति परिवार में अकेली लड़की की स्थिति को और भी अधिक भयावह बना देती है। उन्हें महिला आवासों में स्थान की कमी और 'चरित्रहीन' करार दिये जाने जैसी अनेक जटिल समस्याओं का सामना करना पड़ता है।

सामाजिक रूप से शादी को अत्यधिक महत्त्व दिये जाने, और माँ–बाप द्वारा घर में अविवाहित लड़की रखने की ज़िम्मेदारी तथा लांछन से मुक्ति पाने की प्रबल भावना, वे तत्त्व हैं जिनके कारण हमारे देश में अविवाहित लड़कियों की संख्या बहुत कम है। देश के कई राज्यों में बाल–विवाह का व्यापक प्रचलन भी इन्हीं सामाजिक मूल्यों का अंग है। राजस्थान इनमें अग्रणी है, जहाँ शारदा एक्ट (1929) और हाल के विवाह नियन्त्रण अधिनियम (1978) जो लड़की–लड़के के लिए विवाह योग्य आयु क्रमशः 18 वर्ष और 21 वर्ष ठहराता है, के बावजूद बाल–विवाह सार्वजनिक तौर पर सम्पन्न होते हैं। उदाहरण के लिए, प्रतिवर्ष अक्षय तृतीया (आखा तीज़) के अवसर पर अधिकारियों की नाक के नीचे दस हज़ार ऐसी शादियाँ होती हैं।

विवाह से जुड़े हुए कुछ विशिष्ट मूल्य महिला के जीवन को दोनों ही परिवारों–पैतृक और पति परिवार में, दुहरा सन्त्रस्त बना देते हैं।

पैतृक परिवार में उसकी उपस्थिति को अस्थायी माना जाता है क्योंकि पितृगृह में उसकी निवास अवधि पतिगृह में प्रवेश की तैयारी की अवधि होती है। प्रचलित व्यवस्थित विवाह प्रथा एक लड़की के लिए बेहद त्रासकारी है। उदाहरण के लिए तब जब उसे भावी ससुरालियों के समक्ष प्रदर्शन के लिए प्रस्तुत किया जाता है। दहेज–प्रथा के कारण भी उसे दुखद मानसिकता झेलनी पड़ती है जब उसका मूल्यांकन उसके द्वारा लाये गये धन और भेंटों से ही होता है।

उन समुदायों में भी जिनमें यह प्रथा पारम्परिक नहीं थी, यह बुराई तेज़ी से बढ़ रही है। दहेज हत्याओं के एक सरसरी तौर पर किये गये अध्ययन के अनुसार यह घातक स्थिति पढ़े–लिखे परिवारों तक में पायी गयी जहाँ दहेज की शिकार महिला पढ़ी–लिखी या नौकरीपेशा थी।

लड़की ने एक बार पतिगृह में प्रवेश किया कि तमाम तरह के उत्पीड़न उस पर टूट पड़ते हैं–दहेज की माँग तो उनमें से मात्र एक है। संयुक्त परिवारों की स्थिति में नवविवाहिता से अपेक्षा की जाती है कि वह स्वयं को पति और पतिपक्ष के लोगों की इच्छाओं के अनुसार ढाले तथा परिवार के बड़ों–स्त्री और पुरुष दोनों की सेवा करे। इन भूमिकाओं से विचलन महिला के उत्पीड़न को जन्म दे सकता है–गाली–गलौज, मानसिक यातना, खाना न देना, पैसे से वंचित कर देना, मित्र–रिश्तेदारों से मिलने की अनुमति न देना आदि से लेकर पिटाई करने या अन्य शारीरिक यातनाएँ देने तक। उससे वे सीमित अधिकार भी छीन लिए जाते हैं, जिनका उपयोग वह अपने पिता के घर में कर सकती थी। पति के घर में महिला की स्थिति के बारे में प्रमुख बात यह है कि वह अपने पूर्व परिवार से कटी हुई होती है। इस स्थिति में अत्याचार और उत्पीड़न का वातावरण सहज ही बन जाता है, ख़ासतौर पर तब जब पैतृक परिवार उसकी मदद करने से इनकार कर देता है। क्योंकि पत्नी और बहू की भूमिका में महिला को पारिवारिक परम्परा और गौरव के वाहक के रूप में देखा जाता है, जिससे यह अपेक्षा की जाती है कि वह अपनी सारी आवश्यकताओं और इच्छाओं को गौण बना दे। बहू के ऊपर प्राथमिक रूप से अधिकार जताने वाली सास होती है, बहू से सम्मान और पूर्ण आज्ञाकारिता की अपेक्षा प्रायः दोनों महिलाओं के मध्य वैमनस्य का कारण बन जाती है। बहू के शारीरिक–मानसिक उत्पीड़न, कभी–कभी हत्या में, पति की बहन भी प्रायः सहभागी हो जाती है। लेकिन ऐसा प्रारम्भ से ही आत्मसात किये गये पितृसत्तात्मक मूल्यों की विकृति के कारण होता है जो पति की महिला रिश्तेदारों को बहू का सर्वाधिक प्रत्यक्ष उत्पीड़क बना देती है।

विवाहित कामगार महिलाओं के मामले में कठिनाइयाँ दुगनी हो जाती हैं। सामाजिक मूल्य पुरुष के घर के काम में हाथ बँटाने को अभी उचित नहीं ठहराते। यह अपेक्षा कि कामगार महिला घरेलू काम करने वाली आदर्श गृहलक्ष्मी की भूमिका भी निभाये, महिला के लिए दीर्घ और उबाऊ कार्य अवधि का, और अन्ततोगत्वा पारिवारिक तनाव का कारण बनाती है। इसके अलावा, घर से बाहर काम करने का अर्थ महिला के लिए आर्थिक आत्मनिर्भरता भी नहीं होता। घर का प्रधान पुरुष महिला की आय पर भी पूरा नियन्त्रण रखता है। इससे उत्पन्न तनाव कभी–कभी महिला के शारीरिक उत्पीड़न में बदल जाता है।

पत्नी को मारना–पीटना हमारे समाज का स्वीकृत सामान्य चरित्र है। यद्यपि इसे श्रमिक वर्ग का ही एक पक्ष माना जाता है, लेकिन पत्नी प्रताड़ना सभी वर्गों में बहुलता से प्रचलित है। महिलाएँ इन क्रूरताओं की शिकायत पुलिस में नहीं करतीं, और न अपने मित्रों या परिवारजनों को ही बताती हैं। पत्नी–प्रताड़ना को एक अनाज्ञाकारिणी या पथभ्रष्ट पत्नी को सुधारने के पति अधिकार के रूप में मान्यता मिली हुई है। पति के इस कृत्य में कभी–कभी उसकी शराबखोरी भी शामिल हो जाती है। इन्हीं स्थितियों के कारण देश के कई हिस्सों में महिलाओं ने शराबबन्दी आन्दोलन शुरू किये हैं।

परिवार में महिला के जीवन का एक महत्त्वपूर्ण पक्ष है उसकी कार्यक्षमता पर नियन्त्रण रखना। क्योंकि वंश–परम्परा पुरुषों से चलती है, अतः महिला के शरीर और प्रजनन क्षमता पर नियन्त्रण निर्णायक होता है। इससे नैतिकता के दुहरे मानदण्ड जन्म लेते हैं जो अन्ततोगत्वा वेश्यावृत्ति, बहुविवाह जैसी बुराइयों के कारण बनते हैं। यौन दमन की प्रक्रिया प्रचलित धार्मिक विश्वासों, पौराणिक गाथाओं, दन्तकथाओं आदि के द्वारा और वर्तमान में फ़िल्मों तथा संचार के अन्य माध्यमों के द्वारा जारी रखी जाती है। सहनशील, सारे कष्ट सहने वाली माँ और क्षमाशील, पतिव्रता, एकनिष्ठ पत्नी की छवि को भारतीय नारीत्व का प्रतीक बनाकर प्रस्तुत किया जाता है।

इन भूमिकाओं के लिए महिला का प्रशिक्षण उसके यौवनारम्भ से ही शुरू हो जाता है। मासिक धर्म के दौरान छूने, पूजा करने, अलग रहने जैसे विभिन्न निषेधों के माध्यम से वे 'अशुद्धि' की भावना को ग्रहण करना शुरू कर देती हैं। साथ–ही–साथ उसकी 'यौन–शुचिता' को, जो कुँवारेपन में उसकी पवित्रता की पहचान होती है, और विवाह पश्चात उसकी एकनिष्ठता को, अत्यधिक महत्त्व दिया जाता है। यौन–शुचिता को दिया गया महत्त्व वस्तुतः महिला

पर पुरुष अधिकार की भावना से जुड़ा हुआ है। अतः इस पूर्वग्रह के कारण विधवा, तलाक़शुदा या अन्यगामिनी (विवाह के सम्बन्ध में 'दूसरी औरत') औरत के लिए भयावह स्थिति उत्पन्न हो जाती है। यौन–शुचिता का पूर्वग्रहपूर्ण मूल्य बलात्कार की शिकार महिला को भी घृणा की वस्तु बना देता है। बलात्कार और यौन आक्रमण का भय महिलाओं को अधिकतर घर में क़ैद रहने के लिए विवश कर देता है तथापि विडम्बना यह है कि घर की चारदीवारी के अन्दर ही महिलाओं का यौन शोषण असामान्य बात नहीं है।

विवाह महिला के लिए जहाँ गर्भधारण की तमाम परेशानियों का कारण बनता है, वहाँ 'बाँझ' होने का ख़तरा भी इससे जुड़ा हुआ है। ग्रामीण क्षेत्रों में निरन्तर गर्भधारण आम बात है। गर्भावस्था में मिले अपूर्ण आहार और अस्वास्थ्यकर दशाओं में बच्चों को जन्म देने के कारण महिलाओं की बीमारियाँ और प्रसवकाल में मृत्यु की घटनाएँ भी आम हैं। जहाँ परिवार नियोजन के साधन उपलब्ध हैं और स्वीकार्य हैं वहाँ ऑपरेशन या गर्भ निरोधकों को धारण करने का दायित्व महिलाओं को ही निभाना पड़ता है। नसबन्दी की तुलना में महिलाओं के ऑपरेशन एक और चार के अनुपात से अधिक होते हैं।

किसी भी रूप में बच्चे के जन्म के सम्बन्ध में या बच्चे के जन्म देने की भूमिका में महिला की कोई स्वतन्त्र सत्ता नहीं होती। प्रायः महिलाओं को उस समय तक निरन्तर गर्भधारण करते रहना पड़ता है जब तक कि वे किसी लड़के को जन्म न दे दें। एक महिला की स्थिति तब और भी अधिक ख़राब होती है जब वह बच्चों को, विशेष रूप से लड़के को जन्म देने में असफल सिद्ध होती है। उस हालत में परिवार की भर्त्सना सहनी पड़ती है। वह स्वयं भी अपने–आपको अपराधी मानने लगती है। उसकी निरन्तर असफलता उसके पति को 'रखैल' रखने या दूसरी शादी करने का बहाना दे देती है। महिला की जनन और यौन क्षमताओं पर पुरुष के अधिकार तथा नैतिकता के दुहरे मानदण्डों के कुछ दूसरे परिणाम भी सामने आते हैं। वेश्यावृत्ति के कारणों का विश्लेषण प्रकट करता है कि कभी–कभी परिवार के पुरुष सदस्य ही लड़कियों को बाज़ार में बिठा देते हैं। अन्य मामलों में बलात्कार के बाद या घर से निकाले जाने के बाद, पति द्वारा छोड़ दिये जाने के बाद या अन्य साधनों द्वारा धोखाधड़ी से उन्हें देह के व्यवसाय में आने को विवश कर दिया जाता है। यद्यपि वेश्यावृत्ति द्वारा औरत अपना ही नहीं बल्कि अपने परिवार का भी पोषण करती है, परन्तु सामाजिक बदनामी सिर्फ़ उसी के हिस्से में आती है। ध्यान देने योग्य है कि क़ानून भी केवल औरत के लिए ही वेश्यावृत्ति को अपराध ठहराता है। क़ानून की पक्षपातपूर्ण दृष्टि विधि आयोग के उस

प्रतिवेदन में स्पष्ट है जिसमें कहा गया है कि वश्यावृत्ति–निरोधक क़ानून (एसआईटीए 1956) में कोई संशोधन करके इसके अन्तर्गत पुरुषों को दण्ड का अधिकारी बनाना उचित नहीं है। जो कारण दिया गया वह यह है कि एक पुरुष जो चकले में जाता है वो समाज–व्यापार, सरकार, विधि और धर्म की प्राथमिक गतिविधियों में भी भाग लेता है। उसे एक पाप के लिए जेल में डालकर इन सारी गतिविधियों में व्यवधान डालने से तथाकथित अपराध के परिष्कार से कहीं अधिक सामाजिक विघटन और अकार्यशीलता का जन्म होगा। क्योंकि महिला ऐसी महत्त्वपूर्ण सामाजिक हैसियत का दावा नहीं कर सकती, इसलिए यौन अपराधों की सज़ा केवल उन्हें ही भुगतनी पड़ती है।

अगर विवाहित जीवन में महिलाओं की स्थिति ख़राब है, तो विधवाओं की विशेष रूप से पुत्ररहित विधवाओं की स्थिति और भी अधिक ख़राब है। वह आर्थिक रूप से दूसरों पर निर्भर तो रहती ही है, उसे सामाजिक जीवन में भी अशुभ समझा जाता है। बनारस की गलियों में भिखारी का जीवन जीने के लिए आती सैकड़ों की संख्या में विधवाएँ, सती प्रथा का पुनःप्रचलन इस बात के छोटे–से प्रमाण हैं कि हमारे देश में विधवाओं का जीवन किस क़दर सामाजिक कठिनाइयों और दबावों से भरा है। क्योंकि महिलाओं के लिए किसी भी रूप में चाहे वे अकेली हों, विवाहित हों, या विधवा हों आत्मनिर्भर जीवन जीने के रास्ते बन्द रहते हैं, परिवारों में मिलने वाले प्रतिबन्ध, उत्पीड़न तथा अधिकार–वंचन झेलने के लिए बाध्य होती हैं। महिला का जीवन निरन्तर होने वाले अत्याचारों–उत्पीड़नों का तथा मानसिक और शारीरिक हिंसा का इतिहास बन जाता है। इस हिंसा और उत्पीड़न की परिणति अस्वाभाविक मृत्यु में होती है, फिर चाहे ये दुर्घटना हो, आत्महत्या या हत्या। इन तीनों के बीच कोई स्पष्ट अन्तर नहीं है। कठिन घरेलू काम, कुपोषण, मलिन कार्यावस्थाएँ धीमी हत्या की ही प्रक्रियाएँ हैं। प्रसवकाल, बीमारी और रसोई दुर्घटनाओं में मृत्यु स्पष्ट रूप से उपेक्षा और प्रत्यक्ष क्रूरता का परिणाम होती है। लगातार दमन के कारण बहुत–सी महिलाओं के लिए सम्मानपूर्ण जीवन जीना दूभर हो जाता है, और वे आत्महत्या की ओर प्रवृत्त हो जाती हैं। दक्षिण मद्रास के एक अस्पताल के सर्वेक्षण के अनुसार, "1972–82 के दौरान महिलाओं द्वारा आत्महत्या की घटनाओं में तिगुनी और फाँसी लगाकर आत्महत्या करने में दुगनी वृद्धि हुई है। इस मामले में विवाहित महिलाओं की संख्या (अविवाहितों की तुलना में) एक की तुलना में दस के अनुपात से अधिक थी।"

इस सन्दर्भ में, वे श्रेणियाँ महत्त्वपूर्ण हैं जिनके अन्तर्गत इन अप्राकृतिक मौतों को दर्ज किया जाता है। दिल्ली में 30 महीनों (1979–82) में 1211 मामलों में,

केवल 4.5 प्रतिशत को हत्या या आत्महत्या के लिए प्रेरित करना, जैसे श्रेणी के अन्तर्गत दर्ज किया गया, जबकि शेष 95.5 प्रतिशत को मात्र दुर्घटना के रूप में दर्ज किया गया। अगर इन पर पड़ोसियों के बयान, या ससुराल वालों द्वारा सुनाई गयी हास्यास्पद कहानियों, या कुछ महिलाओं द्वारा दिये गये मृत्यु पूर्व बयानों के परिप्रेक्ष्य में विचार किया जाये तो 'दुर्घटनाओं' के आँकड़े एकदम सन्दिग्ध हो उठते हैं। अप्राकृतिक मौतों की सर्वाधिक संख्या घर में जलने से हुई घटनाओं के अन्तर्गत है। दुर्घटना की शिकार महिलाओं में 90 प्रतिशत विवाहित होती हैं, और वह भी 20–30 वर्ष के आयुवर्ग में। अधिकांश हत्याएँ घर के अन्दर महिला पर मिट्टी का तेल छिड़ककर आग लगाकर की जाती हैं।

पुलिस और अदालत

परिवार के अन्दर महिला अधिकारों के अनियन्त्रित अतिक्रमण को रोकने के लिए मौजूदा विधान बहुत ही सीमित है। अधिकांश अत्याचार और शारीरिक हिंसा बिना सूचित हुए ही रह जाता है। वर्तमान सामाजिक नियम जो ऐसे सारे मामलों को निजी मामलों की संज्ञा दे देते हैं, पुलिस या लोगों का ध्यान आकर्षित करने में व्यवधान पैदा करते हैं। प्रायः ग़लत सूचना देने और तथ्यों को छिपा जाने की ज़िम्मेदार स्वयं अत्याचार की शिकार महिला ही होती है जो अनुचित मगर सामाजिक रूप से उत्पन्न परिवार प्रतिष्ठा और अपनी वफ़ादारी के कारण अपने उत्पीड़कों को फँसाना ही पसन्द नहीं करती। परिवार की ओर से भी उस पर भारी दबाव डाला जाता है कि वह ग़लत बयान दे ताकि परिवार के लोगों पर कोई आँच न आये। आत्महत्या के पूर्व लिखित टिप्पणियाँ भी सन्देह से परे नहीं होतीं और बहुत कुछ सम्भावनाएँ ऐसी होती हैं कि हत्या से पूर्व मृतका से ऐसी टिप्पणी जबरदस्ती लिखवाई गयी हो। महिला संगठनों तथा पैतृक परिवारों के सहयोग से उत्पीड़न की शिकार कुछ महिलाओं ने पतियों और ससुरालियों को न्याय के कठघरे में खड़ा करने का साहस दिखाया है।

सामान्यतः पुलिस पत्नी–प्रताड़ना, अवैध ढंग से उसे नज़रबन्द करना, और उत्पीड़न आदि की रिपोर्ट दर्ज नहीं करती। ये सारे कृत्य जब तक कि इनके साथ धन की माँग न जुड़े, असंशेय बने रहते हैं। यही कारण है कि अधिकतर शिकायतें दहेज के लिए सताने की श्रेणी में दर्ज कराई जाती हैं जबकि शारीरिक यातना देने के कारण भिन्न भी होते हैं। एक अस्वाभाविक मौत हो चुकने के बाद भी मृतका के परिजनों के लिए मामला दर्ज कराना कठिन होता है। क्योंकि दुर्घटना के अन्तर्गत दर्ज किये जाने वाले मामलों में (अधिकांश घटनाएँ दुर्घटना मानी जाती हैं) पुलिस प्रायः उन घरेलू परिस्थितियों

की छानबीन नहीं करती जिनमें यह दुर्घटना हुई। कभी–कभी ससुराल पक्ष के लोगों का आचरण अत्यधिक सन्दिग्ध होने के बावजूद पुलिस मृत्यु को 'अस्वाभाविक' मानने से इनकार कर देती है। शिकायत दर्ज होने के बाद भी पुलिस पक्षपातपूर्ण तरीक़े से काम करती है। उदाहरण के लिए गुरिन्दर कौर की जलने से हुई मृत्यु के एक वर्ष बाद तक दिल्ली पुलिस 'आत्महत्या के प्रयास' को 'आत्महत्या के लिए प्रेरित करना' में बदलने से इनकार करती रही। यह धारा 'आत्महत्या का प्रयास', व्यक्ति की मृत्यु के उपरान्त निष्क्रिय हो जाती है। पुलिस की ओर से क़ानून और सहज बुद्धि की इस स्पष्ट अवहेलना के बाद इस मामले को सीबीआई को हस्तान्तरित कर दिया गया।

एक मामले के दर्ज होने के बाद, उसकी जाँच चन्द महीनों और दो या तीन वर्षों की अवधि के मध्य कभी भी प्रारम्भ हो सकती है। जलने के मामलों में उसी तरह जिस तरह कि गला दबाने, फाँसी लगाने या ज़हर खाने के मामले में, शीघ्र जाँच बहुत आवश्यक होती है। जहाँ तक पोस्टमार्टम की रिपोर्ट का सवाल है तो ये बहुत ही सरसरी होती है और प्रायः किसी परिणाम का संकेत नहीं देती। कभी–कभी ये रिपोर्ट उत्पीड़ित के चिकित्सकीय इतिवृत्त (मेडिकल हिस्ट्री) से विरोधाभास रखती है। पुलिस जाँच में विलम्ब के कारण शिकार हुई महिलाओं की माँओं को संसद के समक्ष भूख–हड़ताल तक करनी पड़ी (फ़रवरी 84)। लेकिन जब अधिकारियों पर कोई असर नहीं हुआ तो यह छह दिन बाद समाप्त हो गयी। हड़ताल करने वाली माँओं में अनिता राजपूत की माँ भी थी जिसकी मृत्यु जून 1983 में हुई थी। उसके परिवार ने हैदराबाद के डीसीपी को निवेदन भेजा। जिसने दिसम्बर में प्रत्युत्तर में लिखा कि हत्या के आरोप को पुष्ट करने वाला कोई प्रमाण नहीं है, किन्तु जाँच जारी है। इस बीच मृतका का पति और उसका परिवार हैदराबाद छोड़ गये और उस घर में नये किरायेदार आ गये और इस घटना ने डीसीपी के जाँच जारी रहने के आश्वासन को एकदम खोखला सिद्ध कर दिया।

हमारे देश में एकमात्र पुलिस को ही जाँच के अधिकार प्राप्त हैं। अगर पुलिस किसी मामले की शिकायत दर्ज करने से इनकार कर देती है या पक्षपात पूर्ण ढंग से दर्ज करती है, या सही तरीक़े से जाँच नहीं करती, तो सामान्यतः नागरिक कुछ भी नहीं कर सकते। उच्चतम अधिकारियों से किये गये निवेदन यहाँ तक कि प्रधानमन्त्री तक से, जो कि लोग प्रायः करते हैं, व्यर्थ सिद्ध हुए हैं। ये सारे निवेदन घूमकर ज़िला पुलिस के पास आते हैं, और वहाँ से स्थानीय थाना पुलिस के पास पहुँचते हैं, जिसकी अक्षमता,

भ्रष्ट आचरण या पक्षपात के कारण ही निवेदन किये गये थे। किसी भी मामले में स्थानीय पुलिस की शिकायत करने का मतलब शिकायतकर्ता के लिए ख़तरे से भरा होता है। इसके अतिरिक्त देश के कई हिस्सों में किसी भ्रष्ट पुलिसकर्मी के विरुद्ध शिकायत करने से पूर्व उच्चाधिकारियों की अनुमति लेना आवश्यक है। यह स्थिति है जिसमें तत्कालीन केन्द्रीय गृहमन्त्री ने दावा किया था कि दहेज मृत्यु के मामले में पुलिस की निष्क्रियता की कोई शिकायत नहीं मिली है। लेकिन कुछ ही महीनों बाद नौ महिलाओं ने (दो संगठनों की प्रतिनिधियों सहित) दहेज मृत्यु के मामलों में निष्क्रियता बरतने के लिए दिल्ली पुलिस के 5 थानेदारों, दो उपनिरीक्षकों, पाँच उपायुक्तों, एक सहायक आयुक्त और आयुक्त के विरुद्ध उच्चतम न्यायालय में आरोप–पत्र दाख़िल किया था (1982)।

महिलाओं से सम्बन्धित मामलों में पुलिस जिस तरह की लापरवाही बरतती है उसका कारण कुछ तो निर्धन और मध्यवर्गीय तबके के प्रति पुलिस की अरुचि है, और कुछ वह संरक्षण है जो पुलिस को अपने उच्चाधिकारियों से मिलता है। लेकिन यह महिलाओं और उनके अधिकारों के प्रति पुलिस के नकारात्मक रुख़ के कारण भी है। वे परिवार में घटित अपराध को परिवार का मसला मानने के भी आदी हैं। पुलिस के रुख़ के कारण कुछ भी हो, परन्तु इसका महिलाओं के लिए उपलब्ध क़ानूनी उपायों पर गम्भीर प्रभाव पड़ता है। पहला, अस्वाभाविक मृत्यु की स्थिति में, दुर्घटना, हत्या और आत्महत्या के बीच की विभाजन रेखा बेहद पतली है। दूसरा, इस प्रकार की सभी घटनाएँ घर के अन्दर होती हैं और घर के अन्य सदस्य प्रायः इनमें शामिल होते हैं। घर का एकान्त अपराधियों को न केवल अपनी योजना कार्यान्वित करने का पूरा गोपन वातावरण देता है, बल्कि अपराध के बाद साक्ष्यों को नष्ट करने या उनमें फेरबदल करने का भी पूरा अवसर दे देता है। इस स्थिति के रहते सतर्क सावधान जाँच के लिए उचित साक्ष्य जुटाना भी कठिन काम हो जाता है। बिना समुचित साक्ष्यों के ये मामले क़ानूनी तौर पर कमज़ोर पड़ जाते हैं। सज़ा प्राप्ति की निम्न दर का कारण केवल साक्ष्यों की कमी को ही नहीं ठहराया जा सकता, इसका कारण परिस्थितियों का व्यक्तिपरक विवेचन भी है। अनिच्छुक पुलिसकर्मियों द्वारा जुटाये गये हलके साक्ष्य और घटना की भिन्न व्याख्याएँ अपराधी की सज़ा तय करने में महत्त्वपूर्ण भूमिका निभाती हैं। क्योंकि व्याख्याएँ भिन्न हो जाती हैं, इसलिए फ़ैसले भी भिन्न हो जाते हैं। आठ माह की गर्भवती सुधा गोयल को जलाकर मारने के मामले में (1980) सत्र न्यायाधीश ने मृत्युदण्ड दिया तो उन्हीं साक्ष्यों के आधार पर उच्च न्यायालय ने अपराधी को मुक्त कर दिया और सर्वोच्च न्यायालय ने उम्रकैद की सज़ा सुनायी।

सर्वोच्च न्यायालय ने दो महत्त्वपूर्ण मसलों पर ज़ोर दिया। मृत्यु पूर्व दिये गये मौखिक बयान पर, और पड़ोसियों के द्वारा दिये गये बयानों पर। सुधा गोयल पड़ोसियों को दिये गये अपने पहले बयानों से मुकर गयी थी और उसने मृत्यु पूर्व बयान में अपने पति के परिवार को निर्दोष बता दिया था। हालाँकि मृत्यु पूर्व बयान किसी मजिस्ट्रेट की उपस्थिति में नहीं दिया गया था और न ही यह अपेक्षित चिकित्सकीय प्रमाण–पत्र लिया गया था कि वह बयान देने की सही स्थिति में थी। सत्र और सर्वोच्च न्यायालयों ने मृत्यु पूर्व बयानों को अस्वीकार कर दिया, जबकि उच्च न्यायालय ने पड़ोसियों के साक्ष्यों की उपेक्षा कर पति–परिवार को बचानेवाले मृत्यु पूर्व बयान को महत्त्व दिया था। आज तक मृत्यु पूर्व बयान के लिए समुचित निर्देश नहीं हैं, अधिकांश मृत्यु पूर्व बयान ससुरालवालों के बयान की पुष्टि करनेवाले और उन्हें अपराध की किसी भी ज़िम्मेदारी से मुक्त करने वाले होते हैं। कम ही मामलों में ऐसा होता है कि घटना की शिकार महिला अपने मृत्यु पूर्व बयान में पति या ससुराल वालों पर आरोप लगाये। ऐसा होने पर भी अदालत इस बयान की उपेक्षा कर सकती है और अभियुक्त को मुक्त कर सकती है जैसा कि दिल्ली में हुए दो मामलों में हुआ।

परिणामतः पिछले दिनों, जाँच के तरीक़ों, क़ानून तथा वैधानिक प्रक्रिया में परिवर्तन के लिए माँग निरन्तर बढ़ी है। बढ़ते हुए दबाव के आगे सरकार इस समस्या को मानने के लिए बाध्य हुई है और उसने नया क़ानून लागू किया है। यह एक महत्त्वपूर्ण उपलब्धि है, विशेष रूप से पति या पति के रिश्तेदारों की क्रूरता को अपराध माना जाना (धारा 498 ए, भारतीय दण्ड संहिता)। इस धारा के अन्तर्गत कई गिरफ़्तारियाँ हुई हैं। और यद्यपि दहेज निषेध (संशोधित अधिनियम) 1984 निराशाप्रद सिद्ध हुआ। दहेज के कारण हुई मौतों के सिलसिले में ही अधिक गिरफ़्तारियाँ हुई हैं। नया परिवार अदालत अधिनियम 1984 विवाह संस्था को बचाये रखने और संरक्षण देने की आवश्यकता प्रतिबद्ध सामाजिक माहौल को देखते हुए विवाह की रक्षा केवल महिला की क़ीमत पर ही कर सकता है। परन्तु यह ध्यान देने योग्य बात है कि सार्वजनिक हित के कई दावे जो विभिन्न समुदायों के व्यक्तिगत क़ानूनों की वैधता को चुनौती देने वाले हैं, सर्वोच्च न्यायालय में लम्बित चल रहे हैं। इसके फ़ायदे–नुक़सान चाहे जो हों, लेकिन इन सारे हालातों का उत्साहवर्धक पक्ष यह है कि अब जनमत का ऐसा वर्ग तैयार हो गया है जो परिवार के अन्दर महिलाओं के अधिकारों के प्रति जागरूक है।

निष्कर्ष

परिवार की संरचना, और इस संरचनाजन्य सामाजिक मान्यताएँ तथा मूल्य इस प्रकार उन लोकतान्त्रिक सिद्धान्तों के पूरी तरह विरुद्ध हैं, जिनका समर्थन हमारा यह गणतन्त्र करता है। क्योंकि महिला अधिकारों का सुनियोजित अतिक्रमण प्रचलित परिवार प्रथा के अन्दर ही संस्थापित है। यह तथ्य कि इस प्रथा में महत्त्वपूर्ण विविधताएँ हैं, और यह कि बहुत–से भागों में और कुछ वर्गों में महिला अधिकारों का हनन उतना गम्भीर नहीं है जितना कि ऊपर बताया गया है, समस्या का एक कम गम्भीर पक्ष तो हो सकता है। यह विविधता धर्म से धर्म के बीच उतनी नहीं है जितनी कि वर्ग से वर्ग के बीच या क्षेत्र से क्षेत्र के बीच। ऐतिहासिक रूप से, अन्य भागों की अपेक्षा देश के कुछ हिस्सों में परिवार में, महिला अधिकारों के प्रति लोकतान्त्रिक चेतना का कुछ अधिक विकास हुआ है। उसी प्रकार परिवार का आर्थिक–सामाजिक स्तर भी महिलाओं के प्रति परिवार के अन्दर के व्यवहार को निर्धारित करता है। महिलाओं के सन्दर्भ में शहरी और ग्रामीण वैविध्य भी बहुत अधिक है। कुछ उदाहरण यहाँ प्रस्तुत हैं।

अवपीड़क परिस्थितियों में घर के उबाऊ काम की लम्बी चाकरी जबरिया मज़दूरी की ही एक क़िस्म है, जो संविधान द्वारा प्रतिबन्धित है। (अनुच्छेद 23) जैसा कि पटना की युवा महिला कार्यकर्ता (जिसकी पहले चर्चा की जा चुकी है) के मामले में हुआ। अधिकांश महिलाओं को भाषण देने, स्वयं को अभिव्यक्त करने और कहीं एकत्र होने या किसी भी समूह का हिस्सा बनने की स्वतन्त्रता नहीं दी जाती। (अनुच्छेद 9 ए और सी) जैसा कि पंजाब की एक अध्यापिका कैलाशवती के मामले में हुआ, जिसमें उच्च न्यायालय ने कहा कि उसके पति को अधिकार है कि वह उसके व्यवसाय तथा निवास के बारे में तय करे, (अनुच्छेद 19 सी) उत्तराधिकार क़ानून जो धार्मिक परिपाटियों में जमे हैं, महिलाओं को सम्पत्ति अर्जित करने, बनाये रखने या उसका विस्तार करने का कोई स्वतन्त्र अधिकार नहीं देते (अनुच्छेद 19 एफ) संविधान द्वारा प्रदत्त क़ानून के आगे समानता का (अनुच्छेद 14) महिलाओं के लिए कोई अर्थ नहीं है। वास्तविकता यह है कि वर्तमान में प्रचलित समूची परिवार व्यवस्था ही संविधान द्वारा प्रदत्त मौलिक अधिकारों का खुला उल्लंघन है। वह संविधान जो लिंग के आधार पर भेदभाव का निषेध करता है (अनुच्छेद 15)। यही स्थिति राज्य की नीतियों में भी है संविधान में निहित राज्य के नीति–निदेशक सिद्धान्तों में, 'सम्पूर्ण भारतीय क्षेत्र में समान नागरिक संहिता' लागू करने का वादा शामिल है (अनुच्छेद 44) लेकिन संविधान द्वारा यह कहे जाने के बावजूद

यह राज्य का कर्तव्य होगा कि क़ानूनों के निर्माण में इन निदेशक सिद्धान्तों को लागू किया जाये। बीते हुए 35 सालों में इस दिशा में कोई क़दम नहीं उठाया गया है। उस हालत में राज्य स्वयं अपने कर्तव्यों से हटता जा रहा है। महिला अधिकारों के अतिक्रमण और उन्हें मिले हुए अधिकारों के बीच की खाई चौड़ी होती जा रही है।

गहरी निराशा के इस माहौल में सर्वाधिक महत्त्वपूर्ण अगर कुछ है तो वह है महिला अधिकारों के प्रति बढ़ती हुई जनचेतना। पिछले दशक में देश के कई भागों में अपने अधिकारों के लिए संघर्ष करने वाले कई महिला संगठन उभरकर सामने आये हैं। और बड़े शहरों में स्थापित संख्या में सीमित होने के बावजूद ये संगठन राजनीतिक दलों और संचार माध्यमों सहित विभिन्न वर्गों में जनचेतना पैदा करने में महत्त्वपूर्ण भूमिका निभा रहे हैं। वास्तविकता यह है कि जितने भी मामलों का उल्लेख हमने इस प्रतिवेदन में किया है वे किसी–न–किसी महिला संगठन के द्वारा विरोध में आवाज़ उठाये जाने के बाद ही हमारे सामने आये। इन संगठित प्रयासों के अलावा इन मामलों में, विशेष रूप से जलाने की घटनाओं में, पड़ोसियों द्वारा तत्पर प्रतिक्रिया व्यक्त करने की शुरुआत भी हो गयी है।

इन मामलों में जैसे–जैसे जनचेतना का विकास हो रहा है। इसके समान्तर उसी गति से महिलाओं पर अत्याचार की घटनाओं में भी वृद्धि हो रही है। चाहे यह वैज्ञानिक प्रगति का चरण हो जैसे एमनियोसेंटेसिस परीक्षा जिसका कि प्रयोग मादा–भ्रूण की हत्या के लिए किया जा रहा है। या फैलती हुई उपभोक्ता संस्कृति जो दहेज प्रथा को मज़बूत कर रही है, आधुनिकीकरण महिलाओं के दमन का अस्त्र ही सिद्ध हुआ है, दहेज प्रथा, जो कुछ समय पहले तक हिन्दुओं के एक विशेष वर्ग तक ही सीमित थी, अब सारे देश में सभी धर्मों के सभी वर्गों में पहुँच चुकी है। सर्वाधिक भयप्रद तथ्य सतीप्रथा की वापसी है। जिसकी कई घटनाएँ पिछले कुछ वर्षों में उत्तर प्रदेश, मध्य प्रदेश तथा राजस्थान से प्रकाश में आयी हैं। हाल के वर्षों में साम्प्रदायिक तत्त्वों की ताक़त में, विचलित कर देने वाली वृद्धि ने महिलाओं के दमन को और अधिक तीव्र किया है। महिला श्रम–शक्ति में निरन्तर गिरावट अर्थव्यवस्था का एक स्थापित तथ्य बन चुकी है। महिलाओं के विरुद्ध अपराधों में निरन्तर वृद्धि हो रही है। इस तथ्य के बावजूद आधिकारिक सूचनाओं में यह संख्या काफ़ी कम होती है। अतः यद्यपि समय और समाज बदले हैं, परन्तु पारिवारिक ढाँचे में कोई बदलाव नहीं आया, इसके विपरीत यह और अधिक मज़बूत होने की प्रवृत्ति ही दर्शा रहा है।

इन प्रवृत्तियों का अर्थ यही है कि आज भी एक समुदाय के रूप में महिलाओं को आत्मनिर्भर नागरिक की हैसियत से रहने और काम करने की अनुमति नहीं है। वे जन्म लेती हैं, बड़ी होती हैं, शादी होती है, और अन्त में मर जाती हैं, बिना अपने उन अधिकारों को जाने, जो एक मनुष्य और एक नागरिक होने के नाते उनके हैं। इसकी परिणति प्रायः दुखद रूप में, महिलाओं की अपनी चेतना की विकृति में भी होती है। यही वजह है कि हमें एक माँ अपनी ही अबोध बच्ची की हत्या करती नज़र आती है और एक सास अपनी बहू को जलाकर मारती हुई। उत्पीड़ित दमित वर्ग के व्यक्तियों का स्वयं दमन और अत्याचार का हथियार बनना महिलाओं के लिए असाधारण नहीं है। लेकिन महिलाओं के मामले में जो बात उनके उत्पीड़न को हवा देती है वह यह है कि यहाँ एक सामाजिक समस्या विखण्डित होकर व्यक्तिगत हो जाती है। व्यक्तिगत समस्या के मामले में सामूहिक सामाजिक क़दम उठाये जाने की गुंजाइश बहुत कम होती है। वास्तव में, सामूहिक कार्रवाई के लिए कोई कोना न रहने देने के कारण ही अन्य उत्पीड़क व्यवस्थाओं की तुलना में पुरुष प्रधान परिवार व्यवस्था समय के परिवर्तनों से अप्रभावित, यथावत बनी हुई है।

लेकिन हर दिन इस प्रकार के अनगिनत अतिक्रमण भारत में वर्तमान पारिवारिक ढाँचे के 'संरचनागत' अंग हैं, प्रमुख रूप से वर्तमान परिवार प्रथा के माध्यम से सभ्य समाज द्वारा महिलाओं पर थोपी जा रही असमानताएँ, राज्य द्वारा आर्थिक नीतियों, क़ानून, पुलिस और अदालत आदि कई तरीक़ों से बरकरार रखी जा रही हैं, अतः लोकतान्त्रिक अधिकार आन्दोलन को, अपने सिद्धान्तों की प्रतिबद्धता बनाये रखने के लिए, परिवार में महिलाओं के अधिकार के प्रश्न को गम्भीरता से उठाना चाहिए।

1986 में संसद में शीघ्र ही पेश करने के सरकारी इरादे से विधि मन्त्रालय ने स्वैच्छिक नागरिक संहिता के एक विधेयक का प्रारूप तैयार किया। सरकार विधेयक की विषय–वस्तु को गोपनीय रखना चाहती है और इस पर सार्वजनिक बहस नहीं होने देना चाहती तथापि समान नागरिक संहिता के मुद्दे देश–भर के नागरिकों के लिए एक प्रबल राजनीतिक चिन्ता का विषय बन गये हैं। स्वैच्छिक नागरिक संहिता के सारतत्त्व को जाने बिना उसके विषय में कुछ कहना हमारे लिए कठिन है फिर भी, इतना निश्चित है कि तत्त्व चाहे जो भी हों, उनसे लाखों स्त्रियों के जनतान्त्रिक अधिकार प्रभावित होंगे। उन सन्दर्भों को हमें याद रखना चाहिए जिनसे मौजूदा बहस उठी है।

संविधान सभा में सबके लिए एक समान नागरिक संहिता की माँग उन सदस्यों ने उठायी जो इस बात का पक्का आश्वासन चाहते थे कि स्वतन्त्र

भारत में स्त्री और पुरुष को परिवार के भीतर समान अधिकार मिलें और हमारे देश के नागरिक जाति और सम्प्रदाय के आधार पर न बाँटे जायें।

देश में लागू निजी क़ानूनों में से किसी में भी स्त्री–पुरुष की समानता का आश्वासन नहीं था इसलिए एक ऐसी समान नागरिक संहिता की माँग उठायी गयी थी जो इन बुनियादी अधिकारों का निश्चित आश्वासन देती हो, विशेष रूप से स्त्रियों के लिए। यही पृष्ठभूमि थी जिसमें एक समान नागरिक संहिता के आदर्श को राज्य–नीति का संविधान में प्रतिष्ठित निर्धारक–नियम बनाया गया था। विशेष वैवाहिक क़ानून तथा भारतीय उत्तराधिकार क़ानून समान नागरिक संहिता की दिशा में पहला क़दम थे। इन दोनों क़ानूनों ने अलग–अलग समुदायों के बीच परस्पर–विवाह और उत्तराधिकार को क़ानूनी मान्यता दी तथापि ये क़ानून परिवार के भीतर स्त्री और पुरुष के बीच पूरी क़ानूनी समानता का ज़िम्मा नहीं लेते।

इसके अतिरिक्त 1976 में विशेष वैवाहिक क़ानून में एक ऐसा सशोधन किया गया जिसके द्वारा हिन्दुओं को भारतीय उत्तराधिकार क़ानून के क्षेत्र से बाहर कर दिया गया अर्थात हिन्दू स्त्रियाँ नागरिक संहिता के लाभों से वंचित हो गयीं और उन्हें बहुसंख्यक समुदाय की मौजूदा स्वैच्छिक नागरिक संहिता के भी दायरे के बाहर कर दिया गया।

सरकार ने समान नागरिक संहिता के सवाल को साम्प्रदायिक बना दिया है और आज अल्पसंख्यक समुदायों के बहुत–से लोग ऐसा भी सोचते हैं कि ऐसी संहिता से केवल उनकी पहचान के छिन जाने का उद्देश्य सिद्ध होगा। ऐसे तथ्यों से उनकी आशंका और भी प्रबल हो जाती है कि विराट 'हिन्दू सम्मेलन' जैसे साम्प्रदायिक हिन्दू संगठन भी समान नागरिक संहिता की माँग करते हैं।

जिस तरह से सरकार यह विधेयक थोपने की कोशिश कर रही है उससे यह सवाल और भी अधिक साम्प्रदायिक बनेगा। एक समान नागरिक संहिता स्वैच्छिक हो अथवा नहीं–यदि स्त्री–पुरुष की समानता के सिद्धान्त को खुले तौर पर शामिल करके नहीं चलती और किसी भी समुदाय को अपवाद बनने की इजाज़त देती है तो उस पर न्याय के लिए भरोसा नहीं किया जा सकता।

इसलिए हमारी माँग है कि सरकार स्वैच्छिक नागरिक संहिता के विषयों की सार्वजनिक घोषणा करे ताकि इस सवाल पर एक सजग सार्वजनिक बहस हो सके।

[पीपुल्स यूनियन फॉर डेमोक्रैटिक राइट्स जिसे 1980 तक पीपुल्स यूनियन फॉर सिविल लिबर्टीज़ एंड डेमोक्रैटिक राइट्स कहा जाता था, आपात्काल में स्थापित किया गया। यह देश के उन गिने–चुने जनवादी अधिकार संगठनों में से है जिन्होंने राजनीतिक परिवेश में उतार–चढ़ाव और सरकार में परिवर्तन के बावजूद अपना काम जारी रखा। यद्यपि पीयूडीआर दिल्ली की संस्था है, पर इसने देश–भर में जनवादी अधिकारों के आन्दोलन को मज़बूत बनाने में कई प्रकार से सहायता की है। सामान्यतः जनवादी अधिकारों के लिए संघर्ष करने वालों का ध्यान स्त्रियों के अधिकारों की ओर कम गया। पीयूडीआर ने इस विषय में थोड़ा–बहुत योगदान किया है। इसने 1980 में 'रेप, स्टेट एंड सोसायटी' प्रकाशित की तथा बलात्कार क़ानून में संशोधनार्थ स्थापित संसद की विशेष समिति को अपने सुझाव दिये। पीयूडीआर के सदस्यों में वकील, पत्रकार, शिक्षक, छात्र और कलाकार हैं। अपने साहित्य की बिक्री और छोटी–मोटी सहायता–राशि से ही यह अपना कार्य चलाता है। यह राजनीतिक दलों, सरकार और विदेशी संस्थानों से किसी प्रकार की आर्थिक सहायता स्वीकार नहीं करता।]

बोधगया का भूमि-संघर्ष

गोविन्द केलकर, चेतना गाला

सातवें दशक के अन्त और आठवें दशक के प्रारम्भ की दो धाराएँ उल्लेखनीय हैं–एक ओर बढ़ता हुआ राजनीतिक दमन और दूसरी ओर जनतान्त्रिक अधिकारों के लिए सशक्त आन्दोलन। 1975 में आपात्काल की घोषणा से लोगों के सभी नागरिक और लोकतान्त्रिक अधिकार ज़ब्त हो गये थे। इसके विपरीत था जनतन्त्र को बचाये रखने के लिए चलाया गया बड़े पैमाने का जन–आन्दोलन। ख़ासकर छात्रों और युवाओं की सहभागिता वाले इस आन्दोलन में सामाजिक समानता तथा महिलाओं के प्रश्न पर न्याय का विस्तार अन्तर्निहित था। सामाजिक–आर्थिक उथल–पुथल और राजनीतिक दमन के इस माहौल में जनवरी 1975 में बिहार में 'छात्र युवा संघर्ष वाहिनी' (छा.यु.सं.वा.) उभरकर आयी। छा.यु.सं.वा. का उद्देश्य 'अन्तिम जन' (वर्तमान सामाजिक व्यवस्था में ग़रीबों तथा दलितों में सबसे नीचे के व्यक्तियों) को अपने सम्मान, अधिकारों और मानवीय अस्तित्व के लिए संघर्ष करने के उद्देश्य से संगठित करना था। छा.यु.सं.वा. के नेता जयप्रकाश नारायण ने वाहिनी को परिभाषित करते हुए इसे साधनहीन और ग़रीब किसानों में भूमि तथा विकास के साधनों के उचित वितरण के लिए राजशक्ति के ख़िलाफ़ संघर्ष करने वाली लोकशक्ति का साधन बताया।

इसकी स्थापना के कुछ ही समय बाद छा.यु.सं.वा. ने कई महिलाओं को पूर्णकालिक कार्यकर्ताओं के रूप में लामबन्द किया तथा महिलाओं के प्रश्न पर वाहिनी के नेताओं के बीच एक बहस की शुरुआत की। उदाहरण के लिए, भूमि पर महिलाओं के अधिकार और उत्पादन के साधनों तक पहुँच, विवाह का ढाँचा, पुरुष–महिला सम्बन्ध, पितृवाद, सामाजिक–आर्थिक प्रक्रियाओं में महिलाओं की भूमिका आदि मुद्दों पर बहस से संस्था के अन्दर तथा छा.यु.सं.वा. कार्यकर्ताओं के परिवारों के अन्दर आपसी सम्बन्धों में काफ़ी परिवर्तन आया। गया में हुए छा.यु.सं.वा. के अनुभव... और व्यावहारिक दोनों रूपों में उदाहरण माने गये।

यह अध्ययन इस सामन्तवादी संघर्ष के कुछ प्रतिनिधि पहलुओं की छानबीन करता है जिनमें छात्र युवा नेता इस उद्देश्य के लिए काम कर रहे थे कि सामाजिक बदलाव के संघर्ष में महिला–पुरुष सम्बन्धों के बदलाव भी शामिल होने चाहिए। विवाह संस्था के भीतर भी और उत्पादन के पितृवादी सम्बन्धों में भी। इस अध्ययन के दो केन्द्र–बिन्दु हैं– पहला, छा.यु.सं.वा. में महिलाओं के प्रश्न से सम्बन्धित बहस तथा आन्दोलन के लिए उनके व्यावहारिक असर का मूल्यांकन और दूसरा, खेतिहर मज़दूरों व दलित महिलाओं को भूमि वितरण।

किसी भी समाज में स्त्री–पुरुषों के आपसी सम्बन्ध लिंग–भेद से मुक्त नहीं होते और न ही भूमि पुनर्वितरण के प्रभाव से। यह दर्शाया जा चुका है कि भारत में भूमि सुधारों का प्रभाव विभिन्न ग्रामीण वर्गों पर तथा एक ही वर्ग के पुरुषों और महिलाओं पर भिन्न–भिन्न रूप में सामने आया है। अधिकतर यह देखा गया है कि किसी भी वर्ग के पुरुषों की तुलना में महिलाओं ने ही ज़्यादा गँवाया है। भारत में हुए हाल के कुछ अध्ययन यह इंगित करते हैं कि ग्रामीण विकास द्वारा नियोजित बदलाव और भूमि सुधार द्वारा भूमि–सम्बन्धी कायापलट, ग्रामीण महिलाओं की स्थिति में गिरावट की प्रक्रिया को रोकने में सफल नहीं हुए। उदाहरण के लिए, केरल के पालघाट ज़िले में किये गये अध्ययन में इस बात के निर्णायक प्रमाण मिले हैं कि 1920 के बाद के भूमि सम्बन्धों में बदलावों से महिलाओं की स्थिति पर प्रतिकूल प्रभाव पड़ा है।

सत्तर के दशक के प्रारम्भ में, भारत में महिलाओं की स्थिति की जाँच के लिए बनी समिति को विभिन्न राज्यों की महिलाओं से कुछ नये भूमि क़ानूनों के पक्षपातपूर्ण पहलुओं के बारे में अनेक रिपोर्टें मिलीं। मई 1980 में पश्चिम बंगाल के बाँकुड़ा ज़िले में हुए महिला खेतिहर मज़दूरों के एक शिविर में अनेक ग़रीब कृषक महिलाओं द्वारा इसी तरह के तथ्यों की ओर ध्यान दिलाया गया। 1984–85 में उत्तर प्रदेश के इटावा ज़िले के गाँवों में, हमारे क्षेत्र कार्य के दौरान, देवी नाम की एक भंगी महिला ने चुभते हुए शब्दों में कहा, ''नहीं, महिलाओं का सम्पत्ति पर कभी भी कोई अधिकार नहीं होता, उन बच्चों पर भी नहीं जिन्हें वो पैदा करती हैं, वे अपने पिता के बच्चे कहलाते हैं। यह सब पीढ़ियों से चलता आया है।'' एक चमार महिला राजकुमारी ने आगे जोड़ा, ''भूमि पिता से बेटे को चली जाती है। यहाँ तक कि जो ज़ेवर औरत को विवाह में तोहफ़े के रूप में मिलते हैं वे भी उसे नहीं दिये जाते, सास–ससुर द्वारा रख लिए जाते हैं। यदि पुरुष मर जाता है या पुनर्विवाह कर लेता है तो औरत जीने के लिए पूरी तरह औरों पर निर्भर होती है।

एक पुरुष शराब या जुए में अपनी ज़मीन उड़ा सकता है परन्तु महिला हमेशा अपने बच्चों के बारे में चिन्तित रहती है। वह कभी उन्हें भूखा नहीं देख सकती और उनकी अच्छी तरह परवरिश करने के लिए हरसम्भव प्रयत्न करती है। अतः भूमि की मिल्कियत पति व पत्नी दोनों के नाम से होनी चाहिए।''

इसी तरह की रिपोर्टें बिहार के ग्रामीण क्षेत्रों से भी प्राप्त हुईं। यहाँ महिलाएँ महिलाओं को स्वतन्त्र भू–अधिकार मिलने के सरकारी अधिकारियों तथा अपने ही समाज के पुरुषों के पूर्वाग्रहों का विरोध कर रही थीं। नौवें दशक में सरकार ने भूमि सुधारों को अधिक प्रगतिशील और परिणामदायक बनाने के लिए नयी नीति बनायी। इस नीति में निम्न लक्ष्यों की परिकल्पना है–

1. भू–जोतों की सीमाओं को और कम करना।
2. उड़ीसा, गुजरात और बिहार जैसे जिन राज्यों में ज़मीन की चकबन्दी के कार्य में अधिक प्रगति नहीं हुई है, वहाँ उसे पूरा करना।
3. धार्मिक तथा परोपकारी संस्थाओं के अधीन भूमि को भी भूमि हदबन्दी क़ानून के तहत लाना। अभी तक ऐसी ज़मीनों को इस क़ानून के दायरे से बाहर रखा गया था।

दिसम्बर 1988 में कृषि मन्त्रालय ने यह प्रस्ताव रखा कि भविष्य में कम–से–कम 40 प्रतिशत ज़मीन के पट्टे सिर्फ़ महिलाओं को दिये जायें, चाहे वह सरकारी ज़मीन हो या हदबन्दी के बाद बची ज़मीनें हों या वासगीत–भूमि। बाक़ी के पट्टे पति–पत्नी दोनों के नाम से जारी किये जायें। किन्तु ये सारी बातें प्रस्तावित योजना वक्तव्यों से आगे कहीं नहीं पहुँचीं।

बहुत कम लोग इस बात से असहमत होंगे कि ग्रामीण भारत में महिलाओं को ज़मीन के स्वामित्व और नियन्त्रण से अलग रखा जाना उनकी अधीनता और पुरुषों पर निर्भरता का मुख्य कारण है। हमने अन्यत्र कहा है कि महिलाओं पर होने वाली अधिकांश हिंसा उत्पादन तन्त्र में उनकी अधीनता, विवाह और परिवार की संरचना तथा श्रम के लैंगिक विभाजन के कारण है। इनसे लिंग आधारित व्यक्तित्व बनते हैं–पुरुष पैसा कमाने और परिवार को चलाने के कारण राष्ट्रीय अर्थव्यवस्था में अपनी भूमिका को प्रमुख मानने लगते हैं, जबकि महिलाओं को उनके आश्रित रहने, बाहरी दुनिया से अनभिज्ञ होने और बच्चों व घरेलू कामकाज में व्यस्त रहने के कारण बहुत कम महत्त्व दिया जाता है।

यदि महिलाओं के प्रति यह 'विकास का अन्धापन' (जैसे गृहकार्य या बच्चों के लालन–पालन को महिलाओं की स्वाभाविक ज़िम्मेदारी माना जाना या उन्हें ज़मीन तथा उत्पादन के अन्य साधनों से वंचित रखना) सिर्फ़ सरकारी एजेंसियों तक सीमित होता तो भी शायद कुछ सान्त्वना की बात होती,

परन्तु ऐसा नहीं है। जन–आन्दोलनों से जुड़ी बिहार की अनेक संस्थाओं और दलित व खेतिहर मज़दूर महिलाओं के सम्मान और सुरक्षा की लड़ाई के लिए पहचान बनाने वाले वामपन्थी दलों तक ने ज़मीन–जायदाद पर महिलाओं के बराबरी के हक़ और खेतिहर मज़दूरी की दरों में समानता की माँग को महत्त्वपूर्ण नहीं समझा। इसी तरह, परिवार में पुरुषों और महिलाओं का भिन्न–भिन्न उपभोग स्तर और परिवार में उनकी हैसियत से इस उपभोग–स्तर के सम्बन्ध का प्रश्न भी उन्होंने नहीं उठाया। ऐसा प्रतीत होता है कि जन–आन्दोलन से जुड़ी स्वयंसेवी संस्थाओं, सामाजिक कार्यकर्ताओं और वामपन्थी दलों ने न तो महिलाओं के दमन को समझने का ही कोई गम्भीर प्रयत्न किया है और न ही महिला मुक्ति आन्दोलन की मदद करने की कोई चेष्टा की है। उनकी सैद्धान्तिक बहसों में महिलाओं के प्रश्न पर कोई ध्यान नहीं दिया गया है। उनमें से अधिकांश ने स्वतन्त्र महिला आन्दोलन की आलोचना की है और नारीवाद पर यह आरोप लगाया है कि यह वर्ग–विश्लेषण को अनदेखा करता है। मार्क्सवादी विद्वानों की तरह, इन 'जन–आन्दोलनों' और सामाजिक कार्य करने वाले समूहों ने महिलाओं की वर्गीय स्थिति को निर्धारित करने के लिए बेहिचक विवाह को मापदण्ड बनाया है। हालाँकि यह सही है कि विवाह के ज़रिये भौतिक साधनों तक महिलाओं की पहुँच हो जाती है, परन्तु इसकी तुलना उत्पादन के साधनों से सीधा सम्बन्ध होने से नहीं की जा सकती है। महिलाओं के वर्ग का निर्धारण पुरुष से उनके यौन सम्बन्धों तथा पुरुषों को वे जो सेवाएँ प्रदान करती हैं, उनके ज़रिये होता है। यदि कोई महिला यह यौन सम्बन्ध तोड़ दे, और सम्बन्धित सेवाएँ प्रदान न करे तो भौतिक संसाधनों तक उसकी पहुँच भी समाप्त हो जाती है। भारत में वर्ग–विश्लेषण में महिलाओं की इस अप्रत्यक्ष वर्गीय स्थिति को शामिल नहीं किया गया है।

ये समस्याएँ महिलाओं के विशिष्ट मुद्दों और एक सामान्य सैद्धान्तिक व्याख्यात्मक ढाँचे को आपस में जोड़ने की हैं। यह सच है कि महिलाएँ कोई अलग वर्ग, जाति, नस्ल या समाज नहीं हैं और यह भी कि सत्ता और साधनों की सामाजिक, आर्थिक और राजनीतिक होड़ की जटिल प्रक्रिया में महिलाओं के अधिकतर रुझान, रुचियाँ और पहचान अन्य तबकों के पुरुषों से मेल खाते हैं। परन्तु फिर भी महिलाओं का यही अनुभव है कि उन्हें दबाया जाता है, उनके अस्तित्व तक को नज़रअन्दाज़ किया जाता है, उनके काम को कम करके आँका जाता है, उनकी निम्नवर्गीय स्थिति को एक निश्चित व स्वीकृत तथ्य मान लिया जाता है, जिससे सभी स्तरों पर उनकी भागीदारी प्रभावित होती है। वर्ग, जाति और लिंग विश्लेषण के पक्ष में दलील देते हुए यह कहना

उचित होगा कि यदि समाजशास्त्री, महिलाओं के प्रश्न को वर्तमान राजनीतिक और वैचारिक सिद्धान्तों के सन्दर्भ में समझा पाने में असमर्थ हैं, तो आवश्यकता यह है कि इस सैद्धान्तिक कमज़ोरी को पहचाना जाये, बजाय इसके कि इस सामाजिक सच्चाई को नकार दें, महज़ इसलिए क्योंकि वह किसी बनावटी वैचारिक ढाँचे में फिट नहीं होती।

अतः हम एक नये ऐतिहासिक–सामाजिक विश्लेषण के पक्ष में हैं जो पक्षपातपूर्ण और सीमित परिप्रेक्ष्य पर प्रश्न उठाये और महिला व पुरुष दोनों के इतिहास और सामाजिक भूमिका को समग्रता से समझने की चेष्टा करे। यह अध्ययन किसान आन्दोलन में वर्ग और जाति के प्रश्नों को अलग करके, सिर्फ़ महिलाओं की भूमिका के बारे में नहीं है। किसी आन्दोलन में महिलाओं की भूमिका का ऐतिहासिक अध्ययन नीचे से किये जाने वाले सामाजिक विश्लेषण पर ज़ोर देता और सैद्धान्तिक तथा वैचारिक विकल्पों के विरोध में नहीं होता।

समाज के भिन्न–भिन्न तबकों की महिलाओं में न तो पूर्ण एकरूपता है और न ही वे समाज की कोई अलग श्रेणी हैं। उनका अध्ययन उनके सामाजिक–आर्थिक सन्दर्भ में ही किया जा सकता है अर्थात वर्ग, जाति, उम्र और लिंग आधारित सम्बन्ध, श्रम के लैंगिक विभाजन, सामाजिक प्रथाओं (जो कि उनकी भूमिका को परिवार और समुदाय तक ही सीमित रखती हैं), बढ़ते लिंग आधारित भेदभाव और समाज के ग़रीब तबके में हिंसा, ग़रीबी और भूमिहीनता की बढ़ती प्रक्रिया, साथ ही शोषण के उस तन्त्र की बढ़ती ताक़त के सन्दर्भ में जो कि वर्ग, जाति और लिंग सम्बन्धित असमानताओं पर फलता–फूलता है और उन्हें बढ़ाता भी है। यदि वास्तव में विशुद्ध महिलाओं के आन्दोलन जैसी कोई चीज़ नहीं है, तो यह हो सकता है कि कई विशेष मुद्दों पर महिलाओं का अपना एक दृष्टिकोण हो और संघर्ष प्रारम्भ करने या किसी आन्दोलन में भाग लेने का उनका कुछ अलग ही तरीक़ा हो। खेतिहर आन्दोलन में महिलाओं की भागीदारी को उनके वर्ग शोषण और जाति शोषण दोनों सन्दर्भों में समझना होगा। लिहाज़ा उनका जुझारू विरोध, राजसत्ता तथा सरकार, उच्चवर्गीय भू–स्वामियों व महाजनों के ख़िलाफ़ भी होगा। खेतिहर आन्दोलनों में महिलाओं की भूमिका को अमान्य और दरकिनार किये जाने के सैद्धान्तिक सवाल उठाना इस अध्ययन के मूल उद्देश्यों में शामिल है।

भूमि सम्बन्ध और महिलाओं की सामाजिक स्थिति

भूमि सुधारों के बावजूद, बिहार के ग्रामीण इलाक़ों में विकास का पिछड़ापन और उच्च जाति के भू–स्वामियों का प्रभुत्व व्यापक रूप से ज्ञात तथ्य है। हालाँकि बिहार ज़मींदारी–उन्मूलन विधेयक लाने वाला पहला राज्य था,

परन्तु विधानसभा में वर्षों के विरोध के बाद जब तक यह विधेयक पारित होता, तब तक ज़मींदारों ने बेनामी सौदों द्वारा अपनी अधिकांश ज़मीनों को बचा लिया था। इसके अतिरिक्त, एक दमनकारी और अक्षम प्रकार की बटाई–प्रणाली भी ग्रामीण अर्थव्यवस्था पर बोझ बनी रही है। राज्य की अफ़सरशाही की, उच्च जातियों और ज़मींदारों के प्रति स्पष्ट झुकाव के कारण अनेक बार भर्त्सना हो चुकी है। परन्तु इस ऊर्ध्वमुखी विकास में ग़ैर–सरकारी संस्थाएँ या जन संगठन बिहार के ग्रामीण इलाक़ों में एक स्पष्ट बदलाव लाये हैं, हालाँकि इस बदलाव की मात्रा और स्वरूप अलग–अलग जगह पर अलग–अलग रहे हैं। यहाँ हम इसी सन्दर्भ में बोधगया के ग्रामीण क्षेत्रों में छा.यु.सं.वा. और उसके द्वारा लाये गये बदलाव के प्रभाव की चर्चा करेंगे।

गया मूलतः एक ग्रामीण ज़िला है। यहाँ की अधिकांश जनसंख्या खेतों में लगी हुई है। पटना डिवीज़न के कमिश्नर श्री बेली ने 1873–75 में लिखा था–

"गया में खेतिहर मज़दूर वास्तव में रोज़ कमाकर खाने की स्थिति में जीता है और शायद पूरे डिवीज़न में सबसे बुरी स्थिति उसकी ही है....यहाँ के उच्चवर्गीय लोग, जो मेरे सम्पर्क में हैं किन्हीं भी अन्य अमीर और तृप्त लोगों जैसे ही हैं। ये लोग स्वस्थ, आत्मप्रेमी लोग हैं, जिनकी ज़रूरतों के मूल में, स्वाभाविक कारणों के बजाय विलासिता की उनकी अपनी झूठी समझ अधिक है परन्तु, ज़मीन जोतने वाले आम लोग वैसी ही दयनीय स्थिति में हैं जो कि एक ऐसे देश में अपेक्षित होती है जहाँ अज्ञानता व्याप्त हो, और धन तथा प्रभाव कुछ ही के हाथों में सीमित हो। मज़दूरी करने वाले वर्ग में दास–प्रथा के अवशेष अभी भी मिल जाते हैं हालाँकि यह सिर्फ़ कहार और कुर्मी जातियों तक ही सीमित हैं।"

उन्नीसवीं शताब्दी के प्रारम्भ में डॉक्टर बुकानन हैमिल्टन ने लिखा था कि गया के लगभग 75 प्रतिशत काश्तकार क़र्ज़ में डूबे हुए हैं। इनमें से अधिकतर, मात्र ज़मींदार की मर्ज़ी के गुलाम हैं। इनमें मुश्किल से हज़ार में से एक ऐसा होगा जिसके पास स्वामित्व का अधिकार हो या जो शायद इस अधिकार के बारे में जानता भी हो। गया में ज़मीन की पट्टेदारी के सम्बन्ध में उनका कहना है–

"शृंखला के एक छोर पर है जमींदार या मालिक, जो स्थायी बन्दोबस्त के अन्तर्गत सरकार से जागीर प्राप्त करता है और अपना लगान सीधे सरकारी ख़ज़ाने में जमा कराता है। दूसरे छोर पर है वास्तविक खेती करने वाला, जो जोतदार होता है।"

सिंचाई के लिए नहरें व अन्य पानी के स्रोत बनाने तथा उनकी मरम्मत का ख़र्च पूरी तरह ज़मींदार द्वारा उठाया जाता है और पानी को किसानों में बाँटने के लिए वही योग्य व्यक्तियों की नियुक्ति करता है।

ज़िले के अधिकतर हिस्सों में पट्टेदारी या तो नक़दी होती है जिसमें किराया पैसे में दिया जाता है, या 'भाओली' जिसमें कि खेतों का उत्पादन ज़मींदार और बटाईदार के बीच बाँट लिया जाता है। 'भाओली' पट्टेदारी दो प्रकार की होती है–

(1) दानाबन्दी : जिसमें फ़सल की सम्भावित मात्रा का पहले ही अन्दाज़ा लगाकर ज़मींदार और काश्तकार के बीच बाँट लिया जाता है, या (2) अगरबटाई : जिसमें बँटवारा फ़सल के कटकर भण्डार में पहुँचने के बाद किया जाता है। पहले भाओली प्रथा बिहार में सभी जगह प्रचलन में थी, पर भूमि के लिए बढ़ती प्रतिस्पर्धा के चलते वह नक़दी में बदली जाने लगी है। यह पाया जाता है कि जो ज़मीनें नक़दीं फ़सलें उगाने के काम आती हैं या शहरों और महत्त्वपूर्ण बाज़ार के निकट होती हैं, वहाँ ज़मीन अल्पकालीन पट्टों पर ली जाती है, जिसके लिए एक बँधा हुआ नक़द किराया दिया जाता है, जबकि अधिकतर ग्रामीण इलाक़ों में फ़सल के विभाजन का तरीक़ा अभी भी चलता है।

1875 में श्री बेली ने लिखा कि मज़दूर की तनख़्वाह तभी जीवन–निर्वाह के लायक होती है, जब उसमें उसकी पत्नी तथा परिवार की अन्य महिलाओं की अतिरिक्त आमदनी भी जोड़ी जाये। अधिकतर ऐसे परिवारों की औरतें बँधुआ थीं जो बेहतर स्थिति में थे। ये औरतें विभिन्न प्रकार के घरेलू तथा ग़ैर–घरेलू कार्य करती थीं, जिनमें कि चावल कूटना और छीलना भी शामिल था। डॉक्टर बुकानन–हैमिल्टन ने अनेक महिला गुलामों (जिन्हें लौंडी कहा जाता था) और पुरुष गुलामों (जो कि गया में बेचे जाते थे) का ज़िक्र किया है। जहाँ अधिकतर लौंडियाँ और गुलाम, कहार और कुर्मी जातियों के थे, वहीं अर्द्ध–गुलाम कमिया जाति के लोग (पुरुष और महिला दोनों) होते थे जो मठ जैसी धार्मिक संस्थाओं या ज़मींदारों के यहाँ भूमिहीन दिहाड़ी मज़दूरों का कार्य करते थे। लौंडियों और कमिया औरतों को ज़मींदारों, महन्तों और उनके आदमियों की यौन सेवा करने के लिए मजबूर किया जाता था।

मठ का प्रभुत्व

बोधगया प्रखण्ड 23,886 वर्ग किमी. ज़मीन में फैला हुआ है। 1981 की जनगणना के अनुसार इसकी कुल जनसंख्या 77,352 में 37,971 महिलाएँ थीं और 39,281 पुरुष। इस इलाक़े में अनुसूचित जाति के लोगों का बड़ा भाग है– 14,482 महिलाएँ और 14,487 पुरुष। इनमें से मुसहर और भूइनिया अर्ध–हिन्दू क़बीले हैं, जो खानाबदोशी की ज़िन्दगी जीते हैं। इस प्रखण्ड की विशिष्टता यह है कि यहाँ का बोधगया शहर, जिसमें अनेक विहार, मन्दिर और मठ हैं, परम्परागत रूप से बौद्धों तथा हिन्दुओं, दोनों का धार्मिक स्थल रहा है।

पिछले 1,500 वर्षों से, बोधगया ने अनेक तीर्थयात्रियों को आकर्षित किया है। हिन्दू इस तीर्थ पर अपने मृत सम्बन्धियों को पापों से मुक्त कराने और उन्हें स्वर्ग में प्रवेश दिलवाने आते रहे हैं। परन्तु इन वर्षों में बौद्ध धर्म का पतन और ब्राह्मणवाद का विकास भी हुआ है। अपनी अग्रणी उच्चवर्गीय स्थिति के चलते ब्राह्मणवाद, इस दौरान बढ़ते हुए भू–स्वामी वर्ग के लिए अधिक सुविधाजनक था, और बौद्ध धर्म के विशाल अनुत्पादक और अनार्थिक मठों से कम ख़र्चीला था। इसके अलावा अपने अनुष्ठानों के एकाधिकार के कारण ब्राह्मणवाद जनजातियों को जातियों में परिवर्तित करने और अपने–आप को सत्ता का बेहतर सहायक बनाने की क्षमता रखता था। इस प्रक्रिया में, ''ब्राह्मण वर्ग उत्पादकों से दूर होता गया; अपनी महत्ता को साबित करने के लिए या अपने लिए विशेष जातीय–वर्गीय रियायतों के दावे पेश करने के लिए परम्पराओं को पुनः लिखता रहा।''

माना जाता है कि शंकर मठ (जोकि सामान्यतः बोधगया मठ के नाम से जाना जाता है) 1590 में स्थापित हुआ था। जब शंकराचार्य के एक शिष्य गोसाईं घमण्डीनाथ ने यहाँ एक छोटे–से मन्दिर की स्थापना की तो यह बोधगया आने वाले तीर्थयात्रियों के लिए साधना का केन्द्र बन गया। मुग़ल शासकों ने और बाद में अंग्रेज़ सरकार ने, मठ को उदार संरक्षण प्रदान किया। इसके बदले में, सभी महन्त शासकों के प्रति वफ़ादार रहे। 1857 में, अंग्रेज़ों के ख़िलाफ़ स्वतन्त्रता की पहली लड़ाई में, महन्तों ने अंग्रेज़ों का साथ दिया, जिसके लिए महन्त गोसाईं हेमनारायण गिरि को सन् 1873–74 में, भारत ब्रिटिश राज्य में शामिल किये जाने के अवसर पर, रानी विक्टोरिया द्वारा 'सम्मान–पत्र' दिया गया। इस संरक्षण से मठ की जागीर लगातार बढ़ती गयी और उन्नीसवीं सदी के अन्त तक बोधगया मठ, 'गया ज़िले के सबसे बड़े ज़मींदार' के रूप में जाना जाने लगा। 1932 में ही मठ की अनुमानित वार्षिक आय एक करोड़ रुपये तक पहुँच चुकी थी। मठ की जागीर की देखभाल के लिए एक ट्रस्ट बनाया गया। बिहार के लगभग एक दर्जन ज़िलों में फैले एक हज़ार से ज़्यादा गाँवों में, महन्त ने जगह–जगह 'कचहरियाँ' स्थापित कीं।

महन्त यानी कि मठ के धार्मिक मुखिया का चुनाव पिछले पदाधिकारी की मृत्यु पर होता है और यह माना जाता है कि वह ब्रह्मचारी होगा किन्तु महन्त के अनेक उत्तराधिकारियों ने इस निर्देश का पालन नहीं किया। कुछ ही समय पहले तक, महन्त लोग खुलेआम चरम व्यभिचार तथा लूट–खसोट की ज़िन्दगी जीते थे, जैसी कि इस इलाक़े के अधिकतर उच्च जाति के ज़मींदार जीते हैं। एक कृषक, धनसुख गिरि का लगभग एक दशक पहले महन्त के पद पर

चुनाव हुआ था। उनके दाहिने हाथ जयराम गिरि के, जो दरबारियों के मुखिया (प्रबन्धक) हैं, राजनीतिक सम्बन्ध हैं और वे पहले राज्य सरकार में मन्त्री थे।

मठ अपनी विशाल भू–सम्पत्ति का संचालन कचहरियों के माध्यम से करता था, मठ के स्थानीय प्रबन्धक कृषि–कार्यों का निर्देशन करते, अन्न का भण्डारण करते और खेतिहर मज़दूरों–पुरुषों तथा महिलाओं पर नियन्त्रण रखते। 1980 में गया ज़िला प्रशासन ने 53 ऐसी कचहरियों की गिनती की थी। मठ के प्रतिनिधि के रूप में कचहरी में एक सहायक होता है जो 'मुखिया' कहलाता है। इसके अतिरिक्त, मठ के अन्य कर्मचारी भी होते हैं जैसे नुमाश्ता, बराहिल और दीवान। सभी कर्मचारियों को उनकी आवश्यकताओं की पूर्ति के लिए अन्न, वस्त्र आदि के रूप में भुगतान किया जाता है और साथ ही हर माह थोड़ा–सा नक़द भत्ता भी दिया जाता है।

मठ के कर्मचारी ग़रीब किसानों पर पूर्ण नियन्त्रण रखते थे। कमिया कहलाने वाले खेतिहर मज़दूरों (वार्षिक ठेके पर रखे गये अधिकांशतः दलित जातियों के मज़दूरों) का दमन और शोषण न्यूनतम मज़दूरी के सभी नियमों की अवज्ञा करने की हद तक था। 1985 में प्रकाशित एक लेख में उनकी स्थिति का संक्षिप्त विवरण इस प्रकार दिया गया–

"वे लोग लकड़ी के बुरादे जैसी कोई चीज़ खा रहे थे। यह सड़े–गले हुए धान के भूसे का आटा था जो लोगों को मठ से मज़दूरी के रूप में मिलता था। इस भूसे को कूटने पर चावल का एक टुकड़ा तक नहीं निकलता था। सो वे भूसे को पीसकर खा लेते हैं। हमने पुरुषों और महिलाओं को काम ख़त्म होने के बाद मज़दूरी के रूप में मिले छोटे–छोटे बंडल ले जाते देखा। हमने पाया कि उनमें भूसे, पुआल और मिट्टी के साथ मिला लगभग डेढ़ किलो सड़ा धान था।"

मठ के मुख्य प्रशासक जयराम गिरि के सत्ताधारी कांग्रेस दल के साथ निकट सम्बन्ध से भी सत्ता के साथ मठ के सीधे सम्बन्ध का आभास मिलता है। इसलिए कोई हैरानी की बात नहीं कि अफ़सरशाही विकास योजनाओं और न्यूनतम मज़दूरी अधिसूचनाओं की पूर्ण अवहेलना की ओर से जानबूझकर आँखें मूँद लेती है। मठ की व्यवस्था का स्त्री–भेदभाव सम्बन्धी पहलू भी है। महन्त, विभिन्न गिरि और उच्च जाति के प्रशासक, मठ की नौकरानियों और मठ के खेतों में काम करने वाली महिला मज़दूरों का यौन शोषण करते हैं। एक महिला कार्यकर्ता के अनुसार, "मुडिया लोग गाँव की नवयुवतियों को छलने और फँसाने के लिए कुख्यात हैं। इन सभी की अनेक रखैलें हैं।" इसके अलावा, मठ इन औरतों के शरीर और श्रम का शोषण कर पाने की अपनी

क्षमता का प्रयोग अपनी ताक़त दर्शाने के एक तरीक़े के रूप में भी करता है। सरकारी कर्मचारियों ने भी महिलाओं का खुलेआम शोषण करने के लिए इस परिस्थिति का फ़ायदा उठाया है।

परन्तु आठवें दशक के उत्तरार्ध में कुछ परिवर्तन हुआ है। छा.यु.सं.वा. के कार्यकर्ताओं ने, ख़ासकर उसकी लगभग 20 महिला नेताओं ने मठ की रखैल संस्कृति की कटु आलोचना की। बाद में, इन महिलाओं ने स्त्री के प्रश्न को लेकर अपनी–अपनी संस्थाओं में बहस शुरू की और संस्थाओं और परिवारों के भीतर के सम्बन्धों में पुरुष मानसिकता के विभिन्न रूपों को लेकर सवाल उठाये।

छात्र युवा संघर्ष वाहिनी के नेतृत्व में हुए ग़रीब काश्तकारों के संघर्ष के परिणामस्वरूप, अधिकतर कचहरियाँ या तो ढहा दी गयी थीं या मठ को उन्हें त्याग देना पड़ा। उदाहरण के लिए 1982 की शुरुआत तक, 53 में से 26 कचहरियों ने कार्य करना बन्द कर दिया था। एक बार वाहिनी ने योजना बनाई थी कि वह इन कचहरियों को अपने अधिकार में लेकर यहाँ से अनौपचारिक शिक्षा और सामुदायिक स्वास्थ्य कार्यक्रम चलायेगी। परन्तु ऐसा हो नहीं पाया। छा.यु.सं.वा. के आन्दोलन का ज़ोर आठवें दशक तक कम हो गया था और फ़िलहाल यह अपने सबसे निचले उतार पर है।

मठ की ज़मीनें मूल रूप से 1932 में बने न्यास की सम्पत्ति थीं। न्यास–विधिपत्र (ट्रस्ट डीड) के तहत, महन्त को न्यास की किसी भी सम्पत्ति को किसी को देने का अधिकार नहीं था परन्तु छठे दशक की शुरुआत में, ज़मींदारी प्रथा के उन्मूलन के समय, महन्त ने ट्रस्ट की पूरी सम्पत्ति पर, जिसमें 600 से अधिक गाँव शामिल थे, अपना व्यक्तिगत अधिकार जताया। बिहार धार्मिक न्यास बोर्ड ने इस दावे पर आपत्ति की तथा बोर्ड की दलील का पटना उच्च न्यायालय ने अनुमोदन किया। महन्त ने फिर उच्चतम न्यायालय में अपील दायर कर दी। हैरानी की बात है कि इस चरण पर पहुँचकर, न्यास बोर्ड और महन्त एक समझौते का सुझाव ले आये। समझौते के अन्तर्गत न्यायालय ने सितम्बर 1957 में फ़ैसला दिया कि मठ या न्यास की सम्पत्ति 2300 एकड़ है जिसमें से 240 एकड़ भूमि पर महन्त का अधिकार बनता था और व्यक्तिगत ख़र्चों के लिए प्रतिमाह 1000रु. का भी वह अधिकारी है। यह भी फ़ैसला किया गया कि शेष ज़मीन महन्त की व्यक्तिगत सम्पत्ति मानी जायेगी, जिसमें सरकार और बिहार धार्मिक न्यास बोर्ड का न तो कोई सरोकार होगा और न ही वे महन्त द्वारा उन ज़मीनों के प्रबन्ध में कोई दख़लअन्दाज़ी करेंगे। इसमें महत्त्वपूर्ण बात यह थी कि न्यायालय की डिग्री जारी होने के पहले ही, महन्त ने अपनी सारी व्यक्तिगत ज़मीनों को

अपने 680 शिष्यों (गिरियों) के नाम या तो बेच दिया या तो हस्तान्तरित कर दिया था और उन शिष्यों में से अधिकतर ने इन ज़मीनों को और आगे किन्हीं दूसरों को बेच या हस्तान्तरित कर दिया था। इस तरह का लेन–देन पूरे आठवें दशक में चलता रहा। इन तमाम बिक्रियों और हस्तान्तरणों के बाद भी, महन्त के पास 1,712 एकड़ भूमि व्यक्तिगत नाम से थी। 1980 में मठ की जागीरों के बारे में जाँच कर रही समिति ने लिखा कि, "महन्त के अपने नाम में 1,712.26 एकड़ ज़मीन होने के बावजूद, प्रशासन ने भूमि सीमा अधिनियम के तहत इस अतिरिक्त भूमि का अधिग्रहण करने की दिशा में कोई क़दम नहीं उठाया।"

फिर भी मठ के विरुद्ध संघर्ष चलता रहा। बिहार भूमि सीमा अधिनियम 1961 के अन्तर्गत महन्त के ख़िलाफ़ अनेक क़ानूनी मामले दायर किये गये, जिनमें उनसे कहा गया कि वे अपनी 9,577 एकड़ अतिरिक्त भूमि तथा मठ सम्पत्ति की 2,300 एकड़ भूमि ग़रीबों तथा भूमिहीनों में वितरित करने के लिए दे दें। भूमि सीमा अधिनियम बन जाने के बाद भी उसे कई वर्षों बाद तक लागू नहीं किया गया था। इस बीच महन्त ने हेर–फेर करके, 1970 की एक 'डीड ऑफ़ अरेंजमेंट' द्वारा मठ से पारम्परिक रूप से जुड़े हुए 17 देवों में से प्रत्येक के नाम एक ट्रस्ट बना दिया। बोधगया ट्रस्ट को तोड़ने के महन्त के अधिकार का न्यायालय में विरोध किया गया तथा सरकार ने मठ की भूमि के बड़े भाग को अतिरिक्त भूमि घोषित कर दिया।

महन्त द्वारा दायर की गयी एक संशोधन याचिका तथा अपील, उच्च न्यायालय द्वारा दिसम्बर 1984 में तथा उच्चतम न्यायालय द्वारा अगस्त 1987 में ठुकरा दी गयी। उच्चतम न्यायालय के अगस्त 1987 के आदेश के अनुसार मठ अधिक से अधिक 75 एकड़ भूमि देवताओं के नाम तथा 25 एकड़ सेवायत के नाम से रख सकता है, बाक़ी की ज़मीन भूमिहीनों तथा खेतिहर मज़दूरों में बाँट दी जानी चाहिए। इसके फलस्वरूप 1979–80 में सरकार द्वारा घोषित 300 एकड़ की हदबन्दी से अतिरिक्त भूमि के अलावा मठ की और भी 3,679 एकड़ भूमि को अतिरिक्त घोषित किया गया और इसे ग़रीब ग्रामीणों में बाँटा जाना है। छा.यु.सं.वा. ने उच्चतम न्यायालय के इस आदेश को मठ की सामाजिक, आर्थिक तथा राजनीतिक सामर्थ्य के पूर्ण रूप से ढह जाने का सूचक बताते हुए सराहा तथा इससे ग़रीबों के लिए संघर्ष करते रहने के वाहिनी के संकल्प को और दृढ़ता मिली।

भूमि संघर्ष

अप्रैल 1978 के प्रारम्भ में छा.यु.सं.वा. ने बोधगया मठ में भूमि और सत्ता के केन्द्रीयकरण के ख़िलाफ़ खेतिहर मज़दूरों और सीमान्त कृषकों का एक विरोध

प्रदर्शन आयोजित किया। इस प्रदर्शन का, बाद में इस संघर्ष को परिभाषित करने वाला, एक लोकप्रिय नारा था 'जो ज़मीन को जोते–बोय वो ज़मीन का मालिक होय।' इसके कुछ समय बाद संगठन के कार्यकर्ताओं की एक राज्यस्तरीय बैठक में यह तय किया गया कि खेतिहर मज़दूरों का ज़मीन के अधिकार के लिए संघर्ष, गया के चार प्रखण्डों (शेरघाटी, बाराचट्टी, मोहनपुर और बोधगया) में हड़तालों के रूप में होगा। जो बेनामी या हदबन्दी–अतिरिक्त भूमि ज़ब्त की जायेगी या संघर्ष के दौरान मठ स्वयं दे देगा, वह पुरुषों और महिलाओं दोनों में बाँट ली जायेगी। गया को इस संघर्ष का केन्द्र–बिन्दु बनाने के दो महत्त्वपूर्ण कारण थे–पहला, बोधगया मठ के नियन्त्रण में खेतिहर भूमि का अत्यधिक केन्द्रीयकरण और दूसरा, ज़िले की सूखाग्रस्त स्थिति।

1979 के अन्त तक बोधगया मठ के विरुद्ध एक सुविकसित आन्दोलन खड़ा हो गया था। संघर्ष का संचालन करने वाली मज़दूर किसान समिति के महिला तथा पुरुष, दोनों सदस्य थे। 1978–79 के दौरान छा.यु.सं.वा. ने मज़दूर किसान समिति के झण्डे तले, खेतिहर मज़दूरों तथा सीमान्त कृषकों को संगठित किया। इस संघर्ष में मठ पर दोहरे आक्रमण की एक दीर्घकालीन नीति अपनाई गयी–संगठन के जुझारू तथा मुखर वर्गों द्वारा दबाव बनाना और दलित तथा अन्य 'निम्न' जातियों के खेतिहर मज़दूरों तथा ग़रीब कृषकों द्वारा, जो कि मठ की ताक़त से सीधे प्रभावित होते थे, हड़तालें तथा जनान्दोलन करना। मज़दूर किसान समिति की प्रखण्डस्तरीय समितियों में प्रत्येक गाँव का एक प्रतिनिधि होता था। इसके बाद, प्रखण्ड समिति अपने प्रतिनिधि, ज़िलास्तरीय समितियों में भेजती थी।

छा.यु.सं.वा. कार्यकर्ताओं ने अपने 'आन्दोलन कार्यालय' भूइनिया में तथा झोंपड़पट्टियों के बीच में बनाये थे। वाहिनी की महिलाएँ अपने पुरुष साथियों की तरह, जिनके साथ वे गाँवों में काम करती थीं, खुलेआम तथा बग़ैर किसी संरक्षक के रहती थीं। इसमें छेड़छाड़ का थोड़ा डर था, परन्तु महिलाएँ अपनी स्वायत्तता तथा बराबरी के लिए दृढ़संकल्प थीं। वे ग़रीबों के साथ रहतीं, दिन में एक गाँव से दूसरे गाँव मीलों चलकर जातीं (क्योंकि बस के किराये के लिए पर्याप्त पैसे नहीं होते थे) पुलिसवालों की लाठियों का सामना करना और ऐसे अनगिनत मुक़दमें लड़तीं, जिनमें उन्हें सताने के उद्देश्य से फँसाया गया होता। एक उदाहरण है 26 वर्ष की महिला स्नातक अंजलि का। उसने 1979 में वाहिनी की पूर्णकालिक कार्यकर्ता बनने का निर्णय लिया था। उसके बारे में ख़बर मिली कि वह बोधगया के एक गाँव में काम कर रही है और काम था, 'घुटने–घुटने गहरे कीचड़ और पानी में धान की पौध लगाने का।'

दो स्तरों पर संघर्ष

छा.यु.सं.वा. ने महिलाओं के प्रश्न को पूरे आन्दोलन का हिस्सा माना जैसा कि उसके दो महत्त्वपूर्ण नारों से झलकता है– 'औरत के सहयोग बिना, हर बदलाव अधूरा है' तथा 'औरत, हरिजन और मज़दूर, नहीं रहेंगे अब मज़दूर'। वाहिनी की दृष्टि में, महिला मुक्ति आन्दोलन ढाँचे के ख़िलाफ़ संघर्ष है। परन्तु इस ढाँचे के भीतर महिलाओं का, पुरुषों और उनकी पुरुषत्व की धारणा द्वारा दमन अधिक होता है। अतः 'पुरुष के अत्याचार और पुरुष पर निर्भरता से स्वतन्त्रता' के लिए एक विशेष लड़ाई लड़ने की आवश्यकता है।

छा.यु.स.वा. की महिला कार्यकर्ताओं ने ज़ोर दिया कि महिला आन्दोलन न सिर्फ़ एक सामाजिक–सांस्कृतिक आन्दोलन है, बल्कि वह उत्पादन के साधनों (उदाहरण के लिए ज़मीन) पर समान अधिकार तथा सभी क्षेत्रों में निर्णय लेने की प्रक्रिया में पूरी भागीदारी के लिए आन्दोलन है।

मठ के विरुद्ध छा.यु.सं.वा. के पूरे संघर्ष में सक्रिय रूप से जुड़ने वालों में 30 से 40 प्रतिशत महिलाएँ थीं। गोसाईंपुरी, पिपरहट्टी और शेखरावारा गाँवों में हुए मुक़ाबलों में महिलाएँ नेतृत्व प्रदान कर रही थीं। सैकड़ों महिलाओं ने मठ तथा पुलिस की गोलियों का सामना किया। उनमें से अनेक महन्त के ख़िलाफ़ झगड़ों में घायल और गिरफ़्तार हुईं। जैसे अगस्त 1979 में, सौ से अधिक महिलाएँ बाराचट्टी प्रखण्ड में पुलिस द्वारा वाहिनी के कार्यकर्ताओं की गिरफ़्तारी का विरोध करने के लिए इकट्ठी हुईं और उनमें से अनेक पुलिस द्वारा पीटी गयीं। 1981 में, 47 महिलाओं ने शेरघाटी ब्लॉक में, मज़दूरी तथा अपने गाँवों में पीने के पानी की माँग करने के लिए सौ से अधिक महिलाएँ क़ैद की गयीं।

इस संघर्ष में महिलाओं की भागीदारी के बावजूद आन्दोलन में लिंग–सम्बन्धी असमानता में कोई अन्तर नहीं आया। महिलाएँ दोहरा काम ही करती रहें–घर में भी और खेतों में भी–और घरेलू अत्याचार का भी शिकार होती रहीं। वे आयोजित संघर्ष की सदस्या तो थीं पर उनका दर्जा पुरुषों से नीचा ही माना जाता था। जैसे, मज़दूर किसान समिति की शाम की बैठकों में वे पुरुषों की तरह चारपाई पर नहीं बैठ सकती थीं। छा.यु.सं.वा. के महिला कार्यकर्ताओं के साथ थोड़ा भिन्न रूप से व्यवहार किया जाता था शायद उन्हें मेहमान मानकर या उनकी शहरी मध्यमवर्गीय पृष्ठभूमि के कारण उनका ख़ास लिहाज़ किया जाता था। थोड़ी–बहुत बहस और महिला कार्यकर्ताओं की माँग के बाद चारपाइयाँ हटा दी गयीं तथा महिलाएँ बैठकों में एक कोने में उकड़ूँ बैठने के बजाय बैठक के हिस्से के रूप में बैठने लगीं। महिला कार्यकर्ताओं ने वहाँ की स्थानीय बोली, मागधी सीखने के प्रयास किये।

उन्होंने बैठकों में मागधी में बात करना शुरू किया जिससे कि गाँव की महिलाओं को बोलने के लिए प्रोत्साहित किया जा सके।

गाँवों में पुरुषों द्वारा महिलाओं की पिटाई को अन्याय नहीं माना जाता था। प्रचलित सामन्ती पितृसत्तावादी मूल्य इस तरह के व्यवहार को अनदेखा करते थे। वाहिनी के कुछ पुरुष कार्यकर्ता भी घरेलू हिंसा को 'अपनी संस्कृति का अभिन्न अंग' मानते थे। इस आन्दोलन में गाँवस्तरीय नेतृत्व प्रदान कर रही महिलाओं को अपने गाँवों के पुरुषों के विरोध का सामना करना पड़ा। जैसे पिपरघट्टी गाँव की एक दलित महिला मंझर पर आरोप लगाया गया कि वह 'महिला है, परन्तु फिर भी रोब–दाब से रहती है।'

परिणामस्वरूप, वह अलग–थलग कर दी गयी। उसके गाँव के पुरुषों ने आवश्यकता के समय उसे सहयोग देने से इनकार कर दिया। जब उसका पति अपनी कोयला–खनिक की नौकरी से छुट्टी पर आया, तब उसके साथी गाँववालों ने उसे चेतावनी दी कि उसकी पत्नी उसके हाथों से निकल जायेगी, क्योंकि उसकी ग़ैर–मौजूदगी में वह–'नेता बन गयी है और अन्य पुरुषों के साथ खुलेआम घूमती–फिरती है।' परन्तु फिर भी मंझर सफलतापूर्वक अपनी स्वाधीनता के लिए लड़ी और उसने आन्दोलन में एक महत्त्वपूर्ण भूमिका निभायी। लेकिन महिला कार्यकर्ताओं में यह भावना बढ़ने लगी थी कि किसी भी प्रकार का परिवर्तनकारी कार्य करने के लिए लिंग–सम्बन्धों को बदलना अनिवार्य है। अतः वाहिनी की महिलाओं ने खुलेआम ऐसे मुद्दों पर प्रश्न उठाने शुरू कर दिये–महिलाओं के प्रति हिंसा, बच्चों और छात्रों पर पितृसत्तात्मक नियन्त्रण और विवाह के ढाँचे के भीतर ग़ैर–बराबरी का सम्बन्ध। अधिकांश अग्रणी महिला कार्यकर्ताओं ने पितृसत्तात्मक समाज और महिलाओं के अधीनीकरण के ख़िलाफ़ जागरूकता लाने वाले समूहों में भाग लिया। उन्होंने महिलाओं तथा महिला अधिकारों से सम्बन्धित मुद्दों पर आम राय बदलने के लिए कड़ा संघर्ष किया। शेखवाड़ा गाँव की एक 30 वर्षीया भूइनिया महिला कुन्ती ने, जो 1976 से बोधगया आन्दोलन में बहुत सक्रिय रही थी, ''घर के कामकाज तथा बच्चों की देखरेख में हाथ नहीं बँटाने और इस सबके प्रति पुरुषों की ग़ैर–ज़िम्मेदारी और महिलाओं के घर तथा खेतीबाड़ी के ख़त्म न होने वाले कार्यों के प्रति पुरुषों की संवेदनहीनता की ओलाचना की।''

इसके अलावा, कुन्ती के अनुसार, ''पुरुषों का महिलाओं तथा बच्चों के ऊपर नियन्त्रण तो अक्षम्य है। गया के समाज में पितृसत्तात्मक प्रणालियों की चर्चा करते हुए उसने ऐसे मानकों को बढ़ावा देने के लिए राज्य को दोषी ठहराया–

''बच्चों को जन्म देने वाली औरत होती है, फिर वह बच्चे को बड़ा करती है, स्नेह देती है और उसके लिए हर तरह के बलिदान देती है। परन्तु बच्चा जाना जाता है अपने पिता के नाम से। सरकार मुझे अपने बच्चे को अपनी पसन्द का नाम भी नहीं देने देती।'' कुन्ती की राय में, जायदाद के नियम काफ़ी बेतुके हैं। वह ठीक सोचती है कि राज्य भी महिलाओं के अधीनीकरण और साधनों पर पैतृक नियन्त्रण का पूरी तरह समर्थन करता है।

छा.यु.सं.वा. की कई महिलाओं ने अपनी ज़िन्दगी में घटी दमन की घटनाओं की खुली चर्चा करने की एक मिलीजुली कोशिश की। उन्होंने माँग की कि उन्हें आन्दोलन के अन्दर इस तरह कार्य करने की इजाज़त हो जिससे कि उनकी भूमिका गौण या असमान न मानी जाये। उनका संघर्ष दो स्तरों पर था, महिलाओं की प्रतिष्ठा के लिए तथा वर्तमान सामाजिक, आर्थिक व राजनीतिक ढाँचे में विद्यमान ग़ैर–बराबरी के ख़िलाफ़ और साथ ही महिलाओं की बराबरी के लिए और पुरुषों के प्रभुत्व के विरुद्ध, चाहे वे पुरुष उनके ख़ुद के समुदाय के ही क्यों न हों। महिला कार्यकर्ताओं ने इस बात पर ज़ोर दिया कि एक राजनीतिक आन्दोलन के लिए महिलाओं को दमन और शोषण के सभी कारणों से जूझना है। उसे महिलाओं और पुरुषों के बीच सभी प्रकार के सम्बन्धों को समानतापूर्ण बनाना है, ख़ासकर इसलिए क्योंकि यह वाहिनी के कार्यकर्ताओं और आन्दोलन से जुड़ी ग़रीब ग्रामीण महिलाओं की रोज़मर्रा की ज़िन्दगी को प्रभावित करता है।

छा.यु.सं.वा. की बैठकों के दौरान, महिला कार्यकर्ताओं ने आन्दोलन के भीतर और बाहर की अपनी भूमिका तथा अपने स्थान पर प्रश्न उठाये। अधिकतर इन प्रश्नों को या तो गौण या फिर अप्रासंगिक माना जाता। आन्दोलन का तात्कालिक कार्य मठ के विरुद्ध संघर्ष माना जाता था। एक बार मठ की सत्ता का अन्त होने और भूमि का वितरण हो जाने पर–''जो सामाजिक–सांस्कृतिक बदलाव होगा उससे स्वतः ही महिलाओं की सामाजिक स्थिति में बदलाव आयेगा।'' कुछ कार्यकर्ताओं ने इस बात पर ज़ोर दिया कि सामाजिक–राजनीतिक बदलाव के लिए संघर्ष को प्राथमिकता दी जाये। इससे संघर्ष को एक विशेष महिलावादी परिप्रेक्ष्य देना महिला कार्यकर्ताओं के लिए कठिन हो गया। परन्तु फिर भी महिलाओं ने पितृसत्तात्मक परिप्रेक्ष्य पर तो प्रश्न उठाये ही और यह भी सुझाया कि दमन के सभी रूपों का प्रतिरोध एक ही समय में, एक ही तरह की वचनबद्धता के साथ किया जाना चाहिए। उन्होंने महिला कार्यकर्ताओं की अलग से बैठकें करने का भी निर्णय लिया, जिनमें विशेष रूप से महिलाओं से जुड़े मुद्दों पर चर्चा की जाये।

घरेलू हिंसा के ख़िलाफ़

1979 के प्रारम्भ में वाहिनी की महिलाओं की एक सान्ध्यकालीन बैठक के दौरान, एक नौ वर्षीय दलित लड़की, अपने शराबी पिता द्वारा पीटी जाने पर गम्भीर स्थिति में पड़ी अपनी माँ की हालत के बारे में बताते हुए रो पड़ी। पिता नशे में धुत् होकर लौटा था और जब लड़की की माँ ने उसके साथ सोने से इनकार कर दिया, तो उसे पीटा। उस आदमी का शराब पीना और पत्नी को मारना आम बात थी। इस घटना से महिलाओं के प्रश्न पर बहस शुरू हो गयी, ख़ासकर महिलाओं के प्रति हिंसा पर। महिलाओं को क्यों परिवार और समाज दोनों के अन्दर अन्याय और भेदभाव का सामना करना पड़ता है? उनकी अधीनता, अपमान और निर्भरता के सामाजिक स्रोत क्या हैं? किस हद तक परिवार की व्यवस्था, महिलाओं के अधीनीकरण और शोषण के सिद्धान्त और ढाँचे बनाने और बनाये रखने के लिए ज़िम्मेदार है? और क्या वह अपने–आप निर्णय लेने की प्रक्रिया में महिलाओं की भागीदारी को बाधित भी करती है? राज्य ने वर्ग, जाति और लिंग पर आधारित सामाजिक सम्बन्धों को बदलने के लिए क्या किया है? क्या उसने अपने उन क़ानूनी मानकों को बदला है जो पुरुषों को महिलाओं पर स्वामित्व के अधिकार देते हैं? या फिर उसने सन्तान के जायज़ या नाजायज़ होने से सम्बन्धित नियमों को बदला है, जो सभी महिलाओं को महज़ वस्तुओं के स्तर पर ला देते हैं।

इन सवालों को देखते हुए महिला शिविरों की ज़रूरत महसूस की गयी। उसके बाद वाले वर्षों में ऐसे अनेक शिविरों का आयोजन किया गया। इनमें हुई चर्चाओं के द्वारा महिलाओं के दमन के बारे में एक आम राय बनी। राज्यसत्ता को महिलाओं के ख़िलाफ़ हिंसा का मुख्य स्रोत माना गया क्योंकि वह घर और कार्यस्थल, दोनों जगह उन पुरुषों का समर्थन करती है जो महिलाओं के विरुद्ध हिंसा करते हैं। परिवार के भीतर सत्ता सम्बन्धों को पुनर्गठित करने और महिलाओं की जायदाद तथा अन्य साधनों तक पहुँच बनाने के लिए राज्य ने बहुत कम प्रयत्न किये हैं। अपने परिवार–केन्द्रित कार्यक्रमों द्वारा, उत्पादन तथा प्रजननीय कार्यों के निर्धारण द्वारा और सर्वोपरि ज़मीन–जायदाद के अधिकार परिवार के मुखिया (पुरुष) को देने के नियमों द्वारा, ऐसा प्रतीत होता था कि महिलाओं के पास पहले जितने अधिकार थे, राज्य ने उन्हें और भी कम कर दिया।

छा.यु.सं.वा. के नारीवादियों का मत, जैसा कि अनेक लेखों में छपा है, संक्षेप में इस प्रकार था : लिंग–भेद प्रणाली में हिंसा, सत्ता के तौर–तरीक़ों के अनुसार होती है। परिवार, श्रम के लिंग–आधारित विभाजन की अपनी मूल धुरी

के साथ, लिंग प्रणाली के मूल में निहित संस्था है। पारिवारिक सत्ता सम्बन्ध के अनुरूप ही पत्नी को पीटने और अन्य प्रकार की घरेलू हिंसा की घटनाएँ होती हैं। इन सम्बन्धों की छानबीन की ज़रूरत है।

उसी प्रकार पारिवारिक सत्ता का ढाँचा जिन सम्पत्ति सम्बन्धों को साकार करता है और बनाये रखता है, उनका भी विश्लेषण करने की आवश्यकता है। महिलाओं को कम मज़दूरी मिलना, श्रमिक वर्ग में उनकी सीमान्त मान्यता तथा स्वास्थ्य व शिक्षा में महिलाओं के क्षेत्र में अ–लाभकारी स्थिति, इन सबको इस धारणा के आधार पर न्यायसंगत माना गया है कि महिलाओं का शारीरिक अस्तित्व पुरुषों के मुक़ाबले गौण है। अतः यह स्पष्ट कि परिवार तथा राजनीतिक व आर्थिक ढाँचे के गठन के बीच एक निकट सम्बन्ध है।

उपरोक्त मान्यता के आधार पर व्यवहार में दो प्रमुख सम्बन्धित अभियान छेड़े गये–पत्नियों को पीटने, शराब पीने व बाल विवाह के ख़िलाफ़ और महिलाओं की सामाजिक समानता और भूमिका तथा अन्य संसाधनों पर उनके हक़ों के लिए। बाद में महिला कार्यकर्ताओं ने बोधगया में लगभग सभी गाँवों में बैठकें कीं तथा महिलाओं की निगरानी समितियाँ बनायीं जिनका कार्य था, महिलाओं को पीटने वालों पर तथा शराब के अड्डों पर निगरानी रखना। जो पुरुष अपनी पत्नियों को पीटते थे उन्हें गाँव की समितियों द्वारा दण्ड दिया जाता था। शराब के अड्डे खुद महिलाओं द्वारा तोड़े जाते थे, हालाँकि, अधिकतर मामलों में, इस प्रकार का कार्य सामूहिक रूप से गाँव की महिलाओं तथा युवकों द्वारा किया गया।

बच्चों ने इन अभियानों में एक रोचक भूमिका निभायी। उन्होंने अपने पिताओं तथा अन्य पुरुषों की, जो अपनी पत्नियों को पीटते थे, पोल खोलनी शुरू कर दी। गाँववालों ने कुछ बैठकों में सुझाया कि जो पुरुष अपनी पत्नियों को पीटते हैं उन्हें वाहिनी या आन्दोलन में शामिल नहीं होने दिया जाये। परन्तु इन सुझावों पर अमल नहीं किया गया। इन बैठकों में एक महत्त्वपूर्ण बिन्दु यह उभरकर आया कि पुरुष हिंसा को रोकने के लिए, भूमिहीन तथा सीमान्त कृषक परिवारों की महिलाओं के नाम में भूमि होना आवश्यक है। कुछ महिलाओं ने अपने भय इस प्रकार ज़ाहिर किये, "यदि हमारे पुरुषों को ज़मीन मिल गयी, तो वे हमें और अधिक पीटेंगे।"

छा.यु.सं.वा. की महिला कार्यकर्ताओं ने विवाह के भीतर के असमान सम्बन्धों तथा महिलाओं को हीन सामाजिक स्थिति में बनाये रखने वाली उनकी परम्परागत भूमिकाओं को लेकर प्रश्न उठाये। अधिकांश शादीशुदा महिला कार्यकर्ताओं ने अपने विवाहित होने के परम्परागत चिह्न–सिन्दूर,

बिन्दी और बिछुए–पहनना छोड़ दिया, क्योंकि वे महिलाओं को निम्न श्रेणी में दर्शाते हैं। उन्होंने उपनामों, कुलनामों, जो कि अधिकतर जाति–आधारित होते हैं और पिता या पति के नाम से निकलते हैं, का उपयोग भी बन्द कर दिया। इसके अलावा, वे विवाहों में कन्यादान की रीति के विरोध में थीं। कुछ महिला कार्यकर्ताओं ने जयप्रकाश नारायण से उनकी दत्तक पुत्री का कन्यादान करने के बारे में स्पष्टीकरण माँगा। उन्होंने सादा विवाहों की माँग की तथा दहेज प्रथा की सबसे घृणित बुराई के रूप में भर्त्सना की। उन्होंने ऐसे विवाह समारोहों की वकालत की जिनमें परम्परागत रीति–रिवाजों का पालन न किया जाता हो, पण्डित न हो तथा कुछ दोस्तों व रिश्तेदारों की उपस्थिति में दूल्हा–दुल्हन एक–दूसरे को माला पहना दें। उन्हें जयमाला–विवाह कहा गया। वाहिनी के पुरुष और महिला कार्यकर्ताओं ने अन्तर्जातीय विवाहों को प्रोत्साहित करने के लिए काफ़ी प्रयत्न किये।

विवाह संस्था के विरोध में, कुछ कार्यकर्ताओं ने विवाह की आम घोषणा किये बग़ैर या विवाह सम्बन्धों की क़ानूनी रजिस्ट्री किये बग़ैर अपने जीवनसाथी के साथ रहने का निश्चय किया। अपने जीवनसाथी के साथ अपनी यौन ज़िन्दगी को बाँटना भी एक व्यक्तिगत मामला माना गया। उन्होंने विवाह संस्था तथा एक–विवाह प्रणाली पर प्रश्न उठाये कि यह परम्पराओं से जकड़ी हुई, असमानतापूर्ण और महिलाओं के लिए दमनकारी संस्था है, जो उन्हें औरों से सम्बन्ध या सम्पर्क स्थापित करने की आज़ादी नहीं देती। परन्तु ये नये तौर–तरीक़े इलाक़े में बड़े पैमाने पर नहीं अपनाये गये। कई महिलाओं ने यह महसूस किया कि बिना विवाह किये साथ रहने में, पुरुषों के छोड़कर चले जाने और अपनी पत्नियों व बच्चों के प्रति पुरुषों के ग़ैर–ज़िम्मेदार होने की सम्भावना और बढ़ सकती है। अधिकतर मामलों में, रीति–रिवाजों से मुक्त विवाह तथा बिना औपचारिक विवाह के साथ रहना, आगे चलकर परम्परागत, असमान पुरुष–स्त्री सम्बन्धों में बदलकर रह गये। कुछ मामलों में, पुरुषों ने दूसरी औरतों के साथ यौन सम्बन्ध क़ायम किये या फिर कुछ ने पत्नी, बच्चों को छोड़कर फिर से विवाह कर लिए।

महिलाओं द्वारा भूमि-अधिकारों की माँग

18 मार्च 1981 को एक ग्रामस्तरीय बैठक में, ग़रीब कृषक महिलाओं और खेतिहर मज़दूरों ने भूमि के अधिकार की माँग की। ऐसा करने में उन्होंने अपने निर्णय को 'भूमि वितरण कार्यक्रमों के पितृसत्तात्मक परिप्रेक्ष्य पर प्रहार करना' बतलाया। बैठक से पहले, मज़दूर किसान समिति ने भूमि के वितरण के

अधिकार–पत्र तैयार कर लिए थे। यह पुरुषों के नाम पर थे और कुछ विधवा महिलाओं के नाम से जोकि वयस्क पुरुषों की अनुपस्थिति में घर की मुखिया थीं। 'पुरुष परिवार का मुखिया है'–इस आधार पर अधिकार–पत्र जारी करने पर प्रश्नचिह्न लगाते हुए महिलाओं ने परिवार को चलाते समय अपनी भूमिका को मान्यता देने का आग्रह किया। उनका मानना था कि यह भूमिका उन्हें परिवार के नेतृत्व में बराबर की भागीदारी का हक़दार बनाती है। महिलाओं के साथ हुई हमारी चर्चाओं में उन्होंने ऐसे अनेक प्रश्न उठाये– ''हमने संघर्ष में भाग लिया है, हम भी जेल गयी हैं, हमने भी पुलिस का दमन सहा है। फिर भूमि सिर्फ़ पुरुषों के नाम से ही क्यों बाँटी जा रही है? हमें भूमि पर किसी भी तरह के अधिकार से क्यों अलग रखा जा रहा है?'' कुछ महिलाओं ने आगे और दलीलें दीं, ''यदि वे पुरुष जो आज भूमिहीन हैं और फिर भी महज़ पुरुषों का दर्जा होने की ताक़त के कारण अपनी पत्नियों को बुरी तरह पीटते हैं, उन्हीं के क़ब्ज़े में भूमि होगी तो क्या वे और अधिक ताक़तवर नहीं हो जायेंगे?''

महिलाओं की इन माँगों ने मज़दूर किसान समिति की बैठकों में और साथ ही प्रखण्ड तथा ज़िलास्तरीय दफ़्तरों में तहलका मचा दिया। समिति के पुरुष सदस्यों द्वारा इन माँगों का तुरन्त विरोध किया गया। उनका कहना था कि–''पुरुषों ने मानव के ज्ञात इतिहास के आरम्भ से ही ज़मीन को जोता है और इसीलिए वे भूमि के मालिक हैं।'' महिलाओं ने इसका जवाब इस तरह दिया–''महिलाएँ भी बीज बोती हैं और अधिकांश निराई–गुड़ाई करती हैं, फिर वो ज़मीन की मालिक क्यों नहीं हो सकतीं?''

यह बहस बढ़ती गयी और बढ़कर महिला–अधिकार के प्रश्न को लेकर एक भरपूर बहस बन गयी। वाहिनी की महिला कार्यकर्ताओं ने, महिलाओं के मुद्दों की समझ गहरी करने के लिए इस बहस को बढ़ाने और ग्रामीण महिलाओं को इन मुद्दों पर और संघर्ष करने के लिए प्रेरित करने, दोनों में सक्रिय भूमिका निभायी।

भूमि वितरण पर अपने दावे जताने और भूमि जोतने पर प्रतिबन्धों को ललकारने के लिए, वाहिनी की महिलाओं ने 1980 में बीजा गाँव की कुछ भूमि को सामूहिक रूप से जोता। परन्तु इस घटना का कहीं कोई ज़िक्र नहीं हुआ। अन्य गाँवों में महिलाओं ने घोषणा की, ''हम हल के बजाय कुदाल से भूमि जोतने को तैयार हैं। परन्तु हम ज़मीन अपने नाम से चाहती हैं।'' पिपरघट्टी गाँव में, महिलाओं ने घोषणा की कि यदि भूमि सिर्फ़ पुरुषों के नाम से दी जायेगी तो वे उसका वितरण नहीं होने देंगी। इसके अतिरिक्त, उन्होंने सभी

स्त्री–विरोधी प्रथाओं को समाप्त करने का निश्चय किया। उदाहरण के लिए, बोधगया के ग्रामीण इलाक़ों में, खेतों की जुताई और बुवाई के पहले दिन एक रस्म सम्पन्न की जाती थी। भूमि पर काम करने जाने के लिए घर से चलने से पहले पुरुष अपनी लाठियों पर तेल लगाते थे तथा स्त्रियाँ एक–दूसरे के सिन्दूर लगाती थीं। विधवाओं को इस रस्म में भाग लेने की इजाज़त नहीं थी, न ही वे बीजों की बुवाई कर सकती थीं। आन्दोलन के परिणामस्वरूप इन रस्मों को बन्द कर दिया गया।

फ़रवरी 1982 में, पूर्वी चम्पारण में, वाहिनी के बिहार राज्य सम्मेलन में, महिला कार्यकर्ताओं ने संस्था के भीतर के पितृसत्तात्मक रवैये की आलोचना की तथा भूमि पर महिलाओं के स्वतन्त्र अधिकारों के लिए बहस चलायी। उन्होंने इस ओर ध्यान दिलाया कि वाहिनी ने महिलाओं को निर्णय लेने की प्रक्रिया में शामिल करने के लिए कोई गम्भीर प्रयास नहीं किये हैं। आज भी मज़दूर किसान समिति और वाहिनी में महिलाओं का प्रतिनिधित्व नाममात्र का है और यह इस तथ्य के बावजूद कि मठ के ख़िलाफ़ हुए संघर्ष में महिलाओं ने बराबरी की भूमिका निभाई थी। महिलाओं ने शिकायत की कि वाहिनी का प्रमुख सरोकार आन्दोलन में महिलाओं की भागीदारी सुनिश्चित करना था, जो कि महिलाओं की सामाजिक स्थिति में सिर्फ़ एक मामूली परिवर्तन लाता है। महिलाओं ने वाहिनी द्वारा मुद्दों की पूर्ण रूप से की गयी उपेक्षा पर भी प्रश्न उठाये– "महिलाएँ सभी सामाजिक समूहों का आधा भाग होती हैं और उनके बिना कोई भी संघर्ष अपनी प्रक्रिया में ही अधूरा है।" राज्य समिति ने महिलाओं की माँगों के पक्ष में ही निर्णय दिया और संघर्ष समिति को निर्देश दिया कि वह उन सभी महिलाओं की सूची बनाये जिनके पास उनके नाम से भूमि होनी चाहिए। समिति को आगे स्थानीय प्रशासन से भी महिलाओं के नाम से भूमि के पट्टे जारी करने के बारे में बातचीत करनी थी।

परन्तु संघर्ष समिति को स्थानीय प्रशासन से बातचीत करना कठिन लगा, जो महिलाओं के भूमि पर स्वाधीन हक़ों के बिल्कुल विरोध में था और अधिक से अधिक विवाहित जोड़ों के नाम संयुक्त पट्टे जारी करने को तैयार था।

वाहिनी के कार्यकर्ता इस बात पर अड़े रहे कि बोधगया में अधिकांश ग़रीब किसान और भूमिहीन महिलाओं पर उनके परिवार की देखरेख की ज़िम्मेदारी है और, "यदि भूमि महिलाओं के नाम से होती है तो परिवार की आय या ऋण की राशि शराब पर या व्यर्थ में नहीं ख़र्च की जा सकेगी। परन्तु स्थानीय प्रशासन ने, महिलाओं के नाम पट्टे जारी करने में बहुत अनिच्छा दिखायी।"

25 मार्च 1982 को सर्कल ऑफ़िसर (एक प्रखण्डस्तरीय प्रशासक जो हदबन्दी से प्राप्त भूमि या सरकारी भूमि के वितरण के लिए ज़िम्मेदार होता है) और बीजा गाँव की एक महिला (जोकि भूमि पट्टे अपने-अपने स्वतन्त्र नामों से मिलने की माँग को लेकर वहाँ इकट्ठी हुई महिलाओं के समूह का प्रतिनिधित्व कर रही थी) के बीच हुई निम्न बातचीत दर्शाती है कि विकास के लिए ज़िम्मेदार प्रशासक महिलाओं के प्रति कितना भेदभाव बरतते हैं तथा ग़रीब महिलाओं में अपने नाम से भूमि की माँग को लेकर कितना जुझारूपन था।

सर्कल ऑफ़िसर (सीओ) : क़ानून भूमिहीन मज़दूरों को भूमि देने का है।

महिलाएँ : क्या हम भूमिहीन मज़दूर नहीं हैं?

सीओ : पुरुष भूमि को जोतते हैं। क्या तुम महिलाएँ जुताई करोगी?

महिलाएँ : क्या पुरुष धान की पौध लगाते हैं? क्या वे बीज बोते हैं? हम भी इस देश की नागरिक हैं और पुरुषों के ही समान हमें भी मतदान का अधिकार है।

सीओ : इससे तुम्हें क्या फ़र्क़ पड़ता है यदि तुम्हारे पति को ज़मीन मिले और तुम्हें नहीं? यदि उसके पास भूमि है तो उसकी पत्नी होने के नाते, तुम्हारा भी उसमें हिस्सा होता है। तुम क्यों इसका विरोध करती हो?

महिलाएँ : हम भूमि पर अपना स्वतन्त्र अधिकार चाहती हैं। हम भीख नहीं माँग रहीं। हमारा संघर्ष महिलाओं की स्वतन्त्रता और समानता के लिए है। हम सदियों से पुरुषों के अधीन रही हैं। अब हम इस दासता की स्थिति में नहीं रहेंगी।

सीओ : यदि तुम ज़िद करोगी और पुरुषों के भूमि-स्वामित्व को नहीं स्वीकारोगी तो मैं भूमि का वितरण नहीं करूँगा।

महिलाएँ : हमने गाँव में एक निर्णय लिया है कि जो पट्टा महिलाओं के नाम से नहीं है, उसे नहीं लिया जायेगा। आप चाहें तो पुरुषों से पूछ सकते हैं। यदि आज वे असहमत होंगे, तो हम अपना संघर्ष उनके ख़िलाफ़ जारी रखेंगी।

सीओ : यदि हम महिलाओं को भूमि बाँट देते हैं और फिर कोई महिला अपने पति को छोड़कर किसी दूसरे पुरुष से शादी कर लेती है, तब क्या होगा?

महिलाएँ : विवाह के बाद हमें सिन्दूर लगाना पड़ता है, हमारे नाम बदल दिये जाते हैं, पति का नाम हमारे नाम के साथ जोड़ दिया जाता है, जबकि पुरुष अपने पिता का नाम चलाते हैं। जब भूमि पुरुषों के नाम से दी जाये तब आपको यह प्रश्न उठाने चाहिए।

(इस बातचीत के दौरान, कुछ महिलाएँ आगबबूला हो गयीं और उन्होंने अपनी बाँह पर खुदा हुआ अपने पति का नाम दिखाया। उन्होंने कहा कि एक औरत सुबह से शाम तक काम करती है, फिर भी हिन्दू क़ानून के अनुसार, पुरुष को ही मुखिया माना जाता है और राज्य की नीतियाँ तथा विकास कार्यक्रम भी उसे ही परिवार का मुखिया और बच्चों का प्रथम संरक्षक मानते हैं। क्यों?)

महिलाओं ने भूमि प्राप्त की

इसके बाद 1982 में बीजा तथा कुसा गाँव में प्रति परिवार एक एकड़ भूमि का वितरण किया गया 11,100 एकड़ की कुल वितरित भूमि में से लगभग 10 प्रतिशत (100 एकड़) महिलाओं के नाम से वितरित की गयी। उनके संघर्ष में भागीदारी के अनुपात में यह बहुत सीमित और अपर्याप्त उपलब्धि ज़रूर है परन्तु फिर भी, यह महत्त्वपूर्ण है। देश के किसान आन्दोलनों के इतिहास में यह एक अनुकरणीय प्रयास था, जब भूमि महिलाओं के नाम से दर्ज की गयी और उनके स्वतन्त्र दावों को सामाजिक मान्यता मिली। इसके अतिरिक्त यह महिलाएँ एकाकी नहीं थीं, उनके वयस्क पुरुष सम्बन्धी थे। आन्दोलन का प्रयास बस इसी सिद्धान्त को मनवाने तक सीमित था कि महिलाओं को भूमि प्राप्त करने वालों की सूची में शामिल किया जाना चाहिए।

किसी महिला को भूमि मिलने का अर्थ होता था उसके परिवार के लिए घोर ग़रीबी के जोख़िम में उल्लेखनीय कमी और संस्थागत स्रोतों से क़र्ज़ प्राप्त करने में सुरक्षा। इसका अर्थ महिला की सामाजिक स्थिति में महत्त्वपूर्ण बढ़ोतरी और पारिवारिक हिंसा से असुरक्षा में कमी होना भी था। महाराष्ट्र, उत्तर प्रदेश और बिहार में कुछ सक्रिय कार्यकर्ताओं द्वारा पाया गया है कि विधवा, तलाक़शुदा, छोड़ी गयी या परित्यक्ता महिलाएँ अपने भाइयों, काकाओं और बहनोइयों इत्यादि के खेतों पर खेतिहर मज़दूरों जैसा कार्य कर रही थीं। अतः महिलाओं के नाम से भूमि के पट्टे होने से उन्हें पूर्ण रूप से निस्सहाय होने से बचाया जा सकता है। बोधगया की जिन महिलाओं को भूमि मिली, उनका कहना था कि, हमारे पास जुबान थी पर हम बोल नहीं सकती थीं, हमारे पास पाँव थे पर हम चल नहीं सकती थीं। अब क्योंकि हमारे पास भूमि है, हमारे पास बोलने और चलने की ताक़त है।

परन्तु महिलाओं के नाम अलग भूमि के पट्टे देने का यह सिलसिला बोधगया में कम ही समय चल पाया। पिछले कई वर्षों से भूमि के संयुक्त स्वामित्व का प्रचलन बढ़ रहा है। उदाहरण के लिए 1987 में लगभग 5000 एकड़ भूमि पति–पत्नी के साझा नामों से बाँटी गयी थी। सिर्फ़ एक अपवाद था मोहनपुर प्रखण्ड के लेबरा गाँव का, जहाँ दिसम्बर 1987 में 65 एकड़ भूमि

के लिए महिलाओं के नाम अलग भूमि के पट्टे जारी किये गये। यह मोहनपुर प्रखण्ड में वाहिनी के नेतृत्व के सतत प्रयत्नों के कारण सम्भव हो पाया।

अक्टूबर 1987 में अपने क्षेत्रकार्य के दौरान जब हम बोधगया के गाँवों में गये तो हमने देखा कि महिलाएँ स्वतन्त्र भूमि पट्टों के लिए अपना संघर्ष जारी रखने की स्थिति में अब नहीं थीं। उनके नेतृत्व में महिलावादी जुझारूपन की कमी थी और इसीलिए वे मज़दूर–किसान समितियों में बढ़ी पुरुष मानसिकता का विरोध करने में असमर्थ थीं। कुछ महिलाओं ने स्पष्ट रूप से कहा, "हमारे पास अंजली, चेतना या कुमुद जैसी महिलाएँ अभी वैसा नेतृत्व विकसित नहीं कर पायी हैं जोकि उनके हितों के लिए लड़ सके–न तो छा.यु.सं.वा. के भीतर और न प्रशासन से जूझने के स्तर पर, संगठन की अधिकतर महिला कार्यकर्ताओं ने या तो संस्था छोड़ दी है, या 30 वर्ष की उम्र–सीमा को पार कर लिया है और इसलिए निष्क्रिय हो गयी हैं, या देश के अन्य भागों में चली गयी हैं। पुरुष कार्यकर्ता और कुछ महिला कार्यकर्ता जो संगठन में बच रहे हैं, वे महिलाओं की भूमि पर स्वतन्त्र अधिकार को महत्त्वपूर्ण मुद्दा नहीं मानते।

वाहिनी के ग्रामस्तरीय नेतृत्व के साथ अपनी बातचीत के दौरान हमने महिलाओं के भूमि पर स्वतन्त्र अधिकार के मुद्दे में उनकी अरुचि के दो कारण बताये। पहला, पति–पत्नी के साझा नामों से भूमि के पट्टे जारी करने में, जैसा कि छठी पंचवर्षीय योजना में प्रावधान था, स्थानीय प्रशासन कम प्रतिरोधी लगा। अतः अधिकारियों के साथ बातचीत में वाहिनी के नेतृत्व को समस्या थोड़ी साध्य लगी। दूसरा, महिलाओं को स्वतन्त्र भूमि के पट्टे देने का पुरुष खेतिहर मज़दूरों तथा ग़रीब किसानों ने ख़ासकर मज़दूर किसान समितियों के प्रतिनिधियों ने, काफ़ी विरोध किया था। वे इसे अपने पुरुष अस्तित्व और महिलाओं पर पितृसत्तात्मक नियन्त्रण पर ख़तरे के रूप में देखते हैं।

क्षेत्र–अध्ययन दल को बार–बार पिपरघट्टी गाँव में सीखे 'सबक' के बारे में बताया गया, जहाँ कि 1983 में वाहिनी ने यह कहा था कि वह तब तक कोई भी भूमि–पट्टा स्वीकार नहीं करेगी जब तक कि कुछ पट्टे महिलाओं के नाम में स्वतन्त्र रूप से जारी नहीं किये जाते। जब वाहिनी नेतृत्व और महिलाएँ इस मुद्दे पर समझौते की बातचीत कर रहे थे, पिपरघट्टी गाँव के पुरुष अधीर हो उठे और घबराकर उन्होंने अपने ही नामों में भूमि के पट्टे ले लेने का निर्णय किया। इस तरह महिलाएँ और वाहिनी के नेता साझी मिल्कियत के अपने दावे भी खो बैठे। पिपरघट्टी के पुरुषों ने बाद में अपनी आशंकाओं को कबूल कर लिया। उन्हें डर था कि स्थानीय प्रशासन से बातचीत की इस प्रक्रिया में ऐसा न हो कि वे वितरित होने वाली भूमि पर सभी प्रकार के अधिकार खो बैठें।

परन्तु, हमें ऐसा लगा कि वाहिनी नेतृत्व इस मुद्दे पर गाँववालों के साथ एक और बल–परीक्षण के लिए तैयार नहीं है।

इसी प्रकार का प्रतिरोध मज़दूर किसान समितियों के नेताओं के साथ अपनी बातचीत में हमने पाया। मुनेश्वर गाँव (बोधगया से लगभग 10 किमी. दूर और पिपरघट्टी गाँव के पड़ोस में) की मज़दूर–किसान समिति के 32 वर्षीय नेता, गोपेश्वर ने उन औरतों के बारे में काल्पनिक कहानियाँ बतायीं जिन्हें 1983 में स्वतन्त्र भूमि के पट्टे मिले थे। उनकी एक कहानी के अनुसार, कुसा गाँव की एक महिला ने जिसे 1982 में एक एकड़ भूमि के लिए अलग से पट्टा मिला था, बाद में अपने पति से झगड़ा किया, ज़मीन बेच दी और साथ के गाँव में जाकर किसी दूसरे आदमी से शादी करके रहने लगी। वह अपने पति के पास अपने बच्चों को भी छोड़ गयी थी। परन्तु गोपेश्वर की यह कहानी तहक़ीक़ात करने पर बिल्कुल असत्य साबित हुई। गोपेश्वर की दलित और पिछड़ी जातियों के एक उभरते नेता के रूप में पहचान है तथा उन्हें गाँववालों और वाहिनी के ग्रामस्तरीय नेतृत्व, दोनों के बीच अच्छी मान्यता प्राप्त है। गाँव की कुछ जुझारू महिलाएँ पितृसत्तात्मक विचारों और महिलाविरोधी नीतियों की वजह से उन्हें पसन्द नहीं करतीं।

परन्तु, मज़दूर–किसान समिति के अन्य प्रमुख सदस्यों के महिलाओं के प्रश्न पर भिन्न विचार थे। उदाहरण के लिए मुनेश्वरपुर गाँव के लोहा सिंह और पिपरघट्टी गाँव के बंसी ने साफ़–साफ़ कहा कि– ''कम से कम 50 प्रतिशत भूमि के पट्टे महिलाओं के स्वतन्त्र नामों में होने चाहिए।'' उन्होंने भूमि के साझा पट्टों पर प्रश्न उठाये। उनका मानना था कि ग्रामीण समाज में 'पुरुषों की वरिष्ठता' और 'पुरुषों के प्रभुत्व' को देखते हुए पति–पत्नी के साझा नामों में भूमि पट्टों से भूमि का नियन्त्रण महिलाओं के पक्ष में नहीं हो पायेगा और न ही उनकी स्थिति बेहतर होगी। लोहा सिंह और बंसी दोनों ने सर्कल अफ़सर को इस बात के लिए दोषी ठहराया कि वह महिलाओं के नाम अलग से भूमि के पट्टे जारी करने को राजी नहीं हुआ। उन्होंने यह भी कहा कि नीतिगत रूप से वे लोग भूमि वितरण को रोकना या उसमें देरी नहीं करना चाहेंगे क्योंकि इससे लोगों का मनोबल प्रभावित हो सकता है। परन्तु फिर भी, हमें ऐसा महसूस हुआ कि वाहिनी का स्थानीय नेतृत्व महिलाओं के अधिकारों के मुद्दों को लेकर थोड़ा शिथिल था और भूमि वितरण में पुरुषों की प्रधानता को तत्परता से स्वीकार कर लेगा।

कुछ ग्रामीण महिलाओं ने, जिन्होंने मठ के विरुद्ध संघर्ष में एक प्रमुख भूमिका निभायी थी, महिलाओं के प्रश्न दरकिनार किये जाने के बढ़ते सिलसिले

पर अपनी निराशा व्यक्त की। लगभग चालीस साल की एक जुझारू महिला बड़की ने कहा कि, ''उसके समुदाय के पुरुष सिर्फ़ महिलाओं की गलाबन्दी (उनका मुँह बन्द करने) में रुचि रखते हैं। गाँव में किसी महिला को भूमि नहीं मिलने वाली, क्योंकि गाँव के पुरुष ही हैं जो महिलाओं के भूमि पर स्वतन्त्र अधिकार का विरोध करते हैं।'' बाद में मंझार (मज़दूर किसान समिति की ही सदस्या) के साथ हमारी चर्चा के दौरान हमने महसूस किया कि उसने अन्ततः साझा मिल्कियत के विचार को स्वीकार कर लिया है, वैसे वह महिलाओं के भूमि पर स्वतन्त्र अधिकार को ज़्यादा पसन्द करती। महिलाएँ इस बात को लेकर आशंकित प्रतीत हो रही थीं कि महिलाओं के लिए अलग भूमि पट्टों के लिए लड़ने की प्रक्रिया में, वे कहीं साझा पट्टों का मौक़ा भी न खो दें।

बड़े ज़मींदारों से प्राप्त की गयी अतिरिक्त भूमि को वितरित करने के अनेक अभियानों और कार्यक्रमों के बिहार सरकार के अब तक के रिकॉर्ड को देखते हुए और ग्रामीण बिहार पर सामन्ती पितृसत्तात्मक व्यवस्था की पकड़ को ध्यान में रखते हुए वाहिनी द्वारा दलितों, आदिवासियों और महिलाओं में भूमि का कारगर वितरण कोई छोटी उपलब्धि नहीं है।

अब बोधगया के ग्रामीण इलाक़ों में जन–आन्दोलन के दृश्य नहीं दिखायी देते। छा.यु.सं.वा. के कार्यकर्ता यह स्वीकारते हैं कि वे समाज के ढाँचे में मूलभूत परिवर्तन नहीं ला पाये हैं और विकास का वह मॉडल तैयार नहीं कर पाये हैं जो कि सम्पूर्ण क्रान्ति का एक मुख्य आधार था। परन्तु जिस तरह वाहिनी ने मठ से लड़ाई करके उसकी ताक़त को कम किया, वह अपने–आप में एक उदाहरण है। इसका अनुसरण सरकार को करना चाहिए जिसकी सूचियों में 297 तक ऐसे बड़े ज़मींदार हैं जिनके पास 400 से 4000 एकड़ तक भूमि है और जिनका उपजाऊ खेतिहर भूमि के लगभग 50 प्रतिशत पर नियन्त्रण है। वाहिनी, किसान संगठन और बिहार की अन्य स्वयंसेवी संस्थाओं के संघर्ष के फलस्वरूप लगभग 3,00,059 एकड़ भूमि ज़ब्त की गयी और 2,00,039 एकड़ भूमि का वितरण भूमिहीनों और खेतिहर मज़दूरों में हुआ।

परन्तु मठ के सामन्ती ढाँचे पर प्रहार ही में वाहिनी का एकमात्र महत्त्वपूर्ण योगदान नहीं है। उससे भी महत्त्वपूर्ण है ग़रीब किसान और दलित जातियों की कुछ महिलाओं में उत्पन्न हुई जागरूकता। वहाँ संघर्ष को चालू रखने के लिए एक दृढ़ता अभी भी मौजूद है। एक भूइनिया महिला, कुन्ती कहती है कि, 'आख़िरी दम तक लड़ते रहेंगे यह लड़ाई', कुन्ती समझाती हैं, यह लड़ाई 'महिलाओं के शोषण और दमन के ख़िलाफ़ है, चाहे वह दलित समाज के सदस्य के रूप में हो या उस समाज में महिला के रूप में।'

जून 1985 में, बोधगया में एक विकास योजना शुरू की गयी, जिसमें सीमान्त और ग़रीब किसानों को बैल, बीज इत्यादि ख़रीदने के लिए बैंकों से ऋण उपलब्ध कराया गया। कुछ मामलों में ऐसी महिलाओं को भी यह ऋण मिले क्योंकि उन्हें भूमि वितरण के समय कुछ भूमि मिली थी। पुरुषों ने इन ऋणों के ख़िलाफ़ शिकायत करते हुए कहा, ''महिलाओं के नाम से भूमि होना एक समस्या है।'' समस्या यह थी कि बैंक की औपचारिकताएँ पूरी करने के लिए लम्बी दूरियाँ पैदल तय करनी पड़तीं और ऋण की राशि प्राप्त करने के लिए स्वयं उपस्थित रहना पड़ता। महिलाओं ने इन दलीलों पर तीखी प्रतिक्रियाएँ व्यक्त कीं– ''क्या हम मज़दूरी के लिए, खेती का काम करने के लिए, दूर तक पैदल नहीं जातीं?'' महिलाएँ इस बात पर जमी रहीं कि बैंक से अपना लेन–देन करने और बाज़ार से बैल, बीज तथा अन्य आवश्यक सामग्री ख़रीदने वे स्वयं जायेंगी। उनका कहना था कि पुरुषों की शिकायतें आधारहीन हैं और गढ़ी हुई हैं ताकि पुरुषों को 'बेकार की वस्तुओं' पर ख़र्च करने के लिए नक़दी मिल जाये। महिलाओं ने वाहिनी के कार्यकर्ताओं के साथ बातचीत के दौरान कहा कि उनका ज़मीन पर अधिकार और नियन्त्रण पाना उनकी सामाजिक पहचान की दिशा में पहला क़दम था और उन्हें सावधान रहना होगा कि वे अपना हक़ गँवा न दें।

बाद में वाहिनी की महिला कार्यकर्ताओं ने चर्चा समूह आयोजित किये और ग़रीब कृषक महिलाओं से पूछा–हमारी भूमि का उत्तराधिकारी किसे होना चाहिए? ऐसा क्यों होता है कि लड़के को भूमि का उत्तराधिकार मिलता है और लड़की को गृहकार्य? आन्दोलन में, ग़रीब कृषक और भूमिहीन महिलाओं ने भूमि और सम्पत्ति पर अपना अधिकार तो जताया है, परन्तु गृहकार्य के बँटवारे का प्रश्न एक ओर रख दिया गया है। इसे क्यों नहीं उठाया गया? महिलाएँ क्यों मज़दूर–किसान समितियों और अन्य निर्णय लेने वाले मंचों में अधिक प्रतिनिधित्व के लिए नहीं लड़ीं? गाँव की महिलाओं ने निरपवाद रूप से कहा कि यह आवश्यक है कि पुरुष गृहकार्य में हाथ बँटायें और निर्णय लेने की प्रक्रिया में महिलाओं की संख्या उनकी आन्दोलन में भागीदारी के अनुपात में बढ़ाई जाये।

महिलाओं के उत्तराधिकार सम्बन्धी अधिकारों के प्रश्न पर उनका बड़ी तत्परता से कहना था कि वह बहुओं के पक्ष में हों। बेटियों के अधिकारों के बारे में महिलाओं ने महसूस किया कि लड़की की शादी दूसरे गाँव में होगी और विवाह के बाद उसके पति का परिवार भूमि का नियन्त्रण करेगा। ग्रामीण महिलाओं ने मातृप्रधान विवाहों के पक्ष में सुझाव दिये। यदि कोई लड़की अपने गाँव के बाहर नहीं जाती और उसका पति उसके परिवार के साथ या

उन दोनों के लिए बने अलग मकान में रहने आ जाता है, तो बेटी को अपने उत्तराधिकार सम्बन्धी अधिकारों के बारे में कोई समस्या नहीं होगी।

इन चर्चाओं के दौरान एक रोचक क़िस्सा उभरकर आया। पिपरघट्टी गाँव में आन्दोलन की एक सक्रिय दलित महिला नेता शान्ति को बोधगया आन्दोलन समिति ने कुछ भूमि दी, जिसे जोतकर वह अपना और अपने परिवार का भरण–पोषण कर पाये। (यह भूमि मठ से ज़ब्त की गयी थी और आन्दोलन समिति के नियन्त्रण में थी)। इस बीच शान्ति का विवाह पिपरघट्टी से 12 किमी. दूर के एक गाँव के व्यक्ति से हो गया। क्योंकि शान्ति के पास पिपरघट्टी में भूमि थी, उसने अपने पति के गाँव जाने से इनकार कर दिया और इस बात पर ज़ोर दिया कि उसका पति उसके साथ पिपरघट्टी में रहे जहाँ उसकी ज़मीन है। बात बिगड़ने की स्थिति आ पहुँची। अन्ततः उसके पति को शान्ति के साथ रहने आना पड़ा। ध्यान देने वाली महत्त्वपूर्ण बात यह है कि भूमि पर नियन्त्रण शान्ति का है, न उसके माता–पिता और न ही उसके पति के परिवार की इसमें दख़लअन्दाज़ी है। शान्ति मातृप्रधान विवाहों में महिलाओं के भूमि व अन्य साधनों पर अधिकारों की एक मिसाल बन गयी।

पितृप्रधान सम्बन्ध और पति के स्थान पर जाकर रहना हमारे समाज का मूल सामाजिक सम्बन्ध है। यह केवल विवाह और महिलाओं का पत्नियों के रूप में लेन–देन का ही मामला नहीं है, बल्कि उत्पादन का सम्बन्ध भी है। दहेज, वस्तुओं का आदान–प्रदान और पुरुष का भूमि पर स्वामित्व और नियन्त्रण का अधिकार, ये सभी महिलाओं के लेन–देन के साथ होते हैं। महिलाओं के अधिकार (या उनका अभाव) पितृप्रधान सामाजिक सम्बन्धों द्वारा तय होते हैं। महिलाओं को नियन्त्रित करने वाले पितृप्रधान निवास के नियमों को, उत्पाद में महिलाओं की भूमिका के लैंगिक दर्जे के स्रोतों में, एक मूल तत्त्व माना जाता है, पुरुषों को महिलाओं के श्रम और उत्पादन का उपयोग और विनियोजन इस प्रकार कर देता है जिससे अन्ततः पति के परिवार के अधिकारों में वृद्धि होती है। ये नियम पुरुष के पक्ष में संग्रह को स्वीकृति देते हैं और महिलाओं की अधीनता को बनाये रखते हैं। महत्त्वपूर्ण बात यह है कि बोधगया आन्दोलन की ग़रीब कृषक व भूमिहीन महिलाओं ने निवास के पितृप्रधान नियमों के ख़िलाफ़ एक संघर्ष की शुरुआत की है। यह संघर्ष प्रारम्भिक स्तर पर होते हुए भी, मठ के हाथों में भूमि और सत्ता के केन्द्रीकरण के विरुद्ध महिलाओं के आन्दोलनों का हिस्सा रहा है।

[**स्रोत** : इलिना सेन (सं.), *संघर्ष के बीच संघर्ष*, सारांश प्रकाशन, नयी दिल्ली]

‘मिट्टी, पानी और बयार, ज़िन्दा रहने के आधार’

सुन्दरलाल बहुगुणा और गोपा जोशी

चिपको शब्द का जन्म 19वीं शताब्दी में पहाड़ की स्त्रियों द्वारा शुरू किये गये उस अहिंसात्मक आन्दोलन से हुआ, जिसमें उन्होंने पेड़ों को बचाने के लिए पेड़ों से चिपक जाने का उपाय किया। इस तरह जन–जीवन की सुविधाओं को बचाने के लिए अपने शरीर को ही उन्होंने ढाल बना दिया और उसमें कई स्त्रियाँ मारी भी गयीं। पिछले सात वर्षों में इस आन्दोलन का एक नया दौर शुरू हुआ। इस आन्दोलन में औरतों की भूमिका के अलग–अलग पहलुओं पर प्रकाश डालने वाले दो विवरण हम यहाँ पेश कर रहे हैं।

किसी भी अख़बार पर एक सरसरी नज़र डालने से यह ज़ाहिर हो जायेगा कि ज़्यादा स्थान शहरी मामलों और घटनाओं व नीति और योजना बनाने वाले सत्ताधारियों को ही मिलता है। गाँवों के ग़रीब उपेक्षित वर्ग के उत्थान और कल्याण की लाख दुहाइयाँ देने पर भी उनकी मूलभूत समस्याओं का समाधान इन योजनाओं से नहीं हो पाता।

गाँवों का उपेक्षित ग़रीब वर्ग कौन है? पहले तो सभी ग्रामवासी उपेक्षित हैं परन्तु उनमें सर्वाधिक उपेक्षित हैं–औरतें। सार्वजनिक और राजनीतिक जीवन में उनकी साझेदारी नगण्य है। गाँवों में सबसे महत्त्वपूर्ण संस्था ग्राम पंचायत है। उनमें सभापति होने की बात तो दूर है, ढूँढ़कर भी एक–आध महिला सदस्या नहीं मिलेगी। अतः इन पंचायतों और इनसे ऊपर की पंचायत राज संस्थाओं–क्षेत्र विकास समिति और ज़िला परिषद–के द्वारा जो योजनाएँ प्रस्तुत की जाती हैं, उनमें इस आधे उपेक्षित समाज की विशिष्ट समस्याओं से जूझने का कोई प्रयास नहीं दिखता।

उत्तराखण्ड में पिछले दशक में दो शक्तिशाली जन–आन्दोलनों–शराबबन्दी और चिपको–की सबसे बड़ी देन औरतों को जगाना और मुखरित करना ही रही है। 20 नवम्बर 1971 को भारत के सबसे ग़रीब ज़िले टिहरी गढ़वाल (प्रति व्यक्ति वार्षिक औसत आय 129 रु.) की दस हज़ार से अधिक औरतों द्वारा विराट प्रदर्शन सरकार की आबकारी नीति के ख़िलाफ़ खुली बग़ावत था।

उनमें से 56 औरतें प्रदर्शन के बाद शराब की दुकान पर पिकेटिंग करती हुई गिरफ़्तार कर जेलों में ठूँसी गयी थीं। उन्होंने अपना आन्दोलन उस समय तक जारी रखा जब तक अप्रैल 1972 में उस क्षेत्र में पूर्ण नशाबन्दी नहीं हो गयी।

यह अनुभव है कि सरकार द्वारा नशाबन्दी करने मात्र से शराब बन्द नहीं हो जाती। गाँवों में जिन आदमियों के हाथ में प्रशासनिक, आर्थिक और सामाजिक नेतृत्व है, वे अवैध शराब बनाने और बेचने का कुकृत्य खुलेआम करते हैं। अतः शराब के ख़िलाफ़ औरतों का आन्दोलन जारी है। कई गाँवों में पर्वतीय औरतें महिला मण्डल द्वारा शराबियों और शराब के अड्डों पर संगठित होकर निगाह रखती हैं। टिहरी गढ़वाल के पुंसाड़ा गाँव के महिला मण्डल को अपने गाँव में इस प्रकार के एक अड्डे की जानकारी हुई तो उन्होंने शराब चुआने वाले का घर घेर लिया और उसे भैंस के खूँटे से बाँध दिया। फिर वे दस किलोमीटर दूर टिहरी नगर में गयीं और वहाँ से आबकारी पुलिस को बुला लायीं। इतना ही नहीं, जब यह मुक़दमा चला तो छह औरतें लगभग 80 किलोमीटर दूर नरेन्द्रनगर में एक नहीं, दो बार गवाही देने गयीं। इस बीच उन्हें दो–तीन दिन के लिए अपने दूध पीते बच्चों को छोड़कर जाना पड़ा।

महिला मण्डल को आग लग गयी!

मेनगी गाँव में पिछले अप्रैल की एक रात, कई शराबी एक घर में बैठे पी रहे थे। महिला मण्डल की एक सदस्या वैशाखी देवी को ज्यों ही इसका पता चला, वह हाथ में लालटेन लेकर उन्हें टोकने चली गयी। शराबियों ने वैशाखी देवी के हाथ से लालटेन छीनकर उसके शरीर पर उलट दी। आग की लपटों से जलती हुई वैशाखी देवी को उन्होंने गेहूँ के खेत में धकेल दिया। अत्याचार के ख़िलाफ़ जूझने वाली यह वीरांगना तब तक जलती रही जब तक आसपास से लोगों ने आकर आग बुझा न ली। वैशाखी देवी का आधा शरीर–छाती से नीचे घुटनों तक–बुरी तरह झुलस गया था। लगभग दो सप्ताह के बाद मसूरी के कम्युनिटी अस्पताल में, जहाँ उसका इलाज हो रहा था, मैंने उसे बताया कि घटना के तुरन्त बाद उसका विरोध करने के लिए दूर–दूर से पैदल चलकर 500 से अधिक औरतें आयी थीं। उन औरतों ने कहा था–"यह आग हमें विचलित नहीं कर सकती। शराब के प्रति हम अपना संघर्ष जारी रखेंगी।" वैशाखी देवी, जो गहरे घावों से त्रस्त थी, अपने दर्द को छिपाकर हर्षोद्वेग के कारण रो पड़ी। उसका मिशन ज़िन्दा था।

जंगल हमारा मायका है

शराबबन्दी में औरतों की हिस्सेदारी महात्मा गाँधी के नेतृत्व में चले स्वतन्त्रता संग्राम का एक कार्यक्रम था। परन्तु हिमालय के वनों की कटाई के ख़िलाफ़ पिछले सात वर्षों से चलने वाला औरतों का 'चिपको' आन्दोलन जिसकी पर्यावरण की रक्षा के एक जन–आन्दोलन के रूप में देश–विदेश में चर्चा है, एक नयी घटना है।

अप्रैल 1974 में रेणी की औरतों ने जंगल काटने के लिए आये हुए सरकारी ठेकेदार के कुल्हाड़ी वालों को यह कहकर बाहर खदेड़ दिया कि, "यह जंगल हमारा मायका है, हम इसे कटने नहीं देंगी।" अब तक तो कई जगह औरतों के सफल प्रतिरोध के फलस्वरूप वैज्ञानिक वन दोहन का जामा पहनी हुई कुल्हाड़ियों को उलट जाने के लिए मजबूर होना पड़ा है। 1 फ़रवरी 1978 को इन कुल्हाड़ियों की मदद के लिए आयी हुई सशस्त्र पुलिस को अदवाणी से, 1 फ़रवरी 1979 को मालगड्डी तथा 19 नवम्बर 1979 व 5 दिसम्बर 1979 को लासी दुंगमंदार रेवेन्यू और सिविल पुलिस को वन अधिकारियों से मिलकर अपने भय और आतंक करने वाले सब तरीक़ों की निष्फलता स्वीकार कर, उलटे पाँव लौटना पड़ा।

चिपको आन्दोलनकारी औरतों का घोष वाक्य है–"क्या हैं जंगल के उपकार? मिट्टी, पानी और बयार, ज़िन्दा रहने के आधार।" पर्यावरण शास्त्र का यह मूलमन्त्र वैज्ञानिकों और विद्वत्जनों के मोटे–मोटे शोध–ग्रन्थों से नहीं निकला है बल्कि अपने अस्तित्व के लिए पहाड़ों की पहाड़ जैसी कठिनाइयों से जूझने वाली औरतों के प्रत्यक्ष जीवन अनुभव से फूटा है। व्यापारिक वन–प्रबन्ध के साथ–साथ उनके जीवन का आधार मिट्टी बहकर चली गयी, पानी के स्रोत लुप्त होने लगे। इसका श्रमभार से दबी हुई पर्वतीय औरतों पर क्या प्रभाव पड़ा? इसका विवरण मुझे पिछले वर्ष 'चिपको सप्ताह' (30 मई से 5 जून) की पूर्व सन्ध्या पर सिल्यारा गाँव की सुश्री सुदेशी देवी से सुनने को मिला–

''काली देवी 70 वर्ष की हैं। जब वे सिल्यारा में बहू बनकर आयी थीं, यहाँ मिश्रित वन थे। चारे के लिए घास गाँव के पास ही मिलती थी। भैंसें ख़ूब दूध देती थीं, ईंधन का कोई अभाव नहीं था। अब बहुएँ दिन–भर जंगल में भटकती हैं, परन्तु एक भैंस का पेट भरने योग्य घास–चारा भी नहीं ला सकतीं। यह परिस्थिति शंकुधारी चीड़ के वनों के कारण पैदा हुई है, क्योंकि उनकी छँटाई कर देने से उनके नीचे कोई झाड़ी या चौड़ी पत्तियों वाले चारे के पेड़ नहीं उग पाते। पहले जब ये पेड़ कटते थे तो इनके ठूँठ ईंधन और छोटी–मोटी गाँव की आवश्यकताएँ पूरी करने के लिए गाँवों में छूट जाते थे।

अब आरा मशीनें लगने और मोटर मार्गों के बन जाने के कारण ठेकेदार और वन निगम कान खुजाने के लिए तिनका तक जंगल में नहीं छोड़ते। जवान बेटियों के लिए अपने कष्टों के लिए सहानुभूति का एकमात्र स्थान मायका होता है। माँ उन्हें पकवान देकर ससुराल में विदा करती थीं परन्तु अब वे मायके से एक बड़ा लकड़ी का ठूँठ ले जाना पसन्द करती हैं। सोचती हैं दो–चार दिन का कष्ट तो कम होगा।''

आत्महत्या का सौभाग्य

विमला बहुगुणा ने कहा, बूढ़ी सासों ने भरे–पूरे जंगल देखे थे, वे बहुओं को टोकती हैं–"क्या दिन–भर सोती रही, चार पूली घास भी नहीं लायी।" खेती की उपजाऊ मिट्टी चली जाने के कारण पुरुष तो रोज़गार के लिए पहाड़ों से दूर दिल्ली और बम्बई की महानगरियों में चले गये हैं। इस त्रासदायक जीवन से संघर्ष करती–करती जवान बहुएँ कभी–कभी निराश होकर नदियों में छलाँग मारकर आत्महत्या कर लेती हैं। यमुना, भागीरथी, अलकनन्दा, मन्दाकिनी, पिण्डर, सरयू और रामगंगा जैसी गंगा की सहायक नदियाँ जिनको पावनी मानकर गोता मात्र लगाने में देशवासी अपने को धन्य समझते हैं, उन्हीं में आत्महत्या कर पर्वतीय युवतियाँ मुक्ति पाती हैं।

यह कोई नयी घटना नहीं है, पिछले तीस वर्षों से मुझे इस प्रकार की ख़बरें मिलती रही हैं कि फलाँ गाँव की दो–तीन, या एक वर्ष तो सात युवतियों ने, आपस में रस्सियों से या साड़ियों से कमर बाँधकर किसी पहाड़ी नदी में छलाँग लगाकर आत्महत्या कर ली। पिछली जुलाई में भागीरथी की सहायक जलकुर नदी में भेलूंता गाँव की तीन युवतियों ने छलाँग लगाकर आत्महत्या की थी। अधिक पूछताछ करने पर मालूम हुआ कि उससे पहले वर्ष दो–दो की टोलियों में चार युवतियों ने आत्महत्या की थी। ये सब 18 से 22 वर्ष के बीच की आयु की थीं। इस गाँव में घास चारा, ईंधन और पानी तीनों का अभाव था। बच्चों को अकेला घर में छोड़कर वे जंगल चली जाती हैं। कभी–कभी तो ये बच्चे खम्भे पर या चक्की के हत्थे पर बाँधकर रखे जाते हैं। ऐसी घटनाएँ होती रहती हैं जब माँ के लौटने तक बच्चा या तो रस्सी से फाँसी खाकर या चूल्हे में जलकर मर गया। मकान के छज्जों से गिरकर चोट लगने की घटनाएँ तो प्रायः होती ही रहती हैं। इसलिए पहाड़ों में शायद ही कोई व्यक्ति मिले जिसके शरीर पर कहीं–न–कहीं बचपन में हुई दुर्घटना के निशान न हों। लड़कियों को तो शिक्षा प्राप्त करने का अवसर ही नहीं मिलता। तीन–चार वर्ष की होने पर उसे छोटे भाई की देखभाल का काम मिल जाता है, 6–7 वर्ष की होने पर ग्वाला का और 10–12 वर्ष की

अवस्था में माँ के साथ गृहस्थी के कामों में हाथ बँटाने का। 14 वर्ष की उम्र में वह ससुराल चली जाती है।

वन विनाश के दुष्परिणामों की गाथा सुनाते हुए 31 मई 1979 की रात को चिपको पदयात्रा टोली से सावली गाँव की भादी देवी ने कहा, "जवानी में हम भूखी ही प्रातः जंगल चली जाती थीं। वहाँ पेट–भर हिंसालू, काफल, किरमोड़, बमोर आदि जंगली फल खाती थीं। बाँज की जड़ों का ठण्डा–मीठा पानी (जो अब दिल्ली के शाही होटलों में मिनरल वाटर के नाम से 10 रुपये बोतल बिकता है) पीकर अपनी प्यास बुझाती थीं। कुछ ही देर में चारा और ईंधन बटोर लेती थीं और धूप होने पर किसी घने पेड़ की छाया में बैठकर विश्राम लेती थीं। अब पेड़ों के साथ सब कुछ चला गया।"

अन्धी योजना

2 जून 1979 को 30 किमी. दूर से पैदल चलकर आयी, पटुड़ी, मेनगी आदि गाँवों की प्रदर्शनकारी औरतों का यह नारा कि "घास, लाटवडु और पाणी, यां का बिना योजना काणी" (चारा, ईंधन और पानी, इनके बिना योजना कानी) टिहरी के परगना मजिस्ट्रेट की अदालत में गूँज उठा। यह राजनीति के खिलाड़ियों के कर्णधारों और योजना के सूत्रधारों के द्वारा विकास योजनाओं के नाम पर किये जाने वाले तमाशों पर एक प्रश्नचिह्न था। आज़ादी के पिछले 33 वर्षों में विकास के नाम पर पहाड़ों में अरबों रुपया बिछाया गया है। इसमें से सबसे बड़ी रकम पहाड़ के दूध (मिट्टी के क्षरण के कारण पशुपालन समाप्त हो गया है) और पूत (रोज़ी कमाने के लिए युवा शक्ति) दोनों को निर्वासित करने वाली मोटर सड़कों के निर्माण में लगी है। मोटर सड़कें प्राकृतिक सम्पदाओं (वन, खनिज और जल) का अविवेकपूर्ण निर्मम दोहन करने में सहायक बनी हैं। पहाड़ों की सुन्दरता भी कुरूपता में बदल गयी है। खिलखिलाते हुए चेहरे मुरझा गये हैं। परन्तु पुरुषों की माँग आज भी मोटर सड़कों के लिए है। औरतों को घास, लकड़ी और पानी जुटाना पड़ता है, इसलिए उनकी माँग है, पहाड़ों में इनकी उपलब्धि को ज़िन्दा रहने के लिए न्यूनतम आवश्यकताओं की पूर्ति में शामिल किया जाये।

डेरी के दूध, गैस के चूल्हे और सुव्यवस्थित जल–कल से अपनी इन आवश्यकताओं की पूर्ति करने वाले राजनेताओं, प्रशासकों और योजनाकारों को भरपूर गाँव की एक बहन मेरे मार्फ़त विकास योजनाओं की 33 वर्षों की उपलब्धियों पर यह टिप्पणी भेजना चाहती थी कि, "हमारे गाँव में जल निगम ने चार लाख रुपया ख़र्च कर पेयजल योजना बनाई थी, परन्तु उसके नल सीमेंट लगाने वाले ठेकेदार के मकान में लग गये। गाँव में पानी पहुँचा ही नहीं।

फलतः हमें 2 किमी. दूर जलकूर नदी से पानी लाना पड़ता है। पानी का उपयोग इतनी किफ़ायत से करते हैं कि जितना दूध तुम अपने बच्चे को पिलाते होंगे हम उतना पानी भी बच्चों को नहीं पिला सकतीं।" पिपली गाँव की एक दस वर्षीया लड़की दो किमी. दूर कुएँ से पानी का गगरा लाती हुई हमें मिली।

जनवरी 1980 में जब चारों ओर लोकसभा चुनावों का हो–हल्ला था, हेंबल नदी के उद्गम के गाँव खुरेत की औरतों ने गढ़वाल जल संस्थान को चम्बा क्षेत्र की उस पंपिंग योजना को ठप्प करने का नोटिस दिया था, 6 वर्ष पूर्व जिसके बनने के कारण उनके गाँव में पानी पहुँचना ही बन्द हो गया था। उन्हें डेढ़ किमी. दूर से पानी लाना पड़ता था। उन्होंने जल और वन सुरक्षा समिति का संगठन कर उसकी ओर से अधिकारियों को चेतावनी दी कि इस गाँव में पेयजल का तत्काल प्रबन्ध न हुआ तो वे 26 जनवरी के दिन पंपिंग सेट की ओर पानी का प्रवाह रोक देंगी, उन्होंने इसका पूर्वाभ्यास भी कर लिया और सत्याग्रह कर गिरफ़्तारी के लिए तैयार थीं। लखनऊ के शासकों को सुबुद्धि आयी। 25 जनवरी शाम को एक अभियन्ता भेजकर पेयजल योजना पर काम करने की स्वीकृति दे दी, 26 जनवरी उनके लिए लोकशक्ति की विजय का पर्व था।

और यह है गोपा जोशी का विवरण

22 जून 1980 को जब मैंने इस आन्दोलन की प्रसिद्ध नेता गौरा देवी से पूछा, कि उनका अनुभव क्या रहा, तो उनके निरन्तर उत्पीड़न की कहानी सुनकर स्तम्भित रह गयी। उन्होंने बताया, "कई बार गाँव छोड़कर जाने को जी चाहता है। मगर जायें कहाँ?" गाँव में भी दो गुट बने हुए हैं। गौरा देवी अल्पसंख्यक गुट के साथ हैं इसलिए बहुसंख्यक गुट के समारोहों तक में उन्हें बुलाया नहीं जाता। इसके अलावा उनका परिवार भी दूसरे गुट द्वारा मुक़दमे में घसीटा जा रहा है।

पुरुषों द्वारा उत्पीड़न तब शुरू हुआ जब गौरा देवी ने गाँव की 27 स्त्रियों के साथ मिलकर, ठेकेदार के लगभग 60 मज़दूरों और वन विभाग के उन अधिकारियों को रोका जो रानी जंगल में 2,415 पेड़ काटने के लिए गये थे। जब औरतों ने जंगल में जाने वाला छोटा–सा रास्ता रोक लिया, तब उन्हें वहाँ से हटाने के लिए उन आदमियों ने हर प्रकार की धमकियाँ दीं और बाद में नशे का बहाना करके, उनके साथ दुर्व्यवहार करने की भी कोशिश की। परन्तु औरतों ने डटकर मुक़ाबला किया और टस–से–मस न हुईं। यहाँ तक कि एक आदमी ने तो गौरा देवी के मुँह पर थूक दिया तो भी औरतें शान्त

और दृढ़ रहीं। पर जब आदमी लौट आये तो गौरा देवी की सफलता पर ख़ुश होने की बजाय उनको यह डर सताने लगा कि कहीं उन्हें जेल में न डाल दिया जाये। तब उन आदमियों ने सारा कसूर गौरा देवी के सिर मढ़ देने के लिए अपनी पत्नियों को मजबूर किया।

गौरा देवी अपने संकल्प पर दृढ़ रहीं। पहले तो ठेकेदार ने उसे घूस देने की कोशिश की ताकि गौरा देवी उसके आदमियों को जंगल में प्रवेश करने दें। जब वह नहीं मानीं तब वन विभाग के कर्मचारियों ने उन्हें धमकी दी कि वह पुलिस बुलाकर उसे क़ैद करा देंगे। गाँव के कुछ लोगों के साथ मिलकर ठेकेदार ने कुछ लोकगीत तैयार किये जिनमें गौरा देवी को क़ैद कराके जेल में उनको यातना देने की बातें कही गयीं। वे सब रात–रात भर इन गानों को नाच–नाच कर गाते। गौरा देवी पढ़ी–लिखी नहीं हैं, इसलिए वह नहीं जानती थीं कि उनके इस विरोध की क्या प्रतिक्रिया होगी। स्वाभाविक था कि वह और उनका बेटा घबरा गये। एक दिन तो उनका बेटा रोने लगा। वह स्वयं लोगों के सामने तो बहादुर बनी रहती थीं परन्तु अन्दर ही अन्दर उनकी भूख और नींद उड़ चुकी थी। वह चाँद प्रसाद भट्ट से अभी तक नहीं मिली थीं जिसने गाँव में चिपको का सन्देश फैलाया था। उनके बेटे ने चाँद प्रसाद की मीटिंग में भाग लिया था और उन्हें इसके बारे में बताया था। वह नहीं जानती थीं कि भट्ट उनका साथ देगा या नहीं। उन्हें यह भी डर था कि यदि उन्होंने भट्ट का नाम लिया तो वह भी क़ैद हो जायेगा। इसलिए गौरा देवी ने सारा इल्ज़ाम अपने सिर ले लिया।

तीन दिन बाद भट्ट गाँव में आया तो उसने गौरा देवी की कार्यवाही की तारीफ़ की और उन्हें ढाढस बँधाया कि वह सारी ज़िम्मेदारी अपने ऊपर ले लेगा और जो भी प्रतिक्रिया होगी उसे स्वयं झेलेगा। इसके बाद जनवाद गौरा देवी के पक्ष में हो गया। एक महीने तक अलग–अलग गाँवों से लोग उनके पास आते रहे और कहते रहे कि पेड़ों की कटाई रोकने के इस आन्दोलन में वह सब उनके साथ हैं। सरकार ने इस मामले की छानबीन के लिए एक कमिटी नियुक्त की। परन्तु इस सफलता की बात फैल जाने का गौरा देवी पर उलटा ही प्रभाव पड़ा। आदमी लोग उन्हें ज़्यादा ही सताने लगे।

1974 में गौरा देवी 51 वर्ष की थीं। 22 वर्ष की आयु में वह विधवा हो गयी थीं। उनका परिवार गाँव के ग़रीब परिवारों में से था। पति की मृत्यु के बाद, हल चलाने के लिए उन्हें गाँव के अन्य पुरुषों की सहायता लेनी पड़ती थी। क्योंकि औरतों को हल चलाने की सामाजिक–धार्मिक सख़्त मनाही है, हालाँकि बाक़ी सब भारी और मेहनत वाले खेती के काम वही करती हैं।

प्रभावशाली ग्रामवासी जिन्होंने ठेकेदार और उसके आदमियों को किराये पर घर दे रखा था या जिन्हें पेड़ काटने की नौकरी पाने की आशा थी, उन्होंने फ़ैसला किया कि वे सरकार का साथ देंगे और गौरा देवी को सज़ा दिलवायेंगे। परन्तु जब उन्होंने देखा कि गौरा देवी को इतना सम्मान मिल रहा है तब उन्हें बहुत जलन हुई कि आख़िर एक ग़रीब विधवा को इतनी प्रशंसा और मान्यता कैसे प्राप्त हुई। इसलिए वे छोटी–छोटी बातों पर उससे झगड़ने लगे। ऐसे ही एक झगड़े में उनके बेटे की पिटाई कर दी गयी। अब उन्हें धमकियाँ दी जा रही हैं कि उनके बेटे को मार दिया जायेगा। महिला जनमंगल दल के पास गाँव के पानी का टैंक साफ़ कराने के लिए कुछ धन है परन्तु गाँववाले इसके विरुद्ध हैं। हालाँकि इसमें उन सब लोगों की भलाई निहित है।

गाँव के पुरुषों द्वारा औरतों के उत्पीड़न की एक और घटना भी हुई डोंगरी–पेटोली गाँवों में। यह गाँव चमोली ज़िले में पिण्डर नदी के किनारे छह या सात हज़ार फुट की ऊँचाई पर स्थित है। सब से नज़दीकी मोटर मार्ग दस किलोमीटर की दूरी पर है। इसलिए यहाँ के जंगल व्यापार के लिए नहीं काटे गये थे। परन्तु सरकार ने यहाँ के घने बाँज के जंगलों को काटकर भेड़ों की चरागाही तथा आलू की खेतीबाड़ी द्वारा इस क्षेत्र का भी 'विकास' करने का फ़ैसला किया। गाँव के मुखिया, जो बस अड्डे पर कुछ दुकानों के मालिक भी हैं, ने गाँव के दूसरे पुरुषों के साथ मिलकर, उद्यान कृषि विभाग के अधिकारियों के साथ एक इकरारनामा कर लिया जिसमें एक मोटर मार्ग, अस्पताल और बिजली के बदले सरकार ने, 62 एकड़ गाँव की वन भूमि को अन्य प्रयोजनों के लिए हड़प लिया। औरतों के घास और ईंधन लाने के सवाल पर किसी ने ध्यान ही नहीं दिया।

जब ठेकेदार ने प्रस्तावित भेड़वाड़ा, आलू खेत और प्रारम्भिक स्कूल की दीवारों का निर्माण शुरू किया तो गाँव की औरतें यह देखकर स्तम्भित रह गयीं कि उनका गाँव दीवारों से घेरा जा रहा था। तब महिला जनमंगल दल के नेतृत्व में औरतों ने चिपको संघर्ष छेड़ा और लगभग 40 एकड़ बाँज के जंगल बचा लिए। इस सफलता से, उद्यान कृषि विभाग के अधिकारी तथा गाँव के वरिष्ठ पुरुष, गाँव की औरतों और चिपको कार्यकर्त्रियों के विरुद्ध बहुत ही कड़वाहट फैलाने लगे।

जून में, जब मैं दो 'वृक्ष मित्रों' के साथ औरतों की भूमिका का अध्ययन करने के लिए गयी तो मुखिया के अनुचरों ने हमें रोक लिया और पूछा कि गाँव में प्रवेश करने से पहले, हमने मुखिया से अनुमति क्यों नहीं माँगी। जब हम गोपेश्वर लौटे तो ज़िला अधिकारी ने बताया कि गाँव में प्रवेश पाने के

लिए किसी की अनुमति प्राप्त करना ज़रूरी नहीं है। गाँव के सीमा क्षेत्र में होने के बहाने, मुखिया एक तो नागरिकों को वहाँ जाने से रोककर उनके मूलभूत अधिकारों पर प्रतिबन्ध लगा रहा है तो दूसरी ओर गाँव की औरतों के बारे में अफ़वाहें फैलाने में व्यस्त है।

चिपको आन्दोलन में भाग लेने वाली औरतों पर आरोप लगाया जा रहा है कि वे गाँव को 'काली सूची' में लिखा चुकी हैं। यह भी अफ़वाह फैलाई जा रही है कि औरतों की करतूतों के कारण गाँव को 'काली सूची' में लिखाया गया है। अतः यहाँ के युवकों को कहीं भी नौकरी नहीं दी जायेगी, और न ही चीनी और मिट्टी के तेल जैसी ज़रूरी चीज़ें इस गाँव में आने दी जायेंगी। इस गाँव को मोटर मार्ग, अस्पताल और बिजली से भी वंचित रखा जायेगा। उन्हें समाज से काटकर अलग रख देने के लिए अफ़वाहों को बाकायदा हथियार के रूप में इस्तेमाल किया जा रहा है। एक और अफ़वाह यह उड़ाई जा रही है कि इन औरतों की गिरफ़्तारी के वारंट बन चुके हैं। परन्तु वे केवल गाँव के मुखिया की बदौलत क़ैद से बची हुई हैं। इन अफ़वाहों का असर इतना ज़ोरदार था कि जब हम वहाँ गये तो ग्रामवासियों ने समझा कि हम खुफ़िया पुलिस के लोग हैं और इन औरतों को गिरफ़्तार करने आये हैं। कुछ आन्दोलनकारी औरतों के पति और पुत्र भी उनके विरुद्ध हो गये हैं। महिला जनमंगल दल की सेक्रेटरी गायत्री देवी का बेटा खुलेआम अपनी माँ की गतिविधियों का विरोध करता है। हर रोज़ घर आकर औरतों पर आरोप लगाना आदमियों की आदत बन चुकी है। परिवार के अन्दर ही निरन्तर उत्पीड़न और दोषारोपण औरतों को भयंकर मानसिक पीड़ा पहुँचा रहा है। जब हमने उन्हें बताया कि न तो उनका गाँव काली सूची में है, न ही उनके विरुद्ध वारंट है तो उन्होंने चैन की साँस ली।

गाँव के बाहर औरतों के बदचलन होने की कहानियाँ फैलाई जा रही हैं। उन्हें निर्लज्ज और लीडर टाइप स्त्रियाँ कहकर बदनाम किया जा रहा है। वास्तव में, जैसे कि गायत्री देवी ने कहा, "चिपको आन्दोलन की सफलता पुरुषों की अपेक्षा स्त्रियों की बौद्धिक उत्कृष्टता का प्रमाण है।" उन्होंने आगे कहा "कि पिछले 30 वर्षों में गाँव की मूलभूत आवश्यकताएँ, जैसे स्कूल की सुविधा और बिजली वग़ैरह भी पूरी नहीं हो सकीं। स्वयं ग्रामवासियों ने 1945 में एक प्रारम्भिक स्कूल चलाया था। बाद में इसे ज़िला बोर्ड ने अपने अधिकार में ले लिया। आज तक इस स्कूल को हाईस्कूल में परिवर्तित नहीं किया जा सका। वह अपने गाँव को ये सब सुविधाएँ दिलवाने का निश्चय कर चुकी हैं। परन्तु गाँव के मुखिया ने उन्हें कहलवाया है कि वह इन प्रयत्नों को सफल नहीं होने देगा।"

इसकी तुलना में गोपेश्वर के 1905 के आन्दोलन में आदमियों ने भी औरतों का साथ दिया। वहाँ गौरा देवी के नेतृत्व में औरतों ने सरकारी कर्मचारियों द्वारा उनके अपने रसोई उद्यानों के लिए छोटे–छोटे पेड़ों को काटने के विरुद्ध आवाज़ उठायी। स्टाफ सदस्यों की पत्नियों ने उन्हें डाँटा, इसलिए उन्होंने स्टाफ क्वार्टरों का घेराव किया। वह घेराव उन्होंने तब उठाया, जब उनसे क्षमायाचना की गयी और उन्हें आश्वासन दिया गया कि–स्वयं ज़िलाधीश ने कहा है कि उनकी माँगों पर ध्यान दिया जायेगा। इसमें पुरुषों ने शायद इसलिए साथ दिया कि खींचातानी दो स्त्री समूहों में थी।

सरकार की ओर से 'सुरक्षा' का आश्वासन कोरा झाँसा है। डोंगरी पेटोली में भट्ट को चिन्ता थी कि शायद आन्दोलन के बाद औरतों को तंग किया जायेगा सो उसने ज़िलाधीश को पत्र लिखा कि ऐसा प्रबन्ध किया जाये ताकि बाद में औरतों को परेशान न किया जा सके। ज़िलाधीश ने उत्तर दिया कि स्थिति सामान्य है और किसी का उत्पीड़न नहीं हो रहा। हालाँकि जब हम गाँव में पहुँचे तो हमने देखा कि स्त्रियाँ एकदम परेशान थीं और उन्हें पक्का विश्वास था कि उन्हें गिरफ़्तार कर लिया जायेगा।

औरतें ऐसी स्त्री कार्यकर्ताओं की ज़रूरत महसूस करती हैं जो गाँव–गाँव का दौरा लगाकर अफ़वाहों को रद्द करें और औरतों को वास्तविक स्थिति से परिचित करायें। केवल व्यवस्थित और संगठित औरतें ही सफलता प्राप्त कर सकती हैं। अगर संगठित नहीं होंगी तो गाँव के पुरुषों के अहं पर चोट करने की जुर्रत करने के कारण उन्हें सताया जाता रहेगा।

[**स्रोत** : *मानुषी* (हिन्दी संस्करण), अंक 7, 1981]

समकालीन नारीवादी आन्दोलन

राधा कुमार

स्वतन्त्रता के पश्चात कांग्रेस ने महिलाओं से किये गये वादों को पूरा करने के अनेक प्रयास किये। इन कोशिशों के तहत सबसे पहले संविधान में स्त्रियों को समान अधिकार दिये जाने की घोषणा की गयी। इसके साथ ही महिलाओं को प्रगति के अवसर उपलब्ध कराने के उद्देश्य से उपाय सुझाने वाली अनेक प्रशासकीय इकाइयों का गठन किया गया। हालाँकि ये कोशिशें सरकारी पक्ष की नेकनीयती का नमूना थीं फिर भी आज़ादी के कुछ वर्षों बाद नारीवादियों को यह सन्तोषजनक नहीं लगीं। हिन्दू कोड बिल का तत्कालीन राष्ट्रपति डॉ. राजेन्द्र प्रसाद सहित अनेक प्रभावशाली कांग्रेसजनों ने बड़े पैमाने पर विरोध किया इसलिए इसे कई टुकड़ों में, इसकी कुछ धाराओं को अलग क़ानून की शक्ल देकर पचास के दशक के मध्य में पारित किया गया। सभी हिन्दू व्यक्तिगत क़ानूनों को एक परिष्कृत, समेकित सार्वभौम क़ानून के अन्तर्गत लाकर समान नागरिक संहिता के निर्माण की माँग 1930 के दशक में उठाई गयी। नारीवादियों की इस माँग के मद्देनज़र बी. एन. राऊ की अध्यक्षता में एक समिति गठित की गयी जिसने सन् 1944 में कोड से सम्बन्धित मसौदा सरकार को सौंपा। बी. एन. राऊ की रिपोर्ट पर स्वाधीनता के बाद भी कोई कार्रवाई नहीं की गयी। कार्रवाई तब हुई जब तत्कालीन क़ानून मन्त्री बी.आर. अम्बेडकर की अध्यक्षता में एक अन्य समिति की स्थापना हुई। अम्बेडकर समिति द्वारा बिल (विधेयक) में विवाह की आयु–सीमा बढ़ाने, स्त्रियों को तलाक़ का अधिकार देने, मुआवज़ा तथा विरासत के अधिकार के साथ–साथ दहेज को 'स्त्रीधन' मानने के सुझाव दिये गये। हालाँकि इन सुझावों का नारीवादियों एवं समाज सुधारकों के साथ–साथ अधिसंख्य कांग्रेसजनों ने भी समर्थन किया परन्तु राजेन्द्र प्रसाद एवं सरदार पटेल का विरोध ही नेहरू के हाथ–पाँव फुलाने के लिए पर्याप्त था। उन्होंने इसे सन् 1955–56 में तब तक लटकाये रखा जब तक कि इसकी धाराओं को चार भिन्न क़ानूनों के रूप

में पारित नहीं कर दिया गया। जो चार क़ानून बनाये गये थे वे क्रमशः हिन्दू विवाह क़ानून, हिन्दू उत्तराधिकार क़ानून, हिन्दू अल्पवयस्कता एवं अभिभावकत्व क़ानून तथा हिन्दू गोद एवं गुज़ारा क़ानून के रूप में जाने गये। नेहरू के इस क़दम के विरोध में अम्बेडकर ने उनके मन्त्रिमण्डल से त्याग–पत्र दे दिया तथा महिला संगठनों ने काफ़ी चिल्ल–पों मचायी लेकिन सरकार ने समेकित हिन्दू कोड की माँग पर अन्य कोई कार्रवाई नहीं की। नारीवादियों की चीख़–पुकार भी आहिस्ता–आहिस्ता मन्द पड़ गयी और मामला समाप्त हो गया।

स्वतन्त्र भारत में नारीवादियों में अभूतपूर्व बिखराव आया क्योंकि अब उन्हें अंग्रेज़ों के समान शत्रु दिखायी नहीं पड़ रहा था। इस दौर में राजनीतिक अलगाव पहले की अपेक्षा अधिक महत्त्वपूर्ण हो गया। इसका कारण शायद यह था कि नारीवादियों ने कभी भी लिंग के आधार पर शत्रु की पहचान नहीं की थी। इसका आंशिक कारण एक तो साम्राज्यवादी दमनात्मक कार्रवाइयाँ थीं और दूसरा कारण शायद भारत की बहुआयामी मिश्रित संस्कृति थी जिसमें पश्चिम की तरह लिंग–सम्बन्धों को साफ़ रूप से परिभाषित नहीं किया गया था। स्वाधीनता–पूर्व के नारीवादियों में से अधिसंख्य किसी अन्य राजनीतिक दल से जुड़ने के बजाय कांग्रेस सरकार के सदस्य बन गये क्योंकि कांग्रेस स्त्रियों की दशा में सुधार लाने के लिए वचनबद्ध थी। अगर कहीं असन्तोष की भावना उभर भी रही थी तो वह बहुत मामूली थी। इसीलिए पचास एवं साठ के दशक में महिला आन्दोलनों में ख़ामोशी रही। परन्तु सत्तर एवं अस्सी के दशक में शुरू हुए नारी आन्दोलन अलग तथा अपने समय के परिवर्तनकारी आन्दोलन माने जाते हैं।

देश के विभाजन तथा स्वाधीनता के फौरन बाद खेत श्रमिकों, किसानों, कम्युनिस्टों और समाजवादियों में छले जाने की भावना तेज़ी से उभरी। कांग्रेस की ओर से प्रभावशाली भूमि पुनर्वितरण के वादे को पूरा करने में किये गये विलम्ब ने किसान सभाओं को विरोध की नयी स्फूर्ति से भर दिया। यह वह समय था जब भारतीय कम्युनिस्ट चीनी क्रान्ति के असर को शिद्दत से महसूस कर रहे थे। नतीजतन कम्युनिस्टों ने किसान सभाओं के नेतृत्व में सरकार द्वारा किये गये प्रयासों को अपर्याप्त बताते हुए उसकी आलोचना की तथा बटाईदारों की रैलियाँ, हड़तालें एवं प्रदर्शन आयोजित कराये और भूमि–सुधारों की माँग की। इनमें से अधिसंख्य आन्दोलनों को सरकार ने खेतिहर नेताओं को गिरफ़्तार करके कुचल दिया परन्तु यह दमनात्मक कार्रवाई 1948–50 के बटाईदारों के आन्ध्र प्रदेश के तेलंगाना आन्दोलन में सम्भव नहीं थी। भारतीय कम्युनिस्ट पार्टी (सीपीआई) के माओवाद से प्रभावित नेताओं के

नेतृत्व में तेलंगाना ज़िले के कोई ढाई हज़ार गाँवों को 'आज़ाद' करा लिया गया। बटाईदारों के क़र्ज़े ख़त्म कर दिये गये, किसानों को बटाईदारों की ओर से दिया जाने वाला ज़मीन किराया (हिस्सा) देना बन्द कर दिया गया तथा बटाईदारों में भूमि का पुनर्वितरण कर दिया गया। सितम्बर, सन् 1948 में भारतीय सेनाओं ने राज्य को अपने क़ब्ज़े में ले लिया तथा किसान नेताओं को गिरफ़्तार करने के साथ–साथ प्रदर्शनकारी किसानों पर गोलियाँ बरसायीं। सीपीआई को ग़ैर–क़ानूनी संगठन घोषित कर दिया गया जिससे आन्दोलन भूमिगत होने को मजबूर हो गया। सीपीआई पर प्रतिबन्ध लगने के बाद कम्युनिस्टों ने गुरिल्ला (छापामार) युद्ध की रणनीति अपनायी।

तेलंगाना आन्दोलन में हड़तालों तथा रैलियों में हज़ारों स्त्रियाँ सक्रिय थीं। आन्दोलन के नेताओं ने असामान्य रूप से पत्नियों की पिटाई जैसी 'स्त्री समस्याओं' पर भी ध्यान केन्द्रित किया। आन्दोलन के नेता ऐसे पतियों को बेनकाब करने की नीयत से उनकी करतूतों को सार्वजनिक करते। महिलाओं के प्रति तेलंगाना आन्दोलन के नेताओं का रवैया बड़ा उदार एवं ज़िम्मेदाराना था। परन्तु जब आन्दोलन भूमिगत हो गया तो महिलाओं को छापामार (गुरिल्ला) दस्ते में शामिल होने की आज्ञा नहीं दी गयी परन्तु उनसे शरण उपलब्ध कराने, सन्देशवाहक बनने जैसे सहायक कार्य करने की अपेक्षा ज़रूर की गयी। अपवादस्वरूप अगर कुछ महिलाओं ने गुरिल्लों में शामिल होने की व्यवस्था कर भी ली तो बाद में उन्हें काफ़ी पछतावा हुआ। उन्होंने बताया कि जब वे गुरिल्ला आन्दोलन से निकलकर वापस अपने परिवारों में पहुँचीं तो उन्हें यह कहकर स्वीकार नहीं किया गया कि उन्होंने अपना स्त्रीत्व खो दिया है।

इस दौरान भारतीय कम्युनिस्ट पार्टी के अन्दर नीतियों को लेकर मन्थन होता रहा और नीतियों में बदलाव की ज़रूरत महसूस की जाने लगी। किसानों के बजाय पार्टी ने श्रमिक वर्ग को आन्दोलन में शामिल करने का निर्णय लिया और सन् 1951 में अपने नुक़सान की भरपाई के लिए सीपीआई ने तेलंगाना आन्दोलन समाप्त कर दिया। भाकपा की इस कार्रवाई से आन्ध्र प्रदेश के कम्युनिस्ट बहुत आहत हुए।

तेलंगाना आन्दोलन की रोशनी में महात्मा गाँधी की सर्वोदय विचारधारा से प्रभावित राष्ट्रवादी नेता विनोबा भावे ने भूदान आन्दोलन शुरू किया। इसके तहत उन्होंने बड़े ज़मींदारों को ज़मीन दान देने के लिए सहमत करना प्रारम्भ किया ताकि उनके द्वारा दान में दी गयी ज़मीन को भूमिहीनों में बाँटा जा सके। उनका आन्दोलन तेलंगाना में तो कोई ख़ास उपलब्धि हासिल नहीं कर सका, परन्तु बिहार में उसे किसी हद तक सफलता मिली।

विनोबा भावे सन् 1955 में बिहार पहुँचे तो उनकी मुलाक़ात भारत छोड़ो आन्दोलन के गाँधीवादी समाजवादी नेता जयप्रकाश नारायण से हुई। जयप्रकाश नारायण ने 'भूदान आन्दोलन' में शामिल होकर अपना शेष जीवन भूदान एवं सर्वोदय के सन्देश के प्रचार–प्रसार में समर्पित करने का प्रण किया। बिहार में भूदान आन्दोलन को काफ़ी ज़मीन मिली परन्तु उसमें से कुछ तो खेती योग्य नहीं थी, कुछ ज़मीन खेती योग्य बन जाने के बाद उसके पुराने स्वामियों ने उसे वापस ले लिया और कुछ ज़मीन ऐसी थी जो भूदान के समय से ही विवादित थी।

उत्तराखण्ड के उत्तरी पहाड़ी क्षेत्रों में भी भावे के माध्यम से सर्वोदय आन्दोलन को पाँव रखने की जगह मिली। विनोबा के निर्देश पर उत्तराखण्ड में जंगलों की कटाई तथा बढ़ती शराबखोरी पर अंकुश लगाने के प्रयास किये गये। आज़ादी के बाद इस क्षेत्र में मीरा बहन तथा सरला बहन द्वारा स्थापित किये गये गाँधी आश्रम इन प्रयासों के केन्द्र बने जिसके परिणामस्वरूप साठ के दशक के पूर्वार्ध में महिलाओं का शराब विरोधी आन्दोलन अस्तित्व में आया। सुन्दरलाल बहुगुणा, जिन्होंने शराबखोरी के विरुद्ध अनशन का गाँधीवादी अस्त्र उठाया, के नेतृत्व में आन्दोलनकारियों ने शराब निर्माताओं तथा विक्रेताओं के विरुद्ध कार्रवाई करने पर ध्यान केन्द्रित किया तथा शराब के व्यापक बहिष्कार तथा उपभोग एवं बिक्री पर रोक लगाने में सफलता प्राप्त की। श्री बहुगुणा शराबखोरी के विरुद्ध जनमत तैयार करने में तो सफल हुए परन्तु वे क्षेत्र से शराब या शराबखोरी को पूरी तरह नहीं मिटा सके।

प्रस्ताव

जयपुर में दिनांक 16, 17 एवं 18 दिसम्बर 1948 को सम्पन्न हुए अखिल भारतीय हिन्दू कोड विरोधी सम्मेलन में निम्नलिखित प्रस्ताव पारित किये गये :

1. जयपुर में सम्पन्न अखिल भारतीय हिन्दू कोड विरोधी सम्मेलन में यह प्रस्तावित किया जाता है कि सम्मेलन अन्य कारणों के अलावा निम्नलिखित कारणों से हिन्दू कोड बिल का पुरज़ोर विरोध करता है और अपील करता है कि इसे वापस ले लिया जाना चाहिए–

   (अ) यह बिल हिन्दू क़ानून की वैदिक एवं शास्त्रीय जड़ों पर प्रहार करता है और यह गम्भीर तथा अपरिहार्य रूप से हिन्दू धर्म, हिन्दू संस्कृति और हिन्दुओं के सामाजिक ढाँचे की बुनियादों को नुक़सान पहुँचायेगा।

   (आ) यह बिल लगभग सम्पूर्ण हिन्दू समाज के ठोस विरोध के बावजूद हिन्दू क़ानून में आमूल बुनियादी एवं क्रान्तिकारी बदलाव की व्यवस्था करता है।

(इ) इस बिल की विवाह, तलाक़ और विरासत इत्यादि की धाराएँ हिन्दू क़ानून की हितकर एवं सनातन मान्यताओं का विरोध करती हैं।

(ई) विरासत में स्त्रियों की भागीदारी सम्बन्धी नयी धारा का उल्लेख किया गया है। इससे न केवल मतभेद बढ़ेंगे, बल्कि हिन्दू परिवार व्यवस्था भी बाधित होगी, जोकि युगों–युगों से पारिवारिक सन्बन्धों के संरक्षण, हिन्दुओं के बीच पारिवारिक सम्पत्ति और पारिवारिक स्थिरता के लिए एक सहकारी संस्थान के रूप में कार्यरत रही।

(उ) यह बहुत बड़ा, अति विवादास्पद और हिन्दू समाज पर दूरगामी प्रभाव डालने वाला बिल है इसलिए इसे, इससे प्रभावित होने वाले हिन्दुओं की किसी बड़ी संस्था द्वारा पूर्णरूपेण विचार किये बिना पास नहीं किया जाना चाहिए।

(ऊ) वर्तमान संविधान सभा का चुनाव भारत के लिए संविधान तैयार करने के निश्चित उद्देश्य के लिए हुआ था और यह ज़्यादा–से–ज़्यादा कोई कामकाजी या तात्कालिक और अविवादास्पद प्रकृति का क़ानून पास कर सकती है।

(ऋ) वर्तमान सभा का चुनाव वयस्क मताधिकार के ज़रिये और अन्य संवैधानिक कारणों से नहीं हुआ है इसलिए इसे, जैसाकि भारतीय राष्ट्रीय कांग्रेस के अध्यक्ष और संविधान सभा के अध्यक्ष ने संकेत किया है, इतने गम्भीर महत्त्व एवं प्रकृति के क़ानून पास नहीं करने चाहिए।

2. इस बिल को फ़िलहाल वापस ले लिया जाना चाहिए तथा इसके प्रावधानों को अगले चुनाव से पूर्व मतदाताओं के समक्ष रखा जाना चाहिए। यदि मतदाता इसे अपनी मंज़ूरी दे दें तभी इस पर विचार किया जाना चाहिए।

3. यह सम्मेलन यहाँ अपने सुविचारित मत की घोषणा करता है कि–

(अ) सम्पूर्ण हिन्दू समुदाय के विरोध के बावजूद यदि इस बिल के प्रायोजक इसे विधायिका के माध्यम से कोड बिल के रूप में पारित किये जाने पर दबाव डालें तो सभा के सदस्यों से अनुरोध है कि वे सामूहिक तथा व्यक्तिगत तौर पर इसका विरोध करें।

(आ) यदि विधायिका के सदस्य बिल का विरोध करने में समर्थ न हों तो मतदाताओं को चुनाव में अपना दृष्टिकोण रखने का अवसर दिया जाना चाहिए।

(इ) संविधान सभा के अध्यक्ष ने पहले ही इस बात का उल्लेख कर दिया है कि इस बिल को लोकमत जानने के लिए वितरित नहीं किया गया है। यहाँ तक कि रजवाड़ों के सरवराहकारों से भी साक्ष्य

नहीं लिए गये हैं क्योंकि हिन्दू कोड उस समय रजवाड़ों में लागू नहीं होना था। अब यदि यह बिल रजवाड़ों समेत सम्पूर्ण भारत में लागू होगा तो रजवाड़ों तथा भारत के नागरिकों से लोगों की राय माँगी जानी चाहिए तथा इस सम्बन्ध में रजवाड़ों में भी इस पर साक्ष्य जुटाये जाने चाहिए।

(ई) यह बिल हिन्दू धर्म में ख़तरनाक और बेहूदा हस्तक्षेप के इरादे से लाया गया है और यह एक हितकर संविधान के मौलिक सिद्धान्तों का उल्लंघन करता है।

यह सम्मेलन संविधान सभा से सिफ़ारिश करता है कि नये संविधान में धार्मिक एवं सांस्कृतिक सुरक्षा की पूर्ण और अनुलंघ्य गारंटी होनी चाहिए और यह व्यवस्था भी की जानी चाहिए कि विधायिका निजी क़ानून में हस्तक्षेप न करे। हिन्दू कोड बिल का विरोध करने के लिए सारे देश में बैठकें आयोजित की जानी चाहिए और पत्र तथा तार भेजने के साथ–साथ बिल के विरोध में हस्ताक्षर एकत्र किये जाने चाहिए। सभी प्रस्तावों की सूचना सरकार को दी जानी चाहिए।

4. देश में सामाजिक और धार्मिक मामलों से जुड़ी कुछ ऐसी फ़िल्में दिखायी जा रही हैं जो हिन्दुओं की भावनाओं को आहत करेंगी अतः यह सम्मेलन सरकार से अपील करता है कि वह ऐसी फ़िल्मों पर प्रतिबन्ध लगाये।

रामावतार पाण्डेय
सचिव
अखिल भारतीय हिन्दू कोड विरोध समिति
दरियागंज, दिल्ली

भारतीय कम्युनिस्ट पार्टी में पार्टीलाइन को लेकर साठ के दशक में गुस्सा भड़का। 1962 में भारत–चीन युद्ध के बाद चीन–सोवियत मैत्री टूट गयी जिससे कम्युनिस्टों का ध्रुवीकरण हो गया तथा भारतीय कम्युनिस्ट पार्टी का सन् 1964 में विभाजन हो गया। विभाजन के पश्चात भारतीय कम्युनिस्ट पार्टी–मार्क्सवादी (सीपीआई–एम) का गठन हुआ जिसे चीन समर्थक माना गया। सन् 1967 में दोनों पार्टियों ने चुनाव लड़ा। कम्युनिस्ट अब तक दो खेमों में बँट चुके थे। इसी तरह सीटें भी बँट गयीं। बाद में पश्चिम बंगाल तथा केरल में कम्युनिस्ट वर्चस्व वाली साझा सरकारें बनीं। सीपीआई–एम के परिवर्तनकामी कॉमरेडों ने इन सरकारों को सन्देह की दृष्टि से देखा। इन लोगों का मानना था कि समय देश के अन्दर क्रान्तिकारी उत्थान की माँग

कर रहा है। चुनावों के फौरन बाद बिहार के नक्सलबाड़ी गाँव में बटाईदारों का आन्दोलन शुरू हुआ, ज़मींदारों की जायदादों पर जबरन क़ब्ज़ा कर लिया गया। कम्युनिस्टों द्वारा संगठित की गयी किसान समितियों के माध्यम से यह आन्दोलन बिहार तथा बंगाल के अन्य क्षेत्रों में बड़ी तेज़ी से फैल गया। पीकिंग रेडियो ने नक्सलबाड़ी को 'आज़ाद कराया गया क्षेत्र' कहकर प्रशंसा की। भारतीय सरकार ने बड़ी सतर्कता से प्रतिक्रिया व्यक्त की। केरल तथा बंगाल में साझा सरकार में शामिल कम्युनिस्टों के सामने स्थिति को शान्त करने की समस्या पैदा हो गयी। इस अवसर पर पार्टी की चुप्पी से क्षुब्ध होकर अनेक समर्थकों तथा सीपीआई–एम के अनेक सदस्यों ने पार्टी छोड़ दी तथा क्रान्तिकारी छात्र, मज़दूर आन्दोलन ख़ासतौर से खेतिहर मज़दूरों के आन्दोलन में शामिल हो गये। अनेक इलाक़ों में बटाईदारों का नया आन्दोलन शुरू हो गया। बिहार में वयोवृद्ध माकपा कार्यकर्ता ए. के. रॉय ने धनबाद ज़िले में बँधुआ मज़दूरों को मुक्त कराने के आन्दोलन का नेतृत्व किया तथा कम्युनों की स्थापना की, आन्ध्र प्रदेश में तेलंगाना आन्दोलन की दूसरी लहर चल पड़ी जिसमें स्त्रियाँ बहुत ज़्यादा सक्रिय थीं, केरल में माओवादियों ने मालाबार में 'लाल सेना छावनी' स्थापित करने की कोशिश की। हालाँकि ये कई गुटों में बँटे हुए थे परन्तु सरकार एवं मीडिया (प्रेस) ने उन्हें 'नक्सलवादी' के रूप में एकजुट कर दिया और इन लोगों ने आतंकवादी विचारधारा को जन्म दिया क्योंकि 1966–67 से भारतीय माओवादी आन्दोलन के भीतर एक 'विध्वंसात्मक धारा' का विकास हुआ। उनका मानना था कि ज़मींदारों एवं पूँजीपतियों की हत्याएँ क़रने से क्रान्तिकारी उत्थान का मार्ग प्रशस्त होगा।

सन् 1969–70 में सभी माओवादी एकजुट हो गये तथा उन्होंने भारतीय कम्युनिस्ट पार्टी मार्क्सवादी–लेनिनवादी (सीपीआई–एमएल) की स्थापना की। माओवादी आन्दोलन का सरकारी दमन एक वर्ष बाद शुरू हुआ तथा सन् 1972 में विध्वंसकारी एवं अविध्वंसकारी सभी खेतिहर कट्टरपन्थी, जुझारू छात्रों तथा अन्य में बिना कोई भेदभाव किये पुलिस तथा सेना ने सबको मौत के घाट उतार दिया। 'सशस्त्र मुठभेड़' की भ्रामक परम्परा की शुरुआत यहीं से हुई। नक्सलवादियों तथा पुलिस के बीच गोलीबारी को 'सशस्त्र मुठभेड़' की शक्ल देकर उसकी आड़ में सरकार ने सभी प्रकार की दमनात्मक कार्रवाईयों को उचित ठहरा दिया।

सन् 1970 के दशक के प्रारम्भ में नक्सलवादी आन्दोलन अनेक छोटे–छोटे टुकड़ों में बिखर गया। इनमें से अनेक ने क्रान्ति प्रक्रिया के पुराने विश्लेषण पर सवाल उठाना शुरू किया। इन गतिविधियों से वामपन्थियों में आन्तरिक

कलह तेज़ हो गयी तथा अनेक नयी विचारधाराओं एवं आन्दोलनों के विकास को बल मिला। अब तक संस्कृति, लिंग, जाति तथा क़बीले जैसे उपेक्षित रहे मुद्दों पर ध्यान केन्द्रित होना शुरू हुआ। क्रान्तिकारी वामपन्थियों की देखादेखी समाजवादी आन्दोलन में भी नये विचारों एवं आन्दोलनों का विकास हुआ। यह अलग बात है कि बहुत सीमित दायरे में इनमें राज्य क्रान्ति, पर्यावरण, ट्रेड–यूनियन तथा लिंग के मुद्दे शामिल थे। इन अनेक नये विचारों एवं आन्दोलनों में स्त्रियों के सर्वाधिक पसन्दीदा अभियान महाराष्ट्र में शहद एवं मूल्यवृद्धि–विरोधी आन्दोलन तथा गुजरात में सेवा एवं नवनिर्माण आन्दोलन थे।

तेलंगाना में 1946–52 के दौरान गुरिल्ला के रूप में प्रशिक्षित होती स्त्रियाँ।

शहद की अधिक पैदावार वाले धूलिया ज़िले के शहर में शहद आन्दोलन शुरू हुआ। यह भील आदिवासी बहुल क्षेत्र है। इस क्षेत्र में ज़्यादातर भील आदिवासी भूमिहीन मज़दूर हैं। इस क्षेत्र के अधिसंख्य ज़मींदार ग़ैर–आदिवासी थे। वे भीलों से बेगार कराते तथा उन्हें अमानवीय यातनाएँ देते थे। भील आदिवासियों की इस दशा के सुधार की पहली कोशिश एक स्थानीय भजन गायक अम्बर सिंह द्वारा की गयी। उन्होंने सन् 1977 में आदिवासी सेवा मण्डल का गठन किया। अम्बर सिंह को जब पता चला कि स्थानीय ज़मींदारों ने दो

भील स्त्रियों के साथ बलात्कार किया है तो उनका ख़ून खौल उठा। ज़मींदारों की बढ़ती पाशविकता से आदिवासियों को बचाने के उद्देश्य से ही उन्होंने इस संस्था का गठन किया। उसी वर्ष कुछ सर्वोदय कार्यकर्ताओं को शहादा में अमीर किसानों द्वारा भील मज़दूरों पर गोली चलाये जाने की घटना का पता चला। इसकी खोजबीन के लिए वे सर्वोदयी शहादा गये। उन्होंने वहाँ पहुँचकर अम्बर सिंह से मुलाक़ात की तथा उनकी सहायता से ग्राम स्वराज्य समिति का गठन किया। थोड़े ही दिनों बाद पुणे तथा बम्बई के धुर वामपन्थी लोग भी इस समिति में शामिल हो गये। मारिया माइज के अनुसार समिति के सदस्यों ने नक्सलवादियों की 'रक्तपात नीति' की परोक्ष रूप से निन्दा की। साथ ही नक्सलवादियों की एकाएक जनउत्थान की धारणा की भी आलोचना की गयी। उनकी आलोचना का सबसे अहम पहलू था नक्सलवादियों द्वारा जन--अभिप्रेरण की उपेक्षा। इसलिए 'जनधारा' शहादा आन्दोलन का सिद्धान्त वाक्य बन गया।

सन् 1972 में शहादा में श्रमिक संगठन की स्थापना हुई। सन् 1972–73 में देश में पड़े भयंकर सूखे के परिणामस्वरूप फैली भुखमरी ने श्रमिक आन्दोलन के तीव्र विकास में सहायता की। आन्दोलनकारियों ने खाली पड़ी परती भूमि पर क़ब्ज़ा करके उस पर खेती करना शुरू कर दिया। इसमें से ज़्यादातर ज़मीन सरकार ने 'वन भूमि' के रूप में आरक्षित की हुई थी। घेराव और सत्याग्रह के माध्यम से संगठन कार्यकर्ताओं ने शहादा में सरकार से सर्वाधिक अकाल सहायता प्राप्त की। इतनी सरकारी राहत महाराष्ट्र के किसी अन्य क्षेत्र में नहीं मिली।

आन्दोलन में सक्रिय मज़दूरों में महिलाओं ने शुरू से आख़िर तक सर्वाधिक महत्त्वपूर्ण भूमिका निभायी। स्त्रियों ने प्रदर्शनों की अगुवाई की, नये--नये जोशीले नारे खोजे तथा लगाये, क्रान्तिकारी गीत गाये तथा जनमत तैयार किया। औरतों ने झोंपड़ी–दर–झोंपड़ी जाकर वहाँ मौजूद पुरुषों को संघर्ष के लिए उकसाया तथा श्रमिक संगठनों में शामिल होने की आवश्यकता बतायी। ज़मींदारों के साथ बातचीत में पुरुषों की अपेक्षा स्त्रियाँ अधिक अड़ियल साबित हुईं।

मात्र दो वर्षों के भीतर एक ऐसा आन्दोलन उभरा जिसमें हज़ारों स्त्रियों ने भाग लिया। घरेलू समाज सुधार कार्य से शुरू हुई महिलाओं की गतिविधियाँ इन दो वर्षों में सर्वोदय आन्दोलन और तत्पश्चात धुर वामपन्थी आन्दोलन में तब्दील हो गयीं। आन्दोलन में स्त्रियों की ताक़त या उनका जुझारूपन जैसे–जैसे बढ़ता गया वैसे–वैसे उन्होंने लिंग आधारित मुद्दे भी उठाने शुरू कर दिये। इसका नमूना हम पहले देख चुके हैं और आगे भी बार–बार देखेंगे।

जब कोई समुदाय अपने सामुदायिक उत्पीड़न को समझ जाता है और उत्पीड़न को अपने आन्दोलन के माध्यम से व्यक्त करने लगता है तो एक–न–एक दिन ऐसी स्थिति अवश्य आ जाती है कि वह लिंग आधार पर किये जाने वाले उत्पीड़न के विरुद्ध प्रश्न उठाने लगता है। दिलचस्प यह है कि पत्नी को पीटने की जिस समस्या को आज़ादी से पहले कम्युनिस्ट आन्दोलन में उठाया गया था, शहादा आन्दोलन में भी वही प्रश्न महिला आन्दोलनकारियों द्वारा उठाया गया।

मीरा सावदा तथा सुजाता घोटोस्कर के अनुसार पत्नी–उत्पीड़न के पीछे पतियों की नशाखोरी मुख्य कारण था जिसके परिणामस्वरूप शराब–विरोधी आन्दोलन का उदय हुआ। भील आदिवासी औरतें शराब बनाने वाली भट्ठियों में जाकर शराब बनाने के सभी बर्तन तोड़ आती थीं क्योंकि उनका मानना था कि इन्हीं दारूखानों में उनके पति आकर शराब पीते हैं और घर जाकर उनकी पिटाई करते हैं। सन् 1972 के अन्त में शुरू हुआ शराब विरोधी आन्दोलन सन् 1973 में भी जारी रहा। इस बीच इसकी ताक़त कई गुना बढ़ गयी। स्त्रियाँ अब जत्थे बनाकर एक गाँव से दूसरे गाँव में जाकर वहाँ चल रही शराब की भट्ठियों को तोड़ने लगीं। श्रमिक संगठन ने महिलाओं का एक शिविर आयोजित किया जिसमें करमखेड़ा गाँव की औरतों ने अपनी आपबीती सुनायी।

'हमें पानी दो, शराब नहीं' जूनागढ़ (हि.प्र.) में धरने पर बैठी स्त्रियाँ।

उन्होंने शिविर की स्त्रियों को बताया कि उनके पति रात को दारू पीकर आते हैं और उनकी जमकर पिटाई करते हैं। उन्होंने शिविर में मौजूद महिलाओं से उनके गाँव की शराब भट्ठियों को समाप्त करने में मदद भी माँगी।

इतना सुनते ही शिविर में मौजूद स्त्रियाँ तुरन्त अपने–अपने स्थान पर खड़ी हो गयीं और करमखेड़ा गाँव की ओर प्रस्थान कर दिया। रास्ते में अन्य जितने भी गाँव पड़े सबमें से निकलकर औरतें इस यात्रा में शामिल होती गयीं। सबसे पहले उन्होंने करमखेड़ा पहुँचकर शराब की सारी भट्ठियों को तहस–नहस कर दिया, फिर थाने की ओर मुड़ीं। थाने का घेराव करके महिलाओं ने पुलिस निरीक्षक से पूछा कि ये शराब की भट्ठियाँ बन्द क्यों नहीं की गयीं। मीरा सावदा तथा सुजाता घोटोस्कर ने आगे बताया कि– "मोआद नामक गाँव में औरतों ने जत्थों में घूम–घूमकर सभी दारूखानों की भट्ठियाँ एवं बर्तन तोड़ दिये तथा गाँव के गुण्डों को आतंकित कर दिया।"

अगले कुछ महीनों में गाँव के अन्दर तथा दो गाँव के बीच में स्त्रियों की समन्वय समितियाँ संगठित की गयीं। अगर किसी गाँव की कोई औरत दूसरे गाँव में जाकर बताती कि उसके पति ने उसकी पिटाई की है तो उस गाँव की औरतें पीड़ित महिला के गाँव में जाकर उसके पति की खुलेआम पिटाई कर देतीं और पति से सबके सामने अपनी पत्नी से माफ़ी माँगने को कहतीं। इस प्रकार शहादा आन्दोलन शराब की बिक्री एवं शराबखोरी के विरोध से शुरू होकर पत्नी–उत्पीड़कों की पिटाई में तब्दील हो गया। जो मुद्दा अब तक निजी माना जाता था, उसे (पत्नी–पिटाई को) किसी का घरेलू मामला मानकर टाल दिया जाता था, स्त्रियों के आन्दोलन के परिणामस्वरूप अब वह सार्वजनिक बन गया। सच्चाई यह है कि मुख्यधारा के समुदायों की भाँति आदिवासी समुदायों में निजी एवं सार्वजनिक की निशानदेही नहीं थी क्योंकि समाप्ति का स्वरूप दोनों में भिन्न था। इसलिए आदिवासियों में मुख्यधारा की स्त्रियों की तरह कोई घरेलू सुरक्षा कवच नहीं था, न ही उनके मातृत्व गुणों में कोई समानता थी। इसके साथ ही आदिवासी समुदायों में स्त्रियों की कामुकता को नियन्त्रित करने का कोई पितृसत्तात्मक डर भी नहीं था। इन्हीं कारणों की वजह से शहादा की औरतों के लिए पितृतन्त्र के कुछ मुद्दों को चुनौती देने का काम आसान हो गया।

शहादा में किये गये शराब विरोधी आन्दोलन की कुछ वर्ष पूर्व उत्तराखण्ड में हुए शराब विरोधी आन्दोलन से तुलना बड़ी दिलचस्प है क्योंकि दोनों का शराब विरोध का तौर–तरीक़ा स्पष्ट है। हालाँकि दोनों में ही शराबियों के बजाय शराब विक्रेताओं के विरोध पर ध्यान केन्द्रित किया गया।

उत्तराखण्ड में शराब–विरोधी आन्दोलन अहिंसा एवं सत्याग्रह पर आधारित था तथा इसमें शराब विक्रेताओं को शर्मसार करके उनमें उत्तम भावनाएँ जाग्रत करने का प्रयास किया गया जबकि शहादा आन्दोलन में बुनियादी तौर पर शराब विक्रेताओं तथा शराबियों को दण्डित करने की कार्रवाई की गयी। इन कार्रवाईयों में शराब के अड्डों पर बर्तनों तथा भट्ठियों को नष्ट करने के साथ–साथ ग़लत रास्ते पर चलने वाले पियक्कड़ पतियों को सबक सिखाना शामिल था। उत्तराखण्ड में शराब को जहाँ बुराई की मुख्य जड़ के रूप में देखा गया, वहीं शहादा में आन्दोलनकारियों ने शराब की बिक्री तथा शराबखोरी के विरोध के साथ–साथ पत्नियों की पिटाई करने वाले पतियों पर सीधा हमला किया। इसके अलावा एक सक्रिय कार्यकर्ता की टिपण्णी, जिसका मीरा सावदा तथा सुजाता घोटोस्कर ने उल्लेख किया है, से पता चलता है कि स्त्रियों का मत था कि पत्नी–उत्पीड़न का कारण पूरी तरह से शराबखोरी ही नहीं था, हमारा विरोध शराब से नहीं बल्कि पत्नियों की पिटाई से था जो कि अपरिहार्य रूप से शराबखोरी का नतीजा था।

पितृसत्ता विरोधी भावनाएँ जो शहादा आन्दोलन में व्यक्त की गयीं वे उत्तराखण्ड में लुप्त रहीं। इसके अनेक कारण हो सकते हैं। उदाहरणार्थ, शहादा एवं उत्तराखण्ड दोनों आन्दोलनों के बीच समय की लम्बी दूरी, सामाजिक ढाँचे तथा स्त्री के प्रति सोच में भिन्नता है क्योंकि एक परम्परागत जाति समाज था जबकि दूसरा आदिवासी। इसके अलावा दोनों आन्दोलन के आन्दोलनकारियों की विचारधारात्मक मत भिन्नता भी एक प्रमुख कारण थी।

इस बीच अहमदाबाद में महिलाओं की ट्रेड यूनियन बनाने की पहली कोशिश की गयी। यह कोशिश गाँधी जी द्वारा स्थापित टैक्सटाइल लेबर एसोसिएशन (टीएलए) से जुड़े गाँधीवादी समाजवादियों की ओर से की गयी। सन् 1972 में इला भट्ट ने सेल्फ़–एम्प्लॉयड वीमेंस एसोसिएशन (सेवा) की स्थापना की। सुश्री भट्ट पहले टीएलए की महिला शाखा से जुड़ी हुई थीं। सेवा एक ऐसा संगठन था जो असंगठित क्षेत्र में काम करने वाली स्त्रियों के लिए बनाया गया था। विभिन्न व्यवसायों में काम करने वाली इन महिलाओं की दशा काफ़ी शोचनीय एवं आमदनी बहुत कम थी। ये औरतें ज़्यादातर घरों में मशीनों की देखभाल या गलियों में फेरी लगाकर सामान बेचती थीं। घरों में ठेकेदार तथा गलियों में पुलिस इन्हें तंग करती थी। इसके अतिरिक्त उनके श्रम को समाजोपयोगी भी नहीं माना जाता था। 'सेवा' का उद्देश्य उन महिलाओं को प्रशिक्षण, तकनीकी सहायता एवं मोलभाव करने की दक्षता के ज़रिये उनकी स्थिति में सुधार लाना था। इसके साथ–ही–साथ 'सेवा' इनमें गाँधी जी के ईमानदारी,

मानव मूल्य एवं 'सादा जीवन उच्च विचार' की भावनाएँ भरने के लिए कृतसंकल्प था। अपनी गाँधीवादी विचारधारा के कारण 'सेवा' ने 'सहकार' से 'एकाकार' की नीति अपनायी। यह सम्भव है कि इस नीति के चयन में 'सेवा' (यानी अन्य लोगों की समर्पित देखभाल) के शाब्दिक अर्थ ने भूमिका निभायी हो। वस्तुतः एक ट्रेड यूनियन के रूप में 'सेवा' के पंजीकरण में काफ़ी दिक़्क़तें आयीं क्योंकि भारतीय ट्रेड यूनियन क़ानून के अन्तर्गत किसी यूनियन को अधिकृत मान्यता तभी प्रदान की जाती थी जब वह किसी फैक्टरी विशेष या किसी नियोक्ता विशेष के मज़दूरों द्वारा बनाई गयी हो। 'सेवा' इसमें से कोई भी शर्त पूरी नहीं करता था। टीएलए के समर्थन से 'सेवा' ने दलील दी कि किसी यूनियन के लिए इन शर्तों को पूरा करना आवश्यक नहीं है। यूनियन का आधार उसके सदस्यों का 'विकास' होना चाहिए। विकास को परिभाषित करते हुए सेवा ने तर्क दिये कि विकास का अर्थ है–'शोषण से मुक्ति, नियमित काम की गारंटी, तथा उन्नत तकनीक सीखने के लिए सदस्यों को अवसर प्रदान करना'। संयोगवश उनकी दलील मंज़ूर कर ली गयी और ट्रेड यूनियन के रूप में 'सेवा' का पंजीकरण हो गया।

दिलचस्प यह है कि सत्तर के दशक में उभरी नारीवादी आन्दोलन की कुछ शाखाओं ने 'सेवा' को कोई कारगर संगठन मानने के बजाय उसके सुधारवादी रवैये के लिए 'सेवा' की आलोचना की। 'सेवा' ने स्वयं भी नारीवादियों से दूरी बनाये रखी, शायद इसका कारण यह था कि 'सेवा' उन्हें 'पाश्चात्य' एवं अधिक प्रगतिवादी मानता था। दूसरी ओर शहादा को नारीवादियों ने निश्चित रूप से स्वीकार किया क्योंकि इसका आंशिक कारण पुरुषों की हिंसा पर सीधा हमला था तथा आंशिक रूप से इसका कारण सत्तर के दशक के अन्तिम वर्षों के नारीवादियों का इसमें शामिल होना था। थोड़ा अलग रूप में नारीवादियों ने 'सेवा' की अपेक्षा बम्बई के मूल्यवृद्धि विरोधी आन्दोलन तथा गुजरात के नवनिर्माण आन्दोलन को अधिक महत्त्व दिया क्योंकि उनमें हज़ारों स्त्रियाँ सक्रिय थीं।

शहादा समेत महाराष्ट्र के अन्य भागों में पड़े सूखे एवं भुखमरी के कारण ही क़ीमतें बढ़ीं जिससे शहरी क्षेत्र भी प्रभावित हो गया। सन् 1973 में समाजवादी पार्टी (सोशलिस्ट पार्टी) की मृणाल गोरे तथा माकपा की अहिल्या रांगणेकर ने मिलकर मूल्यवृद्धि विरोधी संयुक्त महिला मोर्चे का गठन किया। जिस प्रकार पूर्व में भुखमरी के दिनों में ग़रीब ग्रामीण महिलाओं को आन्दोलन के लिए तैयार किया गया था उसी प्रकार इस मोर्चे ने भी मुद्रास्फीति के विरुद्ध शहरी स्त्रियों को एकजुट होने के लिए प्रेरित किया।

मूल्यवृद्धि विरोधी आन्दोलन इतनी तेज़ी से उभरा कि कुछ ही समय में यह उपभोक्ता सुरक्षा का स्त्रियों का व्यापक आन्दोलन बन गया। आन्दोलनकारियों ने माँग की कि आवश्यक वस्तुओं की क़ीमतें तथा उनका वितरण दोनों ही सरकार की ओर से सुनिश्चित किया जाये। इसलिए आन्दोलन में प्रदर्शन के नये तरीक़े खोजे गये जिनमें गृहिणियों को शामिल किया गया और मूल्यवृद्धि के विरुद्ध होने वाले प्रदर्शनों में उन्होंने बेलन से थालियाँ पीट–पीटकर अपने गुस्से का इज़हार किया। प्रदर्शन इतने बड़े होते थे कि उनमें दस से बीस हज़ार स्त्रियाँ शामिल होकर संसद सदस्यों तथा उद्योगपतियों का घेराव करके उन्हें चूड़ियाँ भेंट करतीं और जमाखोर व्यापारियों के गोदामों पर छापे मारतीं।

इसके तत्काल बाद मूल्यवृद्धि विरोधी आन्दोलन फैलकर गुजरात तक पहुँच गया जहाँ इसे सन् 1974 में नवनिर्माण आन्दोलन के नाम से जाना गया। नवनिर्माण आन्दोलन मूलतः मूल्यवृद्धि, भ्रष्टाचार एवं कालाबाज़ारी के ख़िलाफ़ चलाया जाने वाला छात्रों का आन्दोलन था जिसमें आगे चलकर हज़ारों स्त्रियाँ शामिल हो गयीं और वह एक विशाल मध्यवर्गीय आन्दोलन बन गया।

बेलन और घी के खाली डिब्बे लेकर महँगाई के विरोध में प्रदर्शन करती स्त्रियाँ

नवनिर्माण आन्दोलन मूल्यवृद्धि के विरोध से हटकर सरकार की अलोकतान्त्रिक एवं रिश्वतखोर प्रवृत्ति को देखते हुए सरकार की सर्वांगीण आलोचना की ओर मुड़ गया। आन्दोलन के तौर–तरीक़ों में आम भूख हड़ताल से लेकर बनावटी अदालतें बनाकर भ्रष्ट सरकारी कर्मचारियों तथा राजनीतिज्ञों की खिल्ली उड़ाना शामिल था। बनावटी अदालतों द्वारा भर्त्सना किये जाने वाले अफ़सरों तथा भ्रष्ट नेताओं के पुतले जलाये जाते। नये युग के उदय का स्वागत करने के लिए प्रभात फेरियाँ निकाली जातीं। स्त्रियों ने थालियाँ पीट–पीट कर विधानसभा की शोक की घण्टियाँ भी बजायीं। सन् 1974 के नवनिर्माण आन्दोलन को कुचलने में पुलिस को तीन महीने लगे तथा 90 से 100 लोग मारे गये।

नवनिर्माण आन्दोलन के कार्यकर्ता जयप्रकाश नारायण के 'सम्पूर्ण क्रान्ति' के नारे से प्रभावित थे। वे सुधार के लिए लड़ने के साथ–साथ राज्य की शक्ति पर अंकुश लगाना चाहते थे क्योंकि उनकी दलील थी कि चूँकि राजनीति भ्रष्ट एवं बदबूदार हो गयी है इसलिए अब लोकनीति का समय आ गया है। जाति व्यवस्था तथा धार्मिक रीति–रिवाजों का विरोध, राजनीतिक तथा आर्थिक परिवर्तनों के साथ–साथ सामाजिक तथा व्यक्तिगत सम्बन्धों में परिवर्तन इत्यादि लोकनीति उनकी परिभाषा के केन्द्रीय बिन्दु थे। नवनिर्माण आन्दोलन का मुख्य लक्ष्य राजनीति में व्याप्त भ्रष्टाचार था इसलिए 'लोक न्याय' के लिए 'लोक अदालतों' के गठन को लोकनीति की रचना के क़दम के रूप में देखा गया। इसलिए आन्दोलन जातीय, धार्मिक, व्यक्तिगत या पारिवारिक सम्बन्धों के परिवर्तन के महत्त्व पर ज़्यादा ज़ोर देता दिखायी नहीं देता।

इस प्रकार मूल्यवृद्धि विरोधी और नवनिर्माण आन्दोलन को पितृसत्ता विरोधी कहा जाये या नहीं, एक खुला प्रश्न बन गया। दोनों में से किसी एक ने भी यह नहीं पूछा कि घरेलू ख़र्च में हुई वृद्धि को पुरुषों के बजाय स्त्रियों की चिन्ता का विषय क्यों माना जाये। इस मामले में ऐसा लगता है कि उन्होंने शायद यह मान लिया कि परिवार स्त्रियों का क्षेत्र है दोनों में से एक ने भी न तो स्त्रियों की भूमिका को उत्पादक के बजाय उपभोक्ता कहे जाने को चुनौती दी और न ही उन्होंने यह पूछा कि परिवार को उत्पादन के बजाय उपभोक्ता इकाई क्यों माना जाये। इसके अलावा पुरुषों को शर्मसार करने के लिए स्त्रियों द्वारा उन्हें चूड़ियाँ भेंट किया जाना इस बात का प्रतीक तो था कि वे सार्वजनिक तौर पर उनकी कारगुजारियों से खिन्न हैं परन्तु पितृसत्ता को इन गतिविधियों से कोई चुनौती दी जाती दिखायी नहीं देती। हालाँकि स्त्रियों की सामूहिक–सार्वजनिक गतिविधियों को आमतौर पर पितृसत्ता के लिए ख़तरे के रूप में देखा जाता है और मूल्यवृद्धि विरोधी आन्दोलन तथा नवनिर्माण

आन्दोलनों में हज़ारों स्त्रियाँ सार्वजनिक कार्रवाई में लिप्त रहीं। शायद दोनों आन्दोलनों ने पितृसत्ता विरोधी विचारों को परोक्ष रूप से फलने–फूलने की अनुमति दी क्योंकि स्त्रियों की अनेकानेक गतिविधियाँ सत्तर के दशक के उत्तरार्ध में नारीवादी गतिविधियों के रूप में उभरीं।

नवनिर्माण आन्दोलन के उत्थान एवं पतन के वर्षों में ही समकालीन नारीवादी आन्दोलन का पहला महिला संगठन 'प्रोग्रेसिव ऑर्गनाइज़ेशन ऑफ़ वीमेन' के नाम से हैदराबाद में स्थापित किया गया। माओवाद को बलात् कुचल दिये जाने के बाद स्त्रियों का यह पहला संगठन था जिसमें माओवादी स्त्रियों को शामिल किया गया और संगठन के भीतर आत्मावलोकन करने की प्रक्रिया शुरू हुई। माओवादी महिलाएँ लिंग आधारों पर जारी स्त्रियों के शोषण को रेखांकित करते हुए महिलाओं को उसके विरुद्ध संगठित करती थीं। माओवादी स्त्रियाँ जहाँ लैंगिक आधार पर स्त्रियों के शोषण के एकसूत्री कार्यक्रम को लेकर चल रही थीं वहीं प्रगतिशील महिला संगठन (पीओडब्ल्यू) ने अपने घोषणापत्र के ज़रिये स्त्रियों की सम्पूर्ण समस्याओं के विश्लेषण का प्रयास किया जिसने नारीवाद के उदय का आभास कराया। हम प्रस्तावना में इसका उल्लेख कर चुके हैं कि स्त्रियों के पितृसत्ता विरोधी आन्दोलनों से भिन्न समतामूलक विचारों पर आधारित अनेक स्त्री–आन्दोलन सत्तर के दशक में हुए। प्रगतिशील महिला संगठन (पीओडब्ल्यू) ने नारीवाद में तारतम्य स्थापित किया और बराबरी का विचार उनके घोषणापत्र में स्पष्ट दिखायी देता है–

> भारतीय स्त्री को पुरुष के बराबर की भागीदार एवं जीवन के सभी क्षेत्रों में उसकी सक्रिय सहभागिता की अवधारणा जितनी हैरतअंगेज़ आज है उतनी पहले कभी नहीं थी। हमारे पास एक ओर हमारा संविधान है जो स्त्रियों को बराबर का दर्जा देने की बार–बार पवित्र घोषणा करता है तथा इधर–उधर कुछ स्त्रियाँ नेताओं के रूप में दिखायी पड़ती हैं, जबकि दूसरी ओर भारतीय स्त्रियों की भयावह स्थिति दिखायी देती है। रूढ़िवादी संस्कृति स्त्रियों को घर के अन्तःपुर में सार्वजनिक जीवन में सक्रिय सहभागिता से दूर रहने का उपदेश देती है। दूसरी ओर तेज़ी से बढ़ती पाश्चात्य संस्कृति ने स्त्री को मात्र भोग–विलास की वस्तु बना दिया है। कला एवं साहित्य में स्त्रियों के प्रति अश्लीलता आम है। पुरुषों की आक्रामक श्रेष्ठता ने महिलाओं से छेड़छाड़ एवं उससे भी एक क़दम आगे बलात्कार की रुग्ण मानसिकता को जन्म दिया है। हममें से अनेक स्त्रियों को अपने जीविकोपार्जन के लिए काम करने की इजाज़त नहीं है तथा जो स्त्रियाँ पुरुषों के साथ कन्धे से कन्धा मिलाकर काम करती हैं

उन्हें समान कार्य के लिए समान वेतन नहीं दिया जाता। गृहस्थी का काम करने वाली स्त्रियों की स्थिति भी ठीक नहीं है। घर की चारदीवारी में कैद होकर सुबह से रात तक कमरतोड़ काम करने वाली स्त्रियों को न तो किसी प्रकार की आज़ादी है और न ही कोई सम्मान दिया जाता है।

प्रगतिशील महिला संगठन (पीओडब्ल्यू) के अनुसार स्त्रियों के शोषण के दो बुनियादी ढाँचे थे–लैंगिक आधार पर श्रम का विभाजन तथा वह संस्कृति जिसने इसे प्रतिपादित किया। श्रम–विभाजन में भेदभाव के पीछे मंशा यह थी कि स्त्रियों को आर्थिक रूप से पुरुषों पर आश्रित रखा जाये। स्त्रियों के शोषण का दूसरा कारण थी वह सामाजिक बनावट जो स्त्रियों को पुरुषों से हेय प्रमाणित करने के लिए औचित्यपूर्ण सिद्धान्त गढ़ लेती थी जिसके तहत कहा जाता था कि स्त्रियों एवं पुरुषों की दैहिक रचना इस प्रकार है कि स्त्रियाँ प्राकृतिक रूप से पुरुषों से कमज़ोर हैं। कालान्तर में दोनों में परिवर्तन आया तथा रूढ़िवादिता एवं बढ़ती पाश्चात्य संस्कृति का प्रभाव दोनों परस्पर विरोधी रूप में सामने आये। परोक्ष रूप से माना गया कि सच्चाई को उजागर करने के साथ–साथ इस प्रकार की परस्पर विरोधी मान्यताओं ने स्त्रियों के मुक्ति आन्दोलन की स्थिति पैदा कर दी है। हालाँकि घोषणापत्र में यह बात नहीं कही गयी बल्कि इसके बजाय घोषणापत्र में स्त्रियों के शोषण को समाप्त करने की युक्तियों को रेखांकित किया गया। इन उपायों में सबसे पहले 'आर्थिक निर्भरता के आधार तथा घर में निजी काम' की प्रवृत्ति पर चोट की गयी। दूसरे उपाय के तहत 'समानता की विचारधारा' जोकि समाजवाद में पायी जा सकती थी, के प्रसार की बात कही गयी– समाजवादी परिभाषा के तहत कहा गया कि, "स्त्रियों को जीवन के सभी क्षेत्रों में सहभागी बनने के लिए प्रोत्साहित किया

हिमाचल प्रदेश में शराब विरोधी आन्दोलन

जाना चाहिए तथा उनकी ऊर्जा का चहुँमुखी विकास होना चाहिए। शोषित वर्गों की विचारधारा के रूप में समाजवाद स्त्रियों को समानता का अधिकार दिलाने के लिए सभी आवश्यक एवं वास्तविक वातावरण तैयार करेगा।"

सन् 1975 में महाराष्ट्र में नारीवादी गतिविधियों की अचानक बाढ़–सी आ गयी। कुछ नारीवादियों ने इसे आंशिक रूप से संयुक्त राष्ट्र की घोषणा के आलोक में देखा जिसमें वर्ष 1975 को अन्तरराष्ट्रीय महिला वर्ष घोषित किया गया था तथा शायद इसलिए भी कि इस घोषणा में स्त्रियों से सम्बन्धित मुद्दों पर रोशनी डाली गयी थी! परन्तु ऐसा लगता है कि अगर संयुक्त राष्ट्र की यह घोषणा न होती तो भी महाराष्ट्र में नारीवादी गतिविधियाँ सम्पन्न होतीं क्योंकि महाराष्ट्र में महिलाओं की मुसीबतों में दिलचस्पी की शुरुआत सत्तर के दशक के प्रारम्भ में ही हो चुकी थी, इसे हम शहादा एवं मूल्यवृद्धि विरोधी आन्दोलनों में देख चुके हैं। पीओडब्ल्यू यानी प्रगतिशील महिला संगठन से प्रभावित होकर माओवादी स्त्रियों ने पुणे में पुरोगामी स्त्री संगठना तथा बम्बई में स्त्री मुक्ति संगठना का गठन किया। भारत में 8 मार्च को अन्तरराष्ट्रीय महिला दिवस के रूप में पहली बार मनाया गया जिसमें पार्टी आधारित तथा स्वायत्त, दोनों संगठनों ने बम्बई में बड़े पैमाने पर भाग लिया। लाल निशान पार्टी ने अपने अख़बार का विशेषांक प्रकाशित किया, सितम्बर में दलितों तथा समाजवादियों ने देवदासियों का सम्मेलन आयोजित किया। अक्टूबर 1975 में माओवादी आन्दोलन से पैदा हुए लाल निशान पार्टी, श्रमिक संगठना तथा मागोवा जैसे संगठनों ने पुणे में 'संयुक्त महिला मुक्ति संघर्ष' सम्मेलन का आयोजन किया। इस सम्मेलन में समूचे महाराष्ट्र की स्त्रियों ने हिस्सा लिया जिनमें से कुछ माकपा से सम्बद्ध थीं तथा शेष अन्य समाजवादी तथा रिपब्लिकन पार्टी से सम्बद्ध थीं।

सबसे रोचक वह सम्बन्ध था जो इन दिनों जाति–विरोधी दलित आन्दोलन तथा नारीवाद के बीच स्थापित किया जा रहा था। *जनवेदना* नामक दलित मराठी अख़बार ने स्त्रियों के ऊपर एक विशेषांक प्रकाशित किया जिसका शीर्षक था 'तीसरी दुनिया में स्त्रियों का आधे आसमान पर आधिपत्य'। उपरोक्त शीर्षक चीनी भाषा के एक बयान से लिया गया था जिसका आशय पहली दुनिया के नारीवाद से अपने अलगाव को स्पष्ट करना था; तथा कुछ महीनों के बाद दलित स्त्रियों द्वारा एक नया संगठन तैयार किया गया जिसका नाम रखा गया महिला समता सैनिक दल। अपने नाम के अनुसार इस संगठन ने बराबरी तथा स्त्रियों की जुझारू छवि विकसित करने पर बल दिया। इस संगठन की एक धुँधली समानता अमेरिका के अश्वेत आन्दोलन

से की जा सकती थी और दल के घोषणा–पत्र में एंजेला डेविस को वास्तव में अपनी बहन बताया। हालाँकि प्रगतिशील महिला संगठन (पीओडब्ल्यू) की भाँति महिला समता सैनिक दल ने भी महिलाओं के यौन–उत्पीड़न का अपने घोषणा–पत्र में पुरज़ोर उल्लेख किया, परन्तु महिला उत्पीड़न के मामले में दल का विश्लेषण पीओडब्ल्यू से मौलिक रूप से भिन्न था। दल ने महिलाओं तथा दलितों के उत्पीड़न का मुख्य कारक धर्म को माना तथा जाति व्यवस्था को भारत में असमानता का स्रोत बताया–

"लोगों पर जाति का लेबल लगाकर उन्हें सताया जाता है तथा गुलाम बना लिया जाता है। इसलिए जाति व्यवस्था को जब तक जड़ से उखाड़ फेंका नहीं जायेगा तब तक लोगों में भेदभाव करने वाली जाति–विचारधारा नहीं मरेगी। पूर्ण समानता स्थापित नहीं की जा सकेगी। यह हमारी दृढ़ अवधारणा है। जाति व्यवस्था की रचना स्वार्थी व्यक्तियों द्वारा उनके स्वार्थ की पूर्ति के लिए की गयी है हम इसे समाप्त करने वाले सैनिक बन गये हैं। ये रीति–रिवाज ही हैं जो धर्म के नाम पर दासता को बढ़ावा देते हैं। यह धर्म ही है जिसने स्त्रियों को गुलाम बना रखा है। धार्मिक पुस्तकें, जो स्त्रियों तथा शूद्रों को निकृष्ट मानकर हमें शिक्षा ज्ञान तथा स्वतन्त्रता से वंचित करती हैं, स्वार्थी हैं। ये सभी पुस्तकें पुरुषों द्वारा लिखी गयी हैं तथा स्त्रियों को गुलाम बनाये रखा गया है।"

आगे इस घोषणापत्र में जाति–उत्पीड़न तथा महिला उत्पीड़न में समानता स्थापित की गयी है। महिलाओं के मामले में स्त्रियों तथा पुरुषों के मध्य जाति विभाजन किया गया है जिसमें महिलाओं के उत्पीड़न के लिए उनकी पवित्रता तथा अपवित्रता को आधार बनाया गया है–

"पतिव्रता का अर्थ है कि एक व्यक्ति यानी केवल अपने पति के प्रति निष्ठावान होना, तभी स्त्री की एकल शुद्धता बरकरार रहती है। पारिवारिक पवित्रता पुरुष की एकल निष्ठा के आधार पर नहीं बल्कि स्त्रियों की एकल निष्ठा पर निर्धारित की जाती है इसलिए स्त्रियों को घर के अन्दर क़ैद रखा जाता है। पुरुष जाति ने इसी अन्धविश्वास के कारण स्त्रियों के साथ अत्यधिक अन्याय किया है। हमारा यह दृढ़ मत है कि पुरुषों ने केवल अपने यौन–सुख के लिए स्त्रियों को आज़ादी तथा ज्ञान से वंचित रखते हुए उन्हें गुलाम बनाये रखा है।"

प्रगतिशील महिला संगठन (पीओडब्ल्यू) तथा महिला समता सैनिक दल (एमएसएसडी) के घोषणापत्रों में महिलाओं के यौन उत्पीड़न का जिस रूप में उल्लेख किया गया वैसा पूर्ववर्ती समाज सुधारवादी तथा नारीवादी महिला

समूहों ने, कुछ निश्चित श्रेणी की स्त्रियों मसलन वेश्याओं और देवदासियों को छोड़कर, जिनका कि यौन उत्पीड़न रोका नहीं जा सकता था, कभी नहीं किया। दूसरी ओर पीओडब्ल्यू तथा एमएसएसडी ने सभी स्त्रियों के यौन उत्पीड़न पर चिन्ता जतायी। दोनों संगठनों द्वारा स्त्रियों के यौन उत्पीड़न पर जिस प्रकार चिन्ता जतायी गयी वह शुरुआती समकालीन नारीवादी आन्दोलन द्वारा व्यक्त चिन्ताओं से स्पष्टतया भिन्न है–हालाँकि इसे पहले भी और वर्तमान में भी समकालीन आन्दोलन के विभिन्न समूहों द्वारा भिन्न रूप से देखा गया। उदाहरणार्थ, प्रगतिशील महिला संगठन ने महसूस किया कि सब प्रकार से पुरुष वर्चस्व इसलिए है क्योंकि स्त्रियाँ आर्थिक रूप से पुरुषों पर निर्भर हैं। दूसरी ओर महिला समता सैनिक दल की सोच थी कि पुरुषों की आधारभूत 'यौन–सुख' की इच्छा ने ही स्त्रियों को गुलाम बनाने के लिए पुरुषों को प्रेरित किया है। इन दो विचारों की पृष्ठभूमि में विश्वव्यापी समाजवादी–नारीवादी आन्दोलन की यह पुरातन दलील थी कि स्त्रियों एवं पुरुषों की शारीरिक रचना को स्त्रियों के उत्पीड़न का मूल माना जाये या नहीं। प्रगतिशील महिला संगठन का दृष्टिकोण था कि यौन उत्पीड़न मात्र शारीरिक रचनात्मक भेद के कारण नहीं बल्कि इसके पीछे हज़ारों वर्षों से चला आ रहा स्त्री एवं पुरुष के बीच श्रम का बँटवारा था जिसमें पुरुष की श्रेष्ठता की विचारधारा बलवती हुई। एमएसएसडी का मत था कि स्त्रियों का शोषण उनकी पुनरुत्पादक क्षमताओं के कारण था– "यह आवश्यक नहीं कि स्त्रियों को इसलिए नीचा समझा जाये क्योंकि उन्होंने बच्चों की देखभाल का दायित्व स्वीकार किया है।"

सन् 1975 में आपात्काल की घोषणा ने शैशवकालीन महिला आन्दोलन के विकास को अवरुद्ध कर दिया क्योंकि अनेक राजनीतिक संगठन भूमिगत हो गये, हज़ारों सक्रिय कार्यकर्ता गिरफ़्तार कर लिए गये तथा जो कुछ थोड़े–बहुत आपात्काल का शिकार होने से बचे रह गये उन्होंने अपनी ऊर्जा का इस्तेमाल नागरिक अधिकार समूहों की गतिविधियों में किया। सन् 1977 में आपात्काल (इमरजेंसी) की समाप्ति तथा 1978 में जनता पार्टी की स्थापना के साथ 1970 के दशक के प्रारम्भिक एवं बीच के आन्दोलनों का नवीनीकरण हुआ तथा सारे देश, मुख्यतया शहरों में नारीवादी संगठन स्थापित किये गये।

नवस्थापित स्त्री संगठनों का उल्लेखनीय पहलू यह था कि उन्होंने अपने–आप को 'नारीवादी' घोषित किया, इस सच्चाई के बावजूद कि उसके अधिकांश सदस्य वामपन्थी विचारधारा के थे। वामपन्थी नारीवाद को बुर्जुआ एवं भेदभावमूलक मानते थे क्योंकि उन्होंने 'स्वायत्त' होने पर ज़ोर दिया, यह अलग बात है कि उसके ज़्यादातर सदस्य अन्य राजनीतिक दलों से सम्बद्ध थे

ख़ासतौर से धुर वामपन्थी संगठनों से। विचारधारात्मक मतभेदों के बावजूद उन्होंने तेज़ी से तारतम्य स्थापित कर लिया। बहरहाल, सभी तीनों संगठन अपनी–अपनी उत्पत्ति एवं पृष्ठभूमि के आधार पर परिभाषित एवं सीमित हो गये।

दिल्ली के विभिन्न समूहों का संयुक्त प्रदर्शन

शुरू के एक या दो वर्ष इन संगठनों को अपने–आपको परिभाषित करने में निकल गये। इनके अधिसंख्य सदस्य धुर वामपन्थी तथा शहरी मध्यवर्गीय शिक्षित समुदाय से सम्बद्ध थे। इन्हीं दो कारकों ने सत्तर के दशक के अन्तिम एवं अस्सी के दशक के प्रारम्भिक वर्षों में नारीवादी आन्दोलन को मिश्रित रूप से प्रभावित किया। एक ओर वर्ग आधारित महिला उत्पीड़न पर उल्लेखनीय बहस हो रही थी मसलन स्त्रियों की मुक्ति का मार्ग खोजने तथा उसमें नारीवादियों की अपनी भूमिका क्या हो, इस पर चर्चा हो रही थी, दूसरी ओर नारीवादियों की मौलिक मध्यवर्गीय पृष्ठभूमि ने उन्हें यह सोचने पर मजबूर कर दिया कि उनकी अपनी ज़रूरतें भारत में रहने वाली बहुसंख्यक कामकाजी, श्रमिक तथा मेहनतकश वर्गों की स्त्रियों की आवश्यकताओं से कम हैं। नतीजतन उनके अपने अनुभवों से चयनित नारीवाद कभी भी 'सत्य' या यहाँ तक कि 'वास्तविक' नहीं हो सका। परिणामस्वरूप श्रमिक वर्ग तथा मध्यवर्ग की स्त्रियों के उद्देश्यीकरण की आवश्यकता महसूस की गयी क्योंकि आत्मचेतना, जोकि घनिष्ठता को सुगम बनाती है, गौण हो गयी। इस प्रकार भावनात्मक ज़रूरतें या इच्छाएँ सार्वजनिक से हटकर व्यक्तिगत क्षेत्र में सीमित हो गयीं जिससे निजी–सार्वजनिक का भेद उभरा।

इस भेदभाव का नारीवादियों ने परिवार में होने वाले बलात्कार या हिंसा के विरुद्ध चलाये गये अभियानों में विरोध किया था, यही भेदभाव भिन्न--भिन्न रूपों में इन संगठनों के भीतर भी दिखायी पड़ा।

वेश्यावृत्ति में जबरन धकेली गई जवान स्त्रियाँ। इन्हें सन् 1976 में उत्तर प्रदेश के एक मकान से छुड़ाया गया।

कुछ वर्षों के भीतर इस तर्क का एक तीसरा नज़रिया भी प्रस्तुत किया गया। कहा गया कि महिलाओं के उत्पीड़न का मूल स्त्री–पुरुष की दैहिक रचना के भेद में निहित है। उत्पादन एवं पुनरुत्पादन के तरीक़ों में ऐतिहासिक बदलाव के कारण से शारीरिक भेदभाव महिलाओं को पराभूत करने में महत्त्वपूर्ण हो गया–

"मानव इतिहास का पहला द्वैत था लैंगिक आधार पर श्रम का विभाजन जो स्त्रियों की पुनरुत्पादक योग्यता के कारण उभरा। स्त्रियों के जीवन का बड़ा हिस्सा शिशु जन्म, शिशुओं की देखभाल में बीत जाता है जिससे

उनकी गतिशीलता कम हो जाती है और वे गृहिणी मात्र बनकर रह जाती हैं। जैसे–जैसे समाज पहले कृषि, फिर व्यापार और तत्पश्चात उद्योगोन्मुख हुआ, महिलाओं का दायित्व प्रसव, शिशु देखभाल इत्यादि तक सीमित कर दिया गया। स्त्री शरीर पर नियन्त्रण का विनियोजन पूँजीवाद के अन्तर्गत हमारे उत्पीड़न का सर्वाधिक उल्लेखनीय नमूना है। ग़ैर–पूँजीवादी समाज ने जहाँ अपनी जनसंख्या को नियमित करने की ज़रूरत महसूस की, वहीं पूँजीवाद ने महसूस किया कि श्रम–शक्ति को नियमित करने की ज़रूरत है क्योंकि उत्पादन एवं उपभोग में तालमेल बैठाने के लिए स्त्रियों की पुनरुत्पादक क्षमताओं पर अधिक व्यवस्थित नियन्त्रण की आवश्यकता है। पूँजीवादी अर्थव्यवस्था के सुगम संचालन को सुनिश्चित करने के लिए यह बुनियादी ज़रूरत बन गया क्योंकि अति रोज़गार या अल्प रोज़गार इसके लिए ख़तरनाक था।"

हालाँकि अधिसंख्य नारीवादियों के मार्क्सवाद से सम्बद्ध होने के कारण उनमें इस बात पर व्यापक सहमति बनी कि महिलाओं के उत्पीड़न के विश्लेषण के लिए एक वस्तुनिष्ठ ढाँचे की स्थापना की आवश्यकता है। नारीवादियों में इस बात पर तीव्र मतभेद उभरे कि आख़िर इसका अर्थ क्या है। बहस इस प्रश्न पर शुरू हुई कि क्या महिलाओं के उत्पीड़न का कारण उनका पुरुष एवं परिवार से सम्बद्ध होना है या कि पुरुषों का स्त्रियों पर नियन्त्रण महिलाओं के उत्पीड़न का कारण है। इसके साथ ही बहस में यह भी सवाल उठाया गया कि क्या उनके उत्पीड़न का कारण सामन्ती सोच है या कि वर्तमान में पूँजीवाद के रूप में अवतरित सामन्तशाही नज़रिया इसके लिए ज़िम्मेदार है। क्या परिवार को महिलाओं के उत्पीड़न का तन्त्र माना जाये या वर्ग के आधार पर उसमें भेद किया जाये, यानी क्या श्रमिक वर्ग परिवार को मध्यम वर्ग परिवार से बिल्कुल भिन्न रूप में देखा जाये क्योंकि श्रमिक वर्ग पूँजीवाद के उत्पादन का माध्यम बनने में सहायक है जबकि मध्यम वर्ग पूरी तरह शोषित हैं। इस बहस की पृष्ठभूमि में यह तर्क था कि कितनी दूर और किन तरीक़ों से स्त्रियों के अनुभवों में समरूपता स्थापित की जाये और क्या अन्ततोगत्वा यह वर्ग और कुछ हद तक जातीय, सामुदायिक सीमाओं को तोड़ पाने में सहायक होगा। यह दलील इस मुक़ाम तक इसलिए पहुँची कि बहस का विषय यह था कि नारीवादी संगठनों की वास्तविक भूमिका क्या थी?

ऐतिहासिक रूप से सन् साठ के दशक के अन्त में विप्लवी माओवाद के अभ्युदय एवं सत्तर के दशक के पूर्वार्ध में उसके विघटन के अनुभवों ने

अनेक आन्दोलनकारियों को यह सोचने पर विवश कर दिया कि समाज का क्रान्तिकारी कायाकल्प तभी हो सकता है जब विभिन्न दलित समूह जैसे–आदिवासी, उपजातियाँ तथा महिलाएँ संगठित होकर अपना–अपना आन्दोलन शुरू करें और बाद में एकजुट होकर अपने समान शत्रुओं से लड़ें। सत्तर के दशक के उत्तरार्ध में महिला संगठनों के समक्ष यह प्रश्न था कि स्त्रियों को संगठित करके किस प्रकार उन्हें प्रस्तुत किया जाये। दिलचस्प बात यह है कि नारीवादियों ने यह नहीं माना कि वे स्त्रियों के सही संगठनकर्ता या प्रतिनिधि हैं, इसके विपरीत यह आम धारणा थी कि यह नारीवादी संगठनों का लक्ष्य नहीं है, यद्यपि इसका निष्कर्ष कई प्रकार से निकाला गया। कुछ नारीवादी गुटों का मानना था कि चूँकि वे शहरी तथा मध्यवर्गीय हैं इसलिए वे खेतिहर या श्रमिक वर्ग का संगठन नहीं बन सकते। कुछ का विश्वास था कि समाजवादी–नारीवादी सिद्धान्त के विकास के लिए स्वायत्तता आवश्यक है, परन्तु यह सार्वजनिक संगठनों एवं आन्दोलनों के लिए घातक है अतः स्त्रियों को अलग से संगठित नहीं किया जाना चाहिए।

अतः नारीवादी समूहों का लक्ष्य यह था कि नारी समस्याओं को सार्वजनिक संगठनों (ट्रेड यूनियनों, किसान समितियों इत्यादि) के माध्यम से उठाया जाये ताकि आगे चलकर यह संस्थाएँ पुरुषों के साथ–साथ स्त्रियों को भी संगठित करने एवं उनके प्रतिनिधित्व की ज़िम्मेदारी सँभालें। हालाँकि कुछ नारीवादियों ने अचानक यह दलील दी कि समाजवादी–नारीवादी आन्दोलन के एक बार शुरू हो जाने के बाद यह स्वाभाविक रूप से अनेक रूपों में उभरकर चारों ओर फैल जायेगा और यह अपने संगठनों एवं प्रतिनिधियों को स्वयं ही एक ओर फेंक देगा इसलिए नारीवादियों की यह बहस ज़रूरी नहीं कि वे स्त्रियों को संगठित करके उनका प्रतिनिधित्व करें या न करें।

ये तीनों दलीलें जिस तरह पेश की गयीं उससे न तो कोई धारणा बनी और न ही कोई सार निकला–कमोबेश जो लोग पहली दो दलीलों की वकालत कर रहे थे वे शुरू से ही धुर वामपन्थी परिवर्तनकामी संगठनों में सक्रिय थे और उनकी सोच थी कि वे नारीवादी माँगों के लिए जगह बना रहे हैं, जबकि तीसरी दलील की वकालत करने वाले न तो पहले किसी संगठन से जुड़े थे और न उस समय जुड़े थे, उनका मत था कि हमारी आन्तरिक परिचर्चाएँ हालाँकि स्थापित स्त्री–आन्दोलन से जुड़ी स्त्रियों की चर्चाओं की तुलना में कम असरदार हैं, फिर भी वे राजनीतिक संगठनों को उन पर ध्यान देने के लिए विवश करेंगी।

जैसा कि हम जानते हैं नवोदित नारी समूहों में शामिल महिलाएँ विभिन्न वामपन्थी क्षेत्रों से आयी थीं, उनमें से कुछ की विचारधारा समान थी जोकि अनेक नारीवादियों के लिए असन्तोष का कारण बनी। इसका आंशिक कारण यह था कि स्त्रियों के उत्पीड़न और मुक्ति का कोई समान आधार पेश नहीं किया गया था और दूसरा कारण यह था कि राजनीतिक निष्ठाओं के भिन्न–भिन्न होने के कारण नारीवादी समूहों में परस्पर वाद–विवाद तथा असहमति के स्वर उभरे जिसका परिणाम यह हुआ कि नारीवादियों के विचारधारात्मक गुट बन गये जिससे बहुसंख्यक–अल्पसंख्यक की समस्या पैदा हो गयी। वामपन्थियों की गुटीय संकीर्णता, जो कि नारीवादियों को विरासत में मिली थी, ने इन समस्याओं को और घनीभूत कर दिया। वामपन्थी नारीवादियों में वैयक्तिक नारीवादियों के उद्देश्यों को लेकर सन्देह पैदा हुआ तथा उन्हें नारीवादी आन्दोलन के भीतर तथा बाहर अवसरवाद के छा जाने का डर सताने लगा। कुछ ही वर्षों के भीतर नारीवादी आन्दोलन के बृहदाकार हो जाने के बाद गुटीय संकीर्णता सचमुच बहुत बड़ी समस्या बन सकती थी, परन्तु सत्तर के दशक के उत्तरार्ध में वामपन्थियों को यह डर सताने लगा कि दलगत गुटबाज़ी को मान्यता देने से ग़ैर–नारीवादियों को यह कहने का मौक़ा मिल जायेगा कि औरतें एक साथ काम कर पाने में सक्षम नहीं हैं। अतः गुटबाज़ी को विचारों और व्यवहारों में मतभेद मानने के बजाय वैयक्तिक नारीवादियों की 'निजी समस्या' मानकर नज़रअन्दाज़ कर दिया गया।

विचारधारात्मक मतभिन्नता जहाँ ज़्यादातर नारीवादियों के लिए क्षोभ का कारण थी वहीं कुछ नारीवादियों के लिए सुकून का, क्योंकि उनका मानना था कि इससे नारीवाद में विविधता आयेगी और आन्दोलन में मौजूद गुटीय संकीर्णता के बावजूद विभिन्न विचारों वाली स्त्रियों को एक साथ काम करने का आधार तैयार होगा। किसी हद तक यह सत्य भी था क्योंकि बहुसंख्यक नारीवादियों ने विचारधारात्मक समानता की नीति को ख़ारिज करते हुए अनेक असन्तुष्टों को आन्दोलन से निकाल दिया– मिसाल के तौर पर दिल्ली में सन् 1979 में स्थापित स्त्री संघर्ष नामक महिला संगठन ने, संगठन के अन्दर बड़े पैमाने पर उपजे बहुसंख्यक–अल्पसंख्यक विवाद के मद्देनज़र बहुमत वाले गुट ने अल्पमत असन्तुष्टों को संगठन से निलम्बित करने का विचार बनाया। परन्तु कुछ नारीवादियों ने उनके निलम्बन का यह कहकर विरोध किया कि नारीवाद को अपनी आन्तरिक समस्याओं से निपटने के लिए निलम्बन का तरीक़ा नहीं अपनाना चाहिए। हालाँकि ग़ैर–निलम्बनवादी जीत गये परन्तु संकट अनसुलझा ही बरकरार रहा।

अल्पसंख्यकों को संगठन में बर्दाश्त तो कर लिया गया परन्तु उनके साथ विचार–विमर्श की कभी–कभार प्रतीकात्मक कोशिश ही की गयी। अनेक महिला गुटों ने दलगत निष्ठाविहीन या पारम्परिक सांगठनिक ढाँचे से इतर स्वायत्त एवं महिला–मात्र गुट बनाने की मंशा ज़ाहिर की। चूँकि स्वायत्तता की माँग करने वाले वर्चस्ववादी थे अतः उनकी महत्त्वाकांक्षा और प्रतिद्वन्द्विता परिलक्षित हुई। बिना औपचारिक संगठन या कोष के ये अपेक्षाकृत कमज़ोर साबित हुए और संगठन में विभाजन की स्थिति पैदा हो गयी। दलगत आधार पर सत्तर के दशक के अन्त में स्थापित होने वाला एकमात्र महिला संगठन था–महिला दक्षता समिति (एमडीएस) जिसकी स्थापना समाजवादी महिलाओं द्वारा जनता पार्टी के सहयोग से सन् 1979 में की गयी।

दलगत राजनीति की आलोचना करने वाले नारीवादियों की भी कमी नहीं थी। यह आलोचना बड़े पैमाने पर विभिन्न रूपों में सामने आयी। कुछ नारीवादी राजनीतिक दलों के तत्कालीन रवैये के आलोचक थे किन्तु उनका विश्वास था कि इनमें सुधार सम्भव है तथा वे नारीवादी लक्ष्यों को पूरा कर सकते हैं। कुछ नारीवादी परम्परागत एवं कट्टरवादी राजनीतिक दलों के आलोचक थे तथा उनका मत था कि वास्तविक रूप से जवाबदेह राजनीतिक दलों का गठन होना चाहिए। हालाँकि कुछ अन्य की दलील थी कि राजनीतिक दलों की रचना कुछ ऐसी है कि वे नारीवादी या सही मायने में समाजवादी उद्देश्यों की पूर्ति कभी नहीं कर सकते। जहाँ इन तीनों दलीलों को उदारवादी–सुधारवादी, वामपन्थी तथा स्वैच्छिक संगठनों से सम्बद्ध करके वर्गीकृत किया जा सकता है वहीं इस तर्क के सम्बन्ध में क्षेत्रीय भिन्नताएँ भी थीं। देश की राजधानी के रूप में दिल्ली में दलगत राजनीतिक गुटबाज़ी, मौक़ापरस्ती तथा तिकड़मबाज़ी इतनी तेज़ है जिसे देखकर मन ऊबने लगता है; वहाँ भी कमोबेश नारीवाद और दलगत निष्ठा का विरोध किया गया। सत्तर के दशक के उत्तरार्ध में दिल्ली में गठित 'समता' या 'स्त्री संघर्ष' नामक नारीवादी संगठनों में से किसी एक में भी कोई ऐसा सदस्य नहीं था जो किसी राजनीतिक दल से जुड़ा हुआ हो। दोनों संगठनों का उदय दिल्ली विश्वविद्यालय तथा जवाहरलाल नेहरू विश्वविद्यालय के नारीवादी संवाद समूहों से हुआ था। उनके सदस्य छात्र राजनीति में तो सक्रिय थे परन्तु कोई भी सदस्य किसी भी राजनीतिक दल में शामिल नहीं हुआ। सच्चाई यह है कि अगर किसी राजनीतिक दल से जुड़ी महिला ने स्त्री संघर्ष में शामिल होना भी चाहा तो संगठन ने ऐसी महिलाओं का स्वागत नहीं किया।

दूसरी ओर बम्बई के प्रारम्भिक नारीवादी समूह न तो विश्वविद्यालय आधारित थे और न ही वे छात्राओं के थे। उनके अधिकांश सदस्य धुर वामपन्थी नागरिक, स्वाधीनता संगठनों, क्रान्तिकारी गुटों एवं स्वतन्त्र ट्रेड यूनियनों इत्यादि से सम्बद्ध थे। चूँकि ये लोग राजनीतिक दलों या संगठनों से जुड़े हुए थे इसलिए उन्हें संगठन तैयार करने, आन्दोलन चलाने तथा विचार–विमर्श करने का कुछ अनुभव था। जहाँ ये लोग रूढ़िवादी वाम या दक्षिणपन्थी दलों के आलोचक थे वहीं ये वाम एवं समाजवादी संयुक्त मोर्चों पर काम करने में सक्षम थे और इनमें से अधिसंख्य सदस्य परिवर्तनकामी छोटी वामपन्थी पार्टियों से सम्बद्ध थे।

दिल्ली तथा बम्बई के स्त्री संगठनों में यह भेद महत्त्वपूर्ण था। यह बम्बई की महिलाओं द्वारा आयोजित भारत में नारीवादियों–समाजवादियों के पहले राष्ट्रीय सम्मेलन में सन् 1978 में स्पष्ट रूप से दिखायी पड़ा। इस सम्मेलन में कुछ गाँधीवादियों सहित लगभग सभी वामपन्थी विचारधारा वाले दलों से सम्बद्ध महिलाओं ने भाग लिया। बम्बई के बाहर से सम्मेलन में भाग लेने वालों में दिल्ली की टुकड़ी सबसे बड़ी थी। सम्मेलन में दिल्ली तथा बम्बई के नारीवादियों का दबदबा था। दिल्ली की स्त्रियाँ, जिनमें आपसी मतभेद उजागर होने लगे थे, कुछ माह पूर्व से ही एक महिला पत्रिका के प्रकाशन की योजना बनाने के लिए बैठकें करती रही थीं। सम्मेलन का एक सत्र उनके प्रस्ताव पर चर्चा करने के लिए तय किया गया। चर्चा के दौरान ऐसा लगा कि सम्मेलन के अधिसंख्य प्रतिभागी सक्रिय कार्यकर्ताओं एवं साधारण कार्यकर्ताओं में कुछ विशिष्टता की बात सोच रहे थे। इस दृष्टिकोण से दो प्रकार की पत्रिकाओं के प्रकाशन की आवश्यकता थी। मसलन एक पत्रिका 'चेतना–जागृति' के लिए तथा दूसरी कार्यकर्ता नारीवादियों के लिए एक बुलेटिन के रूप में। बुलेटिन इसलिए आवश्यक समझा गया ताकि नारीवादियों को एकजुट होने, अपनी गतिविधियों का विवरण देने एवं आन्दोलन की रणनीति तैयार करने के लिए एक उचित मंच मिल सके। चूँकि दिल्ली की स्त्रियों ने पत्रिका का प्रस्ताव रखा था इसलिए पत्रिका के प्रकाशन की ज़िम्मेदारी उन पर थी तथा बुलेटिन के प्रकाशन का दायित्व बम्बई की महिलाओं पर था क्योंकि कार्यकर्ता होने के कारण उन्हें अधिक अनुभव था। यह अनुभव उन्हें वामपन्थी एवं धुर वामपन्थ के अफरातफरी भरे दिनों के दौरान हासिल हुआ। हालाँकि ये नारीवादी समूह उन्हीं वामपन्थी संगठनों के विभिन्न गुटों से उत्पन्न हुए हैं, फिर भी इनमें से अधिसंख्य स्त्रियाँ वामपन्थियों की कुछ हरकतों की आलोचक रही हैं। इससे भी आगे, न केवल सक्रिय एवं सामान्य कार्यकर्ताओं में दोहरा

भेद तैयार किया गया बल्कि चेतना जागृति एवं सिद्धान्त प्रतिपादन में भी फ़र्क़ किया गया। इस प्रकार त्रिस्तरीय वर्चस्ववादिता–सिद्धान्त प्रतिपादक (नीति–निर्माता), कार्यकर्ता (चेतना जगाने वाले) तथा उनके ध्यानाकर्षण योग्य विषय–का विकास हुआ।

यौन उत्पीड़न के विरुद्ध दिल्ली में सन् 1982 में विश्वविद्यालय छात्राओं का प्रदर्शन

इस बीच नारीवादी विचारों का प्रभाव दिखायी पड़ने लगा था। हालाँकि सातवें दशक के उत्तरार्ध एवं आठवें दशक के प्रारम्भ में होने वाले स्त्री–आन्दोलन में शहरी पृष्ठभूमि वाले समूहों का वर्चस्व था, नारीवादी चेतना जागृति की समान गतिविधियाँ ग्रामीण आन्दोलनों में दिखायी पड़ीं। आपात्काल की समाप्ति के पश्चात आन्ध्र प्रदेश में तेलंगाना आन्दोलन का पुनरारम्भ हुआ तथा सरकार ने उसे 'अशान्त क्षेत्र' घोषित कर दिया। करीम नगर ज़िले में, जहाँ महिलाएँ सन् साठ के बाद से लगातार भूमिहीन मज़दूरों के आन्दोलन में संघर्षरत थीं, वहाँ देवम्मा नामक स्त्री के एक ज़मींदार द्वारा अपहरण एवं उसकी पति की हत्या के विरोध में फिर से आन्दोलन भड़क उठा। सत्तर के दशक के अन्त में हैदराबाद में गठित स्त्री शक्ति संगठन, जिसमें कि ज़्यादातर स्त्रियाँ प्रगतिशील महिला संगठन (पीओडब्ल्यू) से आयी थीं, ने इस बात का ब्योरा दिया है कि इस संघर्ष ने किस प्रकार उस क्षेत्र में नारीवादी संगठनों के उदय का मार्ग प्रशस्त किया–

"ग्रामीणों, जिनमें से अधिकतर स्त्रियाँ थीं, ने ज़मींदार को घेरकर पकड़ लिया, उसे गधे पर बैठाया तथा उसे अपमानित करते हुए, गाली देते हुए गली–गली घुमाया। पुलिस ने हस्तक्षेप करके भाकपा–माले सक्रिय कार्यकर्ता लतिका को गिरफ़्तार कर लिया। आसपास के गाँवों में एकजुटता प्रदर्शित करते हुए विरोध जुलूस निकाले गये। बड़ी संख्या में स्त्रियों का राजनीतिकरण होने लगा तथा कृषि श्रमिक संगठन–ऋतु कुली संगम–महिलाओं के एक अलग स्वायत्त संगठन की आवश्यकता महसूस करने पर विवश होना पड़ा तथा सन् 1979 में कोडुरुपाका में पहले स्त्री संगम की स्थापना हुई जिसमें लगभग डेढ़ सौ सदस्य थे।"

स्त्री शक्ति संगठन के अनुसार, स्वतन्त्र महिला संगठन की माँग 'स्वयं स्त्रियों' द्वारा उठाई गयी। यह माँग उन महिलाओं ने की जो महिला संगम के माध्यम से पत्नी–उत्पीड़न तथा ज़मींदारों (भू–स्वामियों) द्वारा बलात्कार किये जाने के मुद्दे उठाती रही थीं। सन् 1980 में बम्बई में बलात्कार–विरोधी मंच द्वारा आयोजित समाजवादी–नारीवादी सम्मेलन के अवसर पर 'महिला संगम के विकास' विषय पर पढ़े गये एक पेपर में स्त्री शक्ति संगठन ने कहा–

"हमने देखा कि किस प्रकार राजनीतिक दलों से जुड़े महिला संगठन (यहाँ तक कि समाजवादी देशों में भी) राजनीतिक दलों के विस्तार–मात्र बनकर रह गये हैं। क्रान्ति के बाद के दौर में महिला आन्दोलन सरककर पृष्ठभूमि में चले गये हैं। यह महत्त्वपूर्ण है कि स्त्री संगठन इस ख़तरे के प्रति सचेत हों, परन्तु यह तभी सम्भव है जब वे यह काम स्वयं को जनमानस एवं क्रान्तिकारी आन्दोलनों से विलग किये बिना करें।"

सन् 1980 के सम्मेलन के दौरान चर्चा का केन्द्रीय मुद्दा था स्त्री समूहों की भूमिका तथा राजनीतिक दलों एवं जन–संगठनों से उनका सम्बन्ध। इसके साथ ही चर्चा का विषय यह भी था कि स्त्री–आन्दोलन को किस रूप में विकसित होना चाहिए। बुनियादी तौर पर बहस मार्क्सवादी परम्परा की विभिन्न धाराओं का प्रतिनिधित्व करने वालों के बीच थी। उस समय प्रभावशाली रहे परिसरों के ऊपर पढ़े गये दो पर्चों के संक्षिप्तांश नीचे दिये जा रहे हैं–

मेरा विश्वास है कि समाजवादी–नारीवादी संगठनों को निम्नलिखित सिद्धान्तों पर काम करना चाहिए–

इन्हें 'स्त्रियों को संगठित' करने की कोशिश नहीं करनी चाहिए, 'संगठन केन्द्र' बनने का लक्ष्य नहीं बनाना चाहिए या कि नारी आन्दोलन के

विकास का केन्द्र नहीं बनना चाहिए और उन्हें अपने–आपको स्त्रियों का जन–संगठन बनने का प्रयास भी नहीं करना चाहिए। ऐसे संगठनों में महिलाओं की यह कहने की एक स्वाभाविक प्रवृत्ति है– 'हम स्त्रियों को अवश्य संगठित करेंगे, हम कामकाजी महिलाओं में अपना जनाधार ज़रूर बनायेंगे' इत्यादि। मेरा मत है कि यह भूल है। यह सत्य है कि हमें मेहनतकश स्त्रियों के पास जाना चाहिए, परन्तु प्रश्न उठता है कि कैसे? यह सत्य है कि श्रमिक वर्गाधारित, ग्रामीण निर्धनाधारित आन्दोलन ज़रूर खड़ा किया जाना चाहिए, परन्तु कौन खड़ा करेगा इसे और कैसे खड़ा करेगा?

ये अलग–अलग मुद्दे हैं। संगठन के रूप में मध्यवर्गीय समाजवादी–नारीवादी संगठनों को इस प्रकार के कार्यों का संगठन केन्द्र नहीं बनना चाहिए। अनेक राजनीतिक दलों से सम्बद्ध सदस्य व्यक्तिगत रूप से झुग्गी–झोंपड़ियों में कर रहे होंगे परन्तु उनकी यह कार्रवाई उनके प्रेरक राजनीतिक दल, जोकि इस कार्य को उस क्षेत्र में करने के लिए ज़िम्मेदार हैं, के निर्देशन में होनी चाहिए तथा ऐसे काम किसी मध्यवर्गीय महिला संगठन के प्राधिकरण में नहीं किये जा सकते, चाहे उसकी विचारधारा कितनी भी प्रगतिशील या क्रान्तिकारी क्यों न हो। इसके बजाय ऐसे कार्य एक ख़ास क़िस्म के राजनीतिक संगठनों, जन–संगठनों की अपेक्षा सक्रियतावादी संगठनों द्वारा किये जाने चाहिए।

उनका लक्ष्य मेहनतकशों के क्रान्तिकारी संघर्षों से जुड़े स्त्रियों के मुक्ति आन्दोलन के निर्माण में सहायता करना होना चाहिए, परन्तु इस प्रक्रिया में उनकी भूमिका जनता के सामने महिलाओं की मुक्ति की राजनीतिक विचारधारा प्रस्तुत करने वाली होनी चाहिए, यानी ऐसी विचारधारा जो नारी मुक्ति को क्रान्ति संघर्ष से जोड़े तथा जहाँ तक सम्भव हो वह इसे सर्वसाधारण कामकाजी स्त्री–पुरुषों, ग्रामीण स्त्रियों, मध्य वर्ग, दल एवं यूनियन सक्रियतावादियों में फैलाये।

यह प्रश्न पैदा हो सकता है कि एक स्वायत्त संगठन क्यों गठित किया जाये, राजनीतिक ट्रेड यूनियनों में काम क्यों न किया जाये? इसका उत्तर यह हो सकता है कि यह एक ऐतिहासिक तथ्य है कि ट्रेड यूनियनें महिलाओं की समस्याओं को महत्त्व नहीं देतीं क्योंकि उन पर पुरुषों का अधिकार होता है और पुरुषों में महत्त्वाकांक्षा बहुत प्रबल होती है।

यह ठीक है, परन्तु यह भी सही है कि स्त्रियों के सामने आने वाली कठिनाइयों तथा तनावों को ऐसे समूहों (महिला समूहों) में ही गहराई

से आँका जा सकता है। उदाहरण के लिए, छात्रावास, महिला यूनियनों यहाँ तक कि भजन मण्डलियाँ भी संघर्ष के केन्द्र, अपनी पहचान के उद्गमस्थल हो सकते हैं। हमारे सामाजिक ढाँचे की दबावमूलक क्षमताओं को देखते हुए हमारा तात्कालिक लक्ष्य दमित शोषित वर्गों के सभी खण्डों में 'बुद्धिजीवियों' की पहचान करना है। यहाँ बुद्धिजीवी से हमारा आशय पारम्परिक बुद्धिजीवियों से नहीं अपितु उन लोगों से है जो समाज में व्याप्त तनावों को खोजकर उन्हें अभिव्यक्त कर सकें। यह तभी हो सकता है जब उपनिवेशवाद, साम्राज्यवाद तथा हिन्दुत्व से अलहदा हमारा ईर्ष्यालु समाज यह समझे कि ऐसा भी दृश्य उभर सकता है।

लगभग उसी समय बिहार के बोधगया ज़िले में जयप्रकाश नारायण से प्रभावित छात्र युवा संघर्ष वाहिनी से सम्बद्ध महिलाओं द्वारा नारीवादी मुद्दे उठाये गये। वाहिनी उन दिनों मन्दिर के पुजारियों के विरुद्ध कृषि मज़दूरों का संघर्ष चला रही थी। उल्लेखनीय है कि अधिकांश भूमि पुजारियों के क़ब्ज़े में थी। वाहिनी ने सन् 1980 में 'औरत' नामक एक पोस्टर निकाला। इसमें जयप्रकाश द्वारा सन् 1974 में प्रतिपादित सम्पूर्ण क्रान्ति की अवधारणा का उल्लेख किया गया था। इसके तीन आधारभूत सिद्धान्त थे। पोस्टर के अनुसार, पहला सिद्धान्त यह था कि व्यक्ति तभी बदलेगा जब समाज बदलेगा; दूसरा सिद्धान्त यह था कि समाज तब बदलेगा जब व्यक्ति बदलेंगे; तथा तीसरा सिद्धान्त था–पुरुष–पुरुष, पुरुष–स्त्री तथा स्त्री–स्त्री के मध्य रिश्तों को बदलना होगा। इसके अलावा मानव मात्र के मध्य सभी सम्बन्ध धर्म, नस्ल, रंग तथा लिंग पर आधारित थे। इसके बावजूद, केवल सन् 1979 के वर्ष में ही पुरुष वर्चस्व के मुद्दे उठाये गये जिसके परिणामस्वरूप छात्र युवा संघर्ष वाहिनी ने बोधगया में महिला शिविर आयोजित किया। शिविर में पुरुषों के साथ–साथ स्त्रियों के नाम पर भी भूमि पंजीकरण की माँग उठाई गयी।

वाहिनी अन्य संगठनों से इस रूप में भिन्न थी कि उसने महिलाओं का अलग संगठन खड़ा नहीं किया जबकि उसकी अघोषित महिला शाखा में अनेक स्त्रियाँ महिलाओं को संगठित करने में सक्रिय थीं। वाहिनी की एक सक्रिय कार्यकर्ता चेतना के अनुसार, हालाँकि वाहिनी को स्त्रियों की समझ तो है परन्तु वह इन समस्याओं को इतनी आसानी से नहीं समझ सकती जितना कि एक महिला अपनी स्वतन्त्र सोच के कारण समझ सकती है। आमतौर पर लोग यही समझते हैं कि मैं अवश्य किसी पुरुष के प्रभाव में हूँ। बेझिझक होकर मैं यह बात कह सकती हूँ कि स्त्रियों की समस्याओं

के सम्बन्ध में वाहिनी की समझ स्वयं स्त्रियों के लिए सिरदर्द बन सकती थी। मिसाल के तौर पर, जब विवाह को स्त्रियों के उत्पीड़न का माध्यम कहकर उसकी आलोचना की गयी तो वाहिनी के पुरुष आलोचकों ने महसूस किया कि अगर औरतों को सचमुच आज़ादी दे दी गयी तो वे लड़कों के साथ शारीरिक सम्बन्ध बनाये जाने का विरोध नहीं करेंगी। दूसरे शब्दों में, वाहिनी के कुछ पुरुष कार्यकर्ताओं ने अपनी हमजोली महिला कार्यकर्ताओं को विचारधारात्मक दबाव डालकर अपने साथ सुलाने की कोशिश की और अनेक ने उनके साथ रातें भी गुजारीं। चेतना ने फुर्ती के साथ अपने वाक्य में यह भी जोड़ दिया कि यह समस्या केवल वाहिनी में ही नहीं है। स्त्रियों को शारीरिक सम्बन्ध स्थापित करने की समस्या का सामना समस्त वामपन्थी विचारधारा वाले संगठनों में भी करना पड़ता है, यह बात अलग है कि उनमें से कुछ स्त्रियाँ ही सार्वजनिक तौर पर इसे कह पाती हैं।

चेतना सहित अनेक नारीवादियों की इस सन्दर्भ में मुख्य समस्या यह थी कि पुरुष अपनी कामपिपासा को शान्त करने एवं महिलाओं को इसके लिए रज़ामन्द करने के लिए विचारधारा को औज़ार बनाकर इस्तेमाल करते थे। यह समस्या तब भी थी और कमोबेश अब भी है। इस दृष्टिकोण ने स्त्रियों के यौनाचार से सम्बन्धित अन्य प्रश्नों को ढँक लिया क्योंकि इसने महिलाओं को यौनाकांक्षा का विषय मानने के बजाय उन्हें भोझवस्तु मान लिया। इसके पीछे परोक्ष सोच यह थी कि या तो स्त्रियों में कामवासना की इच्छा नहीं होती या फिर वे विवाह के मामले में ज़्यादा समस्याजनक नहीं होतीं। कार्यकर्ता भाव एवं निजी स्वार्थ से जुड़े अन्य प्रश्न भी थे, मसलन, क्या पुरुष कार्यकर्ताओं को स्त्री कार्यकर्ताओं के समक्ष यौनाचार की इच्छा प्रदर्शित करने की अनुमति थी या कि क्या वे इसे रोकेंगे।

कार्यकर्ता उस व्यक्ति को माना जाता था जो अपने सभी स्वार्थों को त्यागकर 'बहुजन हिताय' काम करता था और भारत में एक लम्बे अरसे से यही राजनीतिक संस्कृति रही है। यह अलग बात है कि गाँधीवादियों, समाजवादियों, कम्युनिस्टों तथा माओवादियों ने इसकी अलग–अलग व्याख्या की। ऐसा माना जाता था कि सभी नारीवादी, चाहे वे किसी भी राजनीतिक दल या विचारधारा से जुड़े हों, अनाश्चर्यजनक रूप से कार्यकर्ता की छवि के बारे में सभी इस मानदण्ड का पालन करते थे। हालाँकि नारीवादियों में यह विरोधाभास भी उजागर हुआ कि नारी पवित्रता तथा निःस्वार्थता दोनों ही स्त्रियों के शोषण के ढाँचे के अंग थे। महिलाओं के विरुद्ध होने वाले अत्याचारों के प्रकारों पर ध्यान केन्द्रित कर यौनाचार या स्त्रियों के उत्पीड़न

के कम महत्त्वपूर्ण तरीक़ों को कुछ समय के लिए नज़रअन्दाज़ करके मतभेद की समस्या का हल निकाला गया। इस सन्दर्भ में, यह महज़ संयोग ही नहीं है कि समकालीन नारीवादी आन्दोलन में दो असरदार आन्दोलन 'शुरू' किये गये। पहला आन्दोलन चलाया गया दहेज–हत्या के विरोध में तथा दूसरा बलात्कार के विरुद्ध। दोनों आन्दोलनों में स्त्रियों के विरुद्ध हिंसा के निर्मम स्वरूप पर प्रकाश डाला गया।

[**स्रोत** : राधा कुमार, *स्त्री संघर्ष का इतिहास* 1800–1990, वाणी प्रकाशन, नयी दिल्ली]

संघर्ष के बीच संघर्ष

इलिना सेन

इधर कुछ समय से भारत में स्त्री–आन्दोलन के स्वरूप और गतिविधि–क्षेत्र को लेकर काफ़ी चर्चा रही है। पिछले दो दशकों में शहरी और शिक्षित मध्यवर्गीय स्त्रियों के बीच स्त्रियों के मसलों पर एक सचेत समझदारी विकसित हुई है। अकादमिक जगत में स्त्रियों के मसलों को प्रमुखता मिली है और 'स्त्री–अध्ययन' एक अलग ज्ञानानुशासन का रूप धारण करने लगा है। संचार माध्यमों ने भी स्त्रियों के अधिकार और उनके उल्लंघन के सवाल उजागर करने में योगदान किया है। शिक्षित पृष्ठभूमियों से आयी बहुत–सी स्त्रियाँ समूह बनाकर, अपनी शक्ति और क्षमता को समझते हुए, समाज में अपने ख़िलाफ़ होने वाले भेदभाव के विरुद्ध आवाज़ उठाने लगी हैं। उन्होंने राष्ट्रीय नीति और उसके क्रियान्वयन में स्त्री–विरोधी पूर्वाग्रहों पर प्रहार किया है और इस प्रकार का भेदभाव समाप्त करने की माँग की है। जिन मसलों पर उन्होंने अपना विरोध दर्ज किया है, उनमें से कुछ इस प्रकार हैं– ग़लत क़िस्म के परिवार नियोजन की तकनीकी, स्त्री–विरोधी क़ानूनी ढाँचे, रोज़गार में जेंडर के आधार पर भेदभाव आदि। स्त्रियों ने एक ऐसे धर्मनिरपेक्ष क़ानून की माँग उठाई है जो स्त्रियों की समानता सुनिश्चित कर सके। संवैधानिक प्रावधानों के अनुसार उन्होंने नौकरियों में स्त्रियों को समान अवसर दिलाने के लिए संघर्ष चलाया है। विश्लेषण और निरूपण की बेहतर क्षमता और संचार माध्यम तक अपनी पहुँच के कारण इन स्त्री–समूहों पर संचार माध्यमों में काफ़ी ध्यान दिया गया है। संरचना की दृष्टि से ये समूह पश्चिम के नारीवादी समूहों के निकट पड़ते हैं, इसलिए अन्तरराष्ट्रीय नारीवादियों के साथ उनका जुड़ाव सुगमता से हो गया। किन्तु ये समूह अपनी विशेष स्थिति के कारण स्त्रियों के वास्तविक जीवन से दूर रहे हैं। इसका मतलब है कि ये देश की राजनीतिक दुनिया की मुख्यधारा से, मोटे तौर पर कटे रहे हैं।

इस प्रवृत्ति के बरअक्स मुख्यधारा के प्रगतिशील राजनीतिक समूहों में भी स्त्रियों के मसलों पर लम्बे समय से दूरदृष्टि का अभाव रहा है। कांग्रेस जैसे मध्यमार्गी दलों ने स्त्री–अधिकारों सम्बन्धी कुछ जुमले भले ही अपना लिए हों और उन्हें योजनाओं–दस्तावेज़ों–'स्त्रियों के लिए राष्ट्रीय परिप्रेक्ष्य योजना'–में जोड़ दिया हो, पर मूलतः उन्होंने स्त्रियों की राजनीतिक माँग को सरलीकृत करके अपनाया भर है। केन्द्र से वहाँ की ओर के समूह–जैसे कम्युनिस्ट और सोशलिस्ट पार्टियाँ, जिनका संगठित मज़दूर वर्ग के बीच काफ़ी बड़ा आधार रहा है–हाल के वर्षों तक स्त्रियों के प्रश्नों के समाधान को क्रान्ति के बाद अवधि के लिए छोड़ते आये थे। वामपन्थ जहाँ बहुत–सी स्त्रियों को जनमोर्चों पर ले आया, वहीं संगठन के पुरुष–प्रभुत्व के खुले विश्लेषण के प्रति वह बड़े आत्मसंशय में रहा है। विमला रणदिवे जैसे वामपन्थी सिद्धान्तकारों ने नारीवादियों पर खुलेआम यह आरोप लगाया है कि वे स्पष्ट वर्ग संघर्ष पर स्त्री–उत्पीड़न जैसी 'अप्रासंगिक बातें' आरोपित करके मज़दूरों की लड़ाई को तोड़ने का प्रयास कर रही हैं।

> "विभिन्न कार्रवाई–समूहों और नारीवादियों के अनुसार स्त्रियों के शोषण का मूल समाज की पितृसत्तात्मक प्रणाली में है। भारत की नारीवादियों की रचनाओं में राजनीतिक और वामपन्थी दलों, और साथ ही ट्रेड यूनियनों को पितृसत्तातमक बताया गया है, वे स्त्रियों के सवाल को 'सन्निविष्ट' करती हैं...यहाँ उल्लेखनीय है कि ये समूह अपने नेतृत्व के अन्तर्गत केवल दहेज जैसे सामाजिक मसले को उठाकर स्त्रियों को आम आन्दोलनों से अलग रखना चाहते हैं। वे नहीं चाहते कि स्त्रियों का राजनीतिकरण हो जिससे वे क्रान्तिकारी संघर्ष की मुख्यधारा में आगे बढ़ सकें।"

वामपन्थी हलके में आम भावना यह है कि भारतीय नारीवादी मुख्यतः शहरी मध्यवर्गीय पृष्ठभूमि से आती हैं और अपने विचार के स्तर पर पश्चिम से प्रभावित हैं। अतः वे जिन मसलों को उठाती हैं वे उन आम भारतीय स्त्रियों के सरोकार के विषय नहीं होते जिनका मुख्य हित व्यापकतर राजनीतिक परिवर्तन के लिए चलाये जाने वाले वर्ग–संघर्ष में अपने अन्य वर्गीय साथियों के साथ शामिल होना है।

इस तरह की समझ ने भारत में स्त्रियों के प्रश्न पर विवाद को अधिक ही उलझा दिया है। कारण यह है कि शहरी नारीवादियों और उनके संकीर्ण आधार के बारे में वामपन्थी दलों की समझ को यूँ तो अधिकांशतः सही कहा जा सकता है, पर दिक़्क़त यह है कि यह समझ मज़दूर वर्ग और स्त्री–आन्दोलन के बीच के ऐतिहासिक सम्बन्ध की उपेक्षा करती है।

असल में दोनों ने एक–दूसरे को समृद्ध किया है। दोनों ही आन्दोलनों का जन्म पश्चिम में हुआ था और बहुत–से आरम्भिक समाजवादी, एक ही साथ, स्त्रियों के अधिकारों के लिए जूझे थे।

वामपन्थ ने जहाँ संयुक्त वर्ग–संघर्ष के महत्त्व को आमतौर पर बुलन्द किया है, वहीं विशिष्ट रूप से नारीवादी समूहों ने बड़े जोशखरोश के साथ स्त्रियों के लिए स्त्रियों द्वारा निर्णय की 'स्वायत्तता' का आग्रह किया है।

इन वाद–विवादों और मुद्दों ने इस समूचे सवाल को ही उलझा दिया है कि स्त्री–आन्दोलन का अस्तित्व है भी या नहीं, अथवा भारत के लिए यह प्रासंगिक है या नहीं। भारत में संस्कृतियों की विविधता और स्त्रियों के बीच जाति एवं वर्ग आधारित भेद देखते हुए क्या हम सचमुच एक महत्त्वपूर्ण स्त्री–आन्दोलन की बात कर सकते हैं? या कि स्त्री–आन्दोलन के नाम पर अलग–अलग अभियान मात्र चल रहे हैं? इनमें से कितने अभियान शहरी और मध्यवर्ग के हैं और कितने ग्रामीण? इस प्रकार, हम किसी 'स्त्री' आन्दोलन की परिभाषा किस प्रकार करेंगे? क्या यह एक जैसा आन्दोलन होता है जिनमें स्त्रियाँ भागीदारी करती हैं? क्या यह ऐसा आन्दोलन होता है जो केवल स्त्रियों से जुड़े सवालों को उठाता है? तब 'व्यापकतर' जन–आन्दोलनों में स्त्रियों की सहभागिता को हम किस प्रकार देखते हैं? इन तमाम सवालों को दृष्टि में रखकर इस पुस्तक में पिछले दो दशकों के ऐसे जन–आन्दोलनों की छानबीन करने का प्रयास किया गया है जिसमें स्त्रियों ने काफ़ी संख्या में भाग लिया और अपने विशिष्ट स्त्री–सम्बन्धी दृष्टिकोण का योगदान किया। जिन आन्दोलनों की हमने छानबीन की है उनका लक्ष्य ऐसा व्यापक राजनीतिक और सामाजिक परिवर्तन है जिसमें स्त्रियाँ महत्त्वपूर्ण सहभागी हों। इनमें से कुछ में स्त्रियों की भूमिका पर चर्चा हुई है, जबकि कुछ अन्य में उसकी उपेक्षा कर दी गयी है। स्त्रियों की सहभागिता मात्र से आवश्यक नहीं कि ये आन्दोलन स्त्री–आन्दोलन बन गये हैं, किसी भी बड़ी जन–शिरकत वाले आन्दोलन में भारी संख्या में स्त्रियों की सहभागिता रहती ही है। अगर हम पारम्परिक 'नारीवादी' मानदण्डों का उपयोग करते हुए इन आन्दोलनों की पड़ताल करेंगे तो हमें निराश होना पड़ेगा। इन आन्दोलनों में स्त्रियाँ केवल अपनी विशिष्ट माँग को ही स्वायत्त और स्वतन्त्र रूप से उठाने का प्रयास नहीं करतीं, बल्कि माँग और मसलों का उनके द्वारा किया गया निरूपण आन्दोलनों पर दबाव डालता है कि वे अपने जनाधार में स्त्रियों की उपस्थिति को जानें–समझें।

साथ ही, यह समझना भी ज़रूरी है कि विभिन्न आन्दोलनों ने स्त्रियों को अपने साथ शामिल करने के लिए किस तरह संघर्षों और मसलों को नये प्रकार

से परिभाषित किया और किस तरह इसने भारत में स्त्री–संघर्ष के लिए नये आयाम खोल दिये। ये आयाम 'नारीवाद' की वर्तमान परिभाषाओं से व्यापक हैं। इसके साथ ही इन्होंने इस संकीर्ण वामपन्थी समझ को भी अस्वीकार कर दिया कि स्त्रियों के मसले वर्गीय शोषण के विरुद्ध व्यापकतर संघर्षों में कोई मायने नहीं रखते। यदि हमें स्त्री–आन्दोलन के सन्दर्भ में, वर्तमान नारीवादी सिद्धान्त की तुलना में आम भारतीय स्त्रियों की आकांक्षाओं का अधिक सही प्रतिनिधित्व करने वाला परिप्रेक्ष्य हासिल करना है तो इन स्त्री–संघर्षों की प्रकृति और स्वरूप को समझना आवश्यक होगा।

जिन आन्दोलनों को हमने विश्लेषण के लिए चुना है वे सातवें दशक के अन्त में देश को अपनी जकड़ में लेने वाले आर्थिक और राजनीतिक संकटों से उभरे हैं। तब तक यह सिद्ध हो चुका था कि हमारी जनता के बड़े तबकों के लिए आज़ादी जो भी वादे लेकर सामने आयी थी, वे पूरे नहीं हो पाये हैं। नियोजित आर्थिक विकास की नीति के परिणामस्वरूप भारी औद्योगीकरण और कृषि का पूँजीवादीकरण तो हुआ, पर साथ ही ढेरों अन्तर्विरोध भी सामने आ गये। भूमि–सुधारों का अधूरे मन से किया गया क्रियान्वयन ग्रामीण असमानता की समस्या को सुलझाने में विफल रहा और ग्रामीण जनता ग़रीबी के गर्त में पड़ी रही। शहरी निर्धनता और बेरोज़गारी भी गम्भीर समस्याओं के रूप में सामने आयी, जबकि बढ़ती हुई आमूल सोच ने छात्रों और युवाओं को अपनी निराशा प्रकट करने के रास्ते मुहैया किये। सत्तारूढ़ दल ने इसका प्रत्युत्तर विरोध के इन रूपों के विरुद्ध काले क़ानून बनाकर दिया।

संसद में वामपन्थ सहित सम्पूर्ण विपक्ष जनता को सक्षम विकल्प दे पाने में असमर्थ सिद्ध हुआ और तुष्टीकरण की नीतियों के विरुद्ध पार्टी–कार्यकर्ता विद्रोह करने लगे। इन विद्रोही कार्यकर्ताओं, छात्रों और युवाओं ने, जिन्हें वर्तमान प्रणाली में अपना कोई भविष्य नज़र नहीं आ रहा था, देश के विभिन्न भागों में जन–संघर्षों और आन्दोलनों की शुरुआत की, जिसने दलगत राजनीति की दमघोंटू जकड़ को तोड़ डाला। उस समय आरम्भ हुए इन जन–संघर्षों और आन्दोलनों की लहर अभी थमी नहीं है। स्वतःस्फूर्त ढंग से और ग़ैर–दलीय मंचों से चलाये गये इन जन–संघर्षों में से अनेक संघर्ष–ऐसे संघर्ष–रूपों और दिशाओं का प्रतिनिधित्व करते हैं जिनकी जड़ें स्थापित राजनीतिक ढाँचों के विपरीत रही हैं–अब तक राजनीति से दूर रहने वाली मेहनतकश जनता के कई तबकों की आकांक्षाओं को प्रतिबिम्बित करते हैं।

स्त्रियों के लिए यह अवधि उनकी राजनीतिक सहभागिता की दृष्टि से एक मोड़ बिन्दु थी। यह अधिकाधिक रूप से स्पष्ट हो चुका था कि संविधान

में समानता का जो वायदा किया गया है उसका तब तक कोई ख़ास अर्थ नहीं है जब तक सामाजिक सत्ता और नियन्त्रण की बुनियादी धारणाओं को बदला नहीं जाता। सातवें दशक के आरम्भ में ऑल इंडिया वीमेंस कॉन्फ्रेंस, दि यंग वीमेंस क्रिश्चियन एसोसिएशन और नेशनल फ़ेडरेशन ऑफ़ इंडियन वीमेन जैसे कई पुराने स्त्री–संगठन जो स्वतन्त्रता–संघर्ष के बाद अपेक्षाकृत निष्क्रिय पड़े थे–नये सिरे से सक्रिय होने लगे, एक–दूसरे के साथ अधिक मेलजोल और सहयोग करने लगे। इस समय ध्यान न केवल स्त्रियों को लामबन्द करने पर था बल्कि उनकी दोयम स्थिति के कारणों को समझने और उन्हें ख़त्म करने पर भी था। इसके द्वारा अनेक परिस्थितियों में स्त्रियों को कर्ता–धर्ता बनाकर उनके संगठनों के गठन की दिशा में नये प्रयास भी किये गये। सातवें दशक की राजनीतिक और सांगठनिक अशान्ति ने इन प्रयासों को विकसित होने का अवसर प्रदान किया। वैधता के इस अभूतपूर्व संकट पर राजसत्ता की प्रतिक्रिया 1975 में आन्तरिक आपात्काल की घोषणा के रूप में सामने आयी। इससे पूर्व भारत में दो बड़े वैचारिक मंचों–वामपन्थ और गाँधीवाद–सर्वोदय ने अपनी–अपनी तरह से भविष्य के घटनाक्रम को निर्देशित करने का प्रयास किया।

वामपन्थ के भीतर गहरी अशान्ति का मूल कारण था–संयुक्त मोर्चों की नीति के पक्ष में तेभागा और तेलंगाना कृषि–संघर्षों के स्वतन्त्रता–पूर्व के पार्टी–नेतृत्व का पीछे हटना। पार्टी–कार्यकर्ताओं के बीच खदबदाता असन्तोष सत्तर के दशक में नक्सलवादी उभार के कृषि–संघर्षों के रूप में उफन पड़ा। नक्सलवादियों अर्थात भाकपा–माले के विभिन्न समूहों के सदस्यों ने विगत एवं वर्तमान के आदिवासी और किसान–संघर्षों को आधार बनाते हुए देश के कई भागों में सामन्ती और राजकीय दमन के विरुद्ध सशस्त्र विद्रोह आयोजित किये। बंगाल, बिहार, आन्ध्र के एजेंसी इलाक़ों, तेलंगाना तथा केरल के कुछ भागों में ये संघर्ष उल्लेखनीय रूप से सामने आये।

वायनाड–संघर्ष के बारे में अजिता का विवरण परम्परागत पार्टी–ढाँचों के भीतर स्त्रियों के सवाल को सम्मिलित करने (या न करने) के बारे में स्त्री–कार्यकर्ता के परिप्रेक्ष्य से लिखा गया है। अजिता के लेख से यह स्पष्ट है कि किस तरह इन परम्परागत ढाँचों के कार्यचलन से स्त्रियों को अलग रखा जाता है, हालाँकि आन्दोलन की पराकाष्ठा के समय स्त्रियाँ जन–कार्रवाइयों में उतरती हैं। श्रीकाकुलम–संघर्ष भी इसी रुझान को प्रकट करता है। इस पर प्रकाश डालते हुए वैद्य ने बताया है कि, गिरिजन संघम को किस तरह आर्थिक और सांस्कृतिक माँगों पर जनता को संगठित करने में कई वर्ष लगे

और इन वर्षों के दौरान किस तरह बहुत–सी स्त्रियाँ आन्दोलन में शामिल हुईं। इस अवधि के संगठित कार्य के दौरान स्त्रियों की सामाजिक स्थिति और संगठन के भीतर स्त्री–पुरुष सम्बन्धों के मसलों पर भी विचार किया गया। किन्तु आन्दोलन स्त्रियों के यौन–जीवन और मातृत्व के मसलों को सही ढंग से हाथ में ले पाने में असमर्थ रहा। निर्मला नामक युवती का ही मामला ले लीजिए, जिसका छोटा–सा बच्चा था। उसे एकमात्र समाधान यह सुझाया गया कि वह बच्चे को अपने रिश्तेदार के यहाँ छोड़ आये। शायद यही कारण था कि आन्दोलन के अन्तिम चरण अर्थात सशस्त्र संघर्ष के दौर में स्त्रियों ने अपेक्षाकृत सीमित भूमिका निभायी। ये दो विवरण उन तौर–तरीक़ों को स्पष्ट कर देते हैं जिनके ज़रिये परम्परागत पार्टी–ढाँचे और संगठन के रूप अन्ततः स्त्रियों की सहभागिता को सीमित कर देते हैं। महँगाई–विरोधी आन्दोलन, जिस पर नन्दिता गाँधी ने विचार किया, स्वरूप और मुद्दे के लिहाज़ से, पार्टी नेतृत्व वाली एकरूपात्मक कार्रवाइयों से कई मायनों में भिन्न था। इसे विभिन्न दलों और उनके स्त्री–मोर्चों के सहयोग ने चलाया था। इसमें तेज़ी से बढ़ती क़ीमतों के मसले पर बम्बई और अहमदाबाद जैसे शहरों की स्त्रियों को भारी संख्या में लामबन्द किया गया था। ढीले–ढाले संगठन और लचीले ढाँचे वाले इस आन्दोलन ने विरोध के कई प्रवर्तनकारी रूप अपनाये, जैसे 'लटनी मार्च' आदि। पर यह आन्दोलन ठोस संगठन के अभाव में अपने को टिकाये न रख सका।

महँगाई–विरोधी आन्दोलन कई अन्य मसलों को भी सामने लाया–ख़ासकर नेतृत्व, अन्तर–पार्टी संगठन और कार्यचालन के मसलों को। यह इस पुस्तक में वर्णित व्यापक आधार वाले दीर्घावधि आन्दोलनों की तुलना में एक मसलेवाले अल्पावधि आन्दोलन का बड़ा उपयोगी उदाहरण है।

सातवें दशक के अन्त और आठवें दशक के आरम्भ में अहिंसात्मक विरोध की गाँधीवादी या सर्वोदयी परम्परा का मूलगामीकरण देखने में आया। इस अवधि के राजनीतिक और आर्थिक संकट के प्रति सर्वोदयी प्रतिक्रिया गुजरात में चले नव–निर्माण आन्दोलन और जयप्रकाश नारायण के नेतृत्व में चले बिहार आन्दोलन के रूप में सामने आयी। सर्वोदयी नेतृत्व में चले नव–निर्माण आन्दोलन का आधार बुद्धिजीवी था। इसने नागरिकों के रूप में मुख्यतः बुद्धिजीवियों का आह्वान किया था। बाद में कई नव–निर्माण कार्यकर्ता बिहार जाकर वहाँ के आन्दोलन में शामिल हुए। बिहार–आन्दोलन ने अकेले राजनीतिक सत्ता के साथ चिपके रहने की निरर्थकता को उजागर किया। इसके अनुसार एक न्यायपूर्ण समाज हासिल करने के लिए अधिक मूलभूत बदलाव की ज़रूरत थी।

इस आन्दोलन ने सम्पूर्ण क्रान्ति का आह्वान करते हुए अपने कार्यकर्ताओं और समर्थकों के बीच स्त्रियों के सम्बन्ध में विभिन्न प्रकार के प्रश्न उठाये। स्त्री–पुरुष सम्बन्ध, पारिवारिक हिंसा, बलात्कार और कार्य एवं संसाधनों के असमान वितरण जैसे सवालों पर खुलेआम बहस की गयी। साथ ही, स्त्री–कार्यकर्ताओं को व्यापक रूप से इसमें शामिल होने के लिए उत्साहित किया गया (किरण शाहीन, 'बिहार में स्त्री समूहों का उदय और विकास', 1985, प्रतिलिपि)। गोविन्द केलकर और चेतना गाला द्वारा वर्णित बोधगया–संघर्ष का नेतृत्त्व बिहार–आन्दोलन के अग्रणी दस्ते, एक युवा संगठन–'छात्र युवा संघर्ष वाहिनी' ने किया था। संघर्ष के दौरान बोधगया मठ की सामन्ती सत्ता के विरुद्ध स्त्रियों के भूमि–अधिकारों के सम्बन्ध में जो स्थिति उसने अपनायी वह इसी खुले विचार–मन्थन का परिणाम था।

उत्तराखण्ड का चिपको आन्दोलन–जिसमें ग्रामीण स्त्रियों ने जंगलों की व्यापारिक उद्देश्य से की जाने वाली कटाई का प्रतिरोध किया–आठवें दशक के आरम्भ में चला था और यही काल बिहार–आन्दोलन का भी है। दार्शनिक दृष्टि से इस आन्दोलन के मूल गाँधीवाद में ही ढूँढ़े जा सकते हैं। इसने पारिस्थितिक सन्तुलन और विकास प्राथमिकताओं के महत्त्वपूर्ण सवाल उठाये। बिहार–आन्दोलन की तरह चिपको में भी स्त्रियों की भागीदारी काफ़ी अधिक रही, हालाँकि जहाँ स्त्रियों और पुरुषों के समान क़ानूनी अधिकारों पर एक स्थिति अपनायी, वहाँ चिपको ने प्रकृति–सम्बन्धी कार्यों के प्रति स्त्रियों के विशेष उत्तरदायित्व को स्त्री–लामबन्दी के अपने अभियान का आधार बनाया और इससे यह सामान्य निष्कर्ष निकाला कि जीवन और पारिस्थितिक प्रणालियों का संरक्षण स्त्रियों का विशेष सरोकार होता है।

महाराष्ट्र के धुलिया ज़िले में चला आदिवासी–आन्दोलन और श्रमिक–संगठन का विकास आपात्काल से पूर्व का एक अन्य महत्त्वपूर्ण आन्दोलन है। मूलतः यह आन्दोलन शहादा के उन पैतृक अधिभारों से वंचित आदिवासी किसानों की सामाजिक और आर्थिक पुनःप्रतिष्ठा के लिए चलाया गया था, जिनकी ज़मीनें और सम्पत्तियाँ बाहर से आकर बसे लोगों ने हड़प ली थीं। आदिवासी लोग उन ज़मीनों पर गुजारे लायक मजूरियों से कहीं कम मजूरियों पर काम करते थे, जो पहले कभी उनकी अपनी हुआ करती थीं। आदिवासी स्त्रियों का आमतौर पर यौन शोषण होता था जो समूची जनजाति के लिए अपमान का प्रतीक था। श्रमिक–संगठन के जुझारू संघर्ष से इस स्थिति में बदलाव आया। शुरू में स्त्रियों के बीच संगठन के कार्य का मुख्य पहलू उनकी लामबन्दी थी। समुदाय से बाहर के लोगों द्वारा स्त्रियों की गरिमा पर किये

गये अतिक्रमण और बाहरी कार्यकर्ताओं की उपस्थिति के कारण आन्दोलन में घरेलू हिंसा और शराबखोरी के मसलों को शामिल किया गया। इन मसलों का आन्दोलन में शामिल होना आदिवासी समुदाय के भीतर के पितृसत्तात्मक सम्बन्धों के लिए चुनौती था। स्त्री मोर्चे के प्रयासों के चलते परम्परागत आदिवासी क़ानूनों में स्त्रियों की अधीनता की स्थिति को व्यवस्थित रूप से चुनौती देना सम्भव हुआ। विचार–विमर्श के दौरान यह स्पष्ट हो गया कि आदिवासी समान नागरिक संहिता नहीं चाहते बल्कि वे आदिवासी क़ानूनों को बरकरार रखना चाहते हैं, पर साथ ही इनमें परिवर्तन के लिए संघर्ष भी करना चाहते हैं। यहाँ अस्मिता का सवाल महत्त्वपूर्ण रूप में उभरा। इसे हम कुछ अलग ढंग से असम–आन्दोलन में निरूपित हुआ पाते हैं।

केरल के मछुआरों के आन्दोलन का जन्म यन्त्रीकृत रूप से मछली पकड़ने के कारण परम्परागत मछली उद्योग में पैदा हुए संकट से हुआ था। इस संकट की शुरुआत सातवें दशक के मध्य में हो गयी थी जब अत्यधिक मछलियाँ पकड़ने के कारण उनकी संख्या में कमी आने लगी थी; यद्यपि मछुआरों की यूनियन–केरल स्वतन्त्र मत्स्य थोज़िलाई फ़ेडरेशन–के अनुसार, इसकी शुरुआत आठवें दशक में हुई। चर्च से सम्बन्धित संगठनों के सामाजिक कार्यकर्ताओं की मछुआरों को संगठित करने में प्रमुख भूमिका थी। केरल में स्त्रियाँ मछली मारने का काम तो नहीं करतीं, पर उन पर पकड़ी गयी मछलियों को बेचने की सारी ज़िम्मेदारी होती है। उनकी समस्याओं के प्रति संवेदनशीलता संघर्ष के प्रारम्भ से ही मौजूद थी। केरल के मछुआरों का संघर्ष अन्ततः गोवा, तमिलनाडु और कर्नाटक के मछुआरों के संघर्षों के साथ जुड़ गया। मज़दूर–एकता, पर्यावरणीय समूचेपन और स्वस्थ विकास सम्बन्धी नियोजन पर आधारित यह आन्दोलन आज एक अत्यन्त शक्तिशाली आवाज़ बन चुका है।

जहाँ तक विशिष्ट रूप से स्त्रियों का सवाल है, संगठन ने मछली बेचने ले जाने के लिए सार्वजनिक यातायात की सुविधा के स्त्रियों के अधिकार का सवाल हाथ में लिया। संगठन के भीतर भी स्त्रियों की भागीदारी के लिए अपनाये गये सांगठनिक प्रतिरूपों पर महत्त्वपूर्ण बहस चली। स्त्रियों को यूनियन की पूर्ण सदस्यता दिये जाने की माँग त्रिवेन्द्रम इकाई में पहले–पहल उठाई गयी थी, क्योंकि वहाँ महिलाएँ नेतृत्व में मज़बूत स्थिति में हैं। बाद में समूचे संगठन में विचार करके इस सवाल को सुलझाया गया कि क्या महिलाओं को अपनी विशिष्ट माँग उठाने के लिए यूनियन के मंच के अलावा अलग मोर्चे की ज़रूरत है।

निपाणी के बीड़ी–मज़दूरों, तमिलनाडु के निर्माण–मज़दूरों और राजनाँदगाँव के कपड़ा मिल मज़दूरों–सभी के अनुभव मूलभूत ट्रेड यूनियन ढाँचों पर आधारित थे। इनमें से प्रत्येक ने अपने–अपने विलक्षण ढंग से ट्रेड यूनियन के दायरे को कहीं अधिक व्यापक सामाजिक क्षेत्र में फैलाया। अधिक संख्या में महिलाओं के सदस्य होने से यूनियन पर प्रभाव पड़ता है कि वह महिला सम्बन्धी ट्रेड यूनियन और सामाजिक मसलों को हाथ में ले। निपाणी–संघर्ष ने महिलाओं का दमन–उत्पीड़न करने वाली 'देवदासी' जैसी सामाजिक कुरीति पर प्रहार किया, जबकि दलली–राजहरा–संघर्ष का योगदान यह था कि उसने महिला–मज़दूरों के दृष्टिकोण की विशिष्टता पर ज़ोर दिया। जिसने मज़दूर और महिला–आन्दोलन, दोनों को समृद्ध बनाया। यूनियन ने मज़दूरों के संघर्षों को कार्यस्थल जैसे परम्परागत ट्रेड यूनियन क्षेत्र से बाहर निकालकर स्वास्थ्य और संस्कृति के सवालों सहित सामाजिक स्थितियों की व्यापक शृंखला से जोड़ दिया। तमिलनाडु निर्माण मज़दूर यूनियन ने अपने सम्पूर्ण कार्य–चालन में और अपनी संघर्ष सम्बन्धी रीतियों में महिला सम्बन्धी परिप्रेक्ष्य के प्रति संवेदना का संचार किया। यूनियन महिला और पुरुष–मज़दूरों के बीच तनावों को सूचित करने, और अलग–अलग कार्यस्थितियों एवं उद्योग में अपेक्षाओं एवं सम्भावनाओं को सामने रखने का मंच बन गयी है।

आठवें दशक के आरम्भ में 'विदेशियों' के विरुद्ध चला असम–आन्दोलन राष्ट्रीय आन्दोलन के तौर–तरीक़ों का स्मरण दिलाता है। यह आन्दोलन महिलाओं को देशभक्तिपूर्ण ध्येय के लिए सड़कों पर उतार लाया। किन्तु जहाँ इस आन्दोलन में महिलाओं की लामबन्दी को अत्यधिक महत्त्व दिया गया, वहाँ ऐसा नहीं लगता कि महिलाओं के विशिष्ट मसलों को सूचित करने या कुछ अन्य आन्दोलनों की तरह अलग महिला मंच बनाने पर उतना ज़ोर दिया गया। अतः राष्ट्रीय आन्दोलन की तरह ही यहाँ भी यही प्रश्न सामने आया कि अगली क़तारों में शानदार ढंग से जूझने वाली महिलाओं के लिए इस सहभागिता का क्या अर्थ था। क्या महिलाओं ने सामूहिक रूप से इस अनुभव से कुछ हासिल किया? यदि हासिल किया तो क्या हासिल किया? यदि नहीं तो वे आन्दोलन में क्यों आयीं? किस चीज़ ने उन्हें सम्बल प्रदान किया? यह असम सम्बन्धी अध्ययन दूसरे दृष्टिकोण से भी महत्त्वपूर्ण है। इस पुस्तक में जिन आन्दोलनों को समेटा गया है, उनमें एक यही उप–राष्ट्रीयतावादी आन्दोलन है और इसलिए इस तथ्य के बावजूद यह एक महत्त्वपूर्ण आन्दोलन है कि इसकी बहुत–सी मान्यताओं पर सवाल उठाये जा सकते हैं। इसके साथ ही, यह आन्दोलन पहचान और राष्ट्रीयता के उन सवालों को भी निरूपित करता है

जिन्हें कुछ अलग ढंग से ही सही, यहाँ वर्णित अन्य आन्दोलनों में भी उठाया गया है। एक महत्त्वपूर्ण अध्ययन महाराष्ट्र के शेतकारी संगठन द्वारा तैयार किये गये महिला मोर्चे का है। स्वामित्व एवं सम्पत्तिहीन किसान–महिलाओं के अलावा अन्य किसान–महिलाओं को संगठित करना बहुत ही कठिन कार्य रहा है। इसका कारण परम्परागत तौर से उनका सापेक्ष अलगाव और सामन्ती एवं पितृसत्तात्मक प्रभुत्व के तहत होना रहा है। पर आन्दोलन ने न केवल उन्हें लामबन्द किया बल्कि वर्तमान ह्रसमान राजनीतिक संस्कृति को बदलने वाली एक ताक़त के रूप में उनकी भूमिका को उजागर किया। स्थानीय चुनावों में सौ फ़ीसदी महिला–पैनल तैयार करने के पीछे यही विचार निहित था। यह विवरण महिलाओं की सहभागिता से सम्बन्धित कुछ मिथकों को ध्वस्त कर देता है, हालाँकि यह महिला मंच को मिलने वाले निश्चित सांगठनिक समर्थन के आधार के बारे में अनेक नये सवाल भी उठाता है।

यहाँ यह इंगित करना महत्त्वपूर्ण है कि इस पुस्तक में संकलित आन्दोलनों के अध्ययनों में इस अवधि के दौरान संगठन में महिलाओं के अनुभवों को समग्रता में प्रस्तुत करने का इरादा नहीं रहा है। हम यह मानते हैं कि यहाँ कुछ अत्यन्त महत्त्वपूर्ण अनुभवों पर विचार किया गया है, पर संघर्ष में महिलाओं के अनुभव के कई अन्य महत्त्वपूर्ण क्षेत्र भी हैं। मसलन, हमने छात्र–आन्दोलनों, बलात्कार–विरोधी या दहेज–विरोधी आन्दोलनों के अलावा हैदराबाद के प्रगतिशील महिला संगठन के अनुभवों की बाबत कुछ नहीं कहा है। प्रगतिशील महिला संगठन की सदस्याएँ मुख्यतः पढ़ी–लिखी मध्य वर्ग की महिलाएँ हैं। इस आन्दोलन ने वर्ग–संघर्ष के परिप्रेक्ष्य से काम किया और महिलाओं के राजनीतिक और निजी संघर्षों पर महत्त्वपूर्ण विचार–विमर्श को जन्म दिया। हमारे संकलन में स्थापित प्रमुख राजनीतिक संगठनों के नेतृत्व वाले संघर्षों का प्रतिनिधित्वपूर्ण विवरण नहीं दिया गया है। छत्तीसगढ़ के राजनाँदगाँव के अपवाद को छोड़कर, संगठित औद्योगिक मज़दूरों के अनुभवों का विश्लेषण नहीं किया गया है; जिन अन्य ट्रेड यूनियनों पर हमने विचार किया है, वे संगठित उद्योग के हाशिये की यूनियनें हैं। 1974 की आम रेलवे हड़ताल और 1981 की बम्बई के कपड़ा–मज़दूरों की हड़ताल से सम्बन्धित अख़बारी रिपोर्टों और फ़ोटोग्राफ़ों से पता चलता है कि प्रदर्शनों और बैठकों में महिलाओं ने बड़ी संख्या में भाग लिया था। पर यह सांगठनिक अनुभव कहीं भी पर्याप्त रूप से अभिलिखित नहीं है। कुछ आन्दोलनों और संगठनों में (जिनका विवरण इस पुस्तक में नहीं है) महिलाओं की भूमिका की अपेक्षाकृत अधिक जानकारी रही है। इनमें सेवा (सैल्फ़ एम्प्लॉयड वीमेंस एसोसिएशन)

अहमदाबाद, बलियापाल मिसाइल परीक्षण क्षेत्र विरोधी आन्दोलन और चिपको की शैली में कर्नाटक का अपिको आन्दोलन शामिल है। दलित संगठनों ने रिपब्लिकन पार्टी महिला आघाड़ी जैसी अन्तर–सांगठनिक महिला इकाइयाँ बनायी हैं। झारखण्ड आन्दोलन और मध्य प्रदेश के मण्डला ज़िले के 'माझी सरकार' जैसे आदिवासी आन्दोलनों में, कम–से–कम जन–स्तर पर, महिलाओं की भागीदारी महत्त्वपूर्ण रही है। महिलाओं की शिरकत वाले ऐसे अनगिनत आधारस्तरीय आन्दोलन और संघर्ष हैं जिनका संचार–माध्यमों में उल्लेख तक नहीं हुआ है। हमारा प्रयास पूर्ण अभिलेखन की ओर उतना केन्द्रित नहीं रहा, जितना इस अवधि में चले कुछ महत्त्वपूर्ण संघर्षों के विवरणों पर आधारित महिलाओं की राजनीतिक सहभागिता के दृष्टिकोण को सामने लाने पर केन्द्रित रहा है। विवरणों का चुनाव करते समय हमने ऐसे जन–आन्दोलनों या जन–संगठनों पर ध्यान केन्द्रित किया है जिनमें विकल्प निर्मित करने के लिए वर्तमान प्रणालियों और संस्थानों के विरुद्ध संघर्ष पर समान रूप से ज़ोर दिया गया है। यह संकलन दर्शाता है कि जन–आन्दोलनों में महिलाओं ने सक्रियता से शिरकत की है और वे विभिन्न प्रकार के मसलों की ओर मुख़ातिब हुई हैं। इसमें जहाँ भूमि–अधिकार, लाभकारी कृषि–क़ीमतें और अस्मिता को बनाये रखने के मसले शामिल हैं, वहीं वनों के ह्रास, मछलियों की संख्या में कमी और औद्योगिक यन्त्रीकरण जैसे मसले भी समाहित किये गये हैं। किन्तु महिलाओं की शिरकत की मात्रा और जुझारूपन के अलावा इन महिला–संघर्षों में और किन पहलुओं पर हम टिप्पणी कर सकते हैं? इन संघर्षों के कई अन्य महत्त्वपूर्ण और अन्तःसम्बधित पहलू भी हैं।

आइए, पहले उन परिस्थितियों पर ग़ौर करें जिनके अन्तर्गत महिलाओं को लामबन्द किया गया। श्रीकाकुलम, तमिलनाडु के निर्माण–मज़दूरों, निपाणी के बीड़ी–मज़दूरों और छत्तीसगढ़ के आन्दोलन में पार्टियों, ट्रेड यूनियनों और अन्य जन–संगठनों जैसे संगठित राजनीतिक ढाँचों ने महिलाओं को लामबन्द करने में अहम भूमिका निभायी। किंचित भिन्न रूप में केरल की फिशरमैन यूनियन ने महिलाओं को संघर्ष में उतारने में मुख्य भूमिका अदा की। यहाँ महिलाएँ यद्यपि मत्स्य उद्योग का भाग हैं, पर वे मछली मारने नहीं जातीं और इसलिए उन्हें काफ़ी समय तक यूनियन का सदस्य नहीं बनाया गया था। यह संगठन महिलाओं के प्रयास को सामाजिक न्याय के लिए उनके अपने संघर्ष की दिशा में निर्देशित करने में मुख्य कारक बना। नलिनी नायक के शब्दों में, यह संघर्ष के भीतर संघर्ष था। धुलिया में भी यही प्रक्रिया देखने में आयी। दोनों ही मामलों में महिला सम्बन्धी मसलों की उच्च चेतना से लैस

महिला कार्यकर्ताओं ने नेतृत्व में निर्णायक भूमिका निभायी। छात्र–युवा संघर्ष वाहिनी के नेतृत्व में चले बोधगया आन्दोलन में भी ऐसी महिला कार्यकर्ताओं की भूमिका काफ़ी महत्त्वपूर्ण रही, हालाँकि वहाँ समग्र महिला आघाड़ी के आरम्भिक नारीवादी रुझान को पुरुषों ने ही आगे बढ़ाया। चिपको आन्दोलन में पुरुष और महिला नेतृत्व, दोनों ही महत्त्वपूर्ण थे, पर असम आन्दोलन में महिलाओं की शिरकत स्वतःस्फूर्त थी, क्योंकि उनके बीच से शीर्ष नेतृत्व में कोई नहीं था। जिन आन्दोलनों में लामबन्दी का काम करने वाली कार्यकर्ताओं ने प्रमुख भूमिका निभायी उनमें संगठन का एक रूप देखने को मिला, जबकि दूसरे प्रकार के सांगठनिक प्रतिरूप ट्रेड यूनियनों या सामान्य मसलों पर आधारित लामबन्दियों में देखने में आये। मसलों पर आधारित लामबन्दी–जैसे असम आन्दोलन या महँगाई विरोधी आन्दोलन–मसला समाप्त हो जाने के बाद समाप्त हो जाती हैं। एक बार जब बड़ी संख्या में महिलाएँ लामबन्द हो गयीं तो, उन्होंने महिलाओं के परिप्रेक्ष्य से संघर्ष के मसलों के सूत्रीकरण के लिए दबाव–समूह का काम किया। उदाहरण के लिए, छत्तीसगढ़ की खदानों में, जिस ख़ास तरीक़े से यन्त्रीकरण के मसले को सूचित किया गया था, उसका कारण यह था कि यूनियन की आधी सदस्य महिलाएँ थीं। असम में भी, जहाँ महिलाओं की लामबन्दी कम संरचनागत थी, असमिया महिलाओं के देशप्रेम पर ज़ोर दिया गया था (मनोरमा भट्टाचार्य, 'अहोमर अस्तित्य रोक्खार आन्दोलनों तो नारीर भूमिका', गुवाहाटी, 1985)। किन्तु इस बात को ध्यान में रखना ज़रूरी है कि अक्सर लामबन्दी विविध प्रकार के अनेकानेक मसलों के इर्द–गिर्द होती थी; दूसरे शब्दों में, मसले आन्दोलन की पराकाष्ठा के समय समर्थकों और विरोधियों द्वारा उठाये गये सवालों तक ही सीमित नहीं होते थे। राजकीय संरचनाओं के विरुद्ध जूझना हो, राज्य के विरुद्ध कोई माँग उठानी हो (मसलन बोधगया में) या विकास अथवा पर्यावरण के प्रतिमानों को चुनौती देनी हो–सभी के लिए अलग–अलग तरह की लामबन्दी की ज़रूरत होती है।

महिलाओं की इस लामबन्दी के लिए आन्दोलनों के नेतृत्व क्या विचारधारात्मक स्पष्टीकरण देते हैं? नेतृत्व की भूमिका जनता के बीच से मसलों को चुनने, नारों और रणनीति के रूप में उन्हें पुनः जनता के बीच ले जाने और सार्वजनिक सूचना प्रणाली के सामने संघर्ष के मुद्दे प्रस्तुत करने में महत्त्वपूर्ण होती है। अलग–अलग स्थितियों में यह अलग–अलग हो सकती है। महिलाओं की लामबन्दी के लिए दिये गये स्पष्टीकरण महिलाओं के विशेष कर्तव्य से लेकर मातृभूमि को विदेशियों के शिकंजे से मुक्त करने और राजनीतिक कार्यों में महिलाओं की समान भागीदारी की ज़रूरत तक,

कुछ भी हो सकते हैं (मनोरमा भट्टाचार्य, पूर्वोक्त)। यह बाद वाला तर्क, यानी महिलाओं की समान भागीदारी की ज़रूरत वाला तर्क श्रीकाकुलम, धुलिया, दलली राजहरा, राजनाँदगाँव में और महाराष्ट्र के किसान समुदाय और केरल के मछुआरों के सन्दर्भ में प्रयोग किया गया है। महिलाओं के कथित रूप से विशेष 'सरोकार' के इर्द–गिर्द भी महिलाओं की लामबन्दी की गयी है, जिसका एक उदाहरण चिपको–आन्दोलन है।

नारीवाद की परम्परागत परिभाषाओं के अनुसार, सभी आन्दोलनों की विचारधाराएँ पितृसत्ता पर प्रहार करती नहीं लगतीं। कुछ आन्दोलन इस लिहाज़ से अन्य आन्दोलनों के मुक़ाबले अधिक अग्रगामी रहे हैं। केरल के मछुआरों के आन्दोलन और बोधगया संगठन ने अपने संगठन के भीतर महिलाओं के उत्पीड़न और उनकी मुक्ति पर एक बड़ी बहस चलाई है। ऐसी बहसें, लगता है, धूलिया और समग्र महिला आघाड़ में भी हुई हैं, पर वे केवल महिलाओं तक सीमित रहीं। असम–संघर्ष में महिलाओं के विशिष्ट मसलों पर कोई ध्यान नहीं दिया गया है और न ही यह संघर्ष पितृसत्ता के सवाल की ओर मुख़ातिब हुआ है। ऐसे कुछ संकेत ज़रूर मिलते हैं कि 'आसू' और 'एजीपी' का नेतृत्व महिलाओं के मसलों के विशिष्ट निरूपण और महिला–संगठनों के कार्य का विरोधी था (वसन्ती रामन, दि नारी मुक्ति मूवमेंट इन असम फॉर ए न्यू डेमोक्रेसी, मार्च 1986)। चिपको में भी घरेलू काम एवं पर्यावरण–सन्तुलन बनाने की महिलाओं की असमान ज़िम्मेदारी को एक गुण बना दिया गया है। ये आन्दोलन और विचारधाराएँ ऊपर से पितृसत्तात्मक मानदण्डों पर चाहे प्रहार करें या उन्हें मज़बूत बनायें, पर महिलाओं द्वारा परम्परागत घरेलू भूमिकाएँ छोड़कर सामाजिक कार्रवाई का उत्तरदायित्व ग्रहण करना अपने–आप में पितृसत्ता पर हमले की शुरुआत है।

इसी तरह का एक साफ़ अन्तर्विरोध तब नज़र आता है जब हम यह देखते हैं कि इन आन्दोलनों ने महिलाओं के मसले को किन रूपों में और किन सन्दर्भों में उठाया। असम को छोड़ दें (जहाँ महिलाओं की लामबन्दी ही अपने–आप में एक सवाल है), तो सभी आन्दोलनों ने महिलाओं के मसलों को विशेष स्थितियों में उठाया। धूलिया की आदिवासी महिलाओं द्वारा यह उद्घाटित करना कि परम्परागत जनजातीय क़ानून महिलाओं के प्रति दमनकारी हैं, चिपको–आन्दोलन की महिलाओं द्वारा महिलाओं के लिए काम के समान अधिकार की माँग–ये विशिष्ट मसले हैं। इनमें 'महिलाओं के रूप में' महिलाओं के दमन–उत्पीड़न पर ज़ोर रहा हो या न रहा हो, पर 'पारिवारिक हिंसा' के मसलों को मात्र महिलाओं के वैध मसले मानने की प्रवृत्ति रही है।

मधु किश्वर ('नेचर ऑफ़ वीमेंस मोबिलाइज़ेशन इन रूरल इंडिया', *इकोनॉमिक एंड पॉलिटिकल वीकली*, पृ. 24–41, दिसम्बर, 1988) भी महसूस करती हैं कि ''आधारस्तरीय आन्दोलन महिलाओं पर होने वाले अत्याचारों को प्रतीकों के रूप में इस्तेमाल कराते हैं और यह कि आमतौर पर महिलाओं के किस हद तक और किस रूप में हाथ में लिए जाते हैं, इस बात पर निर्भर करता है कि पुरुष नेतृत्व की प्रवृत्ति और वैचारिक रुझान किस ओर है।'' स्त्री अकाली दल के उदाहरण को सामने रखते हुए उन्होंने यह सामान्य निष्कर्ष भी निकाला कि आन्दोलनों में महिलाओं की भागीदारी परिवार के हितों की पूर्ति के लिए होती है– ''उनके परिवार और समुदाय के पुरुषों पर ढहाया गया दमन किसी भी राजनीतिक माँग के बजाय उनकी सहभागिता का अधिक महत्त्वपूर्ण कारण था।'' जाना एवरेट ने ('वी वर इन द फोरफ्रंट ऑफ़ द फाइट : फ़ेमिनिस्ट थियरी एंड प्रैक्टिस इन इंडियन ग्रासरूट मूवमेंट्स', *साउथ एशिया बुलेटिन* : 1986) कहा है कि, आधार स्तर के कार्यकर्ताओं ने वर्ग, जाति और लिंग के आधार पर होने वाले विभाजन और आन्तरिक उत्पीड़न को कम–से–कम करने का और भूस्वामियों, व्यावसायिक हितों एवं सरकारी अधिकारियों जैसे सत्ताधारी लोगों और तत्त्वों का सामना करने के लिए सहमेल और मोर्चे बनाने का प्रयास किया। इस प्रकार का परिप्रेक्ष्य, असल में इस तथ्य की उपेक्षा कर देता है कि महिलाओं का सम्बन्ध समग्र वर्तमान स्थितियों से होता है, और ग़रीब–मेहनतकश महिलाओं के लिए दैनिक जीवन का संघर्ष और उससे जुड़ी रणनीतियाँ उतनी ही महत्त्वपूर्ण और वास्तविक हैं जितने पारिवारिक हिंसा के मसले। कहने का तात्पर्य यह नहीं है कि आदिवासी या किसान–महिलाओं और महिला–मज़दूरों का पारिवारिक हिंसा के मसलों से कोई सम्बन्ध नहीं। कई ऐसे आन्दोलन भी हैं जो पुरुषों और महिलाओं के हितों को लेकर शुरू हुए थे पर उक्त समस्याओं को सुलझाने के लिए उन्होंने रणनीतियाँ विकसित कीं, चाहे उनका मुख्य ज़ोर महिलाओं की अधिकार–सम्पन्नता पर रहा हो। धूलिया, छत्तीसगढ़ निपाणी की महिलाओं और केरल के मछुआरों के आन्दोलन में यही हुआ। नियत समय और स्थान पर पितृसत्ता पर किये गये प्रहारों को महत्त्व दिया जाना चाहिए क्योंकि ये इस तरह की विशिष्टता तो प्रदान कराते ही हैं, आन्दोलन के मसलों की जटिलता के बारे में चेतना भी प्रदान करते हैं। संघर्ष में महिलाओं की भागीदारी की थाह लेने के लिए बने–बनाये फ़ॉर्मूले थोपने से महिलाओं के मसलों का और भी विभागीकरण हो सकता है और असल में पितृसत्ता पर प्रहार होने के बजाय इससे वह मज़बूत हो सकती है। मेहनतकश जनता के आन्दोलन में शामिल महिलाओं के पास शायद इतिहास

सम्बन्धी दीर्घ दृष्टि होती है और वे संघर्ष के स्तरों और चरणों को अवधारणा के स्तर पर उससे कहीं बेहतर ढंग से समझ पाने में सक्षम होती हैं जितना उनके विश्लेषक उन्हें श्रेय देते हैं।

विचारधारात्मक विभेदों के बावजूद महिलाओं की अधिक संख्या में शिरकत वाले जन–आन्दोलनों में कतिपय समान संरचनागत लक्षण देखे जा सकते हैं। पहले यह कि ऐसी संरचनाएँ परम्परागत दलों और ट्रेड यूनियनों से अधिक शिथिल होती हैं। असम आन्दोलन और शायद चिपको आन्दोलन में भी संरचनागत सीमाएँ नहीं दिखायी देतीं पर मोटे तौर पर दोनों में यही नज़र आता है कि महिला प्रकोष्ठ वास्तव में महिलाओं को लामबन्द करता है और उनके लिए कार्यक्रम आयोजित करता है। पुनः यहाँ भी इन प्रकोष्ठों की सापेक्ष समानता और स्वायत्तता में अन्तर है, पर सकल सांगठनिक संरचनाओं और प्राथमिकताओं की सर्वोच्चता का एक व्यापक प्रतिमान यहाँ देखा जा सकता है। आम जनता (जिसमें महिलाएँ महत्त्वपूर्ण हैं) और नेतृत्व (अग्रणी दस्ता, जिसमें महिलाएँ हो भी सकती हैं और नहीं भी) के बीच अन्तर स्पष्ट नज़र आता है। वास्तव में, नेतृत्व में महिलाओं के निम्न प्रतिनिधित्व को कई संगठनों में एक समस्या के रूप में देखा जाता है, पर जहाँ अग्रणी दस्ता अपनी शक्ति और सत्ता आम जनता से ग्रहण करता है और उसके प्रति जवाबदेह होता है, वहीं आम जनता और अग्रणी दस्ते के अवधारणात्मक बोध के बीच कभी–कभी अन्तर स्पष्ट नज़र आता है। यदि हम महिलाओं को आन्दोलन में शामिल करने के लिए की गयी विभिन्न कार्रवाइयों पर ग़ौर करें तो इस बात को समझ सकते हैं। महिलाएँ सभी प्रकार की राजनीतिक कार्रवाइयों–धरने, घेराव, पिकेटिंग आदि–में शामिल रहीं हैं। उन्होंने कार्रवाइयों में स्वतःस्फूर्त सहभागिता की है। चिपको आन्दोलन और छत्तीसगढ़ के आन्दोलन के मेरे अनुभवों में ऐसे उदाहरण भरे पड़े हैं। मैंने अक्सर यह पाया कि नशाखोरी–विरोधी या यन्त्रीकरण–विरोधी कार्रवाइयों में महिलाएँ ख़ुद–ब–ख़ुद खिंच आयी थीं। असम आन्दोलन में भी महिलाओं ने इसी प्रकार की भावना का परिचय दिया। चुनाव अभियान के दौरान जब बेगम आबिदा अहमद अपना नामांकन पत्र भर रही थीं, धारा 144 लागू थी और देखते ही गोली मार देने के आदेश थे, तब महिलाओं ने अपने बूते इस प्रतिबन्ध का उल्लंघन किया। बेजर बहुया के आह्वान पर कुछ ही मिनटों में 20,000 महिलाएँ निषेधाज्ञा की अवज्ञा के लिए उमड़ आयी थीं (अलका देसाई द्वारा व्यक्तिगत तौर पर दी गयी जानकारी)। आन्दोलन का नेतृत्व अक्सर महिलाओं को राजनीतिक कार्रवाई के अग्रिम मोर्चे पर तैनात करके इस स्वतःस्फूर्तता को दिशा देने का प्रयास करता था।

महिलाओं को प्रदर्शनों का नेतृत्व देने की इस परम्परा के मूल स्रोत गाँधी थे, जिन्हें–एक लेखिका के अनुसार–'दायित्व को सम्पत्ति में बदल देने की विशेषज्ञता हासिल थी' (पूनम सक्सेना, 'वीमेंस पार्टिसिपेशन इन द नेशनल मूवमेंट इन द यूनाइटेड प्रोविंसेज 1937–47' *मानुषी* 46, 1988)। नेतृत्व की सोच थी कि महिलाओं के नेतृत्व वाले प्रदर्शन एक तरह से राज्य के दमन के विरुद्ध प्रतिरोधक के रूप में काम करते ही हैं, दमन होने पर उसे उजागर करने में भी सहायक होते हैं। तमाम तरह के आन्दोलनों ने निहत्थी और असहाय महिलाओं पर किये गये पाश्विक हमलों की भर्त्सना करते हुए अनगिनत पर्चे निकाले होंगे, किन्तु फिर भी वे महिलाओं को कई अवसरों पर प्रदर्शनों में आगे रखते हैं।

संघर्ष के अग्रिम मोर्चे पर महिलाओं की इस 'नेतृत्वकारी भूमिका' को लेकर नेतृत्व एवं आम आन्दोलनकारी महिलाओं के नज़रिये में अन्तर नज़र आता है। नेतृत्व ने महिलाओं की इस स्पष्ट दृष्टिगोचर होने वाली उपस्थिति को साफ़ तौर पर एक प्रतीक के रूप में इस्तेमाल किया, जबकि पृष्ठभूमि से रणनीति और कार्यनीति के बारे में मार्गदर्शन नेतृत्व ने दिया। यह स्थिति आन्दोलनों में महिलाओं की भागीदारी का (बाद में) अध्ययन करने वालों के लिए मनोव्यथा और भ्रम का कारण बनी। वे महिलाओं की इस नेतृत्वकारी भूमिका और नेतृत्व में उनके वास्तविक प्रतिनिधि के बीच कोई अनुरूपता ढूँढ़ पाने में विफल रहे।

यहाँ यह इंगित करना महत्त्वपूर्ण होगा कि, ज़रूरी नहीं कि महिला कार्यकर्ता इस अन्तर को समझती या महसूस करती हों। संगठनों के भीतर दैनिक व्यावहारिक कार्यों में जनतान्त्रिक प्रक्रियाएँ काम करती हैं; और यहाँ जिस हद तक उन्हें जनतान्त्रिकता और स्वतन्त्रता प्रकट होती है वह कार्यस्थल पर, घर में या अन्य संगठनों में प्रकट नहीं होती। उदाहरण के लिए, छत्तीसगढ़–आन्दोलन में बैठकों, नियमित जनतान्त्रिक चुनावों और बोलने की आज़ादी का जो अनुभव महिलाओं को हुआ, वह उनके लिए एक ज़बरदस्त राजनीतिक और निजी उपलब्धि थी। बहुत–से दूसरे आन्दोलनों में भी ऐसे उदाहरण मिलते हैं।

संघर्ष और संगठन की प्रक्रियाओं के माध्यम से महिलाओं को हासिल हुई राजनीतिक चेतना, उनका आत्मविश्वास और अधिकार एवं एकजुटता की भावना स्पष्ट रूप से देखी जा सकती है। इसके विरुद्ध आमतौर पर यह तर्क दिया जाता है कि जन–आन्दोलन में शामिल महिलाओं में पितृसत्ता के ढाँचों की अवधारणात्मक समझ का अभाव दिखायी देता है : कि उनका सरोकार मुख्यतः ज़मीनी अनुभवों से होता है। यह सच है कि इन स्थितियों में यह

ख़तरा रहता है कि महिलाएँ कहीं रोज़मर्रा के मसलों में उलझकर न रह जायें और स्थान एवं समय की सीमा के चलते अपनी बात उतना न रख पायें जितना वे चाहती हैं। किन्तु इस पुस्तक में किये गये अध्ययन दर्शाते हैं कि बड़ी संख्या में महिलाओं की शिरकत वाले जन–संगठनों में अलग से महिला–प्रकोष्ठ अपवाद नहीं, बल्कि नियम हैं। इन प्रकोष्ठों के भीतर महिला–उत्पीड़न की संरचनाओं के विश्लेषण को गहन बनाने की प्रक्रिया सतत रूप से चलती रहती है। 1988 के आरम्भ में पटना में नारी मुक्ति संघर्ष सम्मेलन विभिन्न संगठनों की महिलाओं द्वारा एकजुट होने का, और आन्दोलन के कार्यकर्ताओं एवं जनाधार के बीच इस विश्लेषण को गहन बनाने का प्रयास था। यह प्रयास ख़ासतौर पर इसलिए महत्त्वपूर्ण था कि यह एक ऐसे समय में किया गया, जब कई और भी सचेत नारीवादी संगठन अपने कार्य को सार्थक बनाने के लिए अधिक व्यापक राजनीतिक सम्पर्क महसूस कर रहे थे।

एक अन्य महत्त्वपूर्ण क्षेत्र, जिस पर पर्याप्त बहस नहीं हुई, महिलाओं के निजी संघर्षों का उनके सार्वजनिक संघर्षों के आड़े आना है। मसलन, शहादा की महिला–नेताओं के सम्बन्ध में निर्मला साठे के चित्रण में हम इस तरह के संघर्ष की झलक पाते हैं। इसी तरह 'दलम' में कार्य करते समय भाकपा (माले) की महिलाओं को जो दबाव झेलने पड़े, उनका यू. विंध्या द्वारा किया गया चित्रण भी ऐसा ही एक उदाहरण है। बड़े संगठनों में महिला प्रकोष्ठ इन मसलों पर विचार–विमर्श करते हैं, पर शायद इसे संघर्ष का एक पहलू मानना और इसका समाधान निकालना जन–संगठनों की महिलाओं के लिए अभी दूर की बात है। इस प्रक्रिया को समझने की एक महत्त्वपूर्ण शुरुआत तेलंगाना आन्दोलन में महिलाओं की भूमिका पर किये गये हाल के अध्ययन में देखने को मिलती है। इसमें आन्दोलन में सक्रिय महिलाओं के विस्तृत साक्षात्कारों के माध्यम से इस दुविधा की जटिलताओं की ओर ध्यान आकर्षित किया गया है।

[**स्रोत** : इलिना सेन, 'परिचय', *इलिना* सेन (सं.), *संघर्ष के बीच संघर्ष*, सारांश प्रकाशन, 2001 नयी दिल्ली]

इकाई–IV

स्त्री–अध्ययन का संस्थानीकरण और चुनौतियाँ

नारीवादी कार्यक्रम का संस्थानीकरण

कुमुद शर्मा

•

अनुवाद : **रवीन्द्र चौधरी**

पिछले दो–ढाई दशक के दौरान विभिन्न मतों और वैचारिक दायरों में हुए महत्त्वपूर्ण कार्यों और बहस–मुबाहिसे के विस्तृत संसार को देखते हुए मैं उलझन में थी कि इस मुद्दे पर अपनी बात कैसे रखूँ। एक समस्या तो इसी बात को लेकर थी कि 'नारीवादी कार्यक्रम' से आख़िर हमारा अभिप्राय क्या है? इसे कौन तय करता है? और यह कैसे निर्धारित होता है? कारण, यह निरन्तर बदल रहा है और विस्तृत भी हो रहा है। दूसरी समस्या 'संस्थानीकरण' को लेकर थी। इसका तात्पर्य क्या है? जब हम इसकी बात करते हैं तो कौन–सी पूर्व–धारणाएँ निहित होती हैं? इसे गम्भीर राजनीतिक अवसर के रूप में लिया जाता है या अवरोध के रूप में? क्या नारीवादी विद्वान नारीवादी व्यवहार के संस्थानीकरण के प्रति द्वैध की स्थिति में हैं? संस्थानीकरण के क्रम में बृहत्तर तन्त्र का हिस्सा बन जाने और इसलिए, वैचारिक तौर पर कोई मोर्चा न ले पाने की स्थिति में पहुँचने के कारण क्या इसे नारीवादी राजनीतिक व्यवहार के आमूल परिवर्तनवादी लक्ष्यों से भटक जाने की परिघटना के रूप में देखा जा रहा है? क्या अकादमिक नारीवाद, ज्ञान के ग़ैर–अकादमिक रूपों पर ताला जड़ने की कोशिश करता है, उनकी उपेक्षा करता है?

सिद्धान्त और व्यवहार दोनों ही स्तरों पर नारीवाद में विचारणीय विविधता व्याप्त है। तथापि बतौर शब्द 'नारीवादी कार्यक्रम' में कुछ सुनिश्चित हित और रणनीतियाँ निहित हैं।

नारीवादी कार्यक्रम का निर्माण राजनीति में कुछ मुद्दे या एक स्वार्थ–समूह या एक निर्वाचन–क्षेत्र जोड़ने तक सीमित नहीं था। इस निर्माण–कार्य में उन सभी स्त्रियों का योगदान है, जिन्होंने स्त्रियों के साथ होने वाली हिंसा और अत्याचार के विरोध में आवाज़ उठायी और संगठित हुईं; जिन्होंने स्त्री–अधिकारों

के लिए आम जनता को लामबन्द किया; जिन्होंने स्त्रियों के प्रति राज्य के भेदभावपूर्ण और दमनकारी क़ानूनों और नीतियों का विरोध किया; जिन्होंने मूलभूत संसाधनों और आजीविका के मुद्दों पर संघर्ष किया और एकजुट हुईं और जो समाज के अलग–अलग तबके और हिस्से की स्त्रियों की रोज़मर्रा की समस्याओं से जूझीं। ऐतिहासिक ख़ासियत और सामाजिक–सांस्कृतिक सन्दर्भ का ख़याल रखते हुए संस्थानों और विचारधाराओं की नारीवादी विद्वानों द्वारा की गयी आलोचना में जतलायी गयी चिन्ताएँ समान हैं। इसके बावजूद नारीवादी कार्यक्रम में एकरूपता नहीं है। समकालीन स्त्री–आन्दोलन की विशिष्टता यह है कि वह अपने साधन स्त्रियों के विभिन्न समूहों के अनुभवों से जुटाता है।

ज़मीनी गतिविधियाँ और संस्थानीकृत नारीवाद?

स्त्री–संघर्ष के इतिहास के रूप में नारीवाद राजनीतिक और विचारधारात्मक तौर पर विविधताओं से भरा है। संगठनात्मक रूप से स्त्री–आन्दोलन में सैकड़ों समूह सक्रिय हैं। इनमें से कुछ छोटे समुदाय का रूप लिए हुए हैं, तो कुछ शहरों में स्वायत्त तौर पर काम करते हैं; कुछ बड़े बहुशाखीय संगठन हैं, तो कुछ शोध एवं विकास संगठन हैं। इनके अलावा, कुछ बड़े संस्थानों के अन्दर रहकर भी काम कर रहे हैं। समकालीन स्त्री–आन्दोलन को विकेन्द्रीकृत बहु–ध्रुवीय विकास की प्रेरणा लोकतान्त्रिक परम्परा और जेंडर समानता के विचारों का विरोध करने वाली नयी ताक़तों की चुनौतियों से मिली। स्त्री–आन्दोलन द्वारा अपनाया गया सार्वभौमवाद स्त्री–प्रश्न को जेंडर समानता और जेंडर न्याय के परिप्रेक्ष्य में देखने वाले उदारवाद–प्रेरित अधिकारों के पदों पर आधारित विमर्श का उपोत्पाद (by product) है। ये धारणाएँ राजनीतिक बहस से बाहर नहीं की जा सकतीं, लेकिन हमें इनकी सीमाओं का सँभलकर उपयोग करना होगा।

स्त्री संगठनों की संख्या बढ़ने के साथ–साथ स्त्रियों से जुड़े मुद्दों का भी विस्तार हुआ। कुछ ने इसे स्त्री–आन्दोलन में फाड़ पैदा होने के रूप में देखा, तो कुछ के लिए यह सकारात्मक विभेदीकरण का प्रतीक था। विविधता और राजनीतिक भिन्नता इस तथ्य से और भी जटिल हो जाती है कि स्त्री–आन्दोलन की मुहिम नित नयी चुनौतियों से लगातार रूपान्तरित हो रही है। स्त्री–आन्दोलन की यह विविधता ज़मीनी स्तर की राजनीति में और ज़्यादा स्पष्ट दिखायी देती है। इसका मतलब यह कि इस आन्दोलन के बहुत सारे इतिहास अभी कहे जाने बाक़ी हैं।

सत्तर के दशक में, 'कमिटी ऑन द स्टेटस ऑफ़ वीमेन इन इंडिया' की स्त्रियों के बड़े हिस्से की आजीविका, उत्तरजीविता और आर्थिक स्थिति जैसे मुद्दों पर केन्द्रित रिपोर्ट आयी थी। इस रिपोर्ट के साथ–साथ ग़रीब, ग्रामीण और शहरी स्त्रियों के संगठनों (सेवा, डब्ल्यूडब्ल्यूएफ, अन्नपूर्णा स्त्री मण्डल, आदि) ने जेंडर और ग़रीबी के मसलों पर केन्द्रित विमर्श को इस बात के लिए बाध्य कर दिया कि वह अपना पुनःसूत्रीकरण करें। सत्तर के दशक में ही कुछ स्त्री–अध्ययन केन्द्र वजूद में आये। इसके अलावा, स्त्री कार्य पर गठित कार्यकारी समूहों और सरकारी समितियों, प्रौढ़ शिक्षा और ग्रामीण स्त्रियों के संगठनों तथा अन्तरराष्ट्रीय बहस–मुबाहिसे का स्त्रियों से जुड़े मुद्दों पर होने वाली सार्वजनिक बहस के साथ–साथ सरकारी नीतियों पर भी प्रभाव पड़ा। स्त्री–अध्ययन से जुड़े शोधकर्ताओं ने स्त्रियों पर काम के बोझ (समय–प्रबन्धन अध्ययन), श्रम–विभाजन और स्त्रियों के विभिन्न समूहों पर विकास योजनाओं के प्रभाव सम्बन्धी आँकड़े जुटाये। इन आँकड़ों से एक आम समझ और सामूहिक चेतना के विकास में मदद मिली। इसमें कोई शक नहीं कि शुरुआती अध्ययन निश्चित रूप से 'अदृश्य' स्त्री को 'दृश्य' करने के मुक्तिकामी कार्यक्रम से प्रेरित था। इस क्रम में आँकड़े, धारणा, प्रविधि और सिद्धान्त से जुड़ी अनेक मान्यताओं को चुनौती दी गयी। सत्तर के दशक के मध्य तक स्त्री विषयक शोध के संस्थानीकरण की प्रक्रिया का आरम्भ हो गया था। इसके साथ ही, स्त्री–अध्ययन को अकादमिक मान्यता भी मिलनी शुरू हो गयी थी।

सत्तर के दशक के अन्त में हुए मथुरा बलात्कार काण्ड ने स्त्री समूहों को आन्दोलित करने में उत्प्रेरक की भूमिका निभायी। इस मुद्दे पर जिस तरह की राजनीतिक लामबन्दी सामने आयी उससे कार्यक्रम निर्माण की राजनीति में एक बड़े बदलाव का सूत्रपात हुआ। केटज़ेन्स्टाइन की दलील है कि स्त्रियों के साथ होने वाली हिंसा के कारण ही देह से जुड़े मुद्दों (बलात्कार, दहेज हत्या, घरेलू हिंसा, सती) का राजनीतिकरण हुआ है। स्त्री संगठनों ने यौन हिंसा, इसे बढ़ावा देने वाली सोच और इसमें राज्य के संस्थानों की मिलीभगत की कड़ी आलोचना की। जैसे–जैसे इन मुद्दों पर संघर्ष तेज़ होता गया, वैसे–वैसे राजनीति की कार्यशैली बदलती गयी। 1975 में आपात्काल की घोषणा और उसके बाद लोकतान्त्रिक अधिकारों एवं नागरिक स्वतन्त्रता के लिए चले आन्दोलन से भी राजनीति के मिज़ाज में बदलाव आया। सातवें दशक के अन्त और आठवें दशक की शुरुआत में स्त्री–विमर्श में राज्य का रूपक हावी रहा। पारिस्थितिकी, आजीविका व ग़रीबी, संसाधनों की सुलभता और जातीय हिंसा जैसे मुद्दों पर ज़मीनी स्तर पर हुए आन्दोलनों के महत्त्वपूर्ण वैचारिक दृष्टिकोणों से यह स्पष्ट

ज़ाहिर हुआ कि सत्ता–सम्बन्ध तथा सांस्थानिक व वैचारिक व्यवहार व्यवस्थागत हैं। इस संस्थानीकृत असमानता से भिड़ने के लिए संगठनात्मक आधार का निर्माण करना एक रणनीतिक प्रतिक्रिया थी। स्त्रियाँ आहिस्ते–आहिस्ते अपने मुद्दों को ख़ुद ही तय करने के अधिकार की माँग करने लगीं और अपने हितों के इर्द–गिर्द संगठित होने लगीं। लेकिन, एकजुट होने के आधार के रूप में स्त्रियों के सामान्य उत्पीड़न को तूल देने के कारण अलग–अलग समूहों की स्त्रियों के जीवन की वास्तविकताएँ और हित दरकिनार होकर रह गये। स्त्रियों के बीच व्याप्त विविध सत्ता–रूपों और वर्ग, जाति, नस्ल एवं धर्म के स्तर पर विद्यमान भिन्नता को तवज्जो दे पाने की असमर्थता के चलते तनाव और विभाजन पैदा होने लगा। इससे अस्मिता एवं अर्थों की अनेकता के बीच से एकरूप कोटियाँ विकसित करने और साझी भाषा का सपना टूट गया। हिंसा और साम्प्रदायिकता विषयक बहुत–से महत्त्वपूर्ण विचार–विमर्श की भाषाएँ अलग–थलग बनी रहीं। परिणामस्वरूप, दो तरह के महत्त्वपूर्ण मुद्दे उभरकर सामने आये– (अ) संगठनों के भीतर चलने वाली प्रक्रियाएँ और बृहत्तर राजनीतिक लक्ष्य, (ब) विचारधारा और व्यवहार के स्तर पर विद्यमान भिन्नता का ख़याल रखते हुए एक साथ आना। नारीवादी व्यवहार का संस्थानीकृत ठिकाना ख़ुद बहस का स्थल बन गया। नब्बे के दशक में छायी आर्थिक मन्दी और रक्षणशील (कंजरवेटिव) विचारधाराओं के उभार, वैश्विक दबाव और राष्ट्र–राज्य की बदलती प्रकृति तथा प्रतिनिधिमूलक जनतन्त्र की सीमाओं ने राज्य की संस्थाओं और संरचनाओं के साथ निरन्तर संलग्नता की स्थिति पैदा कर दी। स्त्री–आन्दोलन को स्वप्न और ठोस यथार्थ, सिद्धान्त और व्यवहार तथा बृहत् और ख़ास के बीच परस्पर विरोधी खींचतान का सामना करना पड़ा।

मौजूदा राजनीतिक और सामाजिक संस्थानों के साथ संलग्न होने का अर्थ अनिवार्य तौर पर अपने उद्देश्यों के साथ समझौता करना नहीं होता। ज्ञान के लगातार विस्तृत होते फलक से अधिक जेंडर–संवेदी नीतियों और कार्यक्रमों के लिए आधारशिला मुहैया करने की अपेक्षा की गयी। इसके साथ ही, इससे प्रतिरोधी–धारणाओं के विकास और समाज विज्ञान के सिद्धान्त तथा व्यवहार की आलोचना के ज़रिये शिक्षा–स्थलों के पुनर्निर्माण द्वारा बेहतरी लाने की भी उम्मीद की गयी।

संस्थानीकृत राजनीति अथवा जेंडर को मुख्यधारा में लाने के प्रति संशयात्मक रुख़ नारीवादी राजनीति की रणनीतिक दुविधा रही है। जबकि मुख्यधाराकरण और संस्थानीकरण की समस्याएँ एक ही बात नहीं हैं। संस्थान (राजनीतिक दल, मज़दूर संघ, कार्य–स्थल, शैक्षिक संस्थान, राज्य के तन्त्र आदि)

नारीवादी व्यवहार को आगे बढ़ाने में मदद करने के साथ–साथ उन्हें सीमित भी करते हैं, इसलिए ये महत्त्वपूर्ण हैं। हमें इनका उपयोग करने की ज़रूरत है, लेकिन निरन्तर संवाद करते और प्रश्नवाचक रहते हुए।

स्त्री–आन्दोलन का परिवार और राज्य की संस्थाओं के प्रति द्वैध भरा रुख़ बरकरार है। एक ओर तो हम सत्ता और संसाधनों में हिस्सेदारी चाहते हैं, पर दूसरी ओर हमें सत्ता के मौजूदा रूपों से परेशानी भी है। संस्थानीकृत राजनीति के प्रति निन्दा व सन्देह भरे रवैये की परिणति स्त्रियों के अलग–अलग स्वायत्त समूहों की संख्यात्मक वृद्धि के रूप में हुई। इससे सामूहिक हितों की राजनीति को प्रश्रय मिला। आरम्भिक चरण में इसने राजनीतिक ज़मीन तैयार की, पर नारीवादी विकल्प के निर्माण पर ज़्यादा ज़ोर देने के कारण वह मुख्यधारा की राजनीति से बाहर हो गयी। इन समूहों ने सत्ता के खेल और पदानुक्रम के विचार को नकारते हुए एक ऐसा लोकतान्त्रिक मंच तैयार किया जो नारीवादी सिद्धान्त और व्यवहार के विकास तथा नारीवादी मुद्दों के लिए एक राजनीतिक स्थल मुहैया कराता था। सत्तर और अस्सी के दशक के दौरान स्त्री समूहों ने बलात्कार और दहेज हत्या के ख़िलाफ़ अभियान चलाकर एक तरह का युगान्तर स्थापित किया। इसके अन्तर्गत स्त्रियों के साथ होने वाली हिंसा पहल को व्यापक स्वीकृति मिली और नये सहयोगी तन्त्र विकसित करने के प्रयास किये गये। इन सभी संघर्षों में स्त्री समूहों को राजसत्ता के साथ–साथ परिवार, जाति, समुदाय, आपराधिक न्याय तन्त्र जैसी संस्थाओं का सामना करना पड़ा। इससे यह स्पष्ट हुआ कि इन समूहों को राज्य की संरचनाओं और विचारधाराओं तथा सामाजिक व सांस्कृतिक संस्थानों से आबद्ध पितृसत्ता के प्रारूपों के साथ सक्रिय संवाद करने की ज़रूरत है। यहाँ स्त्री–आन्दोलन के लिए सवाल यह उठता है कि वह राजनीतिक मंचों का इस्तेमाल कैसे करे? वह राज्य के साथ कैसे संलग्न हो कि उसकी स्वायतता पर कोई आँच न आये और वह उसकी नीतियों और कार्यक्रमों में हस्तक्षेप भी कर सके।

संस्थानीकृत राजनीति की ख़ूब आलोचना करने और उसके प्रति काफ़ी सन्देह जताने के बाद यह महसूस किया गया कि स्त्रियों की जागरूकता, लामबन्दी और नारीवादी लक्ष्यों की प्राप्ति के लिए चुनावी राजनीति को राजनीतिक दबाव का साधन बनाया जा सकता है।

निर्वाचित निकायों और निर्णयकारी तन्त्रों में स्त्रियों की सापेक्षिक अनुपस्थिति से स्त्री–आरक्षण की माँग एक नयी ऊँचाई पर पहुँची। इसी के साथ यह समझ भी बनी कि संघर्ष केवल वहीं तक सीमित नहीं है जिसे परम्परागत रूप से राजनीतिक कार्यक्षेत्र समझा जाता रहा है।

नतीजतन, संघर्ष और राजनीतिक सक्रियता के दायरे को विस्तृत किये जाने की ज़रूरत भी महसूस की गयी। इन संस्थानों से बाहर रहकर उनकी आलोचना करते रहना कोई विकल्प नहीं हो सकता। उनसे तटस्थ रहने का मतलब इन संस्थानों के भीतर बदलाव न कर पाने की नाकामी और हाशिये पर सिमट जाना भी होता है। क्या हम तटस्थ रहने के सुकून का जोख़िम उठा सकते हैं? नारीवादी राज्य के महकमों के ज़रिये बदलाव लाने के प्रयास को शंका से देखते हैं। अगर हम यह मानकर बैठ जायें कि ऐसे संस्थान दबाव से परे, अपरिवर्तनीय और जड़ होते हैं, तो हम उन्हें असंवेदनशील बने रहने का अवसर प्रदान करते हैं। इन संस्थानों में ज़्यादा–से–ज़्यादा प्रतिनिधित्व हासिल करने और जेंडर से जुड़े मुद्दों को मुख्यधारा में स्थापित करने के आग्रह से आन्दोलन में विभाजन और तनाव पैदा हुआ है। राज्य की संरचनाओं के साथ काम करने वालों को अक्सर सन्देह की नज़र से देखा जाता है। उन पर सत्ताप्रेमी होने का ठप्पा लगा दिया जाता है। स्त्री–आन्दोलन पर आयोजित एक क्षेत्रीय (पश्चिमी) संगोष्ठी में पूरी बहस जिस एक सूत्र में बँधी नज़र आयी वह यह थी कि राजनीति और राजनीतिक आन्दोलनों के साथ स्त्री–आन्दोलन के सम्बन्धों की दुबारा पड़ताल की जानी चाहिए। वहाँ एकत्रित विभिन्न स्त्री–समूह न केवल अलग–अलग वैचारिक धरातल पर खड़े थे बल्कि स्त्री मुद्दे क्या हैं, इस पर भी उनके बीच सम्मति नहीं थी। स्त्री–आन्दोलन आम स्त्रियों के बड़े तबके से सम्पर्क स्थापित करने और उनसे घनिष्ठ होने के लिए उपयुक्त भाषा ईजाद कर पाने में नाकाम रहा। उसकी इसी नाकामी की वजह से बहुत–सी स्त्रियाँ जाति और धर्म आधारित दक्षिणपन्थी संगठनों से जुड़ती गयीं। एक मज़बूत सेकुलर जनतान्त्रिक स्त्री–आन्दोलन का अभाव बहुत बड़ी बाधा है।

उच्च शिक्षा संस्थानों में स्त्री-अध्ययन के मुख्यधाराकरण की राजनीति

नारीवादी शोध और व्यवहार की दृष्टि से सत्तर और अस्सी के दशक इस मायने में महत्त्वपूर्ण रहे कि इस दौरान स्त्रियाँ विश्लेषण की कोटि के रूप में स्थापित हुईं। उससे पहले वे सार्वभौम संकल्पनाओं और कोटियों में समाहित थीं और इसलिए, अदृश्य थीं। आरम्भ से ही, स्त्री–अध्ययन ने मुद्दे और कार्यक्रम तय करने में नारीवादी ज्ञान और व्यवहार के बीच ज़रूरी और क़रीबी जुड़ाव का रेखांकन किया। इसी जुड़ाव ने स्त्री–अध्ययन के विमर्श की रचना की और उसकी राजनीतिक आकांक्षा को आकार प्रदान किया। अस्सी के दशक के मध्य तक स्त्री–आन्दोलन की राजनीतिक अस्मिता और

स्त्री–अध्ययन की अकादमिक अस्मिता स्थापित हो चुकी थी। इससे यह समझ बलवती हुई कि शिक्षा व्यवस्था स्त्री–उत्पीड़न के प्रति जागरूकता फैलाने में अहम भूमिका निभा सकती है और इसे ऐसा करना भी चाहिए। इसके साथ ही, यह भी स्वीकार किया गया कि स्त्री–अध्ययन को अकादमिक कार्यक्रम और प्रभुत्वशाली विचारधाराओं में परिवर्तन लाने की भूमिका निभानी होगी। स्त्री–अध्ययन के जेंडरगत असमानता पर सोद्देश्य फोकस के साथ–साथ मुक्तिकामी कार्यक्रम पर ज़ोर देना इसे ज्ञानान्वेषण की अन्य परम्पराओं से अलग करता है। यहाँ सवाल यह है कि संस्थानों के विविधता भरे परिदृश्य से अस्थि–मज्जा प्राप्त कर रहे स्त्री–अध्ययन के राजनीतिक उद्देश्यों पर आन्दोलन के अन्दरूनी बहस–मुबाहसे का क्या असर पड़ा? स्त्री–अध्ययन और स्त्री–आन्दोलन के आपसी संवाद की बदौलत इन संस्थानों में किस प्रकार का ज्ञान उत्पादित हुआ? क्या स्त्री–अध्ययन को स्त्री–आन्दोलन की ज़रूरतों के प्रति जवाबदेह होना चाहिए? क्या स्त्री–अध्ययन के संस्थानीकरण ने नारीवादी कार्यक्रम को विभिन्न अनुशासनों की संकल्पनाओं और प्रविधियों को या पेशे की मूल्य–निरपेक्षता को प्रभावित करने की गुंजाइश प्रदान की? क्या इसने ज्ञान के प्रतिस्पर्धी दावों के लिए जगह मुहैया कराई है? क्या इसने संस्थानों को स्त्रियों के सरोकारों और मुद्दों के प्रति ज़्यादा जवाबदेह बनाया है या उलटे सांस्थानिक संरचनाओं ने इसे हाशिये पर धकेल दिया है?

उच्च शिक्षण संस्थानों में स्त्री–अध्ययन के मुख्यधाराकरण की राजनीति को पदानुक्रमित ज्ञान व्यवस्था और उनकी पितृसत्तात्मकता का सामना करना पड़ा। "विश्वविद्यालयों की रूढ़ संरचनाओं के बीच स्थित स्त्री–अध्ययन या तो परिधि की ओर ठेल दिया जाता है या फिर अध्ययन के विविध क्षेत्रों पर दावा ठोंकने वाले और अकादमिक तमगा हासिल करने की होड़ का मैदान बनकर रह जाता है।" परस्पर विरोधी खींचतान के कारण स्त्री–अध्ययन और स्त्री–आन्दोलन के बीच तनावपूर्ण सम्बन्ध पर अक्सर होने वाली बहस के अलावा 'स्त्री–अध्ययन का अकादमीकरण' का प्रयोग प्रायः नकारात्मक अर्थ में किया जाता है। इस क्रम में होता यह है कि वहाँ पहुँचने के लिए किये गये संघर्ष की समझ धुँधली हो जाती है।

बहरहाल, बाधाओं से भरी हुई ही सही लेकिन, हमारे पास एक सांस्थानिक जगह है। सोचना यह है कि हम इसका इस्तेमाल कैसे करें? क्या क़ानूनी सुधारों के लिए स्त्री–आन्दोलन द्वारा चलाये गये अभियान विश्वविद्यालयों में क़ानून के अध्ययन–अध्यापन के स्तर पर कोई बदलाव पैदा कर पाये हैं? स्त्री–अध्ययन के विद्वानों के समक्ष दुविधा यह रही है कि

वे शिक्षा संस्थानों में विद्यमान अनुशासनों की तयशुदा कार्यप्रणाली की हदों में काम करने और उसमें बदलाव लाने के अपने मक़सद के बीच सामंजस्य कैसे स्थापित करें?

क्या स्त्री–अध्ययन सांस्थानिक और संकल्पनात्मक स्थलों के बीच उलझकर रह गया है? एक ओर तो इसे अकादमिक पेशे से जुड़ी औपचारिक ज़रूरतों का ध्यान रखना पड़ता है। दूसरी ओर, अकादमिक दायरे में पारम्परिक अनुशासनों द्वारा तय कर दी गयी रूढ़ियों को तोड़ने का काम भी करना होता है। ऊपर से स्त्री–आन्दोलन के सरोकारों के प्रति संजीदा रहने की ज़रूरत। इन सबके बीच सामंजस्य बिठाकर चलना आसान नहीं है। लेकिन, अब जबकि ये मसले स्त्री–अध्ययन पाठ्यक्रमों के ज़रिये संस्थानीकृत हो गये हैं, क्या इससे इसे अपनी आलोचनात्मक परम्परा विकसित करने में मदद मिलेगी? अकादमिक नारीवादियों पर अक्सर समाज से 'अलग–थलग रहने वाले' अध्येता होने या अकादमिक सम्मान की आकांक्षा में आन्दोलन के रैडिकल तेवर को कमज़ोर करने का आरोप लगता रहा है। स्त्री–अध्ययन की परिकल्पना 'स्त्री–आन्दोलन के बौद्धिक अंग' के रूप में की गयी थी। कुछ विद्वानों का मत है कि 'स्त्री–अध्ययन की परिवर्तनकामी भूमिका प्रायः भ्रान्तिजनक ही रही, अकादमी के पहरुए अक्सर स्त्री–अध्ययन की प्रामाणिकता, गुणवत्ता और प्रासंगिकता पर सवाल खड़ा करते रहे हैं।' वहीं, कुछ अन्य विद्वान हैं, जो मानते हैं कि संस्थानों के भीतर स्त्री–अध्ययन 'अर्द्ध–स्वायत्त स्थल' के रूप में मौजूद है जो नारीवादी विचार और व्यवहार की ज़्यादा प्रखर अभिव्यक्ति की गुंजाइश प्रदान करता है। स्त्री–अध्ययन के शिक्षाशास्त्रीय पहलू और इन दशकों के दौरान सृजित ज्ञान व अन्तर्दृष्टियों के पीढ़ी–दर–पीढ़ी हस्तान्तरण को लेकर भी चिन्ता व्यक्त की गयी है। स्त्री–अध्ययन केन्द्र इस पाठ्यक्रम की व्यवहारोन्मुखता के प्रति स्पष्ट नहीं है। नब्बे के दौरान हुए बदलावों और उच्च शिक्षा में हुए परिवर्तन के कारण भी स्थिति चिन्ताजनक हुई है। बुनियादपरस्ती, अस्मिता की राजनीति, आर्थिक पुनर्निर्माण जैसे मसलों ने हमारे समक्ष नये सवाल पेश किये हैं, जिनसे जूझने की ज़रूरत है। स्त्री–अध्ययन को परस्पर विरोधी सांस्थानिक खींचतान का सामना करना पड़ रहा है। मिसाल के लिए, अलग अनुशासन के रूप में विकसित न होने की स्थिति, फिर भी उच्च शिक्षा संस्थानों में हस्तक्षेप करने की भूमिका का निर्वाह करना; अन्तरराष्ट्रीय एजेंसियों के कार्यक्रमों (जेंडर संवेदीकरण, प्रशिक्षण कार्यक्रम, आय–उपार्जन कार्यक्रम, मुद्दा केन्द्रित अभियान आदि) का संज्ञान लेना।

वित्तीय मदद प्रदान करने वाली एजेंसियों की बदलती प्राथमिकताओं ने भी नारीवादी कार्यक्रम और स्त्री मुद्दों की दृश्यमानता को प्रभावित किया है। ग़ैर–सरकारी संगठनों (एनजीओ) के विकास सम्बन्धी कार्यकलापों से प्रतिस्पर्धा, मतभेद और कटुता पैदा हुई है। विगत दो दशक के दौरान, एनजीओ सेक्टर को मिली विशाल धनराशि ने अल्पकालिक नीति और तात्कालिक ज़रूरतों को पूरा करने वाली परियोजनाओं के लिए बाज़ार तैयार किया है (जिसे डेवलपमेंट सेक्टर का एनजीओकरण कहा जा रहा है)। जो नया पेशेवर तबका (डेवेलपमेंट कंसल्टेंट्स, जेंडर एक्सपर्ट्स) पैदा हुआ है, वह अपनी कार्यशैली के सर्वोत्तम और अपनी प्रविधि के सार्वभौम होने का दावा कर रहा है। दरअसल, इस प्रकार के समूह उदारवादी जनतन्त्र व कल्याणकारी राज्य की परम्परा तथा विकास के असमान स्तर से पैदा हुए हैं। अपनी कार्यनीति और विकास कार्यों में हस्तक्षेप को लेकर ख़ुद एनजीओ भी वैचारिक दुविधा में फँसे नज़र आते हैं। इन संगठनों द्वारा उठाये जाने वाले मुद्दों और उनके राजनीतिक व बौद्धिक रुखों में विकट क़िस्म की विविधता है। संस्थानीकरण के साथ तमाम परेशानियाँ जुड़ी हुई हैं। इसका मतलब यह नहीं कि हम अपनी भूमिका से ही पल्ला झाड़ लें। हमें राजनीतिक और सामाजिक संस्थानों के साथ संलग्न होना होगा। संस्थानीकरण से हमारा अभिप्राय उस तरीक़े से है, जिसके ज़रिये नारीवादी बदलाव की माँग करते हैं, प्रतिरोध करते हैं और सीमाओं का विस्तार करते हैं। हालाँकि इस तथ्य से इनकार नहीं किया जा सकता कि अगर स्त्रियाँ कुछ ऐसा हासिल कर लेती हैं, जो एक सीमा के बाद व्यवस्था के लिए ख़तरे का संकेत देने लगे तो वह उसे वापस भी छीन सकता है। कई बार स्त्रियों की माँगें मौजूदा संस्थानों और विचारधाराओं के पदों में पुनर्निर्मित भी हो जाती हैं। संस्थानों में फैली नौकरशाही और उनकी पदानुक्रमित प्रकृति (सरकारी तन्त्र में गठित स्त्री इकाइयाँ, राजनीतिक दल और मज़दूर संघ) इस ख़तरे को दोगुना कर देती है। इस समय बहुत सारे कार्यक्रम और बहुतेरे विमर्श मौजूद हैं, क्योंकि स्त्रियों की जगह का पुनर्निर्धारण करने और उसे पुनःपरिभाषित करने की कोशिश की जा रही है। इस आलेख में मैंने नारीवाद द्वारा सामने लायी गयी प्रक्रियाओं, विचारधारात्मक नज़रियों और उसके अन्तर्विरोधों का एक आंशिक ब्योरा ही पेश किया है। मजूमदार के मुताबिक़, "नारीवाद की असल दुविधा निर्माण व सुधार की राजनीति तथा प्रतिरोध की राजनीति के बीच सन्तुलन बनाये रखना है। इसके साथ ही, यदि बुनियादपरस्ती और प्रतिक्रियावादी राजनीति के ज्वार के बीच स्त्री–आन्दोलन की नैया को डूबने

से बचाना है तो उसे अपनी माँगें सीमित, मर्यादित और स्थिरता के दायरे में रखनी होंगी।'' हमारे समक्ष जो सवाल हैं, उन्हें कम करके नहीं आँका जाना चाहिए। बहस–मुबाहिसे तो चलते ही रहेंगे, लेकिन इस क्रम में हम वैश्विक, आर्थिक और राजनीतिक ढाँचे में मुद्दे तय करने, उन्हें उठाने और उनकी व्याख्या में स्त्री–अध्ययन की भूमिका की जाँच–पड़ताल की चुनौती टाल नहीं सकते। आलोचनात्मक नज़रिया विकसित करने के लिहाज़ से यह ज़रूरी है। हमें ख़ुद अपने हस्तक्षेप और इसके ज़रिये संस्थानों में बदलाव पैदा करने की सम्भावना पर भी विचार–विमर्श करने की ज़रूरत है।

[**स्रोत** : 'इंस्टिट्युशनलाइज़िंग फ़ेमिनिस्ट एजेंडा', *इकोनॉमिक एंड पॉलिटिकल वीकली*, खण्ड 38, अंक 43, 25 अक्टूबर 2003]

इकोनोमिक एंड पोलिटिकल वीकली के 25 मार्च 1995 अंक के दीपांकर गुप्ता का *फ़ेमिनिफ़िकेशन ऑफ़ थियरी* लेख छपा था। उस लेख ने बड़ी ही तीखी बहस को जन्म दिया। इस संकलन में हमने मैरी ई. जॉन, मालविका कार्लेकर, वीना रवि पुनाचा ओर आनन्द चक्रवर्ती की प्रतिक्रियाओं को शामिल किया है।

अराजक भड़ास, पुरुष बहिष्करण का मिथक और सस्ती भावुकता

मैरी ई. जॉन

•

अनुवाद : **अभिषेक श्रीवास्तव**

ऐसा लगता है कि इन दिनों नारीवाद–निन्दा, ख़ासकर अकादमिक जगत के स्थापित नामों के बीच मन बहलाने का पसन्दीदा काम हो चला है। लेकिन इस शगल के अच्छे–ख़ासे अभ्यस्त भी निश्चित तौर पर दीपांकर गुप्ता के इस विस्मयकारी प्रदर्शन से स्तब्ध हुए बिना नहीं रह सकेंगे। दूसरे बौद्धिक क्षेत्रों के मुक़ाबले नारीवाद शायद इसी मायने में विशिष्ट हो जाता है कि एक बुद्धिजीवी अपनी घोषित अज्ञानता और दण्डमुक्ति के आत्मविश्वास के साथ इतने तिरस्कारपूर्ण और आक्रामक रवैये से उसकी आलोचना करते वक़्त अकादमिक अनुशीलन के बुनियादी तत्त्वों का मखौल उड़ा देता है। इसीलिए यह अन्दाज़ा लगाना दूर की कौड़ी होगी कि इस चौंकाने वाली लेकिन अपेक्षित भड़ास के पीछे अकादमिक सत्ता के गलियारों में मौजूद कौन–सी व्यक्तिगत या पेशेवर खुन्नस काम कर रही है। इसके बजाय इस बात की पड़ताल करना ज़्यादा अहम है कि नारीवाद पर इस हमले की प्रकृति क्या है, इसकी मंशा क्या है और भारतीय नारीवादियों के लिए इसके निहितार्थ क्या हैं।

I

गुप्ता के आलेख का पहला हिस्सा उन ज्ञानानुशासनों की भर्त्सना करता है, मखौल उड़ाता है और ग़लत व्याख्या करता है जो उत्तर–आधुनिकता की तथाकथित अति–व्यक्तिनिष्ठता से प्रभावित हैं। एक समाजशास्त्री के लिए ज्ञानानुशासन की सीमाएँ कितना मायने रखती हैं, उसके बारे में बड़ी–बड़ी बातें करने के उपरान्त उन्होंने 'समाज' की संकल्पना में अन्तर्निहित वस्तुनिष्ठता बनाये रखने की ज़रूरत पर ज़ोर दिया है। उसके बाद वे हमारा अपनी श्रेष्ठतर

सैद्धान्तिक निपुणता से साक्षात्कार कराते हैं। हमें पश्चिमी, ख़ासकर अमेरिका के नारीवादियों के छिटपुट लेखन का आस्वाद कराते हुए वे हमारे समक्ष फ्रांसीसी नारीवादी लूस इरिगरे के लेखन से उद्धरण परोसते हैं। ग़ौरतलब है कि वे इनमें से न किसी का परिचय देते हैं और न सन्दर्भ स्पष्ट करते हैं। ऐसे आत्मसजग समाजशास्त्री से कम–से–कम इतनी उम्मीद तो की ही जानी चाहिए कि वे नारीवाद के जिन रूपों और श्रेणियों का विश्लेषण कर रहे हैं उनकी सामाजिक अवस्थिति को स्पष्ट करते और इसके साथ–साथ ख़ुद और ख़ुद की दलीलों का भी पक्ष निर्धारित करते। इसके बजाय हम आरोपों की शृंखला का सामना करते हैं– सभी नारीवादी देह को पाठ मानते हैं, जिसका प्रच्छन्न अर्थ यह हुआ कि सबका अपना–अपना निजी पक्ष है। इसलिए, नारीवादियों के बीच संवाद की सम्भावना नहीं बनती। इसके कारण के रूप में उन्होंने बार–बार 'उत्तर–आधुनिकतावाद और नारीवाद के बीच मेल' को प्रस्तुत किया है। ऐसे में नारीवाद के समस्त प्रकार अन्ततः उत्तर–आधुनिकतावाद का ही संस्करण नज़र आने लगते हैं। गुप्ता की इस निन्दा में जो इकलौती 'सैद्धान्तिकी' मुझे दिखती है, वह यह है कि अगर किसी बात को कई बार कहा जाये, तो वह सच हो जाती है।

किसी भी भारतीय नारीवादी का ज़िक्र न किया जाना क्या निरा संयोग है? ठीक इसके विपरीत, जैसा कि मैंने आगे ज़ाहिर करने का प्रयास किया है, भारतीय नारीवादी विद्वत्कर्म और भारतीय स्त्री–आन्दोलन वस्तुतः गुप्ता के पाठ के *दमित* हैं। उनके हिसाब से भारतीय नारीवाद नामक कोई चीज़ नहीं है और यदि है भी तो फ्रांस के नारीवादी लेखन (*एकरीचर फ़ेमिनिन*) अथवा अमेरिकी पत्रिका *साइंस* के लेखनों की छाया मात्र।

इस पर आगे और कुछ कहने से पहले गुप्ता द्वारा उद्धृत किये गये आलेखों पर तनिक विचार कर लेना समुचित रहेगा, ताकि यह अन्दाज़ा लगाया जा सके कि वे कैसी अविश्वसनीय गड़बड़ियाँ कर सकते हैं।

II

गुप्ता ने आलेख के आरम्भ में ही *एकरीचर फ़ेमिनिन* की धारणा को समकालीन नारीवाद के समस्त रूपों का प्रतिनिधि घोषित किया है। भारत के अधिकतर पाठकों की फ्रांसीसी स्त्री–आन्दोलन और साठ के दशक में उभरे 'नये फ्रांसीसी नारीवाद' तक पहुँच मूलतः अनुवाद और तदुपरान्त कुछ फ्रांसीसी नारीवादी सिद्धान्त अंग्रेज़ीभाषी पश्चिम के देशों, ख़ासकर अमेरिका में संस्थानीकरण के ज़रिये हुई होगी। लेकिन, अनुवाद और संस्थानीकरण की उक्त प्रक्रिया काफ़ी

सीमित और विषम थी। इसे एक आरम्भिक अमेरिकी संकलन में स्पष्ट किया गया है। ऐसे में जल्दबाज़ी में कोई भी सामान्यीकरण करने से बचना चाहिए।

गुप्ता ऐसी सतर्कता की उपेक्षा तो करते ही हैं, लेकिन इससे कहीं ज़्यादा चौंकाने वाली बात यह है कि वे शायद फ्रांसीसी नारीवाद के सर्वाधिक प्रचारित संस्करण के बुनियादी तत्त्वों की भी समझ नहीं रखते। उनके दावों के ठीक विपरीत *एकरीचर फेमिनिन* दरअसल 'देह के बारे में लेखन' इस अर्थ में उतना ज़्यादा नहीं है कि 'महिलाओं को सिद्धान्त से नहीं समझा जा सकता' बजाय इसके कि 'महिला को समझने के लिए महिला होना ज़्यादा ज़रूरी है।' (गुप्ता) इसकी आरम्भिक सिद्धान्तकार जूलिया क्रिसतीवा के मुताबिक़ जैसे मलार्मे, जेने और जोइस जैसे कुछ अवाँगार्द पुरुष लेखक कई स्त्री लेखिकाओं के मुक़ाबले लेखन की इस शैली के ज़्यादा क़रीब रहे हैं। *एकरीचर फेमिनिन* का उद्देश्य स्त्री अस्मिता की निजता के महत्त्व पर ज़ोर देना नहीं था। जिस बात ने उसके प्रति ज़्यादा ध्यानाकर्षण पैदा किया (ख़ासकर विदेश में), वह थी उसका दर्शनशास्त्र (ख़ासकर जर्मन दर्शन और मार्क्सवाद), भाषाशास्त्र, मनोविश्लेषण और साहित्य पर ख़ास फोकस। इस विशिष्ट और उच्च सैद्धान्तिक अनुशीलन के भीतर ही कुछ फ्रांसीसी स्त्रीवादियों ने पुरुष दमन के स्वरूप, स्त्रियों की रूढ़िबद्ध उपस्थिति या प्रायः उनकी अनुपस्थिति का बिल्कुल अलहदा और सूक्ष्म विश्लेषण किया।

इस जटिल क्षेत्र में अलग–अलग स्तरों पर अपनी–अपनी शैली में हस्तक्षेप करने वाले फ्रांसीसी स्त्रीवादी बुद्धिजीवियों ने एक मनोविश्लेषक लूस इरिगरे का नाम लिया है जिनका गुप्ता ने अलग से ज़िक्र किया है। इरिगरे ने प्लेटो से लेकर फ्रायड और लकान तक पश्चिमी दार्शनिक और मनोविश्लेषणात्मक परम्पराओं की विखण्डनवादी व्याख्याएँ करते हुए विस्तार से उन पुरुषवादी आग्रहों तथा यथार्थ के अन्तर्विरोधी दावों को उजागर किया था जिन पर अब तक सवाल नहीं खड़े किये गये थे (इरिगरे, 1985 ए, 1985 बी)। उनके काम का एक और महत्त्वपूर्ण पहलू स्त्री यौनिकता की तलाश है (इरिगरे, 1985 ए)। यह कहीं ज़्यादा मुश्किल काम रहा, चूँकि पहले से मौजूद विमर्शों की पड़ताल करना एक बात है जबकि नये सूत्रीकरण को आकार देना बिल्कुल अलग काम होता है। इसका उद्देश्य 'उत्पीड़न, प्रतिबन्ध और अपहचान की तर्क पद्धति के भीतर ही स्त्री सुधार' के दायरे से पार जाना था।

स्त्री यौनिकता पर इरिगरे का यह काम आख़िर कितना उपयोगी है? यह सवाल पिछले दो दशक से दुनिया के दोनों हिस्सों में मौजूद स्त्रीवादियों की बहसों में बार–बार उठता रहा है। इसका हिस्सा बनने और यहाँ तक

कि स्त्रीवादी सैद्धान्तिकी के भीतर इस वास्तविक विमर्श को स्वीकार करने की उपेक्षा करते हुए गुप्ता इरिगरे को ख़ारिज करते हैं और अपनी बौद्धिक ज़िम्मेदारी से बचते हुए ज़बरदस्ती अपनी निन्दाएँ थोपते हैं। वास्तव में, वह पहले ही एक ऐसी स्त्री यौनिकता की सम्भावना को ख़ारिज कर देते हैं जो कुछ कम रूढ़ और एकांगी हो सकती हो, बशर्ते उसे एक बार विषमलिंगी पुरुषवाद के नियमों द्वारा थोपी गयी बन्दिशों से मुक्त कर दिया जाये। यौन विभेदों से निपटने के लिए उन्हें इकलौता रास्ता यही दिखता है कि स्ट्रिपटीज़ (नग्न प्रदर्शन) जैसे अपमानजनक उदाहरण का हवाला दिया जाये।

अफ़सोस होता है कि गुप्ता ने अपने समर्थन में जिन आलेखों का हवाला दिया है उन्हें पढ़ने की जहमत भी उठाई होती। मसलन, मैगी बर्ग ने इरिगरे की ख़ूब व्याख्या की है तथा लकान और इरिगरे के बीच विभेदों पर भी एक धारदार टिप्पणी की है। जबकि लकान को, जिन्हें गुप्ता बार–बार उद्धृत करते हैं, शिश्न के बारे में उनकी द्विअर्थी व्याख्याओं पर रियायत दे दी जाती है वहीं इरिगरे के विमर्श को सिर्फ़ शाब्दिक अर्थ में स्त्री देह तक सीमित कर दिया जाता है। ऐसी सीमित व्याख्याओं को प्रोत्साहित करने के बजाय बर्ग अपने पाठक को सम्भावित परिवर्तन (जिसमें मेरे विचार से विषमलिंगों के बीच सम्बन्धों में बदलाव भी शामिल है) के केन्द्र के रूप में स्त्री यौनिकता पर सोचने को मजबूर करती हैं और इस क्रम में इरिगरे के विमर्श में मौजूद विडम्बना सुख व राजनीति पर भी विचार करने को बाध्य करती हैं।

गुप्ता को यदि यौनिकता पर इतने विस्तृत विमर्श से दिक़्क़त है, तो वे एक समाजशास्त्री होने के नाते इरिगरे जैसी फ्रांसीसी स्त्रीवादी को फ्रांस की संस्कृति और समाज के सापेक्ष समझने की कोशिश क्यों नहीं करते हैं? उन्होंने अगर ऐसा किया होता, तो शायद कुछ दिलचस्प चीज़ उभरकर आती– शायद कोई ऐसा विश्लेषण जो 'फ्रांसीसी' सन्दर्भ में प्रेम और यौनिकता के ऐतिहासिक विकासक्रम पर केन्द्रित होता या फिर यूरोप में किसी भी अन्य जगह के मुक़ाबले उस देश में मनोविश्लेषण के विशिष्ट संस्थानीकरण पर बात करता, या सम्भव है उन सामाजिक परिस्थितियों का विश्लेषण होता जिसकी प्रतिक्रिया इरिगरे जैसे सिद्धान्तकारों के काम में दिखायी देती है।

ऐसा करने के बजाय वे और नीचे गिरते जाते हैं। इरिगरे को उद्धृत करने के बाद गुप्ता 'मुख्यधारा' की अमेरिकी स्त्रीवादियों का हवाला देते हुए दिखाते हैं कि वे सब 'देह को पाठ मानने' की हामी हैं जहाँ यथार्थ अर्थहीन हो जाता है (गुप्ता)। निश्चित तौर पर गुप्ता जैसी अकादमिक शख़्सियत का मामला सन्दिग्ध और अश्लील है जोकि अपने लक्ष्य को हासिल करने के लिए

ग़लत उद्धरण देता है, अपनी बात की शुरुआत किसी एक आलेख की किसी एक पंक्ति से करता है और उसका अन्त किसी दूसरे आलेख की दूसरी पंक्ति से और इस तरह उन धारणाओं को नारीवाद की रूमानी आस्थाओं में बदल देता है जिसकी आलोचना बतौर एक स्त्रीवादी वह ख़ुद कर रहा होता है।

इस प्रवृत्ति के कुछ उदाहरण देखें– गुप्ता द्वारा ग़ैर–ज़िम्मेदाराना ढंग से दिये गये ढेर सारे उद्धरणों से पैदा पाठ के तौर पर देह की छवि के उलट मैरी हॉक्सवर्थ जानने वाले (पुरुष या स्त्री) पर ज़ोर दिये जाने के बजाय स्त्रीवादियों से आग्रह करती हैं कि, ''वे 'साक्ष्य के मानकों, विवरणों और यथार्थ की कसौटी' पर अपना ध्यान केन्द्रित करें जो मानवबोध को एक अभ्यास के तौर पर अनुकूलित करते हैं'' (हॉक्सवर्थ 1989, 555)। उनका उद्देश्य उत्तर–आधुनिक विश्लेषण में सापेक्ष प्रवृत्तियों से पार जाना है। मेसिया–लीस, शार्प और कोहेन (1989) तो उत्तर–आधुनिक मानव विज्ञान के बिल्कुल ख़िलाफ़ हैं क्योंकि उनके मुताबिक़ यह नया चलन संरक्षणवादी राजनीति को प्रश्रय देता है। उनका मानना है कि स्त्रियों के बीच अन्तर पर हालिया अमेरिकी बहसें मानव–विज्ञान के संकट को और गहराने का काम कर रही हैं। जुडिथ बटलर (1990,1993) बिल्कुल दूसरे नज़रिये से यह बात कहती हैं। उन्होंने स्त्री और पुरुष समलैंगिकों की राजनीति के हितों को आगे बढ़ाने के लिए फूको, देरिदा और लकान की सैद्धान्तिकी की लगातार महीन व्याख्या की है और इस तरह विषम लैंगिकता से जुड़ी ठस संरचनाओं को तोड़ने का काम किया है। उनकी एक बुनियादी प्रस्थापना यह है कि स्त्रीवादियों को किसी आधार या मूलभूत श्रेणी (जैसे स्त्री या उसकी देह) की ज़रूरत के बग़ैर अपना काम आगे बढ़ाना चाहिए क्योंकि यह–''उन विषयों को ही पूर्वस्थापित, सुनिश्चित और प्रतिबन्धित कर देता है जिसे वह मुक्त कराने और जिसका प्रतिनिधित्व करने की आकांक्षा रखता है।'' (बटलर, 1990, 16)

ग़लतियों से भरे हुए अपने आलेख में गुप्ता की सबसे बड़ी चूक सम्भवतः सांड्रा हार्डिंग (1986 बी, 1987) को उद्धृत करना है। गुप्ता यह दावा करते हैं बाक़ी स्त्रीवादियों की तरह सांड्रा भी न सिर्फ़ यथार्थ को एक पितृसत्तात्मक विभ्रम के तौर पर ख़ारिज करती हैं बल्कि वे तो, ''विषमलिंगियों से संवाद भी शुरू नहीं कर सकती हैं।'' आश्चर्य होता है कि क्या गुप्ता को सांड्रा का लिखा दिख नहीं रहा या वे उसे समझ नहीं पा रहे, क्योंकि हार्डिंग यह कहती हैं–

''सर्वश्रेष्ठ स्त्रीवादी विश्लेषण...इस बात पर ज़ोर देता है कि विश्लेषक ख़ुद अपने घोषित विषय के स्तर पर जाकर उसकी पड़ताल करे और इस

तरह अपने निष्कर्ष के क्रम में समूची शोध प्रक्रिया को निकालकर पड़ताल के लिए सामने रख दे।

...विश्लेषण में इस 'आत्मपरक' तत्त्व को लाने से वास्तव में शोध की वस्तुपरकता में ही इज़ाफ़ा होता है और उस वस्तुपरकता की गुंजाइश कम हो जाती है जो ऐसे साक्ष्यों को सार्वजनिक तौर पर छुपाने की कोशिश करता है।'' (हार्डिंग 1987, 'मेरा आग्रह')

हार्डिंग असामान्य तौर पर यह आग्रह करती हैं कि जो पुरुष नारीवाद के प्रति सहानुभूति रखते हैं और रोज़मर्रा की ज़िन्दगी में स्त्रियों के उत्पीड़न को स्वीकार करते हैं उन्हें स्त्रीवादी समुदाय में शामिल किया जाना चाहिए, ख़ासकर इसलिए क्योंकि हर विषय अपने आप में स्त्रीवादी है–

''...हम कई ऐसे शोध देख सकते हैं जिन्हें ऐसे पुरुष ही उपयुक्त तरीक़े से कर सकते हैं जो नारीवाद से सहानुभूति रखते हों। ये ऐतिहासिक और अन्तर–सांस्कृतिक स्तर परपुरुषों के विचारों में लैंगिक आयामों और आचार की आलोचनात्मक पड़ताल हैं।

ऐसे अध्ययनों से जो भी बौद्धिक या वैज्ञानिक उपलब्धियाँ हासिल होंगी, उनके अतिरिक्त पुरुषों द्वारा इस क़िस्म के आत्मालोचनात्मक शोध स्त्रियों के सशक्तीकरण में एक राजनीतिक योगदान भी देते हैं जो काम स्त्रियाँ अपने शोध से नहीं कर सकती हैं।'' (हार्डिंग, 1987, 11–12, मूल आग्रह)

गुप्ता के आलेख में मौजूद गड़बड़ियों और मिथ्या प्रचार को दिखाने के लिए ऐसे ढेरों उदाहरण हैं, लेकिन यह काम बहुत हताश करने वाला और श्रमसाध्य है। अब तक यह बात ज़ाहिर हो चुकी है कि अमेरिकी नारीवाद बेशक उत्तर–आधुनिकतावाद की कोई क़िस्म नहीं है। अमेरिकी नारीवाद की जटिल शाखा–प्रशाखा, जिसमें फ्रेंच सैद्धान्तिकी के साथ उसकी सहमतियाँ, असहमतियाँ और समानताएँ भी शामिल हैं, इतना व्यापक विषय है कि यहाँ उसकी पड़ताल करना सम्भव नहीं। *साइंस* पत्रिका ने उत्तर–आधुनिकता के ख़िलाफ़ जितने लेख छापे हैं उतने उसके समर्थन में नहीं, और इस तरह उसने अपना अमेरिकी चरित्र क़ायम रखा है। गुप्ता के दावों से उलट मार्क्सवाद न अमेरिकी नारीवाद के आरम्भिक दौर में उसका इकलौता आश्रय हुआ करता था, न ही वह आज पूरी तरह ग़ायब हो गया है।

इसे स्वीकार करने में हर्ज़ नहीं कि उत्तर–आधुनिक दृष्टि ने पश्चिमी स्त्रीवादी अध्ययन में काफ़ी अहम बदलाव किये हैं, ख़ासकर प्रतिनिधित्व और आत्मपरकता के सवालों के सन्दर्भ में हुए बदलाव ध्यान देने लायक हैं। उत्तर–आधुनिक पद्धति में पाठ पर दिये गये ज़ोर ने यथार्थ तक पहुँचने के

सीधे रास्ते के अभाव को रेखांकित किया है, जिसमें (गुप्ता ध्यान देंगे) अपनी देह या अपने निजी अनुभव पर अधिकार के किसी भी प्राकृतिक सम्बन्ध की अनुपस्थिति भी शामिल है। 'गल्प' की बात करना हमें सिर्फ़ इस तथ्य के प्रति सचेत करने का तरीक़ा है कि ज्ञान के बारे में सारे दावे असम्बद्ध तरीक़े से पैदा किये जाते हैं और वे लिखित साहित्य से जुड़ी भाषा परम्परा (आख्यानात्मक संरचना, उसमें बदलाव आदि से सम्बद्ध) से बाहर नहीं होते। जैसा कि काफ़ी पहले क्लिफर्ड ग्रीत्ज़ ने भी कहा था, "गल्प झूठा नहीं होता! इसी तरह सारे यथार्थ की आंशिकता पर दिया जाने वाला ज़ोर (विशेषकर वैज्ञानिक यथार्थ) कोई निजी दायरे की चीज़ नहीं होता, चाहे वह नारीवाद हो या फिर नृशास्त्र, बल्कि यह कहीं ज़्यादा जवाबदेही का मसला होता है" (क्लिफर्ड एंड मार्क्स 1986, क्लिफर्ड 1988, हरावे 1991)। गुप्ता के शुद्धतावाद सम्बन्धी आरोपों के जवाब में कहा जा सकता है कि आज स्त्रीवादी उन क्षेत्रों में अध्ययन कर रही हैं जो अब तक पुरुषों के लिए आरक्षित माने जाते थे–चाहे वह विज्ञान की दुनिया हो (हार्डिंग 1986 ए, 1991), राज्य का विश्लेषण (मूर, 1988) या फिर ई.पी. थॉम्पसन की पुस्तक *दि मेकिंग ऑफ़ दि इंग्लिश वर्किंग क्लास* का पुनःपाठ (स्कोटी 1988)। इसके साथ ही वे मातृत्व, यौनकर्म और यौनिकता जैसे लैंगिक विषयों के अवधारणामूलक पहलुओं पर तो ज़ाहिर तौर पर काम कर ही रही हैं।

इस विश्व या मानवीय गतिविधियों की एक पाठ के तौर पर व्याख्या करना सिर्फ़ सम्प्रेषण की सदिच्छा तक सीमित नहीं है बल्कि अन्तरविषयी संवाद का एक आमन्त्रण भी है। उस पाठ का क्या अर्थ जिसे सिर्फ़ उसका लेखक ही पढ़ सके? *साइंस* पत्रिका के जटिल आलेख स्त्रीवादी समुदाय में अन्तरविषयी संवाद का एक सशक्त उदाहरण हैं– इसमें अक्सर सौ से ज़्यादा सन्दर्भ पुस्तकों के नाम होते हैं जिनसे साफ़ पता चलता है कि इस क्षेत्र में कितना काम हो रहा है जबकि मुख्य पाठ अपने आप में प्रासंगिक सैद्धान्तिकी की पुनर्व्याख्या और संशोधन होता है चाहे वह स्त्रीवादी हो या नहीं। इससे अलग–अलग तरीक़े से व्याख्यायित करने और असहमत होने की जगह ख़त्म नहीं हो जाती, लेकिन अगर कोई ख़ुद ही पढ़ना नहीं चाहता है तो क्या उसने इस समुदाय का हिस्सा बनने की बुनियादी पूर्व शर्त को ही नहीं नकार दिया है और इस तरह ख़ुद को उससे बाहर कर लिया है?

III

गुप्ता द्वारा प्रस्तुत विकृतियों की आवृत्ति को देखते हुए ऐसा लगता है यह सिर्फ़ उनकी अनिच्छा या अनदेखी का मामला नहीं है। यहाँ पर मैं अपनी सबसे

अहम बात कहना चाहूँगी। जैसा कि मैंने पहले बताया, भारतीय नारीवाद पर चर्चा को जगह न दिये जाने पर तेज़ प्रतिक्रिया होती है, लेकिन आलेख में सिर्फ़ एक जगह इससे बचा गया है वह भी परोक्ष तरीक़े से जब दीपांकर आंद्रे बेतेई के लिखे एक अख़बारी आलेख का उद्धरण देते हुए यह दावा करते हैं कि कई क्षेत्रों में, ख़ासकर शिक्षा के क्षेत्र में महिलाएँ आजकल पुरुषों को पीछे धकेले दे रही हैं (गुप्ता 199 एसए : 618)। तो क्या हमें यह कहा जा रहा है कि दिल्ली स्कूल या जेएनयू जैसे संस्थानों में जाने वाले छात्रों की संघटना में आया बदलाव भारतीय नारीवाद की देन है?

क़रीब एक दशक पहले नीरा देसाई और मैत्रेयी कृष्णराज ने भारत में उच्च शिक्षा की जनांकिकीय स्थिति का बहुत सटीक विश्लेषण किया था। उनके मुताबिक़ उच्च मध्यवर्ग और मध्यवर्ग आभिजात्य संस्थानों के आभिजात्य पाठ्यक्रमों में जाने को उद्धत रहता है (जैसे इंजीनियरिंग, मेडिसिन, प्रबन्धन और अन्य पेशेवर पाठ्यक्रम) लेकिन इसी वर्ग की लड़कियों को आमतौर से इनमें जाने से रोका जाता है। इस तरह ये लड़कियाँ शहर में पढ़ने आये सम्पन्न ग्रामीण परिवारों के लड़कों या शहरी निम्न वर्ग के लड़कों के साथ एक ''क़िस्मत को साझा करती हैं''—वे हमारे शिक्षण तन्त्र के दूसरे दर्जे में दाख़िला लेते हैं, कह सकते हैं जो आभिजात्य संस्थानों में निचले पाठ्यक्रम या फिर निचले संस्थानों में आभिजात्य पाठ्यक्रम होता है। दूसरे शब्दों में, हमारी शिक्षा व्यवस्था न सिर्फ़ सामाजिक–आर्थिक आधार पर बल्कि लैंगिक आधार पर भी बँटी हुई है। इस अन्तर की प्रासंगिकता यह है कि जहाँ कुछ विशिष्ट पृष्ठभूमि के लड़के आभिजात्य संस्थानों में प्रवेश पाने में कामयाब नहीं हो पाते, वहीं लड़कियों को प्रवेश की अनुमति ही नहीं दी जाती है (देसाई और कृष्णराज 1987, पृ. 157–58)।

यदि यह अध्ययन नब्बे के दशक में किया गया होता तो इसमें सामाजिक–आर्थिक स्थिति में जाति और समुदाय के सन्दर्भ का विश्लेषण शामिल किया जाता। इसके अलावा, वैश्वीकरण आने के बाद हिन्दू सवर्ण शहरी पुरुष इलीट का दायरा मेडिसिन और इंजीनियरिंग के पुराने विकल्पों से भी कहीं आगे जा चुका है। हो सकता है इस वजह से ऐसे तबके का रवैया सामाजिक विज्ञान के प्रति बदल गया हो। लेकिन कुछ मुट्ठी–भर (जोकि दृश्य हैं) महिला अकादमिकों को पुरुषों (सवर्ण मध्यवर्गीय) को 'पीछे धकेलने' का ज़िम्मेदार बताना बेशक कुण्ठा और मनोविकार के मिश्रित रोग से भी आगे की दिक़्क़त है।

गुप्ता शायद अपने देश में चल रही स्त्रीवादी बहसों पर ध्यान ही नहीं दे पाते हैं (उदाहरणार्थ : कृष्णराज, 1990) क्योंकि उन्होंने अगर ऐसा किया होता तो उनका बड़ी मेहनत से इकट्ठा किया सीला हुआ बारूद फुस्स हो जाता। सबसे पहली बात, हमारे यहाँ उत्तर–आधुनिकता के बारे में कम ही लिखा–पढ़ा गया है। जब कभी कोई ऐसा काम हुआ है तो वह उत्तर–आधुनिकतावाद की प्रखर आलोचना के रूप में सामने आया है, जैसे आरम्भिक स्त्रीवादी बहसें इस बात पर होती थीं कि भारत और तीसरी दुनिया के सन्दर्भ में उत्तर–आधुनिक सैद्धान्तिकी की उपयोगिता कितनी सीमित है (संगारी 1987, थारु 1988)। इन बहसों से हमारे यहाँ और बाहर कुछ सार्थक आलोचना का माहौल बना है जो पहले मौजूद नहीं था। ऐसा भी हुआ है कि इन विमर्शों ने स्त्रीवादी उत्तर–आधुनिक दृष्टिकोण का रचनात्मक उपयोग बिल्कुल नये ग़ैर–पश्चिमी क्षेत्रों को खोलने में किया है, जैसे औपनिवेशिक इतिहास में औरतें (मणि 1989) या जाति और समुदाय का समकालीन पुनर्निर्धारण (थारु और निरंजना 1994)। इन तमाम कामों में पाठ का कोई अविवेकपूर्ण उत्सव या यथार्थ के अन्त पर कोई निजी जश्न जैसा भाव मौजूद नहीं है।

हालाँकि तथ्य यह है कि भारत के अधिकतर स्त्रीवादी बुद्धिजीवी पिछले कुछ समय से उत्तर–आधुनिकता से बहुत दूरी बरतते हुए काम कर रहे हैं। इसीलिए जब अचानक मेरी नज़र इन्हीं दीपांकर गुप्ता की लिखी एक पुस्तक समीक्षा पर गयी जिसमें बीना अग्रवाल की पुस्तक अ *फील्ड ऑफ़ वन्स ओन* (गुप्ता 1995 बी : 184) को पढ़ लेने का दावा किया गया था, तो मेरी हैरत की कोई सीमा न रही। पहली ही पंक्ति से वह अराजक अज्ञानता झलकना शुरू हो जाती है जिसके लिए गुप्ता कुख्यात हैं–

"और अन्त में लैंगिकता पर एक गम्भीर अध्ययन जो स्त्री देह को तरजीह दिये बग़ैर और फूहड़ भाषा का इस्तेमाल किये बग़ैर स्त्री और पुरुष दोनों को सम्बोधित करती है। यह पुस्तक समकालीन स्त्रीवादी साहित्य का लक्षण बन चुकी अराजक भड़ास को कोई रियायत नहीं देती।" (गुप्ता 1995 बी : 184)।

ज़ाहिर है गुप्ता को यह लगता ही नहीं कि लैंगिकता और विकास के उस व्यापक क्षेत्र से उन्हें कुछ भी सीखने की ज़रूरत है, जिसने चाहे सही हो या ग़लत लेकिन कभी भी फ्रेंच सैद्धान्तिकी का विरोध नहीं किया। इसके समानान्तर उन्हें यह भी लगता है कि वे भारत में 'लैंगिकता के गम्भीर अध्ययन' की वैधानिक सीमाओं को तय करने के सबसे सुयोग्य पात्र हैं– सिर्फ़ ग्रामीण औरतें मायने रखती हैं (बाक़ी सब 'विचारणीय भी नहीं हैं') और अकेले सशक्तीकरण का सवाल ही प्रासंगिक है। यानी अग्रवाल पहली नज़र में अच्छी

महिला हैं, लेकिन उनकी ग़लती यह है कि उन्होंने 'प्रति एकड़ उच्चतर पैदावार' जैसी चीज़ों पर बात की है जो पुरुषों का विषय है। क्या गुप्ता को पता है कि अग्रवाल हमारे यहाँ की प्रतिष्ठित विकास अर्थशास्त्रियों में एक हैं और वे उन आरम्भिक स्त्रीवादियों में हैं जिन्होंने यान्त्रिकीकरण, हरित क्रान्ति, ग़रीबी और पर्यावरण से लेकर भूमि और वैधानिक अधिकार तक अधिकतर विषयों पर काम किया है (अग्रवाल 1980, 1986 ए, 1986 बी, 1988, 1994, देखें दुवुरी 1989)? आज यदि तीस फ़ीसदी महिला कार्यबल कृषि से बाहर है और सारे आँकड़े सुझाते हैं कि यह चलन बढ़ता जा रहा है, तो शहरी आजीविका के लिए महिलाओं का संघर्ष (कलपगम 1994) विचार से इतर क्यों है?

गुप्ता के तमाम विरोधाभास बदशक्ल हैं। पहले वे स्त्रीवादियों पर इसलिए हमला करते हैं कि वे देह जैसी निजी चीज़ पर बात करती हैं। लेकिन जैसे ही वे पुरुषों के अधिकार क्षेत्र में प्रवेश करती हैं, मसलन अर्थशास्त्र, तो वे हत्थे से उखड़ जाते हैं। गुप्ता अद्भुत तरीक़े से जवाब देते हैं– "अग्रवाल ने काफ़ी प्रभावशाली तरीक़े से इस अफ़वाह का नाश किया है कि मातृवंशीय समाज मातृसत्तात्मक भी होते हैं।" मातृसत्ता की अवधारणा क़रीब एक सदी से ज़्यादा समय से अकादमिक इस्तेमाल में नहीं आ रही है चाहे वह मानवशास्त्रीय मोटे ग्रन्थ हों या फिर नारीवाद। क्या गुप्ता को यह बात समझने के लिए अग्रवाल की ज़रूरत है?

IV

गुप्ता के इकोनॉमिक एंड पॉलिटिकल वीकली वाले लेख में भारतीय स्त्रीवादियों को विस्थापन की एक प्रक्रिया के माध्यम से निपटाया गया है– पश्चिमी स्त्रीवादियों पर हमला करो और यहाँ की स्त्रीवादियों के बारे में कुछ भी न कहो जिससे वे ख़ुद धराशायी हो जायें। *इंडिया टुडे* में छपी उनकी पुस्तक समीक्षा से यह स्वर निकलता है कि कम–से–कम एक स्त्रीवादी तो यहाँ है ही जिसके दिमाग़ में एकाध गम्भीर विचार मौजूद है।

गुप्ता का यह हमला कैसे आत्म–बहिष्करण का रूप ले लेता है यह सबसे ज़्यादा हैरतनाक बात है। यह आज स्वयंसिद्ध बात है कि ट्रेड यूनियन परामर्श के लिए सबसे पहले किसी प्रबन्धक की तलाश नहीं करते होंगे (गुप्ता 1995 ए : 620) या फिर उपनिवेशवाद के इतिहास के लिए तीसरी दुनिया की राष्ट्रीयताओं का संघर्ष ज़रूरी है। सवाल उठता है कि फिर वह स्त्रीवादी समुदाय जहाँ स्त्रियाँ ही विमर्श का स्रोत हैं और मध्यस्थ भी वे ही हैं, उसे राजनीतिक तरजीह दिये जाने पर ऐसी मनोविकारी प्रतिक्रियाएँ और निराशाजनक चीख़–पुकार क्यों मचती है?

इकोनॉमिक एंड पॉलिटिकल वीकली को गुप्ता जैसे लोगों पर अपने पन्ने बरबाद करने के बजाय– जो पढ़ने से ज़्यादा बड़बड़ाने में विश्वास करते हैं–उनका इस्तेमाल उन सामाजिक–सांस्कृतिक रुझानों का वैचारिक विश्लेषण छापने में करना चाहिए जो आज स्त्रीवादियों पर हमला करने वाले अकादमिकों की बढ़ती हुई वैधता में प्रच्छन्न रूप से मौजूद हैं।

[**स्रोत** : मैरी ई. जॉन, 'इनडिसिप्लिड आउटपोरिंग्स : मिथ एंड बाथोस ऑफ़ मेल *एक्सक्लूजन*', *इकोनॉमिक एंड पॉलिटिकल वीकली*, खण्ड 30, अंक 22, 3 जून 1995]

फ़ेमिनिफ़िकेशन ऑफ़ थियरी

मालविका कार्लेकर

•

अनुवाद : **अभिषेक श्रीवास्तव**

अपने आलेख में दीपांकर गुप्ता ने यह दावा किया है कि उत्तर–आधुनिकता ने समकालीन नारीवाद के लिए बौद्धिक सहारे का कार्य किया। वरना, उसका कोई ठौर नहीं था। उनके मुताबिक़, जिस तरह उत्तर–आधुनिकता (वाया देरिदा) पाठ की अनेक 'व्याख्याओं'[1] की वकालत करते हुए नकारवाद पर जा पहुँचती है, उसी तरह नारीवाद भी एक विशिष्ट क़िस्म के नकारवाद में रमा हुआ है, जहाँ व्यक्तिगत, उसमें भी ख़ासकर देह से जुड़े अनुभव महत्त्वपूर्ण हो गये हैं। इसी आधार पर उन्होंने उन कुछ ब्रा जलाने वाली उन्मत्त स्त्रियों के हुजूम को नारीवादी करार देकर इसे ख़ारिज करने की छूट ले ली है, जिनके मन में सिद्धान्त या चिरन्तन सत्य के प्रति कोई सम्मान नहीं है।

आख़िर ये नारीवादी कौन हैं? गुप्ता के मुताबिक़ ये कुछ ऐसे विशेषाधिकार प्राप्त लोग हैं जिन्हें *साइंस*[2] पत्रिका के पन्नों में जगह मिल जाया करती है और जो हेलेन सिक्सू, लूस इरिगरे या जैक्स लकान के सिद्धान्तों पर अच्छी पकड़ रखते हैं। वे बताते हैं कि समकालीन नारीवाद में *एकरीचर फ़ेमिनिन* की तूती बोलती है, इसलिए सिद्धान्त के लिए फ़िक्रमन्द होने की कोई ज़रूरत नहीं। सारा ज़ोर देह के अन्वेषण पर है। दरअसल, *पश्चिमी नारीवादी अध्ययन* में अध्येताओं के एक हिस्से में इस तरह की प्रवृत्ति मौजूद है। लेकिन, समूचा नारीवाद इस प्रवृत्ति मात्र में विघटित नहीं किया जा सकता। गुप्ता यही ग़लती कर रहे हैं। उन्होंने पहले से ही नारीवाद की एक तस्वीर बना ली है और फिर उन्हीं लेखनों या विद्वानों का चयन किया है जो उसके अनुकूल ठहरते हैं। यानी उन्हें वही सुनाई दे रहा है जो वे सुनना चाह रहे हैं। ऐसे में, वे उसी जाल में फँस जाते हैं जिसमें उन्हें बेचारी नारीवादी फँसी नज़र आती हैं। उनके सचेष्ट चयन की बानगी के लिए *साइंस* पत्रिका के कुछ हालिया अंकों पर

एक सरसरी निगाह डालना ही पर्याप्त होगा। 1993 और 1995 के दरम्यान ही देखें तो नारीवाद और क़ानून पर एक समूचा खण्ड है। इसके अलावा, घाना में घरेलू हिंसा, चीन में क़ानून तथा नस्ली व यौन हिंसा पर आधारित लेख हैं। कुछ दूसरे अंकों में जापान के सामाजिक आन्दोलनों और समान अवसरों वाले क़ानून; पिछली सदी में चीन के भीतर मिशनरी शिक्षा, अफ्रीकी–अमेरिकी बुद्धिजीवियों तथा अमेरिकी कल्याणकारी साहित्य में निर्भरता पर आलेख हैं। इन आलेखों में *एकरीचर फ़ेमिनिन* के ज़्यादा उदाहरण नहीं हैं और न ही ये ज्ञान के अनुशासनों की मर्यादा भंग करते हैं, जिसकी चिन्ता गुप्ता ने व्यक्त की है। बहरहाल, नारीवाद किसी एक पत्रिका के पन्नों में सीमित नहीं किया जा सकता, ख़ासकर ऐसी पत्रिका जिसकी नींव अमेरिकी अंग्रेज़ी विभागों में डाली गयी हो। दिलचस्प बात यह है कि गुप्ता ने नारीवादी, नारीवाद और जेंडर अध्ययन का उनके सामाजिक या भौगोलिक सन्दर्भ का ख़याल किये बिना इस तरह प्रयोग किया है मानो ये एक–दूसरे के पर्याय हों। बतौर सामाजिक नृशास्त्री, इन कोटियों के बीच व्याप्त पर्याप्त भेद को नज़रअन्दाज़ करना उन्हें शोभा नहीं देता (और न ही भारतीय मार्क्सवादियों के एक हिस्से को 'पुराने वाम' के तहत एक साथ रखकर उन्हें एक मानना)।

आन्द्रे बेते के हवाले से वे कहते हैं कि उन्होंने अकादमिक परिक्षेत्र में पुरुषों को पीछे धकेल दिया है। फिर ख़ुद यह दावा प्रस्तुत करते हैं कि जीवन के तमाम क्षेत्रों में स्त्रियाँ आगे आ रही हैं। लेकिन नारीवाद (या बेते का 'स्त्री–अध्ययन') और रोज़गार के स्तर पर मध्यवर्ग की स्त्रियों की बढ़ी या बढ़ती संख्या के बीच स्वयंसिद्ध रिश्ता नहीं है। यह बदलते पारिवारिक मूल्य और रोज़गार–बाज़ार की ज़रूरतों के साथ–साथ परिवारिक–आर्थिक स्थिति तथा शैक्षणिक व पेशागत स्तरों पर हुए विस्तार और तद्जन्य उमड़े विकल्पों का नतीजा है। सच्चाई तो यह है कि ऐसी तमाम स्त्रियाँ स्त्री–अध्ययन के भीतर चल रहे विमर्शों से अमूमन अनभिज्ञ होती हैं और न ही वे राज्य की पक्षपातमूलक रोज़गार नीतियों की लाभार्थी हैं। यह बात तो सर्वविदित है कि पुरुष के बेहतर अवसर की ओर अग्रसर होने के क्रम में पीछे छूटी रिक्तियों को भरने के लिए स्त्रियाँ आगे आती हैं। उसमें भी, उनकी गति पुरुषों के मुक़ाबले धीमी होती है।

बहरहाल, एक बार फिर नारीवाद की उस एकान्तिकता पर बात करते हैं, जो गुप्ता की चिन्ता–ग्रन्थि बनी हुई है। उनका मानना है कि नारीवाद का चरित्र एकान्तिक है। इसके कारण पुरुष नारीवादी ख़ुद को बहिष्कृत स्थिति में पाते हैं। गुप्ता इनके प्रति हमदर्दी व्यक्त करते हैं। क्या है नारीवाद की यह

तथाकथित एकान्तिकता? गुप्ता के मुताबिक़, "नारीवादी अध्येताओं में आमतौर पर उन क्षेत्रों को नज़रअन्दाज़ करने की प्रवृत्ति पायी जाती है, जिन्हें स्त्री और पुरुष साझा करते हैं। इसलिए उनकी कुल दिलचस्पी मासिक धर्म, बच्चे को जन्म देने की चमत्कारिक प्रक्रिया या फिर समलैंगिकता के आनन्द जैसे निहायत ही स्त्री विषयक व्यक्तिगत मसलों तक सीमित हो जाती है।" दूसरे शब्दों में, स्त्री देह और उसके रहस्य महिमामण्डित किये जाते हैं। ऐसे में पुरुष नारीवादी का, भले ही वह उत्तर–आधुनिकता की राह चलते हुए यहाँ आया हो, उपेक्षित–सा महसूस करने लगना अनपेक्षित नहीं है। बेचारा पुरुष, आख़िर वह बौद्धिक या स्त्री तो बन नहीं सकता! मैं गुप्ता से यह पूछना चाहती हूँ कि आख़िर ऐसे पुरुष नारीवादी उत्तर–आधुनिक क़िस्म के या फिर अन्य हैं कहाँ? आख़िर, उन्होंने तो देश के दो अग्रणी विश्वविद्यालयों में पढ़ाया है और अन्तरराष्ट्रीय अकादमिक बहस–मुबाहिसे से भी वे बढ़िया से परिचित रहे हैं। उन्हें ऐसे कितने पुरुष छात्र या अध्येता मिले हैं जिनकी दिलचस्पी वास्तव में जेंडर सम्बन्धों के अध्ययन में रही हो? आख़िर दहेज, पत्नी उत्पीड़न, क़ानून में बदलाव जैसे विषयों का सिर्फ़ स्त्रियाँ ही क्यों अध्ययन करती हैं? आख़िर पुरुष नारीवादी, चाहे वे किसी भी वैचारिक धारा के हों, क्यों नहीं अपने पुरुष मित्रों के व्यवहार का गम्भीर विश्लेषण करते हैं?

उत्तर–आधुनिकता को छोड़ दें, तो लेबर इकोनॉमिक्स, परिवार, नातेदारी और विवाह विषयक कुछ अध्ययनों के अलावा पुरुष अकादमिकों ने बमुश्किल ही जेंडर सम्बन्ध को कभी गम्भीरता से लिया है। इसके कारण के रूप में गुप्ता उत्तर–आधुनिक नारीवाद को सामने नहीं कर सकते।

टिप्पणियाँ

1. वास्तव में, उत्तर–आधुनिकता सभी व्याख्याओं को समस्तरीय मानती है। इसके मुताबिक कोई भी व्याख्या केन्द्रीय या पाठ के सबसे क़रीब नहीं होती। इसलिए, इसकी अनेक व्याख्याओं की थीसिस वस्तुतः हमें अनिश्चितता की स्थिति में लाकर छोड़ देती है। हम पाठ के बारे में निश्चित तौर पर कुछ भी कहने की स्थिति में नहीं होते।
2. Signs : Journal of Women in Culture and Society

[**स्रोत** : 'फ़ेमिनिफ़िकेशन ऑफ़ थियरी', *इकोनॉमिक एंड पॉलिटिकल वीकली*, खण्ड 30, अंक 24, 17 जून 1995]

फ़ेमिनिफ़िकेशन ऑफ़ थियरी

वीना रवि पुनाचा

•

अनुवाद : **अभिषेक श्रीवास्तव**

ऐसे राजनीतिक दर्शन की रचनात्मक आलोचना करना स्वागत लायक है, जिसने सामाजिक यथार्थ की हमारी समझ में आमूल बदलाव लाने का काम किया है। लेकिन दीपांकर गुप्ता की नारीवादी सिद्धान्त की आलोचना और उसे उत्तर–आधुनिकता की संगत में बिठाना कुतर्क के झीने परदे से झाँकते पुरुषवादी पूर्वाग्रह का नमूना है। समूचा लेख जेंडरगत सीमाओं का अतिक्रमण करते स्त्रियों और पुरुषों के उदाहरणों से भरा पड़ा है। इससे पता चलता है कि लेख कितनी सतही जानकारी के आधार पर लिखा गया है। गुप्ता के बौद्धिक गुमान पर और कुछ नहीं, बल्कि अचरज ही होता है। कारण, यह स्त्रियों के जीवन्त अनुभवों से पुष्ट एक समूची विचार–प्रणाली और व्यापक आन्दोलन को इनके सिद्धान्तों के छोटे से हिस्से की सतही पड़ताल के आधार पर ख़ारिज करता है।

ज़ाहिर तौर पर मार्क्सवादी झुकाव के बावजूद गुप्ता की दलीलों में बुनियादी ख़ामी है। वे पुरुष आधिपत्य के ख़िलाफ़ स्त्रियों के प्रतिरोध का अनैतिहासिक वृत्तान्त रचते हैं। इतना ही नहीं, नारीवाद की विभिन्न शाखाओं के आपसी भेदों का ख़याल न रखते हुए वे मनमाने ढंग से सबको उत्तर–आधुनिकता की छतरी तले ले आते हैं। जबकि हक़ीक़त यह है कि उत्तर–आधुनिकता अकादमिक जगत के बाहर प्रभावी नहीं रही है। नारीवाद को सरलीकृत करके एकायामी सिद्धान्त के रूप में नहीं समझा जा सकता है। इसका चिन्तन केवल देह की राजनीति तक सीमित नहीं है। यह जीवन के सभी क्षेत्रों में व्याप्त सत्ता–सम्बन्धों की जेंडरगत प्रकृति पर सवाल खड़ा करता है।

नारीवाद स्त्रियों द्वारा अपने जीवन को समझने के प्रयास के क्रम में विकसित हुआ सिद्धान्त है। इसलिए इसे मुक़म्मल रूप ले चुके सिद्धान्त की बजाय ऐसे सवालों के समुच्चय के रूप में देखा जाना चाहिए जो अन्तिम

तौर पर जवाब तलाशने के इरादे से नहीं उठाये गये हैं। दीपांकर जी इसकी विचारधाराओं और राजनीतिक रणनीतियों में दीख रहे अन्तर्विरोध और जटिलता से चकराये—से लग रहे हैं। दरअसल उक्त अन्तर्विरोध व जटिलता की वजह जेंडर की निर्मिति सम्बन्धी अलग—अलग आधारभूत मान्यताएँ हैं। जेंडर को या तो सामाजिक—ऐतिहासिक अनुकूलन का नतीजा माना जाता है या शारीरिक संरचना में अन्तर्निहित। ये मान्यताएँ स्त्री पराधीनता के प्राथमिक केन्द्र सम्बन्धी विचार को तय करती हैं। साथ ही, इससे मनुष्य की प्रकृति और उसके समाज व राज्य के साथ सम्बन्धों की धारणा भी प्रभावित होती है। इसी के चलते नारीवादी विचारधाराओं तथा कार्यक्रमों में भेद दिखायी देते हैं।

गुप्ता के मुताबिक़ नारीवाद में यौनिकता और जेंडरगत अस्मिता की जगह केन्द्रीय है। निस्सन्देह यह सच है। भिन्न जैविक बुनावट लिए जन्म लेना इत्तिफ़ाक़ की बात है। लेकिन समाज में इसी आधार पर जेंडरगत अस्मिता की रचना होती है। इससे संसाधनों पर हक़ से लेकर जीवन—शैली तक का निर्धारण होता है। ऐसे में नारीवाद के केन्द्र में यौनिकता या जेंडर का होना स्वाभाविक है। लेकिन, इसका मतलब यह नहीं है कि नारीवाद व्यापक समाज को प्रभावित करने वाले मसलों से सरोकार नहीं रखता है। नारीवाद की चिन्ता का दायरा काफ़ी विस्तृत है। ख़ासकर, पुरुषवादी विचारों से रचित दमन और आक्रामकता के आधार पर खड़े मौजूदा सामाजिक—राजनीतिक प्रतिष्ठान की स्त्री के धरातल से उसने जो आलोचना की है, वह देश और दुनिया की नियति को समझने के लिहाज़ से अत्यन्त महत्त्वपूर्ण है।

नारीवाद में उत्तर—आधुनिकता के विरोधाभासों का बख़ूबी संज्ञान लिया गया है। एक तरफ, उत्तर—आधुनिकता सांस्कृतिक सापेक्षतावाद के दावों को बढ़ावा देती है। इसमें 'स्त्री' नामक किसी सार्वभौमिक कोटि के लिए गुंजाइश नहीं है, जो जेंडर—सम्बन्धों के मौजूदा ताने—बाने में बदलाव के लिए ज़रूरी है। दूसरी तरफ, सांस्कृतिक अस्मिताओं को वैधता प्रदान करने के क्रम में उत्तर—आधुनिकता स्त्रियों को संस्कृति—विशेष की रूढ़ स्त्री—छवि में बाँध देती है। इन सीमाओं तथा ज्ञान के अनुशासनों की मौजूदा संरचना के लिए ख़तरे के रूप में उभरने के बावजूद सत्य की प्रकृति को समझने में उत्तर—आधुनिकता के रैडिकल अवदान को अस्वीकार नहीं किया जा सकता। इसके मुताबिक़ सत्य अनिवार्यतः बहुआयामी, धारणात्मक और समाज में मौजूद सत्ता—सम्बन्धों के सापेक्ष होता है।

[**स्रोत** : 'फ़ेमिनिफ़िकेशन ऑफ़ थियरी', *इकोनॉमिक एंड पॉलिटिकल वीकली*, खण्ड 30, अंक 26, 1 जुलाई 1995]

नारीवादी विद्वत्कर्म की मनमानी व्याख्या

आनन्द चक्रवर्ती

•

अनुवाद : **विजय झा**

दीपांकर गुप्ता के आलेख *फ़ेमिनिफ़िकेशन ऑफ़ थियरी* में दो बड़ी कमियाँ हैं। एक तो उन्होंने ख़ुद को पश्चिमी ज्ञान–जगत तक ही सीमित रखा है, वह भी बेहद मतलबी ढंग से। दूसरी, नारीवाद की उनकी समझ एकपक्षीय है। वे नारीवादी विद्वत्कर्म के उसी हिस्से को देख रहे हैं जिसका ताल्लुक़ स्त्री के शरीर और शारीरिक प्रक्रियाओं के प्रतीकात्मक चित्रण से है।

पश्चिमी नारीवाद को पुरुष–विरोध, ब्रा जलाने, नग्न प्रदर्शन और अश्लील शब्दावली के बेहिचक प्रयोग के साथ जोड़कर देखना न केवल सन्दिग्ध है बल्कि शायद बड़ा मिथ्याकरण भी। यह धारणा दरअसल मीडिया (ख़ासकर पश्चिम में) की नारीवाद–निन्दा की निरन्तर मुहिम द्वारा बनाई हुई है। इससे और कुछ नहीं बल्कि स्त्री–आन्दोलन की गम्भीरता और महत्ता के मामूलीकरण की योजना को बल मिलता है। दुख की बात यह है कि यहाँ इसे मीडिया नहीं बल्कि ऐसा व्यक्ति अंजाम दे रहा है जो गम्भीर समाज विज्ञानी कहलाना पसन्द करेगा।

गुप्ता के आलेख का सबसे दुखद पहलू यह है कि पश्चिम के सन्दर्भ में भी यह समकालीन नारीवाद की विरूपित और ग़लत तस्वीर सामने लाता है। इसकी वजह इस आलेख का उन्हीं कुछ लेखन कार्यों पर आधारित होना है जिन्होंने उत्तर–आधुनिक वैचारिकी को अंगीकार कर लिया है। इससे इस तरह की धारणा आकार लेती है कि नारीवादी लेखन का प्रमुख सरोकार स्त्री देह और उसकी विभिन्न जीव वैज्ञानिक प्रक्रियाओं–भर से है। गुप्ता ने उत्तर–आधुनिकता और नारीवाद को इस क़दर आबद्ध दिखाया है मानो उनका एक–दूसरे से अलग वजूद ही न हो।

यह नारीवादी विद्वत्कर्म की दोषपूर्ण समझ है। इसमें उन तमाम लेखन कार्यों को नज़रअन्दाज़ किया गया है जिनके केन्द्र में स्त्री देह से जुड़े मुद्दे नहीं हैं, लेकिन जिन्होंने संस्थानीकृत–पुरुष–आधिपत्य (आगे इसके लिए पितृसत्ता का प्रयोग किया गया है) के विभिन्न रूपों की पड़ताल की है और उसे सामाजिक जीवन के विविध क्षेत्रों में व्याप्त सत्ता–सम्बन्धों का प्रतीक बताया है। जेंडर विषयक मुद्दों का मोटे तौर पर राजनीतिक अर्थशास्त्र के परिप्रेक्ष्य से किये गये इन लेखनों ने सत्ता की हमारी समझ को बेहतर किया है। इस हक़ीक़त को ऐसे ज़्यादातर विद्वान स्वीकार करेंगे जिन्होंने पूर्वाग्रह नहीं पाल रखे हैं। इनमें पितृसत्ता की ऐतिहासिक जड़ों की तफ़्तीश करने वाले लेखन से लेकर इसकी परिवार और आर्थिक दायरे से लेकर वैधानिक संस्थानों, राज्य और सामाजिक नीति तक में व्याप्ति और कार्यपद्धति की पड़ताल करने वाले लेखन शामिल हैं। इनका सरोकार जेंडर आधारित अधिक मूर्त और वास्तविक समस्याओं, शोषण और भेदभाव से है जो गुप्ता द्वारा उद्धृत लेखन कार्यों के सरोकारों से सर्वथा विपरीत है। मैं जिस परिप्रेक्ष्य की बात कर रहा हूँ, उसी से जेंडर का 'स्तरीकरण के समाजशास्त्र' में समाविष्ट होना सम्भव हो पाया।

ग़ौरतलब है कि दीपांकर ने समूचे पश्चिमी नारीवादी अध्ययन को उत्तर–आधुनिकता के महज़ एक संस्करण के साथ स्थान दिया है। ऐसे में वे उन अनेक नारीवादी विद्वानों को नज़रअन्दाज़ कर गये हैं जिन्होंने उत्तर–आधुनिकता के वैचारिक चौखटे से शारीरिक प्रक्रियाओं का अन्वेषण न करके सत्ता का विश्लेषण किया है (उदाहरण के लिए, जॉन वॉल स्कॉट, *जेंडर एंड पॉलिटिक्स ऑफ़ हिस्ट्री,* कोलम्बिया यूनिवर्सिटी प्रेस, 1988)। स्त्री और पुरुष के बीच की *असमानता* को सम्बोधित करते इस तरह के और भी कई अध्ययनों का हवाला दिया जा सकता है। इनके मद्देनज़र मैं दीपांकर के इस दावे से असहमत हूँ कि नारीवादी विद्वान स्त्री और पुरुष के बीच के मामलों के प्रति उदासीनता दिखलाते हैं (पृ. 620)।

अन्त में मैं दो बातें जोड़ना चाहूँगा। एक तो मुझे इस बात पर हैरत है कि आख़िर दीपांकर ने भारतीय समाज के मसलों से सम्बन्धित नारीवादी अध्ययन की उपेक्षा क्यों की! ऐसे कई भारतीय और विदेशी विद्वान हैं जिन्होंने भारतीय समाज की विभिन्न संस्थाओं और दायरों में पितृसत्तात्मक कायदों से लैस जेंडर–आधारित असमानता की व्याप्ति का उद्घाटन किया है। जाति पर प्रेम चौधरी, आर्थिक दायरे पर मारिया मेज़, वैधानिक संस्था और राज्य पर बीना अग्रवाल के गम्भीर शोध–अध्ययन इस तरह के अध्ययनों की कुछ अहम मिसाल हैं। ऐसे अध्ययनों की फ़ेहरिस्त लम्बी है।

दूसरा, उन्होंने यह वक्तव्य भी दिया है कि, "पुरुष उत्तर–आधुनिक रुझान से प्रेरित होकर ही नारीवाद की ओर रुख़ करते हैं" (पृ. 620)। इस मामले में भी वे ग़लत ठहरते हैं। जाने–माने विद्वान अमर्त्य सेन किसी भी दृष्टि से उत्तर–आधुनिक नहीं हैं, लेकिन अपने हालिया अध्ययन में उन्होंने जेंडर परिप्रेक्ष्य का गम्भीर समावेशन किया है। दरअसल, दीपांकर को यह स्वीकार करने की ज़रूरत है कि सामाजिक असमानता का कोई भी गम्भीर अध्येता समाज में व्याप्त सत्ता के सभी रूपों को समझने की कोशिश करेगा, *जिसमें जेंडरमूलक असमानता भी शामिल है।* इसका इस बात से कोई कोई लेना–देना नहीं है कि अध्येता स्त्री है या पुरुष। यदि पुरुष विद्वान ख़ुद को स्त्री–अधीनता की उसके समस्त ज़ाहिर रूपों (ऐतिहासिक और समकालीन दोनों) के अध्ययन से ख़ुद को दूर रखते रहे हैं तो दोष उनकी एकतरफ़ा विद्वत्ता का है।

जेंडर को सामाजिक स्तरीकरण का एक महत्त्वपूर्ण अक्ष मानते हुए नारीवादी विद्वानों ने गम्भीर मुद्दे उठाये हैं। यह दीपांकर की ओर से नारीवाद को सृजनात्मक योगदान होता यदि वे इन मुद्दों और पितृसत्ता के सैद्धान्तीकरण में विद्यमान कमियों पर विचार–विमर्श करते। लेकिन उन्होंने यह राह नहीं पकड़ी। वे भी उन्हीं लोगों की क़तार में शामिल हो गये जो तथाकथित मुख्यधारा के अकादमिक लेखन की सन्तुलित चाल पर किसी भी तरह के सवाल उठाने वालों पर आक्रमण के लिए तत्पर रहते हैं।

सन्दर्भ

गर्डा लर्नर, *द क्रिएशन ऑफ़ पैट्रियार्की*, ऑक्सफोर्ड यूनिवर्सिटी प्रेस, 1986

क्रिस्टीन डेल्फी, *क्लोज टू होम*, यूनिवर्सिटी ऑफ़ मेसाचुसेट्स प्रेस, 1984

लिंडा गॉर्डन (सं.), *वीमेन, द स्टेट एंड वेलफेयर*, यूनिवर्सिटी ऑफ़ विस्कॉन्सिन प्रेस, 1990

प्रेम चौधरी, *द वेल्ड वीमेन*, ऑक्सफोर्ड यूनिवर्सिटी प्रेस, 1994

मारिया माईज, *द लेसमेकर्स ऑफ़ नरसापुर*, जेड प्रेस, 1982

बीना अग्रवाल, *ए फील्ड ऑफ़ वंस ओन*, कैम्ब्रिज यूनिवर्सिटी प्रेस, 1994

[**स्रोत** : 'सेलेक्टिव रीडिंग्स ऑफ़ फ़ेमिनिस्ट स्कॉलरशिप', *इकोनॉमिक एंड पॉलिटिकल वीकली*, खण्ड 30, अंक 26, 8 जुलाई 1995]

विद्वत्ता और सक्रियता का सहकार : अन्वेषी की कहानी

अन्वेषी स्त्री-अध्ययन शोध संस्थान

अनुवाद : **नीलाभ**

अन्वेषी स्त्री–अध्ययन शोध संस्थान की स्थापना महिला कार्यकर्ताओं के एक छोटे समूह द्वारा 1985 में की गयी। उनमें से ज़्यादातर महिलाएँ अकादमिक जगत से जुड़ी थीं। महिला आन्दोलन में भाग लेने के क्रम में उन्हें इस बात का अहसास हुआ कि भारतीय परिस्थिति और महिलाओं के जीवन पर उसके असर के विभिन्न पहलुओं का अध्ययन, दस्तावेज़ीकरण और विश्लेषण बहुत ज़रूरी है।

इस तरह, अन्वेषी का जन्म स्त्री–आन्दोलन की वजह से सम्भव हुए सिद्धान्त और व्यवहार की पारस्परिकता से हुआ था। चाहत एक ऐसा मंच बनाने की थी जहाँ एक्टिविस्ट और अकादमिक जगत के विद्वान साथ–साथ काम कर सकें। मुख्यधारा के अकादमिक और शैक्षणिक संस्थानों की अपनी ढाँचागत सीमाएँ थीं। वे ज़्यादा–से–ज़्यादा महिलाओं के मसलों पर शोध की 'अनुमति' ही देते। लेकिन वे शोध की इच्छुक ऐसी कई महिला एक्टिविस्टों के लिए सुलभ नहीं थे जिनके पास ज़रूरी शैक्षणिक योग्यताएँ नहीं थीं। इसके अलावा, मुख्यधारा के संस्थानों के कसे–बँधे ढाँचे के बाहर रहने पर अधिक स्वायत्तता से काम करना भी मुमकिन हो सकता था।

बीसवीं सदी के अन्तिम हिस्से में महिलाओं के सवाल का फिर से उभरना दो क्रान्तिकारी अन्तर्दृष्टियों से प्रेरित माना जा सकता है। पहला यह कि पितृसत्ता के प्रमुख रूप नागरिक समाज की संस्थाओं–परिवार, स्कूल, धर्म, कला–संस्कृति आदि के माध्यम से कार्य करते हैं। इनमें सत्ता सहमति आधारित होती है। दूसरा यह कि, सत्ता और ज्ञान का सम्बन्ध पारस्परिक रूप से अनुमोदनकारी होता है। इसलिए महिलाओं का निरूपण और उनसे सम्बन्धित मसलों के अध्ययन और बहस–मुबाहिसे (अकादमिक ज्ञानानुशासन हों या लोकवृत्त) के विमर्श अत्यन्त महत्त्वपूर्ण हो जाते हैं।

रोज़मर्रा के जीवन से लेकर सरकारी और संस्थागत नीति तक स्त्री–प्रश्न के विश्लेषण का तरीक़ा इन्हीं विमर्शों से तय और क्रियान्वित होता है।

सार्वजनिक दायरे का स्वस्थ और जीवन्त होना प्रकट रूप से लोकतन्त्र के विकास के लिए अनिवार्य है। भारत में आज यह साफ़ तौर पर नज़र आता है, जहाँ बहुत–से नये समूह–स्त्रियाँ, दलित, आदिवासी, विभिन्न क्षेत्रीय समुदाय, इस जगह का इस्तेमाल अपनी आकांक्षाओं को व्यक्त करने और अपनी माँगों को पेश करने के लिए करने लगे हैं। इसलिए अपने आरम्भ ही से अन्वेषी ने महिला–मुद्दों के शोधकर्ताओं और सिद्धान्तकारों को सार्वजनिक दायरे का कार्यकर्ता माना, जो नागरिक समाज की संस्थाओं में तब्दीली लाने और सिद्धान्त व व्यवहार के बीच के सम्बन्ध को पुनःपरिभाषित करने के लिए कृतसंकल्प हैं।

इस समूह की जीवन्त प्रकृति उन लोगों में झलकती है जो अन्वेषी से सम्बद्ध हैं। आरम्भिक वर्षों में संगठन की पहचान उसके संस्थापक–सदस्यों, उनके कामकाज और प्रभाव के क्षेत्रों पर आधारित थी। लगभग नब्बे के दशक के बाद योग्य विद्यार्थियों और युवा कार्यकर्ताओं की अच्छी–ख़ासी तादाद अन्वेषी से जुड़ गयी। ऐसे तमाम लोग मुख्य रूप से उन मामलों से जुड़े ताज़ा और सार्थक नज़रियों से प्रभावित हुए थे, जो उस समय सार्वजनिक दायरे की कल्पनाओं में हलचल मचा रहे थे–आरक्षण, जातिगत हिंसा, पाठ्यक्रम, लोकप्रिय मीडिया–और हमारी सार्वजनिक पहलक़दमियों, लेखों, बहसों और अध्ययन–समूहों के ज़रिये प्रकट हो रहे थे। तीसरा चरण उन नये समूहों, मुद्दों और क्षेत्रों में लक्षित किया जा सकता है (दलित, भूमि सम्बन्ध, आजीवन क़ैदी, घरेलू हिंसा, तेलुगु पाठक वर्ग) जिन्होंने अन्वेषी के कामकाज में पिछले तीन–चार वर्षों के दौरान निरन्तर जगह बनाई है।

पिछले सोलह वर्षों के दौरान संगठन का काम नियमित रूप से उन चिन्ताओं पर केन्द्रित रहा है जिन्हें एक तरह से अन्वेषी की स्थापना का आधार कहा जा सकता है। अन्वेषी ने उन मुद्दों के ठीक बीचोबीच, जो समकालीन जीवन को मोड़ते–बाँटते हैं–धर्मनिरपेक्षता, जातिगत भेदभाव, उदारीकरण, भूमण्डलीकरण और मीडिया क्रान्ति–जेंडर की समस्या से, दो–दो हाथ किये हैं; इन मुद्दों से जूझने की कोशिश की है।

यह भी महत्त्वपूर्ण है कि अन्वेषी विविध विषयों पर सार्वजनिक बहस–मुबाहिसे को शुरू करने में रचनात्मक पहलक़दमी करता है, बहुत–सी अत्यन्त प्रभावशाली सामग्री प्रकाशित करता है, दूसरे संगठनों से सम्पर्क और सहयोग करता है और ऐसी शोध परियोजनाएँ अपने हाथ में लेता है

जो बहुत–से मुद्दों पर समझ को बदलने में कारगर साबित हुई हैं। हमने एक पुस्तकालय भी विकसित किया है जो अपनी अंग्रेज़ी, तेलुगु और अन्य पठनीय सामग्री के सावधानीपूर्ण चयन के लिए काफ़ी प्रसिद्ध माना जाता है। पुस्तकालय में जेंडर सम्बन्धी अध्ययन को ख़ासतौर पर ध्यान में रखा गया है, लेकिन उसमें साहित्य, मीडिया, मानसिक स्वास्थ्य और क़ानून पर भी प्रचुर मात्रा में सामग्री मौजूद है।

सार्वजनिक दायरे में पहलक़दमी

सार्वजनिक दायरे में बहस–मुबाहिसा आयोजित करने की पहलक़दमी कई रूपों में सामने आयी है। अन्वेषी द्वारा विचार–विमर्श के लिए जिस तरह के सार्वजनिक सन्दर्भ सामने रखे गये हैं, उन्हें देखकर कई अन्य समूह भी सक्रिय हुए हैं। इस प्रक्रिया में अन्वेषी अपनी सक्रिय हिस्सेदारी और हस्तक्षेप से, सम्पर्क व्यवस्था और दूसरे समूहों के साथ मुद्दों पर आधारित गठबन्धन क़ायम करने के माध्यम से ऐसे प्रयासों को सक्रिय समर्थन तो देता ही है, साथ ही जानकारी–भरी सार्वजनिक बहसें शुरू करके भी योगदान देता है। मिसाल के लिए, अन्वेषी ने निशान बनाकर की गयी नसबन्दियों (1998–99), केन्द्रीय सरकार द्वारा मृत्युदण्ड को बलात्कार की सज़ा के लिए क़ानूनी स्वीकृति देने के विधेयक पेश करने के प्रस्ताव (2000) और आदिवासियों के भूमि आरम्भ अधिकारों (2000–2001) जैसे मुद्दों पर अन्य संगठनों के साथ संयुक्त कार्रवाई में हिस्सा लिया।

अन्वेषी ने उन बहसों में भी सक्रिय हिस्सेदारी की जो समान नागरिक क़ानून (1997–98) और राष्ट्र संघ द्वारा भेदभाव के कोटि निर्धारण (2001) में नस्ल के साथ जाति को भी शामिल करने के प्रश्न पर चलाई गयी थीं। उसकी हालिया सक्रियता के तौर पर घरेलू हिंसा क़ानून (2001) से सम्बन्धित विचार–विमर्श का उल्लेख किया जा सकता है। इस विचार–विमर्श का ब्योरा विभिन्न महिला समूहों को भेजा गया था। 16 अप्रैल 2002 को अन्वेषी ने 'घरेलू हिंसा विधेयक 2001 : दाँव पर लगे मुद्दे' पर एक कार्यशाला आयोजित की। कार्यशाला में बहुत से व्यक्ति और समूह इकट्ठा हुए जो घरेलू हिंसा के सवालों पर क़ानून (और व्यवस्था) के तन्त्र की भूमिका पर चिन्तित थे और इसी विषय पर काम कर रहे थे।

ऐसी गतिविधियाँ न सिर्फ़ तात्कालिक मुद्दे को उठाने में योगदान देती हैं बल्कि दीर्घकालीन अध्ययन समूहों को स्थापित करने में भी मदद करती हैं। इसके नतीजे के तौर पर सार्वजनिक दिलचस्पी के विद्वत्तापूर्ण लेखों का उल्लेख किया जा सकता है।

अन्वेषी एक संगठन के रूप में भी सार्वजनिक क्षेत्र के आन्दोलनों में हिस्सेदारी करता रहा है। 1991–93 के ऐतिहासिक अरक–विरोधी आन्दोलन में हमारी भागीदारी इसकी मिसाल है। अन्वेषी के नौ सदस्यों के एक दल ने नेल्लोर ज़िले के बारह गाँवों का दौरा किया जहाँ आन्दोलन सबसे सघन था। जन विज्ञान वेदिका (साक्षरता कार्यक्रमों से जुड़ी एक स्वयंसेवी संस्था) की मदद से यह दल बहुत–सी औरतों से मिला; जिन्होंने दल के सदस्यों से अपनी चिन्ताएँ व्यक्त कीं और शराब की बिक्री में सरकार की मिलीभगत की भर्त्सना की। सार्वजनिक मंचों पर इस आन्दोलन को पिटे–पिटाये और नैतिकतावादी ढंग से चित्रित करते हुए इसे स्त्रियों की पवित्रता और राष्ट्र के राजनीतिक तन्त्र को साफ़–सुथरा बनाने के सन्दर्भ में प्रस्तुत किया जा रहा था। अन्वेषी की रिपोर्ट और विश्लेषण ने यह लक्ष्य सामने रखा कि महिलाओं द्वारा की जा रही माँगों को पुनर्केन्द्रित किया जाये, ख़ासतौर पर पीने के पानी की आपूर्ति और चावल के बिक्री मूल्य को लेकर।

हैदराबाद में इस दल की जाँच के नतीजों को विभिन्न महिला और दलित समूहों ने व्यापक स्तर पर प्रकाशित–प्रसारित किया। दौरे की रिपोर्टें तेलुगु और अंग्रेज़ी में भी प्रकाशित हुईं। चूँकि साक्षरता कार्यक्रमों को अरक–विरोधी आन्दोलन के सन्दर्भ में उत्प्रेरकों के रूप में देखा जाता था, दल ने उत्तर–साक्षरता पाठकों को विकसित करने के महत्त्व को पहचाना। इसलिए जन विज्ञान वेदिका के अनुरोध पर अन्वेषी ने पाठकों के बीच महिलाओं के स्वास्थ्य, महिलाओं के कामकाज, महिलाओं के अधिकार और क़ानूनी मुद्दों जैसे विषयों के बारे में जागरूकता का प्रसार किया।

अधिक विशाल पाठक वर्ग तक पहुँच : प्रकाशन

अपनी गतिविधि के क्षेत्र में अन्वेषी के अलग–अलग सदस्यों की निजी रुचियों, अन्वेषी में होने वाली बहसों और सामाजिक मंचों में राजनीतिक सम्भावना और मुद्दों को देखते हुए अन्वेषी ने पुस्तक–प्रकाशन का निर्णय लिया। तेलुगु स्वास्थ्य आरम्भ पुस्तक *सवालक्ष सन्देहालु* (सवा लाख सन्देह) एक अच्छी मिसाल है। यह पुस्तक महिलाओं के स्वास्थ्य से सम्बन्धित बहसों और शोध से विकसित हुई। पुस्तक पर काम करने वाले दल में अन्वेषी के सदस्य शामिल थे जो डॉक्टर, दूसरे स्वास्थ्य कर्मचारी, शोधकर्ता और स्वास्थ्य सेवा तन्त्र के अनिवार्य उपयोगकर्ता थे। कार्यकर्ताओं और विद्वानों ने तन्त्र की, जिस रूप में वह मौजूँ है, कड़ी और जोशीली समीक्षा पेश करने के लिए मिलकर काम किया।

यह देखना दिलचस्प होगा कि पुस्तक का कैसे स्वागत हुआ। पुस्तक के अब तक दो संस्करण प्रकाशित हो चुके हैं। उसे 1990 के दशक के मध्य में

स्वयंसेवी समूहों, समग्र काल विकास सेवा कार्यक्रम में आँगनबाड़ी निरीक्षकों, सामाजिक कल्याण से सम्बद्ध आवासीय स्कूलों, ग़ैर–सरकारी संगठनों, आन्ध्र प्रदेश राजकीय महिला कल्याण से सम्बद्ध विभाग, इत्यादि ने जनसाक्षरता अभियानों में नियमित ढंग से इस्तेमाल किया है। सामान्य पाठकों ने भी इस पुस्तक को हाथोहाथ ख़रीदा। पतियों ने उसे अपनी पत्नियों के लिए ख़रीदा, पत्नियों ने अपने पतियों के लिए। मरीज़ उसे हाथ में लेकर अपने डॉक्टरों से मिलने गये। सुप्रसिद्ध लोकगायक गद्दर ने इस पुस्तक से सामग्री लेकर 'सवालक्ष...' के शीर्षक से एक गीत भी रचा; और इस प्रक्रिया में पुस्तक द्वारा उठाये गये कुछ महिलावादी मुद्दों में नये प्राण फूँके। तेलुगु कवयित्री जयप्रभा ने एक कविता लिखी जो तेलुगु साहित्य में कविता के उपयुक्त विषयों और नारीवादी कवयित्रियों द्वारा तेलुगु कविता की मर्यादा भंग करने के विषयों पर ऐतिहासिक बहस का हिस्सा बनी।

संक्षेप में, *सवालक्ष सन्देहालु* महज़ महिला स्वास्थ्य आरम्भ पुस्तक नहीं है। उसने स्वास्थ्य और स्वास्थ्य सेवा तन्त्र की राजनीति के समूचे सवाल का खाका पेश किया है और अपने समालोचनात्मक सार को अन्य मंचों पर भी लेकर गयी है। ऐसी ही एक कहानी सूजी थारू और के. ललिता द्वारा सम्पादित 'भारत में महिला लेखन 600 ई.पू. से आज तक' नामक पुस्तक के प्रकाशन, उसके स्वागत और प्रसार की है। 14 भाषाओं से अनूदित महिलाओं के साहित्य के इस संकलन के दो भागों को तैयार करने में अन्वेषी ने संस्थागत और बौद्धिक सहयोग उपलब्ध कराया। यह अभिलेख सरीखी परियोजना विश्वविद्यालय में साहित्य के पाठ्यक्रम और शिक्षण की समीक्षाओं के बीच से उभरी। साहित्य और साहित्यिक आलोचना पर उसके प्रभाव का अन्दाज़ा उन सराहना भरी समीक्षाओं से ज़ाहिर होता है जो इस संकलन में प्रकाशित हुई हैं। पुस्तक के चुने हुए अंश एनसीईआरटी, बम्बई, दिल्ली, बड़ौदा, केरल, पूर्वोत्तर और अमेरिका एवं इंग्लैंड के विश्वविद्यालयों के पाठ्यक्रम में शामिल किये गये हैं। अपने नारीवादी सन्दर्भों की केन्द्रीयता के कारण अन्वेषी से प्रकाशित दूसरी पुस्तकों ने भी एकाधिक अनुशासनों पर अपनी छाप छोड़ी है।

संयुक्त प्रयास : सहयोग और सम्पर्क

सार्वजनिक दायरों और समीक्षात्मक शोध–जहाँ से प्रकाशन की ज़मीन और सामग्री प्राप्त होती है तथा पहलक़दमियों का सिलसिला शुरु होता है, लोकतन्त्र, जेंडर, समुदाय, अल्पसंख्यकों और शिक्षा के मामलों से सरोकार रखने वाले अन्य संगठनों के सहकार से समृद्ध हुई है। सहयोग से कार्यक्रमों के विस्तृत

प्रसार, विद्वानों और कार्यकर्ताओं के बीच उपजाऊ सकारामक सहयोग और मुख्यधारा की महिलाओं के लिए समर्थन सम्भव बनाया जा सकता है।

सहयोगी प्रयासों का एक प्रमुख मिलकर और सम्मेलन आयोजित करता है। अक्सर यह गतिविधि समान चिन्ताओं और सरकारों के प्रति अलग–अलग नज़रियों को साथ–साथ लाने का काम करती है। 1993 में सबऑल्टर्न स्टडीज़ कलेक्टिव के साथ मिलकर अन्वेषी ने 'सबऑल्टर्निटी एंड कल्चर' पर एक अन्तरराष्ट्रीय सम्मेलन आयोजित किया। इस सम्मेलन ने मुख्यधारा के इतिहास पर सवाल उठाने के सन्दर्भ में सबऑल्टर्न अध्ययन के परिप्रेक्ष्य की परियोजना और नारीवाद की मुहिम के बीच सरोकारों के मिलन–बिन्दु को रेखांकित किया। इसी तरह 'सांस्कृतिक राजनीति और अनुवाद' के विषय पर केन्द्रीय अंग्रेज़ी और विदेशी भाषा संस्थान, हैदराबाद और साहित्य अकादेमी, नयी दिल्ली के साथ एक कार्यशाला आयोजित की गयी। यह एक ऐसा संयुक्त प्रयास था जो अनुवाद के बारे में एक सिद्धान्त विकसित करने के महत्त्व पर ज़ोर देता था। तेलुगु में अलग–अलग भाषाओं से अनुवाद करने की राजनीतिक परम्परा ने आन्ध्र प्रदेश में अनेक गरमागरम बहसों को जन्म दिया है। अन्वेषी ने कुछ प्रमुख अनुवाद परियोजनाओं को अपने हाथ में लिया है जैसे *भारत में स्त्री लेखन*, *हम इतिहास बना रहे थे* (अन्वेषी तेलंगाना संघर्ष से जुड़ी महिलाओं का मौखिक इतिहास) और *स्वास्थ्य आरम्भ पुस्तकें*। ये अनुभव इस बोध की तरफ़ ले गये कि आमतौर पर अनुवादों की उपयोगिता स्वीकार की जाती है, पर सिद्धान्त निरूपण की दृष्टि से वह अब भी पिछड़ा हुआ है। अनुवाद की प्रकिया के सांस्कृतिक और राजनीतिक सन्दर्भों से सम्बन्धित विषयों का अध्ययन करना अभी बाक़ी था। इस सहयोगी प्रयास से लोगों का एक व्यापक और विविध समूह इकट्ठा हुआ जिसमें अलग–अलग अनुशासनों के सक्रिय अनुवादक, समाजशास्त्री, चिकित्सक, फ़िल्म सिद्धान्तकार और विद्यार्थी शामिल थे। मार्च 1999 में अन्वेषी ने हैदराबाद और सिकन्दराबाद के जुड़वाँ शहरों में परिवार नियोजन शिविर का आयोजन किया। यह आन्ध्र सरकार के प्रस्ताव के ख़िलाफ़ एक तरह की जवाबी कार्रवाई थी। चूँकि इन शिविरों का उद्देश्य उन लक्ष्यों को पूरा करना था जो सरकार ने ख़ुद तय किये थे। शहर के बहुत से समूहों को इन शिविरों के तौर–तरीक़ों पर ऐतराज़ था। इन समूहों ने आपस में मिलकर लक्ष्य आधारित नसबन्दी विरोधी मोर्चा 'ग्रुप अगेंस्ट टारगेटेड स्टेरिलाइजेशंस' (गैटस) गठित किया। हैदराबाद शहर के पुराने इलाक़े में स्वयंसेवी संगठन द्वारा आयोजित साम्प्रदायिक दंगों के बाद की गतिविधियों से अन्वेषी का जुड़ाव विषय आधारित संयुक्त कार्रवाई की एक और मिसाल है।

ऐसे सहयोगी प्रयासों का परिणाम मौजूदा विषय पर की गयी कार्रवाई के बाद भी दीर्घकालीन सघन विचार–विमर्श में प्रकट हुआ है। एक मिसाल समान नागरिक क़ानून पर बहस के गिर्द अन्वेषी क़ानून समिति का गठन करने की है। क़ानून समिति लगातार बैठकें करती रही और अनिवार्य क़ानूनी सिद्धान्त और व्यवहार पर उसने अनेक बहसों और विषयों का प्रवर्तन किया। समूह की गतिविधियों ने आगे बढ़कर 2000 में 'जेंडर, क़ानून और नागरिकता: भारत और अमेरिका के मुद्दे' पर एक अन्तरराष्ट्रीय सेमिनार के आयोजन को सम्भव बनाया जो 'इंडो–अमेरिकन सेंटर फॉर इंटरनेशनल स्टडीज़,' हैदराबाद के सहयोग से आयोजित हुआ। समिति ने समयानुकूल मुद्दों पर बहस और टिप्पणियों का सिलसिला जारी रखा है, जिनमें से नवीनतम है हैदराबाद विश्वविद्यालय में दस दलित छात्रों का निष्कासन।

नयी शोध परियोजनाएँ

कुछ अल्पकालिक पहलक़दमियों के अनुभव से यह सिद्ध हुआ है कि कतिपय मुद्दों का निरन्तर और सघन अध्ययन होना चाहिए। 'घरेलू हिंसा पर संस्थाओं की प्रतिक्रिया' वाली परियोजना इसकी एक अच्छी मिसाल है। यह परियोजना नागरिक अधिकारों के सन्दर्भ में नागरिक समाज में व्याप्त हिंसा, विशेष रूप से पारिवारिक हिंसा के विषय से निपटने के अनुभवों से उपजी थी। महिला आन्दोलनों के अभियानों से परिवार के भीतर महिलाओं के ख़िलाफ़ होने वाली हिंसा की तीव्रता और व्यापकता नये सिरे से रेखांकित हुई है। अन्वेषी के अध्ययन का उद्देश्य आन्ध्र प्रदेश में पारिवारिक हिंसा के परिदृश्य पर नज़र डालना है ताकि वहाँ एक क़ानूनी सहायता केन्द्र स्थापित किया जा सके। इस परियोजना का उद्देश्य क़ानूनी तन्त्र, समर्थक एजेंसियों और संस्थाओं की प्रतिक्रिया को समझना और उस हिंसा के सन्दर्भ की छानबीन करना है जिससे महिलाएँ घरेलू परिवेश में आये दिन दो–चार होती हैं।

शोध की पहलक़दमियाँ एक या अधिक सदस्यों के विशिष्ट कौशल और रुचियों पर भी ध्यान केन्द्रित करती हैं। मिसाल के लिए, फ़िलहाल चल रही एक परियोजना के अन्तर्गत प्राथमिक स्कूल के स्तर पर पढ़ाई छोड़ने वाले बच्चों और पाठ्यक्रम के आदान–प्रदान पर ध्यान केन्द्रित किया गया है। परियोजना हमारे पहले के कार्यों की दो धाराओं से उपजी थी–(क) जेंडर से अपने सरोकार को बढ़ाकर जाति और हाशिये पर फेंक दिये जाने और बहिष्करण के दूसरे रूपों तक ले जाना, और (ख) साक्षरता के सिद्धान्त और व्यवहार में कुछ सदस्यों की रुचि। विशिष्ट क्षेत्रों में दिलचस्पी बढ़ाने के लिए

पहक़दमी की ज़रूरत और इस दिलचस्पी में ठोस योगदान भी परियोजना की रूपरेखा में झलकता है। तेलुगु सामग्री उत्पादन परियोजना इस तरह की गतिविधि का एक उदाहरण है। आन्ध्र प्रदेश में नीति निर्धारण के पिछले प्रारूपों को चुनौती देने वाले ऐसे आन्दोलन नियमित तौर पर देखे जाते रहे हैं।

जाति, अल्पसंख्यक लोगों की स्थिति, क्षेत्र और यौनाचरण आन्ध्र प्रदेश के मौजूदा परिवेश के राजनीतिक और सांस्कृतिक जीवन के प्रमुख सरोकार हैं। गम्भीर पाठ्य सामग्री के उत्पादन द्वारा यह परियोजना उस क्षेत्रीय सार्वजनिक दायरे में, जो किसी भी स्तर से देखने पर हलचल से भरा और गतिशील है, उपलब्ध संसाधनों में गुणात्मक योगदान कर उसे और भी व्यापक बनाना चाहती है।

शोध परियोजनाएँ सार्वजनिक जीवन में मौजूद प्रवृत्तियों की जाँच–परख करने की ज़रूरत से भी उभरती हैं। इस बात पर ध्यान दिया गया है कि पिछले दशक में जो सघन सामाजिक बदलाव हुआ, उसके परिणामस्वरूप समाज के अल्पसंख्यक समुदायों और हाशिये के क्षेत्रों से स्कूलों में दाख़िल होने वाले बच्चों की संख्या बढ़ी है। लेकिन आँकड़े बताते हैं कि स्कूली पढ़ाई छोड़ने वालों–ख़ास तौर पर अनुसूचित जाति/अनुसूचित जनजाति के बच्चों–की तादाद भी बढ़ी है। हमने पाया कि आन्ध्र प्रदेश में 6–13 साल के बच्चों में से सिर्फ़ 1 फ़ीसदी बच्चों ने पाँचवें दर्जे तक की पढ़ाई पूरी की थी। इनमें बहुत बड़ी संख्या लड़कियों की थी। इस जाँच–परख ने उस परियोजना के लिए रास्ता खोला जो आन्ध्र प्रदेश के सरकारी स्कूलों में पाठ्यक्रम के आरम्भ के आदान–प्रदान का अध्ययन करेगी। परियोजना स्कूली बच्चों के जीवन–वृत्त और स्कूली ज़िन्दगी के वृत्तान्तों के अभिलेख भी तैयार करेगी जो स्कूली जीवन के अनुभवों और पढ़ाई छोड़ने के कारणों के सम्बन्ध में भी अन्तर्दृष्टि उपलब्ध करायेंगी।

क्रान्तिकारी आन्दोलनों के सन्दर्भ में हमारे कुछ विशिष्ट संकलनों ने विद्वत्ता की एक विपुल राशि तैयार की है। पिछले कुछ वर्षों के दौरान हमने अनेक स्त्री और दलित संकलनों का प्रकाशन और लोकार्पण किया है। लेकिन दलित स्त्रियों का लेखन अपनी अनुपस्थिति से ध्यान आकर्षित करता है। महिलाओं के इतिहास, साहित्य और कला के पुनरुद्धार के उद्देश्य का पालन करते हुए अन्वेषी ने एक परियोजना शुरू की है जो दलित स्त्री लेखन का ऐसा संकलन तैयार करेगी जिसमें 40 से अधिक लेखकों की रचनाएँ शामिल होंगी। इस परियोजना का महत्त्व इस तथ्य में निहित है कि यह दलित महिला कलाकारों और बुद्धिजीवियों को एक नयी आत्म–छवि उपलब्ध करायेगी और इस बात को

भी बड़ी आलोचना भूमि प्रदान करेगी कि भारतीय महिला आन्दोलनों की प्रकृति और संरचना ज़्यादातर मध्यवर्गीय और उच्च जातीय क्यों होती है।

एकत्र विचार : सेमिनार और सम्मेलन

पिछले वर्षों के दौरान अन्वेषी ने विविध विषयों पर अनेक सेमिनार, कार्यशालाएँ और सम्मेलन आयोजित किये हैं। स्थानीय कार्यशालाएँ तो उसकी नियमित गतिविधियों में पहले से ही शामिल हैं जिनमें हैदराबाद से व्यक्तिगत और सामूहिक, दोनों स्तरों पर भागीदारी होती है। ये ऐसे मंच भी हैं जहाँ परियोजनाओं से जुड़े मसलों से उपजने वाले समकालीन विषय या सरोकार बहस–मुबाहिसे का केन्द्र बनते हैं। कुछ कार्यशालाएँ विशिष्ट मुद्दों पर काम करने वाले समूहों के लिए भी आयोजित की जाती हैं। परामर्शदाताओं के लिए घरेलू हिंसा पर आयोजित कार्यशाला जैसे कार्यक्रम को ऐसी ही श्रेणी में रखा जा सकता है। सेमिनारों में अक्सर राष्ट्रीय स्तर की हिस्सेदारी होती है जिनमें विभिन्न क्षेत्रों से आये लोगों को एक साथ बैठने तथा अपने पसन्दीदा विषयों पर बात करने का मौक़ा मिलता है। 1996 में आयोजित 'मानसिक स्वास्थ्य और स्त्रियाँ' विषय पर आयोजित राष्ट्रीय विचार–गोष्ठी इसका अच्छा उदाहरण है। इस सेमिनार में मनोविश्लेषण और मनोचिकित्सा के क्षेत्रों से विशेषज्ञों और पेशेवर लोगों के अलावा स्त्री मुक्ति समर्थक, राजनीतिक सिद्धान्तकारों और मानसिक स्वास्थ्य–सेवी, समाज विज्ञानी और मानसिक स्वास्थ्य सेवाओं का उपयोग करने वाले लोग शामिल हुए थे। सेमिनार में मनोविश्लेषण और मनोचिकित्सा के सिद्धान्तों को जेंडर के परिप्रेक्ष्य में प्रस्तुत किया गया। इस सेमिनार के अनुभवों का अध्ययन करने से यह पता चला कि इस विचार–गोष्ठी द्वारा रेखांकित परिप्रेक्ष्य नज़रिये स्त्री–समर्थकों और मानसिक स्वास्थ्य से जुड़े विशेषज्ञों–दोनों के लिए विचारणीय थे। गोष्ठी का अन्वेषी के भीतरी और बाहरी कार्यों पर भी सकारात्मक असर पड़ा है। अन्वेषी ने हाल के वर्षों में स्वयं और अन्य संगठनों के साथ मिलकर भी बहुत–से कार्यक्रमों का आयोजन किया है। इनमें से कुछ महत्त्वपूर्ण हैं 'जेंडर, क़ानून और नागरिकता' (आईएसीआईएस के साथ, हैदराबाद, 1999), पर सेमिनार, तेलुगु सिनेमा पर कार्यशाला (संस्कृति और समाज अध्ययन केन्द्र, बेंगलुरू के साथ,1999), इंडियन एसोसिएशन ऑफ़ वीमेंस स्टडीज़ के नवें सम्मेलन के लिए 'आदिवासी मुद्दे और महिला आन्दोलन' पर पूरा सत्र (हैदराबाद, 2000), आदि।

अन्वेषी ने 2001 में हैदराबाद महिला समूह के साथ मिलकर 'लिसनिंग टुगेदर, टॉकिंग डिफरेंसेज' पर एक दक्षिण भारतीय युवा स्त्रीवादियों का

सम्मेलन आयोजित किया। यह दक्षिण भारत के विभिन्न हिस्सों से आयी स्त्रीवादियों की नयी पीढ़ी को एक जगह इकट्ठा करने का प्रयास था। सम्मेलन में विभिन्न बहसों के दौरान जेंडर के प्रश्न पर उनके सरोकारों और नज़रियों, दोनों से सम्बन्धित मतभेद सामने आये, जिससे यह स्पष्ट हुआ कि भविष्य में जेंडर और स्त्रीवाद के सिद्धान्तीकरण को इन मतभेदों के साथ काम करना होगा।

मुड़कर देखते हुए

पीछे मुड़कर देखें तो संगठन ने अपने जन्म से लेकर अब तक काफ़ी महत्त्वपूर्ण काम किया है लेकिन इस दौरान अन्वेषी को अपने हिस्से की समस्याओं से भी निपटना पड़ा है। सांगठनिक स्तर पर अन्वेषी को कई वर्षों तक थोड़े से कर्मचारियों से ही काम चलाना पड़ा है। वह प्रमुख रूप से अपने विचार मंचों, दूरवर्ती कार्यक्रमों और परियोजनाओं के लिए जाना जाता है। लेकिन ऐसे माहौल में जहाँ आर्थिक सहयोग बुनियादी सांस्थानिक गतिविधियों की बजाय परियोजनाओं के लिए ही उपलब्ध रहता है वहाँ अन्वेषी का कार्य भी प्रमाणित हुआ है।

इस समय अन्वेषी तीन महत्त्वपूर्ण परियोजनाओं में जुटा हुआ है–

(क) घरेलू हिंसा के सम्बन्ध में सांस्थानिक प्रतिक्रिया का अध्ययन, (ख) सरकारी स्कूलों में पाठ्यक्रम सम्बन्धी गतिविधियाँ और (ग) तेलुगु में सामग्री का उत्पादन। निःसन्देह इन परियोजनाओं से हमें महत्त्वपूर्ण लाभ प्राप्त हुए हैं। अन्वेषी में पूर्णकालिक रूप से काम करने वालों की संख्या बढ़ी है; काम और दिलचस्पियों का क्षेत्र विस्तृत हुआ है। इससे हमें पहले से अधिक क्षेत्रों में प्रभावकारी हस्तक्षेप करने का मौक़ा मिला है और प्रकाशन की दर में भी वृद्धि हुई है। लेकिन इस आरम्भिक चरण में परियोजनाओं पर ध्यान केन्द्रित करने के कारण अन्वेषी की कार्यशैली में एक तब्दीली भी आयी है। समय के साथ उन लोगों से हमारा सम्पर्क कम हुआ है जिन्होंने अन्वेषी की विभिन्न बहसों में हिस्सेदारी की थी। अन्वेषी द्वारा कई परियोजनाओं का सूत्रपात करने के बावजूद इस समूह में यह भावना दिखायी दी कि चीज़ें गतिरोध की शिकार हो गयी हैं। हमने इस समस्या को हल करने के लिए परियोजना आरम्भ कार्य और कार्यकर्ताओं और विद्वानों के अपेक्षाकृत विशाल समूह के साथ अपने काम में सन्तुलन बनाने की कोशिश की है। पिछले कुछ वर्षों के दौरान परियोजनाओं पर काम करते हुए हमने जिस तरह का अनुभव अर्जित किया है, उससे हमें इस समस्या से बेहतर ढंग से जूझने में मदद मिली है।

कुछ वर्ष पहले 2000 में अन्वेषी ने एक कठिन स्थिति का सामना किया। हमारे सामने अपने कार्यालय और पुस्तकालय को एक जगह से दूसरी जगह ले जाने का मसला आ खड़ा हुआ। उस्मानिया विश्वविद्यालय 1989 से ही अन्वेषी की गतिविधियों का समर्थन करता आ रहा था। उसने हमें परिसर में ही कार्यालय का स्थान उपलब्ध करा रखा था। लेकिन बाद में उसने अपना समर्थन वापस ले लिया। विश्वविद्यालय के परिसर में स्थान मिलने से हमें कई तरह के फ़ायदे हुए थे। इससे हमें विभिन्न विभागों से सम्बन्ध विकसित करने तथा छात्रों को बहसों और दूसरी गतिविधियों में शामिल करने का अवसर मिला। इसके बदले में अन्वेषी के सदस्यों को विश्वविद्यालय के परिसर में होने वाली गोष्ठियों और शैक्षणिक सभाओं में हिस्सेदारी करने के लिए आमन्त्रित किया जाता था। जब विश्वविद्यालय के प्रशासन ने 'अपनी नयी नीतियों के अन्तर्गत' अन्वेषी को जगह खाली करने के लिए कहा तो यह परस्पर लाभकारी व्यवस्था ख़त्म हो गयी। कहने को तो यह अपनी तरह की एक अकेली घटना लगती थी पर इससे यह ज़रूर साफ़ हो गया कि महिलाओं से सम्बन्धित अध्ययन शैक्षणिक संस्थाओं के लिए कैसी और कितनी अहमियत रखता है। आम जनता से जो सकारात्मक प्रतिक्रिया मिली वह सन्तोषजनक थी लेकिन विश्वविद्यालय का रवैया अफ़सोसजनक था जिसने शैक्षणिक स्तर पर नहीं, बल्कि आर्थिक स्तर पर हमारा मूल्यांकन करने का फ़ैसला किया था। इसके बाद हम नयी जगह खोजकर वहाँ व्यवस्थित होने पर विवश हो गये। इस स्थानान्तरण को लागू करने के दौरान हमने इस बात का ख़ास ध्यान रखा कि अन्वेषी का कार्यालय हमारे सदस्यों की पहुँच में रहे।

कभी–कभार के संकटों को छोड़कर अन्वेषी ने बराबर अपने लक्ष्यों को पूरा करने का प्रयास किया है। हम अपने कार्यक्रमों की सफलता और उनके प्रभाव का श्रेय उन विद्वानों, सक्रिय कार्यकर्ताओं, छात्रों और दूसरे लोगों को देते हैं जो उसके संसाधनों और स्थान का उपयोग करते हैं। नियमित बैठकों, अध्ययन समूहों और अभियानों में सक्रिय स्थानीय भागीदारी होती रहती है। पुस्तकालय के साथ मिलकर यह महिला अध्ययन की प्रगति, सार्वजनिक क्षेत्र में जेंडर की दावेदारी और बहुत–से दूसरे मामलों के राजनीतिकरण के लिए एक महत्त्वपूर्ण स्रोत और आधार उपलब्ध कराता है। लेकिन अन्वेषी द्वारा आयोजित गतिविधियों की योजना बनाने, बहसें आयोजित करने, पढ़ने, लोगों के मिलने–जुलने या सिर्फ़ वहाँ मौजूद भर रहने की जगह भी इतनी

ही महत्त्वपूर्ण है। उस जगह का वातावरण, वहाँ विकसित होने वाली संस्कृति मैत्री का परिवेश–ये सब चीज़ें आपस में मिलकर एक ऐसी जगह का निर्माण करते हैं जहाँ वह सब कुछ जो व्यक्तिगत है, राजनीतिक स्वरूप ग्रहण कर सकता है।

[**स्रोत** : अन्वेषी रिसर्च सेंटर, 'नरचरिंग लिंक्स बिटवीन स्कॉलरशिप एंड एक्टिविज़्म', देवकी जैन और पाम राजपूत (सं.), *नैरेटिव्स फ्रॉम द वीमेंस स्टडीज़ फैमिली : रिक्रिएटिंग नॉलेज,* सेज प्रकाशन, नयी दिल्ली]

फुल सर्किल

लीला गुलाटी

•

अनुवाद : **अजय सिंह**

पिछले कुछ समय से स्त्री–अध्ययन से जुड़े सवालों और विशेषताओं को केन्द्रित करते हुए जिन कुछ मुद्दों पर शोध और विश्लेषण किया गया है, यहाँ उन पर बात की गयी है। लोगों और समुदायों के बारे में शोध के दौरान जो कुछ अन्तर्दृष्टि और सूचना मिली है, उनके बारे में भी यहाँ बताने की कोशिश की गयी है। इस प्रयास में मैंने 'केस स्टडी' शोध–प्रविधि का उपयोग किया है, इसका कारण यह है कि इसे मैंने जेंडर मुद्दे के विभिन्न पहलुओं पर शोध करने के लिए विशेष रूप से उपयुक्त पाया।

महिलाओं से जुड़े शोधपरक सवालों का विश्लेषण करने और समझदारी हासिल करने में अर्थशास्त्र और मानव विज्ञान जैसे भिन्न विषयों से गहरी जानकारी मिली है। यहाँ इस जानकारी का उपयोग करने और इसे शामिल करने की ज़रूरत पर ज़ोर देने की कोशिश भी की गयी है। मेरा ख़याल है कि इससे विभिन्न सामाजिक तबकों से जुड़ी महिलाओं के परिवारों को बेहतर ढंग से समझने में भी मदद मिलती है।

इससे यह भी उद्‌घाटित होता है कि शोधपरक सवालों का सिर्फ़ गूढ़ होना ही ज़रूरी नहीं है। एक छोटे नमूने–यहाँ तक कि एक परिवार–का भी यदि सही सवालों के साथ अध्ययन किया जाये तो वह सार्थक और फलदायी हो सकता है। मैंने यह मिथक तोड़ने की भी कोशिश की है कि शोध के लिए हमेशा भारी–भरकम वित्तीय सहायता और अच्छा–ख़ासा ख़र्च करके जुटाये गये आँकड़ों और आधार सामग्री की ज़रूरत पड़ती है।

भारत में स्त्री–अध्ययन के विकास में ऐसी स्त्री विद्वानों का योगदान रहा है, जो किसी ख़ास स्त्री–अध्ययन संस्थान या विभाग से जुड़ी नहीं रही हैं। यह लेख लिखने का मक़सद इस योगदान के बारे में बताना है।

मैंने इस मौक़े का उपयोग एक 'गृहिणी' से 'शोधार्थी' बनने की अपनी यात्रा का व्यक्तिगत अनुभव बताने के लिए भी किया है। एक औरत के रूप में लेखक की व्यक्तिगत दुनिया और उसके काम की सार्वजनिक दुनिया के बीच के रिश्ते को स्त्री–अध्ययन के व्यापक परिप्रेक्ष्य में समझा गया है। यह यात्रा एक बहुत यथार्थवादी और सच्चे मानव अनुभव के परिदृश्य से गुज़रती है। वह यह कि आप पारिवारिक जीवन के बन्धन में बँधी हुई हैं और साथ ही आपमें यह इच्छा भी ज़ोर मार रही है कि कुछ ऐसा किया जाये, जो बौद्धिक रूप से ज़्यादा प्रेरक हो। जबकि वह वक़्त ऐसा था कि हमें जो भी शिक्षा या प्रशिक्षण मिला था, उसका उपयोग करने के मौक़े और रास्ते ढूँढ़ पाना बहुत ही मुश्किल था।

इतने विस्तार से इस अनुभव को साझा करने का मक़सद यह है कि इससे उन औरतों को हिम्मत मिलेगी जो ऐसी स्थिति में हैं। वे दृढ़ता और साहस के साथ बन्द दरवाज़ों को खोलने की कोशिश करेंगी, और महिलाओं की ज़िन्दगियों के छूने वाले सवालों से जुड़ने के लिए प्रेरित होंगी।

हमारे देश में कई कामकाजी महिलाएँ अपनी नौकरी (करिअर) और अपनी घरेलू एवं पारिवारिक ज़िम्मेदारियों के साथ न्याय न कर पाने के कारण ख़ुद को अपराधी समझने लगती हैं। इस लेख में बताया गया है कि मैं इस समस्या से कैसे जूझी।

यूँ हुई शुरुआत

अपनी पीढ़ी की कई अन्य औरतों की ही तरह शादी के बाद मुझे अपनी नौकरी छोड़नी पड़ी। मेरे पति और मैं बड़ौदा विश्वविद्यालय में अर्थशास्त्र पढ़ाते थे। जब मेरे पति ने वेस्टइंडीज़ में नौकरी करने का फ़ैसला किया, तो मुझसे उम्मीद की गयी कि मैं अपनी नौकरी छोड़कर साथ जाऊँ। बिना कोई सवाल उठाये मैंने वही किया। 1972 में मैं और मेरे पति तिरुवनन्तपुरम आ गये। उससे पहले तक शिक्षा जगत में वापसी का कोई ख़याल ही मुझे नहीं आया था। उन दिनों तिरुवनन्तपुरम शान्त और धीमी रफ़्तार से जीने वाला शहर था। मैं बच्चों और घर की देखभाल के अलावा कुछ और भी करना चाहती थी। मुझे तत्काल यही सूझा कि उसी संस्थान में काम करूँ, जिसमें पति कार्यरत हैं। दुर्भाग्य से, संस्थान के लिए यह इतना सीधा–सरल नहीं था। मुझसे कहा गया (मेरा ख़याल है, अनौपचारिक रूप से) कि पति और पत्नी का एक ही संस्थान में काम करना ठीक नहीं है। हम संस्थान के परिसर में रहते थे। अभी भी बच्चों की देखभाल की ज़िम्मेदारी मुझ पर ही थी।

एक अन्य जगह काम मिलने की सम्भावना थी, लेकिन वह ख़ासा दूर थी। इसका मतलब यह था कि मुझे कोई पूर्णकालिक अकादमिक काम नहीं मिल सकता था। संस्थान में 'पति–पत्नी एक साथ नहीं' नीति की बात करने वालों के लिए यह फ़िक्र की बात नहीं थी। आज मुझे यह याद करके चिढ़ होती है कि तब मैंने उनका रत्ती–भर भी विरोध नहीं किया था। मैं अभी भी कर्तव्यपरायण पत्नी की भूमिका निभा रही थी। आख़िरकार मेरे पति संस्थान में काम कर रहे थे और मेरे लिए यह उचित न था कि मैं कुछ ऐसा करूँ, जिससे उनकी हैसियत को वहाँ ठेस पहुँचे।

माहौल

संस्थान की नीति की वजह से मुझे नौकरी नहीं मिल पायी, लेकिन परिसर में रहने के कारण मैं संस्थान के विद्वानों (अकादमिशियन) से बराबर सम्पर्क में थी। ख़ासकर यह सम्पर्क घर में उनका बतौर मेहमान स्वागत करने वाली गृहिणी के रूप में होता था। संस्थान अभी नया–नया था और वहाँ लोग, जैसा कि मैं समझ रही थी, ग़रीबी, बेरोज़गारी और विकास से जुड़े मुद्दों पर ज़रूरी काम कर रहे थे। ख़ासकर, मज़दूरी की दर और पुरुष मज़दूरों की भागीदारी से जुड़े सवालों पर कई लोग काम कर रहे थे।

स्त्री-मज़दूरों की भागीदारी को समझना

स्त्री–मज़दूरों की भागीदारी के मुद्दे पर काम करने का फ़ैसला मैंने क्यों किया? सीधी–सी बात है कि अन्य (मुझे छोड़कर लगभग सभी) इस सवाल की अनदेखी कर रहे थे। आँकड़े मौजूद थे और मेरे ख़याल से यह प्रासंगिक और महत्त्वपूर्ण मुद्दा था। ख़ास बात यह थी कि यह ऐसा विषय था, जिस पर काम करने से पुरुषों को मुझसे कोई शिकायत नहीं होती। आख़िरकार, मैं इस बात को लेकर सजग थी कि जो भी हो, मुझे 'अच्छी पत्नी' की तरह बर्ताव करना है। मुझे लगता है कि उस समय संस्थान में विद्वानों को यह बात मज़ेदार लगी होगी कि एक गृहिणी 'स्त्री–मुद्दे' पर काम कर रही है। मैंने बिना किसी आर्थिक सहयोग के काम करना शुरू किया। चूँकि मेरे पति संस्थान में थे, इसलिए उसके बेहद समृद्ध पुस्तकालय का मैं इस्तेमाल कर सकती थी। संस्थान में कई पुरुष मेरे काम को हिकारत की निगाह से देखते थे, लेकिन कुछ ऐसे भी थे जो मेरे सवालों का जवाब देने को तैयार थे।

काम करने की सबसे तीव्र प्रेरणा मुझे ईस्तर बोसरप की किताब से मिली। अफ़्रीका में स्त्री–मज़दूरों की भागीदारी के बारे में उन्होंने जो देखा–सुना था, किताब उसके बारे में थी। यह किताब उन्होंने अपने राजनयिक पति की

यात्राओं में उनके साथ रहने के दौरान लिखी थी। मेरे पति के एक सहकर्मी ने यह किताब मुझे यह सोचकर दी थी एक 'पत्नी' ऐसा ही कोई काम कर सकती है। उनका विचार था कि या तो मैं बोसरप की तरह ही कुछ लिखूँ या फिर, बच्चों के लिए किताबें लिखूँ। उनके ख़याल से मेरे पास यही दो विकल्प थे। बच्चों के लिए किताबें लिखने की मेरी कोई इच्छा नहीं थी, लेकिन बोसरप की किताब ने मुझे मुग्ध कर दिया था। उनकी किताब ने मुझे हिम्मत भी दी। वह एक ऐसी स्त्री थीं जिनका पेशा विद्वत्कर्म नहीं था। तथापि उनके कार्य ने अनेक देशों में स्त्री और उसके श्रम को समझने में महत्त्वपूर्ण योगदान दिया। यह सोचकर मुझे बुरा लगा कि त्रिनिदाद में रहते हुए मैंने उस मौक़े का उपयोग वहाँ के समाज का अध्ययन करने के लिए नहीं किया। ख़ैर, बोसरप ने घरेलू काम और मेहमाननवाज़ी से जुड़ी ऊब से मुक्त कर मुझे कुछ करने के लिए प्रेरित कर दिया।

मैंने अपना कार्य इस सवाल का जवाब तलाश करने से शुरू किया कि भारत में स्त्री–मज़दूरों की भागीदारी की दरों में मौजूद अन्तरराज्यीय भिन्नता के क्या कारण हो सकते हैं? अन्तरराष्ट्रीय स्त्री दशक की घोषणा हो चुकी थी। जेंडर केन्द्रित मसले पर काम करने का यह सही मौक़ा था।

मेरे पहले आलेख *स्त्री श्रम भागीदारी : अन्तरराज्यीय भिन्नता का अध्ययन* ने लोगों का ध्यान खींचा। शुरुआती प्रतिक्रियाएँ नकारात्मक थीं। कई भारतीय (पुरुष) विद्वानों ने मुझसे खुले शब्दों में कहा कि मेरा लेख रद्दी है। उनका कहना था कि न केवल मेरे द्वारा गिनाये गये कारण ग़लत थे बल्कि मेरे विषय में ही कोई दम नहीं था। नतीजा यह हुआ कि मैं निराश हो गयी। मेरा हौसला ही पस्त हो गया। लेकिन मैं ख़ुशक़िस्मत भी थी। यह निरा संयोग ही था कि मेरा लेख जिस साल छपा यानी 1975 को अन्तरराष्ट्रीय स्त्री वर्ष घोषित किया गया। इस कारण इसे अन्तरराष्ट्रीय स्तर पर महत्त्व का मौक़ा मिला। कई विदेशी विद्वानों को मेरा कार्य अच्छा लगा। इससे भारत में भी स्त्री विद्वानों के बीच उत्तेजना पैदा हुई और मेरे लेख पर क़रीब एक साल तक ज़ोरदार बहस चलती रही। संस्थान के लोगों के लिए यह मनोरंजक घटना थी। जैसा कि उनमें से एक ने टिप्पणी की–'एक गृहिणी ने प्याले में तूफ़ान ला दिया।'

स्त्री और उनके कार्य पर अन्य लेख

अन्तरराष्ट्रीय विद्वानों और भारत में स्त्री विद्वानों की सकारात्मक प्रतिक्रिया से उत्साहित होकर मैंने लिखना जारी रखा। मेरे कई लेख छपे। एक प्रकार से परिस्थितियाँ मेरे अनुकूल थीं। आँकड़े भी प्रचुर मात्रा में और सुलभता से

उपयोग में लाने के लिए उपलब्ध थे। जिन मुद्दों में मेरी दिलचस्पी थी उनके प्रति पुरुष विद्वानों की अरुचि जारी थी। स्त्रियों की श्रम में भागीदारी से अपनी विचार यात्रा शुरू कर मैं बेरोज़गारी दर, शहरी मज़दूर और मज़दूरी में भेदभाव जैसे विषयों की ओर बढ़ गयी।

ये विषय दिलचस्प थे और इनमें मैं व्यस्त रही। लेकिन जो तथ्य और आँकड़े मौजूद थे, उनसे मैं धीरे–धीरे हताश होने लगी। वे हर चीज़ को बहुत आसान कर रहे थे। कुछ बनी–बनायी तालिकाएँ दे दो, कुछ आँकड़े दे दो, और फिर आर्थिक व्यवहार के आसान–से नमूनों के आधार पर नतीजे निकाल लो। मुझे लगा कि मैं हवाईमहल बना रही हूँ। इससे मुझे मेरे नाम से छपने वाले लेखों के लिए सामग्री तो मिल रही है, लेकिन कोई मक़सद पूरा नहीं हो रहा है। हालाँकि यह भी एक सच्चाई थी कि मेरे पास कोई शैक्षणिक नौकरी नहीं थी और न अभी मिलने की उम्मीद थी। ऐसी स्थिति में मैं अपने नाम से छपने वाले लेखों की या जिन पत्रिकाओं में वे छप रही थीं, उनकी प्रतिष्ठा के स्तर की अनदेखी नहीं कर सकती थी। जिन सवालों में मेरी दिलचस्पी थी, उनके अध्ययन के अन्य तरीक़े ढूँढ़ना मैंने शुरू किया।

ग़रीबी पर कार्यशाला

इसी दौरान संस्थान में ग़रीबी और उससे जुड़े सवालों पर एक बड़ी कार्यशाला आयोजित की गयी। वहाँ नामी–गिरामी विद्वान पधारे। मैंने ज़्यादा–से–ज़्यादा सत्रों में मौजूद रहने की कोशिश की (मुझसे कहा गया था कि अगर मैं ख़ामोश रहूँ और कोई सवाल न पूछूँ, तो मैं जितने सत्रों में चाहूँ, मौजूद रह सकती हूँ)। सत्रों में ख़ूब बहस चली। उन बहसों में मैंने पाया कि (ग़रीबी के बारे में) मानक धारणा बनाने और उपयुक्त तकनीक के इस्तेमाल के सवाल पर तीखे मतभेद थे (ख़ासकर इस पर कि जनोपयोगी सेवाओं की व्याख्या किस तरह की जाये)। बहस के केन्द्र में यह सवाल था कि देश में कितने ग़रीब हैं। तर्क–वितर्क देर शाम तक खाना खाने और शराब का दौर चलने तक जारी रहता। खाना और शराब देने की व्यवस्था मेरे हाथों में थी इसलिए उनकी बातें सुनने का मुझे मौक़ा मिल जाता था।

उस समय सम्मेलन में जिस बात ने मेरा ध्यान सबसे ज़्यादा खींचा था, वह यह कि विद्वानों के नेक इरादों के बावजूद उनके लेखों और बहसों में मानवीय स्पर्श नहीं था। ग़रीबों और औरतों की तो बात ही छोड़िए ग़रीब होने का मतलब क्या होता है, बातचीत से यही ग़ायब था। ज़्यादातर पुरुष विद्वानों के लिए यह समझना ही मुश्किल था कि ग़रीब औरतें काम करती हैं, अपना परिवार चलाती हैं और अक्सर बेरोज़गारी और भेदभाव झेलती हैं।

मुझे ऐसा लगा कि उनमें से अधिकांश इस मध्यवर्गीय धारणा से ग्रस्त थे कि औरतें 'ग़ैर–कामकाजी' गृहिणियाँ हैं और घरेलू कामकाज तो कोई 'काम' होता नहीं। जहाँ विद्वानों में ग़रीबी मापने से सम्बन्धित गणितीय और सांख्यिकीय मुद्दों पर अपनी महारत पेश करने की होड़ लगी हुई थी, वहीं यह सवाल पीछे रह गया था कि लोग ग़रीबी से कैसे जूझ रहे हैं। यह सब कहने का मतलब यह नहीं कि उस समय ग़रीबी के बारे में मेरी समझ कहीं बेहतर थी। जहाँ तक मेरी आलोचनाओं का सवाल है, वे नयी नहीं थीं। इससे पहले भी और लोग, कहीं बेहतर तरीक़े से ये सब कर चुके थे।

गृहिणी फेलोशिप

तभी मुझे दोस्तों से पता चला कि भारतीय समाज विज्ञान अनुसन्धान परिषद (आईसीएसएसआई) गृहिणियों को छोटी फेलोशिप (शिक्षावृत्ति) देती है। मैंने आवेदन किया और वह मुझे मिल गयी। यह उन गृहिणियों के लिए थी, जो अकादमिक जगत में अपने हाथ आजमाना चाहती थीं। मेरे लिए इस अनुदान का बड़ा महत्त्व था, क्योंकि इससे संस्थान में मुझे (और मेरे काम को) कुछ वैधता मिली। अनुदान की राशि कम थी और उसका कार्यक्षेत्र सीमित था (लोग इसे 'गृहिणी' फेलोशिप कहते थे)। इसका मतलब था कि मैं 'चुनौती न देने वाली गृहिणी' की भूमिका के साथ–साथ अपनी दिलचस्पी का काम भी जारी रख सकती थी। आज जब पीछे मुड़कर देखती हूँ, तो इस फेलोशिप के लिए मैं गहरी कृतज्ञता महसूस करती हूँ। इसके बग़ैर मैं शिक्षा जगत में लौट पाती, इसमें सन्देह है।

शोध : केस-स्टडी प्रविधि

मैं फील्ड में जाकर काम (फील्ड वर्क) करना चाहती थी। गृहिणी अनुदान की राशि चूँकि कम थी, इस नाते मेरे शोध का दायरा सीमित रहने वाला था। बड़े पैमाने पर सर्वेक्षण का, जिसमें शोध सहायकों और कई तरह के काम की ज़रूरत पड़ती, सवाल ही नहीं उठता था। मुझे ख़ुद ही सब करना था। इसके साथ ही, मुझे यह भी ध्यान रखना था कि घर साफ़–सुथरा रहे, खाना समय से मिले और बच्चे स्कूल जायें इत्यादि। मेरे ऊपर जो दबाव थे और मैं जो करना चाहती थी, इसे देखते हुए मुझे एक ही काम सम्भव लग रहा था कि मैं कुछ मामलों का अध्ययन करने की कोशिश करूँ। उन दिनों (और आज भी) मामले का अध्ययन करने की पद्धति (केस–स्टडी) अर्थशास्त्रियों के बीच ज़्यादा लोकप्रिय नहीं थी। वे आदर्शीकृत 'विवेकसंगत' या 'युक्तिसंगत' प्रारूपों को ज़्यादा तरजीह दे रहे थे। हाँ, सामाजिक मानव विज्ञानी ज़रूर इसका इस्तेमाल

कर रहे थे। यह पद्धति हाशियाकृत लोगों (शिक्षा जगत में हाथ–पाँव मारती गृहिणी) और हाशियाकृत विषय (जेंडर) के लिए ख़ास मददगारपरक नहीं थी।

ऑस्कर लुईस और इलियट लिबो

मुझे केस–स्टडी पद्धति का इस्तेमाल करने की प्रेरणा दो किताबों से मिली। पहली किताब ऑस्कर लुईस की थी, जिसमें मेक्सिको के पाँच ग़रीब परिवारों का अध्ययन किया गया था। दूसरी किताब इलियट लिबो की थी, जो न्यूयॉर्क में निर्माण मज़दूरों की ज़िन्दगी पर आधारित थी। अर्थशास्त्र की किसी और किताब ने मेरे ऊपर इतना असर नहीं डाला जितना इन दोनों ने। रोज़ाना की ज़िन्दगी का काफ़ी मेहनत से तैयार किया गया ब्योरा जीवन्तता और गहरी जानकारी से भरा हुआ था, जिसके बारे में मेरा ख़याल था कि वह उबाऊ और दुनियावी क़िस्म का काम होगा। पारिवारिक गतिशीलता, ग़रीबी के दबाव और पसन्द या वरीयता की रचना, इन सबके बारे में जानने के लिए मुझे इन भरे–पूरे ब्योरों में बहुत कुछ मिला। लुईस और लिबो ने मुझे यह सीख दी कि केस–स्टडी जेंडरीय मसलों की ओर ख़ास ध्यान देने की ज़रूरत रेखांकित करने में मददगार सिद्ध हो सकती है।

ग़रीब स्त्रियों का प्रोफ़ाइल

लुईस के मेक्सिको के पाँच परिवारों के अध्ययन से प्रेरणा लेते हुए मैंने पाँच ग़रीब महिलाओं की ज़िन्दगी के अध्ययन का निर्णय लिया। ऐसी पाँच स्त्रियों को चुनना आसान न था, जो अपनी मर्ज़ी से मुझे समय देतीं। दो अन्य कठिनाइयाँ थीं। पहला, मैं चाहती थी कि इनमें से हरेक अलग–अलग पेशे से जुड़ी हुई हो, ताकि केरल में स्त्रियों के पेशागत वितरण का एक व्यापक खाका तैयार हो सके। दूसरा, मुझे घर के कामकाज निपटाने होते थे। सुबह में नाश्ता, दोपहर और रात में भोजन तैयार करना नियमित ज़िम्मेदारियाँ थीं। शाम के वक़्त शोध के लिए कहीं जाना सम्भव न था। वह मेहमाननवाज़ी और बच्चों को होमवर्क में मदद करने का वक़्त होता था।

ऐसे में, मैंने तय किया कि कम–से–कम तीन महिलाएँ आसपास से ही चुनूँ। मेरे घर के पास ही निर्माण कार्य चल रहा था। मैंने वहीं से शुरू किया। इस बात ने मेरा ध्यान ख़ासा आकृष्ट किया कि कड़ी मेहनत वाले सारे काम महिलाएँ कर रही थीं (उठाना, ढोना आदि), जबकि पुरुष निर्देश देने के अलावा ऐसे काम कर रहे थे जिनमें 'कुशलता' ज़रूरी होती है (राजगिरी जैसे काम)। इसका अर्थ यह नहीं कि सिर पर बीस–बीस ईंट ढोने में कम निपुणता की ज़रूरत होती है। मैंने कुछ स्त्री निर्माण मज़दूरों से, जब उन्हें चाय पीने की छुट्टी

मिलती थी, बात करनी शुरू कर दी। मैंने उनसे मज़दूरी के बारे में पूछा (एक ही काम के लिए उन्हें पुरुषों से कम मज़दूरी मिलती थी), उनसे कुशल मज़दूर के रूप में तरक्की दिये जाने के बारे में पूछा (ऐसा कभी नहीं हुआ) और यौन उत्पीड़न के बारे में जानकारी ली (यह बराबर होता था)। विडम्बना यह थी और इसका अहसास मुझे काफ़ी बाद में हुआ कि यह सब कुछ उस उदार संस्थान के निर्माण स्थल पर चल रहा था, जो ग़रीबी, विकास और बेरोज़गारी की समस्याओं के अध्ययन के लिए समर्पित था। मुझे अफ़सोस है कि जब ये मज़दूर मेरे अपने घर में काम कर रहे थे, तब भी मैंने इन महिलाओं के साथ किये जाने वाले सलूक के ख़िलाफ़ कोई आवाज़ नहीं उठायी। निर्माण–स्थल पर मुझे एक ऐसी स्त्री मिली, जो मेरे सवालों पर, ख़ासकर मुखर थी और समझने–जवाब देने को तैयार थी। कई दौर की बातचीत के बाद विजयम्मा नाम की वह स्त्री मेरे पहले प्रोफ़ाइल का विषय बनने के लिए तैयार हो गयी। वह मुझे पास ही की झुग्गी में ले गयी, जहाँ वह रहती थी। उसने वहाँ मेरा परिचय अन्य महिलाओं से कराया। अपने प्रोफ़ाइल के लिए इस बस्ती से मैंने दो और महिलाओं को चुना। इनमें से एक, कल्याणी, कृषि मज़दूर थी; और दूसरी जयम्मा, ईंट उद्योग से जुड़ी थी। शेष दो प्रोफ़ाइल मछली पालन उद्योग और नारियल रस्सी (कयर) उद्योग से थीं। इसके लिए मैं उनके कार्यस्थलों पर गयी। वहाँ मुझे केसरी और सारा मिलीं। हालाँकि मेरे प्रोफ़ाइल का केन्द्र–बिन्दु महिलाएँ थीं, लेकिन मेरी कोशिश जेंडर और ग़रीबी के नज़रिये से अर्थव्यवस्था का व्यापक खाका खींचने और उस भिन्नता को उकेरने की थी जो इस नज़रिये के कारण सामने आती।

मैंने सोच रखा था कि मैं ख़ुद को इन पाँच महिलाओं पर ही केन्द्रित रखूँगी (शुरू में मैंने उन्हें अपने घर बुलाने की कोशिश की थी, ताकि घर का कामकाज निपटाने के साथ–साथ उनसे अपने काम की बातें भी कर सकूँ)। लेकिन शीघ्र ही मुझे यह अहसास हो गया कि मैं कितना सीमित सोच रही थी। उनसे जो कुछ जानकारियाँ मिल रही थीं वे न सिर्फ़ तस्वीर का एक पहलू था, बल्कि मैं उनकी ग़लत व्याख्या भी कर रही थी। मुझे यह लगने लगा कि यदि यह केस–स्टडी ढंग से करनी है तो सन्दर्भ पर अच्छी पकड़ होना ज़रूरी है। इसका मतलब था उन समुदायों के बीच समय बिताना जिनमें वे महिलाएँ रहती थीं। लिहाज़ा मैंने झुग्गियों के साथ–साथ नारियल रस्सी बनाने वालों और मछुआरों के बीच रोज़ जाना शुरू किया। मैंने उन महिलाओं के परिवार के सदस्यों में भी बातचीत करने की उत्सुकता देखी। लिहाज़ा मैं उनसे भी जानकारियाँ लेने लगी। फिर, मैंने पड़ोसियों और अन्य लोगों से भी बातचीत की। धीरे–धीरे मैं जैसे–जैसे उनका विश्वास जीतती गयी वैसे–वैसे उनकी

ज़िन्दगी की परतें खुलती गयीं। यहाँ मैं यह दावा नहीं पेश कर रही हूँ कि मैं अपने मध्यवर्गीय पूर्वाग्रहों से पूरी तरह मुक्त हो गयी थी और उनकी अपनी बन गयी थी। प्रोफ़ाइल उनकी ही आवाज़ में दर्ज हुए।

इसका मतलब यह था कि इन पाँच औरतों की ज़िन्दगियों और उनके समुदायों की गतिशीलता के बारे में मेरी जानकारी पूरी हो गयी। चूँकि इनमें से तीन औरतें पास की झुग्गी में रहती थीं, इसलिए ख़ासकर उस समुदाय को मैं अच्छी तरह जान सकी। इसका नतीजा यह हुआ कि सरकारी ज़मीन पर अनधिकृत रूप से रहने वाले ग़रीब लोगों के बारे में मैंने जो कुछ लेख लिखे उनमें अन्य बातों के अलावा परिवार नियोजन के बारे में (उनकी) राय, सरकारी राशन प्रणाली का असर और वैधव्य की समस्याओं के बारे में चर्चा की गयी थी। निर्माण–स्थल पर विजयम्मा से मेरी बातचीत शुरू होने के दो साल बाद मेरी पहली किताब *प्रोफ़ाइल्स इन फीमेल पॉवर्टी* (महिला दरिद्रता की रूपरेखा) छपी। लोगों के बीच इस किताब का असर कैसा होगा, इसे लेकर मैं चिन्तित थी। संस्थान में कुछ मज़ाक़ सुनने को मिले कि मैंने किस तरह 'मामूली' औरतों की ज़िन्दगियों के दुनियावी ब्योरों को 'सजाकर' पेश किया है; कि किसको इसकी फ़िक्र है कि जयम्मा ने नाश्ते में क्या लिया और जिन दिनों उसे काम नहीं मिलता था, उन दिनों वह क्या करती थी। ख़ुशक़िस्मती से जितना मैंने सोचा था, किताब को उससे कहीं ज़्यादा पसन्द किया गया। समीक्षकों ने रोज़मर्रा के ब्योरों को सराहा और यहाँ तक कि मेरे सीधे–सादे गद्य को 'ताज़गी से भरा' बताया। कई विदेशी महिला विद्वानों को मेरे लेख महत्त्वपूर्ण गहरी जानकारी से भरे हुए लगे। शीघ्र ही मुझे सम्मेलनों में बोलने के लिए निमन्त्रण–पर–निमन्त्रण मिलने लगे। इसी तरह का और काम करने के लिए ढेर सारे अनुदानों के प्रस्ताव भी आने लगे। मुझे नहीं लगता कि इससे संस्थान के सन्देहवादियों के दिलोदिमाग़ में मेरे लिए कोई नयी इज़्ज़त पैदा हुई, लेकिन इसने मुझे आत्मविश्वास ज़रूर दिया। यह काम शुरू करने के पन्द्रह साल बाद संस्थान ने मुझे नौकरी भी दे दी। (संस्थान को संयुक्त राष्ट्र संघ का एक परियोजना कार्य मिला था, जिसमें महिला भागीदारी की शर्त भी शामिल थी, शायद इसी वजह से मुझे नौकरी दी गयी थी।)

किसी मामले या समस्या का अध्ययन करने का यह तरीक़ा कामयाब क्यों रहा? मेरे ख़याल से इससे यह पता चला कि व्यक्तिगत ज़िन्दगियों व समुदायों के अध्ययन से विकास और ग़रीबी के सवालों को समझने में मदद मिलती है। आँकड़ों की जमापूँजी का ख़ासा महत्त्व ज़रूर है, लेकिन इससे हम अपने लक्ष्य से भटक भी सकते हैं। कुछ ज़रूरी जगहें खाली रह जाती हैं,

उन्हें मामले का अध्ययन करने से मिले आँकड़े भरते हैं। शोधकर्ताओं पर आमतौर पर दबाव रहता है कि भारी–भरकम आँकड़ों के माध्यम से फ़ैसला लेने की प्रक्रियाओं को काल्पनिक ढंग से समझा जाये, जबकि मामलों के अध्ययन करने का तरीक़ा फ़ैसला लेने की वास्तविक प्रक्रियाओं के बारे में अपेक्षाकृत ज़्यादा सही जानकारी देता है। मेरे लिए महत्त्व की बात यह रही कि इस तरह के छोटे स्तरों पर किये गये अध्ययन से जेंडर असमानता और परिवारों की गतिशीलता के बारे में सोचने की ज़रूरत उजागर हुई। रोज़–ब–रोज़ फ़ैसला होता हुआ दिखायी दे रहा था कि किसको क्या खाना मिल रहा है (मर्दों को, उनके कम कमाने के बावजूद, ज़्यादा व बेहतर खाना मिल रहा था), कौन बच्चा (स्कूल का) होमवर्क कर रहा है (ज़ाहिर था, लड़के, जबकि लड़कियों को घर के कामकाज निपटाने होते थे), और कौन दिहाड़ी मज़दूरी के दौरान ज़्यादा बचा पाता/पाती है, ताकि बेकारी के दिनों में खाने–पीने का जुगाड़ हो सके (औरतें)। ये ऐसे मसले थे, जिनकी बड़े स्तर पर किये गये अध्ययनों में उपेक्षा की गयी थी। शायद, सबसे महत्त्वपूर्ण बात यह है कि मामलों के अध्ययन करने का तरीक़ा विषय को मानवीय बनाता है (आशाजनक रूप से, मेरे काम ने यह किया)। आमतौर पर, बिना सोचे–समझे जिन्हें हम 'साधारण' कहकर एक किनारे कर देते हैं, उसे यह (तरीक़ा) असाधारण बना सकता है।

प्रजनन दर

इसी समय के आसपास संस्थान के शोधकर्ताओं ने ध्यान दिया कि प्राथमिक विद्यालयों में बच्चों की संख्या में भारी गिरावट आ रही है। अध्यापक आशंकित हो उठे कि कहीं उनके स्कूल न बन्द हो जायें। अन्य बातों के अलावा इससे यह संकेत भी मिला कि प्रजनन दर (बच्चों की पैदाइश) के मसले पर केरल में कुछ महत्त्वपूर्ण हलचल हो रही है। अन्य लोगों ने इस पर काम करना शुरू किया, और मैंने भी यही तय किया। प्रजनन के सम्बन्ध में झुग्गी–झोंपड़ी में रहने वालों से मैंने अच्छी–ख़ासी जानकारी जुटा रखी थी, जिसके आधार पर, मेरे ख़याल से, एक दिलचस्प लेख (पेपर) तैयार हो सकता था। शोध के लिए मुझे कोई आर्थिक सहायता अभी नहीं मिली थी, लेकिन भविष्य में इसकी अच्छी सम्भावना दिखायी दे रही थी। यह एक ऐसा मुद्दा था, जिसके साथ जेंडर पहलू जुड़ा था और जिसकी अनदेखी नहीं की जा सकती थी। दो लेख लिखे गये। पहला लेख केरल में औरतों की शादी के उम्र के बारे में था; और दूसरा इस बारे में था कि कैसे पुरुष बन्ध्याकरण के बजाय महिला बन्ध्याकरण पर ज़्यादा ज़ोर दिया जा रहा था। पहले लेख में मैंने शेष भारत का सन्दर्भ

लेते हुए केरल में शादी की उम्र के बारे में विचार किया था। इसने मुझे केरल के मातृवंशीय इतिहास के बारे में जानने का मौक़ा दिया। इस इतिहास ने (जिसमें औरतों द्वारा कई पति रखने का रिवाज शामिल था, जिससे अंग्रेज़ स्तब्ध रह गये थे और उन्हें गहरा आघात लगा था) स्त्री–पुरुष के बीच कोई समानता नहीं पैदा की थी, लेकिन अन्य राज्यों के मुक़ाबले केरल में औरतों की स्थिति काफ़ी बेहतर लग रही थी। दूसरा सवाल ख़ासतौर पर दिलचस्प था, क्योंकि पुरुष बन्ध्यकरण की तुलना में महिला बन्ध्यकरण ज़्यादा जोख़िम वाला और ज़्यादा ख़र्चीला था। धन–सम्पत्ति बढ़ाने वाली उत्पादक इकाई के रूप में एक आदर्श परिवार की ओर से कहा जा सकता था कि यह स्वाभाविक ही था, क्योंकि पुरुष ज़्यादा कमा रहे थे और इसलिए जोख़िम व आमदनी के बीच यह अकाट्य रिश्ता था। लेकिन झुग्गी में रहने वालों से कुछ और ही जानकारी मिली। यहाँ परिवार में जोख़िम बनाम आमदनी का मसला नहीं था। कारण कई मामलों में औरतें ज़्यादा कमा रही थीं और परिवार की आय बढ़ा रही थीं। दरअसल, यह पुरुष बनाम औरत के बीच चुनाव का मामला था, जिसमें औरत पिछड़ गयी, क्योंकि मर्द यह ख़तरा उठाने को तैयार नहीं था। उसकी सोच थी कि इससे कहीं उसकी यौन क्षमता न घट जाये (या उसे यह डर सता रहा होगा कि उसके दोस्त ताना मारेंगे, किसी भी सूरत में नतीजा यही निकलना था)।

मध्य पूर्व की ओर पुरुषों का प्रवासन

कामकाज की तलाश में केरल से मज़दूरों का मध्य पूर्व (पश्चिम एशिया) की ओर जाना यहाँ की महत्त्वपूर्ण विशिष्टता रही है। इसने राज्य में जीवन के हर पहलू पर असर डाला। इसके बावजूद इस पर पर्याप्त शोध नहीं किया गया था। यहाँ भी उन घरों में औरतों की भूमिका का अध्ययन किया जाना ज़रूरी था जिनके पुरुष बाहर गये हुए थे।

हालाँकि प्रव्रजन केवल पुरुष मज़दूरों का ही हुआ था, लेकिन इन घरों के अध्ययन से यह बात सामने आयी कि इस फ़ैसले के पीछे स्त्रियों की सक्रिय भूमिका थी। मेरे अध्ययन से पता चला कि यह फ़ैसला व्यक्तिगत नहीं, सामूहिक था। यह परिवार के स्तर पर तय किया जा रहा था, एक व्यक्ति विदेश जाये, और उसकी कमाई को आपस में बाँटा जाये। इन फ़ैसलों में स्त्रियों की बड़ी भूमिका थी, क्योंकि वे ही अपनी ज़मीन गिरवी रख रही थीं, अपने गहने आदि बेच रही थीं और इस तरह, ज़रूरी साधन जुटा रही थीं। पुरुषों के प्रव्रजन के चलते अकेली रह गयी स्त्रियों पर जो आर्थिक, सांस्कृतिक और मनोवैज्ञानिक प्रभाव पड़े, वे बहुत ज़्यादा थे।

प्रव्रजन पर अध्ययन को मिली प्रतिक्रियाएँ

प्रव्रजन पर मेरे अध्ययन को जो प्रतिक्रिया मिली, वह कहीं ज़्यादा उत्साहवर्द्धक थी। एशियाई श्रमिक प्रव्रजन पर सम्मेलन में भाग लेने के लिए मुझे ईस्ट–वेस्ट सेंटर जाने का विशेष मौक़ा मिला। मैं यह सोचकर वहाँ गयी कि मुझे कोई ख़ास योगदान करना नहीं है और मैंने सबसे अन्त में अपना पर्चा पढ़ा। मेरे लेख पर जो प्रतिक्रियाएँ आयीं, वे अविश्वसनीय थीं। सम्मेलन में हिस्सा लेने वालों की राय थी कि खाड़ी देशों की ओर हुए प्रव्रजन का औरतों पर अच्छा–ख़ासा सामाजिक व आर्थिक असर पड़ा है। श्रम का निर्यात करने वाले सभी देशों में इसके अध्ययन की ज़रूरत है। देखने को यह मिला कि पुरुष के प्रव्रजन के निर्णय में औरतों की निर्णायक भूमिका है–इसके चलते घरों की संरचना में अत्यधिक बदलाव आता है–महिला–केन्द्रित स्थिति; निवास के तौर–तरीक़े में बदलाव; और स्वास्थ्य, शिक्षा व रुपये–पैसे के प्रबन्ध के मामले में अशिक्षित ग़रीब औरतों की बढ़ती हुई ज़िम्मेदारियाँ (जो उन्होंने अपने ऊपर ले रखी थीं)। ऐसा लगा कि इस प्रवास प्रक्रिया ने ख़ासकर मुसलमान औरतों के अलगाव व गतिहीनता को तोड़ दिया और इससे उन्हें संस्थाओं के व्यापक तन्त्र (नेटवर्क) के सम्पर्क में आने का मौक़ा मिला, जो अभी तक उनके अनुभव के बाहर था।

अन्तरराष्ट्रीय प्रवास में औरतें

प्रवास के मामले में मेरी दिलचस्पी जारी रही। अब मैंने अपना ध्यान अकेली रह रही औरतों के अध्ययन से हटाकर उन औरतों का अध्ययन करने पर केन्द्रित किया, जो अपने पतियों को घरों में छोड़ आजीविका के लिए ख़ुद परदेश गयीं। साथ ही, मैंने आन्तरिक (देश के अन्दर) प्रवास से अपना ध्यान हटाकर अन्तरराष्ट्रीय प्रवास पर ध्यान देना शुरू किया, और समूचे एशियाई क्षेत्र में आवाजाही पर मैं नज़र रखने लगी। दिखायी यह देने लगा कि औरतों के प्रवास (परदेश जाने) की तुलना में मर्दों का प्रवास घट गया था। औरतें ज़्यादातर सेवा क्षेत्र में थीं–घरेलू नौकरानियों के रूप में। दिलचस्प बात यह थी कि विकसित देशों से हटकर विकासशील देशों के अन्दर आकर बस जाने का रुझान ज़ोर पकड़ रहा था।

हाल के वर्षों में मेरा काम विकास की योजनाएँ बनाने वालों के लिए आवश्यक सूचनाएँ देने वाली पुस्तिकाएँ (हैंडबुक) तैयार करने पर केन्द्रित रहा है। ये पुस्तिकाएँ इस मक़सद से तैयार की गयी थीं कि विभिन्न क्षेत्रों में औरतों की स्थिति को समझने में मदद मिले। मक़सद यह भी रहा कि हर राज्य में

पिछड़े ज़िलों को अलग से चिह्नित किया जाये, जहाँ औरतों के मसलों पर ज़्यादा ध्यान देने की ज़रूरत थी।

बुढ़ापा और वैधव्य

केरल में प्रजनन दर की गिरावट पर किये गये मेरे अध्ययन के बीस साल के अन्दर मैंने पाया कि आबादी में बूढ़े लोगों की संख्या का सवाल महत्त्वपूर्ण बन गया है। हो यह रहा था कि बूढ़े लोगों में औरतों का अनुपात बढ़ रहा था और इनमें से ज़्यादातर विधवा थीं। ख़ासकर ग्रामीण इलाक़ों में इन बुज़ुर्ग औरतों का अच्छी–ख़ासी संख्या में होना गहरी चिन्ता का विषय था। पारिवारिक ढाँचे और सम्पत्ति के नियमों में बदलाव के मद्देनज़र इन विधवा और बूढ़ी औरतों के लिए सामाजिक सुरक्षा ज़रूरी हो गयी थी। चूँकि राज्य ने खेतिहर मज़दूरों के लिए नया सामाजिक कार्यक्रम पेश किया था, लिहाज़ा औरतों के बीच इसके (कार्यक्रम के) कामकाज को समझना ज़रूरी हो गया।

आख्यान के बारे में हाल में किया गया काम

1980 वाले दशक के आसपास एक कार्यशाला आयोजित की गयी थी, जिसके लिए धन फोर्ड फ़ाउंडेशन, महिला विकास अध्ययन (सीडब्ल्यूडीएस) और टाटा समाज विज्ञान संस्थान (टीआईएसएस) ने मुहैया करवाया था। यहाँ यह राय बनी कि महिलाओं की पहचान (अस्मिता) और जीवनचक्र पर शोध किया जाना चाहिए। इसके पीछे मशहूर मनोवैज्ञानिक और दो समाज विज्ञानियों की मुख्य भूमिका थी। लेकिन मैं समझती हूँ कि मुख्य प्रेरणा कमला चौधरी और फोर्ड फ़ाउंडेशन की कैरोलीन इलियट से मिली। विभिन्न बौद्धिक क्षेत्रों व विविध पृष्ठभूमियों से जुड़ी हम क़रीब 14 औरतें, जिन्होंने औरतों के मसलों पर काम किया था, इस कार्यशाला में शामिल हुई थीं।

सभी सहभागियों पर कार्यशाला का गहरा असर पड़ा। लेकिन वे मूल्यवान आख्यान रिकॉर्ड न किये जा सके, और इसलिए ये प्रकाशित रूप में नहीं आ सके। लगातार परेशान करने वाला यह भाव बना रहा कि हमने कोई बेशक़ीमती चीज़ खो दी।

इसलिए 1998 में हमने एक और कार्यशाला करने के बारे में तय किया, ताकि उसकी बातचीत और अनुभवों को प्रकाशित किया जा सके। इस कार्यशाला की रूपरेखा अलग ढंग से बनाई गयी थी। इसमें शिक्षित मध्यवर्गीय औरतों के साथ–साथ ग़रीब, अनपढ़, कामकाजी औरतों को भी शामिल किया गया था। इस कार्यशाला का अनुभव काफ़ी दिलचस्प रहा और इसने हमें कई सवालों पर सोचने के लिए प्रेरित किया।

वैधव्य की समस्याओं का अध्ययन करने के दौरान मुझे उन पाँच परिवारों में से एक परिवार से फिर मिलने का मौक़ा मिला, जिनका 1975 में अध्ययन किया था। हमने हाल ही में विधवा हुई ईंट मज़दूर की ज़िन्दगी का अध्ययन करने का फ़ैसला किया। जयम्मा की ज़िन्दगी पर शोध करते हुए यह पता चला कि उसकी कहानी नाटकीय परिवर्तनों से भरी है। इससे हमारे अन्दर यह जानने की जिज्ञासा पैदा हुई कि क्या अन्य चार औरतों की ज़िन्दगियों में भी ऐसे ही नाटकीय परिवर्तन आये हैं। इसका नतीजा यह रहा कि हमने इन पाँच औरतों का, जिनका पहले अध्ययन किया जा चुका था, इस बार समय के साथ बदलाव अनुलम्ब (लान्जिटुडिनल) अध्ययन किया–कल्याणी इनमें से एक थी।

1998 में कल्याणी को 'सन्दर्भ, लिंग और आख्यान' विषय पर आयोजित कार्यशाला में बोलने के लिए हमने निमन्त्रित किया। जब उसकी बारी आयी, वह बहुत मज़बूती से और गुस्से में बोली। उसने कहा कि जिन औरतों ने मेरी ज़िन्दगी पर शोध करते हुए अच्छा–ख़ासा वक़्त बिताया, उनसे मुझे कोई फ़ायदा नहीं हुआ। झुग्गी–झोंपड़ी बस्ती में जो ज़मीन उसके क़ब्ज़े में थी, उसके पट्टे (क़ानूनी अधिकार) का सवाल उसके लिए समस्याएँ पैदा कर रहा था, और उसके बेटे की नौकरी स्थायी नहीं हो पा रही थी। ग़रीबों की समस्याओं के प्रति बेदर्दी व असंवेदनशीलता की वजह से, जो उसकी शुभचिन्तक होने का दावा करने वाली पढ़ी–लिखी औरतों में भी दिखायी दे रही थी, वह कार्यशाला से लगभग निराश होकर गयी।

हम 'औरतों' को कैसे बनाते हैं?

कार्यशाला में कल्याणी ने जो कुछ कहा उससे कुछ गम्भीर सवाल सामने आये, कि महिलावादी संगठन कार्य के सन्दर्भ में ग़रीब औरतों के साथ मध्यवर्गीय औरतों का रिश्ता समस्याग्रस्त बना हुआ है। हम कुछ सनक–भरे ढंग से कह सकते हैं कि कल्याणी को इसीलिए बोलने को कहा गया था, ताकि वह स्पष्ट व निश्चित अन्दाज़ में एक ग़रीब औरत की भावनाओं को प्रारम्भिक रूप से रख सके। कार्यशाला के लिए धन देने वालों/देने वालियों में से एक को यह चिन्ता सताये जा रही थी कि वक्ताओं की सूची सिर्फ़ उच्च शिक्षित और सुविधासम्पन्न औरतों से भरी हुई है। उसकी राय थी कि इस सूची में विविधता होनी चाहिए।

कार्यशाला का बुनियादी मक़सद था, जीवन के इतिहास के आख्यान के बारे में एक नज़रिया विकसित करना, जो लिंग के सामाजिक मनोविज्ञान पर आधारित हो। ऐसी कार्यशालाओं के आयोजन और कल्याणी की बेटी निर्मला

की आत्महत्या के बारे में सवालों पर कल्याणी की प्रतिक्रिया से 'औरत' को गढ़ने–बनाने की सीमाओं का पता चलता है। यहाँ 'औरत' को इस तरह गढ़ा गया था, जैसे यह सभी औरतों के लिए साझा मुद्दा हो, और इसमें माँओं और बेटियों के बीच के रिश्ते शामिल हैं। लेकिन कई ग़रीब औरतों के लिए ऐसे रिश्तों के बारे में बात करना विलासिता के सिवा और कुछ नहीं हो सकता, और शायद यह उनके लिए ज़रूरी मुद्दा नहीं हो सकता है। इस तरह से 'औरत' को गढ़ने–बनाने के पीछे यह धारणा काम करती है कि मर्दों से लैंगिक भिन्नता के कारण उनमें (औरतों में) बुनियादी एकता है, और ग़रीबी–जैसे मुद्दे उनकी दिमाग़ी बनावट को तय नहीं करते। कार्यशाला की दिलचस्पी का जो विषय था, कल्याणी का अपनी आर्थिक समस्याओं, अपनी ज़मीन के पट्टे के सवाल और अपने बेटे की पढ़ाई पर था।

फील्डवर्क की नैतिकता

मुझे जिस बात की चिन्ता रहती है वह है फील्डवर्क की नैतिकता। फील्डवर्क करने वाले और फील्ड के बीच के सम्बन्ध, शोधकर्ता और शोध के विषय के सम्बन्ध, ख़ासकर ग़रीब लोगों पर किये जाने वाले अध्ययन से जुड़े नैतिक सवाल मेरे लिए विचारणीय रहे हैं। हमने कल्याणी से उसकी ज़िन्दगी के बारे में बात करते हुए कई साल बिताये ताकि यह समझा जा सके कि ग़रीब औरतें अपनी ज़िन्दगी कैसे चलाती हैं। इससे कल्याणी को क्या मिला? ऐसे सम्बन्धों की नैतिकता ऐसा मुद्दा है, जिससे फील्डवर्क करने वाले सभी अकादमिकज्ञों या लोगों की ज़िन्दगी पर लिखने वालों को रू–ब–रू होना पड़ता है। अधिकांश इसे नज़रअन्दाज़ करके चलते हैं। हो सकता है कि ग़रीब स्त्रियों पर शोध कर रही स्त्री अकादमिक यह सोचकर चले कि 'हम सभी स्त्री हैं' और उसकी इस पूर्वधारणा में निहित सामान्य–बोध के कारण उसे उक्त समस्या दिखलाई ही न पड़े। जबकि हक़ीक़त यह है कि इस सन्दर्भ में अच्छी–ख़ासी वर्गीय और शैक्षिक असमानता मौजूद रहती है।

हमें जिस बात ने मुग्ध किया वह यह कि इन ग़रीब औरतों के अध्ययन में जितनी दिलचस्पी विदेशी अकादमिकों को थी उतनी भारतीय अकादमिकों को नहीं थी। जिन औरतों का हमने साक्षात्कार लिया, उनकी विदेशी शोधकर्ताओं के प्रति प्रतिक्रिया बहुत अच्छी थी। हम सोच में पड़ जाते थे कि इसे किस हद तक उपनिवेशवाद के असर या गोरी त्वचा के प्रति आकर्षण से जोड़कर देखा जा सकता है। यह भी हो सकता है कि विदेशियों को इन ग़रीब लोगों और गन्दगी व ग़रीबी का बहुत कम समय के लिए सामना करना पड़ता था और

इतने समय के लिए वे सुकूनप्रद और आकर्षक ढंग से पेश आते हों। जबकि भारतीयों का व्यवहार ठीक इसके उलट तिरस्कार और घमण्ड भरा होता था।

निष्कर्ष

अनुलम्ब (लॉन्जिटुडिनल) अध्ययन के लिए 'महिला गरीबी की रूपरेखा' (प्रोफ़ाइल्स इन फ़ीमेल पॉवर्टी) में पाँच औरतों के पास फिर जाने की कोशिश से मेरे काम का दायरा पूरा हो गया–जहाँ से चले थे, वहीं पहुँचे। जहाँ से मैंने शुरू किया था, वहीं ख़त्म कर रही हूँ। अच्छा–ख़ासा शोध–कार्य हुआ है और महिलाओं व काम से जुड़े इन मुद्दों पर समृद्ध अन्तर्दृष्टि मिली है। हालाँकि जिन कोशिशों को शोध–कार्य में तब्दील किया गया है, उनसे कई सवाल सामने आते हैं। उनमें सबसे महत्त्वपूर्ण सवाल है–जाँच–पड़ताल के जिन परिणामों को वर्णनात्मक धरातल पर छोड़ दिया गया है, उन्हें सिद्धान्त का रूप कैसे दिया जाये? काम की सीमाओं को कैसे आगे बढ़ाया जाये कि वह सिर्फ़ वर्णनात्मक न रहे, बल्कि और ज़्यादा विश्लेषणपरक हो सके? मैं यह कहते हुए अपनी बात ख़त्म कर रही हूँ कि इन सवालों का बेहतर जवाब नये उभरते हुए नौजवान विद्वान दे सकेंगे, जो ज़्यादा योग्य व प्रशिक्षित और काफ़ी मुखर व संवेदनशील हैं।

[**स्रोत** : लीला गुलाटी, 'फुल सर्किल : वीमेंस स्टडीज़ सेंस इंस्टीट्यूशंस', *नैरेटिव्स फ्रॉम द वीमेंस स्टडीज़ फ़ैमिली : रिक्रिएटिंग नॉलेज*, सेज प्रकाशन, नयी दिल्ली]

विरोधी कल्पनाएँ

उमा चक्रवर्ती

•

अनुवाद : **प्रभा दीक्षित**

अकादमिक मुख्यधारा की आलोचना करने में नारीवादी विद्वानों ने जिस तरह की तत्परता दिखलाई है वैसी तत्परता का परिचय शायद 'स्त्री–अध्ययन आन्दोलन' की प्रवृत्तियों के मूल्यांकन में नहीं मिलता। तीन दशक से ज़्यादा वक़्त तक मैंने एक ऐसे कॉलेज में पढ़ाया जिसे दिल्ली में नारीवादियों की एक पीढ़ी तैयार करने का श्रेय दिया जाता है। इस अनूठे कॉलेज के परिसर में स्त्रियों के मुद्दों पर अनगिनत संघर्ष देख चुकने के बाद मैं इस नतीजे पर पहुँची हूँ स्त्री–अध्ययन केन्द्र समर्थकारी और असमर्थकारी दोनों सिद्ध हो सकते हैं। यह विश्वविद्यालय के भीतर सक्रिय ताक़तों के विन्यास पर निर्भर करता है कि स्त्री–अध्ययन केन्द्र क्या रूप अख़्तियार करेगा। यह ज़रूरी नहीं कि स्त्री–अध्ययन केन्द्रों का संस्थानिक ढाँचा नारीवादी विद्वत्कर्म को सहारा ही दे। यह विश्वविद्यालयों को स्त्रियों की सक्रियता और नारीवादी विश्लेषण के स्थल के रूप में बदलने की राह में अवरोधक भी हो सकता है। यह दुखद लेकिन सच है कि स्त्री–अध्ययन केन्द्र अकादमिक मुख्यधारा के पितृसत्तात्मक चौखटे के दायरे में ही सक्रिय रहे हैं और प्रायः वहाँ सक्रिय शक्ति–असन्तुलनों को पुनरुत्पादित करते रहे हैं। ऐसे में, नारीवादी विद्वानों ने प्रायः इस दायरे के बाहर काम किया या इस दायरे में वैकल्पिक मंचों की तलाश की। सौभाग्यवश दिल्ली विश्वविद्यालय जैसे कुछ संस्थानों में ऐसे कतिपय मंच हैं। इसकी वजह इस विश्वविद्यालय के महिला कॉलेजों की ऊर्जस्विता है। इसके अलावा, कई विद्वान ऐसे भी हैं जिन्होंने किसी संस्थागत जुड़ाव या विशेष आर्थिक सहायता के बिना ही स्वतन्त्र अध्येता की हैसियत से काम किया है। दिल्ली के नारीवादी विद्वानों के कुछ सर्वाधिक दिलचस्प काम ठीक इन्हीं स्थलों से निकले हैं यानी औपचारिक स्त्री–अध्ययन केन्द्रों से इतर स्थलों से। फिर भी, जैसा कि इस

निबन्ध से पता चलेगा, ऐसे अध्ययनों का विस्तृत फलक और गुणवत्ता दिल्ली विश्वविद्यालय जैसी संस्थाओं के प्रभाव और प्रेरणा के बिना सम्भव नहीं हो सकती थी। सबसे अधिक महत्त्वपूर्ण तो दिल्ली और देश के अन्यान्य जगहों के स्त्री–आन्दोलनों की जीवन्तता और इनके द्वारा उठाये गये मसले रहे जिन पर नारीवादी विद्वत्कर्म ने सोच–विचार किया। यहीं से सती, स्त्री और दक्षिणपन्थी साम्प्रदायिक लामबन्दी, स्त्रियों का भूसम्पत्ति में अधिकार, विभाजन के दौरान साम्प्रदायिक हिंसा के अनुभव, स्त्री की अपने श्रम से होने वाली आमदनी से बेदख़ली आदि, और अन्य अनेक मुद्दों पर उम्दा अध्ययन सामने आये हैं।

विश्वविद्यालय : बृहत्तर जगत के प्रतिबिम्ब के रूप में

मैंने 1966 में दिल्ली विश्वविद्यालय के मिरांडा हाउस कॉलेज में अध्यापन शुरू किया। आज़ादी के तुरन्त बाद 1948 में भारत की नयी स्त्रियों के पढ़ने–पढ़ाने के स्थल के रूप में इस कॉलेज की स्थापना की गयी। मेरे यहाँ आने के समय भी यह स्त्रियों की प्रमुख संस्था थी। यहाँ अध्यापन करने वाले देश के किसी ख़ास हिस्से के न होकर देश–भर से आये हुए थे। वे अपने निजी जीवन में प्रबल व्यक्तिवादी और नारीवादी थे। उनका ऐसा होना सायास नहीं, अनायास था। यानी उन्होंने ख़ुद को इन रूपों में औपचारिक तरीक़े अथवा सचेत ढंग से नहीं ढाला था। परिसर में होने का मतलब था उनका विश्वविद्यालय के अकादमिक और राजनीतिक जीवन दोनों में संलग्न होना। बल्कि ये कहना चाहिए कि राष्ट्रीय स्तर की गतिविधियों में शरीक़ होना। हमारे एक वरिष्ठ सहकर्मी ने तो 1952 में संसदीय चुनाव में भी भाग लिया था। इस तरह राजनीति पर केवल पुरुषों का क़ब्ज़ा नहीं था, उसे आकार देने में स्त्री और पुरुष दोनों की समान भागीदारी थी। 1960 के उत्तरार्ध और 1970 के पूर्वार्ध में हमारी छात्राओं ने इसे कॉलेज के भीतर सक्रियता के रूप में व्यक्त किया और अपनी राजनीतिक समझ को इन दो अभियानों–विश्वविद्यालय के जनतन्त्रीकरण और परिसर में जेंडर का मसला लाने–के रूप में निरूपित किया। इससे पहले कि मैं परिसर के माहौल की तस्वीर पेश करूँ, उस वक़्त देश का माहौल कैसा था, इस पर तनिक रोशनी डालना उचित होगा।

जब मैं दिल्ली विश्वविद्यालय आयी तब यह देश के बाक़ी हिस्सों की तरह समान शंकाओं और संकट के पहले दौर से गुज़र रहा था। 1967 से लेकर 1975 तक की अवधि के दौरान देश के विभिन्न भागों में किसान आन्दोलन, आदिवासी आन्दोलन, मज़दूर आन्दोलन, छात्र आन्दोलन, भ्रष्टाचार विरोधी आन्दोलन और महँगाई विरोधी आन्दोलन उठे। ख़ासकर बिहार और

गुजरात में हुए छात्र आन्दोलन का प्रभाव दिल्ली विश्वविद्यालय पर भी पड़ा। इन आन्दोलनों ने बेरोज़गारी की समस्या को भ्रष्टाचार, सत्तावादी प्रशासन, उत्तरदायित्व के अभाव और महँगाई की वजह से मध्यवर्ग के जीवन स्तर में आयी गिरावट के साथ जोड़ा। इसी समय 1960 के दशक के उत्तरार्ध में नक्सल आन्दोलन ने मध्यवर्ग की आत्मतुष्टि को झकझोर कर रख दिया। इसने हिंसा का सहारा लेकर ख़ुद को भूमि के अनसुलझे प्रश्न पर एकाग्र किया। इसने भूमि–सुधार की असफलता तथा उसके माध्यम से भारतीय ग्रामीण क्षेत्र में उपस्थित दीर्घस्थायी संरचनात्मक अन्तर्विरोधों की ओर संकेत किया जो अनेक ग्रामीण विकास कार्यक्रमों तथा हरित क्रान्ति की 'सफलता' के बावजूद बने हुए थे। ग्रामीण आबादी के बड़े हिस्से का दमन जारी था। इनमें से अधिकांश भूमिहीन और दलित थे। नक्सलबाड़ी ने दिल्ली विश्वविद्यालय के कई छात्र–छात्राओं के दिलों को छुआ। उनमें से कुछ 'गाँव के लोगों' के साथ रहने और काम करने के लिए चले गये।

1960 के दशक तथा 1970 की शुरुआत में दिल्ली विश्वविद्यालय का छात्र आन्दोलन सामान्यतः समाजवादी–वामपन्थी एजेंडे के माध्यम से अभिव्यक्त हुआ था। परिसर के भीतर जिस पहले अभियान की याद मुझे आती है वह भाषा के मुद्दे पर था, क्योंकि तब तक शिक्षण का माध्यम प्राथमिक रूप से केवल अंग्रेज़ी था। यह अभियान हिन्दी में पठन–पाठन शुरू करवाने में सफल रहा। निर्णय की प्रक्रिया में छात्रों की भागीदारी सुनिश्चित करने और परिसर को जनतान्त्रिक बनाने की माँग ज़्यादा व्यापक, स्थायी और शायद ज़्यादा आक्रोशपूर्ण थी। मिरांडा हाउस छात्र–छात्राओं की गतिविधियों का केन्द्र बन गया था। इन गतिविधियों से आन्दोलनों की ज़मीन तैयार हुई। ग़ौरतलब है कि जिस समय अन्य स्त्री संस्थान 'राजनीति' को 'लुच्चे–लफंगे' युवाओं की जगह मानते हुए इससे दूरी बना रहे थे उस समय यह स्त्रियों का ऐसा पहला कॉलेज था जो छात्र संगठन में शामिल हुआ। इस तरह वर्गवादी रवैये को ठुकराने में मिरांडा हाउस ने मार्गदर्शक का काम किया। राजनीतिक स्पेस में रहते हुए उसे रूपान्तरित करने की उम्मीद में स्त्रियों ने उसमें अपनी हिस्सेदारी की माँग उठायी। (आज स्त्रियों के लिए आरक्षण की माँग में उसकी गूँज सुनाई देती है)। विश्वविद्यालय में कुलपति के दफ़्तर के बाहर प्रदर्शन और घेराव तथा मिरांडा हाउस में प्रिंसिपल के दफ़्तर के आगे उसी तरह का नज़ारा उन दिनों सामान्य हो चला था। इस सबसे वरिष्ठ प्राध्यापक तो काफ़ी गुस्सा जाते थे लेकिन हममें से कुछ युवा प्राध्यापक उनके द्वारा उठाये गये बुनियादी प्रश्नों और उस वक़्त के मिज़ाज के साथ तदनुभूति कर सकती थीं, कर रही थीं।

मेरे कॉलेज की उग्र छात्राएँ तब हमसे बहुत आगे निकल गयीं और हमें भी एकाध बातें सिखा गयीं जब उन्होंने स्त्री की रूढ़ छवि–उन स्त्रियोचित लक्षणों से युक्त होना जो उन्हें 'पुरुष–नज़र' में सुन्दर और सद्गुणी बनाते हैं–के प्रति आक्रोश जताया। दिल्ली विश्वविद्यालय का सर्वाधिक आभिजात्य और नया चलन शुरू करने में अग्रणी कॉलेज मिरांडा हाउस में वर्षों से सबसे ज़्यादा 'आकर्षक' नवागत छात्रा को 'मिस मिरांडा' की पदवी से नवाज़े जाने की प्रथा चली आ रही थी। 1960 के दशक के उत्तरार्ध के नये वातावरण में कुलीनता का दम्भ संकोच की बात हो गयी थी जो पूरी तरह अस्वीकार्य भी नहीं थी; मिरांडा स्वयं अपनी छात्राओं के विशिष्ट समुदाय तथा जिसे रफा–दफा करने के अन्दाज़ में 'बहनजी' कहा जाता था, अपनी उस आबादी के बीच का फ़ासला मिटाने की कोशिश कर रहा था। ऐसी स्थिति में मिस मिरांडा प्रतियोगिता प्रतिगामी, आभिजात्यवादी और स्त्री विरोधी व्यवहार के रूप में नज़र आयी जिसे जनतान्त्रिक छात्रा समुदाय ने समाप्त कर देने के लिए वोट दिया। जनरल बॉडी बैठक में गरमागरम बहस में वक्ताओं ने ऐसी प्रतियोगिता में स्त्रियों को वस्तु और जिंस में बदलने के ख़िलाफ़ तर्क दिया जिसमें सौन्दर्य को निहायत ही संकीर्ण कारकों और केवल एक कसौटी, शारीरिक सौन्दर्य, के आधार पर तय किया जाता है। जो छात्राएँ मिस मिरांडा चुनी जाती थीं वे उच्चवर्गीय प्रतिमानों के अनुसार सुन्दर थीं। ये प्रतियोगिताएँ उन स्त्रियों का सौन्दर्य नहीं देख सकतीं जो सख़्त शारीरिक श्रम करती हैं और जिससे उनके चेहरे पर लकीरें और हाथों में दरारें पड़ जाती हैं। आख़िर समाज के सभी तबकों से विविध क्षमताओं और प्रतिभा से लैस छात्राओं को प्रवेश देने वाली मिरांडा हाउस जैसी संस्था में कोई एक प्रतिमान क्यों खड़ा किया जाये? बहरहाल, सत्तर के दशक की शुरुआत में ऊर्जा और जोश से भरी युवतियों को किसी भी सूरत में सौन्दर्य प्रतियोगिता मंज़ूर न थी, भले ही सौन्दर्य को शरीर की जगह 'प्रतिभा' या 'व्यक्तित्व' से मापे जाने की सिफ़ारिश की जाये। छात्राओं ने वोट द्वारा इसे समाप्त कर दिया। आज उदारीकरण, निजीकरण और बाज़ारीकृत अर्थव्यवस्था के नये युग में, जबकि भारतीय युवतियों को मिस वर्ल्ड और मिस यूनीवर्स जैसे ख़िताब देकर भारत को 'ब्यूटी सुपरपावर' बनाये जाने पर ज़ोर दिया जा रहा है, वे अध्यापकगण विद्रोही परम्परा को जीवित रखने का काम कर रहे हैं जो उस दौरान ऐसे क्रान्तिकारी विचारों के सम्पर्क में आये थे।

नारीवाद की यह आरम्भिक अभिव्यक्ति दिल्ली में स्त्री–आन्दोलन के सूत्रपात से बहुत पहले की घटना है। महत्त्वपूर्ण बात यह है कि उन दिनों

अभियानों में सक्रिय रही छात्राओं में से कई जेंडर असमानता के अभियान में केन्द्रीय हस्ती के रूप में उभरकर सामने आयीं–आर. गीता तमिलनाडु में असंगठित मज़दूरों के साथ काम करती हैं और स्त्री मुद्दों पर निरन्तर सक्रिय हैं; नन्दिता हक्सर क़ानून व्यवस्था को जेंडर पूर्वग्रह और जन–विरोधी पूर्वग्रह की याद दिलाती रहती हैं; अखिला रामचन्द्रन मीडिया में स्त्री मुद्दों की अलख जगाये रखती हैं; अनुराधा कपूर, माया राव और त्रिपुरारी शर्मा ने रंगमंच पर स्त्री–मनोविज्ञान की सूक्ष्मताओं का परिचय दिया है; चन्द्रिका मुखर्जी लैंगिकता तथा अन्य महत्त्वपूर्ण मुद्दों पर संवेदनशील डॉक्यूमेंट्री फ़िल्में बनाती हैं, उर्वशी बुटालिया, राधा कुमार, कीर्ति सिंह, रूथ वनिता और मधु किश्वर स्त्री–आन्दोलन का अभिन्न अंग रही हैं। वृन्दा करात और रितु मेनन, जो इस हलचल की शुरुआत के समय से पहले मिरांडा हाउस की छात्राएँ थीं, स्त्रीवादी संसार में अपनी छाप छोड़ने में सफल हुई हैं। वृन्दा एक राजनीतिक पार्टी में स्त्रीवादी सकर्मी के रूप में जाना–पहचाना नाम बन चुकी हैं और रितु मेनन, उर्वशी बुटालिया के साथ स्त्रीवादी प्रकाशक के रूप में उतनी ही मशहूर हैं।

मैं इस नुक्ते पर बल देना चाहती हूँ कि इन लड़कियों ने सचमुच अपनी कुछ प्राध्यापिकाओं को स्त्रीवाद से परिचित कराया और उन्हें आन्दोलन में ले गयीं–एक ऐसा ऋण जिसे लिखित रूप में स्वीकार करने की ज़रूरत है। सच ये है कि हम उन्हीं की वजह से विकसित हो पाये। कक्षा और बरामदों में बातचीत संवाद की ऐसी प्रक्रिया है जो बहुत जटिल तरीक़ों से काम करती है और विश्वविद्यालय ऐसे संवादों के लिए अंकुरित और पुष्पित होने की बहुत महत्त्वपूर्ण जगह है। मैं आश्वस्त हूँ कि मैंने कभी उन मुद्दों को न उठाया होता जिन्हें मैंने अपने अकादमिक कार्य में सम्बोधित किया है यदि ये तीन निवेश न हुए होते–60–70 और 80 के दशकों में मिरांडा हाउस में अध्यापन का अनुभव; दिल्ली शहर में स्त्री–आन्दोलन का अंग होने का अनुभव और परिसर पर जनतान्त्रिक संघर्षों का तथा पिछले तीस वर्षों में अन्य व्यापक जनतान्त्रिक आन्दोलनों में शिरकत करने का अनुभव।

1970 के दशक के पूर्वार्ध में परिसर में व्यापकतर घटनाओं का एक सिलसिला प्रकट हुआ। बांग्लादेश के मुद्दे पर आरम्भिक प्रदर्शनों में से एक प्रदर्शन नन्दिता हक्सर ने संगठित किया था जो उस समय इतिहास की एक कक्षा में मेरी सहायक थी। वह मुझे दरियागंज तक एक जुलूस में और विश्वविद्यालय के एक रक्तदान शिविर में घसीट ले गयी जो उसने संगठित किये थे। मेरी अन्य छात्राएँ मुझे महँगाई विरोधी आन्दोलनों में ले गयीं जिनका प्रबन्धन शहर के वामपन्थी महिला समूहों ने किया था।

1974 तक परिसर व्यवस्था विरोधी राजनीति से सुलगने लगी थी; एक तरफ़ छात्र नेता अपनी डिग्रियों को काग़ज़ के मूल्यहीन टुकड़े की तरह फेंक रहे थे क्योंकि नौकरियाँ नहीं थीं और दूसरी तरफ़ जयप्रकाश नारायण तथा अन्य नेताओं को परिसर पर विशाल छात्र श्रोता समुदायों के साथ बातचीत करने के लिए निमन्त्रित कर रहे थे। राज्य की वैधता का संकट हर जगह परिणाम दिखा रहा था—मज़दूर संघों में, खेतों में, सार्वजनिक क्षेत्र की संस्थाओं में और परिसरों में। राज्य की प्रतिक्रिया त्वरित और संघातकारी थी—जून 1975 में आपात्काल की कार्यान्विति।

दिल्ली विश्वविद्यालय में आपात्काल का अनुभव अजीब तीव्रता और सघनता के साथ किया गया। यह एक अनूठा अनुभव था जो प्राध्यापकों और छात्रों के लिए आगामी कई सक्रियता की विरासत बनकर ज़िन्दा रहा। दिल्ली विश्वविद्यालय और उसके कॉलेजों में कुल मिलाकर बहुत बड़ा संकाय है जिनमें से अनेक सत्तावाद विरोध तथा कांग्रेस विरोध के दृष्टिकोण में साझेदार थे, अतः शुरू में लगभग दो सौ अध्यापकों को पुलिस पकड़कर ले गयी और झूठे अभियोगों में रोके रखा। उनमें से छह आपात्काल की उन्नीस महीनों की पूरी अवधि में जेल में रहे। मेरी एक वरिष्ठ और बहुत लोकप्रिय सहकर्मी जो मेरे ही विभाग की थीं, को गिरफ़्तारी से बचने के लिए भूमिगत होना पड़ा और उनका स्वास्थ्य तथा मनःस्थिति बाद में कभी सामान्य नहीं हो सके। छात्रों को, जिन्होंने राज्य के सत्तावादी आचरण का विरोध किया था और जिनमें से कुछ को हम जानते थे, पुलिस न केवल पकड़ ले गयी बल्कि उन्हें यातनाएँ भी दी गयीं। आपात्काल हटने के बाद परिसर और भी अधिक प्रखर राजनीतिक गतिविधियों का घटनास्थल बन गया जिसका अधिकांश सर्वसत्तावादी राज्य के हमले के विरुद्ध नागरिक–अधिकार की रक्षा की ज़रूरत पर केन्द्रित था। इस मोर्चेबन्दी के दौरान आनन्द पटवर्धन की *प्रिज़नर्स ऑफ़ कान्शस* जैसी फ़िल्में मिरांडा हाउस तथा परिसर के अन्य कॉलेजों में दिखायी गयीं। बाद में दिल्ली में एक 'ऑल इंडिया सिविल राइट्स कन्वेशन' का आयोजन किया गया जिसमें बड़ी संख्या में लोग शामिल हुए और 1977 न केवल दिल्ली बल्कि बाक़ी सारे देश में भी नागरिक एवं जनतान्त्रिक अधिकार आन्दोलन की तरह चिह्नित किया गया। ये समूह शहर की चेतना के रखवाले रहे हैं और यहाँ तथा अन्य राज्यों में भी क्षरण की छानबीन करते रहे हैं तथा अध्यापकों (जैसे मैं), वकीलों, छात्रों तथा अन्य पेशों को किसी राजनीतिक दल के साथ सम्बन्ध हुए बिना नागरिक समाज की राजनीतिक प्रक्रिया का अंग बनने के लिए मंच प्रदान करते रहे हैं।

इन वर्षों के दौरान स्त्री संगठनों ने लैंगिकता के विशिष्ट दायरे के परे विभिन्न मुद्दों पर इनके साथ सहयोग में काम किया है।

धार के विरुद्ध : तूफ़ान के बीचोबीच स्त्री-विमर्श

1960 के दशक के उत्तरार्ध और 1970 के दशक के सामाजिक और राजनीतिक, विशेषतः आपात्काल और उसके बाद के अनुभवों से तरह–तरह के आन्दोलन फूटे, जिनमें स्त्री–आन्दोलन का प्रभाव समसामयिक भारतीय समाज में सर्वाधिक प्रत्यक्ष रहा है।

समूचे देश में राजनीतिक संवेदनाएँ प्रकट हो चुकी थीं लेकिन स्त्रियों ने पाया कि राजनीतिक आन्दोलनों में उनकी उपस्थिति और आन्दोलनों के भीतर उनके द्वारा उठाये जाने वाले मुद्दों का हमेशा सन्तोषजनक उत्तर नहीं मिलता। राजनीतिक दलों की स्त्री–शाखाओं से यही उम्मीद की जाती थी कि वे अपने विशिष्ट मुद्दों के बजाय राजनीतिक दल तथा समूहों द्वारा चिह्नित मुद्दों पर ही स्त्रियों को लामबन्द करेंगी। आज जिसे स्वायत्त स्त्री–संगठन कहा जाता है वह 1970 के उत्तरार्ध में ऐसे मुद्दों के संगम से ही पैदा हुआ था। राजनीतिक दलों से प्रत्यक्ष रूप से जुड़े हुए अन्य स्त्री संगठनों में कुछ संगठनों का इतिहास और लम्बा था। ऐसे संगठनों ने भी स्वायत्त स्त्री–संगठनों द्वारा उठाये गये सवालों का समर्थन किया। स्वायत्त स्त्री–संगठन पहली बार पितृसत्ता की संस्था का खुलकर मुक़ाबला कर रहे थे। दोनों मिलकर एक प्रबल शक्ति बने जो आपात्काल के बाद भारत में दहेज–हत्याओं और हिरासत में बलात्कार जैसी स्त्री–विरोधी हिंसा के प्रतिरोध के रूप में सामने आयी। दिल्ली के 'समता' और 'स्त्री–संघर्ष' जैसे स्त्री संगठनों तथा 'मुम्बई फोरम अगेंस्ट रेप' जैसे मंचों पर होने वाली चर्चा–परिचर्चा से देसी ढंग के पितृसत्तात्मक व्यवहारों के तौर–तरीक़ों की समझ प्रखर हुई। इस समझ ने नये अभियानों को आधार प्रदान किया। हमें और हमारी विरासत के उत्तराधिकारियों को यह याद दिलाना उपयुक्त होगा कि भारत का स्त्री–आन्दोलन यहीं की उपज है। उसका चरित्र स्थानीय अन्तर्विरोधों के साथ अभिन्न रूप से जुड़ा है–जैसा कि कुछ लोगों का आरोप है, उसे पश्चिम के स्त्री–आन्दोलनों की नक़ल नहीं कहा जा सकता। ऐसे आरोप इस मंशा से लगाये जाते हैं ताकि हमारी अपनी धरती की लैंगिक असमानता की ठोस बुनियादों और कार्रवाइयों से ध्यान भटकाया जा सके।

1970 के दशक के उत्तरार्ध तक स्त्री समूहों का उद्भव समूचे देश में हो चुका था। मथुरा बलात्कार के मामले में वर्गवादी और यौनिकतावादी फ़ैसले के ख़िलाफ़ प्रथम देशव्यापी अभियान इसीलिए सम्भव हो पाया था।

एक आदिवासी लड़की मथुरा के साथ पुलिस की हिरासत में बलात्कार हुआ था। ऊँची जाति के लिए पक्षपात और पितृसत्तात्मक मानकों में धँसी हुई निर्णायक मण्डली की मान्यताओं से क्रुद्ध स्त्री समूहों ने फ़ैसले के विरुद्ध पुनःसुनवाई के लिए जनमत की लामबन्दी के लिए बहुत रचनात्मक उपायों का सहारा लिया। इसके पहले हैदराबाद में पुलिस की हिरासत में रमीज़ा बी के बलात्कार ने भी ऐसे ही स्वतःस्फूर्त विरोध को जन्म दिया था जिसमें अपराधी पुलिसकर्मियों के ख़िलाफ़ कार्रवाई की माँग करने के लिए स्त्री समूहों तथा नागरिक अधिकार समूहों ने एक साथ मिलकर काम किया था। 8 मार्च 1981 का अभियान हिरासत में बलात्कार के मुद्दे पर केन्द्रित था। मैं आज भी वह अवसर याद कर सकती हूँ जब हिरासत में बलात्कार पर एक नुक्कड़ नाटक अजमल खाँ पार्क में खेला गया था और पुलिस अपनी ही संस्था के ख़िलाफ़ इस प्रखर अभियोग को देखने के लिए मजबूर थी।

अगले कुछ वर्षों में स्त्री–आन्दोलन ने विविध स्थलों पर समस्त दिशाओं में प्रस्थान किया। जिस किसी के भीतर सामाजिक और राजनीतिक मुद्दों के लिए तनिक भी सरोकार था वह आन्दोलन की ऊर्जा से अछूता नहीं रह सकता था। अपने जीवन्त माहौल के लिए विख्यात जिस महिला कॉलेज में मैं बतौर प्राध्यापिका काम करती थी उसने मुझे व अन्य लोगों को 'सुविधा प्रदाता' की अनूठी जगह दी। उसने दिल्ली के स्त्री समूहों को वह माध्यम प्रदान किया जिसके द्वारा वे अपने अभियान को परिचर्चाओं, कार्यशालाओं और नुक्कड़ नाटकों के रूप में परिसर में पेश कर सकती थीं। ऐसे नाटकों में *ओम स्वाहा, रोशनी, औरत* और *अहसास* के अलावा और भी बहुत से नाटक थे जिनमें स्त्री–उत्पीड़न के विभिन्न आयामों को दर्शाया गया था। हर नाटक में बतौर निष्कर्ष कोई–न–कोई विचारसूत्र रहता था जिसके ज़रिये स्त्री–आन्दोलन उत्पीड़न के विभिन्न रूपों को ख़त्म करना चाहता था। हमारे लिए घरेलू हिंसा के ऐसे मामले विशेष सरोकार रखते थे जिनकी ख़बर प्राध्यापक–समुदाय के भीतर से मिल रही थी। उस समय मूल काम यह था कि शिक्षक संघ ख़ुद अपने सदस्यों के बीच प्रचलित पितृसत्तात्मक हिंसा के रूपों पर चर्चा–परिचर्चा करे।

इसी समय ख़ुद विश्वविद्यालय भी अन्तर्विरोधों का शिकार होता जा रहा था। विश्वविद्यालय परिसर दबंगई और सड़कछाप गुण्डागर्दी की वजह से बहुत असुरक्षित हो चुका था। शहर ने इस अराजकता को फूलने–फलने दिया था और विश्वविद्यालय के भीतर अधिकारियों ने कभी इससे गम्भीरता से जूझने की कोशिश नहीं की थी। छात्र समुदाय में कुछ युवा गुण्डागर्दी और

लुच्चे–लफंगेपन को हवा दे रहे थे। अधिकारी उनसे निपटने में अनिच्छा दिखा रहे थे, नतीजतन विश्वविद्यालय की छात्राओं को इसकी क़ीमत चुकानी पड़ रही थी। विश्वविद्यालय से छात्रों को लाने ले जाने वाली 'यू स्पेशल' बसों में, परिसर की सड़कों पर, यहाँ तक कि कक्षाओं के भीतर भी छात्राओं के साथ छेड़छाड़ की जाती थी। ऐसी हर घटना के बाद जब छात्राएँ स्वतःस्फूर्त प्रतिरोध और प्रदर्शन का रास्ता अख़्तियार करती थीं तो ऐसे आन्दोलन को स्थायित्व प्रदान करने की ज़िम्मेदारी महिला अध्यापकों को उठानी पड़ती थी। यह इसलिए ज़रूरी था क्योंकि छात्राओं का कोई स्थिर समुदाय नहीं होता। वे हमेशा आवागमन की प्रक्रिया में रहती हैं। सेंट स्टीफेन्स कॉलेज में कुछ साल पहले होली से एक दिन पहले छात्राओं के साथ जिस तरह का दुर्व्यवहार किया गया उससे स्त्रीवादियों की पूरी पीढ़ी लामबन्द हो गयी। उनका यह रोष आगे चलकर अन्य क्षेत्रों में भी प्रकट हुआ। छात्राओं के विरुद्ध होने वाली हिंसा की इस संस्कृति को रोकने के लिए 80 के दशक के मध्य में एक प्रयास किया गया था। इसके तहत अध्यापकों, छात्रों और कर्मचारियों– स्त्री–पुरुष दोनों का एक खुला संगठन 'गुण्डा विरोधी अभियान' स्थापित किया गया था। इसके पश्चात लैंगिकता–अध्ययन समूह ने दिल्ली विश्वविद्यालय में स्त्री विरोधी हिंसा की प्रकृति और विस्तार तथा यौनिक दुर्व्यवहार के रूप में उसकी अभिव्यक्ति की पहली रिपोर्ट प्रस्तुत की। विश्वविद्यालय समुदाय, उसके अधिकारियों के अलावा सामान्य जनता को भी 'सेक्सुअल हैरेसमेंट' (यौनिक दुर्व्यवहार) की शब्दावली (जिसे अब तक मीडिया ने हलका–फुलका बनाते हुए 'ईव टीजिंग'–छेड़छाड़ कहा था) का परिचय देते हुए रिपोर्ट ने इस बात के साक्ष्य और समझ प्रदान की कि यौनिक दुर्व्यवहार का शिकार बनने का अर्थ क्या होता है और स्त्रियाँ अपने छात्र जीवन में इससे कैसे जूझती हैं। इस रिपोर्ट के निष्कर्ष चौंकाने वाले थे क्योंकि 92 प्रतिशत स्त्रियों ने बताया कि वे अपने छात्र जीवन में कभी–न–कभी यौनिक दुर्व्यवहार की शिकार हुई थीं।

यौनिक दुर्व्यवहार के अध्ययन की रिपोर्ट के पहले कम–से–कम दो प्रमुख घटनाएँ ऐसी हो चुकी थीं जिनमें दिल्ली विश्वविद्यालय के पुरुष 'सहकर्मियों' ने अपनी दो अधीनस्थ स्त्री कर्मचारियों को यौनिक दुर्व्यवहार का शिकार बनाया था। उन्होंने अपराधियों के ख़िलाफ़ कार्रवाई की माँग की थी। इन मामलों ने उनकी आँखें खोल दीं क्योंकि विश्वविद्यालय की व्यवस्था ने यौन अपराध के दोषी पुरुषों को बचाने के लिए साँठगाँठ और मिलीभगत का सहारा लेते हुए एक अपीलकर्ता के विरुद्ध कार्रवाई शुरू करने की हद तक चला गया।

छात्राओं और प्राध्यापिकाओं ने इन अनुभवों से निष्कर्ष निकालते हुए परिसर में यौन दुर्व्यवहार की समस्याओं से निपटने के लिए एक व्यापक नीति पर विचार किया। पिछले तीन वर्षों के दौरान किया गया यह काम आज भी स्वीकृत या एक आधारभूत दस्तावेज़ माने जाने की प्रतीक्षा में है। अफ़सोस की बात यह है कि वरिष्ठों पर यौन दुर्व्यवहार के मुद्दे उठाने वाली सक्रिय छात्राओं और अध्यापिकाओं के साथ सहयोग करने के बजाय आधिकारिक रूप से स्थापित 'वीमेन डेवलपमेंट सेंटरों' में पुरुष अध्यापकों या प्रशासन कर्मचारियों के ख़िलाफ़ यौन दुर्व्यवहार की शिकायतों के मामले कभी नहीं उठाये गये। विश्वविद्यालय की शक्ति संरचना के ढाँचे में स्त्री–अध्ययन केन्द्र यौन दुर्व्यवहार को सम्बोधित करने और उससे निपटने में एक सक्रिय भूमिका निभा सकते हैं। उन्होंने यह काम करके भी दिखाया है। इसका प्रमाण पुणे विश्वविद्यालय का स्त्री–अध्ययन केन्द्र है जिसने विश्वविद्यालय के प्रोफ़ेसर के विरुद्ध कार्रवाई सुनिश्चित की, हालाँकि वे अत्यन्त प्रसिद्ध वैज्ञानिक थे और उनके ख़िलाफ़ आरोप असम्भव–सा प्रतीत होता था।

उपरोक्त तथा समय–समय पर फूटने वाले अन्य अभियानों में भागीदारी करना अक्सर बहुत समयसाध्य और हताश करने वाली व्यथा रही है, लेकिन इनका एक सार्थक परिणाम भी निकलता है। विश्वविद्यालय सकर्मकता, सजगता और विद्वत्ता के संगम का एक निर्णायक इलाक़ा है। यह तरह–तरह के लोगों, विचारों और मुद्दों का संगम स्थल भी है। अतः सौन्दर्य प्रतियोगिताओं से सम्बन्धित विवाद रहे हों या स्त्रियों के लिए छात्रावास के नियम (जहाँ छात्रावास अभिभावक की तरह काम करता है), समूचे स्त्री दर्शक समुदाय के लिए *फायर* फ़िल्म के प्रदर्शन का मुद्दा रहा हो या फिर अब तक ढाँचे के बाहर रहे लैंगिकता के विषय को पाठ्यक्रमों में शामिल करने का विषय हो, कक्षा के भीतर और अन्य मंचों पर चर्चा–परिचर्चा की शुरुआत के लिए यह सर्वाधिक उर्वर स्थानों में से एक है।

अन्य यात्राएँ : पितृसत्ताओं की आलोचना विकसित करने के प्रयास

अब तक यह ज़ाहिर हो गया होगा कि मैं स्त्री–अध्ययन के उद्भव और विकास में स्त्री–आन्दोलन और दूसरे जनतान्त्रिक आन्दोलनों की भूमिका को अनिवार्य और प्रासंगिक मानती हूँ। विगत दशकों के स्त्री–आन्दोलन स्त्री–अध्ययन की शुरुआत के सन्दर्भ और प्रेरणा रहे हैं। आख़िर, आज के अधिकांश (यदि सब–के–सब नहीं तो) नारीवादी विद्वान अन्य कई अभियानों के अलावा बलात्कार, दहेज, सती और घरेलू हिंसा विरोधी आन्दोलनों में शामिल रहे हैं। इस क्रम में ज़मीनी स्तर पर स्त्रियों के अनुभवों के ज़रिये पितृसत्ताओं की संरचनाओं,

उनके विविध रूपों और उनसे जुड़े सांस्कृतिक व्यवहारों की रूपरेखा बननी शुरू हुई। ख़ासकर, राजनीतिक स्त्री–आन्दोलनों और उनसे मिली अन्तर्दृष्टि से नारीवादी अध्येताओं को प्रायोगिक सामग्री हासिल हुई, जिसके आधार पर उन्होंने जेंडर का विश्लेषण की एक कोटि के रूप में सूत्रीकरण किया।

स्त्री–आन्दोलन के आरम्भिक कुछ वर्षों में स्त्रियों की लगभग समस्त ऊर्जा जड़ता तोड़ने के अभियानों में ख़र्च हो गयी। इन अभियानों में हम भी शामिल थे। इसके तहत प्रदर्शनों का आयोजन और उनमें भागीदारी, दहेज–हत्या जैसे मुद्दों पर मनन–चिन्तन, 'पारिवारिक दायरों के भीतर' चलने वाली प्रक्रियाओं को समझने की कोशिश और समस्याओं की विराटता से निपटने के लिए रणनीतियों की खोज जैसे काम किये गये। हमारे लिए सबसे अधिक कठिन प्रश्न यह था और जिसे बार–बार दोहराया जाता था कि स्त्रियों का उत्पीड़न पुरुष नहीं बल्कि स्त्रियाँ ही अन्य स्त्रियों का उत्पीड़न करती हैं। इस तरह की धारणाएँ दहेज–हत्याओं में सास की भागीदारी से भी प्रमाणित होती थीं; यह समझना भी इतना ही मुश्किल था कि जिन स्त्रियों को उनके पति तथा ससुराल के रिश्तेदारों ने जलाया था वे अपने अन्तिम वक्तव्य में पति का नाम क्यों नहीं लेतीं। कम–से–कम दिल्ली में स्त्री–अध्ययनों की पहल ऐसे और इसी तरह के अन्य प्रश्नों के द्वारा हुई। ऐसे सभी प्रश्न मर्म पर चोट करते थे। 1980 के दशक के आरम्भ तक हमारे लिए स्त्रीवादी दृष्टिकोण से इतिहास, परम्परा और संस्कृति तथा भारत में उनकी कार्यविधि पर नज़र डालना ज़रूरी हो चुका था।

1981 के नवम्बर में स्त्री–आन्दोलन से जुड़ी हुई अथवा उसके निकट महसूस करने वाली अध्यापिकाओं, जैसे इन्द्रप्रस्थ कॉलेज की सुदेश वैद, कुमकुम संगारी और नीरज मलिक ने 'वीमेन' इन मिथ एंड लिटरेचर' पर एक सेमिनार का आयोजन किया जहाँ मुझे एक सत्र की अध्यक्षता करनी थी। तब तक मैंने लैंगिकता पर अलग से कोई काम नहीं किया था। अपने पीएच.डी. थीसिस के लिए भी मैंने उस समय के अनेक अध्येताओं की तरह पूर्णतः मुख्यधारा की विषय–वस्तु चुनी थी। यद्यपि मैं वैकल्पिक भारतीय परम्पराओं को देखने की दिशा में सक्रिय थी। मेरी, उत्पीड़ितों को आकर्षित करने वाली वैकल्पिक परम्पराओं में विशेष रुचि थी। बौद्ध दर्शन के प्रति दलितों का आकर्षण एक ऐसा ही विषय था, तब तक मैं लैंगिकता के मुद्दे के प्रति पर्याप्त संवेदनशील नहीं थी। स्रोतों पर नज़र डालते हुए मैंने पाया कि बौद्ध ग्रन्थों में स्त्रियों को सिर्फ़ एक ढंग से प्रस्तुत नहीं किया गया है। यह देखते हुए मैंने इस विषय पर अपनी थीसिस में कुछ पृष्ठ शामिल किये, लेकिन मैं बौद्ध दर्शन के सामाजिक आयामों पर अपने शोध में लैंगिकता को केन्द्रीय रूप से

शामिल नहीं कर पायी थी। फिर भी, क्योंकि मैंने प्राचीन ग्रन्थों की एक राशि का अवलोकन किया था, अतः मैंने पाया कि स्त्रीवादी दृष्टिकोण से परम्परा की छानबीन करने वाले लोगों के लिए मैं उपयोगी हो गयी थी, जैसा कि इन्द्रप्रस्थ कॉलेज की सेमिनार के आयोजकों के लिए। सेमिनार बहुत सार्थक सिद्ध हुआ, यद्यपि संस्कृति और लैंगिकता के साथ उसके सम्बन्ध की पूरी अथवा जटिल समझ के लिहाज़ से यह एक शुरुआत–भर थी। लेकिन इसकी छानबीन विविधतापूर्ण और समृद्ध थी तथा लैंगिकता के मुद्दों पर मेरे अपने काम की शुरूआत की तारीख़ यही सेमिनार है।

कुछ समय बाद पाली जातकों की कहानियों के साथ संयोगवश परिचय कुछ रहस्योद्घाटन जैसा साबित हुआ। रामकथा की पाली रचना में सीता को राम की बहन बताया गया है। वृत्तान्तों की विविधता ने मुझको विस्मित किया जो अन्ततः महाकाव्यों की निर्मिति में, रामायण की निर्मित में विशेषकर, पर्यवसित हुई। वृत्तान्तों की इस विविधता के प्रति मेरा कौतूहल इतना बढ़ा कि मैं सीता के अपहरण, अग्निपरीक्षा और धरती में समा जाने जैसी बीज–घटनाओं के विवरणों की ओर भी गयी। इन बीज–क्षणों में लक्ष्मण रेखा भी शामिल थी जो प्रत्येक भारतीय स्त्री के जीवन में गूँजने वाला रूपक बन चुकी है। कितनी ही बार पिता और भाई हमारे चारों ओर सीमाएँ खींचने के लिए इस बिम्ब का आह्वान करते हैं, जैसे कि मेरे कैशोर्य के वर्षों में मेरे भाई ने भी किया था। लेकिन मैं यह देखकर आश्चर्यचकित रह गयी कि रामकथा के वाल्मीकि संस्करण में लक्ष्मण–रेखा की घटना है ही नहीं। चकित भाव से मैंने तुलसीदास की रामचरितमानस को देखा और वहाँ भी इसे अनुपस्थित पाया। अन्ततः यह स्पष्ट हो गया कि रामायण भी अन्य किसी वृत्तान्त की तरह केवल एक निर्मिति है जो शताब्दियों के दौरान बदलती रही है, और पवित्रता की अवधारणा को सर्वाधिक प्रभावी बनाने के लिए एक साधन के रूप में इसका निर्माण एक वैचारिक संगति के अनुरूप हुआ था जिसके द्वारा स्त्रियाँ स्वयं अपनी पराधीनता में सहभागी बनती थीं। एक बार जब प्रतिमान स्थापित हो गया तो स्त्रियाँ सीता जैसी बनने की आकांक्षी हो गयीं, भले ही इस प्रक्रिया में उन्हें स्वयं को मिटाना अनिवार्य हो गया। जब मैंने इन 'आविष्कारों' के बारे में लिखा और इन्हें कॉलेजों, कार्यशालाओं तथा स्त्री समूहों के सामने प्रस्तुत करने के लिए गयी, तो मैं श्रोताओं से तुरन्त एक सम्बन्ध क़ायम कर सकी; वह इसलिए था कि यद्यपि कहानी तो हर कोई जानता था, लेकिन इसके रूपान्तरणों से कुछ ही लोग परिचित थे और वृत्तान्त के विकास में आये इन पेंचों और मोड़ों ने सभी को मुग्ध कर लिया। रामायण के वृत्तान्त के रूपान्तरणों

की तलाश एक रहस्य को सुलझाने जैसी थी, क्योंकि ग्रन्थ और सन्दर्भ के बीच एक समानान्तर वृत्तान्त उभरने लगा था। इसके साथ हमारी परम्पराओं की बहुलता–जिनमें से अनेक हमारे लिए विलुप्त हो चुकी हैं–को सतह पर लाना ज़रूरी था और यह उद्देश्य मुझे *थेरीगाथाओं*–बौद्ध भिक्षुणियों के पदों के एक संकलन–पर दृष्टिपात करने की ओर ले गया। *थेरीगाथा* दो तरीक़ों से अनूठी थी– यह भारत में, और शायद विश्व में कहीं भी, स्त्रियों की आवाज़ों का हमारे लिए सुलभ प्राचीनतम प्रमाण था; इन पदों में स्पष्ट संकेत था कि स्त्रियाँ घरेलू श्रम की नीरसता से स्वयं को उत्पीड़ित महसूस कर रही थीं जो जीवन में उनकी नियति थी बजाय उसके वे अधिक सार्थक अस्तित्व की आकांक्षी थीं। थेरीगाथा के पदों में अभिव्यक्त स्त्री–अस्मिता और गरिमा की तलाश से यह भी स्पष्ट हो गया कि पति और बच्चों के परे अपनी एक ज़िन्दगी की तलाश अतीत में बहुत दूर तक जाती थी। यह पश्चिमी स्त्रीवाद का प्रभाव या उसकी केवल आकांक्षा नहीं थी, बल्कि हमारे अपने समाजों द्वारा रचित पराधीनता के देसी रूपों द्वारा उत्पीड़ित स्त्रियों की बिल्कुल देसी आकांक्षा थी। परम्परा की ओर देखने का महत्त्व इस बात में निहित था कि इससे सशक्तीकरण के पहलुओं को खोजने में मदद मिलती थी। चूँकि संस्कृति के वर्चस्वी रूपों के कारण जाति, वर्ग और लिंग का पदानुक्रम बरकरार रहा था, अतः स्त्रियों ने उन असहमत परम्पराओं और व्यक्तियों के लिए भी अतीत की छानबीन की जिन्होंने उत्पीड़नकारी वर्चस्वी संस्कृति की आलोचना और विरोध किया था। इसलिए भक्ति आन्दोलन लगभग स्वाभाविक रूप से स्त्रीवादी अध्ययन का केन्द्र बन गया। इन वर्षों के दौरान भक्ति के विभिन्न पक्षों पर एक प्रभावशाली लेखन–राशि से हमारी यह समझ और सूक्ष्म हुई है कि भक्ति आन्दोलन स्त्रियों को अभिव्यक्ति की जगह मुहैया कराता है। इससे हमें यह भी पता चलता है कि इन आन्दोलनों में से कुछ चाहे कितने भी प्रबल या क्रान्तिकारी रहे हों, लेकिन उनकी कुछ सीमाएँ भी साफ़ थीं। यद्यपि भक्ति का अनुभव अपनी गहराई में एक लैंगिक अनुभव था, और स्त्री तथा पुरुष भक्तों ने ईश्वर की भक्ति को जनतान्त्रिक बनाने में सफलता भी पायी, लेकिन सामाजिक सम्बन्धों के रूपान्तरण में ये आन्दोलन असमर्थ रहे, वे चाहे जाति या वर्ग से सम्बन्ध रखते हों या लैंगिकता से। इस प्रकार आज के संघर्षों के लिए भक्ति को एक स्रोत की तरह इस्तेमाल करने की कठिनाइयाँ, विशेषतः लैंगिकता के क्षेत्र में, वर्तमान काल में लिंगायतों के द्वारा उठाये जा रहे शोर–शराबे से ज़ाहिर होती हैं, जिन्होंने भक्ति आन्दोलन की विषय–वस्तु की 'क्रान्तिकारी' व्याख्या करने वाली विद्वत्तापूर्ण पुस्तकों पर प्रतिबन्ध लगवाने में सफलता पायी है। बसवेश्वर के अनुगामियों को वर्चस्वी परम्पराओं के पूर्वाग्रहों

को प्रतिबिम्बित करने के बजाय जाति और लैंगिक उत्पीड़न के समस्त रूपों के संघर्ष में हमारा पक्षधर होना चाहिए क्योंकि बसवेश्वर स्वयं जाति के विरुद्ध थे और उनके आन्दोलन ने अक्क महादेवी के निबन्ध छन्दों को जगह दी थी।

मुझे ऐसा प्रतीत होता है कि सामाजिक सम्बन्धों का रूपान्तरण हुए बग़ैर क्रान्तिकारी विचारधाराएँ कुन्द पड़ जाती हैं। भक्ति की वैचारिक सम्भावनाओं के साथ भी यही हुआ है, उसे पदानुक्रमिक संरचनाओं के बृहत्तर ढाँचे के भीतर धो–पोंछकर समायोजित कर लिया गया है; भक्ति की क्रान्तिकारी धारा का जो कुछ बचा रह गया है वह मानवतावादी प्रवृत्तियों का अवशेष है। और जैसा कि ऊपर चित्रित है कभी–कभी तो उसका दावा करना भी कठिन हो जाता है।

1980 के दशक की पूरी अवधि के दौरान स्त्री विद्वानों–विशेषकर इतिहासकारों ने, मुख्यधारा के इतिहास में और ख़ासकर स्वर्णयुग की निर्मिति के इतिहास–लेखन में स्त्री के सवाल की छानबीन करने की आवश्यकता महसूस की। स्वर्णयुग की इस निर्मिति के अन्तर्गत माना जाता है कि प्राचीन भारत में स्त्रियाँ मुक्त एवं भारतीय समाज एक ऊँची पीठिका पर आसीन था। ध्यान देने की बात यह है कि जब 19वीं तथा 20वीं शताब्दी के पूर्वार्ध में लिखी गयी पश्चिम की इतिहास–पुस्तकों में स्त्रियाँ वस्तुतः अनुपस्थित थीं, तब भारत में हिन्दू बुद्धिजीवियों द्वारा सावधानी से बटोरी गयी अतीत की कहानी में स्त्रियाँ उनका एक मुख्य अंग थीं। स्त्री प्रश्न को लेकर इतिहास–लेखन की जाँच करने का मतलब यहाँ निकट रूप से यह देखना है कि 19वीं शताब्दी में बुद्धिजीवियों की आत्म–छवि के लिए प्राचीन भारत में स्त्रियों की 'ऊँची' हैसियत इतनी केन्द्रीभूत क्यों थी। स्त्रीवादी विद्वानों के लिए स्त्री के सवाल को इस तरह देखने की सीमाओं को तितर–बितर करना और इसके द्वारा, जिसे मैं अलतेकर का प्रतिमान कहती हूँ, उसके भूत को परे हटाना अनिवार्य था।

इतिहास, पौराणिकी तथा परम्परा में इन आरम्भिक छापामारियों ने हमें अपने अतीत एवं अपने वर्तमान को अतीत के एक उत्पाद के रूप में समझने में मदद पहुँचायी, लेकिन उन जटिल संरचनाओं के विश्लेषण में कोई मदद नहीं पहुँचायी जिनमें हमारा अतीत और वर्तमान, दोनों ही जड़ीभूत हैं। 1980 के दशक के अन्त तक स्त्री–आन्दोलनों तथा स्त्री–अध्ययन, दोनों में ही, पितृसत्ता की कार्यपद्धति पर जाति, वर्ग एवं प्रादेशिक पहलुओं के जटिल प्रश्नों की एक पूरी श्रृंखला उभरकर आ चुकी थी। ज़मीनी स्तर पर काम कर रहे लोगों को स्पष्ट हो गया था स्त्रियाँ अपनी स्थानीयता के अनुसार भिन्न–भिन्न रूपों में अपनी पराधीनता के अनुभव को महसूस करती हैं। जैसे शहादा, बोधगया और चिपको आन्दोलन। स्त्री–अध्ययन के क्षेत्र में काम करने वाले विद्वानों के लिए पितृसत्ताएँ,

वर्ग तथा राज्य के सम्बन्ध तथा वर्तमान में उनकी कार्यविधि स्पष्ट हो गयी। इन निथरी हुई संवेदनाओं का योग स्त्रीवादी सैद्धान्तिक लेखन में प्रकट हुआ। ऐसी ही एक पुस्तक *द क्रिएशन ऑफ़ पैट्रियार्की* से मैं चमत्कृत हुई जो गर्डा लर्नर की लिखी हुई थी। मैं इस पुस्तक से *द इकोनॉमिक एंड पॉलिटिकल वीकली* में प्रकाशित गेल ओमवेट की विचारोत्तेजक समीक्षा के ज़रिये परिचित हुई। मेरे विचार से इस पुस्तक का सबसे महत्त्वपूर्ण पक्ष यह है कि इसमें मेसोपोटामिया के आरम्भिक ऐतिहासिक काल को प्रस्तुत किया गया है। यह प्रदेश भारत से बहुत दूर नहीं है। लर्नर ने वर्ग, पितृसत्ता और राज्य को परस्पर जोड़ने वाली एक प्रस्तावना प्रस्तुत की है और पितृसत्ता की संरचना के कठोर विश्लेषण के लिए प्रणाली–विज्ञान की एक रूपरेखा भी सामने रखी है। 1980 के दशक के अन्त तक मैं उनके साथ आमने–सामने की मुलाक़ातों का सिलसिला क़ायम करने में सफल हुई। मेरे काम के लिए उनकी टिप्पणियाँ बेहद अन्तर्दृष्टिपूर्ण साबित हुईं। मैं अपने एक निबन्ध में वर्ग और लैंगिकता को जोड़ने की कोशिश कर चुकी थी जिसे मैंने प्राचीन भारत की निम्नवर्गीय स्त्रियों पर लिखा था। मैं स्त्रियों के बीच आन्तरिक स्तरण के बारे में सोच रही थी क्योंकि मेरे विचार से स्त्रियों को कभी भी एक श्रेणी में नहीं रखा जा सकता। (भगिनी–भाव कोई प्रदत्त वस्तु नहीं है; इसे एक ऐसी सजग राजनीतिक सम्बद्धता द्वारा गढ़ा जाना होता है जो किसी उत्पीड़नकारी व्यवस्था में सहयोगी होने से इनकार करती है–यही एकमात्र तरीक़ा है जिसके द्वारा स्त्रियों के बीच भौतिक भेदों को मिटाया जा सकता है) मैंने जाति, (अप्रतिम रूप से भारतीय संस्था) वर्ग, लैंगिकता, राज्य और विचारधारा को प्राचीन भारत के सन्दर्भ में जोड़ने की कोशिश की। अभी इस वक़्त तक मैं केवल प्राचीन भारत में पितृसत्ता–पितृसत्ताओं की आरम्भिक संरचनाओं के विषय में अधिक विस्तृत और बड़े काम के लिए एक खाका खींचने में सफल हुई हूँ जिसे मैं भविष्य में जल्दी ही पूरा करने की उम्मीद करती हूँ। ऐसे विश्लेषण के लिए आवश्यक तथा अधिक सहजता से उपलब्ध स्रोत–सामग्री का इस्तेमाल करते हुए मैंने पहले वर्ग संरचना, जाति–विरोध, राष्ट्रवाद, लैंगिकता के बदलते हुए प्रतिमान और 19वीं सदी के महाराष्ट्र के सन्दर्भ में क़ानूनी प्रक्रियाओं में परिवर्तन के आपसी सम्बन्धों की छानबीन करने का निश्चय किया। इससे मुझे विभिन्न संस्थाओं के सम्बन्धों की एक ऐसी रूपरेखा तैयार करने में मदद मिली जो पितृसत्ताओं की संरचना को भी प्रभावित करती है।

अँधेरे समय में जीने की ज़रूरतों ने अपनी अनिवार्यताएँ उपस्थित कर दी हैं; हम अपनी विशेषीकृत अकादमिक शिक्षा के आसन पर हमेशा विराजमान नहीं रह सकते थे। स्त्री–आन्दोलन के साथ यह संलग्नता हमें अपने साथ एक

विशेष दिशा में लेकर गयी। लेकिन आज के भारत में अलग और बन्द इकाइयों के भीतर काम करना सम्भव नहीं है। 1984 के बाद बढ़ते बहुसंख्यकवाद और साम्प्रदायिक हिंसा ने हमारे जीवन को अधिकाधिक मथना शुरू कर दिया है। यद्यपि मेरे अनेक मित्रों ने दक्षिणपन्थी लामबन्दी में स्त्रियों की भागीदारी और कर्ताभाव तथा स्त्रियों और साम्प्रदायिकता के विषय पर बहुत अच्छे अध्ययन प्रस्तुत किये हैं। इस क्षेत्र में मेरा अपना कोई योगदान नहीं है, लेकिन अनिवार्यतः मैं संयुक्त काम में शामिल कर ली गयी हूँ, पहले एक बहुत प्रिय भूतपूर्व सहायक के साथ, फिर एक जनतान्त्रिक अधिकार संगठन के साथ और अधिक अनौपचारिक रूप से मित्रों तथा समबुद्धि विद्वानों के साथ। यह मेरे जीवन का एक महत्त्वपूर्ण अंग है जो मुझे सहारे की अनुभूति देता है क्योंकि सरोकारों और कामों की साझेदारी कठिन समय में जीने के काम को आसान बना देती है। इस तरह सबल होकर हम एक बेहतर भविष्य की नींव रख सकते हैं।

आज हम कहाँ खड़े हैं और हमारा एजेंडा क्या होना चाहिए? स्त्री–अध्ययन की दिशा में हमने लम्बे डग भरे हैं (शायद समीक्षा के लिए पर्याप्त!)। हालाँकि अभी बहुत कुछ किया जाना बाक़ी है। हमने शोध के कुछ क्षेत्रों का सूत्रपात किया है, जिन पर कभी–कभार मुख्यधारा के विद्वानों ने अपनी दावेदारी पेश करने की भी कोशिश की है। हमने जेंडर को गम्भीर विद्वत्कर्म का विषय बना दिया है। यद्यपि अभी भी इस क्षेत्र में अधिकतर काम स्त्रियाँ ही कर रही हैं। हमारे धुर विरोधियों की संख्या काफ़ी बड़ी है। अक्सर हमारे काम को तुच्छ ठहराया जाता है, लेकिन परम्परागत क़िस्म के श्रम–विभाजन के चलते मेरा विचार है कि इस मामले में हम पुरुषों को पछाड़ रहे हैं, जो प्रायः हमारे सूत्रों की जटिलताओं को समझने में असमर्थ रह जाते हैं। शायद लैंगिकता को मुख्यधारा में बदलने की ज़रूरत उत्पन्न हो चुकी है ताकि लैंगिक आयामों की छानबीन के बिना किसी भी वस्तु का अध्ययन असम्भव हो जाये। हमने स्पष्टतः प्रदर्शित कर दिया है कि जब हम लैंगिकता की छानबीन करते हैं तो वह जाति और वर्ग की व्यापक स्थिति के सन्दर्भ में होती है। मुख्यधारा के अध्येताओं को, विशेषकर स्तरण का अध्ययन करने वालों को, जाति और वर्ग के विषय में लिखते समय लैंगिकता के बारे में यही करने की ज़रूरत है। इस तरह इस नये श्रम–विभाजन का अन्त होगा और समग्र रूप से बेहतर अध्ययन परम्परा तथा हमारे समाज की एक बेहतर और समग्र समझ की शुरुआत होगी।

[**स्रोत** : उमा चक्रवर्ती, 'अपोज़ीशनल इमेजिनेशंस', *नैरेटिव्स फ्रॉम द वीमेंस स्टडीज़ फैमिली : रिक्रिएटिंग नॉलेज*, सेज प्रकाशन, नयी दिल्ली]

हिन्दी में स्त्री-अध्ययन

विजय झा

इस संकलन में स्त्री–अध्ययन के कुछ विद्वानों ने अपने–अपने अनुभवों के ज़रिये इसके विभिन्न पहलुओं पर रोशनी डालने की कोशिश की है। औपचारिक तौर पर तकरीबन चार दशक का होने जा रहे और अन्तरानुशासनिक प्रकृति लिए स्त्री–अध्ययन के बारे में किसी एक संकलन से सब कुछ कह दिये जाने की उम्मीद नहीं की जानी चाहिए। लेकिन इस विषय से पिछले दो दशक से जुड़े होने के नाते ऐसा लगा कि एक बहुत ही ज़रूरी पहलू छूट रहा है, जिसका ज़िक्र यहाँ किया जाना चाहिए। मेरा आशय भाषा (यहाँ हिन्दी) से है।

हालाँकि स्त्री–अध्ययन कई तरह के बाहरी और भीतरी संकटों से जूझ रहा है। इसका वजूद ख़तरे में है। ऐसे में भाषाई पहलू पर विचार करने की कोशिश को 'बड़े' और 'महत्त्वपूर्ण' सवालों के बरअक्स 'मामूली' या 'भटकाऊ' करार दिया जा सकता है। लेकिन नारीवाद से ही हमें 'संघर्ष के बीच संघर्ष' को तवज्जो देने की सीख मिली है। तो पेश है एक और 'संघर्ष के बीच संघर्ष' का अनुभवसिद्ध वृत्तान्त।

I

यह 2002 की बात है, जब पहली बार पता चला कि स्त्री–अध्ययन नामक कोई विषय होता है। महात्मा गाँधी अन्तरराष्ट्रीय हिन्दी विश्वविद्यालय ने जिन कुछ विषयों में अध्ययन–अध्यापन की शुरुआत की थी उनमें से एक यह भी था। विश्वविद्यालय में अध्ययन–अध्यापन हिन्दी को ज्ञान की भाषा के रूप में विकसित करने के उद्देश्य से शुरू किया गया था। इसे एक ऐसे स्थल के रूप में परिकल्पित किया गया था जहाँ हिन्दी माध्यम में उच्च शिक्षा और शोध के लिए अनुकूल परिवेश तैयार किया जा सके; जहाँ अध्येता और शोधार्थी मात्र इसलिए हीन भावना से ग्रस्त न हो जायें कि उनकी भाषा हिन्दी है; जहाँ अंग्रेज़ी के तले हिन्दी के दबने और घुटने की सम्भावना न हो।

इस विचार को मूर्त रूप देने के लिए विश्वविद्यालय ने ये चार विषय शुरू किये–स्त्री–अध्ययन, अहिंसा और शान्ति अध्ययन, अनुवाद और साहित्य। इनमें पहली दो विश्वविद्यालय की महत्त्वाकांक्षी योजनाएँ थीं। दोनों की प्रकृति अन्तरानुशासनिक थी। दोनों के पाठ्यक्रम अनूठे थे। उतनी ही अनूठी थी आवेदन और चयन प्रक्रिया।

आवेदक से आवेदन के लिए चुने गये विषय का कारण लिख कर भेजने के लिए कहा गया था। उस आधार पर छाँटे गये अभ्यर्थी चयन प्रक्रिया के अगले चरणों में भाग लेने के लिए वर्धा बुलाये गये। यात्रा से लेकर ठहरने और भोजन आदि की व्यवस्था विश्वविद्यलय की तरफ़ से की गयी। वर्धा में ठहरने का इन्तज़ाम गाँधीजी की कर्मस्थली सेवाग्राम के अतिथिगृह में किया गया था। ठहरने और भोजन आदि की व्यवस्था ऐसी थी कि लग ही नहीं रहा था कि हम अभ्यर्थी हैं और प्रवेश परीक्षा देने आये हैं।

बुलाये गये अभ्यर्थियों को एक फ़िल्म दिखायी गयी और उसके बाद उनसे अपने चुने गये विषय के परिप्रेक्ष्य से फ़िल्म के बारे में लिखने के लिए कहा गया। इस चरण में सभी एक साथ बिठाये गये थे। अगला चरण समूह–चर्चा के रूप में होना था। उसके लिए विषय के अनुसार समूह बनाये गये। सबसे आख़िर में हरेक से अलग–अलग साक्षात्कार लिया गया। हर विषय में बीस सीटें थीं। इसलिए चयन हो पायेगा कि नहीं, इसे लेकर संशय की स्थिति थी। स्त्री–अध्ययन में चयन के लिए उमा चक्रवर्ती को बुलाया गया था।

यह अनूठी चयन प्रक्रिया जिसके भी दिमाग़ की उपज थी उसके प्रति मैं आज भी आभारी हूँ। कारण यदि पारम्परिक ढंग से हाथों में प्रश्न–पत्र थमाकर उत्तर–पुस्तिका भरवाई गयी होती तो दूसरों के बारे में तो नहीं पता लेकिन मेरा चयन नहीं हो पाता।

2002 में स्त्री–अध्ययन शुरू नहीं किया जा सका। दरअसल स्त्री–अध्ययन और अनुवाद की पढ़ाई दिल्ली में शुरू होनी थी तथा अहिंसा और साहित्य की पढ़ाई विश्वविद्यालय के मुख्यालय वर्धा में। हम अपना नामांकन करा पाते उससे पहले ही हमें यह सूचित करता एक पत्र मिला कि मन्त्रालय की अनुमति न मिलने के कारण दिल्ली में कक्षाएँ नहीं शुरू की जा सकतीं। हमें वर्धा में शुरू किये जा रहे अहिंसा और साहित्य, दोनों में से किसी में भी दाख़िला लेने का विकल्प दिया गया।

स्त्री–अध्ययन के लिए चुने गये जो भी विद्यार्थी दिल्ली के थे हमने उन्हें एकजुट कर मन्त्रालय और राष्ट्रपति तक से मिलने की ठान ली। यह सुझाव मित्र संजीव चन्दन की तरफ़ से आया था। अंततः हम दोनों उनसे मिले भी।

लेकिन राष्ट्रपति से मिलने के बावजूद दिल्ली में स्त्री–अध्ययन शुरू नहीं हो सका। संजीव और मैं वर्धा चले गये। उन्होंने अहिंसा में दाख़िला लिया और मैंने साहित्य में। लेकिन हम वहाँ इस आश्वासन और उम्मीद के साथ गये थे कि अगले साल यानी 2003 में स्त्री–अध्ययन शुरू किया जायेगा और हम उसमें चले जायेंगे।

2003 में भी स्त्री–अध्ययन आसानी से शुरू नहीं किया जा सका। उसके लिए काफ़ी ज़ोर–आजमाइश करनी पड़ी थी। यहाँ ध्यान देने वाली बात यह है कि हिन्दी विश्वविद्यालय में **स्त्री–अध्ययन बतौर विभाग वजूद में आया न कि विश्वविद्यालय आयोग से मिलने वाली वित्तीय सहायता पर निर्भर अस्थिर केन्द्र के रूप में**। यह कम बड़ी बात नहीं थी।

स्त्री–अध्ययन शुरू तो हो गया लेकिन न तो हिन्दी में पाठ्य सामग्री थी और न ही नियमित अध्यापक। इसका पाठ्यक्रम काफ़ी विस्तृत था। इतिहास, राजनीति विज्ञान, साहित्य, सिनेमा, मीडिया, अर्थशास्त्र आदि जैसे तमाम पारम्परिक अनुशासनों की आलोचना की प्रक्रिया में सृजित हुए विपुल और समृद्ध विद्वत्कर्म को समेटने का प्रयास करते इस पाठ्यक्रम को ठीक से पूरा करने के लिए ज़रूरी भौतिक और बौद्धिक संसाधन विश्वविद्यालय के पास नहीं थे। जिन नारीवादी विद्वानों ने पाठ्यक्रम बनाया था उनमें से केवल उमा चक्रवर्ती आने वाले कुछ सालों तक प्रतिबद्धतावश जुड़ी रह पायीं।

बाद में नियुक्तियाँ हुईं। ढाँचागत परेशानियाँ भी कम होती चली गयीं। लेकिन पाठ्य सामग्री की कमी की समस्या बरकरार रही। इसके साथ ही, जैसा कि स्वायत्तता बनाम एकीकरण की बहस में हमने पाया, हिन्दी विश्वविद्यालय में भी स्त्री–अध्ययन विभाग अध्ययन/अध्यापन/शोध के लिए एक स्वायत्त स्थल के रूप में स्थापित हो पाया लेकिन अलग–थलग रह जाने की क़ीमत चुकाकर। विश्वविद्यालय के अन्य पाठ्यक्रमों में यह दूसरी आँख (गर्डा लर्नर) जोड़ पाने की भूमिका में नहीं आ पाया। उलटे कइयों को इसके रूप में मज़ाक़ और गप्पबाज़ी का एक विषय मिल गया था। क्या हुआ होता यदि स्त्री–अध्ययन को बतौर अनिवार्य पेपर सभी पाठ्यक्रमों के साथ आबद्ध कर दिया जाता?

II

हिन्दी विश्वविद्यालय में स्त्री–अध्ययन की पढ़ाई के दौरान पाठ्य सामग्री का अभाव एक बड़ी समस्या नज़र आयी और जो उपाय नज़र आया वह यह कि अंग्रेज़ी से हिन्दी में अनुवाद कर इसकी भरपाई की जाये। लेकिन समस्या इतनी सरल है नहीं। जब स्त्री–अध्ययन के बृहत्तर जगत से परिचय

हुआ तब पता चला कि इस विषय में हिन्दी माध्यम वालों की परेशानी केवल सामग्री के अभाव के स्तर तक सीमित नहीं है। बल्कि उनकी असल परेशानी 'नॉनरिकगनेशन' (मामूली करके आँकने) की है, जिसके तार भारतीय अकादमिक जगत में व्यापक स्तर पर व्याप्त पूर्वाग्रह से जुड़े हुए हैं। पूर्वाग्रह यह है कि समाज विज्ञान का असल अध्येता अंग्रेज़ीभाषी ही हो सकता है और ज्ञान की भाषा अंग्रेज़ी ही हो सकती है। इस विश्वास के कारण हिन्दी माध्यम से समाज विज्ञान की पढ़ाई/शोध करने वाले उनके बीच कभी भी जगह नहीं पा पाते। उन्हें हर पल हीनतर होने का अहसास कराया जाता है। अकादमी में अपना करिअर बनाने की तो वे सोच भी नहीं सकते। यदि शोध–अध्यापन का इतना ही जुनून हो तो उन्हें राज्यस्तरीय शिक्षा संस्थानों की राह दिखला दी जाती है। जहाँ 'पड़े रहो और सड़ते रहो' की स्थिति है।

यदि समाज विज्ञान के पारम्परिक विषयों का यह हाल है तो हिन्दी माध्यम के स्त्री–अध्ययन वालों की बदहाली की कल्पना की जा सकती है। उनके लिए रोज़गार के अवसर की बात कौन करे। आलम यह है कि हिन्दी क्षेत्र में हमारे जिन गिने–चुने शिक्षा संस्थानों (जेएनयू, इग्नू, अम्बेडकर विश्वविद्यालय) में स्त्री–अध्ययन में उच्च–शोध हो रहे हैं वहाँ अध्यापकों ने हिन्दी माध्यम में शोध न कराने की शपथ–सी ले रखी है। अम्बेडकर विश्वविद्यालय राज्य विश्वविद्यालय है। हिन्दी क्षेत्र में है। लेकिन वहाँ भी हिन्दी माध्यम में शोध की मनाही है। इसके विरोध में शोधार्थियों ने संगठन बनाकर अभियान भी छेड़ रखा है।

अब आते हैं रोज़गार के मसले पर। हालाँकि इसके बारे में बात करना उचित नहीं समझा जाता। कहा जाता है कि स्त्री–अध्ययन तो एक मिशन है, अभियान है। नौकरी ही करनी थी तो कुछ और पढ़ लेते। लेकिन ये बनावटी बातें हैं। रोज़गार बुनियादी मसला है। ज्ञान का कोई भी अनुशासन खुद को ज़्यादा दिनों तक ज़िन्दा नहीं रख सकता यदि उसके प्रैक्टिशनर को उसमें बौद्धिक सन्तुष्टि के साथ–साथ आजीविका की सम्भावना नज़र न आये। एक तो स्त्री–अध्ययन ख़ुद खस्ताहाल है। यदि कहीं तनिक गुंजाइश बनती है तो वहाँ स्त्री–अध्ययन वालों के साथ–साथ अभ्यर्थी के रूप में अन्य अनुशासनों के वे लोग भी पहुँचते हैं जिनका शोध जेंडर केन्द्रित रहता है। वहीं, स्त्री–अध्ययन वालों के लिए अन्य अनुशासनों के दरवाज़े नहीं खुलते। यहाँ भी हिन्दी माध्यम की तुलना में अंग्रेज़ी माध्यम बाज़ी मार ले जाता है।

तो सवाल यह उठता है कि हिन्दी में स्त्री–अध्ययन का भविष्य क्या है? यदि ज्ञानानुशासन के तौर पर बात करें तो ऊपर जिन समस्याओं का उल्लेख किया गया है उन्हें ध्यान में रखकर समुचित उपाय किये जायें तो इसके विकसित होने और फैलने की भरपूर सम्भावना है।

स्त्री-अध्ययन : विरासत और भविष्य

मैरी ई. जॉन

•

अनुवाद : **प्रभा दीक्षित**

जिस समय में हम रह रहे हैं उसमें कोई ऐसी बात है जो अक्सर 'संक्रमण' में होने का अहसास कराती है। चूँकि स्त्री–आन्दोलन और स्त्री–अध्ययन के क्षेत्र में मेरी अपनी जगह दरमियानी पीढ़ी से ताल्लुक़ रखती है, इसलिए संक्रमण का यह अहसास और प्रबल हो जाता है। इसमें एक ओर विशेषाधिकार और सौभाग्य का यह भाव जुड़ा है कि स्त्री–आन्दोलन जैसे पुराने सामाजिक आन्दोलन को भारत के अन्य पुराने आन्दोलनों जैसी निराशाजनक स्थिति का सामना नहीं करना पड़ रहा है। दूसरी तरफ़, नारीवादियों की मनःस्थिति में आत्मोपलब्धि का भाव अभी दूर है और वे भविष्य के प्रति आश्वस्त भी नहीं है। परिणामस्वरूप, मैं आज की समस्याओं पर विचार करने के क्रम में ख़ुद को समय की रेखा पर पीछे–आगे आवाजाही करती पाती हूँ। पीछे आरम्भिक पथ–प्रदर्शक विद्वानों और कार्यकर्ताओं के कार्यों का अन्वेषण करने इस विश्वास के साथ जाती हूँ कि ऐसे प्रयासों की अर्थवत्ता आने वाली पीढ़ी पर निर्भर करेगी। पीढ़ीगत–फ़ासला (यदि यह उचित शब्द है तो) बढ़ रहा है। अतः हम यह मानकर नहीं चल सकते कि स्त्री–आन्दोलन जैसा अपेक्षाकृत लचीला आन्दोलन अपने सर्वसम्मत और सर्वग्राही रूपों के ज़रिये अपनी निरन्तरता जारी रख सकेगा। हम अधिक–से–अधिक यह कर सकते हैं और यही करना उचित भी है कि हम अधिक व्यापक तथा ऐसे आत्म–सजग संघर्षों की नींव रखें जो भविष्य के बहुमुखी दौर में संसाधन की तरह काम कर सकें। जिस तरह 'हमारी' विश्वदृष्टि तथा युवा पीढ़ी के बीच फ़ासला बढ़ता जायेगा वैसे–वैसे इस तरह की अन्तरपीढ़ीय गतिविधि अधिक महत्त्वपूर्ण होती जायेगी।

स्त्री–अध्ययन के निरन्तर फैल रहे दायरे को इस तरह के दृष्टिकोण से देखना कई सवाल खड़े करता है। मसलन, इसी पर तनिक ठहरकर विचार करने की ज़रूरत उत्पन्न हो जाती है कि स्त्री–अध्ययन से हमारा आशय क्या है।

जैसा कि उपरोक्त परिच्छेद से ज़ाहिर होता है, स्त्री–अध्ययन के सन्दर्भ में स्त्री–आन्दोलन के साथ इसके जुड़ाव की बात अनिवार्य रूप से की जाती है। हम यह प्रायः दुहराते रहते हैं कि स्त्री–अध्ययन स्त्री–आन्दोलन का 'अकादमिक अंग' है या हम स्त्री–अध्ययन आन्दोलन जुमले का प्रयोग करने की हद तक भी चले जाते हैं ताकि यह ज़ाहिर हो सके कि इसका चरित्र राजनीतिक तथा हस्तक्षेपमूलक है। यहाँ ध्यान देने लायक पहली बात यह है कि यद्यपि हमें भारत में स्त्री–आन्दोलन के इतिहास और अभियानों की जानकारी है, किन्तु कुल मिलाकर स्त्री–अध्ययन के स्वरूप अथवा विषय–क्षेत्र को लेकर स्थिति धुँधली ही है। कम–से–कम 1990 से स्त्री–आन्दोलन की आलोचना और इतिहासलेखन का सिलसिला चल रहा है। लेकिन, जहाँ तक स्त्री–अध्ययन की बात है तो कुछ पथप्रदर्शक कार्यों को छोड़ दें तो मैदान सूना–सा नज़र आता है। स्त्री–अध्ययन के सन्दर्भ में प्रायः यह बात स्पष्ट नहीं होती कि इससे हमारा आशय किसी निश्चित पाठ्यचर्या पर आधारित 'ज्ञानानुशासन' यानी विद्वत्ता के एक क्षेत्र से है अथवा स्त्रियों के मुद्दे उठाने, उनकी वकालत करने और सलाह–मशविरा प्रदान करने से। इससे ऐसी उलझन पैदा हुई है कि वर्तमान सन्दर्भ में लोग इसके बारे में तरह–तरह के नतीजों पर पहुँच रहे हैं। इसके एक 'अपने' (नारीवादी साहित्य प्रकाशित करने के उद्देश्य से वजूद में आये 'काली फॉर वीमेन' के सहनिदेशकों में से एक) ने तो यहाँ तक कहा, 'अजीब बात है कि भारत में स्त्री–अध्ययन कहीं भी नहीं पढ़ाया जा रहा।' अन्य इसे (स्वरचित) बाड़ा (घेट्टो) और दुनिया से कटा हुआ कहकर रफा–दफा कर देते हैं। इनके अलावा, समाज–विज्ञानों के अध्यापक जैसे लोग भी हैं जो उतनी ही प्रबलता से (आनन्दपूर्वक, ईर्ष्यापूर्वक या चिढ़ते हुए) दावा कर रहे हैं कि इन दिनों उनके विषयों के ठीक उलट स्त्री–अध्ययन की न केवल ख़ूब पूछ है बल्कि उसे वित्तीय मदद की भी कमी नहीं है।

मैंने यहाँ वीणा मजूमदार तथा उनके ही जैसी उन कुछ हस्तियों, जो भारत में स्त्री–अध्ययन के प्रवर्तक रहे हैं, के विचारों के आधार पर स्त्री–अध्ययन के विकास और उसे मिली चुनौतियों की एक बेहतर समझ प्रस्तुत करने का छोटा–सा प्रयत्न किया है।

1998 के फ़रवरी महीने में कोलकाता में महाविद्यालय और विश्वविद्यालय के शिक्षकों के लिए जादवपुर विश्वविद्यालय और 'सेंटर फॉर वीमेंस डेवलपमेंट स्टडीज़' द्वारा सह–आयोजित पुनश्चर्या कार्यक्रम में अपने बीज–भाषण में वीणा मजूमदार ने स्त्री–अध्ययन पर किसी भी प्रकार के विचार–विमर्श के लिए *विश्वविद्यालय और शिक्षा की पूर्णरूपेण भूमिका* का एक ज़रूरी आधार–बिन्दु

के रूप में उल्लेख किया था। उन्होंने स्पष्ट किया कि उनके इस ओर उन्मुख होने के पीछे किसी विदेशी प्रभाव अथवा नारीवादी अनिवार्यता का हाथ नहीं है और न ही बतौर स्त्री भेदभाव के ज़मीनी अनुभव ही उन्हें इस ओर लाये। उनका कहना था कि स्त्री–अध्ययन की ओर वे इसलिए अग्रसर हुईं क्योंकि आज़ादी के बाद पहले दो दशकों के दौरान बतौर विश्वविद्यालय शिक्षक उनका अनुभव बड़ा निराशापूर्ण था। उनके वक्तव्य में आये जिस प्रसंग ने मुझ पर गहरा असर डाला वह था *सांस्थानिक स्थलों* की महत्ता। 1970 के दशक में स्त्री–अध्ययन की शुरुआत को आमतौर पर उस दौरान पुनर्जीवित हुए स्त्री–आन्दोलन के एक प्रभाव के रूप में देखा जाता है। यह एक ऐसा समय था जब नारीवादियों ने अकादमिक क्षेत्र में अपना परचम लहराया और इस प्रकार 'बाहर' चले अभियानों की प्रतिध्वनि 'भीतर' भी गूँजने लगी। लेकिन यह एक एकांगी दृष्टिकोण है जिसे ठीक किये जाने की ज़रूरत है। वास्तविकता तो यह है कि स्त्री–आन्दोलन और स्त्री–अध्ययन के बीच का सम्बन्ध जटिल और बहु–अंगी रहा है। इसमें उच्च शिक्षा संस्थानों की अहम और निर्णायक भूमिका का हाथ होने से इनकार नहीं किया जा सकता।

उसके बाद नीरा देसाई और वीणा मजूमदार ने एक विशेष लेख में स्त्री–अध्ययन की विकासयात्रा का बहुत मूल्यवान लेखा–जोखा प्रदान किया है। ग़ौरतलब है कि इसका शीर्षक *फ्रॉम वीमेंस एजुकेशन टु वीमेंस स्टडीज़ः ए लांग ड्रॉन स्ट्रगल फॉर लेजिटिमेसी एंड इंफ्लुएंस* (स्त्री–शिक्षा से स्त्री–अध्ययन तक : वैधता और प्रभाव के लिए लम्बा संघर्ष) है। यह एक बड़ा व्यंजनापूर्ण शीर्षक है। इस आलेख के फलक का विस्तार पिछली दो शताब्दियों तक जाता है। इसमें 'शिक्षा' के मुद्दे का इस तरह ऐतिहासीकरण किया गया है कि स्त्री–आन्दोलन और शिक्षा की बहस में आये महत्त्वपूर्ण *मोड़* चिन्हित हो सकें और स्त्री–अध्ययन उनकी स्वाभाविक परिणति दिखे। आलेख का आरम्भ दो ऐतिहासिक क्षणों की आपसी तुलना से होता है। पहला है 19वीं सदी की मध्यावधि, जब स्त्री शिक्षा की अनिवार्यता की माँग उठी थी और दूसरा है, 20वीं सदी की उत्तरावधि, जब 'स्त्री–अध्ययन' को शैक्षणिक प्रक्रिया का अनिवार्य अंग माना गया। पहला क्षण औपनिवेशिक काल में स्थित है जब समाज सुधारक स्त्रियों को सही क़िस्म की शिक्षा प्रदान करके तथाकथित 'भारतीय परम्परा' का रूपान्तरण करने के लिए सक्रिय हुए थे। दूसरे क्षण का सन्दर्भ 1970 के निकट अतीत में स्थित है जब स्त्री–अध्ययन का नामकरण हुआ और मौजूदा शिक्षा प्रणाली तथा ज्ञान की आधिपत्य–प्राप्त पद्धतियों पर सवाल उठाने के उद्देश्य से उसकी कल्पना की गयी।

जैसा कि देसाई और मजूमदार ने इंगित किया है समाज सुधार की अवधि के दौरान सभी सामाजिक आन्दोलनों के केन्द्र में स्त्री की 'स्थिति' या 'स्त्री–प्रश्न' था। अलग–अलग कार्यक्रमों के साथ सक्रिय सुधारक जिस मसले पर एकमत थे वह था स्त्री–शिक्षा। सुधारकों में से अधिकांश आभिजात्य थे और स्त्रियों को परम्परागत सांस्कृतिक मूल्यों के संरक्षक के रूप में देख रहे थे। स्त्रियों को शिक्षित करने का उनका उद्देश्य उन्हें अच्छी माँ और पत्नी बनाना था ताकि वे परिवार–व्यवस्था को सुचारु ढंग से चला सकें और अपने पतियों की बदलती इच्छाओं और ज़रूरतों को पूरा कर सकें। इसलिए स्त्रियों के लिए अलग स्कूल, अलग पाठ्यचर्या तथा भाषा आदि पर अधिक ज़ोर था। दूसरे शब्दों में, शिक्षा का अधिकार सबको है, स्त्री–शिक्षा की बुनियाद इस धारणा पर खड़ी नहीं की गयी थी और सावित्रीबाई फुले, पण्डिता रमाबाई, डी. के. कार्वे (जिन्होंने 1916 में स्त्रियों के लिए पहले विश्वविद्यालय की स्थापना की) जैसे कुछ अपवादों को छोड़ दें तो स्त्रियाँ प्राथमिक अथवा अधिक–से–अधिक माध्यमिक स्तर से शायद ही आगे बढ़ पाती थीं।

यद्यपि स्वतन्त्रता से पहले और कुछ हद तक स्वतन्त्रता के बाद भी, सरकारी शिक्षा आयोगों ने स्त्रियों के लिए अलग पाठ्यक्रम बरकरार रखने की ही सिफ़ारिश की, लेकिन इस दरमियान दूसरे परिप्रेक्ष्य भी उभरकर सामने आये। उदाहरण के लिए, 'ऑल इंडिया वीमेंस कॉन्फ्रेंस' ने माँग की कि स्त्री और पुरुष दोनों की शिक्षा एक समान होनी चाहिए। शिक्षा की गाँधीवादी धारणा भी सबके लिए प्राथमिक शिक्षा की हिमायती थी। स्वाधीनता प्राप्ति के समय तक स्त्री और पुरुष दोनों के लिए शिक्षा की महत्ता की बात पर सहमति बन चुकी थी। संविधान के अनुच्छेद 45 में आगामी दस वर्षों की अवधि में 14 वर्ष तक की आयु के सभी बच्चों के लिए निःशुल्क एवं अनिवार्य शिक्षा का प्रावधान किया गया तो अनुच्छेद 16 में सार्वजनिक रोज़गार में लिंग के आधार पर किसी भी तरह के भेदभाव न किये जाने का प्रावधान। अनुच्छेद 15 (3) में स्त्रियों और बच्चों के विकास और कल्याण के लिए विशेष प्रावधान किये गये।

आगे उन्होंने लिखा है कि आज़ादी के बाद औपचारिक समानता की संवैधानिक गारंटी के बावजूद शिक्षा आयोगों पर औपनिवेशिक सोच का वर्चस्व बना रहा। औपनिवेशिक अतीत से विच्छेद करने और स्त्री और पुरुष को नये राष्ट्र के समान नागरिकों के रूप में समान शिक्षा ग्रहण करने की योग्यताओं से सम्पन्न देखने के बजाय स्त्रियों पर 'निरन्तर द्वैध' लदा रहा। स्त्री–शिक्षा के सन्दर्भ में परम्परा और आधुनिकता को किसी तरह संयुक्त करके चलना था क्योंकि परम्परा का हस्तान्तरण 'संयोग द्वारा अर्जित' होना सम्भव नहीं था,

बल्कि उसके लिए 'घर और परिवार की देखरेख में प्रयोगशाला के अनुभव की' ज़रूरत थी। यद्यपि पहले विश्वविद्यालय शिक्षा आयोग (जिसके अध्यक्ष डॉक्टर राधाकृष्णन थे) का यह स्वर 1950 और 1960 के परवर्ती आयोगों (जैसे स्त्री शिक्षा पर दुर्गाबाई देशमुख समिति, हंसा मेहता समिति और कोठारी आयोग) में बदला, लेकिन जैसा कि लेखिकाओं ने रेखांकित किया है, ''अध्यक्षता पुरुष ने की हो या स्त्री ने और उनका राजनीतिक रुझान भी चाहे जो रहा हो, वे स्त्री समता और राष्ट्रीय विकास में स्त्रियों की भागीदारी के साथ–साथ खुद शिक्षा के विकास के आपसी सम्बन्धों को सुस्पष्ट करने में असफल रहे।''

लेकिन इसे अपूर्ण आधुनिकता और रूढ़िवादिता के लक्षण के रूप में देखना भारी भूल होगी। प्रमुख शिक्षाविद् आश्वस्त थे कि विश्वविद्यालयों को सक्रिय और हस्तेक्षपकारी भूमिका निभाने के साथ–साथ अपने बौद्धिक सरोकारों का क्षेत्र विस्तृत करना चाहिए। इसके साथ ही, आज़ादी के बाद की मध्यवर्गीय स्त्रियाँ इसके बाद ही बड़ी उपलब्धियाँ हासिल कर सकती थीं। कई स्त्रियाँ ऐसी भी थीं जो समाज वैज्ञानिकों के एक छोटे लेकिन प्रतिबद्ध समूह की मदद पा सकती थीं। लेकिन इस चमक के पीछे सामान्य साक्षरता के अतिशय निम्न स्तर की फीकी और कड़वी हक़ीक़त छिपी हुई थी। इसे उजागर किया 1974 में आयी *समता की ओर* रिपोर्ट ने। भारत में स्त्रियों की सामाजिक, आर्थिक, वैधानिक, राजनीतिक और सांस्कृतिक स्थिति का पता लगाने के लिए गठित समिति (सीएसडब्ल्यूआई) ने यह रिपोर्ट तैयार की थी। यह एक विद्वत्मण्डली द्वारा स्त्रियों की स्थिति सम्बन्धी जानकारी जुटाने का पहला व्यवस्थित प्रयास था।

सीएसडब्ल्यूआई ने समाज विज्ञान अनुसन्धान परिषद (1969 में स्थापित) के दरवाज़े पर दस्तक देकर समाज विज्ञानियों से स्त्रियों के प्रति अपनी उपेक्षा से सक्रिय रूप से जूझने का आह्वान किया जिसका फल उन्हें परिषद द्वारा प्रवर्तित एक अनुसन्धान कार्यक्रम के रूप में मिला। इसके केन्द्र में ग़रीब, हाशियाकृत और 'अदृश्य' स्त्रियाँ थीं। इसके परिणामस्वरूप जो दस्तावेज़ पहले निकलकर आये उनमें 'ए प्रोग्राम ऑफ़ वीमेंस स्टडीज़' और 'क्रिटिकल इशूज़ ऑन द स्टेटस ऑफ़ वीमेन' शामिल थे।

स्त्री–अध्ययन का प्रयोग पहली बार कुछ वर्ष पहले एक महिला विश्वविद्यालय (मुम्बई स्थित एसएनडीटी विश्वविद्यालय) में हुआ था। स्वाधीनता पूर्व समाज सुधार कार्यक्रम से जन्मी और युवतियों को उच्च शिक्षा प्रदान कर रही यह संस्था सत्तर के दशक में एक तरह के अस्मिता संकट से जूझ रही थी। समकालीन परिस्थिति को ध्यान में रखते हुए 1973 में स्त्री–अध्ययन केन्द्र

स्थापित करने का विचार किया गया। इसे नये पाठ्यक्रमों के लिए प्रयोगात्मक दृष्टिकोण तथा शोध और अभिलेखन पर फ़ोकस करना था। स्त्री–शिक्षा की जगह स्त्रियों, ख़ासकर, ग़रीब और अशिक्षित स्त्रियों के जीवन और अनुभव अकादमिक सरोकार के जायज क्षेत्र हो गये। यह उस परिप्रेक्ष्य में आये बदलाव की स्पष्ट मिसाल है जिससे उच्च शिक्षा में स्त्री–अध्ययन का (सांस्थानिक) जन्म हुआ।

आपात्काल के बाद जनतन्त्र की पुनर्बहाली और स्त्री–आन्दोलन के नये दौर के विकास के साथ उच्च शिक्षा संस्थानों में इन छोटी और अदृश्य शुरुआतों ने व्यापक राजनीतिक बहस में प्रवेश करना आरम्भ कर दिया। इसके बाद पीछे मुड़ना सम्भव नहीं था। यद्यपि ख़ासकर स्त्री मसलों पर शोध के लिए समर्पित केन्द्र अतिशय छोटे थे और पारम्परिक अनुशासनों ने बदलावों, ख़ासकर स्त्री–अध्ययन के अन्तरानुशासनिक और परानुशासनिक दबाव का विरोध किया लेकिन परवर्ती अस्सी के दशक के दौरान इसका विस्तार जारी रहा। हमारे विचार–विमर्श के लिए, राजनीतिक अधिकारों के निलम्बन और उसके परिणाम समेत, राजनीतिक उथलपुथल के सालों के दौरान स्त्री–अध्ययन में विविध सांस्थानिक निवेशों के महत्त्व को भूलना नहीं चाहिए। याद कीजिए कि सौ साल पूर्व स्त्री–शिक्षा की माँग औपनिवेशिक राज्य के अन्तर्गत समाज सुधार के एक अनिवार्य अंग की तरह उठाई गयी थी। दिलचस्प बदलाव, या मुझे ही लगता है, यह है कि 1970 के दशक में उत्तर–औपनिवेशिक राज्य की शक्ति के क्रमशः केन्द्रीकृत रूपों के विरुद्ध अब अन्य प्रतिरोध–आन्दोलनों के साथ स्त्री–आन्दोलन भी पुनः उभरकर खड़ा हो गया। इससे स्त्री–आन्दोलन में स्त्रियों के बारे में अधिक सूचना और ज्ञान की आवश्यकता रेखांकित हुई। संयुक्त राष्ट्र की एजेंसियों से लेकर सरकार द्वारा पोषित आईसीएसएसआर जैसे केन्द्रों तथा अकादमिक क्षेत्र की स्त्रियों ने इस अज्ञान की अनुभूति और सामग्री के अभाव को प्रखर रूप से महसूस किया। क्षेत्र के विकास के लिए किस प्रकार की सामग्री और विद्वत्ता की आवश्यकता है इसको लेकर मतभेद उठ खड़े हुए जो बहुत आश्चर्य की बात नहीं थी। इसलिए यह और भी ज़्यादा महत्त्वपूर्ण है कि इसके बावजूद एक सहमति–सी क़ायम हुई जिसकी 1981 में बम्बई में स्त्री–अध्ययन पर हुए पहले राष्ट्रीय सम्मेलन में पुनः पुष्टि हुई। इसके पहले स्त्री–अध्ययन एक 'आलोचनात्मक परिप्रेक्ष्य' था, एक अनुशासन नहीं, एक विशेष विषय तो कदापि नहीं। जैसा कि प्रत्याशित है, विक्षुब्ध और संघर्ष से परिपूर्ण काल में जब भावी कार्यक्रमों के स्वप्न अपनी सम्भावनाओं में समग्रवादी होते हैं, तब यह ऐसा परिप्रेक्ष्य था

जिसे हर अनुशासन, संस्था, समस्त अध्ययनों में और सारे स्तरों पर अभिव्यक्त किये जाने की ज़रूरत थी।

1979 में वीणा मजूमदार और कुमुद शर्मा ने स्त्री–अध्ययन के कार्यक्षेत्र पर पहला विचार–विमर्श प्रस्तुत किया–'स्त्री–अध्ययन : नये परिप्रेक्ष्य और चुनौतियाँ' (मजूमदार और शर्मा 1979)। यह आलेख प्रश्नों और विचारों से इतना भरपूर था कि बखिया उधड़ने की नौबत आ गयी थी। इसने पीछे मुड़कर समाज सुधार के इतिहास, राष्ट्रीय संघर्ष के दौरान स्त्रियों की लामबन्दी पर दृष्टिपात करते हुए समता की संवैधानिक गारंटी के सन्दर्भ में स्वाधीनता के एक दशक के तुरन्त बाद बड़े पैमाने पर स्त्रियों की उपेक्षा पर सवाल उठाये। इस आलेख में इर्द–गिर्द उभरते हुए काम के विस्तार पर भी ध्यान दिया गया है। आलेख में, उन अध्ययनों पर विशेष ध्यान दिया गया है जिनमें स्त्री की निम्न दशा कारणों की खोज 'परम्परा' या 'संस्कृति' में ढूँढ़ने की कोशिश की गयी है। इसके स्थान पर उन्होंने कृषि में, शहरी अनौपचारिक क्षेत्र में स्त्रियों के योगदान, आधुनिकता के प्रभाव, स्त्रियों के घटते हुए राजनीतिक प्रतिनिधित्व तथा समाजीकरण की समसामयिक प्रक्रियाओं की ओर ध्यान खींचा और इन पर अधिक काम करने की माँग की है ताकि स्त्री के विकास के लिए रूढ़ सिद्धान्त और रणनीतियों की पुनः परीक्षा तथा 'स्त्री और विकास सम्बन्धी समस्याओं की विराटता एवं जटिलता' का संज्ञान लिया जा सके। (मजूमदार और शर्मा 1979 : 16)।

निस्सन्देह, 1970 के दशक में स्त्री–अध्ययन के निर्माणात्मक क्षणों की ये सरसरी और अधूरी झाँकियाँ हैं। फिर भी इनसे उन लोगों को पहला उत्तर मिलता है जो दो दशकों के बाद स्त्री–अध्ययन का लेखा–जोखा देखना चाहते हैं। हमारी समझ के इस धुँधलेपन और अस्पष्टता का कारण यह है कि स्त्री–अध्ययन की संकल्पना कभी एक अलग अध्ययन के क्षेत्र के रूप में नहीं की गयी थी, बल्कि वह समस्त समाज विज्ञान को सम्बोधित करती थी। माँग सम्पूर्ण शिक्षा व्यवस्था में हस्तक्षेप और रूपान्तरण की थी और उच्चतर शिक्षा वह प्रमुख स्थान था जहाँ से इसे प्रारम्भ होना था–'विश्वविद्यालयों तथा शोध केन्द्रों से'। इसके अतिरिक्त, शोध की परिकल्पना एक तरह से एक दायरा बढ़ाने वाले माध्यम के रूप में की गयी थी जो एक राजनीतिक रूप से जाग्रत शिक्षित मध्यमवर्ग को उसके दायरे के बाहर की एक बृहत् स्त्री–संख्या के जीवन और यथार्थ के साथ जोड़ने का काम करती थी। विश्वास और आशा यह थी कि शोध और सकर्मकता का सम्बन्ध क्रमशः एक–दूसरे से जुड़कर स्त्री–अध्ययन और स्त्री–आन्दोलन को एक संगम की ओर प्रशस्त करेगा।

नीरा देसाई और वीणा मजूमदार के अनुसार 1980 तक स्त्री–अध्ययन ने दो चीज़ें उपलब्ध कर ली थीं–लैंगिक असमानता के सम्बन्ध में वर्चस्वी विचारधाराओं तथा सोच का रूपान्तरण करने वाले एक उपकरण का दर्जा; दूसरी, यह पहचान कि स्त्री उत्पीड़न के बारे में शिक्षा सामाजिक सरोकारों को विस्तृत करने में बड़ी भूमिका निभा सकती है। नुक्ता स्त्री समस्याओं के प्रति अधिक व्यापक चेतना को उत्पन्न करना और परिवर्तन के एक निर्णायक उपकरण के रूप में स्त्री–अध्ययन की क्षमता को प्रदर्शित करना था।

लेकिन अब हम ज़्यादा मुश्किल बिन्दु पर आते हैं। बीच के सालों की उपलब्धियों का मूल्यांकन हम किस तरह करें? उपलब्धियों से कतई इनकार नहीं किया जा सकता। 1980 के दशक में स्त्री–अध्ययन का विस्तार हुआ और 1990 के दशक के प्रारम्भ में कुछ क्षेत्रों में इसने विशिष्टता भी अर्जित की। अर्थशास्त्र में लैंगिकता के दृष्टिकोण से आलोचनात्मक मूल्यांकन को एक सम्मानजनक कोना मिला; औपनिवेशिक भारत के इतिहास को नितान्त नये साँचे में ढाला गया; और अंग्रेज़ी साहित्य के क्षेत्र में स्त्रीवादी प्रश्नाकुलता लैंगिक सरोकारों से इतना आगे निकल गयी कि अनुशासन के भीतर ही एक संकट खड़ा हो गया।

आज हमारे पास इस पर्चे में प्रस्तुत परिप्रेक्ष्य से स्त्री–अध्ययन का–अर्थात शिक्षा की संरचना के साथ इसके रूपान्तरकारी सम्बन्ध के प्रभाव का लेखा–जोखा करने के लिए एक उपयुक्त चश्मा नहीं है, मेरी दृष्टि में इस बात के कारण दो प्रकार के हैं। इन दोनों में से एक का सम्बन्ध हमारे हाल के सामाजिक इतिहास के साथ है, इस परम सत्य के साथ कि 1990 का दशक एक विराट परिवर्तनकारी दशक साबित हुआ है। उस समय कोई भी इसका पूर्वानुमान नहीं कर सकता था और सब–के–सब, स्त्री–अध्ययन में लगे हुए लोगों समेत, इसके सामने अचानक चित हो गये। हम एक संक्रमण काल से गुज़र रहे हैं, जिसे राष्ट्र–राज्य पर पड़ने वाले बहुआयामी दबावों के ज़रिये चिह्नित किया जा सकता है–भूमण्डलीकरण, उदारीकरण और अर्थव्यवस्था में खुलेपन के साथ–साथ जातियों की चेतना में उभरती नयी दरारें तथा असमानताएँ, तरह–तरह के प्रादेशिक मताग्रह और एक आक्रामक हिन्दू राष्ट्रवाद। स्त्री–अध्ययन के क्षेत्र में वर्तमान दशक उन लोगों को बड़ा दिग्भ्रमित करता है जो 1970 के दशक की खलबली और उन वर्षों के राष्ट्रवादी खाकों के ऋणी थे। यहाँ मैं नुक्ता यह उठाना चाहती हूँ कि इन अभूतपूर्व परिवर्तनों से न केवल समूची शिक्षा पद्धति ही बड़े पैमाने पर प्रभावित हुई बल्कि इसका उन संस्थाओं पर भी असर पड़ा है जिन्हें स्त्री–अध्ययनों का आश्रय–स्थल समझा जाता था।

दूसरे कारण–समुच्चय का सम्बन्ध स्त्री–अध्ययन में विस्तार और झीनेपन की दोहरी मौजूदगी से है। इसका अर्थ यह है कि हम 'स्त्री' और 'लिंग' के नाम के अन्तर्गत विशाल रूप से किये जा रहे काम से कुछ सन्तोष का अनुभव तो कर सकते हैं (इस क्षेत्र के वर्तमान प्रकाशनों और प्रकाशकों की बढ़ी हुई संख्या की तुलना में एक पीढ़ी पहले की स्थिति पर एक निगाह डालने से इसकी पुष्टि हो जायेगी) लेकिन इसके प्रभाव के असमतापूर्ण स्तरों ने स्त्री–अध्ययन को एक बाड़े (घेट्टो) जैसी (या फिर इसकी बजाय प्रायोजन की एक चयनशील रूप से सफल कोटि की) छवि में क़ैद कर दिया है।

आगे बढ़ने के उद्देश्य से मैं यहाँ केवल कुछ संकेतक ही प्रस्तुत कर सकती हूँ। पिछले 2–3 दशकों के दौरान स्त्री–अध्ययन का सिंहावलोकन करने के लिए स्त्री–आन्दोलन एक अच्छा आरम्भ–बिन्दु होगा। अक्सर स्त्रियों के आन्दोलन और स्त्री–अध्ययन, सकर्मकता और अकादमिकी के इस सम्बन्ध को स्त्री–अध्ययन की भाषा और ज्ञान की अबोध्यता से उत्पन्न तनाव के रूप में अभिव्यक्त किया गया है–इसकी विशिष्ट शब्दावली और प्रविधि को समझने में सहकर्मी असमर्थ हैं।

यह शायद समस्या का एक अंग हो लेकिन मैं यह निश्चयपूर्वक नहीं कह सकती कि इस सम्बन्ध का सबसे अधिक महत्त्वपूर्ण पहलू यही है। भाषा की अबोध्यता के सवाल से पहले (जिस पर मैं बाद में लौटूँगी) ज्ञान के उन विविध प्रकारों की परीक्षा करने की ज़रूरत है जिनका उत्पादन उच्च शिक्षा के भीतर अधिक विभिन्न रूपों में आन्दोलन के सन्धिस्थलों पर हुआ था। विशेष अभियानों के तहत किस तरह कर्म के लिए आवश्यक ज्ञानों का उत्पादन अथवा सृजन किया? उदाहरण के लिए, स्त्री–संगठनों द्वारा समूचे देश में 1970 के दशक से लेकर आगे तक चलाये गये कुछ बृहत्तर आरम्भिक अभियानों में से अनेक में स्त्री के साथ होने वाली हिंसा के साथ घरेलू हिंसा और राजकीय हिंसा के अतिरिक्त वर्ग, समुदाय व जाति की हिंसा जैसे मुद्दे भी समाहित थे। लेकिन हमें इस बात पर ज़ोर देने की ज़रूरत है कि क्षेत्र–कार्य में हिंसा पर दिये गये इस विशद ध्यान के बावजूद विश्वविद्यालयों या शोध संस्थानों में होने वाले समकक्ष शोध इसके पूरक के तौर पर सामने नहीं आते।

घरेलू हिंसा एक ऐसा क्षेत्र है जिस पर आज भी पर्याप्त मात्रा में शोध नहीं हो रहा है। इस मामले में राजकीय हिंसा या जाति केन्द्रित हिंसा जैसे विषय तो और भी अधिक उपेक्षा के शिकार हैं। (वस्तुतः घरेलू हिंसा के समसामयिक अध्ययन उच्चतर शिक्षा के बजाय एक भिन्न स्थल से जन्म ले रहे हैं, अर्थात एनजीओ क्षेत्र) केवल कुछ विशेष मामलों में (जैसे कि सती–विरोधी–अभियान

और साम्प्रदायिक हिंसा की समझ और प्रतिरोध के संघर्ष), स्त्री–आन्दोलन को इस विषय पर विद्वत्ता का कुछ लाभ मिला जिसमें स्त्रीवादियों ने अकादमिक तथा व्यापक पाठकवर्ग के लिए इन मुद्दों के मार्गदर्शक विश्लेषण प्रस्तुत किये हैं। एक और उदाहरण पर ध्यान दीजिए, यद्यपि स्त्री–आन्दोलन ने बार–बार क़ानून का सहारा लिया है और संशोधनों के एक लम्बे सिलसिले के लिए सफलतापूर्वक संघर्ष किया है, लेकिन इसका कोई प्रभाव क़ानून के अध्ययन और अध्यापन पर कम–से–कम अभी हाल तक तो लगभग नहीं पड़ा है। दिलचस्प है कि जब क़ानून के अध्यापन के लिए कुछ वर्ष पहले नये विश्वविद्यालय स्थापित हुए (जैसे नेशनल लॉ स्कूल, बेंगलूरु) केवल तब इस निर्णायक महत्त्व के क्षेत्र–क़ानून के पाठ्यक्रम में स्त्रीवादी मसले और व्याख्याएँ कोई जगह पा सके।

इसके साथ ही हम अगले नुक़्ते पर आते हैं जिस पर पहले भी ज़ोर दिया जा चुका है अर्थात प्रत्येक अनुशासन और संस्था में सभी स्तरों और सभी अध्ययनों में स्त्री–अध्ययन की एक 'आयाम' या 'परिप्रेक्ष्य' के रूप में अभिव्यक्ति की ज़रूरत सर्वाधिक महत्त्वपूर्ण आग्रह की तरह स्थापित हो चुकी है। फिर सवाल उठता है कि यदि यही आदेश था तो उसे किस हद तक अमली जामा पहनाया जा सका है? इस चुनौती के लिए विभिन्न अनुशासनों की क्या प्रतिक्रिया रही है? अगर हम समाज विज्ञानों तथा मानविकी के अनुशासनों को देखें जैसे इतिहास, समाजशास्त्र, राजनीति विज्ञान या साहित्य–इनके और लैंगिकता के मुद्दों का पारस्परिक सम्बन्ध क्या रहा है। अर्थात इन पर स्त्री–अध्ययनों का क्या प्रभाव पड़ा है और इन अनुशासनों से स्त्री–अध्ययनों ने क्या प्राप्त किया है। इसके बावजूद यह देखा जा सकता है कि स्त्री–अध्ययन को किस तरह एक दायरे में सीमित कर दिया गया।

जब हम ऐसे प्रश्नों का उत्तर देने की कोशिश करते हैं तो स्त्री–अध्ययनों के परस्पर अन्तर्विरोधी सांस्थानिक तनाव साफ़ दिखायी देने लगते हैं। इसका कारण यह है कि इसे एक नये क्षेत्र के रूप में विकसित न करने का आदेश स्त्री–अध्ययनों की अन्तरानुशासनिक और परानुशासनिक जिज्ञासा–पद्धतियों के विरुद्ध काम करता है। जैसा कि सब जानते हैं कि, विश्वविद्यालय की व्यवस्था, न केवल अपृथक् अनुशासनों के इर्द–गिर्द संगठित है बल्कि अनुशासनों के बीच गहन रूप से पदानुक्रमिक भी है जिसमें विज्ञान उच्चतम पद पर आसीन है, अर्थशास्त्र उसके नीचे तथा अन्य सामाजिक विज्ञानों तथा मानविकी के अनुशासनों का स्थान सबसे नीचे है। इससे स्पष्ट है कि उच्चतर शिक्षा की वर्तमान संरचनाओं में स्त्री–अध्ययनों से किस प्रकार के हस्तक्षेप की आशा थी,

इसलिए यह केवल संयोग नहीं कि केवल चिकित्सा और स्वास्थ्य के सम्भावित अपवाद के अलावा विज्ञान का अध्ययन लैंगिकता के प्रश्नों से पूरी तरह से अप्रभावित है। यह भी केवल संयोग नहीं कि स्वाधीनता के उपरान्त भारत में समाज विज्ञानों के दायरे के भीतर अर्थशास्त्र की प्रमुख भूमिका देखते हुए इसी अनुशासन ने 1970 तथा 1980 के दशकों में स्त्री–अध्ययनों के आरम्भिक चरणों के विकास में एक रचनात्मक भूमिका निभाई है। जिन अनेक स्त्रीवादियों और सकर्मियों ने अर्थशास्त्र की विषय सामग्री में पहले कभी कोई प्रशिक्षण नहीं लिया था उन्होंने भी अर्थशास्त्र के स्रोतों का इस्तेमाल करके यह दिखाया कि नीति–निर्माण में विकास के स्त्रियों पर पड़ने वाले प्रभाव, स्त्री रोज़गार के प्रश्नों का, घरेलू कार्य तथा श्रम के लैंगिक विभाजन, कृषक स्त्रियों की समस्याओं और सम्पत्ति–सम्बन्धों के क्या निहितार्थ होते हैं। मुख्यधारा के अर्थशास्त्र ने अपने स्तर पर इस सारे काम को स्वीकृति देने में लम्बा वक़्त लगाया–वर्तमान में हम विकास के अर्थशास्त्र के भीतर एक तरह के उपक्षेत्र की बात कर सकते हैं जो स्त्री और लैंगिकता के मुद्दों के साथ सीधे जुड़ा हुआ है। कुछ हद तक इसमें अन्तरराष्ट्रीय संस्थाओं और एनजीओ के कार्यक्रमों से मदद मिली है जो लैंगिकता के अध्ययन को परिणाम एवं तुलना की सांख्यिकीय पद्धतियों के माध्यम से देखने में दिलचस्पी रखते हैं। अर्थशास्त्र और जनसांख्यिकी दोनों ही इस क़िस्म के लिए अधिक उपयुक्त हैं। विकास के मानकों को बदलने के मामले में अर्थशास्त्र अन्तरराष्ट्रीय दबावों जैसे पर्यावरणवाद के प्रति अधिक तत्पर रहा है। इसके बरअक्स वह अन्य अधिक 'स्थानीय' मुद्दों जैसे जाति और समुदाय पर आधारित विषमता के अर्थशास्त्र से इतर सांस्कृतिक रूपों के प्रति उतना तत्पर नहीं रहा। मुझे ऐसा लगता है कि इन तथ्यों ने भारत में लैंगिकता और विकास की बहसों की दिशा को प्रभावित किया है। दूसरी तरफ़, अर्थशास्त्र को जिस क़िस्म का प्रभुत्व प्राप्त है तथा वह जिस तरह गणित व सांख्यिकी के विश्लेषणात्मक उपकरणों पर निर्भर करता है, उससे स्त्रीवादी और सकर्मी जन इन पद्धतियों का प्रयोग करने से परहेज़ करते हैं और इसीलिए उन्हें अर्थशास्त्रियों को अपनी बात सुनाने में कठिनाई का सामना करना पड़ता है।

इस क्रम में अगला अनुशासन इतिहास का है जिस पर 1980 के दशक के बाद स्त्री–अध्ययन का गहरा प्रभाव पड़ा है। 1970 तक ऐसी स्थिति नहीं थी। वीणा मजूमदार और कुमुद शर्मा के अनुसार जब वे विचार–विमर्श के लिए अपना पर्चा लिख रही थीं, तब तक इतिहास के अनुशासन में स्त्री–अध्ययन की चुनौतियों के लिए कोई ख़ास उत्साह नहीं जागा था। (मजूमदार और शर्मा 1979 : 21)। यहाँ यह देखना दिलचस्प है कि आदान–प्रदान और रूपान्तरण

की दोहरी प्रक्रिया इतिहास और स्त्री–आन्दोलन के बीच किस प्रकार घटित हुई। उल्लेखनीय है कि स्त्रीवादी विद्वत्ता ने एक ओर भारतीय इतिहास के औपनिवेशिक विभाजन की (जिसे पहले क्रमशः हिन्दू, मुस्लिम और ब्रिटिशकाल के नाम से जाना जाता था), समझ को प्राचीन, मध्यकालीन और आधुनिक भारत के रूप में वर्गीकृत किया वहीं दूसरी ओर अभिलेखागार के परे ले जाने वाली नयी पद्धतियों को लोकप्रिय बनाने में भी उसकी महत्त्वपूर्ण भूमिका रही है। वाचिक इतिहास का उभार एक ऐसी ही प्रवृत्ति है। स्त्री–अध्ययन इतिहास लेखन की प्रमुख परम्पराओं से भी अछूता नहीं रहा है। भारतीय इतिहास का मध्यकाल वह अवधि है जिसका अध्ययन न्यूनतम हुआ है। स्त्री और लैंगिकता के विषय में यह बात और भी सटीक बैठती है–भक्ति आन्दोलन के भीतर की इक्का–दुक्का यात्राओं के अलावा भारतीय अतीत की इस विशाल अवधि के विषय में स्त्रीवादी जिज्ञासाएँ लगभग शून्य हैं। इसके अलावा भारत के कुछ प्रदेशों और आधुनिक भारत की शताब्दियों का अध्ययन अपेक्षाकृत अधिक हुआ है किन्तु अन्य क्षेत्रों और कालों में वह कहीं अधिक विरल है।

इस पर्चे की सीमाओं के भीतर मैं एक और उदाहरण पर विचार करना चाहूँगी, वह है समाजशास्त्र। समाज विज्ञानों में से यही विषय ऐसा रहा है जिसे भारतविद्या (इंडोलॉजी) और मानवशास्त्र का औपनिवेशिक विमर्श विरासत में मिला था। इस विमर्श में–ख़ासकर परिवार, नातेदारी और विवाह के अध्ययन–'स्त्री' को पहले ही जगह दी जा चुकी थी। लेकिन यही वह ज्ञान था जिसके आभिजात्यवादी, संस्कृतिवादी और संकीर्ण होने की आलोचना स्त्री–अध्ययन के प्रवर्तकों ने की थी (देसाई और कृष्णराज 1987, देसाई और पटेल 1989)। व्यक्तिगत तौर पर समाजशास्त्रियों का सत्तर के दशक में उभरे स्त्री–अध्ययन के प्रति सकारात्मक रुख़ रहा है लेकिन परस्पर आदान–प्रदान तथा एक–दूसरे को रूपान्तरित करने के सन्दर्भ में स्त्री–आन्दोलन, स्त्री–अध्ययन और समाजशास्त्र के सम्बन्ध सीमित और सभी सम्बद्ध पक्षों के लिए अहितकर रहे हैं। एक आरम्भिक उदाहरण लें तो दहेज के लेन–देन का मुद्दा और दहेज से सम्बन्धित मौतों की भयंकर परिघटना को, जिसने 20 साल पहले आन्दोलन में प्राण फूँके थे, अभी तक समाजशास्त्र की तरफ़ से पर्याप्त विश्लेषणात्मक निवेश नहीं मिला था। इससे विवाह–प्रस्ताव, कौटुम्बिक सम्बन्ध, सम्पत्ति के अधिकार और हिंसा की सम्भाव्यता की संरचनात्मक और दैनिक प्रक्रियाओं की हमारी समझ बेहतर होती। लेकिन इसके बजाय दहेज के व्यापारिक, आर्थिक और क़ानूनी आयाम निरन्तर प्रकाश में लाये जाते रहे। स्त्री का प्रश्न जाति और समुदाय से परिवेष्टित रहा है। यह समाजशास्त्र का एक महत्त्वपूर्ण विषय रहा है,

लेकिन ऐसे विषयों को स्त्री–अध्ययन अथवा आन्दोलन की मुख्यधारा में ढंग से शामिल नहीं किया गया है। उपरोक्त अनुशासनों के आपसी आदान–प्रदान की दृष्टि से देखें तो आरम्भिक समाजशास्त्रीय संकल्पनाएँ भी नारीवादी विश्लेषण या समीक्षा का विषय नहीं बन पायी हैं। मिसाल के लिए एम.एन. श्रीनिवास की संस्कृतीकरण जैसी अवधारणा, जिसका ज़ाहिर तौर पर विभिन्न जातियों में स्त्री की स्थिति से निश्चित ताल्लुक़ है। ऐसे और भी कई उदाहरण दिये जा सकते हैं। जो भी हो, इन और अन्य सीमाओं के बावजूद हम इक्कीसवीं सदी में प्रवेश कर चुके हैं। स्त्री–अध्ययन की विरासत और संघर्षों के मूल्यांकन से यह तो निश्चित पता चलता है कि इसने अपनी जगह बना ली है (इसका एक स्पष्ट संकेत यह है कि आज शायद ही कोई पश्चिम के मुक़ाबले में भारतीय स्त्रीवाद की प्रामाणिकता की समस्याओं के बारे में सोचता हो)। फिर भी, स्त्री–अध्ययन के सांस्थानिक भविष्य के बारे में हम क्या कह सकते हैं? इस पर्चे में मैंने अपनी पूर्ववर्ती पीढ़ी के मार्गदर्शक काम के आधार पर यह ज़ाहिर करने की कोशिश की है कि सत्तर के दशक में स्त्रियों के जीवन के प्रति एक आलोचनात्मक परिप्रेक्ष्य अपनाये जाने की ज़रूरत महसूस की गयी। इस परिप्रेक्ष्य के बाद बहस का रुख़ स्त्री–शिक्षा की जगह स्त्रियों के जीवन की ओर मुड़ गया। यह वह प्रस्थान–बिन्दु था जहाँ से स्त्री–अध्ययन की शुरुआत हुई। आज तीन दशक बाद हमारे सक्षम और राजनीतिक रूप से उत्तरदायित्व भरे शोध इसके सुपरिणामों की तसदीक करते हैं। यह शोध अध्ययन अभी जारी है। इसमें अनियमितता की स्थिति है, लेकिन इस शोध–राशि के आधार पर कोई चाहे तो इस दिशा में और आगे बढ़ा सकता है।

लेकिन स्त्री–अध्ययन के भविष्य के प्रति मैं चिन्तित भी हूँ। शिक्षा में परिप्रेक्ष्यगत बदलाव से हटकर केवल शोध–केन्द्रित हो जाना स्त्री–अध्ययन का संरचनात्मक पूर्वाग्रह भी सिद्ध हो सकता है। इसमें कोई दो राय नहीं कि इस प्रकार के शोध राजनीतिक प्रतिबद्धताओं से लैस रहे हैं और इन्हें साध्य के रूप में नहीं बल्कि साधन के रूप में देखा जाता रहा है। इसका प्रबलतम संकेत सक्रियता और शोध के बीच जीवन्त (भले ही कभी–कभी तनावपूर्ण) सम्बन्ध, और 'एक्शन–रिसर्च' को दिया जाने वाला बढ़ावा है। इसके चलते स्त्री–अध्ययन से उपजी विद्वत् सामग्री 'अकादमिक एकान्त' (आइवरी टावर) तक सीमित नहीं रही। मैं जिस समस्या की ओर ध्यान दिलाना चाह रही हूँ वह शैक्षणिक संरचना के *भीतर* से उठती है। नीति अथवा मुद्दों की ओर उन्मुख होने के कारण यह अध्यापन के क्षेत्र को समुचित रूप से सम्बोधित नहीं कर सका। अर्थात 'शिक्षाशास्त्र' के क्षेत्र में स्त्री–अध्ययन का विकास न्यूनतम है

जबकि हम जानते हैं कि मुख्यधारा के अनुशासनों का पुनरुत्पादन इसी सांस्थानिक ढाँचे में होता है। हालाँकि सक्रियता और शोध के संगम के प्रति जागरूकता और आकांक्षा पर्याप्त रूप में (अक्सर स्त्री–अध्ययन की भाषा और पारिभाषिक शब्दावली की अबोध्यता की समस्या के रूप में) मौजूद रही है, फिर भी इस तथ्य की ओर प्रायः पर्याप्त ध्यान नहीं दिया गया है कि सांस्थानिक तौर पर स्त्री–अध्ययन उच्च शिक्षा के शीर्ष पर स्थित रहा है। लेकिन इसके बावजूद उसके पास संस्थानों में नारीवादी विद्वत्कर्म के शिक्षाशास्त्रीय प्रसार के लिए ज़रूरी उपक्रम नहीं रहे हैं। कुछ महत्त्वपूर्ण अपवादों को छोड़ दें तो पाठ्यपुस्तकों और प्राथमिक पुस्तकों की रचना करना नारीवादियों के लिए कभी महत्त्वपूर्ण एजेंडा नहीं रहा है। यह बात भी विचारणीय है कि स्त्री–अध्ययन की प्रमुख भाषा अंग्रेज़ी है जबकि स्नातक स्तर की शिक्षा का माध्यम मुख्य तौर पर भारतीय भाषाएँ हैं। सर्वाधिक महत्त्वपूर्ण बात यह है कि इस मामले में संवेदनशीलता का अभाव खटकता है। हम आज तक यह नहीं सोच पाये हैं कि हम अपनी शैक्षणिक व्यवस्था को एक ऐसा जनतान्त्रिक रूप कैसे दें और इसमें उन लोगों का प्रवेश कैसे सुनिश्चित करें जिन्हें अब तक सांस्थानिक रूप से बाहर रखा जाता रहा है।

जैसा कि मैंने पर्चे के शुरू में ज़िक्र किया था, भविष्य कभी इतना अनिश्चित नहीं था। इसके अलावा उथल–पुथल के जिस काल में हम हैं उसमें सत्तर के दशक के आदर्शवाद की तुलना में निराशावाद के लिए पर्याप्त सम्भावना है। लेकिन हमें अपनी पूर्ववर्ती पीढ़ी का क़र्ज़ आज के इस बदले हालात में ही अदा करना होगा। इसके लिए यह ज़रूरी है कि हम न केवल उन्हें याद करें बल्कि उनके काम को भी आगे बढ़ायें। ज़ाहिर है, यदि विरासत इतनी बहुलताओं से भरी है तो आगे की राह भी एक नहीं हो सकती। बस हमें सबक यह सीखना है कि विविध सांस्थानिक स्थलों से यह संघर्ष निरन्तर चलता रहे।

[**स्रोत** : मैरी ई. जॉन, 'वीमेंस स्टडीज़ : लिगेसीज़ एंड फ्यूचर्स', लोतिका सरकार, कुमुद शर्मा और लीला कस्तूरी (सं.), *वीमेंस स्टडीज़ : बियोंड ट्रेडिशन, काउंटर ट्रेडिशन एंड हरसे,* रेनबो पब्लिशर्स, नयी दिल्ली, 2002]

सम्पादक परिचय

- **उमा चक्रवर्ती** : विख्यात नारीवादी इतिहासकार। उमा चक्रवर्ती मिरांडा हाउस में प्राध्यापक रह चुकी हैं। उन्होंने इंस्टीट्यूट ऑफ़ वीमेंस स्टडीज़ लाहौर और महात्मा गाँधी अन्तरराष्ट्रीय हिन्दी विश्वविद्यालय में स्त्री–अध्ययन का अध्यापन किया। वे जेंडर, जाति, बौद्ध–मत और समकालीन विषयों पर लिखती हैं। वे अस्सी के दशक से महिला आन्दोलन और लोकतान्त्रिक अधिकार आन्दोलन से जुड़ी हुई हैं। इसके साथ ही उन्होंने छह फ़िल्में भी बनायी हैं।

- **साधना आर्य** : सत्यवती कॉलेज के राजनीति विज्ञान विभाग में एसोसिएट प्रोफ़ेसर। वे महिला विकास अध्ययन केन्द्र दिल्ली, और भारतीय समाज विज्ञान अनुसन्धान परिषद् में सीनियर फेलो रही हैं। महिला अधिकारों से जुड़े मुद्दों से सक्रियता से जुड़ी हैं।

- **वसंती रामन** : समाजशास्त्री। वे दिल्ली स्थित महिला विकास अध्ययन केन्द्र में प्रोफ़ेसर और शिमला स्थित भारतीय उच्च अध्ययन संस्थान में फेलो रही हैं। उन्होंने महात्मा गाँधी अन्तरराष्ट्रीय हिन्दी विश्वविद्यालय में अध्यापन भी किया है। उनके शोध के केन्द्र में साम्प्रदायिकता और जेंडर, बचपन, सबआल्टर्न समूह और समुदाय से जुड़े विषय रहे हैं।

- **विजय झा** : जेंडर–स्टडीज़ के अध्येता। नवजागरणकालीन हिन्दी पत्र–पत्रिकाओं के शोध/अध्ययन में विशेष दिलचस्पी। इन दिनों दिल्ली स्थित महिला विकास अध्ययन केन्द्र में कार्यरत हैं।

लेखक/लेखिका परिचय

- **अनुपमा राय,** जवाहरलाल नेहरू विश्वविद्यालय के सेंटर फॉर पॉलिटिकल स्टडीज़ में प्रोफ़ेसर। नागरिकता अध्ययन, राजनीतिक संस्थान, जेंडर और प्रवासन से जुड़े मसलों में विशेष दिलचस्पी।
- **आनन्द चक्रवर्ती,** समाजशास्त्री हैं। दिल्ली विश्वविद्यालय में प्रोफ़ेसर रह चुके हैं।
- **इलिना सेन,** महिला और अन्य लोकतान्त्रिक अधिकारों के आन्दोलन में सक्रिय रही हैं। वे महात्मा गाँधी अन्तरराष्ट्रीय हिन्दी विश्वविद्यालय और टाटा इंस्टीट्यूट ऑफ़ सोशल साइंसेज, मुम्बई में प्रोफ़ेसर रह चुकी हैं।
- **उपेन्द्र बक्शी,** प्रसिद्ध कानूनविद्। मानवाधिकारों के प्रबल प्रवक्ता। दिल्ली विश्वविद्यालय के अलावा देश–विदेश के कई विश्वविद्यालयों और संस्थानों में अध्यापन।
- **कुमकुम संगारी,** नारीवादी विद्वान और एक्टिविस्ट। 1989 में प्रकाशित स्त्री–अध्ययन के क्लासिक और पथप्रदर्शक संकलन *रिकास्टिंग वीमेन* की सहसम्पादक। वे इन्द्रप्रस्थ कॉलेज़ फॉर वीमेन, दिल्ली में अंग्रेज़ी की प्राध्यापक रह चुकी हैं। अभी विस्कॉन्सिन विश्वविद्यालय में अंग्रेज़ी और मानविकी की *विलास* प्रोफ़ेसर हैं।
- **कुमुद शर्मा,** *समता की ओर* रिपोर्ट तैयार करने का हिस्सा रहीं। महिला विकास अध्ययन केन्द्र की निदेशक रह चुकीं कुमुद शर्मा इन दिनों महिला विकास अध्ययन केन्द्र की चेयर पर्सन हैं।
- **गोविन्द केलकर,** नारीवादी विद्वान और एक्टिविस्ट। यूएन वीमेन के दक्षिण एशिया ऑफ़िस में महिला आर्थिक सशक्तीकरण इकाई की प्रमुख रह चुकी हैं। अभी भूमि अधिकारों पर काम करने वाली स्वयंसेवी संस्था लेंडेसा में सीनियर एडवाइजर हैं।
- **चेतना गाला,** सामाजिक एक्टिविस्ट। जयप्रकाश नारायण से प्रेरित होकर आन्दोलन में शिरकत। ग्रामीण महिलाओं के लिए ख़ुद उन्हीं के

द्वारा देश का पहला सहकारी बैंक शुरू किया। नारी शक्ति पुरस्कार से सम्मानित।

- **दीप्ता भोग,** दिल्ली स्थित *निरन्तर* की मैनेजिंग ट्रस्टी हैं। उन्हें ग्रामीण पत्रकारिता, महिला साक्षरता, वयस्क और बालिका शिक्षा से जुड़े मुद्दों पर प्रोग्राम डिज़ाइन, कार्यान्वयन, पॉलिसी और प्रभाव जैसे तमाम क्षेत्रों में काम का लम्बा अनुभव है।
- **मालविका कार्लेकर,** महिला विकास अध्ययन केन्द्र से जुड़ी हुई हैं और केन्द्र की पत्रिका 'इंडियन जर्नल ऑफ़ जेंडर स्टडीज़' की सहसम्पादक हैं। वे 19वीं सदी की महिलाओं के सचित्र इतिहास लेखन क्षेत्र की प्रवर्तक रही हैं।
- **मैरी ई. जॉन,** महिला विकास अध्ययन केन्द्र में सीनियर फेलो हैं। वे इस केन्द्र की डायरेक्टर रह चुकी हैं। विगत तीन दशक से वे स्त्रियों, जेंडर और नारीवादी मुद्दों पर अध्यापन और लेखन कर रही हैं। इन दिनों बाल–विवाह और परिवार से जुड़े मुद्दों पर फील्ड–अध्ययन कर रही हैं।
- **मैत्रेयी कृष्णराज,** भारत में स्त्री–अध्ययन की प्रवर्तकों में से एक। वे मुम्बई स्थित एस.एन.डी.टी. महिला विश्वविद्यालय के स्त्री अध्ययन शोध केन्द्र में निदेशक रह चुकी हैं। अर्थशास्त्र, समाजशास्त्र और शिक्षा–इन तीन विषयों में प्रशिक्षित मैत्रेयी ने स्त्री–अध्ययन में अन्तरानुशासनिक शोध और अध्ययन किया है।
- **यू. विंध्या,** टाटा इंस्टीट्युट ऑफ़ सोशल साइंसेज की हैदराबाद शाखा में मनोविज्ञान की प्रोफ़ेसर हैं। नारीवादी दृष्टिकोण से मनोविज्ञान के शोध और अध्ययन में महत्त्वपूर्ण योगदान।
- **रघुनाथ केलकर,** मथुरा रेप केस मामले में सर्वोच्च न्यायालय के मुख्य न्यायाधीश के नाम ऐतिहासिक चिट्ठी लिखने वाले तीन क़ानूनविदों में से एक।
- **राधा कुमार,** प्रसिद्ध नारीवादी विद्वान। जातीयता संघर्ष और शान्ति बहाली विषयों की विशेषज्ञ। वे स्त्री आन्दोलन की महत्त्वपूर्ण माने जानी वाली किताब *ए हिस्ट्री ऑफ़ डूइंगः एन इलस्ट्रेटेड एकाउंट ऑफ़ वीमेंस राइट्स एंड फेमिनिज़्म इन इंडिया* 1880–1990 की लेखिका हैं।
- **रितु दीवान,** नारीवादी अर्थशास्त्री हैं। भारतीय स्त्री–अध्ययन संघ की अध्यक्ष रह चुकी रितु मुम्बई विश्वविद्यालय के अर्थशास्त्र विभाग

की पहली महिला अध्यक्ष रही हैं। वे पहले जेंडर अर्थशास्त्र केन्द्र की संस्थापक सदस्य भी रही हैं।

- **लोतिका सरकार,** ने दिल्ली विश्वविद्यालय के क़ानून विभाग में अध्यापन किया। *समता की ओर* रिपोर्ट तैयार करने में उनकी भागीदारी रही। वे महिला विकास अध्ययन केन्द्र, दिल्ली की संस्थापक सदस्य थीं।
- **लीला गुलाटी,** त्रिवेन्द्रम स्थित 'सेंटर फॉर डेवलपमेन्ट स्टडीज़' के साथ जुड़ी रही हैं। महिला, कार्य और ग़रीबी जैसे विषय उनके शोध–अध्ययन के केन्द्र में रहे हैं।
- **वसुधा धागम्बर** क़ानूनविद् और एक्टिविस्ट। मथुरा रेप केस में वकील के तौर पर जिरह करने वाली वसुधा आजीवन विस्थापितों के हक़ों के लिए आन्दोलनरत रहीं।
- **विनीता बल,** नारीवादी वैज्ञानिक हैं। नेशनल इंस्टीट्यूट ऑफ़ इम्युनोलोजी से फ़ैकल्टी के रूप में अवकाश प्राप्त किया है। अभी पुणे स्थित इंडियन इंस्टीट्यूट ऑफ़ साइंस एजुकेशन एंड रिसर्च में विजिटिंग फ़ैकल्टी हैं।
- **वीना रवि पुनाचा,** एस.एन.डी.टी. विश्वविद्यालय के स्त्री अध्ययन केन्द्र में प्रोफ़ेसर रह चुकी हैं।
- **वीना मजूमदार ने** पटना विश्वविद्यालय में राजनीति विज्ञान का अध्यापन किया। वे *समता की ओर* रिपोर्ट की मेम्बर सेक्रेटरी रहीं। महिला विकास अध्ययन केन्द्र की संस्थापक निदेशक वीना मजूमदार की भारत में स्त्री अध्ययन के प्रसार में महती भूमिका रही।
- **सुदेश वैद,** नारीवादी विद्वान और लोकतान्त्रिक अधिकार एक्टिविस्ट। इन्द्रप्रस्थ कॉलेज फॉर वीमेन में साहित्य का अध्यापन। भारत में नारीवाद की दूसरी लहर लाने वालों में अग्रणी। *रिकास्टिंग वीमेन* किताब के सहसम्पादक।
- **सुन्दरलाल बहुगुणा,** प्रसिद्ध पर्यावरण एक्टिविस्ट, गाँधीवादी और चिपको आन्दोलन के नेता।

अनुवादक परिचय

- **अजय सिंह** : वरिष्ठ पत्रकार, लेखक, कवि और राजनीतिक–सांस्कृतिक विश्लेषक हैं। लम्बे समय तक लखनऊ से प्रकाशित दैनिक 'अमृत प्रभात' मे काम किया। पहला कविता संग्रह *राष्ट्रपति भवन में सूअर* 2015 में गुलमोहर किताब से प्रकाशित।
- **अपर्णा दीक्षित** : स्त्री अध्ययन की अध्येता। वे पिछले छह वर्षों से जामिया मिलिया इस्लामिया के सरोजिनी नायडू स्त्री अध्ययन केन्द्र में कार्यरत हैं। विषय को भारतीय परिप्रेक्ष्य में देखते हुए महत्त्वपूर्ण स्त्री अध्ययन सामग्री का हिन्दी भाषा में अनुवाद एवं सृजन उद्देश्य है।
- **अभिषेक श्रीवास्तव** : स्वतन्त्र पत्रकार और अनुवादक। गणित में स्नातक हैं और पत्रकारिता में स्नातकोत्तर। क़रीब दो दशक के दौरान कोई दर्जन–भर मीडिया संस्थानों को इन्होंने अपनी सेवाएँ दी हैं। सम्प्रति स्वतन्त्र लेखन, अनुवाद, शिक्षण और वेबसाइट मीडियाविजिल के कार्यकारी सम्पादक।
- **अर्चना वर्मा** : हिन्दी की प्रतिष्ठित कवयित्री, कहानीकार, आलोचक और विमर्शकार थीं। उन्होंने मिरांडा हाउस में अध्यापन किया था। वे 1986 से 2008 तक 'हंस' और उसके बाद 'कथादेश' में सम्पादन सहयोगी रहीं और हंस के स्त्री–विशेषांकों का सम्पादन किया।
- **उपेन्द्र स्वामी** : 1991 से पत्रकारिता में सक्रिय हैं। मुख्य रूप से 'दैनिक जागरण' व 'अमर उजाला' समूहों के साथ वरिष्ठ सम्पादकीय पदों पर काम। साल 2014 से पर्यटन पर हिन्दी की इकलौती मासिक पत्रिका 'आवारा मुसाफिर' का प्रकाशन व सम्पादन। शेरिल पेयर, अमर्त्य सेन, ज्याँ द्रेज, अमिता बाविस्कर और डोमिनिक लापियर की किताबों का अंग्रेज़ी से हिन्दी में अनुवाद।

- **कुमार विजय** : लगभग चार दशकों से लेखन व पत्रकारिता से जुड़े हुए हैं। लोकल टीवी चैनल सिटी केबल के प्रोग्रामिंग इंचार्ज के रूप में सैकड़ों घण्टों की टीवी प्रोग्रामिंग। पिछले दस वर्षों से अंग्रेज़ी से हिन्दी अनुवाद में भी ज़ोर–आजमाइश।
- **नीलाभ** : हिन्दी के प्रतिष्ठित लेखक, कवि, पत्रकार, आलोचक और अनुवादक थे। उन्होंने बीबीसी लन्दन की विदेशी प्रसारण सेवा की हिन्दी सर्विस में बतौर प्रोड्यूसर काम किया था।
- **प्रभा दीक्षित** : मिरांडा हाउस में इतिहास की प्राध्यापक रह चुकी हैं।
- **रवीन्द्र चौधरी** : पत्रकार हैं।